2023

행정사 문제
행정법

박문각 행정사연구소 편 _ 임병주

1차

합격기준 박문각 행정사

PMG 박문각

2023 1차

행정사 문제집
행정법

행정사 1차 합격을 위해 객관식 문제풀이는 필수코스이다. 기본이론에서 세운 행정법 체계를 객관식 문제풀이에 적용하지 못한다면 아무 의미가 없기 때문이다. 행정법 과목의 1차 객관식 합격을 위해서는 많은 문제를 풀어보는 것보다 행정사 시험의 출제경향에 맞는 문제를 반복적으로 풀어보는 것이 보다 효과적이다.

이러한 목표를 설정한 후 본 문제집을 최소 3회독 이상 한다면 시험장에서 당황하지 않고 정답을 찾아 낼 수 있을 것이다.

효과적인 학습방법 3가지를 제시한다.

1. 문제를 풀어보고 틀린 부분은 기본이론서를 찾아 볼 것!
지문의 내용을 모른 것인지 착오로 정답을 못 찾은 것인지 스스로 고민해 보고 내용을 몰랐다면 반드시 그 부분의 기본서를 보고 정확하게 이해해야 한다. 한번 틀린 문제는 다시 출제되었을 때 다시 틀릴 확률이 높다.

2. 반복적으로 문제를 풀어 볼 것!
문제집을 한번 풀었다는 의미보다는 반복적으로 문제를 풀었을 때 그 내용이 자신의 것이 된다. 문제가 자신의 것이 되지 않은 경우 시험장에서 당황하게 되고 시간과의 싸움에서 패배하게 된다.

3. 암기할 부분과 이해할 부분을 구별해서 정리할 것!
문제집에 이해만으로 충분한 부분과 암기할 부분을 표시해 두어야 한다. 특히 시험 마무리를 문제집으로 해야 하는 객관식 시험의 특성상 암기할 부분을 잘 표시해 두고 시험 직전까지 다시 한번 검토해 봐야 한다.

행정사 시험은 기본이론과 행정사 기출문제집만으로 부족한 부분을 본 문제집으로 대비해야 한다. 아직 출제되지 않은 중요한 부분이 남아 있기 때문이다. 본 문제집이 행정사 객관식 합격에 초석이 되기를 바라면서 준비하는 분들의 합격을 기원하는 바이다.

편저자 임병주

1. **자격 분류**: 국가 전문 자격증

2. **시험 기관 소관부처**: 행정안전부(주민과)

3. **실시 기관**: 한국산업인력공단(http://www.hrdkorea.or.kr)

4. **시험 일정**: 매년 1차, 2차 실시(2022년 제10회 행정사 시험 기준)

구분	원서 접수	시험 일정	합격자 발표
1차	2022년 4월 25일~4월29일	2022년 5월 28일	2022년 6월 29일
2차	2022년 8월 1일~8월 5일	2022년 10월 1일	2022년 11월 30일

※ 최소선발인원(2022년 제10회 행정사 시험 기준): 일반행정사 257명, 해사행정사 3명, 외국어번역행정사 40명

5. **응시자격**: 제한 없음. 다만, 행정사법 제5, 6조의 결격사유가 있는 자, 행정사법 시행령 제19조에 따라 부정행위자로 처리되어, 그 처분이 있는 날부터 5년이 지나지 않은 자는 시험에 응시할 수 없다.

6. **시험 면제대상**
   - 1차 시험에 합격한 사람에 대하여는 다음 회의 시험에서만 1차 시험을 면제한다(단, 경력서류 제출로 1차 시험이 면제된 자는 행정사법이 개정되지 않는 한 계속 면제).
   - 행정사 자격이 있는 사람으로서 다른 종류의 행정사 자격시험에 응시하는 사람은 1차 시험을 면제한다.
   - 행정사법 제9조 및 동법 부칙 제3조에 따라, 공무원으로 재직하였거나 외국어 전공 학위를 받고 외국어 번역 업무에 종사한 경력이 있는 사람 등은 행정사 자격시험의 전부 또는 일부가 면제된다(1차 시험 면제, 1차 시험 전부와 2차 시험 일부 면제, 1·2차 시험 전부 면제).

7. **시험 과목 및 시간**
   - **1차 시험(공통)**

교시	입실 시간	시험 시간	시험 과목	문항 수	시험 방법
1교시	09:00	09:30~10:45 (75분)	① 민법(총칙) ② 행정법 ③ 행정학개론(지방자치행정 포함)	과목당 25문항	5지택일

● 2차 시험

교시	입실시간	시험 시간	시험 과목	문항 수	시험 방법
1교시	09:00	09:30~11:10 (100분)	**[공통]** ① 민법(계약) ② 행정절차론(행정절차법 포함)	과목당 4문항 (논술 1문제, 약술 3문제)	논술형 및 약술형 혼합
2교시	11:30	• 일반·해사행정사 11:40~13:20 (100분) • 외국어번역행정사 11:40~12:30 (50분)	**[공통]** ③ 사무관리론 (민원 처리에 관한 법률 및 행정 효율과 협업 촉진에 관한 규정 포함) **[일반행정사]** ④ 행정사실무법 (행정심판사례, 비송사건절차법) **[해사행정사]** ④ 해사실무법 (선박안전법, 해운법, 해사안전법, 해양사고의 조사 및 심판에 관한 법률) **[외국어번역행정사]** ④ 해당 외국어(외국어능력검정시험으로 대체하 며 영어, 중국어, 일본어, 프랑스어, 독일어, 스페인 어, 러시아어의 7개 언어에 한함)		

8. 합격 기준

- 과목당 100점을 만점으로 하여 모든 과목의 점수가 40점 이상이고, 전 과목의 평균 점수가 60점 이상인 사람(2차 시험의 해당 외국어시험 제외)
- 단, 제2차 시험 합격자가 최소선발인원보다 적은 경우, 최소선발인원이 될 때까지 전 과목의 점수가 40점 이상인 사람 중에서 전 과목 평균 점수가 높은 순으로 합격자를 추가로 결정한다. 동점자로 인해 최소선발인원을 초과하는 경우 동점자 모두를 합격자로 한다.

9. 외국어능력검정시험 성적표 제출(외국어번역행정사)

외국어번역행정사 2차 시험의 '해당 외국어' 과목은 원서접수 마감일 전 2년 이내에 실시된 외국어능력검정시험으로 대체(행정사법 시행령 제9조 제3항, 별표 2)

● 외국어 과목을 대체하는 외국어능력검정시험 종류 및 기준점수

시험명	기준점수	시험명	기준점수
TOEFL	쓰기 시험 부문 25점 이상	IELTS	쓰기 시험 부문 6.5점 이상
TOEIC	쓰기 시험 부문 150점 이상	신HSK	6급 또는 5급 쓰기 영역 60점 이상
		DELE	C1 또는 B2 작문 영역 15점 이상
TEPS	쓰기 시험 부문 71점 이상 ※ 청각장애인: 쓰기 시험 부문 64점 이상	DELF/ DALF	• C2 독해와 작문 영역 25점 이상 • C1 또는 B2 작문 영역 12.5점 이상
G-TELP	GWT 작문 시험 3등급 이상	괴테어학	• C2 또는 B2 쓰기 모듈 60점 이상 • C1 쓰기 영역 15점 이상
FLEX	쓰기 시험 부문 200점 이상	TORFL	4단계 또는 3단계 또는 2단계 또는 1단계 쓰기 영역 66% 이상

행정법

2022년 세10회 행정사 행정법 1차 난이도는 기본적인 내용을 숙지한다면 합격점수를 빌을 수 있도록 출제가 되었다. 정답을 찾는 것이 어렵지 않았지만 몇몇 지문은 상당히 까다롭게 출제된 것도 있다. 25문제 중 빈출부분에서 출제된 것은 23문제, 새롭게 출제된 문제는 2문제이다. 이는 반복적으로 출제되는 영역을 집중 정리해야 한다는 것을 의미한다. 전체적으로 행정법 총론에서 18문제, 행정법 각론에서 7문제가 출제되었다. 문제유형으로 보면 박스형 문제(조합형) 3문제, 판례 16문제, 의의를 묻는 문제 3문제, 법령 조문문제 8문제가 출제되었다. 법령 조문문제는 기본적인 조문으로 기본이론이나 문제풀이 과정에서 자주 출제된 부분을 재출제한 것이다. 행정법 각론은 행정법 총론과 연결해서 풀 수 있는 문제가 3문제였다. 행정법의 기본적 이해와 기출문제에 대한 반복적인 학습이 행정법 합격점수 확보에 필수적이라는 것을 다시 한 번 느끼게 하는 출제였다고 총평을 하고 싶다. 전체적으로 의의를 잘 이해한 후 판례 중심의 정리가 되면 이후 행정사 행정법 시험도 어렵지 않게 합격 점수를 확보할 것으로 보인다.

민법총칙

제10회 행정사 민법총칙 과목은 최근 몇 년간 시험 중에서 상대적으로 무난한 수준이었다.
심화문제는 3개 정도에 불과하였으며, 중급문제 4개, 기본문제 18개가 출제되었다. 다만 조문과 기본 내용을 묻는 문제가 많은 반면에 최신 판례를 묻는 문제는 거의 없었으며 사례문제도 아주 기본적 이해를 묻는 정도였다. 이제 우리 시험도 10년간의 기출문제가 축적된 만큼 먼저 기출문제를 확인하고 그 고유한 출제 경향을 잘 분석해서 비슷한 유형의 문제를 최대한 많이 풀어 보는 것이 중요하다. 그밖에 최신판례나 중급사례는 수업시간에 정리하는 것만으로도 충분하다고 생각한다.

행정학개론

2022년에 치러진 행정사 행정학 시험은 다소 평이하였다. 평소 수업에서 강조한 내용이 출제되었기에 무난하게 시험에 임했을 것이라 생각한다. 2022년 행정사 행정학 시험의 특징을 간단하게 정리하면 다음과 같다. 첫째, 지방자치론 문제가 다수 출제되었다(4문제). 지방자치론의 중요도가 조금씩 높아지고 있으니 이를 유념해서 2023년 시험을 대비하여야 한다. 둘째, 이해충돌방지법 등 새로운 유형의 문제가 등장했으나 이는 합격에 악영향을 주지 않으므로 크게 신경 쓰지 않으셔도 좋다. 행정사 행정학에서 70점 이상을 받으면 무난하게 1차 합격할 수 있기 때문이다. 행정사 행정학 공부법은 매우 간단하다. 기존에 출제된 주제를 잘 이해하고, 여기에 약간의 심화 부분을 추가로 공부하면 된다. 공무원 행정학과 행정사 행정학의 출제 범위는 큰 차이가 있어 공무원 행정학 기출문제집을 별도로 구매해서 공부하지 않아도 괜찮다. 2023년 시험을 대비하는 분들이 올바른 노력과 꾸준함을 통해 좋은 결과를 거두시길 바란다.

📊 2013~2022 행정법 출제 경향 분석

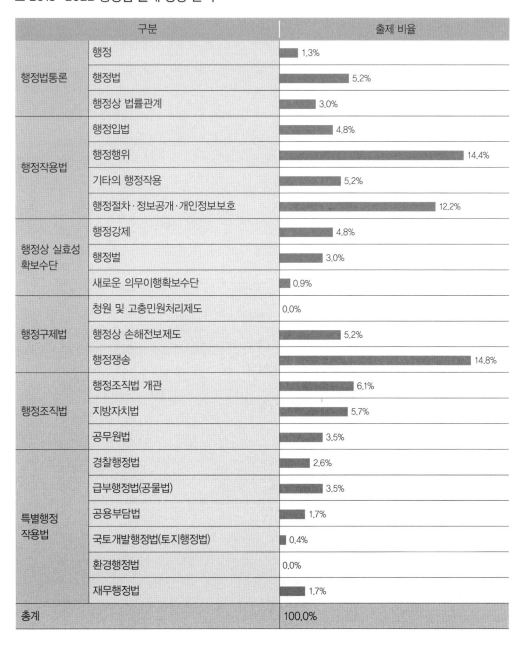

구분		출제 비율
행정법통론	행정	1.3%
	행정법	5.2%
	행정상 법률관계	3.0%
행정작용법	행정입법	4.8%
	행정행위	14.4%
	기타의 행정작용	5.2%
	행정절차·정보공개·개인정보보호	12.2%
행정상 실효성 확보수단	행정강제	4.8%
	행정벌	3.0%
	새로운 의무이행확보수단	0.9%
행정구제법	청원 및 고충민원처리제도	0.0%
	행정상 손해전보제도	5.2%
	행정쟁송	14.8%
행정조직법	행정조직법 개관	6.1%
	지방자치법	5.7%
	공무원법	3.5%
특별행정 작용법	경찰행정법	2.6%
	급부행정법(공물법)	3.5%
	공용부담법	1.7%
	국토개발행정법(토지행정법)	0.4%
	환경행정법	0.0%
	재무행정법	1.7%
총계		100.0%

행정법총론

2023

행정법 총론

합격기준 박문각 행정사

1차

PMG 박문각

Part_

01

행정법

서설

01 행정

제1절 | 행정의 의의

기본문제

01 행정의 관념에 관한 설명으로 틀린 것은?

① 행정은 적극적 미래지향적 형성작용이다.

② 국가행정과 자치행정은 행정주체를 기준으로 행정을 구분한 것이다.

③ 행정법의 대상이 되는 행정은 실질적 행정에 한한다.

④ 행정은 그 법 형식을 기준으로 하여 공법형식의 행정과 사법형식의 행정으로 구분할 수 있다.

⑤ 공과행정이란 국가등이 그 소요재원을 마련하고 이를 관리하는 행정이다.

02 다음 중 형식적 의미에서나 실질적 의미에서 모두 행정에 속하는 것은?

① 부령의 제정

② 건물의 강제철거를 위한 대집행

③ 대법원장의 일반법관 임명

④ 행정심판재결

⑤ 대통령의 긴급재정·경제명령 제정

03 다음은 행정의 목적에 의한 행정의 분류이다. 가장 이질적인 것은?

① 재무행정   ② 군사행정

③ 사법행정   ④ 외무행정

⑤ 급부행정

01 ③ 실질적 의미의 행정뿐만 아니라 형식적 의미의 행정도 행정법의 대상이 된다. 넓게 보면 실질적 의미의 입법이라도 행정입법의 경우 행정법이 적용되고, 실질적 의미의 사법이라도 행정소송의 경우 행정법의 적용대상이 된다.

02 ②는 형식과 실질적 의미에서 모두 행정이다.
① 형식적 의미의 행정, 실질적 의미의 입법
③ 형식적 의미의 사법, 실질적 의미의 행정
④ 형식적 의미의 행정, 실질적 의미의 사법
⑤ 형식적 의미의 행정, 실질적 의미의 입법

03 재무행정, 외무행정, 군사행정, 사법행정은 국가목적적 행정에 속하나 ⑤ 급부행정은 사회목적적 행정에 속한다.

Answer

    01. ③   02. ②   03. ⑤

제2절 | 통치행위

기본문제

01 통치행위에 대한 설명으로 가장 옳지 않은 것은?

① 고도의 정치성을 가지는 국가기관의 행위로서 사법심사의 대상에서 제외되는 국가작용을 뜻한다.

② 통치행위는 정부에 의해 이루어지는 것이 일반적이며, 국회에 의해 이루어질 수도 있다.

③ 일반사병의 이라크 파견 결정은 성격상 국방 및 외교에 관련된 고도의 정치적 결단을 요하는 문제이다.

④ 판례는 대통령의 금융실명거래 및 비밀보장에 관한 긴급재정경제명령의 발령을 통치행위로 보았다.

⑤ 통치행위를 포함하여 모든 국가작용은 국민의 기본권적 가치를 실현하기 위한 수단이라는 한계를 반드시 지켜야 하는 것은 아니다.

02 통치행위에 해당하지 않는 것은? (다툼이 있으면 판례에 따름)

① 대통령의 서훈취소　　　　　　② 사면

③ 이라크 파병결정　　　　　　　④ 남북정상회담의 개최

⑤ 대통령의 비상계엄선포

심화문제

03 통치행위에 관한 판례의 내용으로 옳은 것은?

① 대법원은 통치행위 인정을 지극히 신중하게 하여야 하지만 그 판단은 오로지 사법부만에 의하여 이루어져야 하는 것은 아니라고 보았다.

② 헌법재판소는 대통령의 긴급재정경제명령은 국가긴급권의 일종으로 통치행위에 해당하며 그것이 국민의 기본권 침해와 직접 관련되는 경우에도 헌법재판소의 사법심사의 대상이 되지 않는다고 보았다.

③ 헌법재판소는 대통령의 이라크 파병결정은 그 성격상 고도의 정치적 결단을 요하는 문제로서 헌법재판소가 사법적 기준만으로 이를 심판하는 것은 자제되어야 한다고 보았다.

④ 헌법재판소는 신행정수도건설이나 수도이전의 문제는 그 자체로 고도의 정치적 결단을 요하므로 사법심사의 대상에서 제외되고, 고도의 정치적 결단에 의하여 행해지는 국가작용의 경우 그것이 국민의 기본권 침해와 직접 관련되는 경우에도 헌법재판소의 심판대상이 될 수 없다고 보았다.

⑤ 헌법재판소는 대통령이 한미연합 군사훈련의 일종인 2007년 전시증원연습을 하기로 한 결정은 국방에 관련되는 고도의 정치적 결단에 해당하여 사법심사를 자제하여야 하는 통치행위에 해당한다고 보았다.

---

01 ⑤ 통치행위를 포함하여 모든 국가작용은 국민의 기본권적 가치를 실현하기 위한 수단이라는 한계를 반드시 지켜야 하는 것이고, 비록 고도의 정치적 결단에 의하여 행해지는 국가작용이라고 할지라도 그것이 국민의 기본권 침해와 직접 관련되는 경우에는 당연히 헌법재판소의 심판대상이 된다(헌재 1996.2.29. 93헌마186).

02 ① 판례는 대통령의 서훈취소는 통치행위에 해당하지 않는다고 보았다.
서훈취소는 서훈수여의 경우와는 달리 이미 발생된 서훈대상자 등의 권리 등에 영향을 미치는 행위로서 관련 당사자에게 미치는 불이익의 내용과 정도 등을 고려하면 사법심사의 필요성이 크다. 따라서 기본권의 보장 및 법치주의의 이념에 비추어 보면, 비록 서훈취소가 대통령이 국가원수로서 행하는 행위라고 하더라도 법원이 사법심사를 자제하여야 할 고도의 정치성을 띤 행위라고 볼 수는 없다(대판 2015.4.23. 2012두26920).

03 ③ 외국으로의 군대파견결정은 그 성격상 국방 및 외교에 관련된 고도의 정치적 결단을 요하는 문제로서, 헌법과 법률이 정한 절차를 지켜 이루어진 것임이 명백하므로 대통령과 국회의 판단은 존중되어야 하고 우리 재판소가 사법적 기준만으로 이를 심판하는 것은 자제되어야 한다는 것이 헌법재판소의 입장이다.
① 통치행위의 개념을 인정한다고 하더라도 과도한 사법심사의 자제가 기본권을 보장하고 법치주의 이념을 구현하여야 할 법원의 책무를 태만히 하거나 포기하는 것이 되지 않도록 그 인정을 지극히 신중하게 하여야 하며, 그 판단은 오로지 사법부만에 의하여 이루어져야 한다(대판 2004.3.26. 2003도7878).
② 대통령의 긴급재정경제명령은 고도의 정치적 결단에 의한 통치행위에 속하지만 그것이 국민의 기본권침해와 직접 관련되는 경우에는 헌법재판소의 심판대상이 된다는 것이 헌법재판소의 입장이다(헌재 1996.2.29. 93헌바186).
④ 신행정수도건설이나 수도이전의 문제가 정치적 성격을 가지고 있는 것은 인정할 수 있지만, 그 자체로 고도의 정치적 결단을 요하여 사법심사의 대상으로 하기에는 부적절한 문제라고까지는 할 수 없다. … 고도의 정치성을 띠는 행위일지라도 국민의 기본권 침해와 직접 관련되는 경우에는 헌법재판소의 심판대상이 될 수 있다(헌재 2004.10.21. 2004헌마554).
⑤ 대통령이 한미연합 군사훈련의 일종인 2007년 전시증원연습을 하기로 한 결정이 국방에 관련되는 고도의 정치적 결단에 해당하여 사법심사를 자제하여야 하는 통치행위에 해당된다고 보기 어렵다(헌재 2009.05.28. 2007헌마369).

Answer / 01. ⑤ 02. ① 03. ③

행정법

제1절 행정법의 의의

기본문제

01 행정법에 관한 설명으로 타당하지 않은 것은?

① 통일법전이 결여되어 있는 법 ② 행정의 조직과 작용 및 구제에 관한 모든 법

③ 국내법 ④ 공법

⑤ 성문법주의를 원칙으로 하는 법

심화문제

02 헌법과 행정법의 관계에 대한 설명 중 옳지 않은 것은?

① 독일의 오토 마이어의 「헌법」은 변해도 행정법은 변하지 않는다'라는 표현은 「헌법」
과 행정법의 관계에서 행정법의 기술성만을 강조한 것이다.

② 독일의 베르너는 「'헌법」의 구체화법으로서 행정법'을 강조하여 「헌법」이 변하면 행정
법도 변해야 한다고 하였다.

③ 「헌법」상의 기본권은 구체적인 법률의 제정이 없다고 하더라도 원칙적으로 구체적 권
리성을 가지므로 일반주민은 「헌법」상 환경권을 근거로 개발사업의 승인을 다툴 수
있다.

④ 행정법은 「헌법」을 위반할 수 없고 「헌법」과 행정법이 충돌하는 경우 「헌법」이 우선한다.

⑤ 「헌법」에 의하여 체결·공포된 조약과 일반적으로 승인된 국제법규는 국내법과 동일
한 효력을 갖는다.

---

01 ② 행정법은 행정의 조직과 작용 및 구제에 관한 '모든' 법이 아니라 행정의 조직과 작용 및 구제에 관한 '국내
공법'으로서 행정에 고유·특수한 법을 말한다.

02 ③ 「헌법」상 기본권은 추상적 권리의 성격을 가지는 것이 많으므로 원칙적으로 법률의 구체적 규정이 있어야
개인적 공권성이 인정된다. 환경권은 「헌법」상 기본권만으로 구체적 권리성이 인정되지 않으므로 일반주민은
「헌법」상 환경권을 근거로 개발사업의 승인을 다툴 수 없다.

Answer   01. ②   02. ③

제2절 | 행정법의 특수성

기본문제

01 행정법의 특성에 관한 다음 설명 중 틀린 것은?

① 통일된 법전이 아닌 행정에 관한 수많은 법들의 다양한 법 형태
② 획일적이고 강행적 규율의 중시
③ 예측가능성과 법적 안정성을 위한 성문형식
④ 형식주의 · 외관주의 지배
⑤ 행정주체의 고유한 본연의 성질에서 나오는 행정주체의 우월성

심화문제

02 행정법의 특성을 설명한 것으로 타당하지 않은 것은?

① 행정법은 능력규정이, 사법(私法)은 명령규정이 주를 이룬다.
② 행정주체의 우월성, 공익우선성을 특징으로 한다.
③ 사법(私法)에 비해 획일성 · 강제성을 갖는다.
④ 행정법은 행정권발동의 예측가능성과 법적 안정성을 위해 성문법에 의한 규율을 원칙으로 한다.
⑤ 행정법은 사법(私法)에 비해 행위규범으로서의 성격이 강하고, 사법(私法)은 재판규범으로서의 성격이 강하다.

---

01 ⑤ 오늘날 법치행정하에서 행정주체인 국가가 개인보다 우월적 지위에서 명령 · 강제할 수 있는 것(=행정주체의 우월성)은 사회질서유지 등 공익목적 달성을 위해 법률에 의해 인정되는 것이며, 국가가 본래부터 당연히 개인보다 우월하기 때문(=행정주체의 고유한 본연의 성질에서 나오는 것)이 아니다.

02 ① 행정법은 명령규정(단속규정)이, 사법(私法)은 능력규정(효력규정)이 주를 이룬다. 따라서 행정법의 명령규정(단속규정)에 위반한 사인의 행위는 처벌이나 행정강제의 대상은 되지만 특별한 규정이 없는 한 유효로 인정된다.

Answer / 01. ⑤ 02. ①

제3절 | 행정법의 성립과 발달

기본문제

01 다음 중 행정법 성립의 전제가 되었던 것은?

① 사법(司法)국가주의
② 국민주권주의
③ 법치주의와 행정제도
④ 영미법계의 법 앞에서의 평등
⑤ 사회복지국가원리

심화문제

02 행정법의 성립과 특징으로 옳지 않은 것은?

① 대륙법계는 공법과 사법의 구별을 강조하면서 행정사건은 사법법원이 아닌 별도의 법원(재판소)의 관할에 속하도록 하고 있다.
② 프랑스에서 행정법원이 출범하게 된 배경은 대혁명 이후 행정사건에 대한 사법법원의 간섭을 배제하기 위한 필요성과 관련이 있다.
③ 공법과 사법의 구별을 강조하지 않는 영미법계 국가에서는 오늘날 행정법의 특수성은 인정되지 않으며 행정기관의 결정에 대한 재판권은 통상의 사법법원이 행사한다.
④ 우리나라는 독일·프랑스 등과 같이 공법·사법의 이원적 법체계를 유지하고 있으나, 행정권 내부의 독립된 행정법원이 없다는 점에서 사법국가에 속한다.
⑤ 제2차 세계대전 후의 독일기본법은 민주국가원리와 사회적 법치국가원리를 명문화함으로써 공권력 중심의 전통적 행정법체계를 국민의 권익구제와 행정통제를 중심으로 한 행정법체계로 전환시켰다.

---

01 ③ 대륙법계국가에서 법치주의사상의 발달과 행정제도(행정에 특유한 법의 필요성 인정 및 행정재판소의 설치·운용)의 발전은 행정법 성립·발달의 계기가 되었다.
④ 영미법계 국가에서 법 앞에서의 평등 강조는 오히려 19C 말까지 행정법의 성립·발달을 저해하였다.

02 ③ 영미법계는 공법과 사법의 구별은 인정하지 않지만 절차법 중심으로 행정법의 특수성은 인정되고 있다.

Answer 01. ③ 02. ③

제4절 법치행정

기본문제

01 법치행정원리의 내용에 관한 설명으로 옳지 않은 것은?

① 법치행정의 목적은 행정작용의 명확성과 예견 가능성 및 법적 안정성을 보장하는 데 있다.

② 법률의 법규창조력, 법률유보의 원칙, 법률우위의 원칙을 그 내용으로 한다.

③ 법률유보의 원칙은 행정권의 발동에 있어서 작용규범의 근거가 필요하다는 것을 의미한다.

④ 법률유보의 대상되는 행정은 모든 행정을 대상으로 하지만, 법률우위의 대상되는 행정은 그 적용범위에 대해 견해대립이 있다.

⑤ 기본권 제한에 관한 법률유보원칙은 '법률에 근거한 규율'을 요청하는 것이므로, 그 형식이 반드시 법률일 필요는 없다 하더라도 법률상의 근거는 있어야 한다는 것이 헌법재판소의 입장이다.

02 법률유보의 원칙에 대한 설명으로 옳지 않은 것은? (다툼이 있는 경우 판례에 의함)

① 법률유보의 원칙에서 요구되는 행정권 행사의 법적 근거는 작용법적 근거를 말하며 원칙적으로 개별적 근거를 의미한다.

② 법률유보의 원칙은 국민의 기본권실현과 관련된 영역에 있어서는 입법자가 그 본질적 사항에 대해서 스스로 결정하여야 한다는 요구까지 내포하고 있다.

③ 국회가 형식적 법률로 직접 규율하여야 하는 필요성은 규율 대상이 기본권 및 기본적 의무와 관련된 중요성을 가질수록, 그에 관한 공개적 토론의 필요성 또는 상충하는 이익 사이의 조정 필요성이 클수록 더 증대된다.

④ 텔레비전방송수신료의 금액은 납부의무자의 범위 등과 함께 수신료에 관한 본질적인 중요한 사항이므로 국회가 스스로 결정·관여하여야 한다.

⑤ 텔레비전방송수신료의 징수업무를 한국방송공사가 직접 수행할 것인지, 제3자에게 위탁할 것인지, 위탁한다면 누구에게 위탁하도록 할 것인지, 위탁받은 자가 자신의 고유업무와 결합하여 징수업무를 할 수 있는지는 국민의 기본권제한에 관한 본질적인 사항이다.

---

01 ④ 법률유보의 원칙의 대상되는 행정은 모든 행정을 대상으로 하지 않는다. 판례는 국민의 권리의무에 관한 본질적 사항에 대해 법률의 근거가 있어야 한다는 본질사항유보설을 취한다. 법률우위의 대상되는 행정은 모든 행정이 그 적용대상이 된다.

02 ⑤ 수신료 징수업무를 한국방송공사가 직접 수행할 것인지 제3자에게 위탁할 것인지, 위탁한다면 누구에게 위탁하도록 할 것인지, 위탁받은 자가 자신의 고유업무와 결합하여 징수업무를 할 수 있는지는 징수업무 처리의 효율성 등을 감안하여 결정할 수 있는 사항으로서 국민의 기본권제한에 관한 본질적인 사항이 아니라 할 것이다. 따라서 방송법 제64조 및 제67조 제2항은 법률유보의 원칙에 위반되지 아니한다(헌재 2008.2.28. 2006헌바70).

Answer 01. ④ 02. ⑤

심화문제

03 법률유보에 대한 헌법재판소나 대법원 판례의 설명 중 틀린 것은?

① 법규에 명문의 근거가 없음에도 환경보전이라는 중대한 공익상의 이유로 산림훼손허가를 거부하는 것은 법률유보의 원칙에 비추어 허용되지 않는다.

② 납세의무자에게 조세의 납부의무뿐만 아니라 스스로 과세표준과 세액을 계산하여 신고하여야 하는 의무까지 부과하는 경우에 신고의무불이행에 따른 납세의무자가 입게 될 불이익은 법률로 정하여야 한다.

③ 대법원은 지방의회의원에 대하여 유급보좌인력을 두는 것은 지방의회의원의 신분·지위 및 그 처우에 관한 현행 법령상의 제도에 중대한 변경을 초래하는 것으로서, 이는 개별 지방의회의 조례로써 규정할 사항이 아니라 국회의 법률로써 규정하여야 할 입법사항이라고 한다.

④ 법률이 주민의 권리·의무에 관한 사항에 관하여 조례로 정하도록 위임하는 경우 포괄위임금지의 원칙은 적용되지 않는다.

⑤ 헌법재판소는 법률에 근거를 두면서 「헌법」 제75조가 요구하는 위임의 구체성과 명확성을 구비하는 경우에는 위임입법에 의하여도 기본권을 제한할 수 있다고 한다.

04 행정청이 법률의 근거 규정 없이도 할 수 있는 조치로 옳은 것만을 모두 고른 것은? (다툼이 있는 경우 판례에 의함)

> ㉠ 하자 있는 처분을 직권으로 취소하는 것
> ㉡ 재량권이 인정되는 영역에서 재량권 행사의 기준이 되는 지침을 제정하는 것
> ㉢ 중대한 공익상의 필요가 발생하여 처분을 철회하는 것
> ㉣ 사정변경으로 인하여 처분에 부가되어 있는 부담의 목적을 달성할 수 없게 되어 부담의 내용을 변경하는 것

① ㉠, ㉡   ② ㉢, ㉣
③ ㉡, ㉢   ④ ㉠, ㉢, ㉣
⑤ ㉠, ㉡, ㉢, ㉣

05 법률유보원칙에 대한 설명으로 옳지 않은 것은?

① 전부유보설은 모든 행정작용이 법률에 근거해야 한다는 입장으로, 행정의 자유영역을 부정하는 견해이다.

② 헌법재판소는 예산도 일종의 법 규범이고, 법률과 마찬가지로 국회의 의결을 거쳐 제정되며, 국가기관뿐만 아니라 일반 국민도 구속한다고 본다. 따라서 법률유보의 원칙에서 말하는 법률에는 예산도 포함된다.

③ 헌법재판소는 (구)「토지초과이득세법」상의 기준시가의 해당 내용을 법률에 규정하지 않고 하위법령에 위임한 것은 「헌법」에 반한다고 판단한 바 있다.

④ 행정작용은 법률에 위반되어서는 아니 되며, 국민의 권리를 제한하거나 의무를 부과하는 경우와 그 밖에 국민생활에 중요한 영향을 미치는 경우에는 법률에 근거하여야 한다.

⑤ 국가유공자단체의 대의원 선출에 관한 사항은 본질적 사항에 해당하지 않으므로 단체의 정관으로 정하도록 하는 경우 법률유보의 원칙에 반하지 않는다.

---

03 ① 법령이 규정하는 산림훼손 금지 또는 제한지역에 해당하는 경우는 물론 금지 또는 제한지역에 해당하지 않더라도 허가관청은 산림훼손허가신청 대상토지의 현상과 위치 및 주위의 상황 등을 고려하여 국토 및 자연의 유지와 상수원의 수질과 같은 환경의 보전 등 중대한 공익상 필요가 있다고 인정될 때에는 허가를 거부할 수 있고, 그 경우 법규에 명문의 근거가 없더라도 거부처분을 할 수 있다(대판 1993.5.27. 93누4854).

04 ㉠ 하자 있는 처분은 별도의 법적 근거가 없더라도 처분행정청은 직권취소가 가능하다.
㉡ 재량권 행사의 기준이 되는 지침은 행정규칙으로 별도의 법률의 수권이 없더라도 정할 수 있다.
㉢ 행정처분의 철회는 처분행정청이 별도의 법적 근거가 없더라도 할 수 있다.
㉣ 사후부담의 변경은 원칙적으로 허용되지 않지만 사정변경으로 인하여 처분에 부가되어 있는 부담의 목적을 달성할 수 없게 되어 부담의 내용을 변경하는 경우에는 별도의 법적 근거가 없더라도 예외적으로 허용된다.

05 ② 예산은 법률과 달리 국가기관만을 구속할 뿐 일반 국민을 구속하지 않으므로 법률유보의 원칙에서 말하는 법률에 포함되지 않는다(헌재 2006.4.25. 2006헌마409).

Answer 03. ① 04. ⑤ 05. ②

제5절 | 행정법의 법원

기본문제

01 행정법의 법원(法源)에 관한 설명으로 가장 옳은 것은?

① 우리나라의 성문법주의를 취하고 있기 때문에 행정법의 일반원칙은 행정법의 법원이 되지 못한다.

② 「헌법」에 의하여 체결·공포된 조약은 별도의 시행법령이 없어도 국내에서 효력을 갖는다.

③ 행정규칙은 상위법령의 위임에 근거하여 행정권에 의해 정립되는 법형식이다.

④ 행정선례법이란 행정사무처리상의 관행이 관습화된 것을 의미하므로, 실정법에서는 행정선례법을 명문으로 인정하고 있지 않다.

⑤ 헌법재판소의 위헌법률 결정은 법원으로서의 성격을 갖지 않는다.

02 행정법의 법원에 대한 설명 중 옳은 것은?

① 국제법은 원칙적으로 행정법의 법원이 되지 않으나 「헌법」에 의해 체결·공포된 조약과 일반적으로 승인된 국제법규는 행정법의 법원이 된다.

② 원칙적으로 행정조직 내부에서만 구속력을 가지는 행정규칙도 행정법의 법원성을 인정하여 재판의 근거규범이 된다는 것이 판례이다.

③ 우리나라의 경우 성문법주의를 취하기 때문에 불문법인 관습법에 의해서는 행정작용을 통제할 수 없다는 것이 판례이다.

④ 지방자치단체의 자치입법 중 지방의회가 제정한 조례는 행정법의 법원이 되지만 지방자치단체장이 제정하는 규칙은 법원이 될 수 없다.

⑤ 「헌법」은 추상적 규정으로 이루어져 있으므로 행정법의 법원이 되지 못한다.

심화문제

03 국제조약의 행정법의 법원성에 관한 설명 중 옳지 않은 것은? (다툼이 있으면 판례에 의함)

① 국제조약은 별도의 시행법률이 없어도 국내법으로서 효력을 갖는다.

② 국제조약은 법률 또는 명령과 동일한 효력이 있다고 보는 견해가 통설이다.

③ 조약은 「헌법」보다 하위의 효력을 가지므로 「헌법」에 위반되는 조약은 국내에서뿐만 아니라 국제적으로도 효력을 가질 수 없다.

④ 사인(私人)은 반덤핑부과처분이 세계무역기구(WTO)협정 위반이라는 이유로 직접 국내 법원에 회원국 정부를 상대로 그 처분의 취소를 구하는 소를 제기할 수 없다.

⑤ 국제조약이 국내법과 충돌될 경우에는 신법우선의 원리, 특별법우선의 원리가 적용되게 된다.

---

01 ① 성문법주의를 취하고 있으나 보충적으로 행정법의 일반원칙도 행정법의 법원으로 인정된다.
③ 행정규칙은 상위법령의 위임(수권)을 요하지 않는다.
④ 행정선례법을 명문으로 인정하고 있는 실정법도 있다(예 「국세기본법」, 「행정절차법」).
⑤ 헌법재판소의 위헌법률 결정은 모든 국가기관과 지방자치단체를 기속하므로(「헌법재판소법」 제47조) 행정법의 법원이다.

02 ① 「헌법」 제6조 제1항은 '헌법에 의하여 체결·공포된 조약과 일반적으로 승인된 국제법규는 국내법과 같은 효력을 갖는다.'라고 규정하고 있다. 이러한 조약이 국내행정에 관한 사항을 포함하고 있을 때에는 그 범위에서 행정법의 법원이 된다.
② 원칙적으로 행정조직 내부에서만 구속력을 가지는 행정규칙의 법원성을 인정할 것인가에 대해서는 견해의 대립이 있다. 판례는 원칙적으로 법원성을 부정한다.
③ 우리나라의 경우 성문법주의를 취하지만 성문법의 흠결이 있는 경우에는 예외적으로 불문법이 행정법 관계에 적용될 수 있다. 관습법에 의해서도 행정작용을 통제할 수 있다.
④ 자치법규는 지방의회를 거쳐 제정하는 조례와 자치단체장이 제정하는 규칙이 있고 해당 지방자치단체의 구역 안에서 효력을 가진다.
⑤ 행정은 「헌법」을 위반할 수 없고 행정에 관한 법률의 해석에 「헌법」이 해석지침이 되므로 「헌법」도 행정법의 법원성이 인정된다.

03 ③ 조약과 「헌법」의 관계에 대해서는 헌법우위설이 다수설과 판례이다. 따라서 「헌법」에 위반되는 조약은 국내관계에 적용될 수 없다. 다만 국제관계에는 여전히 적용된다.

Answer   01. ②   02. ①   03. ③

04 행정법의 법원(法源)에 관한 다음 서술 중 타당하지 않은 것은?

① 행정법의 일반원칙은 법규성이 있는 규범의 하나이다.

② 성문법뿐만 아니라 불문법에 위반되는 행정작용도 위법으로 된다.

③ 헌법재판소에 의한 법률의 위헌결정은 국가기관과 지방자치단체를 기속한다는 「헌법재판소법」 제47조에 의해 법원으로서의 성격을 가진다.

④ 감사원규칙은 「헌법」상 인정되는 행정법의 법원에 해당한다.

⑤ 규범 상호 간의 모순·저촉 충돌은 상위법 우선의 원칙, 특별법 우선의 원칙, 신법 우선의 원칙에 의해 해결된다.

05 행정법의 법원에 대한 설명으로 옳지 않은 것은?

① 헌법재판소의 법률에 대한 위헌결정은 법원성이 인정된다.

② 대법원의 판례는 해당 사건뿐만 아니라 유사한 사건에 대해서도 하급심을 기속한다.

③ 대한민국의 수도가 서울이라는 것은 관습헌법으로 하위 법률에 의해 이를 이전하고자 하는 것은 위헌이라는 것이 헌법재판소의 견해이다.

④ 「행정절차법」은 행정청은 법령 등의 해석 또는 행정청의 관행이 일반적으로 국민들에게 받아들여진 때에는 새로운 해석 또는 관행에 의하여 소급하여 불리하게 처리하여서는 아니된다는 행정선례법의 인정을 명시하고 있다.

⑤ 서울특별시 조례는 보건복지부령을 위반할 수 없다.

---

04 ④ 감사원규칙은 「감사원법」에 의해 인정되는 행정법의 법원에 해당한다. 「헌법」에 직접적 규정이 있는 것은 아니다.

05 ② 대법원의 판례는 해당 사건에 한해 하급심을 직접 기속하고 유사사건에 대한 기속력은 인정되지 않는다.

Answer   04. ④   05. ②

제6절 | 행정법의 일반원칙

기본문제

01 「행정기본법」상 행정의 법원칙에 대한 설명으로 옳지 않은 것은?

① 국민의 권리를 제한하거나 의무를 부과하는 경우와 그 밖에 국민생활에 중요한 영향을 미치는 경우에는 법률에 근거하여야 한다.

② 행정작용으로 인한 국민의 이익 침해가 그 행정작용이 의도하는 공익보다 크지 아니하여야 한다.

③ 행정청은 공익 또는 제3자의 이익을 현저히 해칠 우려가 있는 경우를 제외하고는 행정에 대한 국민의 정당하고 합리적인 신뢰를 보호하여야 한다.

④ 행정청은 행정작용을 할 때 상대방에게 해당 행정작용과 실질적인 관련이 없는 의무를 부과해서는 아니 된다.

⑤ 행정청은 권한 행사의 기회가 있음에도 불구하고 장기간 권한을 행사하지 아니하여 국민이 그 권한이 행사되지 아니할 것으로 믿을 만한 정당한 사유가 있는 경우에는 그 권한을 행사하여야 한다.

---

01 ⑤ 행정청은 권한 행사의 기회가 있음에도 불구하고 장기간 권한을 행사하지 아니하여 국민이 그 권한이 행사되지 아니할 것으로 믿을 만한 정당한 사유가 있는 경우에는 그 권한을 행사해서는 아니 된다. 다만, 공익 또는 제3자의 이익을 현저히 해칠 우려가 있는 경우는 예외로 한다(「행정기본법」 제12조 제2항).

Answer

01. ⑤

02 과잉금지의 원칙 또는 비례의 원칙에 대한 설명으로 옳지 않은 것은?

① 헌법재판소는 과잉금지 원칙의 내용으로 방법의 적정성, 침해의 최소성, 법익의 균형성을 들고 있다.

② 과잉금지의 원칙은 재량권 행사의 한계, 부관의 한계, 취소 및 철회의 제한, 사정판결, 경찰권 발동의 한계, 급부행정의 한계 등의 영역에서 기능한다.

③ 과잉금지 원칙의 내용 중 적합성의 원칙은 가장 적합한 수단일 것을 요구하는 것은 아니며, 목적달성에 기여할 수 있으면 충분하다.

④ 음식점 영업 허가의 신청이 있는 경우에 부관으로서의 부담을 붙이게 되면 공익목적을 달성할 수 있는 경우임에도 불구하고 그 허가를 거부하는 것은 필요성의 원칙에 위배된다.

⑤ 비례의 원칙은 행정에만 적용되는 원칙이므로 입법에서는 적용될 여지가 없다.

03 신뢰보호의 원칙에 관한 설명으로 옳은 것은?

① 신뢰의 대상인 행정청의 선행조치에는 적극적·소극적 언동이 모두 포함되지만, 적어도 적법한 선행조치일 것이 요구되므로 위법한 선행조치에 대한 신뢰보호는 허용되지 않는다.

② 행정조직상 권한을 가진 처분청 자신의 공적 견해가 아니라 보조기관에 불과한 담당 공무원의 공적 견해표명이라도 신뢰보호의 대상이 될 수 있다.

③ 행정청의 선행조치에 대하여 상대방인 사인의 아무런 처리행위가 없었던 경우라도 정신적 신뢰를 이유로 신뢰보호를 요구할 수 있다.

④ 행정의 합법률성 원칙과 신뢰보호의 원칙이 충돌하는 경우에는 전자가 우위에 있다는 것이 통설이다.

⑤ 신뢰보호의 원칙이 적용되는 경우 원칙적으로 존속보호보다는 보상보호가 인정된다.

04 행정법상 신뢰보호의 원칙의 요건에 대한 설명으로 옳지 않은 것은?

① 행정청의 견해표명을 신뢰하고 상대방이 어떤 행위를 하였을 것
② 행정청이 공적인 견해를 명시적으로 표명하였을 것
③ 행정청의 선행조치가 존재할 것
④ 행정청의 견해표명을 신뢰함에 있어서 상대방에게 귀책사유가 없을 것
⑤ 행정청의 선행조치와 이를 믿는 상대방의 신뢰 사이에 인과관계가 존재할 것

05 주택사업계획승인을 하면서 그 주택사업과는 관련이 없는 토지를 기부채납하도록 부관을 붙인 경우 위반한 행정법의 원칙은?

① 신뢰보호의 원칙　　　　　② 평등의 원칙
③ 부당결부금지의 원칙　　　④ 비례의 원칙
⑤ 자기구속의 원칙

---

02 ⑤ 비례의 원칙은 「헌법」상의 원칙으로 행정작용뿐만 아니라 입법작용 등 모든 국가작용에 적용되는 일반원칙이다.

03 ② 공적 견해표명은 원칙적으로 일정한 책임 있는 지위에 있는 자에 의해 이루어져야 하나 반드시 행정조직상의 형식적인 권한분장에 구애될 것은 아니고 실질적으로 판단한다.
① 선행조치가 행정행위인 경우 적법행위인가 위법행위인가 구별하지 않고 공적 견해표명에 해당한다. 그러나 무효인 행정행위는 신뢰의 대상이 없다는 점에서 이에 포함되지 않는다. 위법한 선행조치에 대해서는 위법한 선행조치의 변경에 대한 이익형량에 의하여 이를 해결한다.
③ 행정청의 선행조치에 대하여 상대방인 사인의 아무런 처리행위가 없었던 경우에는 신뢰보호의 원칙이 적용되지 않는다. 신뢰보호는 그 자체가 목적이 아니라 당사자가 행정작용을 신뢰하여 행한 어떤 처리(사인의 행위)를 보호하는 것이 목적이기 때문이다.
④ 행정의 합법률성 원칙과 신뢰보호원칙이 충돌하는 경우에는 적법상태의 실현에 의하여 달성되는 공익과 행정작용의 존속에 대한 개인의 신뢰보호라는 사익을 비교형량하여야 한다는 법률적합성과 신뢰보호원칙의 동위설이 다수설과 판례이다.
⑤ 신뢰보호의 원칙의 효과는 원칙적 존속보호, 예외적 보상보호라는 것이 다수설의 입장이다.

04 ② 행정청의 공적 견해표명은 명시적 또는 묵시적으로 표명할 수 있다. 다만, 행정청의 착오 내지 부지(不知)에 의한 부작위나 방치는 신뢰보호의 대상이 되는 공적 견해표명에 해당하지 않는다는 것이 판례의 태도이다.

05 ③ 주택사업계획승인을 하면서 그 주택사업과는 관련이 없는 토지를 기부채납하도록 부관을 붙인 경우 부당결부금지의 원칙에 위배되어 위법한 부관이 된다.

Answer　02. ⑤　03. ②　04. ②　05. ③

06 비례의 원칙과 관련한 판례의 내용으로 틀린 것은?

① 청소년유해매체물로 결정·고시된 만화인 사실을 모르고 있던 도서대여업자가 그 고시일로부터 8일 후에 청소년에게 그 만화를 대여한 것을 사유로 도서대여업자에게 금 700만 원의 과징금이 부과된 경우, 그 과징금 부과처분은 재량권을 일탈·남용한 것으로 볼 수 없다.

② 다른 차들의 통행을 원활히 하기 위하여 승용차를 주차목적으로 자신의 집 앞 약 6m를 운행하였다 하여도 이는 「도로교통법」상의 음주운전에 해당하고, 이미 음주운전으로 적발되어 면허정지처분을 받은 적이 있는데도 혈중알코올농도 0.182%의 만취 상태에서 운전한 것이라면, 교통사고가 발생하지 않았고 운전 승용차로 서적을 판매하여 가족의 생계를 책임져야 한다는 사정을 고려하더라도 이 사건의 운전면허취소처분은 적법하다.

③ 위험한 건물에 대하여 개수명령으로써 목적을 달성할 수 있음에도 불구하고 철거명령을 발령하는 것은 비례의 원칙 중 필요성의 원칙에 반한다.

④ 주유소 영업의 양도인이 등유가 섞인 유사휘발유를 판매한 바를 모르고 이를 양수한 석유판매영업자에게 전 운영자인 양도인의 위법 사유를 들어 6월의 사업정지를 처한 것은 비례원칙에 반한다.

⑤ 미결수용자가 수감되어 있는 동안 수사 또는 재판을 받을 때에도 재소자용 의류를 입게 한 행위는 비례의 원칙에 반하는 것이다.

07 행정법상의 비례원칙에 관한 다음의 내용 중 적절한 것은?

① 이 원칙은 법치국가원칙에서 나온 법의 일반원칙으로서 현행 「헌법」에는 이 원칙의 표현으로 볼 수 있는 규정은 없다.

② 적합성의 원칙이란 행정조치의 정도는 공익상 필요의 정도와 균형을 유지해야 한다는 원칙이다.

③ 필요성의 원칙이란 행정기관의 조치는 그 의도하는 목적을 달성할 수 있는 수단이어야 함을 의미한다.

④ 상당성의 원칙이란 일정한 목적을 달성할 수 있는 수단이 여러 가지 있는 경우에 그 중에서 관계자에게 가장 적은 부담을 주는 수단을 선택함을 의미한다.

⑤ 행정조치는 적합한 수단 중에서 필요한 수단을, 그중에서 상당성 있는 수단을 선택해야 한다는 단계구조를 이루고 있다고 할 수 있다.

08 다음은 행정규칙이 법규성을 가질 수 있는 경우에 관한 헌법재판소 결정 내용이다. 괄호 안에 들어갈 용어로 옳지 않은 것은?

> 행정규칙이 그 정한 바에 따라 되풀이 시행되어 (㉠)이/가 정착되면, 평등의 원칙이나 (㉡)에 따라 행정기관은 그 (㉢)에 대한 관계에서 그 규칙에 따라야 할 (㉣)을/를 당하게 되고, 그러한 경우에는 (㉤)을/를 가지게 된다 할 것이다.

① ㉠ - 행정관행
② ㉡ - 신뢰보호의 원칙
③ ㉢ - 상대방
④ ㉣ - 법률에 의한 구속
⑤ ㉤ - 대외적인 구속력

---

06 ① 청소년유해매체물로 결정·고시된 만화인 사실을 모르고 있던 도서대여업자에게 금지의무의 해태를 탓하기에는 가혹하다는 점에서 과징금 700만 원을 부과한 처분은 재량권을 일탈·남용한 것으로 위법하다는 것이 판례이다.

07 ① 견해대립은 있지만 「헌법」 제37조 제2항에 규정된 기본권의 필요 최소한의 제한을 비례원칙의 근거로 봄이 일반적이다.
② 상당성의 원칙에 대한 설명이다.
③ 적합성의 원칙에 대한 설명이다.
④ 필요성의 원칙에 대한 설명이다.

08 ④ 법률에 의한 구속이 아니라 자기구속이다. 자기구속을 당하게 되는 경우 헌법재판소는 행정규칙의 대외적 구속력을 인정한다. 재량권 행사의 준칙인 규칙이 그 정한 바에 따라 되풀이 시행되어 행정관행이 이룩되게 되면, 평등의 원칙이나 신뢰보호의 원칙에 따라 행정기관은 그 상대방에 대한 관계에서 그 규칙에 따라야 할 자기구속을 당하게 되고, 그러한 경우에는 대외적인 구속력을 가지게 된다 할 것이다(헌재 1990.9.3. 90헌마13).

Answer
06. ① 07. ⑤ 08. ④

09 행정의 '자기구속의 원칙'에 대한 다음 설명 중 가장 옳지 않은 것은?

① 통상의 행정의 자기구속의 원칙은 일반적·추상적 성격을 지닌다.

② 주로 평등의 원칙에서 근거를 구한다.

③ 불법에 있어서 평등대우를 주장하는 근거가 된다.

④ 행정규칙위반의 효과에 대해 위법성을 부여하는 근거가 된다.

⑤ 자기구속으로부터 이탈할 가능성이 배제되지 않는다.

10 신뢰보호의 원칙에 관한 다음 설명 중 가장 적절한 것은? (다툼이 있는 경우 판례에 의함)

① 신뢰보호의 원칙은 판례를 통해 발전한 행정법의 원칙이지만 현재는 실정법에도 명문 규정을 두고 있다.

② 헌법재판소의 위헌결정은 신뢰보호의 원칙의 적용요건 중 하나인 공적 견해표명에 해당한다.

③ 판례에 의하면, 행정기관의 공적 견해표명 여부를 판단할 때는 반드시 행정조직상의 형식적인 권한분장에 의하여 담당자의 조직상 지위와 임무 등에 비추어 형식적으로 판단하여야 한다.

④ 판례에 의하면, 문화체육관광부장관이 지방자치단체장에게 한 사업승인가능성에 대한 회신은 사업신청자인 민원인에 대한 공적 견해표명이다.

⑤ 법률안에 대한 의결이 있는 경우 특정인에 대한 신뢰보호의 대상이 되는 공적 견해표명이 있다고 볼 수 있다.

11 신뢰보호의 원칙에 관한 설명으로 옳지 않은 것은?

① 공적 견해표명을 신뢰한 자가 사실은폐 등 적극적 부정행위를 하지 않는 한 귀책사유가 인정되지 않는다.

② 개인이 행정청의 공적 견해표명을 신뢰하고 이에 기초하여 어떠한 행위를 하였어야 한다.

③ 공적 견해표명의 존재 여부를 판단함에 있어 법적 구속력 있는 형식으로 표명되었는가 여부는 절대적인 기준이 되지 않는다.

④ 신뢰의 보호로 인하여 공익 또는 제3자의 정당한 이익을 현저히 해할 우려가 있는 경우 그 신뢰는 보호될 수 없다.

⑤ 정구장시설 설치의 도시계획결정을 청소년수련시설 설치의 도시계획으로 변경한 경우, 사업시행자로 지정받을 것을 예상하고 정구장 설계비용 등을 지출한 자의 신뢰이익을 침해한 것으로 볼 수 없다.

---

09 ③ 불법의 영역에서는 평등의 원칙이 적용되지 않는다. 자기구속의 원칙도 적법한 재량준칙에 대해서 인정되는 것이고 재량준칙이 위법한 경우 자기구속의 원칙이 인정되지 않는다.

10 ① 신뢰보호의 원칙은 불문법으로 일반원칙에 해당하지만, 「행정기본법」제18조, 「국세기본법」제18조, 「행정절차법」제4조 등에서 실정법상 인정되는 원칙이기도 하다.
② 헌법재판소의 위헌결정은 행정청이 개인에 대하여 신뢰의 대상이 되는 공적인 견해를 표명한 것으로 볼 수 없다(대판 2003.6.27. 2002두6965).
③ 행정청의 공적 견해표명이 있었는지의 여부를 판단하는 데 있어 반드시 행정조직상의 형식적인 권한분장에 구애될 것은 아니고 담당자의 조직상의 지위와 임무, 당해 언동을 하게 된 구체적인 경위 및 그에 대한 상대방의 신뢰가능성에 비추어 실질에 의하여 판단하여야 한다(대판 2006.4.28. 2005두9644).
④ 문화체육관광부장관이 지방자치단체장에게 한 사업승인가능성에 대한 회신은 민원인에게 직접 한 것이 아니므로 민원인에 대한 공적 견해표명으로 볼 수 없다(대판 2006.4.28. 2005두6539).
⑤ 국회에서 법률안을 의결한 사정만으로는 국가가 이해관계자들에게 위 법률안에 관련된 사항을 약속하였다고 볼 수 없으며, 이러한 사정만으로 어떠한 신뢰를 부여하였다고 볼 수도 없다(대판 2008.5.29. 2004다33469).

11 ① 보호가치 있는 신뢰가 인정되기 위해서는 사인의 부정행위가 없을 뿐 아니라 선행행위가 변경될 것이라는 것에 대해 사인의 예측가능성이 없어야 한다. 선행행위가 후행행위로 변경될 것이라는 것에 대해서 사인이 이를 알았거나 중대한 과실로 알지 못한 경우에는 신뢰보호의 원칙이 적용되지 않는다.

Answer　　09. ③　　10. ①　　11. ①

12 행정법의 법원으로서 신뢰보호원칙에 관한 설명으로 옳은 것은? (다툼이 있으면 판례에 따름)

① 헌법재판소의 위헌결정은 행정청이 개인에 대하여 신뢰의 대상이 되는 공적인 견해를 표명한 것이라고 할 수 없으므로 그 결정에 관련된 개인의 행위에 대하여는 신뢰보호의 원칙이 적용되지 아니한다.

② '공익을 해할 우려가 있는 경우가 아니어야 함'은 신뢰보호원칙의 성립요건이지만, '제3자의 정당한 이익을 해할 우려가 있는 경우가 아니어야 함'은 신뢰보호원칙의 성립요건이 아니다.

③ 신뢰보호원칙의 성립요건인 공적인 견해의 표명은 행정조직법상 권한을 가진 행정청에 의해 행해져야 하며, 처분청이 아닌 다른 기관에 의해 행해진 경우에는 신뢰보호의 대상이 될 수 없다.

④ 신뢰의 대상인 행정청의 선행조치는 문서에 의한 형식적 행위이어야 한다.

⑤ 신뢰보호의 대상인 행정청의 선행조치에는 법적행위만이 포함되며, 행정지도 등의 사실행위는 포함되지 아니한다.

13 신뢰보호의 원칙에 대한 대법원 판례의 내용으로 옳지 않은 것은?

① 「개발이익환수에 관한 법률」에 정한 개발사업을 시행하기 전에, 행정청이 민원예비심사로서 관련부서 의견으로 '저촉사항 없음'이라고 기재한 것은 공적인 견해표명에 해당한다.

② 도시계획구역 내 생산녹지로 답(畓)인 토지에 대하여 종교회관 건립을 목적으로 하는 토지거래계약의 허가를 받으면서 담당공무원이 관련법규상 허용된다고 하여 이를 신뢰하고 건축준비를 하였으나 그 후 토지형질변경허가신청을 불허가한 것은 신뢰보호의 원칙에 위반된다.

③ 병무청 담당부서의 담당공무원에게 공적 견해의 표명을 구하는 정식의 서면질의 등을 하지 아니한 채 총무과 민원팀장에 불과한 공무원이 민원봉사차원에서 상담에 응하여 안내한 것을 신뢰한 경우, 신뢰보호의 원칙이 적용되지 않는다.

④ 교통사고가 일어난 지 1년 10개월이 지난 뒤 그 교통사고를 일으킨 택시에 대하여 운송사업면허를 취소한 경우, 택시운송사업자로서는 「자동차운수사업법」의 내용을 잘 알고 있어 교통사고를 낸 택시에 대하여 운송사업면허가 취소될 가능성을 예상할 수 있었으므로 별다른 행정조치가 없을 것으로 자신이 믿고 있었다 하여도 신뢰의 이익을 주장할 수는 없다.

⑤ 헌법재판소의 위헌결정은 국민에게 직접 후행행위를 하겠다는 공적 견해표명으로 볼 수 없다.

14 부당결부금지의 원칙에 대한 설명으로 틀린 것은?

① 주택사업계획승인 시 그 주택사업과 아무런 관련이 없는 토지를 기부채납하도록 한 것은 부당결부금지의 원칙에 반하여 위법하다.

② 주택사업계획승인을 하면서 입주민의 편의를 위해 도로를 확장하여 기부채납하도록 한 것은 부당결부금지의 원칙에 반하여 위법하다.

③ 부당결부금지의 원칙은 공법상 계약에 있어서도 그 적용이 있다.

④ 혈중알코올농도 0.182%의 만취상태에서 운전한 자에 대한 1종 대형면허와 1종 보통 운전면허에 대한 취소가 부당결부금지의 원칙에 반해 위법한 것은 아니다.

⑤ 제2종 소형면허를 가진 사람만이 운전할 수 있는 오토바이를 음주운전한 경우 이와 실질적 관련이 없는 제1종 대형면허나 제1종 보통면허를 취소하는 것은 위법하다.

12 ② 판례에 의하면 '제3자의 정당한 이익을 해할 우려가 있는 경우가 아니어야 함'도 신뢰보호원칙의 성립요건이다.
③ 처분청이 아닌 다른 기관에 의해 행해진 경우에도 실질적인 여러 사정을 고려할 때 신뢰보호의 대상이 될 수 있다.
④ 신뢰의 대상인 행정청의 선행조치는 묵시적인 경우도 있다.
⑤ 신뢰보호의 대상인 행정청의 선행조치에는 법적행위만이 아니라 행정지도 등의 사실행위도 포함된다.

13 ① 개발이익환수에 관한 법률에 정한 개발사업을 시행하기 전에, 행정청이 민원예비심사에 대하여 관련부서 의견으로 '저촉사항 없음'이라고 기재하였다고 하더라도, 이후의 개발부담금 부과처분에 관하여 신뢰보호의 원칙을 적용하기 위한 요건인 신뢰의 대상이 되는 공적인 견해표명을 한 것이라고는 보기 어렵다(대판 2006.6.9. 2004두46).

14 ② 입주민의 편의를 위해 도로를 확장하여 기부채납하도록 한 것이므로 실질적 관련성이 있는 부관으로 부당 결부금지의 원칙에 반하지 않는다.
④ 제1종 대형면허와 제1종 보통면허는 서로 관련된 면허로 음주운전한 경우 모두를 취소해도 부당결부금지의 원칙에 위반되지 않는다.
⑤ 음주운전이라도 면허 간에 관련이 없는 경우 전부취소를 할 수 없다. 제2종 소형면허를 가진 사람만이 운전 할 수 있는 오토바이를 음주운전한 경우 이와 실질적 관련이 없는 제1종 대형면허나 제2종 보통면허를 취소할 수 없다.

Answer   12. ①   13. ①   14. ②

15 판례의 내용으로 옳지 않은 것은?

① 행정처분이 행정규칙이나 내부지침에 위반하였다는 사정만으로 곧바로 위법하게 되는 것은 아니다.

② 「개발이익환수에 관한 법률」에서 정한 개발사업을 시행하기 전에, 예식장을 건축하는 것이 관계 법령상 가능한지를 질의하는 민원예비심사에 대하여 행정청이 관련부서 의견으로 「개발이익환수에 관한 법률」에 '저촉사항 없음'이라고 기재한 것은 신뢰보호의 원칙상 신뢰의 대상이 되는 공적 견해표명을 한 것으로 볼 수 없다.

③ 근로복지공단의 요양불승인처분에 대한 취소소송을 제기하여 승소확정판결을 받은 근로자가 요양으로 인하여 취업하지 못한 기간의 휴업급여를 청구한 경우, 그 휴업급여청구권이 시효완성으로 소멸하였다는 근로복지공단의 항변이 신의성실의 원칙에 반하지 않는다.

④ 지방공무원 임용신청 당시 잘못 기재된 호적상 출생연월일을 근거로 한 공무원인사기록카드의 생년월일 기재에 대해 처음 임용된 후 약 36년 동안 전혀 이의를 제기하지 않다가, 정년을 1년 3개월 앞두고 호적상 출생연월일을 정정한 후 그 출생연월일을 기준으로 정년의 연장을 요구하는 것은 신의성실의 원칙에 반하지 않는다.

⑤ 사업자단체가 주무관청의 행정지도에 따라 시정명령의 대상이 되는 행위를 한 경우, 그 행위의 위법성이 조각되는 것도 아니고 그 행위의 시정을 명함이 금반언의 원칙에 반하는 것도 아니다.

16 행정법의 일반원칙에 관한 설명으로 옳지 않은 것은? (다툼이 있으면 판례에 따름)

① 행정의 자기구속원칙의 인정 근거는 평등원칙 또는 신뢰보호원칙이다.

② 행정관행이 위법한 경우 명문의 규정이 없는 한 행정청은 자기구속을 당하지 않는다.

③ 비례의 원칙은 「헌법」상의 원칙이다.

④ 신뢰보호원칙에서 법률에 대한 신뢰는 신뢰보호의 대상이 되지 않는다.

⑤ 신뢰보호원칙에서 특정 개인에 대한 공적인 견해표명이 있어야 하는 것은 아니다.

17 행정의 법원칙 중 「행정기본법」에 명문으로 규정하고 있는 것이 아닌 것은?

① 행정의 자기구속의 원칙

② 부당결부금지의 원칙

③ 성실의무 및 권한남용금지의 원칙

④ 비례의 원칙

⑤ 평등의 원칙

18 행정법의 일반원칙에 대한 설명으로 옳은 것은? (다툼이 있는 경우 판례에 의함)

① 법령 개정에 대한 신뢰와 관련하여, 법령에 따른 개인의 행위가 국가에 의하여 일정한 방향으로 유인된 경우에 특별히 보호가치가 있는 신뢰이익이 인정될 수 있다.

② 행정청 내부의 사무처리준칙에 해당하는 지침의 공표만으로도 신청인은 보호가치 있는 신뢰를 갖게 된다.

③ 신뢰보호원칙이 적용되기 위한 행정청의 공적 견해표명이 있었는지 여부는 전적으로 행정조직상의 권한분장에 의해 결정된다.

④ 위법한 행정처분이라도 수차례에 걸쳐 반복적으로 행하여졌다면 그러한 처분은 행정청에 대하여 자기구속력을 갖게 된다.

⑤ 입법 예고를 통해 법령안의 내용을 국민에게 예고한 적이 있다면 그것이 법령으로 확정되지 않았다고 하더라도 국가가 이해관계자들에게 그 법령안에 관련된 사항을 약속하였다고 볼 수 있다.

15 ③ 근로복지공단의 요양불승인처분에 대한 취소소송을 제기하여 승소확정판결을 받은 근로자가 요양으로 인하여 취업하지 못한 기간의 휴업급여를 청구한 경우, 그 휴업급여청구권이 시효완성으로 소멸하였다는 근로복지공단의 항변은 신의성실의 원칙에 반하여 허용될 수 없다(대판 2008.9.18. 2007두2173 전원합의체).

16 ④ 행정청의 구체적인 행위뿐만 아니라 법률도 신뢰보호의 대상이 된다. 법률에 대한 국민의 신뢰를 보호해 주기 위한 측면에서 법률의 소급은 원칙적으로 허용되지 않는 것이다(법률불소급의 원칙).

17 ① 「행정기본법」은 부당결부금지의 원칙(제13조), 성실의무 및 권한남용금지의 원칙(제11조), 비례의 원칙(제10조), 평등의 원칙(제9조)에 대해서 규정하고 있지만 행정의 자기구속의 원칙에 대해서는 직접적 규정을 두고 있지 않다.

18 ① 법률의 개정에 대한 신뢰이익의 보호가치는 법률에 따른 개인의 행위가 국가에 의하여 일정방향으로 유인된 신뢰의 행사인 경우 보호가치가 인정된다.
② 행정청 내부의 사무처리준칙에 해당하는 지침의 공표만으로 신청인은 보호가치 있는 신뢰를 갖는다고 볼 수 없고 공표된 지침이 반보적으로 적용된 선례(행정관행)가 있어야 한다.
③ 신뢰보호의 대상되는 공적 견해표명이 있었는지 여부는 행정조직상의 형식적 권한분장이 아닌 상대방의 실질적 신뢰가능성에 비추어 판단하여야 한다는 것이 판례이다.
④ 위법한 행정처분은 수차례 반복적으로 행하여졌다고 하더라도 행정청에 대하여 자기구속력을 갖지 못한다.
⑤ 정책의 주무 부처인 중앙행정기관이 그 소관 사항에 대하여 입안한 법령안은 법제처 심사 등의 절차를 거쳐 공포함으로써 확정되므로, 법령이 확정되기 이전에는 법적 효과가 발생할 수 없다. 따라서 입법 예고를 통해 법령안의 내용을 국민에게 예고한 적이 있다고 하더라도 그것이 법령으로 확정되지 아니한 이상 국가가 이해관계자들에게 위 법령안에 관련된 사항을 약속하였다고 볼 수 없으며, 이러한 사정만으로 어떠한 신뢰를 부여하였다고 볼 수도 없다(대판 2018.6.15. 2017다249769).

Answer   15. ③   16. ④   17. ①   18. ①

제7절 행정법의 효력

기본문제

01 법령의 효력발생에 관한 설명으로 옳지 않은 것은?

① 대통령령·총리령 및 부령은 특별한 규정이 없는 한 공포한 날로부터 20일이 경과함으로써 효력을 발생한다.

② 대통령령·총리령 및 부령의 공포일은 그 법령 등을 게재한 관보 또는 신문이 발행된 날로 한다.

③ 법령의 공포시점은 관보 또는 공보가 판매소에 도달하여 누구든지 이를 구독할 수 있는 상태가 된 최초의 시점으로 보는 것이 판례의 입장이다.

④ 새 법령이 시행되기 전에 종결된 사실에 대하여는 해당 법령을 적용하지 않는 것을 원칙으로 한다.

⑤ 관보는 전자관보를 우선으로 하되 종이관보를 보완적으로 운영할 수 있다.

02 행정법령의 적용에 관한 설명으로 옳은 것은? (다툼이 있는 경우 판례에 의함)

① 행정법규 위반자에 대한 제재처분을 하기 전에 처분의 기준이 행위 시보다 불리하게 개정된 경우 원칙적으로 행위 시의 법령을 적용하여야 한다.

② 과거에 완성된 사실에 대하여 당사자에게 불리하게 제정 또는 개정된 신법을 적용하는 것은 어떠한 경우에도 허용될 수 없다.

③ 「소득세법」이 개정되어 세율이 인상된 경우, 법 개정 전부터 개정법이 발효된 후에까지 걸쳐 있는 과세기간(1년)의 전체 소득에 대하여 인상된 세율을 적용하는 것은 재산권에 대한 소급적 박탈이 되므로 위법하다.

④ 처분의 근거가 행정규칙에 규정되어 있다면 그 처분은 항고소송의 대상이 되는 행정처분이 아니다.

⑤ 법령등을 위반한 행위 후 법령등의 변경에 의하여 그 행위가 법령등을 위반한 행위에 해당하지 아니하거나 제재처분 기준이 가벼워진 경우로서 해당 법령등에 특별한 규정이 없는 경우에는 변경 전의 법령등을 적용한다.

심화문제

03 행정법의 효력에 대한 설명으로 옳지 않은 것은?

① 경과규정 등의 특별 규정 없이 법령이 변경된 경우, 그 변경 전에 발생한 사항에 대하여 적용할 법령은 변경 전의 구법령이다.

② 당사자의 신청에 따른 처분은 법령등에 특별한 규정이 있거나 처분 당시의 법령등을 적용하기 곤란한 특별한 사정이 있는 경우를 제외하고는 신청 당시의 법령등에 따른다.

③ 계속된 사실이나 새 법령 시행 후에 발생한 조세부과요건 사실에 대하여 새 법령을 적용하는 것은 소급입법금지의 원칙에 저촉되지 않는다.

④ 법령이 전문 개정된 경우 특별한 사정이 없는 한 종전의 법률부칙의 경과규정도 모두 실효된다.

⑤ 진정소급입법은 원칙적으로는 금지되나 일반적으로 국민이 소급입법을 예상할 수 있었던 경우에는 허용된다.

01 ⑤ 관보는 종이로 발행되는 관보와 전자적인 형태로 발행되는 관보로 운영한다. 관보의 내용 해석 및 적용 시기 등에 대하여 종이관보와 전자관보는 동일한 효력을 가진다(「행정기본법」 제11조 제3항, 제4항).

02 ② 법령의 진정소급은 원칙적으로 불허, 예외적으로 허용이다. '과거에 완성된 사실에 대하여 당사자에게 불리하게 제정 또는 개정된 신법을 적용하는 것'은 법령의 진정소급에 해당한다. 따라서 지문의 '어떠한 경우에도 허용될 수 없다'는 타당하지 않다.
③ 법령의 부진정소급은 원칙적으로 허용, 예외적으로 불허이다. '과세기간(1년)의 전체 소득에 대하여 (개정법에 따라) 인상된 세율을 적용하는 것'은 법령의 부진정소급에 해당한다. 따라서 개정된 법에 따라 인상된 세율을 적용하는 것은 원칙적으로 위법하지 않다.
④ 처분의 근거가 행정규칙에 규정되어 있다고 하더라도, 그 처분이 상대방에게 권리 설정 또는 의무 부담을 명하거나 기타 법적인 효과를 발생하게 하는 등으로 상대방의 권리의무에 직접 영향을 미치는 행위인 경우에는 항고소송의 대상이 되는 행정처분에 해당한다.
⑤ 법령등을 위반한 행위의 성립과 이에 대한 제재처분은 법령등에 특별한 규정이 있는 경우를 제외하고는 법령등을 위반한 행위 당시의 법령등에 따른다. 다만, 법령등을 위반한 행위 후 법령등의 변경에 의하여 그 행위가 법령등을 위반한 행위에 해당하지 아니하거나 제재처분 기준이 가벼워진 경우로서 해당 법령등에 특별한 규정이 없는 경우에는 변경된 법령등을 적용한다(「행정기본법」 제14조 제3항).

03 ② 당사자의 신청에 따른 처분은 법령등에 특별한 규정이 있거나 처분 당시의 법령등을 적용하기 곤란한 특별한 사정이 있는 경우를 제외하고는 처분 당시의 법령등에 따른다(「행정기본법」 제14조 제2항).

Answer 01. ⑤ 02. ① 03. ②

04 A행정법규가 2015년 3월 1일 B행정법규로 개정되어 2015년 4월 1일부터 효력을 발생하였다. 행정법규의 적용에 관한 설명으로 옳지 않은 것은?

① 2015년 3월 31일에 종결된 사실에 대해서는 A법규를 적용하는 것이 원칙이다.

② 2015년 2월 10일에 개시되어 2015년 4월 10일에 종결된 사실에 대해서는 B법규를 적용하는 것이 원칙이다.

③ 2015년 3월 10일에 개시되어 2015년 4월 10일에 종결된 사실에 대해서는 B법규가 A법규보다 불리하게 개정된 경우에도 B법규를 적용하는 것이 원칙이다.

④ 2015년 3월 31일에 종결된 사실에 대해서도 B법규가 A법규보다 유리하게 개정된 경우에는 예외적으로 B법규를 적용할 수 있다.

⑤ 2015년 4월 10일에 개시된 사실에 대해서도 국민에게 유리한 경우에는 일반적으로 A법규를 적용할 수 있다.

05 법령 등 시행일의 기간 계산에 관한 설명으로 옳은 것을 모두 고른 것은?

> ㉠ 법령 등을 공포한 날부터 시행하는 경우에는 공포한 날을 시행일로 한다.
> ㉡ 법령 등을 공포한 날부터 일정 기간이 경과한 날부터 시행하는 경우 법령 등을 공포한 날을 첫날에 산입하지 아니한다.
> ㉢ 법령 등을 공포한 날부터 일정 기간이 경과한 날부터 시행하는 경우 그 기간의 말일이 토요일 또는 공휴일인 때에는 그 말일로 기간이 만료한다.
> ㉣ 대통령령은 특별한 규정이 없으면 공포한 날부터 10일이 경과함으로써 효력을 발생한다.

① ㉠, ㉡   ② ㉠, ㉣

③ ㉢, ㉣   ④ ㉠, ㉡, ㉢

⑤ ㉡, ㉢, ㉣

04 ⑤ 신법의 시행일 이후에 개시된 사실에 대해서는 신법을 적용
① 신법의 시행일 이전에 종결된 사실에 대해서는 (특별한 규정이 없는 한) 구법을 적용함이 원칙
②·③ 구법 시행 당시에 개시되어 신법 시행일 이후에 종결된 사실에 대해서는 신법을 적용함이 원칙(부진정소급효)
④ 신법의 시행일 이전에 종결된 사실에 대해서는 (특별한 규정이 없는 한) 구법을 적용함이 원칙이지만, 신법이 구법보다 당사자에게 유리하게 개정된 경우에는 예외적으로 신법을 적용할 수 있다(진정소급효금지 원칙의 예외).

05 ㉠·㉡·㉢ 모두 [○]
〈법령〉「행정기본법」 제7조(법령 등 시행일의 기간 계산) 법령 등(훈령·예규·고시·지침 등을 포함한다. 이하 이 조에서 같다)의 시행일을 정하거나 계산할 때에는 다음 각 호의 기준에 따른다.
1. 법령 등을 공포한 날부터 시행하는 경우에는 공포한 날을 시행일로 한다.
2. 법령 등을 공포한 날부터 일정 기간이 경과한 날부터 시행하는 경우 법령 등을 공포한 날을 첫날에 산입하지 아니한다.
3. 법령 등을 공포한 날부터 일정 기간이 경과한 날부터 시행하는 경우 그 기간의 말일이 토요일 또는 공휴일인 때에는 그 말일로 기간이 만료한다.
㉣ [×] 법령(대통령령 포함)은 특별한 규정이 없으면 공포한 날부터 20일이 경과함으로써 효력을 발생한다.

Answer
　　04. ⑤　　05. ④

Chapter 03 행정법 관계

제1절 행정상 법률관계

기본문제

01 행정상 법률관계에 대한 설명으로 틀린 것은?

① 권력관계는 행정주체가 공권력의 주체로서 우월적 지위에서 국민에 대해 일방적으로 명령·강제하는 관계이다.

② 권력관계에 대해서는 엄격한 법률상의 수권을 요하며, 원칙적으로 사법이 적용되지 않는다.

③ 국고관계는 원칙적으로 사법이 적용되지만 공정성의 담보차원에서 공법상 일정한 제한과 규제가 가하여지고 있다.

④ 관리관계는 원칙적으로 공법이 적용되며 예외적으로 사법이 적용된다는 것이 통설적 견해이다.

⑤ 국유재산의 매각관계는 원칙적으로 사법에 의해 규율을 받는 사법관계에 속한다.

02 다음 중 행정법관계가 아닌 것은?

① 농지개량조합과 조합원의 관계

② 국가의 한국토지주택공사에 대한 감독관계

③ 사유공물의 지정관계

④ 특허기업자의 토지수용관계

⑤ 시영버스사업자와 그 이용자와의 관계

03 공법관계와 사법관계에 대한 다음 서술 중 타당하지 않은 것은? (다툼이 있는 경우 판례에 의함)

① 조세부과처분이 당연무효임을 전제로 하여 이미 납부한 세금의 반환을 청구하는 것은 민사상의 부당이득반환청구로서 민사소송절차에 따라야 한다.

② 국가에 대한 납세의무자의 부가가치세 환급세액 지급청구는 공법상 당사자소송절차에 따라야 한다.

③ 국유재산의 매각·임대·대부료의 납입고지는 모두 사법상의 행위이다.

④ 행정재산의 사용·수익허가 후 행정재산의 사용료 부과는 사법상의 행위이다.

⑤ 국유재산의 관리청이 무단점유자에 대하여 하는 변상금부과처분은 행정소송의 대상이 되는 행정처분이다.

04 판례에 의할 때 공법관계에 해당되지 않는 것은?

① (구) 「예산회계법」상 입찰보증금의 국고귀속조치

② 국립의료원 부설주차장에 관한 위탁관리용역운영계약

③ 공무원연금관리공단의 급여 결정

④ 국가인권위원회의 성희롱 결정 및 시정조치의 권고

⑤ 지방자치단체에 근무하는 청원경찰의 근무관계

01 ④ 관리관계는 국가의 공적 재산 또는 공적 사업 등의 관리주체로서의 행정주체와 사인 간의 관계를 말한다. 전래적 공법관계로 분류하나 원칙적 사법규정이 적용되며 예외적으로 공법규정이 적용된다.

02 ⑤ 시영버스사업자와 그 이용자의 관계는 사경제작용의 일환으로 사법관계라는 것이 판례이다.

03 ④ 행정재산의 사용·수익허가 후 행정재산의 사용료 부과는 공법상의 행위로서 행정행위(하명처분)이다.

04 ① 예산회계법에 따라 체결되는 계약은 사법상의 계약이라고 할 것이고 동법상의 입찰보증금은 낙찰자의 계약체결의무이행의 확보를 목적으로 하여 그 불이행 시에 이를 국고에 귀속시켜 국가의 손해를 전보하는 사법상의 손해배상예정으로서의 성질을 갖는 것이라고 할 것이므로 입찰보증금의 국고귀속조치는 국가가 사법상의 재산권의 주체로서 행위하는 것이지 공권력을 행사하는 것이거나 공권력작용과 일체성을 가진 것이 아니라 할 것이므로 이에 관한 분쟁은 행정소송이 아닌 민사소송의 대상이 될 수밖에 없다(대판 1983.12.27., 81누366).

② 국립의료원 부설주차장은 행정재산이며, 이의 위탁관리용역운영계약은 행정재산의 사용·수익 허가로서 강학상의 특허에 해당하는 조치로서 이에 관한 법률관계는 공법관계이다. 따라서 이와 관련한 가산금지급채무부존재를 소송상 다투는 경우 소송형태는 민사소송이 아닌 행정소송으로 하여야 한다는 것이 판례이다.

Answer / **01.** ④ **02.** ⑤ **03.** ④ **04.** ①

제2절 | 행정법 관계의 당사자

기본문제

01 행정주체의 지위를 갖는 것은 모두 몇 개인가? (다툼이 있으면 판례에 의함)

> ㉠ 「도시 및 주거환경정비법」에 따른 주택재건축정비사업조합
> ㉡ 서울대학교
> ㉢ 지방자치단체
> ㉣ 국가

① 0개   ② 1개
③ 2개   ④ 3개
⑤ 4개

02 행정주체에 대한 설명이다. 틀린 것은?

① 재산권 취득이 가능하다.
② 행정조직법상 권한 위임은 원칙적으로 법적 근거가 없더라도 가능하다.
③ 영조물 법인인 한국도로공사는 행정주체가 될 수 있다.
④ 「공익사업을 위한 토지 등의 취득 및 보상에 관한 법률」상 사업시행자도 행정주체가 될 수 있다.
⑤ 사인도 행정주체가 될 수 있다.

03 행정주체와 행정기관에 관한 설명으로 옳지 않은 것은?

① 행정주체의 행정사무담당자를 행정기관이라고 한다는 점에서 행정주체와 행정기관의 관계는 회사(법인)와 대표이사와의 관계와 유사하다.
② 공공단체와 같은 행정주체는 행정객체가 될 수 없다.
③ 전통적으로 영미행정법에서는 행정기관은 주로 '행정관서'를 의미하나, 독일행정법에서는 주로 '행정관서의 장'을 의미한다.
④ 행정주체는 인격성을 가지나, 행정기관은 그에게 법률효과가 귀속되는 것은 아니므로 인격성을 가지지 못한다.
⑤ 판례는 원천징수 의무자에 대해서 행정주체성을 인정하지 않는다.

심화문제

04 행정주체에 대한 설명들이다. 잘못된 것은?

① 지방자치단체도 자치사무를 수행하는 경우에는 양벌규정에 따라 처벌대상이 되는 법인에 해당한다.

② 교통안전공단이 그 사업목적에 필요한 재원으로 사용할 기금조성을 위하여 분담금 납부의무자에 대하여 한 분담금 납부통지는 행정처분이라 볼 수 없다.

③ 소득세의 원천징수 행위는 법령에 규정된 징수 및 납부의무를 이행하기 위한 것에 불과한 것이지 공권력의 행사로서의 행정처분을 한 경우에 해당되지 아니한다.

④ 공공단체도 국가가 행정주체로 되는 경우에는 행정객체가 될 수 있다.

⑤ 영조물은 법인이 되기 전에는 행정주체가 되지 못한다.

05 공무수탁사인에 관한 설명으로 옳지 않은 것은?

① 공무수탁사인은 행정임무를 자기 책임하에 수행함이 없이 단순한 기술적 집행만을 행하는 사인인 행정보조인과는 구별된다.

② 국가가 자신의 임무를 스스로 수행할 것인지 아니면 그 임무의 기능을 민간부문으로 하여금 수행하게 할 것인지에 대하여 입법자에게 광범위한 입법재량 내지 형성의 자유가 인정된다고 보는 것이 판례의 입장이다.

③ 사고현장에서 경찰의 부탁에 의해 경찰을 돕는 자는 공무수탁사인으로 볼 수 없다.

④ 법령에 의하여 공무를 위탁받은 공무수탁사인이 행한 처분에 대하여 항고소송을 제기하는 경우 피고는 위임행정청이 된다.

⑤ 공무수탁사인의 직무상 불행행위에 대해서는 원칙적으로 국가나 지방자치단체가 책임을 진다.

---

01 ㉠, ㉡, ㉢, ㉣ 모두 행정주체에 해당한다.

02 ② 행정조직법상 권한의 위임은 권한이 이전되는 것이므로 개별법상 또는 일반법상의 법적 근거를 요한다.

03 ② 공공단체·공무수탁사인과 같은 행정주체는 국가와의 관계에서는 행정객체가 되기도 하는 이중적 지위를 가진다.

04 ② 교통안전공단이 그 사업목적에 필요한 재원으로 사용할 기금조성을 위하여 분담금 납부의무자에 대하여 한 분담금 납부통지는 행정주체의 공권력 행사라 볼 수 있으므로 행정처분에 해당한다.

05 ④ 항고소송의 피고는 처분을 행한 행정청이 되며 처분행정청은 처분을 누구 명의로 했는가를 기준으로 판단한다. 법령에 의하여 공무를 위탁받은 공무수탁사인이 행한 처분에 대하여 항고소송을 제기하는 경우 피고는 위임행정청이 아닌 공무수탁사인이 된다.

Answer   01. ⑤   02. ②   03. ②   04. ②   05. ④

제3절 │ 개인적 공권

기본문제

01 개인적 공권에 대한 다음 설명 중 가장 옳지 않은 것은?

① 반사적 이익과는 소송법적 측면에서 구별실익이 있다.

② 관습법에 의하여 성립할 수 있다.

③ 개인적 공권의 성립은 관계법률을 기준으로 판단함이 원칙이다.

④ 「헌법」상의 기본권 규정에 입각한 개인적 공권의 성립은 인정할 수 없다.

⑤ 재량행위인 경우에도 개인적 공권의 성립을 인정할 수 있다.

02 개인적 공권에 대한 설명으로 옳지 않은 것은?

① 처분의 근거법규가 공익뿐만 아니라 개인의 이익도 아울러 보호하고 있는 경우에 공권이 인정될 수 있다.

② 재량권이 0으로 수축하는 경우 행정개입청구권은 무하자재량행사청구권으로 전환된다.

③ 반사적 이익의 공권화 경향에 따라 행정개입청구권의 성립요건이 그만큼 완화되고 있다.

④ 제3자와 소권(訴權)의 포기에 관한 계약을 체결하더라도 그 계약은 무효이다.

⑤ 행정청에 일정한 의무가 부과되어 있는 경우에도 항상 이에 대응하는 개인의 권리가 성립하는 것은 아니다.

03 개인적 공권의 특수성에 대한 설명으로 틀린 것은? (다툼이 있는 경우 판례에 의함)

① 공권은 권리자의 개인적 이익뿐만 아니라 공익에 합치되도록 행사해야 할 의무를 아울러 가지게 된다.

② 개인적 공권은 그 성질상 공공성에 의하여 타인에게 이전되는 것이 제한되는 경우가 많다.

③ 국가적 공권은 포기할 수 없으나, 개인적 공권은 사전포기가 자유롭다는 것이 다수설이다.

④ 개인적 공권의 침해에 대한 구제수단은 행정쟁송절차에 의하는 것이 원칙이다.

⑤ 선거권의 포기는 인정되지 않으나 불행사를 제한할 수는 없다.

04 개인적 공권 내지 법률상 이익에 관한 판례의 입장으로 옳지 않은 것은?

① 허가 등 수익적 행정처분의 근거가 되는 법률이 해당 업자들 사이의 과당경쟁으로 인한 경영의 불합리를 방지하는 것을 목적으로 하는 경우, 기존의 업자는 타인에 대한 허가의 취소를 구할 법률상 이익이 있다.

② 서로 경원관계에서 허가가 어느 한 사람에게 발급된 경우, 허가를 받지 못한 자는 타인에 대한 허가의 취소를 구할 법률상 이익이 있다.

③ 상수원보호구역 내의 지역주민들은 환경권과 주거에 따른 행위제한을 받으므로 상수원보호구역 변경처분의 취소를 구할 법률상 이익이 있다.

④ 환경영향평가 대상지역 밖의 주민이라도 공유수면매립면허처분으로 처분 전과 비교하여 수인한도를 넘는 환경피해를 받을 우려 등을 입증한 경우에는 처분의 무효확인을 구할 수 있다.

⑤ 주거지역 등에의 공설화장장 설치를 금지함에 의하여 보호되는 부근 주민들의 이익은 도시계획결정처분의 근거 법률에 의하여 보호되는 법률상 이익이라 할 것이다.

01 ④ 개인적 공권은 원칙적으로 행정의 근거법령에 의해 인정되는 것이고 「헌법」상 기본권만으로 구체적 공권성이 인정되는 것은 아니지만 「헌법」상 기본권만으로 직접 구체적 권리성이 인정되는 경우도 있다.

02 ② 재량권이 0으로 수축하는 경우 무하자재량행사청구권은 행정개입청구권으로 전환된다.

03 ③ 국가적 공권뿐만 아니라 개인적 공권도 그 공공성에 의하여 포기가 인정되지 않는 경우가 많다. 개인적 공권이 사전포기가 자유롭다는 표현은 잘못된 것이다.

04 ③ 상수원보호구역 설정의 근거가 되는 수도법이 보호하고자 하는 것은 상수원의 확보와 수질보전일 뿐이고, 그 상수원에서 급수를 받고 있는 지역주민들이 가지는 상수원의 오염을 막아 양질의 급수를 받을 이익은 직접적이고 구체적으로는 보호하고 있지 않음이 명백하여 위 지역주민들이 가지는 이익은 상수원의 확보와 수질보호라는 공공의 이익이 달성됨에 따라 반사적으로 얻게 되는 이익에 불과하므로 지역주민에 불과한 원고들에게는 위 상수원보호구역 변경처분의 취소를 구할 법률상의 이익이 없다(대판 1995.9.26. 94누14544).

Answer 01. ④ 02. ② 03. ③ 04. ③

05 행정개입청구권에 관한 다음 설명 중 옳지 않은 것은?

① 실체적 성격의 공권이다.

② 행정상 손해배상청구권의 주장을 통하여도 이 청구권을 실현할 수 있다.

③ 재량행위에 대해 원칙적인 경우에 인정되는 공권이다.

④ 「행정절차법」상 이에 관한 규정은 존재하지 않는다.

⑤ 이 공권은 제3자를 대상으로 하여 발동할 것을 주장할 수도 있다.

심화문제

06 개인적 공권에 대한 설명으로 옳은 것은? (다툼이 있는 경우 판례에 의함)

① 근로자가 퇴직급여를 청구할 수 있는 권리와 같은 이른바 사회적 기본권은 「헌법」 규정에 의하여 바로 도출되는 개인적 공권이라 할 수 없다.

② 개인적 공권은 명확한 법규의 존재를 전제로 하는 것이므로 성문법에 근거하지 않으면 성립할 수 없다.

③ 개인적 공권은 공법상 계약을 통해서는 성립할 수 없다.

④ 개인적 공권은 강행적 행정법규에 의하여 행정청을 기속함으로써 비로소 성립하는 것일 뿐 개인의 사익보호성은 성립요건이 아니라는 것이 일반적인 견해이다.

⑤ 일반 주민이 「헌법」상 규정된 환경권에 근거하여 환경의 침해를 이유로 소송을 제기하는 것은 원칙적으로 허용된다.

07 다음 중 판례상 반사적 이익으로 재판에 의하여 구제받기 어려운 것은?

① 중계유선방송사업 허가를 받은 중계유선방송사업자의 사업상 이익

② 장의자동차운송사업구역 위반을 이유로 과징금 부과에 대한 동종업자의 영업상 이익

③ 자동차 LPG 충전소설치 허가에 대한 인근 주민의 이익

④ 환경영향평가 대상사업에 해당하는 국립공원집단시설지구 개발사업에 관한 공원사업 시행허가처분에 대한 환경영향평가 대상지역 안의 주민의 이익

⑤ 공유수면매립면허처분과 관련된 환경영향평가 대상지역 안의 주민의 이익

08 개인적 공권과 원고적격에 관한 판례의 내용으로 옳지 않은 것은?

① 한의사 면허는 경찰금지를 해제하는 명령적 행위에 해당하고 한약조제시험을 통하여 약사에게 한약조제권을 인정함으로써 한의사들의 영업상 이익이 감소되었다고 하더라도 이는 사실상 이익에 불과하기 때문에 한약조제권을 인정받은 약사들에 대한 합격처분의 무효확인을 구하는 한의사의 소는 부적법하다.

② 공유수면매립면허처분에 있어서 환경영향평가 대상지역 밖에 거주하는 주민에게는 그 처분 전과 비교하여 수인한도를 넘는 환경피해를 받거나 받을 우려가 있는 경우라 하더라도 당해 처분의 무효확인을 구할 원고적격을 인정할 수 없다.

③ 행정처분에 있어서 불이익처분의 상대방은 직접 개인적 이익의 침해를 받은 자로서 원고적격이 인정되지만 수익처분의 상대방은 그의 권리나 법률상 보호되는 이익이 침해되었다고 볼 수 없으므로 달리 특별한 사정이 없는 한 취소를 구할 이익이 없다.

④ 검사의 임용에 있어서 임용권자는 적어도 재량권의 일탈이나 남용이 없는 위법하지 않은 응답을 할 의무가 있고, 이에 대응하여 임용신청자는 적법한 응답을 요구할 수 있는 응답신청권을 가지며 나아가 이를 바탕으로 재량권 남용의 임용거부처분에 대하여 항고소송으로 그 취소를 구할 수 있다.

⑤ 상수원보호구역의 근방의 주민들이 얻는 이익은 상수원의 확보와 수질보호라는 공공 일반의 이익이 달성됨에 따라 반사적으로 얻게 되는 이익에 불과하므로 인근 주민들은 상수원보호구역 변경처분의 취소를 구할 법률상의 이익이 없다.

📖

05 ③ 행정개입청구권은 본래 기속행위의 경우에 원칙적으로 인정되는 것이고, 재량행위에 있어서는 예외적으로 재량권이 0으로 수축하는 경우에만 인정되는 공권이다.

06 ① 각종 사회적 기본권은 법률에서 그 자격이나 기준, 절차 등을 구체적으로 정한 경우에 인정되는 것이고 「헌법」상의 기본권만으로 직접 인정되는 개인적 공권이 아니다.
② 개인적 공권은 성문법뿐만 아니라 불문법에 근거해서도 인정될 수 있다. 조리상 인정되는 처분에 대한 신청권이나 관습법상의 권리 등이 그 예이다.
③ 개인적 공권은 공법상 계약을 통해서도 발생할 수 있다.
④ 개인적 공권이 성립하기 위해서는 강행법규에 의한 행정청의 의무의 존재와 사익보호성의 인정이 필요하다. 강행법규에 의한 사익보호성이 인정되지 않는 경우의 개인의 이익은 반사적 이익에 불과하다.
⑤ 「헌법」상 환경권은 법률에 의한 구체화가 없는 이상 「헌법」상 기본권만으로 구체적 권리성이 인정되지 않는다는 것이 판례이다.

07 ② 면허 받은 장의자동차운송사업구역에 위반하였음을 이유로 한 행정청의 과징금 부과처분에 의하여 동종업자의 영업이 보호되는 결과는 사업구역제도의 반사적 이익에 불과하다.

08 ② 환경영향평가 대상지역 밖의 주민은 원칙적으로 개발사업 승인을 다툴 원고적격이 인정되지 않으나, 수인한도를 넘는 환경상 피해가 있다는 것이 구체적으로 증명된 경우에는 원고적격이 인정된다.

Answer

05. ③ 06. ① 07. ② 08. ②

09 다음 중 법률상 보호되는 이익의 침해로서 행정소송의 원고적격을 인정한 경우가 아닌 것은?

① 납골당 설치신고 수리처분에 대한 납골당 설치장소에서 500m 내에 20호 이상의 인가가 밀접한 지역에 거주하는 주민들

② 공장설립승인처분으로 환경상 이익에 대한 침해 또는 침해 우려가 있는 것으로 사실상 추정되는 주민

③ 주택재개발정비사업조합 설립추진위원회 설립 승인처분에 대하여 그 구성에 동의하지 아니한 정비구역 내의 토지 등 소유자

④ 약제의 상한금액 인하 고시에 대하여 약제를 제조·공급하는 제약회사

⑤ 신규 담배 구내소매인 지정 처분에 대하여 담배 일반소매인인 기존업자

09 일반소매인의 입장에서 구내소매인과의 과당경쟁으로 인한 경영의 불합리를 방지하는 것을 그 목적으로 할 수 있다고 보기 어려우므로, 일반소매인으로 지정되어 영업을 하고 있는 기존업자의 신규 구내소매인에 대한 이익은 법률상 보호되는 이익이 아니라 단순한 사실상의 반사적 이익이라고 해석함이 상당하므로, 기존 일반소매인은 신규 구내소매인 지정처분의 취소를 구할 원고적격이 없다(대판 2008.4.10. 2008두402).

Answer/ 09. ⑤

제4절 특별권력관계

기본문제

01 특별권력관계에 대한 설명으로 틀린 것은? (다툼이 있는 경우 판례에 의함)

① 특별권력관계의 예로는 군인의 복무관계, 공무원의 근무관계, 교도소 재소관계, 국공립학교 재학관계 등을 들 수 있다.

② 전통적 특별권력관계론은 특별권력관계는 법률에 의해 규율되는 것이 아니라 자율적인 내부규칙에 의해 규율되는 영역으로 보아 법률의 근거가 없더라도 기본권이 제한될 수 있다고 보았다.

③ 일반행정법관계인 행정주체와 국민과의 관계는 자동적으로 형성되나 특별행정법관계는 특별한 법률원인에 의해 성립된다.

④ 서울특별시 지하철공사의 임직원의 근무관계는 특별권력관계에 해당한다.

⑤ 오늘날은 특별권력관계에서의 행위도 항고소송의 대상이 되는 공권력행사로 볼 수 있다는 것이 다수설이다.

---

01 ④ 서울특별시 지하철공사의 임원과 직원의 근무관계의 성질은 지방공기업법의 모든 규정을 살펴보아도 공법상의 특별권력관계라고는 볼 수 없고 사법관계에 속할 뿐만 아니라, 위 지하철공사의 사장이 그 이사회의 결의를 거쳐 제정된 인사규정에 의거하여 소속직원에 대한 징계처분을 한 경우 위 사장은 「행정소송법」 제13조 제1항 본문과 제2조 제2항 소정의 행정청에 해당되지 않으므로 공권력 발동주체로서 위 징계처분을 행한 것으로 볼 수 없고, 따라서 이에 대한 불복절차는 민사소송에 의할 것이지 행정소송에 의할 수는 없다(대판 1989.9.12., 89누2103).

Answer 01. ④

02 **특별권력관계에 대한 설명으로 가장 적절하지 않은 것은? (다툼이 있는 경우 판례에 의함)**

① 군인이 상관의 지시 및 그 근거 법령에 대해, 법원이나 헌법재판소에 법적 판단을 청구하는 행위 자체만으로도, 상명하복에 의한 지휘통솔체계의 확립이 필수적인 군의 특수성에 비추어 군인의 복종의무를 위반하였다고 보아야 한다.

② 군인이 국가의 존립과 안전을 부장함을 직접적인 존재의 목적으로 하는 군조직의 구성원인 특수한 신분관계에 있으므로, 그 존립 목적을 달성하기 위하여 필요한 한도 내에서 일반 국민보다 상대적으로 기본권이 더 제한될 수 있다.

③ 신병교육훈련기간 동안 전화사용을 하지 못하도록 정하고 있는 규율은 신병교육훈련생들의 통신의 자유 등 기본권을 과도하게 제한하는 것이라고 보기 어렵다.

④ 교정시설의 안전과 질서유지, 수용자의 교화 및 사회복귀를 원활하게 하기 위해 수용자가 밖으로 보내려는 모든 서신에 대해 무봉함 상태의 제출을 강제함으로써 수용자의 발송 서신 모두를 사실상 검열 가능한 상태에 놓이도록 하는 것은 기본권 제한의 최소 침해성 요건을 위반하여 수용자의 통신비밀의 자유를 침해하는 것이다.

⑤ 특별행정법관계(특별권력관계)의 종류에는 공법상의 근무관계, 공법상의 영조물이용관계, 공법상의 특별감독관계, 공법상의 사단관계가 있다.

03 다음 사례에 대한 설명으로 가장 옳은 것은?

> 국립 ○○교육대학 교수회는 학칙에 의거해 징계권자인 학장(피고)의 요구에 따라 교내·외의 과격시위 등에 가담한 甲(원고) 외 학생들에게 무기정학과 퇴학처분 등의 징계의결을 하였다. 피고가 위 징계의결의 내용이 미흡하다는 이유로 재심을 요청하여 다시 교수회가 개최되었는데, 그 자리에서 피고는 자신에게 위 징계의결내용을 직권으로 조정할 권한을 위임하여 줄 것을 요청하여 찬반토론은 거쳤으나 표결은 하지 않았다. 이에 피고는 같은 일자로 원고에 대한 위 교수회의 징계의결내용을 변경하여 원고에 대하여 퇴학처분을 하였다.

① 오늘날 특별권력관계의 특수성은 여전히 인정되므로, 특별권력관계의 목적달성을 위하여는 법률의 근거가 없는 경우에도 당연히 기본권이 제한된다.

② 학생에 대한 징계권의 발동이나 징계의 양정은 징계권자인 ○○교육대학 학장의 교육적 재량에 맡겨져 있지만, 교수회의 의결을 요건으로 하므로 위 징계처분은 기속행위로 보아야 한다.

③ 효과재량설의 입장에서 보면 징계처분은 재량행위라고 보게 되므로, 관계 법령 또는 학칙상 징계사유가 존재하더라도 반드시 징계를 하여야 하는 것은 아니다.

④ 재량행위는 절차상 하자가 있다고 해서 위법으로 볼 수 없으므로 퇴학처분은 위법하지 않다.

⑤ ○○교육대학 학생에 대한 퇴학처분은 국립대학교의 내부질서 유지를 위해 학칙 위반자인 재학생에 대한 구체적 법집행으로서 「행정소송법」상의 처분에 해당한다.

---

02 ① 군인이 상관의 지시나 명령에 대하여 재판청구권을 행사하는 것은 다른 불순한 의도가 없다면 군인의 복종의무를 위반하였다고 볼 수 없다는 것이 판례이다.
② 군인은 특수한 신분관계상 일반 국민보다 상대적으로 기본권이 더 제한될 수 있다.
③ 신병교육훈련기간 동안 전화사용을 하지 못하도록 정하고 있는 규율은 합리적 이유가 있는 것으로 과도한 기본권의 제한이라고 볼 수 없다.
④ 수용자가 밖으로 보내는 모든 서신에 대해 무봉함의 상태의 제출을 강제하는 것은 다른 덜 침해되는 방법 등으로 얼마든지 목적달성이 가능하므로 기본권 제한의 최소침해성을 위반하였다는 것이 헌법재판소의 입장이다.
⑤ 특별권력관계는 공법상 근무관계, 공법상 영조물 이용관계, 공법상 특별감독관계, 공법상 사단관계로 구별된다.

03 ⑤ 국립대학장이 학칙 위반자인 재학생에 대해서 퇴학처분을 하는 것은 국가공권력의 하나인 징계권을 발동하여 원고인 학생으로서의 신분을 일방적으로 박탈하는 국가의 교육행정에 관한 행정처분에 해당한다.
① 전통적 특별권력관계론과 달리 오늘날은 특별권력관계라고 하더라도 기본권의 제한은 법률의 근거가 있어야 한다는 것이 다수설과 판례이다.
② 학생에 대한 징계권의 발동이나 징계의 양정은 징계권자의 교육적 재량에 맡겨져 있으며, 교수회의 의결을 요건으로 하더라도 이는 재량행위인 위 징계처분의 절차상의 요건일 뿐이고 이로 인해 기속행위가 되는 것은 아니다.
③ 효과재량설은 행정행위의 효과를 기준으로 침익적 처분의 경우에는 기속행위이고 수익적 처분의 경우에는 재량행위이기 때문에 침익적 처분인 징계처분은 기속행위로 보게 된다.
④ 재량행위도 절차상 하자가 있는 경우 위법을 면치 못한다.

Answer

02. ①　　03. ⑤

제5절 | 공법관계에 대한 사법규정의 적용

기본문제

01 다음의 사법(私法)의 규정 내지 원칙 중 공법관계에 적용되기 어려운 것은?

① 권리남용금지의 원칙

② 기간계산에 관한 규정

③ 부당이득에 관한 규정

④ 사석자치의 원칙

⑤ 사무관리에 관한 규정

심화문제

02 행정법관계에 대한 사법규정의 적용에 관한 설명으로 가장 옳은 것은?

① 행정법의 일반원리와 사법의 일반원리는 전혀 별개이다.

② 권력관계에는 사법규정의 적용이 전혀 있을 수 없다.

③ 관리관계는 본질적으로 사법관계와 성질이 다르다.

④ 「행정소송법」에 특별한 규정이 없으면 「민사소송법」의 규정이 준용된다.

⑤ 행정법의 흠결이 있는 경우에는 사법규정을 먼저 고려하고 유사 공법은 후차적으로 적용된다.

03 행정법은 「민법」과 다르다. 다음 중 행정의 실효성을 확보하기 위하여 「민법」에 없는 것을 행정법에만 규정한 것은?

① 조직에 관한 규정

② 부당이득·사무관리에 관한 규정

③ 위임 및 대리에 관한 규정

④ 자력집행에 관한 규정

⑤ 시효에 관한 규정

01 ④ 사적자치의 원칙은 사법관계에서만 적용될 수 있다. 행정법관계는 법치행정 원칙의 지배를 받는다.

02 ④ 「행정소송법」 제8조 제2항에 따라 맞는 지문이다.
① 일반원리는 공법분야이건 사법분야이건 어디에나 적용되는 것으로 공통의 원리이다.
② 권력관계에도 사법의 개념조항이나 일반원칙은 적용된다.
③ 관리관계는 대등관계(비권력적 관계)인 점에서 본질적으로 사법관계와 성질이 같다. 그래서 관리관계에는 원칙적으로 사법(私法)이 적용되고 그에 관한 분쟁은 민사소송으로 해결한다. 다만, 공익목적 달성을 위해 필요한 범위에서만 공법(公法)이 적용되고 분쟁해결은 행정소송(당사자소송)에 의해야 하는 경우가 있다고 봄이 일반적 견해이다.
⑤ 행정법의 흠결이 있는 경우에는 유사 공법을 먼저 유추적용하고 그 다음에 「민법」의 준용 여부가 문제된다.

03 ④ 자력집행은 행정행위의 상대방이 의무를 불이행한 경우에 인정되는 것으로 공권력 행사에 관한 것이므로 「민법」에는 규정이 없는 행정법의 특유한 제도이다.

Answer 01. ④   02. ④   03. ④

04 행정상 법률요건과 법률사실

제1절 | 사건

기본문제

01 「행정기본법」상 행정에 관한 기간의 계산과 법령등 시행일의 기간 계산에 대한 설명으로 옳지 않은 것은? (다툼이 있는 경우 판례에 의함)

① 행정에 관한 기간의 계산에 관하여는 「행정기본법」 또는 다른 법령 등에 특별한 규정이 있는 경우를 제외하고는 「민법」을 준용한다.

② 처분에서 의무를 부과하는 경우, 의무가 지속되는 기간의 계산은 기간을 일, 주, 월 또는 연으로 정한 경우에는 기간의 첫날을 산입하는 것이 원칙이나 국민에게 불리한 경우에는 이를 적용하지 아니한다.

③ 법령등에서 국민의 권익을 제한하는 경우, 권익이 제한되는 기간의 계산에 있어 기간의 말일이 토요일 또는 공휴일인 경우에는 기간은 그 익일로 만료한다.

④ 법령등을 공포한 날부터 시행하는 경우에는 공포한 날을 시행일로 한다.

⑤ 법령등을 공포한 날부터 일정 기간이 경과한 날부터 시행하는 경우 법령등을 공포한 날을 첫날에 산입하지 아니한다.

02 의사가 사망하면 의사면허가 실효되는데, 이는 다음 중 어느 것에 해당하는가?

① 공법상의 사건이다.

② 공법상의 내부적 용태이다.

③ 공법상의 외부적 용태이다.

④ 단순한 공법행위이다.

⑤ 공법상 기간이다.

03 공법상 시효에 관한 설명으로 옳지 않은 것은?

① 납입고지는 시효중단의 효력을 가진다.

② 국유재산은 언제나 취득시효의 대상이 되지 않는다.

③ 소멸시효는 기산일에 소급하여 효력이 생긴다.

④ 공법상 시효도 당사자의 원용이 없으면 직권으로 시효를 고려하지 않는다는 것이 판례의 태도이다.

⑤ 소멸시효의 중단·정지 등에 관하여 적용할 특별한 법령의 규정이 없을 때에는 「민법」의 규정을 준용한다.

04 공법상 부당이득에 관한 설명으로 옳지 않은 것은? (다툼이 있는 경우 판례에 의함)

① 대법원은 공법상 부당이득반환청구권을 공법상 권리로 파악하면서도 민사소송으로 다루어진다는 입장이다.

② 취소할 수 있는 행정처분이라도 취소되지 않는 한 부당이득이 성립되지 아니한다는 견해가 유력하다.

③ 연금수령자격이 없는 자가 수령한 연금은 공법상 부당이득에 해당된다.

④ 무효인 법령에 근거한 조세부과처분에 따라 납부한 세금은 공법상 부당이득이다.

⑤ 개인의 공법상 부당이득도 성립될 수 있다.

---

01 [행정기본법] 제6조 (행정에 관한 기간의 계산) ① 행정에 관한 기간의 계산에 관하여는 이 법 또는 다른 법령 등에 특별한 규정이 있는 경우를 제외하고는 「민법」을 준용한다.
② 법령등 또는 처분에서 국민의 권익을 제한하거나 의무를 부과하는 경우 권익이 제한되거나 의무가 지속되는 기간의 계산은 다음 각 호의 기준에 따른다. 다만, 다음 각 호의 기준에 따르는 것이 국민에게 불리한 경우에는 그러하지 아니하다.
　1. 기간을 일, 주, 월 또는 연으로 정한 경우에는 기간의 첫날을 산입한다.
　2. 기간의 말일이 토요일 또는 공휴일인 경우에도 기간은 그 날로 만료한다.

02 ① 사망이라는 사실에 의해 의사면허가 실효되는 것이므로 정신작용을 요소로 하지 않는 사건이다.

03 ② 국유재산 중 행정재산은 취득시효의 대상이 되지 않으나 일반재산(구 잡종재산)은 취득시효가 가능하다.
④ 소멸시효의 효과에 대해 판례는 당사자의 항변이 없으면 법원은 직권으로 판단하지 않는다는 입장이다.

04 ① 대법원은 공법상 부당이득반환청구권을 사권으로 파악하여 민사소송으로 해결하고 있다.
② 취소할 수 있는 행정처분이라도 취소되지 않는 한 처분의 효력은 유효하므로 부당이득이 성립되지 않는다.
③·⑤ 연금수령자격 없는 자가 수령한 연금도 부당이득이 되듯이 개인의 공법상 부당이득도 성립될 수 있다.

Answer
　01. ③　　02. ①　　03. ②　　04. ①

심화문제

05 다음은 소멸시효에 관한 서술이다. 타당하지 않은 것은? (다툼이 있으면 판례에 의함)

① 국가나 지방자치단체를 당사자로 하는 금전채권의 원칙적 소멸시효기간은 5년이다.

② 원칙적으로 행정처분의 취소·변경을 구하는 행정소송은 사권에 대한 시효중단사유가 아니다.

③ 과세처분의 취소 또는 무효확인을 구하는 소는 오납한 조세에 대한 환급을 구하는 부당이득반환청구권의 소멸시효 중단사유에 해당하지 않는다.

④ 납입고지에 의한 시효중단의 효력은 공법상의 채권뿐만 아니라 사법상의 채권에 대해서도 발생한다.

⑤ 변상금 부과처분에 대한 취소소송이 진행되는 동안에도 변상금 부과권의 소멸시효는 진행된다.

06 행정법상 사건에 대한 설명으로 틀린 것은? (다툼이 있는 경우 판례에 의함)

① 민원사무의 처리기간을 6일 이상으로 정한 경우에는 '일' 단위로 계산하고 초일을 산입한다.

② 민원사무의 처리기간을 5일 이하로 정한 경우에는 민원사항의 접수시각부터 '시간' 단위로 계산한다.

③ 묵시적 공용폐지의 의사가 있다는 사정만으로 공물의 취득시효가 인정되지 않고 명시적 공용폐지의 의사표시가 있어야 한다.

④ 제척기간은 소멸시효와 달리 중단제도가 없다는 것이 특징이다.

⑤ 당연무효의 과세처분에 기한 환급청구권은 납부 또는 징수 시에 발생하여 확정되며 그때부터 소멸시효가 진행된다.

07 국·공유재산의 무단점유에 대한 다음 설명 중 타당하지 않은 것은? (다툼이 있으면 판례에 의함)

① 국·공유재산의 관재청은 무단점유자에 대해 변상금을 부과하여야 한다.

② 일반재산의 무단점유자가 반환하여야 할 부당이득의 범위는 대부료 상당액이다.

③ 관재청은 국유재산의 무단점유자에 대하여 민사상 부당이득반환청구의 소를 제기할 수는 없다.

④ 국유재산의 무단점유의 경우에 민사상 부당이득반환청구권이 만족을 얻어 소멸하면 그 범위 내에서 변상금 부과·징수권도 소멸한다.

⑤ 국·공유재산상의 불법시설물에 대해 행정대집행이 가능하다.

08 행정법상 시효제도에 대한 설명으로 옳지 않은 것은? (다툼이 있는 경우 판례에 의함)

① 근로복지공단이 부정한 방법으로 보험급여를 받은 사람에게 「산업재해보상보험법」에 정한 금액을 부당이득으로 징수하는 경우, 그 징수권의 소멸시효 기산일은 보험급여를 지급한 날이다.

② 행정청의 납입고지에 의한 시효중단의 효력은 사법상의 채권에 대해서는 발생하지 않는다.

③ 변상금 부과처분에 대한 취소소송 진행 중에도 변상금 부과권의 소멸시효가 진행된다.

④ 변상금 부과처분이 취소된 경우라도 그 처분에 의하여 발생한 소멸시효 중단의 효력은 사라지는 것이 아니다.

⑤ 소멸시효 완성 사실을 소송에서 당사자가 주장(원용)하여야 한다.

---

05 ③ 원칙적으로 행정처분의 취소·변경을 구하는 행정소송은 사권에 대한 시효중단사유가 아니다. 그러나 과세처분의 취소 또는 무효확인을 구하는 소는 오납한 조세에 대한 환급을 구하는 부당이득반환청구권의 소멸시효 중단사유(재판상 청구)에 해당한다(판례).

06 ③ 공물은 취득시효의 대상이 되지 않으나 묵시적·명시적 공용폐지의 의사가 있다면 취득시효의 대상이 된다는 것이 판례이다.
⑤ 무효인 과세처분은 처음부터 납세의무가 없고 납세 시부터 행정주체는 부당이득을 한 것이 되므로 환급청구권도 납부 또는 징수 시에 발생하여 확정되며 그때부터 소멸시효가 진행된다.

07 (구) 「국유재산법」 제51조 제1항, 제4항, 제5항에 의한 변상금 부과·징수권은 민사상 부당이득반환청구권과 법적 성질을 달리하므로, 국가는 무단점유자를 상대로 변상금 부과·징수권의 행사와 별도로 국유재산의 소유자로서 민사상 부당이득반환청구의 소를 제기할 수 있다(대판 2014.7.16. 2011다76402).

08 ② 행정청의 납입고지에 의한 시효중단의 효력은 공법상의 채권뿐만 아니라 사법상의 채권에 대해서도 발생한다.

Answer
05. ③   06. ③   07. ③   08. ②

09 **공법상 부당이득에 대한 설명으로 옳지 않은 것은? (다툼이 있는 경우 판례에 의함)**

① 공법상 부당이득에 관한 일반법은 없으므로 특별한 규정이 없는 경우, 「민법」상 부당이득반환의 법리가 준용된다.

② 부가가치세법령에 따른 환급세액 지급의무 등의 규정과 그 입법취지에 비추어 볼 때 부가가치세 환급세액 반환은 공법상 부당이득반환으로서 당사자소송의 대상이다.

③ 잘못 지급된 보상금에 해당하는 금액의 징수처분을 해야 할 공익상 필요가 당사자가 입게 될 불이익을 정당화할 만큼 강한 경우, 보상금을 받은 당사자로부터 오지급금액의 환수처분이 가능하다.

④ 공법상 부당이득반환에 대한 청구권의 행사는 개별적인 사안에 따라 행정주체도 주장할 수 있다.

⑤ 제3자가 「국세징수법」에 따라 체납자의 명의로 체납액을 완납한 경우 국가에 대하여 부당이득반환을 청구할 수 있다.

09 ⑤ 제3자가 체납자가 납부하여야 할 체납액을 체납자의 명의로 납부한 경우에는 원칙적으로 체납자의 조세채무에 대한 유효한 이행이 되고, 이로 인하여 국가의 조세채권은 만족을 얻어 소멸하므로, 국가가 체납액을 납부받은 것에 법률상 원인이 없는 것이 아니므로 국가에 대하여 부당이득반환을 청구할 수 없다(대판 2015.11.12. 2013다215263).

Answer 09. ⑤

제2절 | 사인의 공법행위

기본문제

01 사인의 공법행위에 해당되지 않는 것은?

① 행정심판의 청구
② 공무원공개채용시험 응시행위
③ 영업허가의 출원
④ 선거권의 행사
⑤ 각종 신고의 수리

02 사인의 공법행위에 대한 설명으로 옳은 것은? (다툼이 있는 경우 판례에 의함)

① 의사무능력자의 행위는 사법행위에서는 무효이나 사인의 공법행위에서는 취소사유가 원칙이다.
② 공법행위라도 사인의 공법행위에는 「민법」 제107조의 비진의 의사표시의 법리는 적용된다.
③ 건축주명의변경신고 수리거부행위는 취소소송의 대상이 되는 처분으로 볼 수 있다.
④ 수리를 요하는 신고의 경우 적법한 신고가 있다고 하여 원칙적으로 행정청이 의무적으로 수리하여야 하는 것은 아니다.
⑤ 사인의 공법행위에도 행정행위의 특질로서 공정력·확정력·자력집행력이 인정된다.

---

01 ⑤ 사인의 공법행위는 행위의 주체가 사인이 되어야 한다. 각종 신고의 수리는 행정청이 신고를 수리한다는 점에서 사인의 공법행위에 해당하지 않는다.

02 ③ 건축주명의변경신고는 수리를 요하는 신고로, 수리거부는 항고소송의 대상이 되는 처분성이 인정된다.
① 의사무능력자의 행위는 사법행위에서나 공법행위에서나 원칙적으로 무효이다.
② 사인의 공법행위에는 「민법」 제107조의 비진의 의사표시의 법리가 적용되지 않는다는 것이 다수설과 판례이다.
④ 수리를 요하는 신고의 경우 적법한 신고가 있다면 행정청은 원칙적으로 이를 수리할 의무를 부담한다.
⑤ 사인의 공법행위는 행정행위가 아니므로 행정행위의 특질로서 공정력·확정력·자력집행력은 인정되지 않는다.

Answer 01. ⑤　　02. ③

03 사인의 공법행위에 관한 설명 중 옳지 않은 것은?

① 공법관계에 있어서 공법적 효과가 부여되는 사인의 행위를 말한다.

② 사인의 공법행위는 공법적 효과의 발생을 목적으로 한다는 점에서 행정행위와 같다.

③ 사인의 공법행위는 사법행위와 비교해 볼 때, 법적 안정성 및 법률관계의 명확성 등의 요청이 보다 강하다.

④ 사인의 공법행위의 효과는 법규에 의하여 정해지는 것이 보통이다.

⑤ 사인의 공법행위에는 원칙적으로 부관을 붙일 수 있다.

04 신고에 대한 설명 중 옳지 않은 것은?

① 신고요건을 갖추지 못한 신고서가 제출된 경우 행정청은 즉시 거부할 수 있다.

② 수리를 요하는 신고의 수리거부는 처분이며 항고소송의 대상이 된다.

③ 인·허가의제가 수반되는 건축신고는 수리를 요하는 신고이므로 수리거부를 항고소송으로 다툴 수 있다.

④ 「행정절차법」은 수리를 요하지 않는 신고에 대하여 규정하고 있다.

⑤ 요건을 갖추지 못한 부적법한 신고는 행정청이 이를 수리하더라도 그 요건의 하자가 치유되지 않는다.

05 신고의 법적 성질에 대한 판례의 태도로 옳지 않은 것은?

① 건축신고의 반려행위는 항고소송의 대상이 되는 처분이 아니다.

② 「의료법」상 의원·치과의원 개설 신고의 경우 그 신고필증의 교부행위는 신고 사실의 확인행위에 해당한다.

③ 「주민등록법」상 주민들의 거주지 이동에 따른 주민등록 전입신고에 대하여 시장은 그 수리여부를 심사할 수 있다.

④ 「건축법」 제14조 제2항에 의한 인·허가의제 효과를 수반하는 건축신고는 행정청이 그 실체적 요건에 관한 심사를 한 후 수리하여야 하는 이른바 수리를 요하는 신고이다.

⑤ 건축법령상 건축주 명의변경신고는 자기완결적 신고가 아닌 수리를 요하는 신고이다.

06 **사인의 공법행위에 관한 설명으로 가장 옳지 않은 것은?**

① 사인의 공법행위도 기본적으로는 의사능력과 행위능력이 필요하다.

② 판례는 여군 하사관의 전역 지원의 의사 없는 전역지원서 제출에 대한 수리는 비진의 의사표시로 무효라는 입장이다.

③ 사인의 공법행위의 효력발생시기에 관하여 개별 법률에 다른 규정이 없는 경우에는 도달주의의 원칙에 따라야 한다.

④ 사인의 공법행위에 있어서는 법규정에 의하여 또는 행위의 성질상 대리가 허용되지 않는 경우가 많다.

⑤ 사인의 행위가 인가신청인 경우 법률의 명시적 근거가 없으면 행정청은 신청내용을 수정하여 인가할 수 없다.

03 ⑤ 사인의 공법행위는 획일성 · 명확성의 요청이 강하므로 원칙적으로 부관을 붙일 수 없다.

04 ① 신고요건을 갖추지 못한 신고서가 제출된 경우 행정청은 먼저 상당한 기간을 정하여 보완을 요구하여야 하고, 상당한 기간 내에 보완을 하지 않는 경우 이를 반려하여야 한다(「행정절차법」 제40조 제3항 · 4항).

05 ① 판례는 (일반적인) 건축신고를 수리를 요하지 않는 신고(자체완성적 신고)로 보면서도 건축신고의 반려행위를 항고소송의 대상이 되는 처분에 해당한다고 보고 있다.

06 ② 판례는 사인의 공법행위에는 비진의 의사표시에 관한 「민법」의 규정이 적용되지 않으므로 진의 아닌 전역 지원서 제출이라도 수리된 이상 무효라 할 수 없다는 입장이다.

Answer / 　03. ⑤ 　04. ① 　05. ① 　06. ②

07 사인의 공법행위로서의 신고에 대한 설명으로 타당하지 않은 것은? (다툼이 있는 경우 판례에 의함)

① 「행정절차법」은 행정청에 대하여 일정한 사항을 통지함으로써 의무가 끝나는 신고를 규정하고 있고 신고의 효력발생에 대해 도달주의를 채택하고 있다.

② 담당 공무원이 관계법령에 규정되지 아니한 서류를 요구하여 신고서를 제출하지 못하였다면 신고가 있었던 것으로 간주된다.

③ 영업신고가 「식품위생법」상의 신고 요건을 갖춘 경우라 하더라도 영업신고를 한 건축물이 무허가 건축물이라면 적법한 신고를 할 수 없다.

④ 「건축법」상의 인·허가 의제의 효과를 수반하는 건축신고는 '수리를 요하는 신고'에 해당한다.

⑤ 판례에 의할 때 수리를 요하지 않는 신고의 경우이든, 수리를 요하는 신고의 경우이든 신고필증의 교부 여부와 신고의 효력발생 여부는 직접적 관련이 없다.

08 사인의 공법행위에 관한 설명으로 옳지 않은 것은? (다툼이 있는 경우 판례에 따름)

① 「국토의 계획 및 이용에 관한 법률」상의 개발행위허가로 의제되는 건축신고가 개발행위 허가의 기준을 갖추지 못한 경우 행정청은 수리를 거부할 수 있다.

② 「건축법」에 의한 인·허가의제 효과를 수반하는 건축신고는 행정청이 그 실체적 요건에 관한 심사를 한 후 수리하여야 하는 이른바 '수리를 요하는 신고'에 해당한다.

③ 「건축법」에 의한 행정청의 건축신고 반려행위 또는 수리거부행위는 항고소송의 대상이 된다.

④ 행정요건적 신고의 경우 부적법한 신고가 있는 경우에는 행정청이 신고를 수리하였다고 하더라도 신고의 효과가 발생하지 않는 것이 원칙이다.

⑤ 「식품위생법」에 따른 식품접객업(일반음식점영업)의 영업신고의 요건을 갖춘 자라고 하더라도 그 영업신고를 한 해당 건축물이 건축법 소정의 허가를 받지 아니한 무허가 건물이라면 적법한 신고를 할 수 없다.

09 **사인의 공법행위로서 신고에 대한 판례의 내용으로 틀린 것은?**

① 지위승계신고의 수리의 경우 양도인에게는 침익적 처분에 해당하므로 수리처분 전에 「행정절차법」상의 일정한 절차를 거쳐야 한다.

② 지위승계신고는 수리를 요하는 신고이므로 수리가 있기 전에 양도인에 대한 영업허가취소가 있는 경우 영업양수인은 양도인에 대한 허가취소를 다툴 원고적격이 부정된다.

③ 사업양도·양수에 따른 지위승계신고의 수리는 적법하나 사업의 양도·양수행위가 무효인 경우 사업양도의 무효확인을 구하지 않고 직접 신고수리의 무효확인을 구할 수 있다.

④ 건축신고반려행위가 이루어진 단계에서 당사자로 하여금 반려행위의 적법성을 다투어 그 법적 불안을 해소한 다음에 건축행위에 나가도록 하는 것은 법치행정의 원리에 부합한다.

⑤ 사업양도에 따른 지위승계신고가 수리되기 전에 양수인의 법 위반 행위가 있는 경우 제재적 행정처분은 양도인에게 하여야 한다.

07 ② 신고서 자체를 제출하지 않았으므로 신고가 있었다고 볼 여지가 없다.
수산제조업을 하고자 하는 사람이 형식적 요건을 모두 갖춘 수산제조업신고서를 제출한 경우에는 담당 공무원이 관계법령에 규정되지 아니한 사유를 들어 그 신고를 수리하지 아니하고 반려하였다고 하더라도 그 신고서가 제출된 때에 신고가 있었다고 볼 것이나, 담당 공무원이 관계법령에 규정되지 아니한 서류를 요구하여 신고서를 제출하지 못하였다는 사정만으로는 신고가 있었던 것으로 볼 수 없다(대판 2002.3.12. 2000다73612).

08 ④ 행정요건적 신고(수리를 요하는 신고)의 경우 부적법한 신고가 있는 경우에 행정청이 신고를 수리하였다면 수리행위는 하자가 있게 되나, 수리행위에 중대하고 명백한 하자가 있어 당연무효가 아닌 한 원칙적으로 신고의 효과는 발생하는 것이 원칙이다.

09 ②·⑤ 사업양도에 따른 지위승계신고는 수리를 요하는 신고이므로 수리를 하기 전에는 제재적 행정처분은 양도인에게 하여야 한다. 양수인은 수리 전 법률상 허가자의 지위를 가지지 않지만 사실상 허가를 받을 수 있는 자의 지위에 있으므로 양도인에 대한 허가취소를 다툴 수 있다는 것이 판례이다.

10 사인의 공법행위에 대한 설명으로 옳은 것은 모두 몇 개인가? (다툼이 있는 경우 판례에 따름)

> ㉠ 공무원이 제출한 사직원은 그에 따른 면직처분이 있을 때까지는 철회할 수 있지만 일단 면직처분이 있고 난 이후에는 철회할 수 없다.
> ㉡ 「건축법」상 건축주 명의변경신고의 수리거부행위는 항고소송의 대상이 되는 처분이다.
> ㉢ 수리를 요하지 않는 신고의 경우 신고의 적법 여부나 수리 여부와는 관계 없이 신고서가 접수기관에 도달하면 신고의무가 이행된 것으로 본다.
> ㉣ 주민등록전입신고 수리여부에 대한 심사는 「주민등록법」의 입법목적과 법률효과 이외에 「지방자치법」 및 지방자치의 이념까지 고려하여 실질적으로 판단해야 한다.
> ㉤ 「건축법」상 건축신고에 대한 수리거부행위는 항고소송의 대상이 되지 않는다.
> ㉥ 「건축법」상 건축신고가 다른 법률에서 정한 인·허가 의제효과를 수반하는 경우에는 일반적인 건축신고와는 달리 수리를 요하는 신고에 해당한다.

① 2개   ② 3개
③ 4개   ④ 5개
⑤ 6개

11 행정청은 「장사 등에 관한 법령」에 따른 납골당설치 신고를 한 甲에게 관계법령에 따른 준수사항을 이행하여야 한다는 것 등을 내용으로 하는 납골당설치 신고사항 이행통지를 하였다. 판례에 따를 때 옳지 않은 것을 모두 고른 것은?

> ㉠ 甲에 대한 신고필증 교부는 신고의 필수요건이다.
> ㉡ 위 이행통지는 수리처분과 다른 행정처분으로 볼 수 없다.
> ㉢ 신고가 위 법령의 모든 요건을 충족한다면 甲은 수리 전에 납골당을 설치할 수 있다.
> ㉣ 위 신고가 무효라면 신고수리행위도 무효이다.

① ㉠, ㉡   ② ㉠, ㉢

③ ㉡, ㉣   ④ ㉢, ㉣

⑤ ㉠, ㉡, ㉢

---

10 ② 옳은 지문은 ㉠·㉡·㉤

㉠ [○] 대판 2001.8.24. 99두9971

㉡ [○] 건축주 명의변경신고는 수리를 요하는 신고이고 수리거부는 항고소송의 대상이 되는 처분에 해당한다(대판 1992.3.31. 91누4911).

㉤ [○] 인·허가 의제효과를 수반하는 건축신고는 일반적인 건축신고와는 달리 특별한 사정이 없는 한 행정청이 그 실체적 요건에 관한 심사를 한 후 수리하여야 하는 이른바 수리를 요하는 신고로 보는 것이 판례이다.

㉢ [×] 수리를 요하지 않는 신고라도 적법한 요건을 구비한 신고가 접수기관에 도달해야 신고의무가 이행되는 것이므로 적법하지 않는 신고가 접수기관에 도달한 경우에는 신고의무가 이행되지 않은 것으로 본다.

㉣ [×] 전입신고를 받은 시장 등의 심사 대상은 주민등록법상의 입법목적과 법률효과에 국한되므로 지방자치법 및 지방자치 이념까지 고려하여 실질적 판단을 해서는 안 된다는 것이 판례이다.

㉥ [×] 대법원은 판례를 변경하여 건축법상 건축신고의 수리거부의 처분성을 인정하고 있다.

11 ㉠ [×] 판례에 의할 때 수리를 요하는 신고이든 요하지 않는 신고이든 신고필증 교부가 반드시 필요한 것은 아니다. 납골당설치 신고는 '수리를 요하는 신고'지만 그 수리행위에 신고필증 교부 등 행위가 꼭 필요한 것은 아니다(대판 2011.9.8. 2009두6766).

㉢ [×] 납골당설치 신고는 이른바 '수리를 요하는 신고'라 할 것이므로, 납골당설치 신고가 (구) 장사법 관련규정의 모든 요건에 맞는 신고라 하더라도 신고인은 곧바로 납골당을 설치할 수는 없고, 이에 대한 행정청의 수리처분이 있어야만 신고한 대로 납골당을 설치할 수 있다(대판 2011.9.8. 2009두6766).

Answer

     10. ②   11. ②

12 대물적 허가를 받아 영업을 하는 甲은 자신의 영업을 乙에게 양도하고자 乙과 영업의 양도·양수계약을 체결하고 관련법에 따라 관할 A행정청에 지위승계신고를 하였다. 이에 관한 설명으로 옳은 것을 모두 고른 것은? (다툼이 있으면 판례에 따름)

> ㉠ 적법한 지위승계신고를 하였다면 A행정청이 수리를 거부하더라도 乙에게 영업양수의 효과가 발생한다.
> ㉡ 지위승계신고가 있기 전에 A행정청이 위 영업허가를 취소하려는 경우 허가취소의 상대방은 甲이 된다.
> ㉢ 甲과 乙 사이의 영업양도·양수계약이 무효라면 지위승계신고가 수리되더라도 乙에게 영업양수의 효과가 발생하지 않는다.
> ㉣ 영업양도·양수가 유효하더라도 명문의 규정이 없는 한 양도 전 甲의 위반행위를 이유로 乙에 대하여 재제처분을 할 수는 없다.

① ㉠, ㉡
② ㉠, ㉣
③ ㉡, ㉢
④ ㉠, ㉢, ㉣
⑤ ㉡, ㉢, ㉣

12 ㉡ [○] 사실상 영업이 양도·양수되었지만 아직 승계신고 및 수리처분이 있기 이전의 경우, 행정제재처분사유 유무의 판단기준이 되는 대상자 및 위반행위에 대한 행정책임이 귀속되는 자는 여전히 종전의 영업자인 양도인이다(대판 2005.12.23. 2005두3554).

㉢ [○] 사업양도·양수에 따른 허가관청의 지위승계신고의 수리는 적법한 사업의 양도·양수가 있었음을 전제로 하는 것이므로 그 수리대상인 사업양도·양수가 존재하지 아니하거나 무효인 때에는 수리를 하였다 하더라도 그 수리는 유효한 대상이 없는 것으로서 당연히 무효라 할 것이다(대판 2005.12.23. 2005두3554).

㉠ [×] 영업자 지위승계신고는 '수리를 요하는 신고'이다. 따라서 행정청의 수리가 있어야 乙에게 영업양수의 효과가 발생한다.

㉣ [×] 일관되게 판례는 법령의 규정이 없다 하더라도 행정청은 양도인의 위반행위를 이유로 양수인에게 제재조치를 취할 수 있다고 본다.

석유판매업(주유소)허가는 소위 대물적 허가의 성질을 갖는 것이어서 그 사업의 양도도 가능하고…… 만약 양도인에게 그 허가를 취소할 위법사유가 있다면 허가관청은 이를 이유로 양수인에게 응분의 제재조치를 취할 수 있다 할 것이고, 양수인이 그 양수 후 허가관청으로부터 석유판매업허가를 다시 받았다 하더라도 이는 석유판매업의 양수도를 전제로 한 것이어서 이로써 양도인의 지위승계가 부정되는 것은 아니므로 양도인의 귀책사유는 양수인에게 그 효력이 미친다(대판 1986.7.22. 86누203).

Answer 12. ③

행정사 문제집
행정법

Part_

02

일반행정
작용법

행정입법

제1절 | 법규명령

기본문제

01 다음 중 「헌법」에 의해 인정되는 법규명령이 아닌 것은?

① 부령   ② 집행명령

③ 감사원 규칙   ④ 긴급명령

⑤ 중앙선거관리위원회 규칙

02 법규명령을 형식에 따라 구분하였을 때, 이에 해당하지 않는 것은?

① 훈령   ② 총리령

③ 부령   ④ 대통령령

⑤ 중앙선거관리위원회규칙

03 법규명령에 관한 설명 중 옳지 않은 것은?

① 법규명령은 대외적으로 일반적 구속력을 가지는 법규로서의 성질을 가지는 행정입법을 말한다.

② 현대국가에서는 입법의 내용이 복잡하고 전문적·기술적 사항이 많아지므로 법률에 서는 대강을 정하고 보다 상세한 내용을 법규명령에 위임하는 현상이 늘어난다.

③ 위임명령이란 법률 또는 상위명령의 개별적·구체적 위임에 의하여 일정한 새로운 법규사항을 규정할 수 있는 법규명령이다.

④ 집행명령은 국민의 권리·의무에 관한 새로운 사항을 정할 수 없다는 점에서 위임명령과 다르다.

⑤ 헌법재판소의 결정에 의하면 벌칙의 위임에 있어서는 법률에서 형벌의 종류만 명백히 규정하면 가능하다고 한다.

04 법규명령에 관한 설명으로 틀린 것은?

① 법률대위명령으로서 긴급명령과 긴급재정경제명령이 있다.

② 다수 견해는 집행명령은 상위법령의 시행에 필요한 세부적인 절차와 형식만 제정이 가능하므로 법규성을 부정하고 있다.

③ 법규명령은 일반적이고 추상적인 규범인 점에서 개별적이고 구체적인 행정행위와는 구별된다.

④ 법규명령은 관보에 게재하여 공고하며, 이때의 공고일은 관보가 발행된 날을 기준으로 산정한다.

⑤ 대통령령은 법제처의 심사 외에 국무회의의 심의를 요구하나, 총리령과 부령은 법제처의 심사를 거치면 된다.

05 법규명령에 대한 설명 중 옳지 않은 것은? (다툼이 있는 경우 판례에 의함)

① 행정권에 대한 입법권의 일반적·포괄적 위임은 인정될 수 없다.

② 「헌법」에서 법률로 정하는 것으로 규정된 사항이라도 법규명령에 위임할 수 있다는 것이 일반적인 견해이다.

③ 법률에 의하여 위임된 사항을 전부 하위명령에 재위임하는 것은 금지된다.

④ 위임명령에 대한 벌칙의 개별적 위임은 일정한 조건하에서 가능하다.

⑤ 조례에 대한 법률의 위임은 법규명령에 대한 법률의 위임과 같이 구체적으로 범위를 정하여 할 필요가 있으며 포괄적인 것으로는 부족하다.

---

01 ③ 감사원 규칙은 「헌법」에는 근거가 없고 법률인 「감사원법」(제52조)에 근거하고 있어 그 법적 성질이 국민과의 사이에도 효력을 갖는 법규명령인지 여부에 관하여 견해가 대립되고 있으나, 법규명령으로 보는 견해가 다수설이다.

02 ① 훈령은 상급기관이 하급기관에 대해 일반적 지휘·감독을 위해 발하는 행정명령으로 형식상 행정규칙에 해당한다.

03 ⑤ 형사처벌규정은 특히 긴급한 필요가 있거나 미리 법률로써 자세히 정할 수 없는 부득이한 사정이 있는 경우에 한하여 수권법률이 구성요건의 점에서는 처벌대상인 행위가 어떠한 것인지 이를 예측할 수 있을 정도로 구체적으로 정하고, 형벌의 점에서는 형벌의 종류 및 그 상한과 폭을 명확히 규정하는 것을 전제로 위임입법이 허용된다.

04 ② 집행명령은 상위법령의 시행에 필요한 세부적인 절차와 형식만 제정이 가능하므로 상위법의 수권을 요하지는 않지만 법규명령의 한 예로서 법규성이 부정되는 것은 아니다.

05 ⑤ 조례의 제정권자인 지방의회는 선거를 통해서 그 지역적인 민주적 정당성을 지니고 있는 주민의 대표기관이고, 또한 「헌법」에서 지방자치단체의 포괄적인 자치권을 보장하고 있다는 점에서 조례에 대한 위임은 포괄위임도 허용된다고 본다.

Answer / 01. ③ 02. ① 03. ⑤ 04. ② 05. ⑤

06 법규명령의 통제방법 중 우리나라에서 채택하고 있지 않는 것은?

① 입법부에 의한 동의유보

② 감독청의 훈령

③ 법제처에 의한 심사

④ 일반법원에 의한 구체적 규범통제

⑤ 중앙행정심판위원회에 의한 시정요청

07 법규명령에 대한 사법적 통제에 대한 설명으로 옳은 것은?

① 법규명령의 위헌·위법 여부가 재판의 전제가 된 경우 각급 법원은 심사권이 없고 대법원이 심사한다.

② 법규명령 자체는 원칙적으로 항고소송의 대상이 된다.

③ 법규명령에 대한 입법부작위위법 확인소송도 가능하다는 것이 대법원의 입장이다.

④ 법규명령에 대한 위헌심사권이 헌법재판소에는 없다는 것이 헌법재판소의 입장이다.

⑤ 행정입법부작위에 대한 위헌소원이 가능하다는 것이 헌법재판소의 입장이다.

심화문제

08 위임입법에 관한 설명 중 옳지 않은 것은? (다툼이 있는 경우 판례에 의함)

① 법률조항의 위임에 따라 대통령령으로 규정한 내용이 「헌법」에 위반되는 경우에는 그로 인하여 모법인 해당 수권(授權) 법률조항도 위헌으로 된다.

② 입법자에게 상세한 규율이 불가능한 것으로 보이는 영역이라면 행정부에 필요한 보충을 할 책임이 인정되고 극히 전문적인 식견에 좌우되는 영역에서는 행정규칙에 대한 위임입법이 제한적으로 인정될 수 있다.

③ 위임조항에서 위임의 구체적 범위를 명확히 규정하고 있지 않다고 하더라도 당해 법률의 전반적 체계와 관련규정에 비추어 위임조항의 내재적인 위임의 범위나 한계를 객관적으로 분명히 확정할 수 있다면 이를 포괄적인 백지위임에 해당하는 것으로 볼 수 없다.

④ 법률에서 위임받은 사항을 전혀 규정하지 아니하고 그대로 재위임하는 것은 허용되지 않으며, 위임받은 사항에 관하여 대강을 정하고 그중의 특정사항을 범위를 정하여 하위법령에 다시 위임하는 경우에만 재위임이 허용된다.

⑤ 「헌법」에 의하면 대통령은 법률에서 구체적으로 범위를 정하여 위임받은 사항과 법률을 집행하기 위하여 필요한 사항에 관하여 대통령령을 발할 수 있다.

09 다음 중 행정입법에 관한 판례의 설명으로 옳지 않은 것은?

① 판례는 구법의 위임에 의한 유효한 법규명령이 법 개정에 따라 위임의 근거가 없어지게 되면 소급하여 법규명령이 무효가 된다고 한다.

② 일반적으로 법률의 위임에 의하여 효력을 갖는 법규명령의 경우, 구법에 위임의 근거가 없어 무효였더라도 사후에 법 개정으로 위임의 근거가 부여되면 그때부터는 유효한 법규명령이 된다.

③ 어느 시행령의 규정이 모법에 저촉되는지의 여부가 명백하지 아니한 경우에는 모법과 시행령의 다른 규정들과 그 입법취지·연혁 등을 종합적으로 살펴 모법에 합치된다는 해석도 가능한 경우라면 그 규정을 모법 위반으로 무효라고 선언하여서는 안 된다.

④ 상위법령의 시행에 필요한 세부적 사항을 정하기 위하여 행정관청이 일반적으로 직권에 의하여 제정하는 이른바 집행명령은 근거법령인 상위법령이 폐지되면 특별한 규정이 없는 한 실효된다.

⑤ 「헌법」상 규정된 법규명령의 형식은 예시에 불과하다고 보아야 하므로 불가피한 예외적 사정이 있는 경우 고시 등 행정규칙에 위임하는 것도 가능하다.

06 ① 입법부에 의한 동의유보는 현행법상 인정되지 않는다. 법률대위명령인 대통령의 긴급명령이나 긴급재정·경제명령은 국회의 사후승인을 요하기는 하지만 입법부에 의한 동의유보는 아니다.

07 ⑤ 행정입법부작위에 대한 위헌소원은 헌법소원의 보충성에 해당하여 헌법소원이 가능하다는 것이 헌법재판소의 입장이다.
① 법규명령의 위헌·위법 여부가 재판의 전제가 된 경우 각급 법원도 심사권을 가지고 다만 최종적 심사권이 대법원에 있다.
② 법규명령 자체는 원칙적으로 항고소송의 대상이 되는 처분성이 부정된다.
③ 부작위위법 확인소송의 대상이 되는 부작위는 행정청의 구체적 사실에 대한 법집행으로서 공권력 행사의 부작위를 뜻하므로 일반적·추상적 효력의 행정입법을 대상으로 입법부작위위법 확인소송은 부정된다는 것이 대법원의 입장이다.
④ 법규명령도 헌법소원의 대상이 된다는 것이 헌법재판소의 입장이므로 법규명령에 대한 위헌심사권이 인정된다.

08 ① 법률조항의 위임에 따라 대통령령으로 규정한 내용이 「헌법」에 위반될 경우라도 그 대통령령의 규정이 위헌으로 되는 것은 별론으로 하고, 그로 인하여 정당하고 적법하게 입법권을 위임한 수권법률인 법률조항까지도 위헌으로 되는 것은 아니다(대판 2006.2.23. 2004헌바79).

09 ①·② 일반적으로 법률의 위임에 의하여 효력을 갖는 법규명령의 경우, 구법에 위임의 근거가 없어 무효였더라도 사후에 법 개정으로 위임의 근거가 부여되면 그때부터는 유효한 법규명령이 되나, 반대로 구법의 위임에 의한 유효한 법규명령이 법 개정으로 위임의 근거가 없어지게 되면 그때부터 무효인 법규명령이 된다. 소급하여 무효가 되는 것은 아니다.

Answer/ 06. ① 07. ⑤ 08. ① 09. ①

10 위임입법의 한계에 관한 다음 기술 중 괄호의 내용을 가장 적합하게 연결한 것은?

> 위임입법에 있어서 위임의 구체성·명확성의 요구 정도는 그 규율대상의 종류와 성격에 따라 달라질 것이지만, 특히 (㉠)나 조세법규와 같이, 국민의 기본권을 직접적으로 제한하거나 침해할 소지가 있는 법규에서는 구체성·명확성의 요구가 (㉡)되어 그 위임의 요건과 범위가 일반적인 (㉢)의 경우보다 더 엄격하게 제한적으로 규정되어야 하는 반면에, 규율대상이 지극히 다양하거나 수시로 변화하는 성질의 것일 때에는 위임의 구체성·명확성의 요건이 (㉣)될 수도 있다(헌재 1997.2.20. 95헌바27).

	㉠	㉡	㉢	㉣
①	처벌법규	강화	급부행정	완화
②	행정법규	강화	규제행정	완화
③	행정법규	완화	급부행정	강화
④	처벌법규	완화	규제행정	강화
⑤	처벌법규	강화	규제행정	강화

11 행정입법에 대한 설명으로 옳지 않은 것은? (다툼이 있는 경우 판례에 의함)

① 중앙행정기관의 장은 법률에서 위임한 사항이나 법률을 집행하기 위하여 필요한 사항을 규정한 대통령령·총리령·부령·훈령·예규·고시 등이 제정·개정 또는 폐지된 때에는 10일 이내에 이를 국회 소관상임위원회에 제출하여야 한다.

② 대통령령의 경우에는 입법예고를 할 때에도 그 입법예고안을 10일 이내에 국회 소관상임위원회에 제출하여야 한다.

③ 대통령은 긴급명령, 긴급재정·경제명령을 한 때에는 지체 없이 국회에 보고하여 그 승인을 얻어야 한다.

④ 명령·규칙 또는 처분이 「헌법」이나 법률에 위반되는 여부가 재판의 전제가 된 경우에는 대법원은 이를 최종적으로 심사할 권한을 가진다.

⑤ 법규명령의 위헌성 여부에 대한 헌법재판소의 심판권은 인정되지 않는다.

12 행정입법의 범위에 관한 현행법령 및 판례의 태도와 합치되지 않는 것은?

① 위임명령은 법률이나 상위명령에서 구체적으로 범위를 정한 개별적인 위임이 있어야 제정할 수 있다.

② 영유아 보육시설 종사자의 정년을 조례로 규정하고자 하는 경우에는 법률의 위임이 필요 없다.

③ 위임명령에 규정될 내용 및 범위의 기본사항은 구체적으로 규정되어 있어서 누구라도 해당 법령으로부터 위임명령에 규정될 내용의 대강을 예측할 수 있어야 한다.

④ 법률의 시행령이나 시행규칙의 내용이 모법 조항의 취지에 근거하여 이를 구체화하기 위한 것인 때에는 모법의 규율 범위를 벗어난 것으로 볼 수 없다. 이러한 경우에는 모법에 이에 관하여 직접 위임하는 규정을 두지 않았다고 하여도 이를 무효라고 볼 수 없다.

⑤ 상위법령은 개정되었으나 그 시행을 위한 집행명령이 아직 제정되지 않았을 때는 구 법령의 집행명령이 여전히 효력을 유지할 수 있다.

10 ㉠ ( ) 뒤에 조세법규로 봐서 처벌법규가 들어와야 하고, ㉡ 처벌법규는 구체성·명확성의 요구가 강화되며, ㉢ 일반적인 급부행정보다 더 엄격하고 제한적으로 규정되어야 하며, ㉣ 규율대상이 수시로 변하는 경우에는 구체성의 요구가 완화된다.

11 ⑤ 다수설과 헌법재판소는 법규명령이 집행행위의 매개 없이 직접 기본권을 침해하는 경우에는 법규명령도 헌법소원의 대상이 된다고 본다. 즉, 법규명령도 헌법재판소의 통제대상이 된다고 본다.

12 ② 영유아보육법이 보육시설 종사자의 정년에 관한 규정을 두거나 이를 지방자치단체의 조례에 위임한다는 규정을 두고 있지 않음에도 보육시설 종사자의 정년을 규정한 '서울특별시 중구 영유아 보육조례 일부개정조례안' 제17조 제3항은, 법률의 위임 없이 「헌법」이 보장하는 직업을 선택하여 수행할 권리의 제한에 관한 사항을 정한 것이어서 그 효력을 인정할 수 없으므로, 위 조례안에 대한 재의결은 무효(대판 2009.5.28. 2007추134).

Answer 10. ① 11. ⑤ 12. ②

13 행정입법의 통제방법에 대한 설명으로 옳지 않은 것은?

① 법규명령에 대한 법원의 위헌·위법결정은 원칙적으로 해당 사건에 한하여 그 적용이 거부된다.

② 국회는 「국회법」상 제출제도를 통하여 행정입법에 대한 통제를 할 수 있다.

③ 헌법재판소는 (구) 「법무사법 시행규칙」 제3조 제1항에 대한 헌법소원심판사건에서 명령·규칙에 대한 헌법재판소의 심사권을 인정하였다.

④ 대법원 판결에 의하여 법규명령이 「헌법」 또는 법률에 위반된다는 것이 확정된 경우에 대법원은 그 사유를 법무부장관에게 통보하여야 한다.

⑤ 명령·규칙의 위헌·위법심사는 그 위헌 또는 위법여부가 재판의 전제가 된 경우에 가능하다.

14 행정입법부작위에 대한 설명으로 가장 적절하지 않은 것은? (다툼이 있는 경우 판례에 의함)

① 법률의 위임에 대해 이를 이행하지 않는 것은 법치행정의 원칙에 위배된다.

② 하위 행정입법의 제정 없이 상위 법령의 규정만으로도 집행이 이루어질 수 있는 경우라면 하위 행정입법을 하여야 할 헌법적 작위의무는 인정되지 않는다.

③ 행정입법의 자체가 위법으로 되어 그에 대한 법적 통제가 가능하기 위하여는, 우선 행정청에게 시행명령을 제정(개정)할 법적 의무가 있어야 하고, 상당한 기간이 지났음에도 불구하고, 명령제정(개정)권이 행사되지 않아야 한다.

④ 입법부가 법률로써 행정부에게 특정한 사항을 위임했음에도 불구하고, 행정부가 정당한 이유 없이 법률에서 위임한 시행령을 제정하지 않은 것은 그 법률에서 인정된 권리를 침해하는 불법행위가 될 수 있다.

⑤ 행정입법의 부작위는 그 자체로서 국민의 구체적인 권리의무에 직접적인 변동을 초래하는 것이어서 행정소송의 대상이 된다.

15 행정입법에 대한 사법적 통제에 관한 다음 설명 중 가장 적절한 것은? (다툼이 있는 경우 판례에 의함)

① 추상적 법령 제정의 여부 등은 그 자체로서 국민의 구체적인 권리·의무에 직접적인 변동을 초래하는 것이 아니어서 부작위위법확인소송이라는 행정소송의 대상이 될 수 없다.

② 행정입법에 대해서 헌법재판소는 헌법소원을 통하여 통제할 수 있으나 시행명령을 제정할 의무가 있음에도 명령제정을 거부하거나 입법부작위가 있는 경우에는 헌법소원의 대상이 되지 않는다.

③ 「헌법」이나 법률에 반하는 시행령 규정이 대법원에 의해 위헌 또는 위법하여 무효라고 선언하는 판결이 나오기 전이라도 하자의 중대성으로 인하여 그 시행령에 근거한 행정처분의 하자는 무효사유에 해당하는 것으로 취급된다.

④ 고시가 다른 집행행위의 매개 없이 그 자체로서 직접 국민의 구체적인 권리의무나 법률관계를 규율하는 성격을 가질 때에도 항고소송의 대상이 되는 행정처분에 해당되지 않는다.

⑤ 현행법상 법규명령에 대하여는 특정 법규명령의 위헌·위법 여부가 구체적 사건에 대한 재판의 전제가 된 경우에 법원이 이를 심리·판단하는 선결문제심리 방식에 의한 간접적 통제는 인정되지 않는다.

---

13 ④ 대법원 판결에 의하여 명령·규칙이 「헌법」 또는 법률에 위반된다는 것이 확정된 경우에는 대법원은 지체 없이 그 사유를 법무부장관이 아닌 행정안전부장관에게 통보하여야 한다.
② 「국회법」 제98조의 2는 중앙행정기관의 장에게 법규명령 등이 제정·개정·폐지된 때에는 10일 이내에 국회 소관상임위원회에 그 사유를 제출하도록 하는 국회제출제도를 도입하고 있다.

14 ⑤ 부작위위법확인소송의 대상이 될 수 있는 것은 구체적 권리의무에 관한 분쟁이어야 하고 추상적인 법령에 관하여 제정의 여부 등은 그 자체로서 국민의 구체적인 권리의무에 직접적 변동을 초래하는 것이 아니어서 행정소송의 대상이 될 수 없다(대판 1992.5.8. 91누11261).

15 ① 우리 대법원은 입법부작위위법 확인소송을 부정하고 있다. 항고소송으로서 부작위위법 확인소송은 처분에 대한 부작위를 대상으로 하고 있기 때문이다.
② 제정된 법규명령에 대해서 적극적 헌법소원이 가능하고, 행정입법부작위에 대해서는 공권력 불행사로서 소극적 헌법소원이 가능하다는 것이 헌법재판소의 입장이다.
③ 처분 후에 그 근거가 되는 법령이 위헌으로 결정된 경우 처분 당시에는 위헌 여부가 명백하지 않으므로 처분은 취소사유라는 것이 판례이다.
④ 고시가 다른 집행행위의 매개 없이 그 자체로서 직접 국민의 구체적인 권리의무나 법률관계를 규율하는 성격을 가질 때에는 항고소송의 대상이 되는 행정처분에 해당한다.
⑤ 구체적 규범통제를 취하는 현행법상 법규명령의 위헌·위법 여부가 구체적 사건에 대한 재판의 전제가 된 경우에 법원이 이를 심리·판단하는 선결문제심리 방식에 의한다.

Answer /   13. ④   14. ⑤   15. ①

16 행정입법에 대한 설명으로 옳지 않은 것은? (다툼이 있는 경우 판례에 의함)

① 법규명령의 위임근거가 되는 법률에 대하여 위헌결정이 선고되면 그 위임규정에 근거하여 제정된 법규명령도 원칙적으로 효력을 상실한다.

② 조례가 집행행위의 개입 없이도 그 자체로서 직접 국민의 구체적인 권리의무나 법적이익에 영향을 미치는 경우 그 조례는 항고소송의 대상이 되는 행정처분에 해당한다.

③ 시행령이나 시행규칙의 규정이 모법 조항의 취지에 근거하여 이를 구체화하기 위한 것인 때에는 모법에 이에 관하여 직접 위임하는 규정을 두지 않았더라도 무효라고 볼 수 없다.

④ 「헌법」이 인정하고 있는 위임입법의 형식은 예시적으로 보아야 한다.

⑤ 상위법령에서 세부사항 등을 부령으로 정하도록 위임하였음에도 불구하고 이를 고시로 정한 경우, 해당 고시는 위임에 토대하고 있으므로 대외적 구속력이 있는 법규명령으로서의 효력이 인정된다.

17 행정입법에 관한 설명으로 옳지 않은 것은? (다툼이 있으면 판례에 따름)

① 재량준칙은 일반적으로 행정조직 내부에서만 효력을 가질 뿐 대외적인 구속력을 갖는 것은 아니다.

② 재량권 행사의 준칙인 행정규칙이 정한 바에 따라 되풀이 시행되어 행정관행이 형성되어 행정기관이 그 상대방에 대한 관계에서 그 규칙에 따라야 할 자기구속을 당하게 되는 경우에는 헌법소원의 대상이 될 수 있다.

③ 법원이 구체적 규범통제를 통해 위헌·위법으로 선언할 심판대상은 원칙적으로 해당 규정 전체이고, 재판의 전제성이 인정되는 조항에 한정되지 않는다.

④ 「헌법」이 인정하고 있는 위임입법의 형식은 예시적인 것으로 보아야 한다.

⑤ 보건복지부 고시인 약제급여·비급여목록 및 급여상한금액표에 대해서는 취소소송으로 다툴 수 있다.

---

16 ⑤ 상위법령에서 세부사항 등을 부령으로 정하도록 위임하였음에도 불구하고 이를 고시로 정한 경우, 해당 고시는 위임이 없으므로 대외적 구속력이 있는 법규명령으로서의 효력이 인정되지 않는다.

17 ③ 법원이 구체적 규범통제를 통해 위헌·위법으로 선언할 심판대상은, 해당 규정의 전부가 불가분적으로 결합되어 있어 일부를 무효로 하는 경우 나머지 부분이 유지될 수 없는 결과를 가져오는 특별한 사정이 없는 한, 원칙적으로 해당 규정 중 재판의 전제성이 인정되는 조항에 한정된다(대판 2019.6.13. 2017두33985).

Answer 16. ⑤ 17. ③

제2절 | 행정규칙

기본문제

01 법규명령과 행정규칙의 이동(異同)에 관한 다음의 설명 중 잘못된 것은?

① 법규명령은 법령의 수권을 요하는 반면, 행정규칙은 수권 없이도 발할 수 있다.

② 법규명령은 공포를 요하나, 행정규칙은 공포를 요하지 않는다.

③ 법규명령은 양면적 구속력을, 행정규칙은 일면적 구속력을 갖는다.

④ 법규명령에 위반한 행위는 무효사유가 되나, 행정규칙에 위반한 행위는 취소사유가 된다.

⑤ 법규명령을 위반한 공무원이나 행정규칙을 위반한 공무원이나 원칙적으로 공무원의 책임을 면할 수 없다는 점에서는 같다.

02 행정규칙에 관한 설명 중 가장 옳지 않은 것은?

① 행정규칙에 따른 행정처분은 적법성이 추정되지 아니한다.

② 행정규칙은 하급기관의 권한행사를 지휘하는 것이므로 상급기관이 갖는 포괄적인 감독권에 근거하여 발할 수 있다.

③ 행정규칙은 발령기관의 권한이 미치는 범위 내에서 일면적인 구속력을 갖는다.

④ 행정규칙은 법규가 아니므로 그 위반은 위법이 아니다.

⑤ 행정규칙은 법규성이 없으므로 공무원은 행정규칙의 적용을 일반적으로 거부할 수 있다.

---

01 ④ 법규명령에 위반한 행위는 위법한 행위로 중대·명백설에 따라 무효 또는 취소사유가 되나, 행정규칙에 위반한 행위는 행정규칙을 근거로 위법성 판단을 하지 않으므로 위법하다고 볼 수 없고 취소사유가 되지는 않는다.

02 ⑤ 행정규칙은 법규성(대외적 효력)이 없으나(통설 및 판례) 조직 내부적 효력은 있으므로 조직구성원인 공무원은 원칙적으로 행정규칙에 따라야 하는 복종의무가 있고 이에 위반할 경우 징계사유가 된다. 다만, 명백히 위법인 경우에는 복종을 거부할 수 있고 또 거부하여야 한다(통설 및 판례).

Answer **01.** ④ **02.** ⑤

03 일반적인 행정규칙에 관한 설명으로 옳지 않은 것은?

① 행정규칙의 제정에는 법률유보원칙이 적용된다.

② 행정규칙의 외부적 효력은 원칙적으로 사실상의 효력에 불과하다.

③ 행정규칙은 공포를 요하지 않는다.

④ 공무원의 행정규칙 위반은 징계사유가 된다.

⑤ 법령보충적 행정규칙은 적당한 방법으로 이를 일반인 또는 관계인에게 표시 또는 통보함으로써 그 효력이 발생한다는 것이 판례이다.

04 행정입법에 관한 대법원 판례의 입장이 아닌 것은?

① 훈령은 원칙적으로 대외적으로는 아무런 구속력을 가지지 않는다.

② 대통령령의 형식으로 정한 제재적 행정처분의 기준은 법규가 아니다.

③ 위임명령은 법률이나 상위명령에서 구체적으로 범위를 정한 개별적인 위임이 있을 때에 가능하다.

④ 행정규칙 중 재량준칙은 행정청에 의하여 반복 시행되어 행정관행이 이룩된 경우에는 행정법상 일반원칙에 따른 대외적인 구속력을 갖게 된다.

⑤ 법령이 일정한 행정기관에게 법령의 내용을 구체적으로 보충 규정할 권한을 위임하고 이에 따라 행정기관이 행정규칙의 형식으로 그 법령의 내용이 될 사항을 구체적으로 정하고 있다면 그와 같은 행정규칙은 그 법령의 내용과 결합하여 법규로서의 효력을 가진다.

05 다음 중 행정규칙에 관해 옳지 않은 것은?

① 행정규칙의 종류로는 훈령, 예규, 지시, 일일명령 등이 있다.

② 헌법재판소는 재량준칙인 행정규칙이 정한 바에 따라 되풀이 시행되어 행정관행이 성립되면 행정의 자기구속 법리에 의거 대외적인 구속력을 가지게 된다고 본다.

③ 판례는 (구)「소득세법 시행령」 제170조 제4항 제2호에 의해 투기거래를 규정한 국세청장의 훈령인 「재산제세조사 사무처리규정」의 법규적 효력을 인정하였다.

④ 서울특별시가 정한 개인택시운송사업면허 지침은 재량권 행사의 기준으로 설정된 행정청의 내부사항 처리준칙으로서 외부에 공포하여야 효력을 발생한다.

⑤ 위법한 법령해석적 행정규칙에 대한 국민의 일반적인 신뢰는 경우에 따라서는 신뢰보호원칙에 의해 보호될 수 있다.

심화문제

06 행정규칙 형식의 법규명령에 관한 설명으로 옳지 않은 것은? (다툼이 있는 경우 판례에 의함)

① 재산제세 사무처리규정, 석유판매업허가기준 고시, 식품영업허가기준 고시 등이 그 예이다.

② 행정규칙 형식의 법규명령은 통상적인 법규명령과는 달리 포괄적 위임금지의 원칙에 구속받지 아니한다.

③ 법령의 규정이 지방자치단체장에게 그 법령 내용의 구체적 사항을 정할 수 있는 권한을 부여하면서 그 권한행사의 절차나 방법을 정하지 아니하고 있는 경우, 그 법령의 내용이 될 사항을 구체적으로 규정한 지방자치단체장의 고시는 해당 법령의 위임 한계를 벗어나지 않는 한 법규명령으로서의 효력이 있다.

④ 판례는 '주유소의 진출입로는 도로상의 횡단보도로부터 10m 이상 이격되게 설치하여야 한다.'라고 규정한 「전라남도 주유소 등록요건에 관한 고시」 제2조 제2항 [별표 1]에 대하여 법규명령으로서의 효력을 긍정하였다.

⑤ 행정규칙 형식의 법규명령은 대외적으로 공포까지 할 필요는 없다는 것이 판례이다.

03 ①·⑤ 행정규칙의 제정에는 법률유보원칙이 적용되지 않는다. 즉 법률의 근거를 필요로 하지 않는다. 그러나 법률우위의 원칙은 적용되어 법률에 위반되는 행정규칙의 제정은 허용되지 않는다.

04 ② 대법원은 대통령령의 형식(시행령)으로 정한 제재적 행정처분의 기준은 법규명령으로, 부령의 형식(시행규칙)으로 정한 제재적 행정처분의 기준은 행정규칙으로 본다(예외: 여객자동차운수사업법 시행규칙).

05 ④ 서울특별시가 정한 개인택시운송사업면허 지침은 내부적으로 개인택시운송사업면허 사무처리기준을 정한 것에 불과하므로 행정규칙에 해당하고, 국민에 대해 이를 공포하지 않더라도 그 효력이 발생한다.

06 ② 법률이 국민의 권리의무와 관련된 사항을 고시와 같은 행정규칙에 위임하는 경우에도 구체적·개별적으로 한정된 사항만 가능하며, 포괄위임은 금지된다.

Answer   03. ①   04. ②   05. ④   06. ②

07 행정청이 행정사무처리준칙을 부령의 형식으로 발한 것에 대하여 판례가 법규명령의 성질을 인정한 것은?

① (구)「여객자동차 운수사업법」 제11조 제4항의 위임에 따라 시외버스운송사업의 사업계획변경에 관한 절차, 인가기준 등을 구체적으로 규정한 「여객자동차 운수사업법 시행규칙」

② 「식품위생법」 제58조에 따른 행정처분의 기준을 정한 「식품위생법 시행규칙」 제53조에서 [별표 15]

③ 「자동차운수사업법」 제31조 제2항의 규정에 따라 자동차운수사업면허의 취소처분 등에 관한 사무처리기준과 처분절차 등을 정한 「자동차운수사업법 제31조 등의 규정에 의한 사업면허의 취소 등의 처분에 관한 규칙」

④ (구)「약사법」 제69조 제1항 제3호, 제3항에 근거하여 약사의 의약품 개봉판매행위에 대한 「약사법 시행규칙」 제89조 [별표 6]의 '행정처분의 기준'

⑤ 「도로교통법 시행규칙」 제53조 제1항이 정한 [별표 16]의 운전면허행정처분기준

08 행정입법에 관한 판례의 내용으로 옳지 않은 것은? (다툼이 있으면 판례에 의함)

① (구)「주택건설촉진법 시행령」 제10조의 3 제1항 [별표 1]의 영업정지처분기준은 대통령령 형식으로 규정되어 있으나 그 성질은 행정기관 내부의 사무처리 준칙을 규정한 것이므로 행정명령의 성질을 가지는 것으로 본다.

② 「재산제세조사 사무처리규정」이 국세청장의 훈령형식으로 되어 있다 하더라도 이에 의한 거래지정은 「소득세법 시행령」의 위임에 따라 그 규정의 내용을 보충하는 기능을 가지면서 그와 결합하여 대외적 효력을 발생하게 된다.

③ (구)「청소년보호법 시행령」 제40조 [별표 6]의 위반행위의 종별에 따른 과징금 처분기준의 법적 성격은 법규명령이다.

④ 비상장주식의 양도가 현저히 유리한 조건의 거래로서 부당지원행위에 해당하는지 여부에 관하여 판단함에 있어서 공정거래위원회의 부당한지원행위의 심사지침은 공정거래위원회 내부의 사무처리준칙에 불과하다.

⑤ 지방자치단체장이 제정한 '액화석유가스 판매사업 허가기준고시'는 해당 법률 및 그 시행령의 위임한계를 벗어나지 아니하는 한 그 법령의 규정과 결합하여 법규명령으로서의 효력을 갖는다.

09 행정규칙에 대한 설명으로 옳지 않은 것은? (다툼이 있는 경우 판례에 의함)

① 법령의 위임이 없음에도 법령에 규정된 처분 요건에 해당하는 사항을 부령에서 변경하여 규정한 경우에는 그 부령의 규정은 행정명령의 성격을 지닐 뿐 국민에 대한 대외적 구속력은 없다.

② 행정관청 내부의 사무처리규정에 불과한 전결규정에 위반하여 원래의 전결권자 아닌 보조기관 등이 처분권자인 행정관청의 이름으로 행정처분을 한 경우, 그 처분은 권한 없는 자에 의하여 행하여진 것으로 무효이다.

③ 법령의 규정이 특정 행정기관에게 법령 내용의 구체적 사항을 정할 수 있는 권한을 부여하면서 권한행사의 절차나 방법을 특정하지 아니한 경우에는 수임 행정기관은 행정규칙으로 법령 내용이 될 사항을 구체적으로 정할 수 있다.

④ 재량권행사의 준칙인 행정규칙이 그 정한 바에 따라 되풀이 시행돼 행정관행이 형성되어 행정기관이 그 상대방에 대한 관계에서 그 행정규칙에 따라야 할 자기구속을 당하게 되는 경우, 그 행정규칙은 헌법소원의 심판대상이 될 수도 있다.

⑤ 고시는 그 법적 성격이 일반·추상적 성격을 가질 때는 법규명령 또는 행정규칙에 해당하지만, 고시가 구체적인 규율의 성격을 갖는다면 행정처분에 해당한다.

---

07 ① 「여객자동차 운수사업법 시행규칙」이 「여객자동차 운수사업법」의 위임에 따라 시외버스운송사업의 사업계획변경에 관한 절차, 인가기준 등을 구체적으로 규정한 것은 대외적 구속력이 있는 법규명령이라는 것이 판례이다. ②·③·④·⑤ 부령 형식의 행정처분기준에 대해서는 행정규칙적 성질이라는 판례에 의하면 「식품위생법 시행규칙」 [별표 15]의 행정처분의 기준(대판 1995.3.28. 94누6925), 「자동차운수사업법」상 처분에 관한 규칙의 사무처리기준(대판 1995.10.17. 94누14148), 「약사법 시행규칙」 [별표 6]의 행정처분기준(대판 2007.9.20. 2007두6946), 「도로교통법 시행규칙」 [별표 16]의 운전면허행정처분기준(대판 1997.5.30. 96누5773) 등은 법규성이 부정된다.

08 ① (구) 「주택건설촉진법 시행령」 제10조의 3 제1항 [별표 1]의 영업정지처분기준은 대통령령 형식으로 규정되어 있으므로 법규명령에 해당한다는 것이 판례이다.
③ (구) 「청소년보호법 시행령」 제40조 [별표 6]의 위반행위의 종별에 따른 과징금 처분기준의 법적 성격은 대통령령에 규정되어 있으므로 법규명령에 해당한다는 것이 판례이다. 다만 그 수액은 정액이 아니라 최고한도액이라고 본다(대판 2001.3.9. 99두5207).

09 ② 전결과 같은 행정권한의 내부위임은 법령상 처분권자인 행정관청이 내부적인 사무처리의 편의를 도모하기 위하여 그의 보조기관 또는 하급 행정관청으로 하여금 그의 권한을 사실상 행사하게 하는 것으로서 법률이 위임을 허용하지 않는 경우에도 인정되는 것이므로, 설사 행정관청 내부의 사무처리규정에 불과한 전결규정에 위반하여 원래의 전결권자 아닌 보조기관 등이 처분권자인 행정관청의 이름으로 행정처분을 하였다고 하더라도 그 처분이 권한 없는 자에 의하여 행하여진 무효의 처분이라고는 할 수 없다(대판 2004.5.27. 2003추68).

Answer   07. ①   08. ①   09. ②

제1절 행정행위의 의의와 분류

기본문제

01 행정행위에 관한 기술로 타당하지 않은 것은?

① 행정행위는 구체적인 법집행행위이어야 하므로, 집행행위 전 단계인 내부적 결정행위는 행정행위가 아니다.

② 행정행위는 권력적 행위이어야 하므로, 행정지도와 같은 비권력적 행위는 행정행위가 아니다.

③ 기부채납 받은 공유재산을 기부자에게 무상으로 사용을 허용하는 행위는 행정행위가 아니다.

④ 강학상의 행정행위와 행정쟁송법상의 처분을 구분하는 견해에 따르면 행정행위가 처분보다 그 범위가 더 넓다고 할 수 있다.

⑤ 도로의 공용개시 또는 통행금지 등은 일반처분의 예이다.

02 행정행위에 관한 설명이 아닌 것은?

① 신체등급 판정행위를 수행하는 군의관은 행정청에 해당된다.

② 교통법규 위반에 대한 벌점부과행위는 행정처분이 아니다.

③ 구청장의 개별토지 가격결정은 공권력의 행사에 해당된다.

④ 공중보건의사 전문직(계약직) 공무원 채용계약해지 의사표시는 공권력의 행사가 아니다.

⑤ 상급행정기관의 하급행정기관에 대한 지시는 행정처분이 아니다.

03 「행정기본법」상 처분에 대한 설명으로 옳은 것은?

① 행정청은 적법한 처분의 경우 당사자의 신청이 있는 경우에만 철회가 가능하다.

② 행정청은 처분에 재량이 있는 경우 법령이나 행정규칙이 정하는 바에 따라 완전히 자동화된 시스템으로 처분할 수 있다.

③ 당사자의 신청에 따른 처분은 다른 법령에 특별한 규정이 있는 경우를 제외하고는 신청 당시의 법령 등에 따른다.

④ 새로운 법령등은 법령등에 특별한 규정이 있는 경우를 제외하고는 그 법령등의 효력 발생 전에 완성되거나 종결된 사실관계 또는 법률관계에 대해서는 적용되지 아니한다.

⑤ 행정청은 법령등의 위반행위가 종료된 날부터 3년이 지나면 해당 위반행위에 대하여 제재처분을 할 수 없다.

04 다음 중 일반처분에 해당하는 것으로 볼 수 있는 것은?

① 음식점 영업허가
② 건물철거 명령
③ 교통표지판의 명령
④ 어업면허
⑤ 사립대학 설립인가

---

01 ④ 강학상의 행정행위와 행정쟁송법상의 처분을 구분하는 견해(이원설-다수설)에 따르면 처분이 행정행위보다 그 범위가 더 넓다고 본다.

02 ① 군의관의 신체등급 판정은 등급 판정이라는 사실행위로서 그 자체로 상대방의 병역의무에 대한 어떠한 영향을 미치지 않는 것이므로 행정행위에 해당하지 않는다. 따라서 군의관은 행정행위의 행정청이 될 수 없고, 조직법상으로도 행정청에 해당하지 않는 보조기관일 뿐이다.

03 ④ 새로운 법령등은 법령등에 특별한 규정이 있는 경우를 제외하고는 그 법령등의 효력 발생 전에 완성되거나 종결된 사실관계 또는 법률관계에 대해서는 적용되지 아니한다(「행정기본법」 제14조 제1항).
① 행정청은 적법한 처분의 경우 당사자의 신청이 없더라도 일정한 사유가 있는 경우 그 처분의 전부 또는 일부를 장래를 향하여 철회할 수 있다(「행정기본법」 제19조 제1항).
② 행정청은 법률로 정하는 바에 따라 완전히 자동화된 시스템(인공지능 기술을 적용한 시스템을 포함한다)으로 처분을 할 수 있다. 다만, 처분에 재량이 있는 경우는 그러하지 아니하다(「행정기본법」 제20조).
③ 당사자의 신청에 따른 처분은 다른 법령에 특별한 규정이 있는 경우를 제외하고는 처분 당시의 법령 등에 따른다(「행정기본법」 제14조 제2항).
⑤ 행정청은 법령등의 위반행위가 종료된 날부터 5년이 지나면 해당 위반행위에 대하여 제재처분을 할 수 없다(「행정기본법」 제23조 제1항).

04 ③ 일반처분은 불특정 다수인을 규율대상으로 하는 구체적 사안에 대한 법 집행행위를 뜻한다. 교통표지판의 명령은 불특정 다수인을 대상으로 효력이 발생하고, 특정된 구간에 적용된다는 점에서 일반처분에 해당한다.

05 다음 중 통설·판례에 의한 행정행위의 개념과 가장 거리가 먼 것은?

① 행정행위의 개념에 관한 논의는 행정쟁송의 대상에 관한 논의와 밀접한 관련이 있다.

② 공법인 등 공공단체가 행하는 모든 행위는 행정청의 행위로서 행정소송의 대상이 된다.

③ 최협의의 개념으로서 행정행위란 행정청의 행위 중 법 집행행위로서 권력적 단독행위를 말한다.

④ 군의관의 신체등위 판정은 행정쟁송의 대상이 되는 행정행위가 아니다.

⑤ 당연퇴직 인사발령은 비록 행정청에 의하여 이루어질지라도 행정쟁송의 대상이 되는 행정행위가 아니다.

06 행정행위의 개념에 관한 설명으로 옳지 않은 것은?

① 도로상의 교통표지판과 같이 직접 물건의 특성을 규율하는 행위는 행정행위에 해당한다.

② 특정 장소에서의 통행 금지와 같이 불특정 다수인에 대한 규율행위는 행정행위에 해당한다.

③ 장래 일정한 행정처분을 하겠다고 약속하는 확약은 행정행위에 해당한다는 것이 대법원 판례의 입장이다.

④ 상급자가 특정 공무원에 대하여 발하는 직무명령은 행정행위에 해당하지 않는다.

⑤ 기계적으로 부과되는 납세고지서와 같은 자동화된 행정결정은 행정행위에 해당한다.

07 다음 중 행정행위에 관한 설명으로 옳지 않은 것은?

① 공정거래위원회가 부당한 공동행위를 한 사업자에게 과징금 부과처분을 한 뒤 다시 자진신고 등을 이유로 과징금감면처분을 한 경우, 선행처분은 후행처분에 흡수되어 소멸하므로 선행 처분의 취소를 구하는 소는 부적법하다.

② 다른 행정청의 동의를 얻어야 하는 행정행위에서 다른 행정청의 동의가 행정행위의 성립에 중요한 요소인 경우에는 그 자체도 행정행위로 보아야 한다.

③ 행정행위는 법적인 규율행위나 사실행위라도 수인의무를 갖는 경우에는 그러한 한 도에서 행정행위로 볼 수 있다.

④ 행정행위는 행정청이 우월적인 지위에서 행하는 것이지만, 상대방의 동의나 신청 등의 협력이 필요한 경우에도 역시 행정행위에 포함될 수 있다.

⑤ (구)「원자력법」상 원자로 및 관계 시설의 부지사전승인처분 후 건설허가처분까지 내 려진 경우, 선행처분은 후행처분에 흡수되어 건설허가처분만이 행정쟁송의 대상이 된 다.

05 ② 공법인의 모든 행위가 행정청의 행위로서 행정소송의 대상이 되는 것은 아니다. 공법인의 행위 중 행정행 위성이 인정되어야 항고소송 등 행정소송의 대상이 된다. 공법인의 사법상 행위는 민사소송의 대상이 될 것 이다.

06 ③ 행정상의 확약에 대하여 다수설은 행정행위(처분)로 보나, 판례(어업권면허우선순위 사건)는 행정행위에 해당하지 않는다고 보고 있다.

07 ② 행정행위는 국민을 대상으로 행하는 행위이므로 행정청 간의 동의는 기관 간의 행위가 되어 행정행위가 되지 못한다.

Answer / 05. ② 06. ③ 07. ②

08 다음 중 복효적(제3자효적) 행정행위에 대해서 가장 잘못 설명하고 있는 것은?

① 복효적 행정행위라 함은 해당 처분의 직접 상대방에게 이익 혹은 불이익이 되는 처분이 제3자에게는 반대로 불이익 또는 이익이 되는 처분을 말한다.

② 복효적 행정행위의 상대방에 대한 집행정지 결정은 제3자에 대해서도 그 효력이 미친다.

③ 복효적 행정행위의 제3자에 대해서도 재심청구가 인정된다.

④ 복효적 행정행위가 소송상 문제가 되는 영역은 주로 경업자소송이나 지역주민 간의 소송 등이다.

⑤ 복효적 행정행위인 인가·허가의 사업을 철회하는 경우에 수급상 균형이 깨져서 이해관계있는 제3자가 이용상 혼란을 가져올 우려가 있는 경우라도 철회권은 제한되지 아니한다.

09 복효적 행정행위와 관련한 설명 중 타당한 것은?

① 복효적 행정행위는 공권의 확대화 경향과 관련이 없다.

② 행정의 적극적인 조정기능이 증대되면서 복효적 행정행위는 점차 줄어들고 있다.

③ 행정심판위원회는 필요하다고 인정할 때에는 그 심판 결과에 대하여 이해관계가 있는 제3자에게 그 사건에 참가할 것을 요구할 수 있으며, 이 요구를 받은 제3자는 그 사건에 참가하여야 한다.

④ 독일과 달리 현행 「행정절차법」에서는 제3자에 대한 통지가 행정청의 의무는 아니다.

⑤ 「행정소송법」은 제3자에 의한 재심청구에 대해 명문으로 규정하고 있지 않다.

---

08 ⑤ 복효적 행정행위로서 제3자에게도 효력이 발생하는 행정행위는 제3자의 정당한 이익도 고려해야 한다. 인·허가 사업을 철회하는 경우 제3자가 이용상 혼란을 가져올 우려가 있다면 이러한 사정을 고려하여 철회권이 제한될 수 있다.

09 ① 복효적(제3자효적) 행정행위는 제3자의 원고적격 인정과 관련하여 성립된 개념으로, 제3자의 법률상 이익(공권) 확대 경향과 직접 관련이 있다.
② 사회가 복잡해지고 이해관계의 대립이 심화됨에 따라 복효적 행정행위가 점점 증대하고 있으며, 이에 따라 행정의 적극적인 조정기능이 매우 중요해지고 있다.
③ 참가요구를 받은 제3자는 참가여부를 통지하여야 할 의무는 있으나, 반드시 참가하여야 하는 것은 아니다.
⑤ 명문으로 규정하고 있다.

Answer   08. ⑤   09. ④

제2절 | 재량행위

기본문제

01 다음 중 판례에 의할 때 기속행위에 해당하는 것은?

① 운전면허 ② 어업면허

③ 광업허가 ④ 귀화허가

⑤ 공유수면매립면허

02 판례상 재량행위에 해당하는 것만을 모두 고르면?

> ㉠ 「여객자동차 운수사업법」상 개인택시운송사업면허
> ㉡ (구) 「수도권대기환경특별법」상 대기오염물질 총량관리사업장 설치허가
> ㉢ 「국가공무원법」상 휴직 사유 소멸을 이유로 한 신청에 대한 복직명령
> ㉣ 「출입국관리법」상 체류자격 변경허가

① ㉠, ㉣ ② ㉡, ㉢

③ ㉠, ㉡, ㉣ ④ ㉡, ㉢, ㉣

⑤ ㉠, ㉡, ㉢, ㉣

📖

01 ① 운전면허는 강학상 허가로서 기속행위에 해당한다.
②·③·④·⑤ 강학상 특허로서 원칙적으로 재량행위에 해당한다.

02 ㉢ 휴직 기간 중 그 사유가 없어지면 30일 이내에 임용권자 또는 임용제청권자에게 신고하여야 하며, 임용권자는 지체 없이 복직을 명하여야 한다(국가공무원법 제73조 제3항).
㉠, ㉡, ㉣은 재량행위

Answer 01. ①   02. ③

03 기속행위와 재량행위를 설명한 것이다. 다음 중 가장 적절하지 않은 것은? (다툼이 있으면 판례에 의함)

① 경찰공무원이 교통법규 위반 운전자에게 만 원권 지폐 한 장을 두 번 접어서 면허증과 함께 달라고 한 경우에 내려진 해임처분은 재량의 일탈·남용이 아니다.

② 막역한 친구 사이인 교장으로부터 거마비조로 1만 원을 수수한 것을 사유로 행해진 장학사에 대한 파면처분은 비례원칙 위반으로 위법하다.

③ 어느 행정행위가 기속행위인지 재량행위인지는 당해 처분의 근거가 된 규정의 형식이나 체제 또는 문언에 따라 개별적으로 판단하여야 한다.

④ 행정청의 재량에 속하는 처분이라도 재량권의 한계를 넘거나 그 남용이 있는 때에는 법원은 이를 취소할 수 있다.

⑤ 「여객자동차운수사업법」에 의한 개인택시운송사업면허는 재량행위이지만, 그 면허를 위하여 필요한 기준을 정하는 것은 행정청의 재량이 아니다.

심화문제

04 재량행위와 사법심사에 관한 설명으로 옳은 것은?

① 재량행위에 대한 사법심사는 법원이 사실인정과 관련법규의 해석·적용을 통하여 일정한 결론을 도출한 후 그 결론에 비추어 행정청이 한 판단의 적법여부를 독자적인 입장에서 판정하는 방식에 의한다.

② 대법원은 (구) 「주택건설촉진법」상의 주택건설사업계획의 승인은 상대방에게 권리나 이익을 부여하는 효과를 수반하는 수익적 행정처분이라는 점에서 재량행위라고 판단하고 있는데 이것은 이른바 요건재량설을 따른 것이다.

③ 「여객자동차운수사업법」에 의한 개인택시운송사업면허는 특정인에게 특정한 권리나 이익을 부여하는 행위로서 법령에 특별한 규정이 없는 한 재량행위지만, 그 면허를 위하여 필요한 기준을 정하는 것은 행정청의 재량이 아니다.

④ 학생에 대한 징계권의 발동이나 징계의 양정(量定)이 징계권자의 교육적 재량에 맡겨져 있다 할지라도 법원이 심리한 결과 그 징계처분에 위법한 사유가 있다고 판단되는 경우에는 이를 취소할 수 있다.

⑤ 재량권의 일탈·남용에 대한 사법적 통제의 가능성은 「행정소송법」에 명문의 규정이 없다.

05 다음 중 행정청의 재량권 행사에 대한 설명으로 옳지 않은 것은? (다툼이 있는 경우 판례에 의함)

① 제재처분에 대한 임의적 감경규정이 있는 경우, 감경 여부는 행정청의 재량에 속한다.

② 따라서 위 ①의 경우 존재하는 감경사유를 고려하지 않았거나 일부를 누락시켰다 하더라도 이를 위법하다고 할 수 없다.

③ 「여객자동차운수사업법」에 의한 개인택시운송사업면허는 특정인에게 권리나 이익을 부여하는 행정행위로서 법령에 특별한 규정이 없는 한 재량행위이다.

④ 「행정절차법」에 따라 공표된 처분기준이 명확하지 않은 경우 당사자 등은 해당 행정청에 그 해석 또는 설명을 요청할 수 있다.

⑤ 음주측정거부를 이유로 운전면허를 취소하는 경우 재량권의 일탈·남용의 문제는 생길 여지가 없다.

---

03 어떤 행정처분이 재량처분이라면 그 행정처분의 기준을 정하는 것 역시 원칙적으로 행정청의 재량이 인정된다. ⑤의 경우 개인택시운송사업면허가 재량처분이므로, 개인택시운송사업면허를 위한 필요한 기준을 정하는 것 역시 행정청의 재량이 인정된다.

04 ① 재량행위는 행정청의 재량을 고려하여 법원이 일정한 결론을 도출함이 없이 행정청의 결론을 가지고 일탈·남용의 한계를 벗어났는가의 여부를 심사하는 방식에 의한다.
② 수익적 행정처분은 재량행위라는 학설은 효과재량설에 근거한 것이다.
③ 재량행위에 필요한 기준을 정하는 것도 행정청의 재량에 속한다.
⑤ 행정청의 재량에 속하는 처분이라도 재량권의 한계를 넘거나 그 남용이 있는 때에는 법원은 이를 취소할 수 있다(「행정소송법」 제27조).

05 ② 제재처분에 대한 임의적 감경규정이 있는 경우, 감경 여부는 행정청의 재량에 속하지만 존재하는 감경사유를 전혀 고려하지 않았거나 감경사유 일부를 누락시켰다면 이것은 위법하다.

Answer 03. ⑤ 04. ④ 05. ②

06 **기속행위와 재량행위에 관한 설명으로 옳지 않은 것은? (다툼이 있는 경우 판례에 의함)**

① 산림형질변경 허가 시 법령상의 금지 또는 제한지역에 해당하지 않더라도 국토 및 자연의 유지와 상수원 수질과 같은 환경의 보전 등을 위한 중대한 공익상의 필요가 있을 경우 그 허가를 거부할 수 있다.

② 판례는 공무원 임용을 위한 면접전형에서 임용신청자의 능력이나 적격성 등에 관한 판단이 면접위원의 자유재량에 속한다고 보고 있다.

③ 법률에서 정한 귀화 요건을 갖춘 귀화신청인에 대한 법무부장관의 귀화허가는 기속행위로 본다.

④ 행정청의 재량에 속하는 처분이라도 재량권의 한계를 넘거나 그 남용이 있는 때에는 법원은 이를 취소할 수 있다.

⑤ 행정행위의 요건에 불확정개념이 있는 경우 요건재량설은 재량이 허용된다는 입장이나 판단여지설은 원칙적 기속행위로서 법적 판단을 요한다는 입장이다.

07 **기속행위와 재량행위에 관한 설명으로 옳지 않은 것은? (다툼이 있으면 판례에 의함)**

① 대법원은 '일반적으로 기속행위나 기속적 재량행위에는 부관을 붙일 수 없고, 가사 부관을 붙였다 하더라도 이는 취소사유인 것이다.'라고 판시하였다.

② 「행정소송법」 제27조는 '행정청의 재량에 속하는 처분이라도 재량권의 한계를 넘거나 그 남용이 있는 때에는 법원은 이를 취소할 수 있다.'라고 규정하고 있다.

③ 요건재량설에 대해서는 행정행위의 종국목적과 중간목적의 분류나 구체적 기준 자체가 불명확하다는 비판이 있다.

④ 「총포·도검·화약류 등 단속법」상의 총포 등 소지 허가는 기속행위라고는 할 수 없다.

⑤ 주택재건축사업시행의 인가는 상대방에게 권리나 이익을 부여하는 효과를 가진 이른바 수익적 행정처분으로서 법령에 행정처분의 요건에 관하여 일의적으로 규정되어 있지 아니한 이상 행정청의 재량행위에 속한다.

08 다음 중 재량권의 한계에 관한 설명으로 가장 타당하지 않은 것은?

① 어떤 처분에 대한 취소소송이 제기되면, 해당 처분이 재량처분인 경우는 요건심리 후 각하하여야 하고, 본안심리에서 일탈 및 남용여부를 심사할 필요가 없다.

② 재량권의 영으로의 수축이란 행정청에 대하여 재량권이 인정된 경우에 구체적 상황에서 오로지 하나의 선택가능성만이 합법적인 것으로 남아있는 경우를 말한다.

③ 대법원은 제반규정에 의하여 박사학위논문 심사과정을 통과한 자에게 정당한 이유 없이 학위수여를 부결한 행정처분은 재량권의 한계를 벗어난 위법이 있다고 판시하였다.

④ 행정기관이 재량행위를 기속행위로 오해하여 복수행위 간의 형량을 전혀 하지 않고 기속행위로 발령한 경우에 있어서 재량의 흠결은 재량행사에 있어서 내부적인 고려를 전혀 행하지 않은 경우이므로 재량권 남용의 한 형태로 볼 수 있다.

⑤ 행정청의 재량권이 인정된 경우에는 상대방은 원칙적으로 행정청에 대하여 아무런 청구권을 갖지 못하나, 재량권 행사에 하자가 있는 경우에는 상대방은 형식적인 공권인 하자 없는 재량행사를 청구할 권리를 갖는다는 것이 일반적인 견해다.

---

06 ③ 귀화허가는 국민의 권리의무의 포괄적 설정이라는 강학상 특허로서 재량행위에 속한다.
① 재량행위는 중대한 공익상의 필요가 있는 경우 별도의 법적 근거가 없더라도 이를 거부할 수 있다.

07 ① 대법원은 기속행위나 기속적 재량행위는 법률에 근거 없이 부관을 붙일 수 없고 부관을 붙였다고 하더라도 무효라는 입장이다.
③ 요건재량설은 행정행위의 근거법규의 요건이 불확정개념으로 규정된 경우 또는 종국목적이나 공백규정으로 규정된 경우 행정청의 재량을 인정하는 학설이다. 이에 대해서는 종국목적과 중간목적의 분류가 쉽지 않다는 비판이 있다.

08 ① 항고소송의 대상이 되는 처분은 기속행위인지 재량행위인지를 불문하고 대상행위가 되므로 재량행위에 대해 취소소송이 제기된 경우 재량행위라 하여 소송요건 흠결로 각하하여서는 안 되고, 본안에서 일탈·남용여부를 판단하여야 한다.

Answer / 06. ③ 07. ① 08. ①

09 재량행위와 기속행위에 관한 설명으로 옳은 것은? (다툼이 있으면 판례에 따름)

① 「공유수면 관리 및 매립에 관한 법률」상 공유수면 점용허가는 기속행위이다.

② 재외동포에 대한 사증발급과 관련한 재량권 불행사는 그 자체로 재량권 일탈·남용에 해당하지 않으므로 해당 처분을 취소하여야 할 위법사유가 되지 않는다.

③ 「국토의 계획 및 이용에 관한 법률」에 의하여 지정된 도시지역 안에서 토지의 형질변경행위를 수반하는 건축허가의 법적 성질은 기속행위이다.

④ 법령상 감경사유가 있는 경우 이를 전혀 고려하지 않은 과징금 부과처분은 위법하다.

⑤ 행정청이 제재치분 양정을 하면서 이익형량을 하였다면 그 양정에 정당성·객관성이 결여된 경우라도 위법은 아니다.

10 행정청의 판단여지와 관계없는 것은?

① 비대체적 결정

② 구속적·가치평가적 결정

③ 미래예측적 결정

④ 형성적 결정

⑤ 법으로부터의 자유로운 행정결정

---

09 ① 공유수면 점용허가는 재량행위이다.
② 재량권 불행사는 그 자체로 재량권 일탈·남용에 해당하고 따라서 처분을 취소하여야 할 위법사유가 된다.
③ 도시지역 안에서 토지의 형질변경행위를 수반하는 건축허가는 재량행위이다.
⑤ 이익형량을 하였다 하더라도 그 형량(양정)에 정당성·객관성이 결여되었다면 위법이 된다.

10 ⑤ 판단여지가 인정되는 영역은 ㉠ 비대체적 결정, ㉡ 구속적 가치평가, ㉢ 예측결정, ㉣ 형성결정의 영역이다. 판단여지가 인정되는 경우 사법심사가 제한될 수는 있지만 그렇다고 법으로부터 자유로운 영역은 아니다. 판단여지도 논리칙상·경험칙상 명백히 판단을 잘못한 경우나 절차위법이 있는 경우 사법부에 의한 위법성 판단이 가능하다.

Answer 09. ④   10. ⑤

제3절 | 법률행위적 행정행위

기본문제

01 다음 중 명령적 행정행위인 것은?

① 조세 부과
② 납세의 독촉
③ 공무원의 임명
④ 공기업의 특허
⑤ 법인설립의 인가

02 하명에 관한 설명으로 틀린 것은?

① 명령적 행정행위이다.
② 하명은 언제나 구체적 처분의 형식으로만 행하여지고 법규형식의 하명은 인정되지 않는다.
③ 하명을 위반한 개인의 행위는 위법한 행위로 행정강제나 제재의 대상이 된다.
④ 하명은 원칙적으로 법규에 기하여 행하여지는 기속행위이다.
⑤ 하명의 대상은 사실행위인 경우가 일반적이나 법률행위를 대상으로 하는 경우도 있다.

03 행정행위와 이에 대한 분류 또는 설명으로 가장 옳지 않은 것은?

① 의사면허 : 허가
② 토지거래허가 : 인가
③ 하천점용허가 : 특허
④ 사업시행자가 토지 등 소유자인 경우 사업시행계획에 대한 승인 : 인가
⑤ 사업시행자가 조합인 경우 사업시행계획에 대한 승인 : 인가

---

01 ① 명령적 행정행위는 행정행위 상대방의 의무와 관련된 행정행위이다. 조세 부과는 의무를 부과하는 하명으로 명령적 행정행위이나 그 외 ③·④·⑤는 권리관련적 행정행위로 형성적 행정행위에 속한다.
② 납세독촉은 준법률행위적 행정행위이다.

02 ② 하명은 행정처분의 형식으로도 가능하고 법규에 의한 일반적 하명도 가능하다. 예를 들어 법률규정에 의해 공공시설이 흡연금지구역으로 설정되는 경우를 들 수 있다.

03 ④ 사업시행자가 토지 등 소유자인 경우 사업시행계획에 대한 승인은 강학상의 특허에 해당한다.

Answer / 01. ① 02. ② 03. ④

04 **허가에 대한 설명 중 가장 올바른 것은?**

① 허가는 형성적 행위라고 보는 것이 종래의 통설이다.

② 절대적 금지도 허가의 대상이 된다.

③ 대물적 허가의 효과는 타인에게 이전될 수 있다.

④ 허가는 직접 법령에 의하여 행해지는 경우도 있다.

⑤ 허가의 대상은 사실행위에 한정된다.

05 **강학상 허가와 예외적 승인(허가)을 구분한 내용으로 옳지 않은 것은?**

① 판례는 기부금품모집 허가는 예외적 허가로 허가권자의 재량행위에 속한다고 보았다.

② 일반적으로 허가는 기속행위의 성질을 가지는 데 반하여, 예외적 승인은 재량행위의 성질을 가진다.

③ 허가는 공익 침해의 우려가 있어 잠정적으로 금지된 행위를 적법하게 수행하도록 하는 행위인 데 반하여, 예외적 승인은 그 자체가 사회적으로 유해하여 법령에 의해 일반적으로 금지된 행위를 예외적으로 적법하게 수행할 수 있도록 하는 것이다.

④ 허가는 예방적 금지의 해제, 예외적 승인은 억제적 금지의 해제에 관한 것이다.

⑤ 기속행위인 건축허가라도 개발제한구역 내에서의 건축허가의 경우에는 예외적 허가로 재량행위로 보아야 한다.

06 **허가와 특허에 대한 설명 중 옳지 않은 것은?**

① 모두 공법적 효과만을 발생시킨다.

② 특허는 출원을 반드시 필요로 하나, 허가는 반드시 필요한 것은 아니다.

③ 허가로 인해서 누리는 이익은 반사적 이익이나, 특허로 인해 누리는 이익은 권리의 성질을 갖는다.

④ 원칙적으로 허가는 기속행위이나, 특허는 재량행위에 속한다.

⑤ 허가는 불특정 다수인에 대해서도 행해질 수 있지만, 특허는 특정인에 대해서만 행해질 수 있다.

07 다음 중 학문상의 특허에 해당하는 것은?

① 의사면허   ② 발명권의 특허

③ 통행금지   ④ 공무원의 임명

⑤ 당선인의 결정

08 강학상 특허에 대한 설명으로 옳지 않은 것은?

① 허가는 자연적 자유를 회복시키는 금지해제행위이지만, 특허는 상대방에게 새로이 법률상 힘을 설정해 주는 행위이다.

② 전통적 입장의 강학상 허가와 강학상 특허의 구별은 최근에는 상대적 개념에 불과하고 허가로 인한 이익도 법률상 이익으로 인정되고 있다.

③ 특허는 항상 처분형식에 의하여야 하고 법규형식의 특허는 인정되지 않는다.

④ 양립할 수 없는 특허의 경우 후행 특허는 무효가 된다.

⑤ 특허로 인한 효력은 공권이 될 수도 있고 사권이 될 수도 있다.

---

04 ③ 대인적 허가는 양도가능성이 없으나 대물적 허가는 물건이 양도됨에 따라 허가도 이전이 가능하다.
① 허가는 금지의 해제라는 의무관련적 행위로 명령적 행정행위라는 것이 종래의 통설이다.
② 절대적 금지는 원칙적으로 허가의 대상이 되지 않는다.
④ 허가는 항상 처분의 형식으로만 가능하며 법규허가는 부정된다.
⑤ 허가의 대상은 주로 사실행위이나 때로는 법률행위도 대상으로 한다. 예를 들어 건축행위를 허가하는 것은 사실행위를 대상으로 하는 것이나, 영업행위를 허가하는 것은 법률행위를 대상으로 한다.

05 ① 강학상 허가는 예방적 금지를 해제하는 것이나 예외적 허가는 억제적 금지를 해제하는 것이다. 강학상 허가는 특별한 규정이 없으면 기속행위이지만 예외적 허가는 재량행위에 속한다. 판례상 예외적 허가로 문제가 된 사안은 개발제한구역 내 건축허가, 학교위생정화구역 내 영업허가, 기부금품모집행위 등이 있었는데, 기부금품모집행위에 대해서는 강학상 허가로 기속행위로 보았다.

06 ① 강학상 허가는 공법상 금지의 해제라는 공법적 효과가 발생하고 그로 인한 이익은 반사적 이익에 불과하다고 봐서 전통적 견해는 공법적 효과만이 발생한다고 봄이 일반적이다. 반면 특허로 인해 취득하는 권리는 공권이나 사권이 될 수 있으므로 공법적 효과 또는 사법적 효과가 발생할 수 있다.

07 ④ 공무원의 임명은 공무원으로서의 포괄적 신분관계를 설정하는 것으로 강학상 특허에 해당한다.
① 강학상 허가
② 준법률행위적 행정행위로 확인
③ 강학상 하명
⑤ 준법률행위적 행정행위로 확인

08 ③ 특허는 원칙적으로 행정처분의 형식에 의하나 예외적으로 법규에 의한 법규특허도 가능하다. 그 예로 「한국도로공사법」에 의한 한국도로공사의 설립과 같은 경우를 들 수 있다.

Answer   04. ③   05. ①   06. ①   07. ④   08. ③

09 다음 행정행위 중 강학상의 인가에 해당하지 않는 것은?

① 공유수면매립면허
② 토지거래허가
③ 공공조합의 설립인가
④ 학교법인의 임원에 대한 감독청의 취임승인처분
⑤ 재단법인의 정관변경 허가

10 인가에 관한 설명으로 가장 옳지 않은 것은?

① 무인가행위는 원칙적으로 무효이다.
② 기본 법률행위가 무효인 경우 인가가 있어도 그 법률행위가 유효로 되는 것은 아니다.
③ 법률행위를 대상으로 한다.
④ 항상 신청을 전제로 한다.
⑤ 법령에 의한 일반적 인가도 가능하다.

11 인가에 관한 설명 중 옳지 않은 것은?

① 행정주체는 출원의 내용을 수정하여 인가할 수 없다.
② 인가의 대상이 되는 행위는 법률행위에 한한다.
③ 공법행위에 대하여는 인가할 수 없다.
④ 인가를 받고자 하는 법률행위가 무효이면 인가도 당연히 무효가 된다.
⑤ 인가는 특정인만을 대상으로 이루어진다.

심화문제

12 강학상 허가에 관한 설명으로 옳지 않은 것은?

① 허가의 요건은 법령으로 규정되어야 하며, 법령의 근거 없이 행정청이 독자적으로 허가요건을 추가하는 것은 허용되지 아니한다.

② 허가의 신청 후 행정처분 전에 법령의 개정으로 허가기준에 변경이 있는 경우에는 원칙적으로 변경된 허가기준에 따라서 처분을 하여야 한다.

③ 산림형질 변경허가와 같이 재량행위성이 인정되는 허가의 경우 중대한 공익상 필요가 있다고 인정되는 때에는 그 허가를 거부할 수 있으며, 다만 그 경우 별도로 명문의 근거가 있어야 한다.

④ 허가는 그 근거법령상의 금지를 해제할 뿐 타법에 의한 금지까지 해제하는 것은 아니다.

⑤ 허가는 반드시 상대방의 신청을 전제로 하는 것이 아니므로 때로는 불특정 다수인을 대상으로 하는 허가도 허용된다.

---

09 ① 공유수면매립면허는 신청한 자에게 공유수면매립과 관련된 법률상 지위를 부여하는 강학상 특허에 해당한다.
②·③·④·⑤ 기본행위의 효력을 완성하는 강학상 인가에 해당한다. 다만, 공공조합의 설립인가 중 재개발조합의 설립인가의 성격에 대해 판례는 종래 인가로 보아오다가 최근에 특정한 공익사업을 수행할 수 있는 행정주체의 지위를 설정해주는 특허로 변경하였다.

10 ⑤ 인가는 기본행위의 효력을 보충적으로 완성시키는 행위로서 기본행위에 대한 인가신청을 필수적 전제요소로 하고 대상되는 기본행위가 있어야 하므로 법령에 의한 일반적 인가는 인정되지 않는다.

11 ③ 인가의 대상이 되는 기본행위는 완성시킬 효과가 발생되어야 한다는 점에서 법률행위만을 대상으로 하나 법률행위인 이상 공법행위인지 사법행위인지는 불문한다.

12 ③ 재량행위에 대한 중대한 공익상 필요에 따른 허가거부는 별도의 명문의 규정이 없는 경우에도 가능하다는 것이 판례와 다수설이다.
① 허가는 원칙적으로 기속행위이므로 법적 근거 없이 행정청이 독자적으로 허가요건을 추가할 수 없다.
② 허가 신청 후 허가 전에 법령이 변경된 경우 허가 시 법에 따라 허가요건을 판단하는 것이 원칙이다.
④ 인·허가 의제가 되지 않는 경우라면 원칙적으로 1개법상의 허가를 받았다고 하여 타법상의 허가까지 있다고 볼 수 없다.

Answer
　09. ①　　10. ⑤　　11. ③　　12. ③

13 인·허가의제에 대한 설명으로 옳지 않은 것은? (다툼이 있는 경우 판례에 의함)

① 인·허가의제는 행정청의 소관사항과 관련하여 권한행사의 변경을 가져오므로 법령의 근거를 필요로 한다.

② 「국토의 계획 및 이용에 관한 법률」상의 개발행위허가가 의제되는 건축허가신청이 동법령이 정한 개발행위허가기준에 부합하지 아니하면, 행정청은 건축허가를 거부할 수 있다.

③ 주된 인·허가에 관한 사항을 규정하고 있는 법률에서 주된 인·허가가 있으면 다른 법률에 의한 인·허가를 받은 것으로 의제한다는 규정을 둔 경우, 주된 인·허가가 있으면 다른 법률에 의하여 인·허가를 받았음을 전제로 하는 그 다른 법률의 모든 규정들까지 적용되는 것은 아니다.

④ A허가에 대해 B허가가 의제되는 것으로 규정된 경우, A불허가처분을 하면서 B불허가사유를 들고 있으면 A불허가처분과 별개로 B불허가처분이 존재하는 것이 아니다.

⑤ 주택건설사업계획 승인처분에 따라 의제된 인·허가가 위법함을 다투고자 하는 이해관계인은, 주택건설사업계획 승인처분의 취소를 구해야지 의제된 인·허가의 취소를 구해서는 아니 되며, 의제된 인·허가는 주택건설사업계획 승인처분과 별도로 항고소송의 대상이 되는 처분에 해당하지 않는다.

14 「행정기본법」상 인허가의제에 관한 설명으로 옳지 않은 것은?

① 주된 인허가 행정청은 주된 인허가를 하기 전에 관련 인허가에 관하여 미리 관련 인허가 행정청과 협의하여야 한다.

② 관련 인허가 행정청은 제3항에 따른 협의를 요청받으면 그 요청을 받은 날부터 20일 이내에 의견을 제출하여야 한다.

③ 관련 인허가에 필요한 심의, 의견 청취 등 절차에 관하여는 법률에 인허가의제 시에도 해당 절차를 거친다는 명시적인 규정이 있는 경우에만 이를 거친다.

④ 인허가의제의 효과는 주된 인허가의 해당 법률에 규정된 관련 인허가에 한정되지 않는다.

⑤ 인허가의제의 경우 관련 인허가 행정청은 관련 인허가를 직접 한 것으로 보아 관계 법령에 따른 관리·감독 등 필요한 조치를 하여야 한다.

15 허가의 갱신에 관한 설명 중 옳지 않은 것은? (다툼이 있는 경우 판례에 따름)

① 종전 허가의 유효기간이 지난 후에 한 기간연장 신청은 신규허가를 구하는 것이다.

② 허가처분에 정해진 기간이 부당히 짧은 경우 그 기간은 허가조건의 존속기간이고 따라서 종기가 도래하기 전에 반드시 연장신청이 있어야 하는 것은 아니다.

③ 허가의 갱신으로 인하여 갱신 전의 위법사유가 치유되는 것은 아니다.

④ 건설업면허의 갱신이 있으면 기존 면허의 효력은 동일성을 유지하면서 장래에 향하여 지속한다.

⑤ 건설업면허의 갱신이 있으면 갱신 전의 면허는 실효되고 새로운 면허가 부여된 것이라고 볼 수는 없다.

13 ⑤ 의제된 인·허가는 통상적인 인·허가와 동일한 효력을 가지므로, 적어도 '부분 인·허가 의제'가 허용되는 경우에는 그 효력을 제거하기 위한 법적 수단으로 의제된 인·허가의 취소나 철회가 허용될 수 있고, 이러한 직권취소·철회가 가능한 이상 그 의제된 인·허가에 대한 쟁송취소 역시 허용된다. 따라서 주택건설사업계획 승인처분에 따라 의제된 인·허가가 위법함을 다투고자 하는 이해관계인은, 주택건설사업계획 승인처분의 취소를 구할 것이 아니라 의제된 인·허가의 취소를 구하여야 하며, 의제된 인·허가는 주택건설사업계획 승인처분과 별도로 항고소송의 대상이 되는 처분에 해당한다(대판 2018.11.29. 2016두38792).

14 ④ 인허가의제의 효과는 주된 인허가의 해당 법률에 규정된 관련 인허가에 한정된다(「행정기본법」 제25조 제2항).

15 ② 일반적으로 행정처분에 효력기간이 정하여져 있는 경우에는 그 기간의 경과로 그 행정처분의 효력은 상실되고, 다만 허가에 붙은 기한이 그 허가된 사업의 성질상 부당하게 짧은 경우에는 이를 그 허가 자체의 존속기간이 아니라 그 허가조건의 존속기간으로 보아 그 기한이 도래함으로써 그 조건의 개정을 고려한다는 뜻으로 해석할 수는 있지만, 그와 같은 경우라 하더라도 그 허가기간이 연장되기 위하여는 그 종기가 도래하기 전에 그 허가기간의 연장에 관한 신청이 있어야 하며, 만일 그러한 연장신청이 없는 상태에서 허가기간이 만료하였다면 그 허가의 효력은 상실된다(대판 2007.10.11. 2005두12404).

Answer

13. ⑤   14. ④   15. ②

16 다음 사례에 관한 설명으로 옳은 것은? (다툼이 있는 경우 판례에 의함)

> A는 허가청으로부터 B간판에 관하여 설치허가를 받았다. 설치기간은 2013년 3월 1일부터 2015년 2월 28일까지로 하였다. A는 2015년 4월 1일에 허가기간의 연장을 신청하였다. 그러나 허가청은 B간판이 2015년 4월 1일 현재의 관련 법령이 정하는 규격을 초과한다는 이유로 허가연장신청을 거부하였다.

① 허가의 갱신신청은 달리 정함이 없으면 원칙적으로 기한이 도래하기 전에 할 수도 있고 도래한 후에 할 수도 있다.
② 2015년 2월 28일이 지나면 종전 허가의 효력은 원칙적으로 소멸한다.
③ 종전의 허가기간 경과 후에 이루어진 신청에 따른 허가는 일반적으로 갱신허가에 해당한다.
④ 허가청이 허가연장신청을 거부한 것은 위법하다.
⑤ 허가의 연장신청을 받지 못한 B의 간판은 그 소유권이 부정된다.

17 甲은 「공유수면 관리 및 매립에 관한 법률」에 의거하여 관할 행정청으로부터 공유수면매립면허를 받으려고 한다. 공유수면매립면허와 관련된 설명으로 옳은 것은?

① 공유수면매립면허는 필수적으로 신청을 요하는 행정행위로 보는 것이 일반적 견해이다.
② 甲이 「공유수면 관리 및 매립에 관한 법률」에서 정한 소정의 요건을 갖춘 경우에 관할 행정청은 반드시 매립면허를 하여야 한다.
③ 甲의 공유수면매립면허 신청에 대한 면허거부처분이 재량권 일탈·남용에 해당하는 경우에도 법원은 이를 취소할 수 없다.
④ 관할 행정청은 甲에게 공유수면매립면허를 함에 있어서 부관을 붙일 수 없다.
⑤ 관할 행정청은 甲이 신청한 내용을 수정하여 공유수면매립면허가 가능하다.

18 甲과 乙은 각기 A군에 대하여 하천점용허가를 신청하였으나, 乙만이 하천점용허가를 받았다. 甲은 A군의 조치에 대해 불복하고자 한다. 이 사안과 관련하여 고려될 수 있는 법리와 거리가 먼 것은?

① 하천점용허가는 특허행위이다.

② 하천점용허가는 법규상의 요건이 충족되면 행해져야 할 상대적 금지행위의 해제처분이다.

③ 甲의 불복은 경쟁자소송에 속한다.

④ 하천점용행위는 공물의 일반사용에 속하지 않는다.

⑤ 하천점용허가는 재량행위에 해당되고, 사법심사의 대상이 된다.

19 다음 중 특허에 해당하는 것은? (다툼이 있는 경우 판례에 따름)

㉠ 버스운송사업면허	㉡ 공중목욕탕영업허가
㉢ 보세구역의 설치·운영에 관한 특허	㉣ 산림형질변경허가
㉤ 공유수면매립허가	㉥ 공공조합의 정관변경허가
㉦ 특허기업의 사업양도허가	

① ㉠, ㉢, ㉤　　　　　② ㉠, ㉢, ㉦

③ ㉡, ㉣, ㉥　　　　　④ ㉡, ㉤, ㉦

⑤ ㉣, ㉤, ㉥

16 ②·①·③ 허가의 갱신의 경우에도 갱신기간 내에 갱신신청이 있어야 한다. 갱신기간이 경과한 후의 갱신신청은 새로운 허가신청이 될 뿐이다. 사안에서 2015년 2월 28일까지가 기한이므로 이를 지난 2015년 4월 1일에 한 연장신청은 허가의 효력이 소멸한 뒤의 새로운 허가신청이 될 뿐이다.

17 ①·② 공유수면매립면허는 설권행위로서 강학상 특허에 해당한다. 특허는 법률에 특별한 규정이 없는 한 재량행위로 보기 때문에 반드시 매립면허를 하여야 하는 것은 아니다. 특허는 상대방의 신청을 필수적 전제로 하므로 협력을 요하는 행정행위로 보아야 한다.
③ 재량행위가 일탈·남용에 해당하는 경우에는 법원은 이를 취소할 수 있다.
④ 재량행위에 대해서는 법률에 특별한 규정이 없다고 하더라도 부관을 붙일 수 있다는 것이 다수설과 판례이다.
⑤ 특허는 신청대로 인정되어야 하고 수정특허는 불허된다.

18 ②·③·⑤ 하천점용허가는 상대방에게 수익적 효과를 주고 법률상 사용·수익권을 부여하는 행위로 강학상 특허로서 재량행위에 속한다.

19 ㉠, ㉢, ㉤ ⇨ 특허,　㉡, ㉣ ⇨ 허가,　㉥, ㉦ ⇨ 인가

Answer 16. ② 17. ① 18. ② 19. ①

20 기본행위와 인가의 관계에 대한 설명으로 틀린 것은?

① 기본행위가 불성립 또는 무효인 경우 설혹 인가를 받더라도 기본행위가 유효로 될 수 없다.

② 기본행위에 하자가 있고 인가에 하자가 없는 경우 기본행위의 하자를 이유로 인가를 다툴 수 있다.

③ 기본행위가 적법·유효하고 보충행위인 승인처분 자체에만 하자가 있다면 그 승인처분의 무효확인이나 그 취소를 주장할 수 있다.

④ 기본행위는 적법하나 인가행위가 무효인 경우에는 기본행위의 효력도 발생하지 않는다.

⑤ 인가 당시에는 유효하게 성립된 인가라 하더라도 뒤에 기본행위가 취소되거나 실효되면 별도의 무효선언이나 취소처분이 없더라도 인가는 실효된다.

21 인가에 관한 설명 중 옳지 않은 것은?

① 인가는 처분의 형식으로만 가능하다.

② 인가는 사실행위에도 할 수 있다.

③ 인가는 법률행위의 효력요건이므로 무인가행위는 원칙적으로 무효이다.

④ 인가는 언제나 신청을 요하는 쌍방적 행위이다.

⑤ 인가의 예로서는 사업양도의 인가, 비영리법인설립의 인가, 공공조합설립의 인가 등이 있다.

22 다음은 주택재개발정비사업조합의 법령상 지위와 권한에 대해 설명한 것이다. 이와 관련한 설명으로 옳은 것은? (다툼이 있는 경우에는 판례에 의함)

① 재개발조합설립 인가처분은 법률관계 당사자의 법률행위의 효과를 완성시켜주는 보충행위에 해당한다.

② 재개발조합설립 인가처분에 하자가 없다면 기본행위인 조합설립 동의에 하자가 있다고 하더라도 따로 그 기본행위의 하자를 다투는 것은 별론으로 하고 기본행위의 무효를 내세워 바로 그에 대한 행정청의 인가처분의 취소 또는 무효확인을 구할 법률상의 이익은 없다.

③ 재개발조합설립 인가신청에 대하여 행정청의 재개발조합설립 인가처분이 있은 이후에는 재개발조합설립 동의에 하자가 있음을 이유로 재재발조합설립의 효력을 부정하려면 항고소송으로 재개발조합설립 인가처분의 효력을 다투어야 한다.

④ 관리처분계획에 대한 인가를 받고 난 이후에 관리처분계획을 다투기 위해서는 인가처분 자체를 취소소송으로 다투어야 한다.

⑤ 관리처분계획은 민사상의 행위로서 처분성을 갖지 못한다.

---

20 ② 인가는 보충적 행위로서 그 자체만으로는 아무런 효력이 없으므로 인가만의 무효확인이나 취소를 구하는 것은 소의 이익이 없고 기본행위에 하자가 있다면 기본행위를 다투어야지 적법한 인가를 다툴 수 없다.

21 ② 인가는 기본행위의 효력을 보충적으로 완성하는 행위이므로 인가의 대상이 되는 기본행위는 항상 법률행위만을 대상으로 한다.
① 인가는 처분의 형식으로만 가능하며 법규인가는 부정된다.
③ 무인가의 법률행위는 효력이 완성되지 않은 것이므로 무인가행위는 무효이다.
④ 신청 없는 인가는 무효이며 인가는 항상 기본행위의 효력을 완성하고자 하는 자의 신청이 있어야 한다.

22 ③ 대판 2010.1.28. 2009두4845. 재개발조합설립 인가처분의 성격을 종래 인가로 파악하여 오다가 최근 특허로 변경한 판례이다.
①·② 이는 변경 전의 판례 태도이다. 종전의 판례는 재개발조합설립 인가처분을 보충행위인 인가로 보고 ②와 같이 판결하였었다.
④·⑤ 관리처분계획은 항고소송의 대상되는 처분성이 인정되므로 관리처분계획을 취소소송으로 다투어야 한다.

Answer /   20. ②   21. ②   22. ③

23 다음은 「도시 및 주거환경정비법」상의 재건축사업 등에 관한 서술이다. 타당하지 않은 것은? (다툼이 있으면 판례에 의함)

① 조합설립인가와 관리처분계획에 대한 인가는 강학상 특허에 해당한다.

② 「도시 및 주거환경정비법」상 주택재개발사업조합의 조합설립인가처분이 판결로 취소된 경우 그 조합설립인가처분은 소급하여 효력을 상실한다.

③ 조합원의 자격 인정여부에 관하여 다툼이 있는 경우에는 공법상의 당사자소송에 의하여 그 조합원 자격의 확인을 구할 수 있다.

④ 주택재개발정비사업조합과 조합장 또는 조합임원의 지위를 다투는 소송은 민사소송에 의하여야 한다.

⑤ 토지 등 소유자가 사업시행자인 경우 사업시행계획에 대한 인가는 강학상의 특허에 해당한다.

24 다음은 「도시 및 주거환경정비법」상의 조합설립인가 등에 관한 설명이다. 타당하지 않은 것은? (다툼이 있으면 판례에 의함)

① 주택재개발조합설립추진위원회의 구성을 승인하는 처분은 보충행위로서 강학상 인가이다.

② 관리처분계획에 대한 관할 행정청의 인가·고시가 있기 전에는 관리처분계획에 대한 조합총회 결의의 하자를 당사자소송으로 다툰다.

③ 관리처분계획에 대한 관할 행정청의 인가·고시 이후 관리처분계획에 대한 조합총회 결의의 하자를 다투고자 하는 경우에는 관리처분계획을 항고소송으로 다투어야 한다.

④ 이전 고시가 효력을 발생한 후에는 조합원 등이 관리처분계획의 취소 또는 무효확인을 구할 법률상 이익이 없다.

⑤ 「도시 및 주거환경정비법」상 당초 관리처분계획의 경미한 사항을 변경하는 경우와 달리 관리처분계획의 주요부분을 실질적으로 변경하는 내용으로 새로운 관리처분계획을 수립하여 관할 행정청의 인가를 받은 경우, 당초 관리처분계획이 원칙적 항고소송의 대상이 된다.

---

23 ① 「도시 및 주거환경정비법」상의 재건축조합설립인가는 특허(강학상의 특허)에 해당하지만 관리처분계획에 대한 인가는 인가(강학상 인가)에 해당한다.

24 ⑤ 당초 관리처분계획의 주요부분을 실질적으로 변경하는 내용으로 새로운 관리처분계획을 수립하여 관할 행정청의 인가를 받은 경우 당초 관리처분계획은 실효되었다고 봄이 상당하므로 당초 관리처분계획에 대한 소는 존재하지 않는 행정처분을 대상으로 한 것으로서 소의 이익이 없게 되어 부적법하게 된다(대판 2013.6.13. 2011두19994).

Answer 23. ①   24. ⑤

제4절 | 준법률행위적 행정행위

기본문제

01 준법률행위적 행정행위에 대한 설명으로 옳은 것은?

① 확인은 법률사실 또는 법률관계에 관하여 의문이나 다툼이 있는 경우 행정청이 이를 공적으로 판단 및 확정하는 행정행위이다.

② 공증은 특정한 사실 또는 법률관계의 존재를 공적으로 증명하는 행정행위로서 반증이 있더라도 행정청이 이를 승인하여야 증명력이 소멸된다.

③ 통지로서 공무원에 대한 당연퇴직의 인사발령은 처분성이 긍정된다.

④ 수리는 사인의 행위를 유효하다고 수령하는 행위로서 행정청이 수리여부를 결정하는 것은 재량행위이다.

⑤ 공증은 의문이나 다툼이 있는 사항을 대상으로 행한다.

02 준법률행위적 행정행위가 아닌 것은?

① 행정심판의 재결   ② 대집행의 계고
③ 증명서 발급   ④ 어업면허
⑤ 당선인 결정

---

01 ①·⑤ 확인은 의문이나 다툼이 있는 사항을 대상으로 행정청의 판단의 표시라는 점에서 의문이나 다툼이 없는 사항을 대상으로 행정청의 인식의 표시를 행하는 공증과 구별된다.
② 공증의 일반적 효력은 공적 증거력이 발생한다는 점에서 반증에 의해 효력이 자동으로 번복되고 행정청의 별도의 승인을 요하는 것은 아니다.
③ 당연퇴직의 인사발령통보는 인사발령통보에 의해 퇴직의 효과가 발생하는 것이 아니라는 점에서 처분성이 부정된다.
④ 행정청의 수리여부는 기속행위라는 것이 다수설이다.

02 준법률행위적 행정행위는 행정청의 의사표시가 아닌 법률에 따른 효과가 발생하는 행정행위이다. 확인, 공증, 통지, 수리가 있다.
④ 특허로서 법률행위적 행정행위에 해당한다.
①·⑤ 확인
② 통지
③ 공증

Answer   01. ①   02. ④

03 다음의 ㉠, ㉡에 보충할 수 있는 준법률행위적 행정행위는 무엇인가?

> 대통령 후보자 甲에 대한 선거관리위원회의 당선인 결정은 (㉠)행위이며, 당선증 교부는 (㉡)행위라고 할 수 있다.

	㉠	㉡		㉠	㉡
①	확인	수리	②	공증	통지
③	통지	공증	④	확인	통지
⑤	확인	공증			

심화문제

04 행정작용과 그 성격에 관하여 연결한 것으로 옳은 것들의 조합은?

> ㉠ 양곡가공업허가 − 특허
> ㉡ 토지수용에 있어 사업인정의 고시 − 통지
> ㉢ 운전면허증의 교부 − 공증
> ㉣ 의료유사업자격증 갱신발급행위 − 공증
> ㉤ 한의사면허 − 특허

① ㉠, ㉡, ㉤   ② ㉡, ㉢
③ ㉡, ㉢, ㉣   ④ ㉢, ㉣, ㉤
⑤ ㉡, ㉢, ㉣, ㉤

05 준법률행위적 행정행위에 대한 판례의 입장으로 옳지 않은 것은?

① 무허가건물을 무허가건물관리대장에서 삭제하는 행위는 항고소송의 대상이 되는 행정처분이 아니다.

② 건축물대장소관청의 작성신청반려행위는 항고소송의 대상이 되는 행정처분에 해당한다.

③ 임용기간이 만료된 국·공립대학의 조교수에 대한 재임용거부취지의 임용기간 만료통지는 항고소송의 대상이 되는 처분에 해당하지 않는다.

④ 지목변경신청반려행위는 항고소송의 대상이 되는 처분에 해당한다.

⑤ 대집행계고는 항고소송의 대상이 되는 처분에 해당한다.

06 다음 중 행정행위의 효과가 행정청의 의사와 무관하게 법규범에 의하여 발생하는 행정행위에 해당하지 않는 것은?

① 재단법인의 정관변경 인가
② 조세부과를 위한 소득금액의 결정
③ 사직서의 수리
④ 납세의 독촉
⑤ 행정심판의 재결

---

03 ⑤ 당선인 결정은 판단표시 작용인 점에서 확인, 당선증 교부는 이를 증명하는 점에서 공증에 해당한다.

04 ⓒ 토지수용에 있어서 사업인정의 고시는 이를 알리는 것으로 이로 인해 수용목적물의 범위가 확정되는 등의 공법상 효과가 발생하므로 통지에 해당한다.
ⓒ·ⓔ 운전면허증 교부와 의료유사업자격증 갱신발급은 증서교부로 공증에 해당한다.
㉠ 양곡가공업허가는 금지를 해제하는 허가에 해당한다(대판 1990.11.13. 89누756).
㉤ 의사면허나 한의사면허는 금지를 해제하는 명령적 행위로 허가에 해당한다.

05 ③ 임용기간이 만료된 국·공립대학의 조교수는 특별한 사정이 없는 한 재임용되리라는 기대를 가지고 공정한 심사를 요구할 법규상 또는 조리상의 신청권을 가진다는 점에서 처분성 긍정(대판 2004.4.22. 200두7735)
① 무허가건물을 무허가건물관리대장에서 삭제한다고 해서 당해 무허가 건물에 대한 실체상의 권리관계에 변동을 가져오지 않는다는 점에서 처분성 부정(대판 2009.3.12. 2008두11525)
② 건축물대장의 작성은 건축물의 소유권을 제대로 행하기 위한 전제요건으로 건축물소유자의 실체적 권리관계에 밀접하게 관련되어 있다는 점에서 처분성 긍정(대판 2009.2.12. 2007두17359)
④ 지목은 토지소유자의 실체적 권리관계에 밀접하게 관련되어 있으므로 처분성 긍정(대판 2004.4.22. 2003두9015)
⑤ 계고로 인해 대집행이 실행되는 것이므로 계고단계에서 다툴 법률상 이익 인정(대판 1966.10.31. 66누25)

06 지문은 준법률행위적 행정행위가 아닌 것을 고르라는 문제이다.
① 법률행위적 행정행위로서 인가이다.
②·⑤ 확인
③ 수리
④ 통지

Answer 03. ⑤   04. ③   05. ③   06. ①

제5절 행정행위의 부관

기본문제

01 「행정기본법」상 부관에 관한 설명으로 옳지 않은 것은?

① 행정청은 처분에 재량이 있는 경우에는 법률에 근거가 있는 경우에 부관을 붙일 수 있다.

② 행정청은 처분에 재량이 없는 경우에는 법률에 근거가 있는 경우에 부관을 붙일 수 있다.

③ 사정이 변경되어 부관을 새로 붙이거나 종전의 부관을 변경하지 아니하면 해당 처분의 목적을 달성할 수 없다고 인정되는 경우에 행정청은 처분을 한 후에도 종전의 부관을 변경할 수 있다.

④ 부관은 해당 처분과 실질적인 관련이 있을 것을 요건으로 한다.

⑤ 부관이 해당처분의 목적에 위배지 않을 것을 요건으로 한다.

02 부관에 관한 설명으로 옳은 것은?

① 정지조건은 조건이 성취되면 그때부터 행정행위의 효력이 소멸하고 해제조건은 행정행위의 효력이 발생한다.

② 기한은 행정행위의 효과의 발생 또는 소멸을 장래 발생 여부가 불확실한 사실의 성부에 의존시키는 부관을 말한다.

③ 철회권 유보의 사유가 발생한 경우 행정행위의 효력은 당연히 소멸한다.

④ 법률효과의 일부배제는 재량행위에 붙인 부관이라 하더라도 반드시 법적 근거가 있어야 한다.

⑤ 부담은 행정행위에 종속되어 있는 부관이므로 부담만을 독립하여 취소소송을 제기할 수 없다.

03 다음 중 행정행위의 부관의 종류로 볼 수 없는 것은?

① 조건   ② 철회권 유보
③ 법률효과 일부배제   ④ 법정부관
⑤ 사후부관 유보

04 부관에 하자가 있는 경우의 행정쟁송에 대한 설명으로 틀린 것은?

① 부담은 그 자체로 독립한 행정행위이기 때문에 본체인 행정행위와 별도로 독립하여 취소소송의 대상이 된다.
② 부담 외의 부관에 대해서는 일부취소소송을 부정하는 것이 판례이다.
③ 행정청에 부관변경을 신청하고 이를 거부당한 경우 거부처분에 대한 쟁송제기는 허용되지 않는다는 것이 판례이다.
④ 부관이 행정행위의 주된 요소가 아닌 경우에는 부관만의 취소가 가능하나 주된 요소인 경우 전부취소의 형식이 되어야 한다는 것이 다수설이다.
⑤ 개발제한구역 내 허가기간 연장신청 거부는 취소소송 제기가 가능하다는 것이 판례이다.

---

01 ① 행정청은 처분에 재량이 있는 경우에는 부관(조건, 기한, 부담, 철회권의 유보 등을 말한다. 이하 이 조에서 같다)을 붙일 수 있다(「행정기본법」 제17조 제1항). 처분에 재량이 있는 경우 법률의 근거를 요하지 않는다.

02 ④ 법률효과의 일부배제는 법률이 예정하는 법적 효과를 행정행위로서 일부 제한하는 것이므로 반드시 법적 근거가 있어야 한다는 것이 다수설이다.
① 정지조건은 조건성취로 행정행위의 효력이 발생하며, 해제조건은 조건성취로 행정행위의 효력이 소멸한다.
② 기한은 장래 발생 여부가 확실한 사실의 성부에 행정행위의 효력을 의존시키는 부관이다.
③ 철회권 유보의 사유가 발생했다 하더라도 행정청의 별도의 철회가 있어야 행정행위의 효력이 소멸한다.
⑤ 부담은 행정행위에 종속되기는 하나 그 효과가 독립적이므로 부담이 위법한 경우 독립해서 쟁송대상이 된다.

03 ④ 행정행위의 부관은 행정청에 의해 부과되는 것으로 행정행위 효과의 제한을 직접 법규에 규정하는 법정부관은 행정행위의 부관이 아니라는 것이 다수설이다.

04 ③ 부관에 대한 행정쟁송에 대해 판례는 부담은 그 효과가 행정행위와 독립적이므로 부관만의 독립쟁송이나 일부취소가 가능하나, 그 외의 부관은 부관부 행정행위의 전부를 대상으로 전체취소를 구하거나 아니면 행정청에 부관변경을 신청한 다음 이를 거부당한 경우 그 거부를 다투어야 한다는 입장이다.

Answer   01. ①   02. ④   03. ④   04. ③

05 다음 중 부관의 설명이 바르게 연결된 것은?

① 시설완성을 조건으로 하는 학교법인설립인가 − 해제조건

② 2016년 2월 25일까지의 도로사용허가 − 시기

③ 도로점용허가에 부가된 점용료의 부가 − 부담

④ 일정한 기간 내에 공사에 착수할 것을 조건으로 하는 공유수면매립면허 − 철회권 유보

⑤ 2개월 내에 공사의 착수가 없으면 효력이 소멸한다는 개발제한구역 내 건축허가 − 정지조건

06 철회권 유보에 대한 설명이다. 타당하지 않은 것은? (다툼이 있으면 판례에 의함)

① 행정청이 종교단체에 대하여 기본재산전환인가를 하면서 인가조건을 부가하고 그 불이행 시 인가를 취소할 수 있도록 한 부관은 철회권 유보에 해당한다.

② 숙박업허가를 하면서 부가한 '윤락행위를 알선하면 허가를 취소한다'라는 부관은 철회권 유보에 해당한다.

③ 철회권 유보의 부관을 붙이는 데 별도의 법적 근거가 필요한 것은 아니다.

④ 철회권이 유보된 경우라도, 철회권 행사는 철회의 일반적 요건이 충족되어야 한다. 즉, 철회의 제한에 관한 일반원리가 적용된다.

⑤ 철회권이 유보된 경우일지라도 행정행위 철회 시 행정행위의 상대방은 신뢰보호 원칙을 원용할 수 있다.

07 행정행위의 부관에 관한 설명으로 옳지 않은 것은?

① 조건과 부담의 구별이 불명확한 경우에는 국민에게 유리한 부담으로 해석하여야 한다.

② 법정부관에 대해서는 행정행위에 부관을 붙일 수 있는 한계에 관한 일반적인 원칙이 적용되지 않는다.

③ 철회권이 유보되어 있는 경우 행정청은 자유로이 철회를 할 수 있다는 것이 판례의 입장이다.

④ 부관은 법률행위적 행정행위 중에서도 재량행위에만 붙일 수 있고 기속행위에는 붙일 수 없다는 것이 판례의 견해이다.

⑤ 공유수면매립준공인가 중 매립지 일부에 대하여 한 국가귀속처분은 법률효과의 일부배제에 해당한다는 것이 판례의 입장이다.

08 한강 둔치에 편의점을 운영하고자 하는 甲에게 관할 행정청이 부지점용허가를 하면서 매달 일정한 점용료를 납부할 것을 부담으로 붙인 경우와 관련하여 옳은 설명은?

① 점용료 납부의무를 이행하지 않은 경우 부지점용허가의 효력은 소멸한다.

② 점용료 납부의무만 독립하여 행정쟁송의 대상으로 삼을 수 있다.

③ 점용료 납부의무의 부관을 붙이기 위해서는 법률의 근거가 있어야 한다.

④ 점용료를 미납하더라도 부관이 갖는 종속성 때문에 독립하여 강제집행할 수 없다.

⑤ 점용허가와 점용료 납부의무는 부당결부금지의 원칙상 무효에 해당한다.

05 ③ 도로점용허가는 효력이 발생되고 이에 별도로 점용료 납부의무를 부가하는 것으로 부담이다.
① 시설완성이 되어야 학교법인설립인가의 효력이 발생되는 것이므로 정지조건이다.
② 도로사용이 소멸되는 기한으로 종기이다.
④ 공사에 착수하지 않은 경우 공유수면매립면허는 소멸하는 것이므로 해제조건이다.
⑤ 효력소멸에 관한 조건으로 해제조건이다.

06 ⑤ 철회권이 유보된 경우 상대방은 철회 시 신뢰보호의 원칙을 원용할 수 없다. 철회권 유보의 부관은 상대방의 신뢰보호 주장을 배제하는 기능이 있다.

07 ③ 철회권이 유보되어 있고 유보된 철회사유가 발생한다 하더라도 철회권의 행사가 언제나 자유로운 것은 아니며, 철회를 정당화할 근거와 철회의 일반적 요건이 충족되어야만 이를 행사할 수 있다. 이익형량상의 제한이나 비례원칙의 제한이 있다.

08 ① 점용료 납부의무=부담이며, 부담을 이행하지 않는 경우에도 그것만으로 부지점용허가의 효력은 소멸하지 않는다.
③ 부지점용허가는 강학상의 특허로서 재량행위이므로, 법률의 근거가 없어도 부관을 붙일 수 있다.
④ 부담만은 독립하여 강제집행대상이 될 수 있다.
⑤ 부당결부금지의 원칙에 위반된다고 볼 수 없다.

Answer 05. ③ 06. ⑤ 07. ③ 08. ②

09 부관에 대한 판례의 내용으로 옳지 않은 것은?

① 행정행위의 부관 중에서도 부담의 경우에는 그 존속이 본체인 행정행위의 존재를 전제로 하는 것일 뿐이므로, 부담 그 자체가 행정쟁송의 대상이 될 수 있다.

② 기부채납받은 행정재산에 대한 사용·수익허가에서 공유재산의 관리청이 정한 사용·수익허가의 기간은 그 허가의 효력을 제한하기 위한 행정행위의 부관으로서 독립하여 행정소송을 제기할 수 있다.

③ 어업면허처분을 함에 있어 면허의 유효기간을 1년으로 정한 경우, 그 유효기간만의 취소를 구하는 청구는 허용될 수 없다.

④ 행정청이 부담을 부가하기 전에 상대방과 협의하여 부담의 내용을 협약의 형식으로 미리 정하는 것도 가능하다.

⑤ 공유수면매립지 준공인가를 하면서 매립지 중 일부를 국가나 인천광역시에 귀속하도록 하는 부관은 독립해서 항고소송의 대상으로 삼을 수 없다는 것이 판례이다.

10 다음 중 행정행위에 대한 판례의 설명으로 옳지 않은 것은?

① 도로점용허가에 붙은 점용기간이 위법한 경우 도로점용허가도 위법하게 된다.

② 개발제한구역 내에서의 건축허가는 재량행위이다.

③ 주택건설사업계획에 대한 승인은 재량행위다.

④ 기선선망어업 허가를 하면서 부속선을 사용할 수 없도록 제한한 위법한 부관에 대해서는 부속선을 사용할 수 있도록 어업허가사항 변경신청을 한 다음, 그것이 거부된 경우에 거부처분 취소소송을 제기할 수 있다.

⑤ 「건축법」 규정에 따라 건축허가 시 보차혼용통로를 조성·제공하도록 하는 것은 건축허가에 부가된 부관으로서 부담이다.

11 **행정행위의 부관에 대한 다음 설명 중 타당하지 않은 것은? (다툼이 있는 경우 판례에 의함)**

① 법정부관은 부관이 아니다.

② 법정부관에는 행정행위에 부관을 붙일 수 있는 한계에 관한 일반적 원칙이 적용되지 않는다.

③ 종기인 기한에 관하여는 일률적으로 기한이 왔다고 하여 당연히 그 행정행위의 효력이 상실된다고 할 것이 아니다.

④ 행정행위에 불상당하게 짧은 기한(종기)이 붙여진 경우의 종기는 '행정행위 자체의 존속기간'이 아니라 '행정행위의 조건의 존속기간(갱신기간)'으로 보아야 한다.

⑤ 행정행위에 불상당하게 짧은 기한(종기)이 붙여진 경우 종기가 도래하기 전에 갱신신청을 했음에도 행정청이 갱신 여부에 대한 결정을 하지 않고 있는 사이 종기가 경과하였다면 주된 행정행위의 효력은 소멸된다.

---

09 ② · ③ 부관의 하자가 있는 경우 행정쟁송에 대해 판례는 부담은 독립해서 쟁송제기가 가능하나, 나머지 부관은 독립쟁송이 되지 않으므로 사용 · 수익허가의 기간만의 독립쟁송은 허용되지 않는다.

10 ⑤ 건축허가 시 보차혼용통로를 조성 · 제공하도록 하는 것이 건축허가에 부가된 부관으로서 부담이라고 할 수는 없다.
건축허가 시 보차혼용통로를 조성 · 제공하도록 한 것은 "도시설계지구 안에서는 도시의 기능 및 미관의 증진을 위하여 건축물을 도시설계에 적합하게 건축하여야 한다."라고 규정한 (구)「건축법」제61조 제1항의 규정에 따른 것일 뿐이지 수익적 행정행위인 건축허가에 부가된 부관으로서 부담이라고 할 수는 없으므로, 보차혼용통로를 조성 · 제공하도록 한 것이 기속행위나 기속재량행위에 붙은 부관이어서 무효라고 볼 것은 아니다(대판 2012.10.11. 2011두8277).

11 ⑤ 행정행위에 불상당하게 짧은 기한(종기)이 붙여진 경우 종기가 도래하기 전에 적법한 갱신신청이 있음에도 행정청이 갱신 여부에 대한 결정을 하지 않고 있는 경우에는 종기가 경과하여도 주된 행정행위의 효력은 소멸되지 않는다(통설).

Answer   09. ②   10. ⑤   11. ⑤

12 행정행위의 부관에 대한 설명으로 옳은 것은? (다툼이 있는 경우 판례에 의함)

① 행정재산에 대한 사용·수익허가에서 공유재산의 관리청이 정한 사용·수익허가의 기간은 그 허가의 효력을 제한하기 위한 행정행위의 부관으로서 이러한 사용·수익허가의 기간에 대해서는 독립하여 행정소송을 제기할 수 없다.

② 원칙적으로 기속행위나 기속적 재량행위에는 부관을 붙일 수 없으나 만일 건축허가를 하면서 일정 토지를 기부채납 하도록 하는 내용의 허가조건을 붙였다 하더라도 무효라고 할 것은 아니다.

③ 행정처분과 실제적 관련성이 없어 부관으로 붙일 수 없는 부담이라도 이를 사법상 계약의 형식으로 행정처분의 상대방에게 부과하는 것은 위법하지 않다.

④ 부담부 행정행위인지 정지조건부 행정행위인지 여부가 불분명할 경우에는 최소침해의 원칙상 상대방에게 유리한 정지조건부 행정행위로 보는 것이 타당하다.

⑤ 부담을 불이행하면 이에 의해 주된 행정행위의 효력이 당연히 소멸된다.

13 2019. 2. 1. 행정청 甲은 乙에 대하여 2019. 3. 1.부터 2020. 4. 30.까지의 기간을 정하여 도로점용허가처분을 하면서, 매달 100만 원의 점용료를 납부할 의무를 명하는 부관을 부가하였다. 그리고 2019. 5. 1. 乙의 도로점용이 교통혼잡을 초래할 경우 도로점용허가를 취소할 수 있다는 부관을 부가하였다. 이 사례에 관한 설명으로 옳은 것은? (취소소송을 제기하는 경우 제소기간은 준수한 것으로 보며, 다툼이 있으면 판례에 따름)

① 매달 100만 원의 점용료를 납부하도록 하는 부관은 조건에 해당한다.

② 도로점용허가는 2020. 4. 30. 이후 행정청이 허가취소의 의사표시를 함으로써 효력이 소멸된다.

③ 2019. 3. 1.부터 2020. 4. 30.까지의 기간만의 취소를 구하는 乙의 소송에 대하여 법원은 기각판결을 해야 한다.

④ 매달 100만 원의 점용료를 납부하도록 하는 부관이 비례의 원칙에 위배되어 乙이 취소소송을 제기한 경우 법원은 이 부관만을 취소할 수 있다.

⑤ 2019. 5. 1. 甲이 부가한 부관은 乙의 동의가 있더라도 법령의 근거가 없으면 위법하다.

14 행정행위의 부관에 관한 설명으로 옳지 않은 것은? (다툼이 있으면 판례에 따름)

① 법률의 근거 없이 기속행위에 그 효과를 제한하는 부관을 붙인 경우 그 부관은 무효이다.

② 사정변경으로 인하여 당초에 부담을 부가한 목적을 달성할 수 없게 된 경우 그 목적 달성에 필요한 범위 내에서 부담의 사후변경이 허용된다.

③ 행정처분에 붙인 부담인 부관이 무효가 되면 그 부담의 이행으로 한 사법상 법률행위도 당연히 무효가 되는 것은 아니다.

④ 행정처분에 부가된 부담이 제소기간의 도과로 불가쟁력이 생긴 경우, 부담의 이행으로 한 사법상 매매 등의 법률행위도 효력이 확정되므로 그 법률행위의 유효 여부를 별도로 다툴 수 없다.

⑤ 토지형질변경행위 허가에 붙은 기부채납의 부관에 따라 국가에 기부채납을 한 경우, 기부채납의 부관이 당연무효이거나 취소되지 않은 이상 토지소유자는 위 부관으로 인하여 증여계약의 중요 부분에 착오가 있음을 이유로 증여계약을 취소할 수 없다.

---

12 ① 판례는 부관의 독립쟁송가능성을 부담에 대해서만 인정한다. 행정재산에 대한 사용·수익허가의 기간은 기한으로서 부담이 아니다.
② 법령의 근거 없이 기속행위나 기속적 재량행위에 붙여진 부관은 무효이다.
③ 부당결부금지원칙에 위반되는 부관(행정처분과 실제적 관련성이 없는 부관)을 사법상 계약의 형식으로 행정처분의 상대방에게 부과하는 것은 위법하다.
④ 최소침해의 원칙상 상대방에게 유리한 부담부 행정행위로 보는 것이 타당하다.
⑤ 부담의 불이행은 주된 행정행위의 효력소멸사유가 아니다.

13 ④ 매달 100만 원의 점용료를 납부하도록 하는 부관은 부담에 해당한다. 행정행위의 부관 중 부담은 독립하여 행정쟁송의 대상이 될 수 있으며, 소송이 제기된 경우 법원은 부담만을 취소할 수 있다.
① 매달 100만원의 점용료를 납부하도록 하는 부관은 조건이 아니라 부담에 해당한다.
② 지문의 2020. 4. 30.은 종기이므로 2020. 4. 30. 이후에는 도로점용허가처분의 효력이 당연히 소멸된다. 즉, 행정청이 허가취소의 의사표시를 함으로써 도로점용허가의 효력이 소멸되는 것은 아니다.
③ 판례는 부담 이외의 부관에 대해서는 부관만의 취소를 구하는 소송을 허용하지 않고 각하한다. 지문의 2019. 3. 1.부터 2020. 4. 30.까지의 기간은 일종의 기한이다. 따라서 판례에 의하면 2019. 3. 1.부터 2020. 4. 30.까지의 기간만의 취소를 구하는 소송에 대해 각하(기각이 아니라)한다.
⑤ 2019. 5. 1. 甲이 부가한 부관은 사후부관에 해당한다. 2019. 5. 1. 甲이 부가한 사후부관은 乙의 동의가 있다면 설사 법령의 근거가 없더라도 적법하다.

14 ④ 부담의 이행으로서 하게 된 사법상 매매 등의 법률행위는 부담을 붙인 행정처분과는 어디까지나 별개의 법률행위이므로 그 부담의 불가쟁력의 문제와는 별도로 법률행위가 사회질서 위반이나 강행규정에 위반되는지 여부 등을 따져보아 그 법률행위의 유효 여부를 판단하여야 한다(대판 2009.6.25. 2006다18174).

Answer   12. ①   13. ④   14. ④

제1절 행정행위의 특질

기본문제

01 행정행위의 성립요건이 아닌 것은?

① 정당한 권한을 가진 행정청의 행위
② 명확하고 실현가능한 내용
③ 법정절차의 준수
④ 미성년자인 공무원에 의한 행위가 아닐 것
⑤ 외부에 표시

02 행정행위의 효력발생요건에 관한 다음 설명 중 맞는 것은?

① 판례에 의하면 등기우편의 방법에 의해 송달된 경우 수일 내에 우편물이 수취인에게 도달하였다고 간주한다.
② 정보통신망을 이용한 송달은 송달받을 자가 동의하는 경우에만 가능하다.
③ 행정행위의 상대방에 대한 송달이 불가능한 경우에 한하여 공고의 방법에 의해 통지할 수 있다.
④ 「행정절차법」상의 공고는 특별한 규정이 없는 한 공고일로부터 5일이 경과한 때에 그 효력이 발생한다.
⑤ 교부에 의한 송달은 상대방 본인에게 하여야 하며 동거자나 사무원 등에게 교부할 수 없다.

03 **행정행위의 효력에 관한 설명으로 옳지 않은 것은?**

① 행정행위는 그 내용에 따라 일정한 법적 효과가 발생하고 관계행정청 및 상대방과 관계인을 구속하는 힘을 가진다.

② 행정행위는 비록 흠이 있더라도 중대하고 명백하여 당연무효가 아닌 한 권한 있는 기관에 의해 취소될 때까지 잠정적으로 유효하게 통용되는 힘을 가진다.

③ 행정행위에 비록 흠이 있더라도 쟁송제기기간이 경과하면 행정청은 행정행위를 취소할 수 없다.

④ 행정행위가 발해지면 일정한 경우에 행정청 자신도 직권으로 자유로이 이를 취소 또는 철회할 수 없다.

⑤ 강제력은 행정행위를 통하여 의무를 부과하는 하명행위에서 문제되며, 형성적 행위는 그 대상이 되지 않는다.

01 ④ 행정행위의 성립요건으로는 정당한 권한을 가진 자의 행위일 것이 요구되는 것이지 그 행위가 미성년자인가 성년자인가는 불문한다. 정당한 권한을 가진 공무원인 이상 미성년자의 행위라도 그 이유만으로 하자가 있는 것은 아니다.

02 ① 간주가 아니라 추정된다. 간주란 확정적으로 인정하는 것을 말하며(사후 반대의 증거가 사후 제시되더라도 부인되지 않음), 추정은 일단 인정되나 사후 반증이 제시되면 부인되는 것이다.
③ 상대방의 주소를 통상적인 방법으로 확인할 수 없는 경우에도 공고의 방법에 의해 통지할 수 있다.
④ 14일이 경과한 때에 그 효력이 발생한다.
⑤ 상대방 본인을 만나지 못한 경우에는 동거자나 사무원 등에게 교부할 수 있다.

03 ③ 쟁송제기기간 경과=불가쟁력 발생. 불가쟁력은 처분행정청과는 무관하므로 처분청은 행정행위를 직권으로 취소할 수 있다.
④ 불가변력이 인정되는 행정행위인 경우에 행정청 자신도 직권으로 자유롭게 이를 취소 또는 철회할 수 없다.

Answer / 01. ④   02. ②   03. ③

04 행정행위의 효력에 관한 설명으로 옳은 것은?

① 법치행정의 원리에 따라 위법한 행정행위는 그 효력이 인정되지 않는다.

② 발령기관의 표시가 없는 행정행위인 경우에도 내용적 구속력은 인정된다.

③ 행정행위에는 공정력이 있으므로 행정행위의 위법을 주장하는 항고소송에서의 입증 책임은 원고에게 있다.

④ 의무를 부과하는 하명의 법적 근거만으로 행정청에게 자력집행력이 인정된다.

⑤ 제소기간이 경과하여 상대방은 더 이상 다툴 수 없게 된 행정행위라도 처분청은 이를 직권으로 취소할 수 있다.

05 공정력에 관한 설명으로 틀린 것은?

① 행정행위는 중대하고 명백한 하자로 인하여 당연무효가 되는 경우를 제외하고는 권한 있는 기관에 의해 폐지·변경될 때까지는 일단 유효성의 추정을 받아 취소권자 외에는 그 효력을 부인할 수 없는 힘이 있다.

② 행정행위가 무효 또는 부존재하는 경우에는 공정력이 발생하지 않는다.

③ 사인의 공법행위에는 공정력이 발생하지 않는다.

④ 공정력은 적법성의 추정이 아니므로 행정소송상의 입증책임과는 무관하다는 것이 다수설과 판례이다.

⑤ 공정력과 구성요건적 효력을 구별하는 학설은 공정력은 취소권 없는 타 국가기관에 대한 구속력을 뜻하지만 구성요건적 효력은 행정행위의 상대방에 대한 구속력이라는 점이 다르다고 본다.

06 다음 중 공정력이 인정되는 것은?

① 범위가 불명확한 토지수용처분

② 대통령령이나 총리령·부령 등의 법규명령

③ 영업허가에 대한 사인의 신청행위

④ 납세의무 없는 자에 대한 체납처분

⑤ 사기, 강박, 증수뢰 등 부정행위에 의한 처분

07 행정행위의 효력과 민사소송상 선결문제에 관한 설명 중 옳지 않은 것은? (다툼이 있는 경우에는 판례에 의함)

① 행정행위가 당연무효인 경우 민사법원이 직접 행정행위의 무효를 판단할 수 있다.

② 행정행위의 위법성에 대해서도 민사법원이 선결문제로 다룰 수 있다.

③ 과세처분이 취소사유인 경우 민사법원이 선결문제로서 행정행위의 효력을 부인할 수 있다.

④ 국가배상청구사건의 처분에 대한 위법성 판단은 처분이 취소되기 전이라도 민사법원이 스스로 판단할 수 있다.

⑤ 조세의 과오납이 부당이득이 되기 위하여는 과세처분의 하자가 중대하고 명백하여 당연무효이거나 과세처분이 권한 있는 기관에 의해 취소되어야 한다.

04 ⑤ 불가쟁력은 처분청에게는 아무런 영향이 없다.
① 위법한 행정처분은 그 하자의 정도에 따라 무효 또는 취소사유 있는 행위가 된다. 무효인 행정행위는 그 효력이 인정(발생)되지 않으나, 취소사유 있는 행정행위는 취소되기 전까지는 그 효력이 인정된다.
② 발령기관의 표시가 없는 행위는 무효이고, 따라서 내용적 구속력이 없다.
③ 공정력과 항고소송에서의 입증책임은 무관하다.
④ 의무를 부과하는 하명의 법적 근거와 별도로 강제집행을 허용하는 법적 근거가 있어야 행정청에게 자력집행력이 인정된다.

05 ⑤ 공정력과 구성요건적 효력을 구별하는 학설은 공정력은 행정행위의 상대방과 이해관계인에게만 미치는 것으로 이해하고, 구성요건적 효력은 취소권을 가진 기관 이외의 다른 국가기관에 미치는 힘으로 나누어 구별한다. 구성요건적 효력설은 취소권이 없는 타 국가기관은 취소권자의 권한행사를 존중하여 행정행위의 효력을 함부로 부정할 수 없다는 것이다.

06 ⑤ 공정력은 행정행위에만 인정되는 효력이므로 ② 법규명령이나 ③ 사인의 공법행위에는 공정력이 인정되지 않는다. 행정행위라도 무효인 행정행위는 유효로 통용할 효력이 인정되지 않는다는 점에서 공정력이 발생하지 않는다. 따라서 ① · ④의 경우에는 공정력이 발생하지 않고, 결국 취소사유인 ⑤만 공정력이 인정된다.

07 ③ 행정행위의 효력 유무가 민사소송에서 선결문제인 경우에 민사법원이 행정행위의 무효는 스스로 판단할 수 있지만, 취소사유인 경우 취소권자가 취소하기 전까지 민사법원은 행정행위의 취소권이 없으므로 스스로 행정행위를 취소할 수 없고 유효를 전제로 판단하여야 한다. 행정행위의 위법성이 선결문제인 경우에는 민사법원이 행정행위의 효력을 부정하는 것은 아니므로 취소권자가 취소하기 전까지 위법성은 판단할 수 있다고 본다.

Answer 04. ⑤ 05. ⑤ 06. ⑤ 07. ③

08 행정행위의 효력에 관한 설명 중 옳은 것으로만 묶은 것은?

> ㉠ 중대하고 명백한 하자 있는 행정행위에는 공정력이 인정되지 않는다.
> ㉡ 판례는 연령을 속여 발급받은 운전면허라 하더라도 당연무효는 아니고 취소되지 않는 한 효력이 있다고 보아 무면허운전에 해당하지 않는다고 본다.
> ㉢ 불가쟁력이 발생한 행정행위에 대해 처분청은 이를 직권취소하거나 철회할 수 없다.
> ㉣ 불가변력이 발생한 행정행위는 당연히 불가쟁력을 가진다.

① ㉠, ㉡　　　　　　　　② ㉠, ㉢
③ ㉡, ㉣　　　　　　　　④ ㉢, ㉣
⑤ ㉡, ㉢

09 불가변력과 불가쟁력에 관한 다음 설명 중 옳은 것은?

① 불가변력은 절차법적 효력이고, 불가쟁력은 실체법적 효력이다.
② 불가변력이 발생한 행정행위의 상대방은 그 효력을 다툴 수 없다.
③ 무효인 행정행위도 쟁송기간이 경과하면 불가변력이 발생하지 않고 불가쟁력이 발생한다.
④ 불가쟁력은 일정 요건하의 모든 행정행위에 발생하고, 불가변력은 일정한 행정행위에 발생한다.
⑤ 불가쟁력은 처분을 행한 행정청에 대한 구속력이지만, 불가변력은 처분의 상대방이나 이해관계인에 대한 구속력이다.

10 다음 중 불가변력이 발생할 여지가 가장 없는 행정행위는?

① 토지수용위원회의 재결　　② 공무원 시험의 합격자 결정
③ 당선인 결정　　　　　　　④ 행정심판의 재결
⑤ 철거명령

심화문제

11 다음 중 행정행위의 효력발생 요건에 관한 설명이 타당하지 않은 것은?

① 우편에 의한 송달의 경우 등기우편 등의 방법에 의해 상대방에게 도달을 입증하여야
할 것이다.

② 우편물이 등기취급의 방법으로 발송된 경우 수취인이 주민등록지에 실제로 거주하지
아니하는 경우에는 우편물이 수취인에게 도달하였다고 추정할 수 없다.

③ 송달받을 자의 주소 등을 통상적으로 확인할 수 없는 경우 송달받을 자가 알기 쉽도록
관보, 공보, 게시판, 일간신문, 인터넷 중 하나 이상에 공고하여야 한다.

④ 교부에 의한 송달은 송달받을 자로부터 수령확인서를 받고 문서를 교부함으로써 효력이
발생한다.

⑤ 송달은 다른 법령 등에 특별한 규정이 있는 경우를 제외하고는 송달받을 자에게 도달
함으로써 그 효력이 발생한다.

📖

08 ㉢ [×] 불가쟁력이 발생한 행정행위에 대해 처분청은 이를 직권취소하거나 철회할 수 있다.
㉣ [×] 불가변력이 발생한 행정행위라도 당연히 불가쟁력을 가지는 것은 아니며, 불가쟁력이 발생한 행정행
위라도 당연히 불가변력을 가지는 것은 아니다. 즉 불가쟁력과 불가변력은 상호 독립적이며 무관하다.

09 ④ 불가쟁력은 취소소송의 대상이 되는 모든 행정행위에 발생하고, 불가변력은 준사법적 행정행위에만 발생
한다.
① 불가변력은 실체법적 효력이고, 불가쟁력은 절차법적 효력이다.
② 불가변력이 발생한 행정행위는 처분행정청을 구속할 뿐이므로 행정행위의 상대방은 이를 쟁송으로 다툴
수 있다.
③ 무효인 행정행위는 쟁송제기기간의 제한이 없으므로 불가쟁력이 발생하지 않는다. 또한 불가변력도 발생
하지 않는다.
⑤ 불가쟁력은 처분의 상대방이나 이해관계인에 대한 구속력이지만, 불가변력은 처분청이나 관계 행정청에
대한 구속력이다.

10 ⑤ 불가변력이 발생되는 행정행위의 영역에 대해서는 견해 대립이 있다. 다수설은 확인과 같은 준사법적 행정
행위에 대해 발생한다는 입장이다. 철거명령은 침익적 행정행위로 하자가 있는 경우 행정청은 원칙적 직권취
소가 가능하기 때문에 불가변력의 대상이 아니다.

11 ③ 송달받을 자의 주소 등을 통상적인 방법으로 확인할 수 없는 경우 또는 송달이 불가능한 경우에는 송달받을
자가 알기 쉽도록 관보, 공보, 게시판, 일간신문 중 하나 이상에 공고하고 인터넷에도 공고하여야 한다(「행정
절차법」 제14조 제4항).

Answer 08. ① 09. ④ 10. ⑤ 11. ③

12 행정행위의 공정력과 관련된 설명으로 옳지 않은 것은?

① 「건축법」상 위법건축물에 내려진 시정명령을 이행하지 않아 명령위반죄로 기소된 경우 형사법원은 이를 판단할 수 있다.

② 판례에 의하면 연령을 속여 발급받은 운전면허를 가지고 운전하였다고 하더라도 취소되지 않는 한 무면허운전행위는 아니다.

③ 행정행위의 하자를 이유로 배상을 청구하는 행정상 손해배상소송에 있어서는 그 하자가 취소사유에 해당되더라도 수소법원인 민사법원은 배상책임의 요건인 행정행위의 위법여부를 심리·판단할 수 있다는 것이 판례의 입장이다.

④ 행정처분이 당연무효임을 전제로 하여 민사소송을 제기하였을 때 민사법원은 그 행정처분의 하자가 중대·명백하여 당연무효라고 인정될 때에는 이를 전제로 판단할 수 있다.

⑤ 조세과오납에 따른 부당이득반환청구사안에서 민사법원은 사전통지 및 의견제출절차를 거치지 않은 하자를 이유로 행정행위의 효력을 부인할 수 있다.

13 행정행위의 공정력과 선결문제에 관한 판례의 태도로 옳지 않은 것은?

① 연령미달의 결격자인 피고인이 형의 이름으로 운전면허시험에 응시, 합격하여 교부받은 운전면허는 비록 위법하나 취소되지 않는 한 유효하므로 피고인의 운전행위는 무면허운전에 해당하지 아니한다.

② 위법한 행정대집행이 완료되면 그 처분의 무효확인 또는 취소를 구할 소익은 없다 하더라도, 미리 그 행정처분의 취소판결이 있어야만 그 행정처분이 위법임을 이유로 한 손해배상청구를 할 수 있다.

③ 부정한 방법으로 받은 수입승인서를 함께 제출하여 수입면허를 받았다고 하더라도, 그 수입면허가 당연무효인 것으로 인정되지 않는 한 「관세법」 소정의 무면허수입죄가 성립될 수 없는 것이다.

④ 과세처분이 당연무효라고 볼 수 없는 한 과세처분에 취소할 수 있는 위법사유가 있다 하더라도 그 과세처분은 행정행위의 공정력 또는 집행력에 의하여 그것이 적법하게 취소되기 전까지는 유효하다 할 것이므로 민사소송절차에서 그 과세처분의 효력을 부인할 수 없다.

⑤ 민사소송에 있어서 어느 행정처분의 당연무효 여부가 선결문제로 되는 때에는 이를 판단하여 당연무효임을 전제로 판결할 수 있고 반드시 행정소송 등의 절차에 의하여 취소나 무효확인을 받아야 하는 것은 아니다.

14 다음은 행정행위의 효력에 관한 설명이다. 타당하지 않은 것은? (다툼이 있으면 판례에 의함)

① 불가변력이 있는 행정행위도 쟁송을 제기하여 그 효력을 다툴 수 있다.

② 불가쟁력이 발생한 행정행위라도 직권취소나 철회는 가능하다.

③ 부당이득반환청구소송을 제기한 경우 처분이 비록 위법하더라도 당연무효의 것이 아니라면 공정력 또는 구성요건적 효력으로 인해 민사법원은 처분의 효력을 부정할 수 없다.

④ 행정처분에 붙은 부담이 제소기간의 도과로 불가쟁력이 생긴 경우에는 부담의 이행으로 한 사법상 법률행위의 유효 여부도 별도로 다툴 수 없다.

⑤ 부담의 불이행에 의해 행정행위의 효력이 당연히 소멸하는 것은 아니다.

---

12 ⑤ 사전통지 및 의견제출절차를 거치지 않은 과세처분은 취소사유에 해당하므로 조세과오납에 따른 부당이득반환청구사안에서 민사법원은 사전통지 및 의견제출절차를 거치지 않은 하자를 이유로 행정행위의 효력을 부인할 수 없다.

13 ② 행정처분의 취소판결이 있어야만 그 행정처분이 위법임을 이유로 한 손해배상청구를 할 수 있는 것은 아니다. 행정처분에 대한 취소판결이 없더라도 그 행정처분의 위법을 이유로 한 손해배상청구를 할 수 있다. 즉, 위법한 대집행에 대한 취소판결이 없더라도 민사법원은 대집행의 위법을 이유로 한 손해배상판결을 할 수 있다.
① 타인 명의의 운전면허 취득은 「도로교통법」상의 취소사유이기 때문에 운전면허가 취소되기 전까지는 무면허운전으로 볼 수 없다는 것이 판례이다.
③ 수입면허가 취소가 되기 전까지는 무면허수입죄가 되지 않는다.
④ 과세처분이 당연무효가 아닌 취소사유인 경우 민사법원은 행정처분을 취소할 권한이 없으므로 민사소송절차에서 그 과세처분의 효력을 부인할 수 없다.
⑤ 행정처분이 무효인 경우 민사법원은 언제든지 스스로 판단할 수 있다.

14 ④ 행정처분에 붙은 부담이 제소기간의 도과로 불가쟁력이 생긴 경우에도 부담의 이행으로 한 사법상 매매 등의 법률행위의 유효 여부는 별도로 다툴 수 있다.

Answer   12. ⑤   13. ②   14. ④

15 확정력에 대한 기술로 가장 옳은 것은?

① 불가쟁력이 발생하면 원칙적으로 불가변력이 발생한다.

② 불가변력이 발생하면 불가쟁력은 당연히 발생한다.

③ 불가쟁력은 실질적 확정력이고 불가변력은 형식적 확정력이다.

④ 불가쟁력은 행정행위의 상대방 및 이해관계인에 대한 구속력이나, 불가변력은 주로 행정청 등 행정기관에 대한 구속력이라 볼 수 있다.

⑤ 무효인 행정행위도 쟁송기간이 경과하면 불가변력은 발생하지 않으나 불가쟁력은 발생한나.

16 행정행위의 불가쟁력과 관련한 설명으로 옳지 않은 것은? (다툼이 있는 경우 판례에 의함)

① 위법한 침익적 행정행위에 불가쟁력이 발생한 경우에는 처분행정청이라 할지라도 직권으로 취소하거나 철회할 수 없다.

② 행정처분에 불가쟁력이 발생되었다고 해서 그 처분의 기초가 된 사실관계나 법률적 판단이 확정되고 당사자들이나 법원이 이에 기속되는 것은 아니다.

③ 불가쟁력이 발생한 행정행위라도 관계법령에서 해석상 그러한 신청권이 인정될 수 있는 경우에는 해당 처분의 변경에 대한 신청권이 인정된다고 볼 수 있다.

④ 불가쟁력이 발생한 행정행위에서 해당 처분이 취소되지 않아도 국가는 손해를 배상할 책임이 있다.

⑤ 불가변력이 발생한 행정행위라도 불가쟁력이 발생하지 않은 행정행위는 상대방이 행정쟁송을 제기하여 다툴 수 있다.

---

15 ④ 불가쟁력은 처분의 상대방이나 이해관계인에 대한 구속력이지만, 불가변력은 처분청이나 관계행정청에 대한 구속력이다.
①·② 불가쟁력과 불가변력은 확정력 발생사유일 뿐 서로 아무런 관계가 없는 것으로 불가쟁력이 발생했다고 해서 불가변력이 발생하는 것도 아니고 불가변력이 발생했다고 해서 불가쟁력이 발생하는 것도 아니다.
③ 불가쟁력은 형식적 확정력, 불가변력은 실질적 확정력이다.
⑤ 무효인 행정행위에 대해서는 쟁송기간의 제한도 불가쟁력의 발생도 인정되지 않는다.

16 ①·③ 불가쟁력은 쟁송절차상 처분의 상대방이나 이해관계인에 대한 효력일 뿐이므로 불가쟁력이 발생한 행정행위라도 처분청은 이를 스스로 취소 또는 변경할 수 있다는 것이 다수설·판례이다. 때문에 불가쟁력이 발생하여 쟁송제기가 불가한 행정행위라도 관계법령에서 행정행위의 변경에 대한 사인의 신청권이 인정되는 경우 상대방은 처분의 변경을 행정청에 신청할 수 있을 것이다.

Answer 15. ④ 16. ①

제2절 | 행정행위의 하자

기본문제

01 행정행위의 무효와 취소의 구별실익으로 볼 수 없는 것은?

① 행정소송 형태(행정쟁송기간)

② 불가쟁력 인정 여부

③ 사정판결 인정 여부

④ 집행부정지원칙 인정 여부

⑤ 공정력 발생 여부

02 행정행위의 무효와 취소의 구별 필요성에 관한 설명으로 가장 옳은 것은?

① 행정행위의 공정력과 구성요건적 효력은 취소할 수 있는 행정행위에만 인정된다.

② 선행 행정행위에 무효의 흠이 있는 경우 당연히 후행 행정행위에 흠이 승계되지만, 취소의 흠이 있는 경우에는 흠의 승계를 논할 필요가 없다.

③ 취소할 수 있는 행정행위는 언제나 그 취소를 구할 수 있다.

④ 통설과 판례에 의하면 사정재결 및 사정판결은 성질상 무효인 행정행위에 대해서만 인정된다.

⑤ 하자 있는 행정행위의 전환은 원칙적으로 취소할 수 있는 행정행위에 대해서만 인정된다.

---

01 ④ 무효확인소송이나 취소소송이나 모두 소 제기의 효과로 집행부정지가 원칙이다.
① 무효인 행정행위는 무효확인쟁송을, 취소사유인 경우 취소쟁송을 제기한다.
② 불가쟁력은 취소사유에 인정되고 무효에는 인정되지 않는다.
③ 사정판결은 취소소송에서만 인정되고 무효확인소송에서는 인정되지 않는다.
⑤ 공정력은 무효인 행정행위에는 발생하지 않고 취소사유인 행정행위에 발생한다.

02 ② 선행 행정행위에 무효의 흠이 있는 경우 당연히 후행 행정행위에 흠이 승계되므로 논의의 실익이 없으며, 선행 행정행위에 취소의 흠이 있고 불가쟁력이 생긴 경우에 비로소 흠의 승계를 논할 실익이 있다.
③ '언제나'가 아니라 쟁송기간 내에 한해서만 그 취소를 구할 수 있다.
④ 사정재결 및 사정판결은 무효인 행정행위에 대해서는 인정되지 않는다.
⑤ 하자의 치유는 원칙적으로 취소할 수 있는 행정행위에 대해서만, 하자 있는 행정행위의 전환은 무효인 행정행위에 대해서만 인정된다.

Answer / **01.** ④ **02.** ①

03 무효가 아닌 행정행위는? (다툼이 있는 경우 판례에 의함)

① 뇌물을 수수하고 이루어진 건축허가
② 경찰서장이 행한 음식점 영업허가
③ 사자(死者)에 대한 운전면허
④ 과세전적부심사를 거치지 않은 과세처분
⑤ 소청심사절차에서 청구인에게 진술의 기회를 부여하지 아니한 재결

04 행정행위 하자승계의 전제요건에 해당하지 않는 것은?

① 선행행위와 후행행위가 모두 처분일 것
② 선행행위에 무효가 아닌 취소사유의 하자가 존재할 것
③ 선행행위에 불가쟁력이 발생하였을 것
④ 후행행위는 하자가 없는 적법한 행위일 것
⑤ 후행행위에 불가쟁력이 발생하였을 것

05 행정행위의 하자승계에 관한 설명 중 옳지 않은 것은? (다툼이 있는 경우 판례에 의함)

① 선행행위와 후행행위가 모두 항고소송의 대상이 되는 처분이어야 한다.
② 원칙적으로 선행행위와 후행행위가 독립되어 별개의 법효과를 목표로 할 경우에 하자의 승계는 허용되지 않는다.
③ 표준공시지가 결정은 수용재결과는 별개의 법률효과를 목표로 하므로 하자의 승계가 인정되지 아니한다.
④ 판례가 인정한 하자승계의 예로는 독촉과 압류, 계고처분과 대집행의 비용납부명령, 귀속재산임대처분과 매각처분 등이 있다.
⑤ 하자승계는 행정소송의 제소기간과 관련이 있다.

06 다음 중 판례에 의할 때 선행 행정행위의 흠이 후행 행정행위에 승계되지 않는 경우는?

① 조세체납처분에 있어서 독촉과 압류
② 행정대집행에 있어서 계고와 대집행영장에 의한 통지
③ 개별공시지가 결정과 양도소득세 부과처분
④ 택지개발사업계획의 승인과 수용재결처분
⑤ 귀속재산 임대처분과 매각처분

07 **행정행위의 하자의 치유 사유에 해당하지 않는 것은?**

① 공정력

② 공공복리의 특별한 사유 존재

③ 요건의 사후보완

④ 장기간 방치에 의한 행정행위의 내용 실현

⑤ 사실상 공무원이론

03 ① 건축허가의 외형상 하자는 없지만 과정에서 부정수단에 기한 것으로 취소사유로 봄이 다수설이다.
② 무권한의 행정행위로 무효이다.
③ 실현불가능한 행정행위로 무효이다.
④ 판례는 절차상 하자지만 무효로 보았다.
⑤ 법률상 무효로 규정된 경우이다(「국가공무원법」 제13조 제2항).

04 ⑤ 선행처분이 위법하고 불가쟁력이 발생하여야 하고 후행처분은 적법할 때 하자승계가 문제된다. 후행처분의 불가쟁력은 하자승계를 논의하는 전제조건이 되지 않는다.

05 ③ 표준공시지가 결정은 수용재결과는 별개의 법률효과를 목표로 하지만, 하자의 승계가 인정된다.
표준지공시지가 결정은 이를 기초로 한 수용재결 등과는 별개의 독립된 처분으로서 서로 독립하여 별개의 법률효과를 목적으로 하지만, … 위법한 표준지공시지가 결정에 대하여 그 정해진 시정절차를 통하여 시정하도록 요구하지 않았다는 이유로 위법한 표준지공시지가를 기초로 한 수용재결 등 후행 행정처분에서 표준지공시지가 결정의 위법을 주장할 수 없도록 하는 것은 수인한도를 넘는 불이익을 강요하는 것으로서 국민의 재산권과 재판받을 권리를 보장한 「헌법」의 이념에도 부합하는 것이 아니다. 따라서 표준지공시지가 결정이 위법한 경우에는 그 자체를 행정소송의 대상이 되는 행정처분으로 보아 그 위법 여부를 다툴 수 있음은 물론, 수용보상금의 증액을 구하는 소송에서도 선행처분으로서 그 수용대상 토지 가격 산정의 기초가 된 비교 표준지공시지가 결정의 위법을 독립한 사유로 주장할 수 있다(대판 2008.8.21. 2007두13845).
⑤ 하자승계는 선행처분에 대하여 제소기간이 경과하여 불가쟁력이 발생한 경우를 논의의 전제로 하므로 맞는 설명이다.

06 ④ 택지개발사업계획의 승인과 수용재결은 서로 추구하는 목적이 별개인 것으로 하자승계를 부정한 사안이다.
①·②·③·⑤ 하자승계가 인정된 경우

07 ① 공정력은 행정행위에 하자가 있더라도 권한 있는 기관에서 취소하기 전까지는 잠정적으로 그 효력이 통용된다는 것이지 하자가 치유되어 적법하게 취급되는 것은 아니다.
②·③·④ 하자의 치유란 행정행위가 성립 당시에는 흠이 있었으나, 사후에 요건이 보완되거나 흠이 경미하거나 기타 사유로 취소할 필요가 없는 것으로 인정되는 경우에 그 성립 당시의 흠에도 불구하고 그 행정행위의 효력을 유지시킴을 의미한다.
⑤ 사실상 공무원이론은 공무원 자격의 흠결이 있는 상태에서 한 행위라도 국민의 신뢰보호를 위해 그 행위의 효력은 유효로 인정하자는 이론으로 하자치유와 관련된다.

Answer 03. ① 04. ⑤ 05. ③ 06. ④ 07. ①

08 무효인 행정행위의 전환이 인정되기 위한 요건에 해당하지 않는 것은?

① 흠 있는 행정행위와 전환하려고 하는 다른 행정행위와의 사이에 요건·목적·효과에 있어 실질적 공통성이 있어야 한다.

② 다른 행정행위의 성립·발효요건을 갖추고 있어야 한다.

③ 흠 있는 행정행위를 한 행정청의 의도에 반하는 것이 아니어야 한다.

④ 당사자가 그 전환을 원하지 않더라도 객관적으로 전환을 위한 요건이 갖추어졌다고 판단되면 해당 행정행위는 다른 종류의 행정행위로 전환된다.

⑤ 전환으로 인해 제3자의 이익이 침해되지 아니하여야 한다.

심화문제

09 법률의 집행 후 근거법률이 위헌결정된 경우와 관련한 판례의 태도로 옳지 않은 것은?

① 대법원은 처분이 있은 후에 근거법률이 위헌으로 결정된 경우, 그 처분은 특별한 사정이 없는 한 원칙적으로 취소할 수 있는 행위에 그친다고 보았다.

② 대법원은 처분이 있은 후에 근거법률이 위헌으로 결정된 경우, 그 처분의 집행이나 집행력을 유지하기 위한 행위는 위헌결정의 기속력에 위반되어 허용되지 않는다고 보았다.

③ 대법원은 처분이 있은 후에 근거법률이 위헌으로 결정된 경우, 그 처분은 법률의 근거가 없이 행하여진 것과 마찬가지의 하자가 인정되므로 불가쟁력이 발생하였다 하더라도 위헌결정의 소급효가 미친다고 보았다.

④ 헌법재판소는 처분이 있은 후에 근거법률이 위헌으로 결정된 경우, 그 법률을 적용한 공무원에게 고의 또는 과실이 있었다고 단정할 수 없다고 보았다.

⑤ 이미 위헌결정이 내려진 법률을 집행한 행정행위는 무효라는 것이 대법원과 헌법재판소의 입장이다.

10 다음은 헌법재판소의 법률(법률조항)에 대한 위헌결정과 관련한 설명이다. 타당하지 않은 것은? (다툼이 있으면 판례에 의함)

① 「헌법재판소법」은 제47조에서 헌법재판소 위헌결정의 원칙적인 장래효를 규정하고 있다.

② 헌법재판소의 위헌결정의 효력은 위헌제청을 한 당해 사건은 물론, 위헌제청신청은 아니하였지만 당해 법률 또는 법률의 조항이 재판의 전제가 되어 법원에 계속 중인 사건에도 미친다.

③ 헌법재판소의 위헌결정의 효력은 일반사건에도 미칠 수 있다.

④ 대법원은 처분이 있은 후에 근거법률이 위헌으로 결정된 경우, 그 처분에 불가쟁력이 발생하였다 하더라도 위헌결정의 소급효가 미친다고 보았다.

⑤ 행정처분의 근거가 되는 법률이 「헌법」에 위반된다는 사유는 특별한 사정이 없는 한 그 행정처분의 취소소송의 전제가 될 수 있을 뿐 당연무효사유는 아니다.

---

08 ④ 무효인 행정행위의 전환은 당사자가 전환을 의욕하리라고 인정되어야 한다. 당사자가 그 전환을 원하지 않는 경우에는 요건을 구비했다고 하더라도 무효행위의 전환은 인정되지 않는다.

09 ③ 위헌결정의 효력은 그 결정 이후에 해당 법률이 재판의 전제가 되었음을 이유로 법원에 제소된 일반사건에도 미치지만 이미 취소소송의 제기기간이 경과하여 확정력이 발생한 행정처분의 경우에는 위헌결정의 소급효가 미치지 않는다는 것이 판례이다.
①·④ 처분 당시에는 처분의 근거법령이 위헌이 될 것인가가 명백하지 않으므로 이를 근거로 한 처분은 취소사유가 되고 위헌법률을 집행한 공무원의 행위가 고의 또는 과실이 있는 행위라고 단정할 수 없다는 것이 판례이다.
②·⑤ 헌법재판소의 위헌결정은 모든 국가기관을 기속하므로 근거법률이 위헌으로 결정된 이후 그 처분의 집행이나 집행력을 유지하기 위한 행위는 허용되지 않는다.

10 ④ 대법원은 '위헌인 법률에 근거한 행정처분이 당연무효인지의 여부는 위헌결정의 소급효와는 별개의 문제로서, 위헌결정의 소급효가 인정된다고 하여 위헌인 법률에 근거한 행정처분이 당연무효가 된다고는 할 수 없고, 오히려 이미 취소소송의 제기기간을 경과하여 확정력이 발생한 행정처분에는 위헌결정의 소급효가 미치지 않는다고 보아야 한다.'라고 판시하고 있다.

Answer

08. ④   09. ③   10. ④

11 행정행위의 하자에 관한 설명으로 옳지 않은 것은?

① 무효인 행정행위는 행정행위의 외형은 갖추고 있는 데 반해, 행정행위의 부존재는 외형 자체가 존재하지 않는다.

② 통설에 의하면 취소할 수 있는 행정행위에 대해서는 사정판결이 인정되나, 무효인 행정행위에 대해서는 인정되지 아니한다.

③ 취소사유가 있는 경우 행정청의 직권취소는 명문의 제한규정이 없는 이상 언제든지 취소할 수 있고 취소권이 제한되는 경우를 인정할 수 없다.

④ 단순한 계산의 착오만으로는 법규에 특별한 규정이 없는 한 행위의 효력에 영향이 없다.

⑤ 대법원 판례에 의하면 무효선언을 구하는 의미에서의 취소소송도 제소기간 제한 등의 소송요건을 구비해야 한다.

12 다음은 행정행위의 하자에 관한 설명이다. 타당하지 않은 것은? (다툼이 있으면 판례에 의함)

① 행정행위에 하자가 있다 하더라도 그 하자가 무효사유가 아닌 한 행정행위는 상대방을 구속한다.

② 중대하거나 명백한 하자가 있는 행정행위에는 공정력이 인정되지 않는다.

③ 행정대집행의 각 행위 사이에는 하자가 승계된다.

④ 납세의무자가 부과된 세금을 자진납부하였다 하여 세액산출근거가 누락된 납세고지서에 의한 부과처분의 하자가 치유되는 것은 아니다.

⑤ 상당한 이행기간을 정하지 않은 대집행의 계고의 하자는 대집행영장으로 대집행시기를 늦추어주었다 하더라도 치유되지 않는다.

13 행정행위의 무효와 취소에 관한 설명으로 옳은 것은? (다툼이 있는 경우 판례에 의함)

① 적법한 권한 위임 없이 세관출장소장에 의하여 행하여진 관세부과처분은 그 하자가 중대하고 명백하여 당연무효라 할 것이다.

② 무효인 행정행위에 대하여는 무효선언을 구하는 의미에서의 취소소송이 판례상 인정되고 있으며, 이 경우 취소소송의 적법요건을 갖출 필요는 없다.

③ 입지선정위원회의 구성방법과 절차가 주민대표나 주민대표 추천에 의한 전문가의 참여 없이 이루어지는 등 위법한 경우 그에 터잡아 이루어진 폐기물처리시설 입지결정처분은 하자가 중대하지만 명백하지 않으므로 당연무효는 아니다.

④ 환경영향평가를 거쳐야 할 대상사업에 대하여 환경영향평가를 거치지 아니하였음에도 불구하고 승인 등 처분이 이루어졌다면 이러한 행정행위는 당연무효이다.

⑤ 장관이 택지개발계획을 승인함에 있어서 (구)「토지수용법」에 의한 이해관계자의 의견을 듣지 아니하였거나, 토지소유자에 대한 통지를 하지 아니하고 사업인정을 한 것은 무효이다.

---

11 ③ 취소사유가 있음에도 장기간 취소권을 행사하지 아니한 때에는 실권의 법리에 따라 취소권이 제한될 수 있다.
① 무효인 행정행위는 행정행위로서 외관은 존재한다는 점에서 외관조차 존재하지 않는 행정행위의 부존재와 구별된다.
② 사정판결은 취소소송에서만 인정되고 무효확인소송에서는 인정되지 않는다.
④ 단순한 착오는 그것만으로 위법이 되지 않고 착오에 의한 행위 자체에 위법이 있을 때 무효 또는 취소사유에 해당한다. 판례도 '착오로 행정행위를 한 것이고, 행정행위의 절차에 하자가 있는 것으로 볼 수 없는 경우는 그 사유만으로 행정행위를 취소할 수 없다'라고 한다.
⑤ 행정처분의 당연무효를 선언하는 의미에서 취소를 구하는 행정소송을 제기한 경우에도 전치절차와 제소기간의 준수 등 제소요건을 갖추어야 한다(판례).

12 ② 중대하고 명백한 하자가 있는 행정행위가 무효이고 공정력이 인정되지 않는다. 중대하거나 명백한 하자가 있는 행정행위의 대부분은 취소사유 있는 행정행위로서 공정력이 인정된다.

13 ④ 대법원은 부실한 환경영향평가에 기한 사업승인은 곧바로 위법이라 할 수 없으나, 법령상의 환경영향평가를 거치지 않고 이루어진 사업승인은 무효라고 본다.
① 적법한 권한 위임 없이 세관출장소장에 의하여 행하여진 관세부과처분은 그 하자가 중대하지만 명백하다고 볼 수 없어 당연무효는 아니라는 것이 판례이다.
② 무효인 행정행위는 원칙적으로 무효확인소송을 제기하며 이 경우에는 행정심판전치주의나 제소기간의 제한을 받지 않는다. 당연무효를 선언하는 의미의 취소소송을 제기하는 경우도 허용된다는 것이 판례이나, 이 경우에는 행정심판전치주의나 출소기간의 제한을 받는다는 입장이다.
③ 입비선정위원회의 구성방법과 절차가 주민대표나 주민대표 추천에 의한 전문가의 참여 없이 이루어지는 등 위법한 경우 그에 터잡아 이루어진 폐기물처리시설 입지결정처분은 하자가 중대하고 명백하므로 당연무효라는 것이 판례이다.
⑤ 절차상 하자로 위법하지만 당연무효는 아니라는 것이 판례이다.

Answer   11. ③   12. ②   13. ④

14 다음 사례에 관한 설명으로 옳은 것은?

> 甲은 본인 소유의 토지를 乙에게 매도하였고, 관할 세무서장은 위 토지의 양도 당시의
> 기준시가로서 이 토지의 개별공시지가를 기준으로 양도소득세를 부과하였다. 그런데 양
> 도소득세가 지나치게 많다고 생각한 甲은 개별공시지가 결정이 있은 지 1년 넘게 지나고
> 나서야 개별공시지가의 결정·공시일부터 30일 이내에 이의를 신청할 수 있었다는 사실
> 과 이 개별공시지가가 자신의 토지에 대하여는 잘못된 사실판단으로 인하여 지나치게
> 높게 결정되었다는 사실을 알게 되었다.

① 甲은 개별공시지가 결정을 대상으로 취소소송을 제기하여 이를 다투면 된다.

② 개별공시지가 결정이 무효라 하더라도 甲은 개별공시지가 결정이 잘못되었음을 이유로 양도소득세 부과처분의 위법을 주장할 수 없다.

③ 개별공시지가의 결정과 이를 기초로 한 과세처분은 동일한 목적을 달성하기 위하여 일련의 절차로 연속하여 행하여지는 것으로서 양 행위는 서로 결합된 처분이라고 보는 것이 다수설의 입장이다.

④ 대법원은 관계인의 수인한도를 넘어 불이익을 강요하는 경우에는 과세처분의 위법사유로서 개별공시지가 결정의 위법을 주장할 수 있다고 판시한 바 있다.

⑤ 개별공시지가 결정에 대해 일반적으로 국민은 자신에게 이익이 될지 불이익이 될지 이를 예측할 수 있다.

15 판례상 행정행위의 하자의 승계가 인정되지 않는 경우를 모두 포함한 것은?

> ㉠ 건물철거명령과 대집행의 계고처분
> ㉡ 도시계획결정과 수용재결
> ㉢ 계고처분과 대집행영장발부 통보
> ㉣ 개별공시지가 결정과 과세처분
> ㉤ 직위해제처분과 면직처분

① ㉠, ㉡, ㉢   ② ㉠, ㉡, ㉤

③ ㉠, ㉢, ㉣   ④ ㉡, ㉢, ㉣

⑤ ㉡, ㉣, ㉤

16 다음 보기 중 하자승계를 인정한 것은 모두 몇 개인가? (다툼이 있는 경우에는 판례에 의함)

> ㉠ 암매장분묘개장명령과 후행계고처분
> ㉡ 기준지가고시처분과 토지수용처분
> ㉢ 안경사시험 합격무효처분과 안경사면허취소처분
> ㉣ 재개발사업시행인가처분과 토지수용재결처분
> ㉤ 수강거부처분과 수료처분
> ㉥ 표준지공시지가 결정과 수용재결처분
> ㉦ 보충역 편입처분과 공익근무요원소집처분

① 2개   ② 3개
③ 4개   ④ 5개
⑤ 6개

---

14 ④·③·⑤ 개별공시지가의 결정과 이를 기초로 한 과세처분은 서로 별개의 처분으로 원칙적으로는 하자승계가 인정되지 않아야 하나 대법원은 개별공시지가 결정단계에서 국민들은 원칙적으로 자신에게 이익이 될지 불이익이 될지 알 수 없는 것으로 양도소득세 과세처분에서 이를 다툴 수 없게 하는 것은 수인한도를 넘는 불이익을 강요하는 것이라 하여 하자승계를 인정하였다.
① 개별공시지가 결정이 1년이 넘은 뒤이므로 불가쟁력이 발생하여 취소소송을 제기할 수 없다.
② 무효인 선행처분을 기초로 한 후행처분은 무효가 되고 무효인 선행처분은 불가쟁력이 발생하는 것도 아니므로 하자가 당연승계되어 이를 다툴 수 있다.

15 ② 판례상 하자승계가 부정된 사안은 ㉠·㉡·㉤이다.

> **하자승계가 인정된 판례 예**
> ㉠ 조세체납처분에서의 독촉·압류·매각·충당의 각 행위
> ㉡ 행정대집행상의 계고·통지·실행·비용징수 간의 행위
> ㉢ 암매장분묘개장명령과 계고처분
> ㉣ 귀속재산의 임대처분과 매각처분
> ㉤ 한지의사시험자격인정과 한지의사면허처분
> ㉥ 안경사시험의 합격무효처분과 안경사면허취소처분
> ㉦ 기준지가고시처분과 토지수용처분
> ㉧ 개별공시지가 결정과 과세처분
> ㉨ 표준지공시지가 결정과 수용(보상금) 재결

16 ③ ㉠·㉡·㉢·㉥은 판례상 하자승계가 인정된 사안이다.
나머지 사안은 각각 별개 목적의 행정행위들로 하자승계가 부정된 사안이다.

17 하자 있는 행정행위의 치유에 대한 판례의 내용으로 가장 적절한 것은?

① 징계처분이 중대하고 명백한 하자 때문에 당연무효라도 징계처분을 받은 자가 이를 용인하였다면 그 하자는 치유된 것으로 볼 수 있다.

② 노선여객자동차운송사업의 사업계획변경인가처분에 관한 하자가 행정처분의 내용에 관한 것이고 새로운 노선면허가 소 제기 이후에 이루어진 사정 등에 비추어 하자의 사후적 치유는 인정된다.

③ 환지변경처분 후에 이의를 유보함이 없이 변경처분에 따른 청산금을 교부받았다면 그 사정만으로 무효인 행정처분의 하자는 치유되었다고 볼 수 있다.

④ 납세의무자가 사실상 과세표준과 세액 등을 알고 쟁송에 이르렀다면 통지사항의 일부를 결여한 부과처분의 하자가 치유된다.

⑤ 행정청이 청문서의 도달기간을 다소 어겼더라도 영업자가 이에 대해 이의하지 아니한 채 스스로 청문일에 출석하여 그 의견을 진술하고 변명하는 등 방어의 기회를 충분히 가졌다면 청문서 도달기간을 준수하지 아니한 하자는 치유되었다고 봄이 상당하다.

18 하자 있는 행정행위의 치유와 전환에 관한 설명으로 옳지 않은 것은? (다툼이 있는 경우에는 판례에 의함)

① 전환 전의 행위와 전환 후의 행위는 목적·효과에 있어서 실질적 공통성이 있어야 한다.

② 판례에 의하면 하자의 치유는 사실심 변론종결 시까지 가능하다.

③ 하자가 치유된 행정행위는 처음부터 적법한 행위가 된다.

④ 전환이 처분청의 의사에 반하지 않아야 한다.

⑤ 하자 있는 행정행위의 전환에 대해서는 상대방은 이를 항고소송으로 다툴 수 있다.

17 ⑤ 의견을 진술하고 변명하는 등의 방어의 기회를 충분히 가졌다면 청문서 도달기간을 준수하지 않은 하자는 치유된다는 것이 판례이다.
① 무효인 처분은 하자의 치유가 인정되지 않는다.
② 내용상 하자는 치유가 부정된다.
③ 무효인 처분은 하자가 치유되지 않는다.
④ 납세고지서에 기재사항이 누락된 경우 납세의무자가 그 나름대로 산출 근거를 알고 있다고 하더라도 하자가 치유되지 않는다는 것이 판례이다.

18 ② 판례는 하자의 치유는 불복제기 전에 가능하다는 입장이다. 소송제기 후에는 원칙적으로 하자가 치유되지 않는다고 본다.
③ 하자 치유의 효과는 소급적으로 처음부터 적법한 처분으로 인정된다.
④ 무효행위의 전환은 당사자가 전환을 의욕하리라 인정되어야 한다. 처분청의 의사에 반하는 경우 무효행위의 전환이 인정되지 않는다.

Answer 17. ⑤ 18. ②

제3절 | 행정행위의 효력소멸과 실효

기본문제

01 행정행위의 취소에 관한 설명 중 옳지 않은 것은?

① 일단 유효하게 성립한 행정행위에 성립상의 흠이 있음을 이유로 그 효력을 소멸시키는 것을 말한다.
② 행정청에 의한 취소는 취소의 대상이 되는 행정행위와는 별개의 행정행위이다.
③ 취소할 수 있는 행정행위는 취소가 있기 전까지 그 효력을 갖는다.
④ 쟁송취소는 원칙적으로 처분시에 소급하여 효력이 소멸한다.
⑤ 직권취소는 위법한 처분을 대상으로 하며 부당한 처분은 취소의 사유가 되지 않는다.

02 행정행위의 취소에 관한 설명으로 옳지 않은 것은?

① 행정청은 위법 또는 부당한 처분의 전부나 일부를 소급하여 취소할 수 있다. 다만, 당사자의 신뢰를 보호할 가치가 있는 등 정당한 사유가 있는 경우에는 장래를 향하여 취소할 수 있다.
② 취소사유가 있는 행정행위는 권한 있는 기관에 의하여 취소될 때까지 효력이 유지된다.
③ 취소권의 근거에 대해 별도의 법적 근거가 없는 경우에는 취소권자라도 취소할 수 없다는 것이 다수설과 판례이다.
④ 불가쟁력이 발생한 행정행위는 권한 있는 행정청이 직권으로 취소할 수 있다.
⑤ 수익적 처분의 당사자가 거짓이나 그 밖의 부정한 방법으로 처분을 받은 경우 이익형량의 제한 없이 취소할 수 있다.

---

01 ⑤ 직권취소는 처분행정청에 의하여 하자 있는 행정행위를 소급하여 소멸시키는 별도의 행정행위를 뜻한다. 직권취소는 처분행정청에 의해 이루어진다는 점에서 위법한 처분뿐만 아니라 부당한 처분도 그 대상이 된다.

02 ③ 행정행위의 직권취소는 행정청 스스로 하자를 시정하는 것으로 견해 대립이 있지만 다수설과 판례는 별도의 법적 근거를 요하지 않는다. 다만, 수익적 행정행위의 취소의 경우 상대방의 신뢰이익과 이익형량상의 제한이 붙을 수 있다.
① 「행정기본법」 제18조 제1항
④ 불가쟁력이 발생한 행정행위는 행정행위의 상대방이 이를 다툴 수 없지만 행정청은 이를 취소할 수 있다.
⑤ 「행정기본법」 제18조 제2항

Answer / 01. ⑤   02. ③

03 직권취소의 제한사유로 볼 수 없는 것은?

① 행정쟁송의 제기기간이 경과하여 당사자가 더 이상 다툴 수 없는 경우
② 장기간에 걸쳐 취소권의 행사가 없었던 경우
③ 행정심판의 재결행위가 대상인 경우
④ 신뢰보호의 이해관계가 공익보다 큰 경우
⑤ 불가변력이 발생한 행정행위

04 행정행위의 철회사유가 아닌 것은?

① 해제조건의 성취   ② 부담의 불이행
③ 사실관계의 변경   ④ 근거법령의 개폐
⑤ 중대한 공익상의 사유

05 다음 중 행정행위의 철회에 관한 설명과 다른 것은?

① 철회행위는 철회의 대상인 행정행위와 독립한 별개의 행정행위이다.
② 행정행위를 철회함에 있어서는 법적 근거가 필요하지 않다고 보는 것이 통설·판례의 입장이다.
③ 원칙적으로 처분행정청만이 철회권을 가진다.
④ 철회의 효과는 공익의 요구에 따라야 하기 때문에 원칙적으로 소급하여 발생한다.
⑤ 주유소가 단 한 번의 부정휘발유를 취급한 것을 이유로 가장 무거운 제재인 석유판매업허가 자체를 철회하는 것은 재량권을 일탈·남용한 것으로 위법하다고 대법원은 판시하였다.

06 **행정행위의 취소와 철회의 유사점에 관한 다음 설명 중 옳은 것은?**

① 철회와 취소는 실정법상 엄격히 구별하여 사용되고 있다.

② 수익적 행정행위의 철회의 경우 상대방에게 귀책사유가 없는 경우에는 철회로 인한 손실은 보상되어야 한다.

③ 직권취소 사유와 철회 원인이 있는 경우 행정청은 별도의 법적 근거가 없더라도 자유로이 철회할 수 있다.

④ 철회의 효과는 행정행위의 성립 당시로 소급하나, 직권취소는 소급하지 않는다.

⑤ 감독청도 철회권과 직권취소권을 행사할 수 있다는 데 이견이 없다.

07 **종기가 도래한 행정행위는?**

① 실효된 행정행위   ② 행정행위의 부존재

③ 흠 있는 행정행위   ④ 해제조건부 행정행위

⑤ 무효인 행정행위

---

03 ① 행정쟁송의 제기기간이 경과한 경우 행정행위의 상대방이나 이해관계인은 이를 다툴 수 없지만 행정청은 스스로 이를 취소할 수 있으므로 직권취소의 제한으로 볼 수 없다.
③·⑤ 불가변력이 발생하는 행정행위는 행정청의 직권취소가 제한되며 행정심판의 재결은 대표적으로 불가변력이 발생하는 행정행위이다.

04 ① 행정행위의 철회는 적법하게 성립한 행정행위를 후발적 사유에 의해 별도로 행정청이 행정행위의 효력을 소멸시키는 행위이다. 해제조건의 성취는 행정청의 별도의 행위 없이 자동으로 행정행위의 효력이 소멸되는 것으로 행정행위의 실효에 해당한다.

05 ④ 철회는 적법하게 성립한 행정행위를 대상으로 후발적 사유에 의한다는 점에서 철회의 효과는 성립 당시로 소급하지 않고 철회 이후로 장래적 효력이 소멸함이 원칙이다.
⑤ 철회사유가 있다고 하더라도 비례원칙의 제한을 받으므로 단 한 번의 위반행위에 대해 가장 무거운 제재를 가하는 것은 재량권의 일탈·남용에 해당한다.

06 ② 수익적 행정행위의 철회는 상대방에게 침익적 효과가 발생하는 것으로 상대방에게 귀책사유가 없는 경우에는 철회로 인한 손실은 보상되어야 한다.
① 철회와 취소는 실정법상 엄격히 구별되지 않고 취소로 혼용되고 있다.
③ 직권취소 사유와 철회 원인이 있는 경우 행정청은 별도의 법적 근거가 없더라도 직권취소나 철회가 가능하나, 언제나 자유로운 것은 아니고 이익형량상의 제한이 있다.
④ 철회의 효과는 장래효이나 직권취소는 소급효가 원칙이다.
⑤ 감독청은 일반적으로 철회권이 없다는 것이 다수설의 입장이다.

07 ① 종기가 도래한 경우 행정행위는 당연히 그 효력이 상실되는 것이므로 실효된 행정행위가 된다.

Answer ▶   03. ①   04. ①   05. ④   06. ②   07. ①

08 직권취소와 쟁송취소에 관한 설명으로 옳지 않은 것은?

① 행정행위의 성립상의 흠을 이유로 그 효력을 상실시키는 형성적 행위라는 점에 공통성이 있다.

② 직권취소의 취소권자는 행정청이, 쟁송취소의 취소권자는 법원만이 된다.

③ 쟁송취소에 있어서는 쟁송제기기간의 제한이 있으나, 직권취소의 경우에는 원칙적으로 기간상의 제한이 없되, 다만 실권의 법리에 의한 제한이 문제된다.

④ 쟁송취소의 효과는 기왕에 소급하는 반면, 직권취소는 상대방의 신뢰보호와 관련해서 그 소급효가 제한되는 경우도 있다.

⑤ 직권취소는 「행정절차법」의 적용 대상이 되지만, 쟁송취소는 「행정심판법」이나 「행정소송법」의 절차에 의한다.

09 행정행위의 취소에 대한 설명으로 옳지 않은 것은? (다툼이 있는 경우에는 판례에 의함)

① 운전면허취소처분에 대한 취소소송에서 취소판결이 확정되었다면 운전면허취소처분 이후의 운전행위를 무면허운전이라 할 수는 없다.

② 행정처분을 한 처분청은 그 처분에 하자가 있는 경우에는 원칙적으로 별도의 법적 근거가 없더라도 스스로 이를 직권으로 취소할 수 있고, 이러한 경우 일반적으로 이해관계인에게는 처분청에 대하여 그 취소를 요구할 신청권이 부여된 것으로 볼 수 없다.

③ 변상금 부과처분에 대한 취소소송이 진행 중이라도 그 부과권자는 위법한 처분을 스스로 취소하고 그 하자를 보완하여 다시 적법한 부과처분을 할 수도 있다.

④ 행정청이 의료법인의 이사에 대한 이사취임승인취소처분을 직권으로 취소하면 이사의 지위가 소급하여 회복된다.

⑤ 과세관청은 과세부과처분의 취소에 당연무효가 아닌 위법사유가 있는 경우에 이를 다시 취소함으로써 원부과처분을 소생시킬 수 있다.

10 행정행위의 취소에 대한 설명으로 옳은 것만을 모두 고르면? (다툼이 있는 경우 판례에 의함)

㉠ 「산업재해보상보험법」상 각종 보험급여 등의 지급결정을 변경 또는 취소하는 처분과 처분에 터 잡아 잘못 지급된 보험급여액에 해당하는 금액을 징수하는 처분이 적법한 지를 판단하는 경우, 지급결정을 변경 또는 취소하는 처분이 적법하다면 그에 터 잡은 징수처분도 적법하다고 판단해야 한다.

㉡ 권한없는 행정기관이 한 당연무효인 행정처분을 취소할 수 있는 권한은 당해 행정처분을 한 처분청에게 속하고, 당해 행정처분을 할 수 있는 적법한 권한을 가지는 행정청에게 그 취소권이 귀속되는 것이 아니다.

㉢ 수익적 처분이 상대방의 허위 기타 부정한 방법으로 인하여 행하여졌다면 상대방은 그 처분이 그와 같은 사유로 인하여 취소될 것임을 예상할 수 없었다고 할 수 없으므로, 이러한 경우에까지 상대방의 신뢰를 보호하여야 하는 것은 아니다.

㉣ 행정처분이 위법임을 이유로 국가배상을 청구하기 위한 전제로서 그 처분이 취소되어야만 한다.

---

① ㉠, ㉡
② ㉡, ㉢
③ ㉡, ㉣
④ ㉠, ㉡, ㉢
⑤ ㉠, ㉡, ㉢, ㉣

---

08 ② 직권취소는 처분청 외에 감독청도 직권취소권자가 될 것인가에 대한 견해대립이 있다. 쟁송취소의 경우 이의신청이라면 처분청, 행정심판은 행정심판위원회, 행정소송은 항고소송법원으로 취소권자가 구별된다.

09 ⑤ 과세처분의 취소를 취소함으로써 원부과처분을 소생시킬 수 없고, 납세의무자에게 종전의 과세대상에 대한 납부의무를 지우려면 다시 법률에서 정한 부과절차에 좇아 동일한 내용의 새로운 처분을 하는 수밖에 없다 (대판 1995.3.10. 94누7027).

10 ㉡ 권한없는 행정기관이 한 당연무효인 행정처분을 취소할 수 있는 권한은 당해 행정처분을 한 처분청에게 속하고, 당해 행정처분을 할 수 있는 적법한 권한을 가지는 행정청에게 그 취소권이 귀속되는 것이 아니다(대판 1984.10.10. 84누463).
㉢ 수익적 처분이 상대방의 허위 기타 부정한 방법으로 인하여 행하여졌다면 상대방은 수익적 처분이 이를 이유로 취소될 수 있다는 것도 예상할 수 있었으므로 수익적 처분을 취소하는 경우 상대방의 신뢰는 보호되지 않는다.
㉠ 「산재보상법」상 각종 보험급여 등의 지급결정을 변경 또는 취소하는 처분과 처분에 터 잡아 잘못 지급된 보험급여액에 해당하는 금액을 징수하는 처분이 적법한지를 판단하는 경우 비교·교량할 각 사정이 동일하다고는 할 수 없으므로, 지급결정을 변경 또는 취소하는 처분이 적법하다고 하여 그에 터 잡은 징수처분도 반드시 적법하다고 판단해야 하는 것은 아니다(대판 2014.7.24. 2013두27159).
㉣ 국가배상을 인정하기 위해서는 행정처분이 위법하면 충분하고 그 처분이 꼭 취소되어야 하는 것은 아니다.

Answer | 08. ② 09. ⑤ 10. ②

11 **행정행위의 취소에 대한 판례의 입장으로 옳은 것은?**

① 수익적 행정처분의 하자가 당사자의 사실은폐에 의한 신청행위에 기인한 것이라면 행정청이 당사자의 신뢰이익을 고려하지 않고 취소하였다 하더라도 재량권의 남용이 되지 않는다.

② 선행부과처분에 대한 취소소송이 진행 중이면 과세관청인 피고로서는 위법한 선행처분을 스스로 취소하거나 그 절차상의 하자를 보완하여 다시 적법한 부과처분을 할 수 없다.

③ 과세관청은 하사를 시정하기 위하여 조세부과의 취소를 다시 취소함으로써 원부과처분을 소생시킬 수 있다.

④ 법령에 근거가 없어도 직권취소를 할 수 있다는 사정이 있으면, 이해관계인에게 처분청에 대하여 그 취소를 요구할 신청권이 부여된 것으로 볼 수 있다.

⑤ 새로운 후발적 사정에 따라 해당 행위를 존속시킬 것인지 아니면 소멸시킬 것인지를 판단하는 행정행위라는 점에서 철회권이나 취소권은 그 성질을 같이 한다.

12 **행정행위의 철회에 관한 내용으로 가장 적절한 것은? (다툼이 있는 경우에는 판례에 의함)**

① 행정행위를 한 처분청은 별도의 법적 근거가 없다 하더라도 원래의 처분을 존속시킬 필요가 없게 된 사정변경이 생긴 경우 이를 철회할 수 있다.

② 행정행위의 기초가 되었던 사실관계가 변경되었음을 이유로 철회할 수는 없다.

③ 철회는 상대방의 귀책사유 여부와 상관없이 언제나 소급하여 행정행위의 효력이 소멸한다.

④ 외형상 하나의 행정처분이라면 가분성이 있거나 그 처분대상의 일부가 특정될 수 있다 하더라도 그 일부만의 취소(철회)는 불가능하다.

⑤ 수익적 행정처분의 하자가 당사자의 사실은폐나 기타 사위의 방법에 의한 신청행위에 기인한 것이라도 당사자는 신뢰이익을 원용할 수 있다.

13 **행정행위의 취소와 철회에 대한 설명으로 잘못된 것은?**

① 행정행위의 취소사유는 행정행위의 성립 당시에 존재하였던 하자를 말하고, 철회사유는 행정행위가 성립된 이후에 새로이 발생한 것으로서 행정행위의 효력을 존속시킬 수 없는 사유를 말한다.

② 행정행위의 직권취소를 감독청이 할 수 있는지에 대한 견해대립이 있다.

③ 과세관청은 부과의 취소를 다시 취소함으로써 원부과처분을 소생시킬 수는 없고, 다시 법률에서 정한 부과절차에 좇아 동일한 내용의 새로운 처분을 하는 수밖에 없다.

④ 지방병무청장이 재신체검사 등을 거쳐 현역병 입영대상 편입처분을 보충역 편입처분으로 변경한 경우 새로운 병역처분의 성립상 하자를 이유로 이를 취소한 경우 종전의 병역처분의 효력이 되살아난다 할 수 있다.

⑤ 의료법인의 이사에 대한 이사취임승인 취소처분을 직권으로 취소한 경우에는 그로 인하여 이사가 소급하여 이사로서의 지위를 회복하게 된다.

11 ① 수익적 처분에 대한 허가취소가 당사자의 귀책사유에 의한 경우이므로 신뢰보호의 원칙이 적용되지 않고 적법하다.
② 선행부과처분에 대한 취소소송이 진행 중이라도 과세관청은 위법한 선행처분을 스스로 취소하거나 그 절차상의 하자를 보완하여 다시 적법한 부과처분을 할 수 있다.
③ 원처분이 침익적 처분으로 취소의 취소가 허용되지 않는다는 것이 판례이다.
④ 법령에 근거가 없어도 직권취소를 할 수 있지만, 이해관계인에게 처분청에 대하여 그 취소를 요구할 신청권이 부여된 것으로 볼 수 없다.
⑤ 취소는 성립상 하자를 이유로 한다는 점에서 후발적 사유를 이유로 하는 철회와 구별된다.

12 ① 철회할 별도의 법적 근거가 없다 하더라도 원래의 처분을 존속시킬 필요가 없게 된 사정변경이 생겼거나 또는 중대한 공익상의 필요가 발생한 경우에는 그 효력을 상실케 하는 별개의 행정행위로 이를 철회할 수 있다(대판 2004.11.26. 2003두10251 · 10268).
② 행정행위의 철회는 처분시 이후의 사정변경을 이유로 철회할 수 있다.
③ 행정행위의 철회는 후발적 사유를 이유로 적법한 행위를 소멸시키는 행정청의 별도의 행위로서 원칙적 장래효이다.
④ 일부취소나 일부철회는 가분성이 있거나 그 처분대상의 일부가 특정될 수 있으면 가능하다.
⑤ 상대방의 귀책사유에 의한 수익적 처분의 취소의 경우 당사자는 신뢰이익을 원용할 수 없다.

13 ④ 현역병 입영대상 편입처분은 침익적 처분으로 이를 보충역 편입처분으로 변경한 후 이를 취소한다고 하여 현역병 입영대상 편입처분이 부활하는 것은 아니다(판례).
⑤ 이사취임승인처분은 수익적 처분이므로 이를 직권으로 취소한 다음에 취소에 하자가 있어 이를 다시 취소하는 경우 원래의 이사의 지위가 회복된다는 것이 판례이다.

Answer   11. ①   12. ①   13. ④

14 처분의 취소 또는 변경에 관한 설명으로 옳은 것은? (다툼이 있으면 판례에 따름)

① 처분의 위법은 직권취소의 사유가 되지만, 처분의 부당은 직권취소의 사유가 되지 않는다.

② 수익적 처분의 직권취소 필요성에 관한 증명책임은 처분의 상대방에 있다.

③ 수익적 처분에 대한 직권취소의 경우에는 행정절차법상 사전통지가 필요하지 않다.

④ 행정청은 행정소송이 계속되고 있는 때에는 직권으로 해당 처분을 변경할 수 없다.

⑤ 「산업재해보상보험법」상 연금지급결정을 취소하는 처분이 적법하다고 하여 그에 터잡은 징수처분이 반드시 적법한 것은 아니다.

15 행정행위의 실효에 관한 설명으로 옳지 않은 것은?

① 신청에 의한 허가처분을 받은 자가 그 영업을 폐업한 경우에는 그 허가도 당연히 실효된다고 할 것이고, 이 경우 허가행정청의 허가취소처분은 허가가 실효되었음을 확인하는 것에 불과하다.

② 행정행위가 그 성립상의 중대·명백한 하자가 존재한다면 이는 실효사유로서 그 효력이 소멸한다.

③ 행정행위의 직권취소는 별개의 행정행위에 의하여 원행정행위의 효력을 소멸시키는 것인 데 반하여, 행정행위의 실효는 일정한 사유의 발생에 따라 당연히 기존의 행정행위의 효력이 소멸하는 것이다.

④ 해제조건부 행정행위에 있어서 조건의 성취, 종기부 행정행위에 있어서 종기의 도래는 행정행위의 효력을 소멸시킨다.

⑤ 유기장영업허가를 받은 자가 영업장소를 명도하고 유기시설을 모두 철거하여 매각함으로써 유기장업을 폐업하였다면 영업허가취소처분의 취소를 구할 소의 이익이 없다.

---

14 ① 처분의 위법뿐만 아니라 처분의 부당도 직권취소의 사유가 된다.
② 수익적 처분의 직권취소 필요성에 관한 증명책임은 처분의 상대방이 아니라 행정청(처분청)에게 있다.
③ 수익적 처분에 대한 직권취소는 침익적 처분이고 따라서 행정절차법상 사전통지의 대상이 된다.
④ 소송계속 중에도 처분청은 직권으로 처분을 취소·변경할 수 있다.

15 ② 행정행위의 실효는 하자 없이 성립한 행정행위가 일정한 사실의 발생에 의하여 당연히 그 효력이 소멸되는 것을 말하며, 성립상의 중대·명백한 하자는 처음부터 무효사유인 점에서 서로 구별된다.

Answer /   14. ⑤   15. ②

04 그 밖의 행정작용

제1절 | 행정행위의 확약

기본문제

01 「행정절차법」상 확약에 대한 설명으로 옳지 않은 것은?

① 법령등에서 당사자가 신청할 수 있는 처분을 규정하고 있는 경우 행정청은 당사자의 신청에 따라 장래에 어떤 처분을 하거나 하지 아니할 것을 내용으로 하는 의사표시를 할 수 있다.

② 확약은 문서뿐만 아니라 구술로도 가능하다.

③ 행정청은 다른 행정청과의 협의 등의 절차를 거쳐야 하는 처분에 대하여 확약을 하려는 경우에는 확약을 하기 전에 그 절차를 거쳐야 한다.

④ 확약을 한 후에 확약의 내용을 이행할 수 없을 정도로 법령등이나 사정이 변경된 경우 행정청은 확약에 기속되지 않는다.

⑤ 행정청은 확약을 이행할 수 없는 경우에는 지체 없이 당사자에게 그 사실을 통지하여야 한다.

---

01 ② 확약은 문서로 하여야 한다(「행정절차법」 제40조의2).

Answer

01. ②

02 다음 행정법상의 확약에 대한 설명 중 틀린 것은?

① 정식인가에 앞서 행하는 내인가를 확약의 예로 들 수 있다.

② 명문의 근거규정이 없더라도 본처분을 행할 수 있는 행정청은 본처분에 관한 확약을 할 수 있다.

③ 대법원 판례에 의하면 확약이 있은 후에 사실적 또는 법률적 상태의 변경이 있더라도 행정청이 이를 철회한다는 의사표시를 하지 않는 한 확약은 그 효력을 상실하지 아니한다.

④ 확약이 있으면 행정청은 상내방에게 확약된 행위를 하여야 할 자기구속적 의무를 지게 된다.

⑤ 확약은 실현가능한 행정행위를 대상으로 하여야 한다.

03 다음 중 확약에 관한 기술로 타당한 것은?

① 예비결정이나 부분인 · 허가는 확약과는 다르다.

② 기속행위의 경우는 확약이 허용되지 않는다.

③ 확약에 의한 의무불이행의 경우도 행정쟁송을 제기할 수 없다.

④ 요건사실의 완성 후에는 확약을 할 수 없다.

⑤ 본처분과는 다른 별도의 법적 근거가 있어야 허용된다.

심화문제

04 행정법상 확약에 관한 설명으로 옳지 않은 것은?

① 확약은 본 행정행위에 대해 정당한 권한을 가진 행정청만이 할 수 있고, 해당 행정청의 행위권한의 범위 내에 있어야 한다.

② 확약이 법적 구속력을 갖기 위해서는 상대방에게 표시되고, 그 상대방이 행정청의 확약을 신뢰하였고, 그 신뢰에 귀책사유가 없어야 한다.

③ 현행 「행정절차법」에는 확약을 위한 문서의 형식을 요구하는 명문의 규정이 없다.

④ 대법원은 어업권면허에 선행하는 우선순위결정은 행정청이 우선권자로 결정된 자의 신청이 있으면 어업권면허처분을 하겠다는 것을 약속하는 행위로서 강학상의 확약에 불과하고 행정처분은 아니라고 판시한 바 있다.

⑤ 확약의 법적 성질을 행정행위로 인정하지 않더라도 행정청의 확약 위반 시 상대방은 신뢰보호원칙 위반을 원용할 수 있다.

02 ③ 판례는 확약이 있은 후 사실적 또는 법률적 상태의 변경이 있는 경우 확약은 행정청이 이를 철회한다는 의사표시를 하지 않더라도 실효된다는 입장이다.

03 ① 예비결정이나 부분인·허가는 그 자체로 확정적 효력을 갖는 행정행위라는 점에서 행정행위에 대한 자기구속력 있는 약속인 확약과 구별된다.
② 확약의 대상되는 행정행위는 재량행위뿐만 아니라 기속행위도 확약의 대상이 된다.
③ 확약 자체의 변경은 처분성 인정여부에 대한 견해대립이 있지만 확약의 대상되는 행정행위의 거부는 처분성이 인정된다.
④ 요건사실의 완성 후에도 상대방에게는 기대이익과 예상이익이 있으므로 확약이 가능하다고 본다.
⑤ 확약을 할 수 있는 본처분의 행정청은 별도의 법적 근거가 없더라도 확약의 권한을 가지고 있다고 봐서 별도의 법적 근거를 요하지 않는다는 것이 다수설이다.

04 ③ 확약은 문서로 하여야 한다(「행정절차법」 제40조의2 제2항).
⑤ 신뢰보호의 대상이 되는 선행조치(공적인 견해표명)는 행정행위만이 아니라 행정지도와 같은 비권력적인 사실행위도 포함되기 때문이다.

Answer/
02. ③   03. ①   04. ③

05 다단계 행정결정 등에 관한 판례의 태도와 일치하지 않는 것은?

① 어업권면허에 선행하는 우선순위 결정은 강학상 확약에 불과하고 행정처분으로 볼 수 없으므로, 공정력이나 불가쟁력은 인정될 수 없다.

② 행정청이 상대방에게 어떤 처분을 하겠다고 확약을 한 후 사실적·법률적 상태가 변경되었다면 그 확약은 행정청의 별다른 의사표시 없이도 실효된다.

③ 폐기물처리업의 허가에 앞서 행하는 사업계획서에 대한 적정·부적정 통보는 행정처분에 해당하고, 나중에 허가단계에서는 나머지 허가요건만을 심사한다.

④ 「원자력법」 제11조 제3항에 따른 원자로 및 관계시설의 부지사전승인처분은 건설부지를 확정하고 사전공사를 허용하는 법률효과를 지닌 독립한 행정처분이다.

⑤ 부지사전승인처분 후에 원자로 등의 건설허가처분이 있다 하더라도, 사전적 부분건설허가로서 부지사전승인처분은 독립하여 취소소송의 대상이 된다.

06 다음 중 확약에 대한 설명으로 틀린 것은?

① 기속행위의 경우 행정청에는 해당 처분을 해야 할 법적 의무가 있으므로 확약은 의미가 없다.

② 확약 후에 사실적·법률적 상태가 변경되었다면 확약은 실효될 수 있다.

③ 본처분 전에 일정한 사전절차가 요구되는 경우에는 확약에 앞서 반드시 사전절차를 거쳐야 한다는 것이 다수설이다.

④ 본행정행위를 할 요건사실이 완성된 후라도 확약이 가능하다는 것이 다수설이다.

⑤ 행정청이 확약 위반 시 상대방은 신뢰보호의 원칙을 주장할 수 있다는 것이 다수설이다.

---

05 ⑤ 원자로 및 관계시설의 부지사전승인처분은 사전적 부분건설허가처분의 성격을 갖고 있는 것이어서 나중에 건설허가처분이 있게 되면 그 건설허가처분에 흡수되어 독립된 존재가치를 상실함으로써 그 건설허가처분만이 쟁송의 대상이 되고, 부지사전승인처분의 취소를 구하는 소는 소의 이익을 잃게 된다는 것이 판례이다.

06 ① 확약의 대상되는 행정행위는 기속행위인가 재량행위인가를 불문하므로 기속행위에 대해서도 법치행정의 원칙이 침해되지 않는 한 확약이 가능한 것으로 보는 것이 다수설이다.

Answer／　　05. ⑤　　06. ①

제2절 | 행정계획

기본문제

01 다음 중 행정계획의 기능으로 볼 수 없는 것은?

① 행정목표의 설정
② 행정수단의 개별화
③ 행정수단의 조정
④ 행정과 시민 간의 매개체
⑤ 시민에 대한 행정지침 및 유도

02 행정계획에 대한 설명으로 옳지 않은 것은? (다툼이 있는 경우 판례에 의함)

① 행정계획과 관련하여서는 국민의 신뢰보호를 위하여 계획보장청구권이 널리 인정된다.
② 행정주체가 행정계획을 입안·결정함에 있어서 이익형량을 전혀 행하지 않았다면 그 행정계획결정은 형량에 하자가 있어 위법하게 된다.
③ 행정주체가 행정계획을 입안·결정함에 있어서 이익형량의 고려 대상에 마땅히 포함시켜야 할 사항을 누락한 경우 그 행정계획결정은 형량에 하자가 있어 위법하게 된다.
④ 행정주체가 행정계획을 입안·결정함에 있어서 이익형량을 하였으나 정당성과 객관성이 결여된 경우에는 그 행정계획결정은 형량에 하자가 있어 위법하게 된다.
⑤ 행정계획은 항고소송의 대상이 되는 경우가 있다.

01 ② 행정수단의 종합화이다.

02 ① 원칙적으로 계획보장청구권은 인정되지 않는다.

Answer 　 01. ②　　 02. ①

03 행정계획에 관한 다음 설명 중 옳은 것은?

① 현행 「행정절차법」은 행정계획의 수립 및 확정 절차에 관하여 특별한 규정을 두고 있지 않다.

② 행정계획은 장기적인 특성상 국민의 권리보호를 위해 일반행정재량에 비해 재량범위가 축소된다.

③ 행정계획은 사정변경에 따른 계획변경의 필요성이 큰 결과 신뢰보호의 원칙이 적용되지 않는다.

④ 행정청이 사인의 계획변경신청을 거부하는 경우에는 원칙적으로 취소소송을 통해 이를 다툴 수 있다는 것이 판례의 태도이다.

⑤ 계획법규범은 '조건 － 효과' 모형으로 조건프로그램의 성격을 가진다.

04 행정계획에 대한 설명으로 옳은 것은? (다툼이 있는 경우에는 판례에 의함)

① 도시기본계획은 행정계획입안의 지침이 되는 것으로 일반 국민에 대한 직접적인 구속력이 발생한다.

② 도시관리계획결정은 고시가 있은 날부터 14일이 경과하면 효력이 발생한다.

③ 후행 도시계획에 선행 도시계획과 서로 양립할 수 없는 내용이 포함되어 있다면 후행 도시계획은 그 효력이 발생하지 않는다.

④ 도시계획구역 내의 토지소유자의 도시계획입안요구에 대한 거부는 항고소송의 대상이 되는 처분성이 인정된다.

⑤ 대법원은 도시계획과 관련하여 일반 주민의 계획변경청구권을 원칙적으로 인정한다.

05 **행정계획의 집중효에 관한 설명으로 옳지 않은 것은?**

① 계획확정이 일반법규에 규정되어 있는 승인 또는 허가 등을 대체시키는 효과를 말한다.

② 절차의 간소화를 통하여 사업자의 부담해소 및 절차촉진에 기여한다.

③ 행정기관의 권한에 변경을 가져온다.

④ 법률에서 명시적 규정이 없는 경우에도 인정된다.

⑤ 집중효가 인정되는 행정계획을 확정하는 경우에는 그 계획에 의한 개별법률상의 인·허가사항을 관할하는 행정기관의 장과 협의하여야 한다.

---

03 ② 행정계획은 일반행정재량에 비해 재량범위가 확대된다.
③ 행정계획도 신뢰보호의 원칙이 적용된다. 다만, 일반적으로 신뢰보호를 이유로 계획존속청구권까지 인정되지는 않는다고 봄이 통설이다.
④ 사인의 행정계획변경신청권은 일반적으로 인정되지 않으므로 행정청이 사인의 계획변경신청을 거부하는 경우에도 이는 소송대상인 거부처분이 아니므로 원칙적으로 취소소송을 통해 이를 다툴 수 없다(판례).
⑤ 계획법규범은 '목적 – 수단' 모형으로 목적프로그램의 성격을 가진다.

04 ④·⑤ 대법원은 일반 주민들의 도시계획변경청구권을 부정하나 도시계획구역 내 토지 등을 소유하고 있는 주민처럼 계획에 대해 특별한 이해관계를 갖는 자는 입안권자에게 도시계획입안을 요구할 수 있는 법규상 또는 조리상의 신청권을 인정하고 있다.
① 도시기본계획은 일반 국민에 대한 직접적인 구속력이 인정되지 않는다.
② 도시관리계획결정은 지형도면을 고시한 날부터 발생한다(「국토의 계획 및 이용에 관한 법률」 제31조 제1항).
③ 후행 도시계획에 선행 도시계획과 서로 양립할 수 없는 내용이 포함되어 있다면 선행 도시계획이 후행 도시계획으로 변경된 것으로 본다(대판 2000.9.8. 99두11257).

05 ④ 집중효(대체효)를 인정하면 행정기관의 권한에 변경을 가져오게 되므로 반드시 법률에 명시적 근거가 있는 경우에만 인정될 수 있다.

06 행정계획에 대한 설명으로 옳은 것은? (다툼이 있는 경우에는 판례에 의함)

① 환지예정지 지정이나 환지처분을 하기 위한 환지계획은 법률효과를 수반하기 때문에 항고소송의 대상이 되는 행정처분에 해당한다.

② 도시계획안의 공고 및 공람절차에 하자가 있는 도시계획결정은 내용에 하자가 있는 것이 아니라 단지 절차의 하자에 불과하므로 위법하지 않다.

③ 건축허가를 받은 경우에 토지형질변경허가나 농지전용허가를 받은 것으로 보는 인허가의제의 경우, 건축허가권자가 건축불허가처분을 하면서 그 처분사유로 건축불허가 사유뿐만 아니라 형질변경불허가 사유나 농지전용불허가 사유를 들고 있다면, 그 건축불허가처분에 대한 쟁송과는 별개로 형질변경불허가처분이나 농지전용불허가처분에 대한 쟁송도 제기하여야 한다.

④ 도시계획사업의 시행으로 인한 토지수용에 의하여 토지에 대한 소유권을 상실한 자는 도시계획결정이 당연무효가 아닌 한 그 토지에 대한 도시계획결정의 취소를 청구할 법률상 이익이 인정되지 않는다.

⑤ 도시계획법령상의 도시기본계획은 토지형질변경, 건축물의 신축, 개축 또는 증축 등 권리행사에 제한을 가져오므로 일반 국민에 대한 직접적인 구속력을 가지는 처분에 해당하여 행정소송의 대상이 된다.

07 행정계획에 관한 판례의 설명으로 옳지 않은 것은?

① 행정계획의 주체가 가지는 형성의 자유는 무제한적인 것이 아니라 그 행정계획에 관련되는 자들의 이익을 정당하게 비교교량하여야 한다는 제한이 있다.

② 후행 도시계획의 결정을 하는 행정청이 선행 도시계획의 결정·변경 등에 관한 권한을 가지고 있지 아니한 경우, 선행 도시계획과 양립할 수 없는 내용이 포함된 후행 도시계획결정은 취소사유가 된다.

③ 문화재보호구역 내 토지소유자의 문화재보호구역 지정해제 신청에 대한 행정청의 거부행위는 항고소송의 대상이 되는 행정처분에 해당한다.

④ 도시계획시설의 지정으로 말미암아 당해 토지의 이용가능성이 배제되거나 또는 토지소유자가 토지를 종래 허용된 용도대로 사용할 수 없게 된 경우에는 국가나 지방자치단체는 이에 대한 보상을 하여야 한다.

⑤ 도시기본계획은 일반 국민에 대해서 직접적인 구속력을 가지지 않는다.

08 다음 중 행정계획에 관한 설명으로 옳지 않은 것은?

① 행정계획의 수립, 시행과 관련하여 「행정절차법」상 아무런 규정이 없는 것은 아니다.

② 대법원은 행정주체가 구체적인 행정계획을 입안·결정함에 있어서 비교적 광범위한 형성의 자유를 가진다고 한다.

③ 대법원은 개발제한구역지정으로 인한 재산권제약을 공공의 복리에 적합한 것으로 보아 손실보상을 인정하지 않는다.

④ 계획재량에 대한 실체적 통제법리인 형량명령이론에 의할 때 형량에서 반드시 고려되어야 할 특정이익이 고려되지 않은 경우를 오형량이라 한다.

⑤ 일반적인 재량행위와 계획재량의 구별을 부정하는 입장에서도 양자 사이에 차이점을 전혀 인정하지 않는 것은 아니다.

06 ① 판례는 환지계획은 그에 따른 법률효과를 수반하지 않기 때문에 항고소송의 대상이 되는 행정처분에 해당하지 않는다고 보았다.
② 도시계획안의 공고 및 공람절차에 하자가 있는 도시계획결정은 내용에 하자가 없더라도 절차상 하자가 있는 것으로 위법(취소사유)하다(판례).
③ 건축허가를 받은 경우에 토지형질변경허가나 농지전용허가를 받은 것으로 보는 인허가의제의 경우, 건축허가권자가 건축불허가처분을 하면서 그 처분사유로 건축불허가 사유뿐만 아니라 형질변경불허가 사유나 농지전용불허가 사유를 들고 있다 해도, 그 건축불허가처분과 별도로 형질변경불허가처분이나 농지전용불허가처분이 존재하는 것이 아니므로 건축불허가처분에 대한 쟁송과는 별개로 형질변경불허가처분이나 농지전용불허가처분에 대한 쟁송을 제기할 수 없다(판례).
⑤ 도시기본계획이 아니라 도시관리계획이 지문에 맞는 것이다. 도시기본계획은 도시관리계획안의 지침으로, 대내적인 행정계획으로서 행정규칙의 성질을 가지며 처분성이 부정된다(판례).

07 ② 후행 도시계획의 결정을 하는 행정청이 선행 도시계획의 결정·변경 등에 관한 권한을 가지고 있지 아니한 경우, 선행 도시계획과 양립할 수 없는 내용이 포함된 후행 도시계획결정은 선행 도시계획에 대한 무권한자의 계획 확정이라는 점에서 무효라는 것이 판례이다.

08 ④ '오형량'은 형량을 하였으나 그것이 객관성이나 비례성에 반하는 것을 뜻한다. 형량의 대상에 마땅히 포함시켜야 할 사항을 빠뜨린 것은 '형량의 흠결'이라 한다.
① 행정계획의 수립에 관한 일반적인 절차가 「행정절차법」에 규정되어 있지는 않지만 행정예고에 예고대상으로 규정되어 있다.
③ 대법원은 개발제한구역지정으로 인한 재산권제약에 따른 토지소유자의 불이익은 공공의 복리를 위하여 감수하지 아니하면 안 될 정도의 것이라고 인정되므로 보상규정이 없다 해서 위헌이 아니라고 한다.

Answer   06. ④   07. ②   08. ④

09 행정계획에 대한 설명으로 옳지 않은 것은?

① 판례는 「도시 및 주거환경정비법」상 관리처분계획의 처분성을 인정한다.

② 판례는 도시계획구역 내 주민의 도시계획시설변경입안제안 거부를 항고소송의 대상이 되는 거부처분으로 본다.

③ 헌법재판소는 비구속적 행정계획안도 국민의 기본권에 직접적으로 영향을 끼치고 앞으로 법령의 뒷받침에 의하여 그대로 실시될 것이 틀림없을 것으로 예상될 수 있는 때에는 헌법소원의 대상이 될 수 있다고 본다.

④ 판례에 의하면, 행정주체가 행정계획을 입안·결정함에 있어서 이익형량을 전혀 행하지 아니하거나 이익형량의 고려대상에 마땅히 포함시켜야 할 사항을 누락한 경우가 아닌 한, 이익형량에 정당성과 객관성이 결여된 것만으로는 그 행정계획결정은 위법한 것으로 되지 않는다.

⑤ 판례는 「도시재개발법」에 의한 재개발조합의 관리처분계획에 대하여 항고소송의 대상인 처분성을 인정하고 있다.

10 행정계획에 관한 다음 설명 중 옳지 않은 것은? (다툼이 있는 경우에는 판례에 의함)

① 도시관리계획구역 내 토지 등을 소유하고 있는 주민으로서는 입안권자에게 도시관리계획 입안을 요구할 수 있는 법규상 또는 조리상의 신청권이 있다고 할 것이고, 이러한 신청에 대한 거부행위는 항고소송의 대상이 되는 행정처분에 해당한다.

② 정부가 발표한 '4대강 살리기 마스터플랜'은 행정기관 내부에서 사업의 기본방향을 제시하는 것일 뿐 국민의 권리의무에 직접 영향을 미치는 것이 아니어서 행정처분에 해당하지 않는다.

③ 주택재건축정비사업조합이 법에 기초하여 수립한 사업시행계획이 인가·고시를 통해 확정되면 그 사업시행계획은 이해관계인에 대한 구속적 행정계획으로서 독립된 행정처분에 해당한다.

④ 도시계획시설의 지정으로 말미암아 당해 토지의 이용가능성이 배제되거나 또는 토지소유자가 토지를 종래 허용된 용도대로도 사용할 수 없기 때문에 이로 인하여 현저한 재산적 손실이 발생하는 경우에는, 원칙적으로 국가 등은 이에 대한 보상을 해야 한다.

⑤ 문화재보호구역 내에 있는 토지소유자는 문화재보호구역의 지정해제를 요구할 수 있는 법규상 또는 조리상 신청권이 있다고 할 수 없다.

09 ④ 행정계획을 입안함에 있어서 이익형량상의 하자가 있는 경우 행정계획결정은 위법한 것으로 된다.
① 관리처분계획은 토지 등의 소유자에게 구체적이고 결정적인 영향을 미치는 것으로서 재개발 조합이 행한 처분에 해당하므로 항고소송의 방법으로 그 무효확인이나 취소를 구할 수 있다.
② 도시계획구역 내 토지 등을 소유하고 있는 주민으로서는 입안권자에게 도시계획입안을 요구할 수 있는 법규상 또는 조리상의 신청권이 있다고 할 것이고, 이러한 신청에 대한 거부행위는 항고소송의 대상이 되는 행정처분에 해당한다.
③ 사실상의 규범작용으로 인한 위험성이 이미 현실적으로 발생하였다고 보아 공권력행사에 해당한다는 것이 헌법재판소 결정이다(헌재 1992.10.1., 92헌마68).
⑤ 판례는 관리처분계획은 토지 등의 소유자에게 구체적이고 결정적인 영향을 미치는 것으로서 조합이 행한 처분에 해당하므로 항고소송에 의하여 관리처분계획 또는 그 내용인 분양거부처분 등의 취소를 구할 수 있다는 입장이다.

10 ⑤ 문화재보호구역 내에 있는 토지소유자는 문화재보호구역의 지정해제를 요구할 수 있는 법규상 또는 조리상 신청권이 있다. 그러므로 그러한 신청에 대한 행정청의 거부행위는 항고소송의 대상인 거부처분에 해당한다(판례).

Answer 09. ④   10. ⑤

제3절 공법상 계약

기본문제

01 다음 중 공법상 계약으로서의 성질을 가지는 것은?

① 재개발조합의 설립

② 공사의 도급계약

③ 지방의회의 의결

④ 지방자치단체 간의 협의로 지방자치단체조합을 설립하는 행위

⑤ 지방자치단체 간에 행해지는 도로·하천의 경비분담에 관한 협의

02 공법상 계약에 대한 설명으로 옳은 것은?

① 공법상 계약은 행정주체 상호 간에는 인정되지 않는다.

② 전문직공무원의 채용은 판례상 행정처분에 해당한다.

③ 공법상 계약에 대하여는 「민법」상의 계약해제에 관한 규정이 적용되지 않는다.

④ 공법상 계약에는 법률의 우위원칙이 적용되지 않는다.

⑤ 「국가를 당사자로 하는 계약에 관한 법률」은 공법상 계약에 관한 일반법이다.

03 다음은 행정작용에 관한 서술이다. 타당하지 않은 것은? (다툼이 있으면 판례에 의함)

① 지방자치단체가 일방 당사자가 되는 이른바 '공공계약'이 사법상 계약에 해당하는 경우, 사적 자치와 계약자유의 원칙 등 사법의 원리가 적용된다.

② 중소기업 정보화지원사업에 따른 지원금 출연을 위하여 중소기업청장이 체결하는 협약은 공법상 계약에 해당한다.

③ 중소기업 정보화지원협약의 해지 및 그에 따른 지원금 환수통보는 행정처분에 해당한다고 볼 수 없다.

④ 행정청은 법령등을 위반하지 아니하는 범위에서 행정목적을 달성하기 위하여 필요한 경우에는 공법상 법률관계에 관한 계약을 체결할 수 있다.

⑤ (구) 「산업집적활성화 및 공장설립에 관한 법률」 제38조 제2항에 따라 산업단지관리공단이 행한 변경계약의 취소는 항고소송의 대상이 되는 행정처분에 해당하지 않는다.

04 서울특별시 A구의 공중보건의사 채용계약의 해지를 다투는 경우 제기해야 하는 소송은? (다툼이 있는 경우에는 판례에 의함)

① 공법상 당사자소송　　　　　　② 기관소송
③ 민사소송　　　　　　　　　　④ 취소소송
⑤ 부작위위법확인소송

05 공법상 계약의 특질에 관한 다음 설명 중 옳지 않은 것은?

① 위법한 공법상 계약은 「민법」에서와 같이 원칙상 무효이다.
② 공법상 계약에는 공정력이 인정되지 않는다.
③ 서울특별시 시립무용단원의 위촉은 공법상 계약이고, 그 단원의 해촉에 대하여는 취소소송으로 다툴 수 있다는 것이 판례의 입장이다.
④ 계약의 일방 당사자인 행정주체는 공익상의 사유가 있는 경우, 일방적으로 계약을 해제 또는 변경할 수 있다.
⑤ 상대방의 의무불이행의 경우 행정주체는 법적 근거가 없는 경우에는 행정상 강제집행을 할 수 없다.

---

01 ①·④ 공법상 합동행위
② 사법상 계약
③ 공법상 합성행위

02 ③ 공법상 계약은 사정변경이 있는 경우에 행정주체는 일방적 해지가 가능하나 상대방은 일방적 해지가 제한된다는 것이 판례이다. 따라서 「민법」상의 계약의 해지나 해제에 관한 규정은 공법상 계약에 원칙적으로 적용되지 않는다는 것이 다수설이다.
① 공법상 계약은 행정주체 상호 간, 행정주체와 사인 간, 공무수탁사인과 사인 간에 체결될 수 있다.
② 전문직공무원의 채용은 판례상 공법상 계약으로 보고 있다.
④ 공법상 계약도 법률에 저촉할 수 없는 것으로 법률우위의 원칙이 적용된다.
⑤ 공법상 계약에 관한 일반법은 존재하지 않는다.

03 ⑤ (구) 「산업집적활성화 및 공장설립에 관한 법률」 제38조 제2항에 따라 산업단지관리공단이 행한 변경계약의 취소는 항고소송의 대상이 되는 행정처분에 해당한다(대판 2017.6.15. 2014두46843).

04 ① 공중보건의사 채용계약은 대등당사자 간의 의사표시에 의한 공법상 계약이고 이에 대한 해지는 항고소송의 대상이 되는 공권력행사에 해당하지 않으므로 당사자소송으로 이를 다투어야 한다는 것이 판례이다.

05 ③ 서울특별시 시립무용단원의 위촉은 공법상 계약이고, 그 단원의 해촉에 대해서는 당사자소송으로 무효확인을 청구할 수 있다는 것이 판례이다.

Answer
01. ⑤　　02. ③　　03. ⑤　　04. ①　　05. ③

06 공법상 계약에 관한 다음 설명 중 타당하지 않은 것은? (다툼이 있으면 판례에 의함)

① 「사회기반시설에 대한 민간투자법」상 민간투자사업의 사업시행자 지정은 행정처분에 해당한다.

② 「사회기반시설에 대한 민간투자법」상 민간투자사업 사업시행자와 정부와의 계약은 공법상 계약이다.

③ 국립의료원 부설 주차장에 관한 위탁관리용역운영계약은 공법상 계약이 아니라 행정처분에 해당한다.

④ 공법상 계약에 대해서는 「행정절차법」이 적용되지 않는다.

⑤ 「공익사업을 위한 토지 등의 취득 및 보상에 관한 법률」에 의한 협의취득은 공법상 계약이다.

07 다음 중 공법상 계약에 관한 설명으로 옳지 않은 것은?

① 판례에 따르면 공법상 계약도 감독청의 승인과 인가 등의 절차가 있으므로 「행정절차법」이 적용된다고 본다.

② 공법상 계약 중에는 행정주체가 일방적으로 내용을 정하고 상대방은 체결여부만을 선택하는 경우도 있다.

③ 공법상 계약에서 사인인 상대방의 일방적인 계약해제는 제한되는 경우가 많다.

④ 공법상 계약도 법률의 우위의 원칙에 의하여 제한된다.

⑤ 행정계약이란 공법상·사법상 계약을 포함하는 개념이라는 것이 다수설이다.

08 행정법상 계약에 대한 설명으로 옳지 않은 것은? (다툼이 있는 경우에는 판례에 의함)

① 국립의료원 부설주차장에 관한 위탁관리용역 운영계약은 사경제주체로서 대등한 위치에서 행한 사법상의 계약에 해당한다.

② 공무원이 공법상의 제한을 회피할 목적으로 행정처분의 상대방과 사법상 계약을 체결하는 형식을 취하였다면 이는 법치행정의 원리에 반하는 것으로서 위법하다.

③ 행정법상 계약에는 「행정절차법」이 적용되지 아니한다.

④ 지방계약직공무원에 대해서 채용계약상 특별한 약정이 없는 한, 「지방공무원법」 및 「지방공무원징계 및 소청규정」에 정한 징계절차에 의하지 아니하고는 보수를 삭감할 수 없다.

⑤ 계약직공무원 채용계약 해지의 의사표시의 무효확인을 구하는 소송의 경우 즉시확정의 이익이 요구된다.

09 A시는 조례에 근거하여 甲회사와 생활폐기물수집·운반대행위탁계약을 체결하였다. 이 계약에 관한 설명으로 옳은 것은? (다툼이 있으면 판례에 따름)

① 사법상 계약으로 계약자유의 원칙이 적용된다.

② 「국가를 당사자로 하는 계약에 관한 법률」이 적용된다.

③ 계약의 체결에 관한 다툼은 공법상 당사자소송에 의한다.

④ 계약절차에는 「행정절차법」이 적용된다.

⑤ 계약의 해지 통보에 관한 다툼은 취소소송에 의한다.

Part 02

---

06 ⑤ 「공익사업을 위한 토지 등의 취득 및 보상에 관한 법률」에 의한 협의취득은 사법상 계약이다(판례).

07 ① 판례는 공법상 계약은 「행정절차법」이 적용되는 공권력 행사로서의 처분이 아니므로 공법상 계약에는 「행정절차법」이 적용되지 않는다는 입장이다.
② 공법상 계약은 미리 행정주체에 의하여 계약의 내용이 약관에 의하여 획일적·정형화되어 부합계약의 성질을 갖는 경우가 강하다.

08 ① 국립의료원 부설주차장에 관한 위탁관리용역 운영계약의 실질은 행정재산인 위 부설주차장에 대한 사용·수익허가로서 국립의료원이 원고의 신청에 의하여 공권력을 가진 우월적 지위에서 행한 행정처분으로서 특정인에게 행정재산을 사용할 수 있는 권리를 설정하여 주는 강학상 특허에 해당한다(대판 2006.3.9. 2004다31074).
⑤ 계약직공무원 채용계약 해지의 의사표시의 무효확인을 구하는 소송은 당사자소송으로 확인판결을 받는 것이 현재 법률관계에 유효 적절한 수단이라고 인정될 때에 확인소송이 인정되는 즉시확정이익이 필요하다.

09 ① 설문의 생활폐기물수집·운반대행위탁계약은 사법상 계약이다. 따라서 계약자유의 원칙이 원칙적으로 적용된다.
② 국가가 계약의 당사자인 경우 「국가를 당사자로 하는 계약에 관한 법률」이 적용된다. 설문의 계약은 A시(지자체)와 甲회사가 체결하였다. 따라서 이 경우는 「지방자치단체를 당사자로 하는 계약에 관한 법률」이 적용된다.
③ 설문의 생활폐기물수집·운반대행위탁계약은 사법상 계약이고 따라서 이에 대한 분쟁(계약의 체결에 관한 다툼)은 민사소송에 의한다.
④ 「행정절차법」에 계약절차에 관한 규정이 없다.
⑤ 설문의 생활폐기물수집·운반대행위탁계약은 사법상 계약이고 따라서 이에 대한 분쟁(계약의 해지 통보에 관한 다툼)은 민사소송에 의한다.

Answer / 06. ⑤ 07. ① 08. ① 09. ①

제4절 행정지도

기본문제

01 행정지도에 관한 설명으로 옳지 않은 것은?

① 행정지도에 따를 것인지 여부가 상대방인 국민의 임의적 협력에 달려 있으므로 법률 유보의 원칙은 적용되지 않지만 법률우위의 원칙은 적용된다.

② 행정기관은 행정지도의 상대방이 행정지도에 따르지 아니하였다는 것을 이유로 불이 익한 조치를 하여서는 아니 된다.

③ 행정지도의 상대방은 당해 행정지도의 방식·내용 등에 관하여 행정기관에 의견제출을 할 수 있다.

④ 행정지도가 구술로 이루어지는 경우에 상대방이 행정지도의 취지, 내용 기타 일정한 사항을 기재한 서면의 교부를 요구한 때에는 직무수행에 특별한 지장이 없는 한 이를 교부하여야 한다.

⑤ 위법한 행정지도에 따른 사인의 행위는 행정지도에 따른 행위일 뿐이므로 그 위법성이 조각되어 정당하다는 것이 판례이다.

02 행정지도에 대한 설명으로 옳은 것은? (다툼이 있는 경우에는 판례에 의함)

① 직접 규제목적이 없는 행정지도는 법령에 직접 근거규정이 없어도 권한업무의 범위 내에서 행해질 수 있다.

② 행정지도가 다수인을 대상으로 할 경우에도 명령·강제작용이 아니기 때문에 「행정 절차법」은 특별한 사정이 없으면 공표할 필요가 없다고 규정한다.

③ 세무당국이 소외 회사에 대해 원고와의 주류거래를 일정기간 중지하여 줄 것을 요청한 행위는 항고소송으로 이를 다툴 수 있다.

④ 행정지도는 사실상 강제력으로 인하여 권력적 행정활동임이 원칙이다.

⑤ 행정지도는 행정목적을 달성하기 위하여 상대방의 의사에 반하여 강요할 수 있다.

심화문제

03 행정지도에 대한 설명으로 옳지 않은 것은? (다툼이 있는 경우에는 판례에 의함)

① 상대방이 행정지도에 따르지 아니하였다는 것을 이유로 불이익한 조치를 하여서는 아니 된다.

② 행정지도가 단순히 행정지도의 한계를 넘어 규제적·구속적 성격을 상당히 강하게 갖는 것이라면 헌법소원의 대상이 되는 공권력의 행사로 볼 수 있다.

③ 행정지도는 상대방인 국민의 임의적 협력을 구하는 비권력적 행위이므로 「국가배상법」상 공무원의 직무행위에 해당하지 않는다.

④ 행정지도가 강제성을 띠지 않은 비권력적 작용으로서 행정지도의 한계를 일탈하지 아니하였다면, 그로 인해 상대방에게 어떤 손해가 발생하였다고 해도 행정기관은 그에 대한 손해배상책임이 없다.

⑤ (구)교육인적자원부장관의 국·공립대학총장들에 대한 학칙시정요구는 헌법소원의 대상이 되는 공권력의 행사에 해당한다는 것이 헌법재판소의 입장이다.

01 ⑤ 위법한 행정지도에 따른 사인의 행위는 임의적인 자의에 의한 행위이므로 법령에 명시적으로 정함이 없는 한, 위법성이 조각된다고 할 수 없다는 것이 판례이다.

02 ①·④ 행정지도는 비권력적 사실행위로 법령에 직접 근거규정이 없어도 권한업무의 범위 내에서 행해질 수 있다.
② 「행정절차법」은 행정지도가 다수인을 대상으로 할 경우에는 그 공통된 사항에 관해 공표하여야 한다고 규정하고 있다.
③ 세무당국이 소외 회사에 대해 원고와의 주류거래를 일정기간 중지하여 줄 것을 요청한 행위는 행정지도에 불과하므로 이를 항고소송으로 다툴 수 없다.
⑤ 행정지도는 상대방의 의사에 반하여 부당하게 강요할 수 없다.

03 ③ 「국가배상법」상 직무집행에는 사경제작용을 제외한 모든 국가작용이 포함되므로 행정지도도 이에 포함된다. 다만 인과관계를 인정하기 곤란하다는 것이 판례와 다수설의 입장이다.

Answer 01. ⑤ 02. ① 03. ③

04 행정지도와 관련한 다음 서술 중 타당하지 않은 것은? (다툼이 있으면 판례에 의함)

① 한계를 일탈하지 않은 행정지도로 인하여 상대방에게 손해가 발생한 경우, 행정기관이 손해배상책임을 부담하지 않는다.

② 금융기관의 임원에 대한 금융감독원장의 문책경고는 항고소송의 대상이 된다.

③ 위법한 행정지도로 상대방에게 일정기간 어업권을 행사하지 못하는 손해를 입힌 행정기관이 "어업권 및 시설에 대한 보상 문제는 관련 부서와의 협의 및 상급기관의 질의, 전문기관의 자료에 의하여 처리해야 하므로 처리기간이 지연됨을 양지하여 달라"는 취지의 공문을 보냈다면 자신의 채무를 승인한 것으로 볼 수 있다.

④ 교육감이 학교법인에 대한 감사 실시 후 처리지시를 하고 그와 함께 그 시정조치에 대한 결과를 증빙서류를 첨부한 문서로 보고하도록 한 것은 항고소송의 대상되는 행정처분에 해당한다.

⑤ 위법한 행정지도에 따른 행위라 하더라도 위법성이 조각되는 것은 아니다.

05 다음 중 행정지도에 관한 설명으로 옳지 않은 것은?

① 행정지도는 국민의 임의적인 협력을 전제로 하는 비권력적 사실행위이다.

② 「행정절차법」에서는 행정지도에 대한 사전통지 및 의견제출절차에 대해 규정하고 있다.

③ 행정기관이 행정지도를 함에 있어 조직법상의 근거는 요구된다.

④ 중소기업자에 대한 경영지도, 아동의 건강상담은 조성적 행정지도로 볼 수 있다.

⑤ 대법원은 행정지도로 인해 피해를 입은 자의 경우 「국가배상법」 제2조 제1항을 적용하여 손해배상청구를 인정한 바 있다.

06 행정지도에 관한 설명 중 가장 옳지 않은 것은?

① 대법원은 행정지도의 비권력적 사실행위의 성질에 비추어 행정지도만으로 「건축법」 소정의 도로지정이 있는 것으로 볼 수 없다고 판시하였다.

② 다른 행위형식의 경우와는 달리 행정지도에 있어서는 비례의 원칙이 적용되지 아니한다.

③ 행정지도의 문제점은 한계가 불분명하고 행정구제수단이 불완전하다는 점이다.

④ 위법한 행정지도에 대한 행정상 손해배상을 인정할 것인가 여부에 관하여 학설의 대립이 있다.

⑤ 행정지도는 그 자체로는 아무런 법적 효과도 발생하지 않는다.

04 ③ 위법한 행정지도로 상대방에게 일정기간 어업권을 행사하지 못하는 손해를 입힌 행정기관이 "어업권 및 시설에 대한 보상 문제는 관련 부서와의 협의 및 상급기관의 질의, 전문기관의 자료에 의하여 처리해야 하므로 처리기간이 지연됨을 양지하여 달라"는 취지의 공문을 보낸 사유만으로 자신의 채무를 승인한 것으로 볼 수 없다(대판 2008.9.25. 선고 2006다18228 판결).

05 ② 「행정절차법」상 사전통지는 불이익처분에 대한 의견제출 등을 알리는 절차이다. 비권력적 사실행위인 행정지도는 적용대상이 아니다. 행정지도를 하는 자는 그 상대방에게 그 행정지도의 취지 및 내용과 신분을 밝혀야 한다(「행정절차법」 제49조 제1항). 행정지도의 상대방은 해당 행정지도의 방식·내용 등에 관하여 행정기관에 의견제출을 할 수 있다(「행정절차법」 제50조).

06 ② 행정지도는 그 목적 달성에 필요한 최소한도에 그쳐야 한다(「행정절차법」 제48조 제1항).
③ 행정지도는 상대방의 임의적 협조에 의한 것이므로 행정주체의 책임소재가 불분명하고 권리구제가 불완전하다는 문제점이 발생한다.
⑤ 행정지도는 비권력적 사실행위로서 그 자체로는 아무런 법적 효과가 발생하지 않는다.

Answer   04. ③   05. ②   06. ②

제1절 행정절차

기본문제

01 「행정절차법」의 의의에 관한 설명이다. 틀린 것은?

① 행정절차상의 구제는 사후적 구제에 해당한다.

② 행정의 민주화에 기여한다.

③ 행정운영의 민주적 통제를 기할 수 있다.

④ 국민의 행정에의 참여를 보장하는 데 기여한다.

⑤ 행정에 대한 국민의 저항을 감소시켜 행정의 능률화에 기여한다.

02 다음 중 우리 「행정절차법」이 정하고 있는 적용제외 대상이 아닌 것은?

① 국회 또는 지방의회의 의결을 거치거나 동의 또는 승인을 얻어 행하는 사항

② 법원 또는 군사법원의 재판에 의하거나 그 집행으로 행하는 사항

③ 헌법재판소의 심판을 거쳐 행하는 사항

④ 각급 선거관리위원회의 의결을 거쳐 행하는 사항

⑤ 상대방에게 상당한 불이익을 줄 우려가 있는 처분

03 「행정절차법」이 정하고 있는 적용제외 대상이 아닌 것은?

① 국가안전보장·국방·외교 또는 통일에 관한 사항 중 행정절차를 거칠 경우 국가의 중대한 이익을 현저히 해칠 우려가 있는 사항

② 감사원이 감사위원회의의 결정을 거쳐 행하는 사항

③ 심사청구, 해양안전심판, 조세심판, 특허심판, 행정심판, 그 밖의 불복절차에 따른 사항

④ 국회 또는 지방의회의 의결을 거치거나 동의 또는 승인을 받아 행하는 사항

⑤ 처분의 전제가 되는 사실이 경찰의 수사에 의하여 객관적으로 증명된 사항

04 다음 서술 중 「행정절차법」에 비추어 타당하지 않은 것은?

① 다수의 당사자 등이 공동으로 행정절차에 관한 행위를 할 때에는 대표자를 선정할 수 있다.

② 대표자가 있는 경우에는 당사자 등은 그 대표자를 통하여서만 행정절차에 관한 행위를 할 수 있다.

③ 대표자는 행정절차를 끝맺는 행위를 포함한 모든 행위를 당사자의 동의 없이 할 수 있다.

④ 다수의 대표자가 있는 경우 그중 1인에 대한 행정청의 행위는 모든 당사자 등에게 효력이 있다.

⑤ 다수의 대표자가 있는 경우 행정청의 통지는 대표자 모두에게 하여야 그 효력이 있다.

05 다음 중 「행정절차법」이 규정하고 있지 않은 것은?

① 신고절차   ② 행정지도 절차
③ 행정예고 절차   ④ 행정상 강제집행절차
⑤ 행정상 입법예고

---

01 ① 행정절차상의 구제는 행정청이 처분 시에 지켜야 할 절차상의 의무 또는 처분과정에 국민의 참여를 통한 이해관계의 조절이 주된 취지이므로 사전적 구제에 해당한다. 이러한 행정절차를 통해 행정의 민주화와 분쟁의 사전적 조절을 통한 행정의 능률화에 기여한다.

02 ⑤ 상대방에게 불이익한 처분이나 상당한 불이익을 줄 우려가 있는 처분은 「행정절차법」의 적용의 대상이 되는 불이익처분에 해당한다.
①·②·③·④ 「행정절차법」의 적용제외사항에 해당한다.

03 ①·②·③·④ [○] 이들은 모두 행정절차법의 적용제외 사항이다(「행정절차법」 제3조 제2항).
⑤ [×] ⑤는 다음의 2가지 측면에서 타당하지 않다. 첫째, ⑤는 「행정절차법」의 적용제외사항이 아니라 「행정절차법」 중 사전통지 생략사유와 관련된다(「행정절차법」 제21조 제5항). 둘째, ⑤는 「행정절차법」상의 사전통지 생략사유와 관련되기는 하지만 객관적인 증명은 원칙적으로 법원의 재판 등에 의하는 것이지 수사기관(경찰 등)의 수사에 의하는 것은 아니다.

04 ③ 대표자는 각자 그를 대표자로 선정한 당사자 등을 위하여 행정절차에 관한 모든 행위를 할 수 있다. 다만, 행정절차를 끝맺는 행위에 대하여는 당사자 등의 동의를 받아야 한다(「행정절차법」 제11조 제4항).

05 ④ 현행 「행정절차법」은 행정상 강제집행에 대한 일반절차가 규정되어 있지 않다.

Answer / 01. ①   02. ⑤   03. ⑤   04. ③   05. ④

06 송달에 관한 「행정절차법」의 내용으로 옳은 것은?

① 교부에 의한 송달은 필히 수령확인서를 받아야 한다.

② 「행정절차법」에서 규정하지 아니하는 사항은 「민사소송법」의 송달에 관한 규정을 준용해야 한다.

③ 송달이 불가능한 경우에는 송달받을 자가 알기 쉽도록 관보, 공보, 게시판, 인터넷 중 하나 이상에 공고하여야 한다.

④ 정보통신망을 이용하여 전자문서로 송달하는 경우에는 송달받을 자가 지정한 컴퓨터에서 확인한 때에 도달된 것으로 본다.

⑤ 송달은 처분의 직접 상대방이 아닌 그 사무원·피용자 또는 동거인에게는 교부할 수 없다.

07 「행정절차법」상 처분절차에 대한 설명 중 틀린 것은?

① 당사자 등은 공표된 처분기준이 불명확한 경우에는 해당 행정청에 대하여 그 해석 또는 설명을 요청할 수 있다.

② 처분을 하는 문서에는 그 처분 행정청 및 담당자의 소속·성명과 전화번호를 기재하여야 한다.

③ 행정청은 처리기간을 종류별로 정하여 미리 공표하여야 한다.

④ 처분에 대한 이유제시는 신청에 의한 처분이든 불이익처분이든 공통된 처분절차이다.

⑤ 행정청은 처분에 오기·오산 기타 이에 준하는 명백한 잘못이 있는 때에는 상대방의 신청에 의해 정정할 수 있으나 직권으로는 정정할 수 없다.

08 「행정절차법」상 처분절차에 관한 설명으로 옳지 않은 것은?

① 처분을 할 때 해당 처분의 영향이 광범위하여 널리 의견을 수렴할 필요가 있다고 행정청이 인정하는 경우에는 공청회를 개최한다.

② 행정청은 인허가 등의 취소 시 의견제출기한 내에 당사자 등의 신청이 있는 경우에는 청문을 한다.

③ 청문·공청회 또는 의견제출을 거쳤을 때에는 신속히 처분하여 해당 처분이 지연되지 아니하도록 하여야 한다.

④ 행정청은 처분을 할 때에는 이해관계인에게 그 근거와 이유를 제시하여야 한다.

⑤ 행정청은 처분을 신속히 처리할 필요가 있거나 사안이 경미한 경우에는 말 또는 그 밖의 방법으로 할 수 있다.

09 **현행 「행정절차법」에 관한 설명으로 옳지 않은 것은?**

① 단순 반복적인 처분으로서 당사자가 그 이유를 명백히 알 수 있는 경우에는 처분의 이유제시를 생략할 수 있다.

② 청문주재자에게 공정한 청문진행을 할 수 없는 사정이 있는 경우에 당사자는 행정청에 기피신청을 할 수 있다.

③ 정보통신망을 이용하여 전자문서로 송달하는 경우에는 송달받을 자가 지정한 컴퓨터에서 그 내용을 확인한 때에 도달된 것으로 본다.

④ 법인도 행정절차에 있어서 당사자가 될 수 있다.

⑤ 청문을 실시하는 경우에는 청문이 시작되는 날부터 10일 전까지 청문에 필요한 일정한 사항을 당사자 등에게 통지하여야 한다.

06 ② 「행정절차법」과 「민사소송법」은 그 성격이 다른 것으로 「민사소송법」의 송달에 관한 규정이 준용되는 것은 아니다.
③ 송달받을 자가 알기 쉽도록 관보, 공보, 게시판, 일간신문 중 하나 이상에 공고하고 인터넷에도 공고하여야 한다(「행정절차법」 제14조 제4항).
④ 정보통신망을 이용하여 전자문서로 송달하는 경우에는 송달받을 자가 지정한 컴퓨터 등에 입력된 때에 도달된 것으로 본다(「행정절차법」 제15조 제2항).
⑤ 송달하는 장소에서 송달받을 자를 만나지 못한 경우에는 그 사무원·피용자 또는 동거인으로서 사리를 분별할 지능이 있는 사람에게 문서를 교부할 수 있다(「행정절차법」 제14조 제2항).

07 ⑤ 행정청은 처분에 오기(誤記), 오산(誤算) 또는 그 밖에 이에 준하는 명백한 잘못이 있을 때에는 직권으로 또는 신청에 따라 지체 없이 정정하고 그 사실을 당사자에게 통지하여야 한다(「행정절차법」 제25조).

08 ④ [×] 처분을 하는 행정청은 이해관계인이 아니라 당사자에게 그 근거와 이유를 제시하여야 한다(「행정절차법」 제23조 제1항).
① [○] 「행정절차법」 제22조 제2항
② [○] 「행정절차법」 제22조 제1항
③ [○] 「행정절차법」 제22조 제5항
⑤ [○] 「행정절차법」 제24조 제1항

09 ③ 정보통신망을 이용하여 전자문서로 송달하는 경우에는 송달받을 자가 지정한 컴퓨터에 입력된 때에 도달된 것으로 본다.

Answer
　　06. ①　　07. ⑤　　08. ④　　09. ③

10 「행정절차법」상 행정처분의 사전통지에 대한 설명으로 옳은 것은? (다툼이 있는 경우 판례에 의함)

① 신청에 대한 거부처분도 사전통지의 대상이 된다.

② 행정청이 침해적 행정처분을 할 경우에는 사전통지를 반드시 하여야 한다.

③ 법령에서 요구된 자격이 없어지게 되면 반드시 일정한 처분을 하여야 하는 경우에 그 자격이 없어지게 된 사실이 법원의 재판에 의하여 객관적으로 증명된 경우에는 행정청의 사전통지 의무가 면제될 수 있다.

④ 행정청은 행정처분으로 인하여 권익을 침해받게 되는 제3자에 대하여 처분의 원인이 되는 사실과 처분의 내용 및 법적 근거를 미리 통지하여야 한다.

⑤ 수익적 처분도 사전통지의 대상이 된다.

11 「행정절차법」상 의견청취절차에 관한 설명으로 틀린 것은?

① 인허가 등의 취소를 하는 처분의 경우 당사자등의 신청이 있어야 청문을 한다.

② 불이익처분을 함에 있어서 청문이나 공청회를 거치지 않은 경우 의견제출절차는 최소한 거쳐야 한다.

③ 국민의 생명·신체·재산의 보호 등 국민의 안전 또는 권익보호 등의 이유로 일반공청회를 개최하기 어려운 경우 온라인공청회를 단독으로 개최할 수 있다.

④ 의견청취절차를 거치지 않은 불이익처분은 그 하자를 이유로 취소할 수 있다고 보는 것이 판례의 주류적 입장이다.

⑤ 행정청은 처분을 함에 있어서 공청회 등을 통해 제시된 사실 및 의견이 상당한 이유가 있다고 인정하는 경우에는 이를 반영하여야 한다.

12 입법예고에 관한 설명 중 틀린 것은?

① 신속한 국민의 권리 보호 또는 예측 곤란한 특별한 사정의 발생 등으로 입법이 긴급을 요하는 경우에는 입법예고를 생략할 수 있다.

② 법제처장은 입법예고를 하지 아니한 법령안의 심사 요청을 받은 경우에 입법예고를 하는 것이 적당하다고 판단할 때에는 해당 행정청에 입법예고를 권고하거나 직접 예고할 수 있다.

③ 입법안을 마련한 행정청은 입법예고 후 예고내용에 국민생활과 직접 관련된 내용이 추가되는 등 대통령령으로 정하는 중요한 변경이 발생하는 경우에는 해당 부분에 대한 입법예고를 다시 하여야 한다.

④ 행정청은 대통령령을 입법예고하는 경우 국회 소관상임위원회에 이를 제출하여야 한다.

⑤ 입법예고기간은 예고할 때 정하되, 특별한 사정이 없으면 20일 이상으로 한다.

심화문제

13 **처분의 이유제시에 대한 설명으로 옳지 않은 것은?**

① 세무서장이 주류도매업자에 대하여 일반주류도매업면허 취소 통지를 하면서 그 위반 사실을 구체적으로 특정하지 아니한 것은 위법하다는 것이 판례이다.

② 단순·반복적인 처분 또는 경미한 처분으로서 당사자가 그 이유를 명백히 알 수 있는 경우에는 이유제시 의무가 면제된다.

③ 신청내용을 모두 그대로 인정하는 처분인 경우 이유제시 의무가 면제되지만, 처분 후 당사자가 요청하는 경우에는 그 근거와 이유를 제시하여야 한다.

④ 이유제시의 하자는 행정쟁송을 제기하기 전에 한해 치유가 가능하다고 보는 것이 판례이다.

⑤ 판례에 의하면 이유제시의 정도는 당사자가 처분사유를 이해할 수 있을 정도로 구체적이면 충분하므로, 인·허가 등을 거부하는 처분을 함에 있어 당사자가 그 근거를 알 수 있을 정도로 상당한 이유를 제시한 경우에는 해당 처분의 근거 및 이유의 구체적 조항 및 내용까지 명시할 필요가 없다.

10 ① 거부처분은 특별한 사정이 없는 한 사전통지의 대상이 아니다.
② 행정청은 침해적 행정처분을 할 경우 사전통지를 하여야 한다. 단, 사전통지를 생략할 수 있는 경우도 인정된다. 즉, 침익적 처분을 하는 경우 행정청은 원칙적으로 사전통지를 하여야 하는 것이지 반드시 사전통지를 하여야 하는 것은 아니다.
④ 행정청이 침익적 영향을 받는 제3자에 대해 사전통지를 해 줄 수도 있다. 그러나 「행정절차법」이 침익적 영향을 받는 제3자에 대해 사전통지를 하도록 규정하고 있지는 않다.
⑤ 수익적 처분은 사전통지의 대상이 아니고 침익적 처분이 사전통지의 대상이 된다.

11 ① 인허가등의 취소, 신분·자격의 박탈, 법인이나 조합 등의 설립허가의 취소처분을 하는 경우에는 당사자등의 신청이 없더라도 청문을 한다(「행정절차법」 제22조 제1항 3호).

12 ⑤ 입법예고기간은 예고할 때 정하되, 특별한 사정이 없으면 40일(자치법규는 20일) 이상으로 한다.
②·③·④ 「행정절차법」 제41조, 제42조에 규정된 예고방법에 관한 내용이다.

13 ③·② 이유제시는 예외적으로 ⅰ) 당사자가 신청한 내용을 모두 그대로 인정하는 처분, ⅱ) 단순·반복적인 처분 또는 경미한 처분으로서 당사자가 그 이유를 명백히 알 수 있는 경우, ⅲ) 긴급히 처분을 할 필요가 있는 경우 생략할 수 있다. 다만 이러한 경우에도 ⅱ), ⅲ)의 경우 처분 후 당사자가 이유제시를 요청할 때에는 그 이유를 제시하여야 한다(「행정절차법」 제23조). ⅰ)의 경우는 적용되지 않는다.
① 이유제시의 하자를 위반한 것으로 위법이다.
④ 하자의 치유는 늦어도 쟁송제기 이전에 이루어져야 한다는 것이 판례이며 쟁송 중에는 이유제시의 하자치유를 인정하지 않는다.

Answer
10. ③   11. ①   12. ⑤   13. ③

14 「행정절차법」의 내용으로 옳지 않은 것은?

① 행정청이 신청내용을 모두 그대로 인정하는 경우 또는 처분이 긴급을 요하는 경우에는 당사자에게 그 처분의 근거와 이유를 제시하지 않아도 된다.

② 행정청은 청문을 실시하고자 하는 경우에 청문이 시작되는 날부터 14일 전까지 당사자 등에게 통지를 하여야 한다.

③ 당사자 등에는 행정청이 직권 또는 신청에 의하여 행정절차에 참여하게 한 이해관계인도 포함된다.

④ 일반공청회가 행정청이 책임질 수 없는 사유로 개최되지 못하거나 개최는 되었으나 정상적으로 진행되지 못하고 무산된 횟수가 3회 이상인 경우 온라인공청회를 단독으로 개최할 수 있다.

⑤ 외국에 거주 또는 체류하는 자에 대한 기간 및 기한은 행정청이 그 우편이나 통신에 소요되는 일수를 감안하여 정하여야 한다.

15 다음 중 「행정절차법」에 따른 의견제출제도에 관한 설명으로 옳지 않은 것은?

① 의견제출절차는 당사자의 절차적 권리로서 보호된다.

② 행정청이 상대방에게 의무부과처분을 하는 경우에 청문 등을 실시하지 않는 경우에는 의견제출의 기회를 주어야 한다.

③ 판례는 법령상 확정된 의무부과의 경우에도 의견제출의 기회를 주어야 한다고 본다.

④ 당사자는 구술로도 의견제출을 할 수 있다.

⑤ 행정청은 당사자가 제출한 의견에 반드시 따라야 하는 것은 아니다.

16 다음 「행정절차법」상의 의견청취에 관한 설명으로 타당하지 않은 것은?

① 행정청이 당사자에게 의무를 부과하거나 권익을 제한하는 처분을 할 때 청문 또는 공청회를 거친 경우에는 당사자등에게 의견제출의 기회를 주어야 한다.

② 「행정절차법」은 행정청이 처분을 할 때 다른 법령 등에서 공청회를 개최하도록 규정하고 있는 경우와 해당 처분의 영향이 광범위하여 널리 의견을 수렴할 필요가 있다고 행정청이 인정하는 경우 및 국민생활에 큰 영향을 미치는 처분으로서 대통령령으로 정하는 처분에 대하여 대통령령으로 정하는 수 이상의 당사자 등이 공청회 개최를 요구하는 경우 공청회를 개최하도록 규정하고 있다.

③ 행정청이 당사자에게 의무를 부과하거나 권익을 제한하는 처분을 할 때 청문이나 공청회를 실시·개최하는 경우 외에는 당사자 등에게 의견제출의 기회를 주어야 한다.

④ 행정청이 사전통지를 생략할 수 있는 경우에는 의견청취도 생략할 수 있다.

⑤ 의견청취를 결한 행정처분은 절차상의 하자 있는 위법한 처분이다.

---

14 ② 행정청은 청문을 실시하고자 하는 경우에 청문이 시작되는 날부터 10일 전까지 청문의 사항을 당사자 등에게 통지하여야 한다(「행정절차법」 제21조 제2항).
③ 「행정절차법」상 당사자로서 이해관계인은 모든 이해관계인이 아닌 행정절차에 참여하게 한 이해관계인 만을 뜻한다.

15 ③ 관련 법령에 따라 당연히 의무의 내용이 확정되는 경우에는 의견진술의 기회를 주지 아니하여도 「행정절차법」에 위반되는 것이 아니라는 것이 판례이다.
⑤ 행정청은 처분을 함에 있어서 당사자 등이 제출한 의견이 상당한 이유가 있다고 인정하는 경우에는 이를 반영하여야 한다(「행정절차법」 제27조의 2). 상당한 이유가 있다고 인정되는 경우에 따르는 것이므로 반드시 따라야 하는 것은 아니다.

16 ① 행정청이 당사자에게 의무를 부과하거나 권익을 제한하는 처분을 할 때 청문 또는 공청회를 거친 경우 외에는 당사자등에게 의견제출의 기회를 주어야 한다(「행정절차법」 제22조 제3항).

Answer   14. ②   15. ③   16. ①

17 「행정절차법」상 행정절차에 대한 서술이다. 타당하지 않은 것은? (다툼이 있으면 판례에 의함)

① 감사원이 감사위원회의의 결정을 거쳐 행하는 사항에 대해서는 「행정절차법」이 원칙적으로 적용되지 않는다.

② 공정거래위원회의 시정조치 및 과징금납부명령에 「행정절차법」 소정의 의견청취절차 생략사유가 존재하는 경우라 하여, 공정거래위원회가 「행정절차법」을 적용하여 의견청취절차를 생략할 수 있는 것은 아니다.

③ 귀화는 성질상 행정절차를 거치기 곤란하거나 거칠 필요가 없다고 인정되어 처분의 이유제시 등을 규정한 「행정절차법」이 적용되지 않는다.

④ 육군3사관학교의 사관생도에 대한 퇴학처분에는 「행정절차법」이 적용된다.

⑤ 외국인의 출입국에 관한 사항은 「행정절차법」이 적용되지 않으므로, 미국국적을 가진 교민에 대한 사증거부처분에 대해서도 처분의 방식에 관한 「행정절차법」 제24조는 적용되지 않는다.

18 「행정절차법」에 관한 설명으로 옳은 것은?(다툼이 있는 경우 판례에 의함)

① 「행정절차법」에는 행정처분절차, 행정입법절차, 행정예고절차 등에 관하여 상세한 규정을 두고 있으나, 행정지도절차에 관한 규정은 없다.

② 상대방이 의견제출을 아니할 의사를 분명히 밝힌 경우에는 의견진술의 기회를 생략할 수 있다.

③ 공무원연금관리공단의 퇴직연금의 환수결정에 앞서 당사자에게 의견진술의 기회를 주지 않는 경우 「행정절차법」이나 신의칙에 어긋나는 위법한 처분이다.

④ 행정청은 공청회의 발표자를 관련 전문가 중에서 우선적으로 지명 또는 위촉하여야 하며, 적절한 발표자를 선정하지 못하거나 필요한 경우에만 발표를 신청한 자 중에서 지명할 수 있다.

⑤ 행정청이 처분을 하는 때에 신청내용을 모두 그대로 인정하는 행정처분인 경우에도 행정청은 그 근거와 이유를 제시하여야 한다.

19 행정법상 사전통지에 관한 설명으로 옳은 것은? (다툼이 있는 경우에는 판례에 의함)

① 사전통지의무가 면제되는 경우에도 의견청취의무가 면제되는 것은 아니다.

② 「군인사법령」에 의하여 진급예정자명단에 포함된 자에 대하여 사전통지를 하지 아니하거나 의견제출의 기회를 부여하지 아니한 채 진급선발을 취소하였다고 하여 그것만으로 위법하다고 할 수는 없다.

③ 「건축법」의 공사중지명령에 대한 사전통지를 하고 의견제출의 기회를 준다면 많은 액수의 손실보상금을 기대하여 공사를 강행할 우려가 있다는 사정은 사전통지 및 의견제출절차의 예외사유에 해당하지 아니한다.

④ 행정청은 당사자 등에게 의무를 면제하거나 권익을 부여하는 처분을 하는 경우에도 사전통지의무를 진다.

⑤ 수익적 처분의 신청에 대한 거부처분도 사전통지의 대상이 되는 불이익처분으로 볼 수 있다는 것이 판례이다.

---

17 ⑤ 사증발급 신청에 대한 거부처분이 성질상 「행정절차법」에서 정한 '처분서 작성·교부'를 할 필요가 없거나 곤란하다고 일률적으로 단정하기 어렵다(대판 2019.7.11. 2017두38874). 미국국적의 교민의 경우 대한민국에 여러 이해관계를 가지고 있으므로 이들에 대한 사증발급 신청을 거부하는 경우에는 「행정절차법」상 처분서를 작성·교부하여야 한다.

18 ② 「행정절차법」 제22조 제4항
① 행정지도에 관한 명문의 규정이 있다.
③ 퇴직연금의 환수결정은 당사자에게 의무를 과하는 처분이기는 하나, 관련 법령에 따라 당연히 환수금액이 정하여지는 것이므로, 퇴직연금의 환수결정에 앞서 당사자에게 의견진술의 기회를 주지 아니하여도 「행정절차법」 제22조 제3항이나 신의칙에 어긋나지 아니한다(대판 2000.11.28. 99두5443).
④ 공청회의 발표자는 발표를 신청한 자 중에서 행정청이 선정한다. 다만 발표신청자가 없거나 공청회의 공정성 확보를 위하여 필요하다고 인정하는 경우 관련 전문가 등을 지명 또는 위촉할 수 있다(「행정절차법」 제38조의 3 제2항).
⑤ 이유제시의 생략사유이다.

19 ③ 의견제출의 기회를 준다면 많은 액수의 손실보상금을 기대하여 공사를 강행할 우려가 있다는 사정만으로는 의견제출이 생략되는 현저히 곤란한 사유에 해당하지 않는다는 것이 판례이다.
① 사전통지의 생략사유는 의견청취(청문)의 생략사유와 공통된다.
② 「군인사법령」에 의하여 진급예정자명단에 포함된 자에 대한 진급선발을 취소하는 처분이 성질상 행정절차를 거치기 곤란하거나 불필요하다고 인정되는 사항이 아니라는 이유로 의견제출의 기회를 주어야 한다는 것이 판례이다.
④ 의견청취는 직권에 의한 불이익처분에만 인정되는 절차이다.
⑤ 신청에 대한 거부는 직접 당사자의 권익을 제한하는 것은 아니어서 신청에 대한 거부처분은 「행정절차법」상 사전통지의 대상이 아니라는 것이 판례이다.

Answer / 17. ⑤ 18. ② 19. ③

20 甲은 경찰의 음주단속에서 음주측정을 거부하였다. 「도로교통법」은 주취 중 운전의 경우 운전면허를 취소하거나 1년 이내의 범위에서 운전면허의 효력을 정지시킬 수 있다고 규정하면서 경찰공무원의 측정에 응하지 아니한 때에는 운전면허를 취소하여야 한다고 규정하고 있다. 이에 경찰청장은 甲의 운전면허를 취소하였다. 이 사례에 관한 설명으로 옳지 않은 것은?

① 「행정절차법」은 청문과 관련하여 다른 법령 등에서 청문을 실시하도록 규정하고 있는 경우 또는 행정청이 필요하다고 인정하는 경우에는 청문을 실시하도록 규정하고 있는데, 「도로교통법」에는 면허취소에 대한 별도의 청문 규정이 없지만 이 경우에도 甲에게 의견제출의 기회는 주어야 한다.

② 「행정절차법」상 의견제출과 청문의 경우 당사자에게 행정청에 대하여 당해 사안의 조사결과에 관한 문서 기타 당해 처분과 관련되는 문서의 열람 또는 복사를 요청할 수 있는 권리가 인정된다.

③ 대법원은 청문절차의 하자치유를 인정한 예가 있다.

④ 만약 경찰청장의 면허취소가 다른 적법요건은 모두 구비하였으나 다만 절차상의 하자만 있을 뿐이라면, 이러한 절차상의 하자만을 이유로 처분이 취소될 수는 없다고 하는 것이 일반적인 견해이다.

⑤ 청문절차상의 하자를 이유로 운전면허취소를 취소한 판결에 대해 청문을 거친 후 재차 운전면허취소처분을 반복할 수 있다.

---

20 ④ 「행정절차법」상 절차의 위법이 있는 경우 이는 독립된 위법사유가 된다. 다만 그 효력에 대해서 무효설과 취소설의 대립이 있다. 판례는 주로 취소사유로 본다.
① 「행정절차법」상 의견제출절차는 청문이나 공청회가 실시되지 않는 경우 실시하는 의견청취절차이다.
② 당사자등은 의견제출의 경우에는 처분의 사전 통지가 있는 날부터 의견제출기한까지, 청문의 경우에는 청문의 통지가 있는 날부터 청문이 끝날 때까지 행정청에 해당 사안의 조사결과에 관한 문서와 그 밖에 해당 처분과 관련되는 문서의 열람 또는 복사를 요청할 수 있다(「행정절차법」 제37조 제1항).
③ 판례는 청문서 도달기간을 다소 어겼다 하더라도 영업자가 스스로 청문일에 출석하여 의견진술의 기회를 가진 경우 청문서 도달기간을 준수하지 않은 하자는 치유된다고 하였다.
⑤ 절차를 보완한 처분이므로 기속력에 반하지 않는다.

Answer／ 20. ④

제2절 │ 정보제도

기본문제

01 「공공기관의 정보공개에 관한 법률」에 따른 행정정보 공개에 관한 설명으로 옳지 않은 것은?

① 판례는 정보공개청구권의 「헌법」상 근거조항을 표현의 자유에서 찾고 있다.

② 판례는 청구인이 공공기관에 대하여 정보공개를 청구하였다가 거부처분을 받은 것 자체가 법률상 이익의 침해에 해당한다고 보았다.

③ 판례는 시민단체 등에 의한 행정감시 목적의 정보공개청구도 가능하다고 보았다.

④ 국내에 학술 또는 연구 목적으로 일시 체류하는 외국인도 정보공개청구권을 가진다.

⑤ 정보공개를 청구한 날부터 20일 이내에 공공기관이 공개 여부를 결정하지 아니한 때에는 비공개의 결정이 있는 것으로 본다.

02 「공공기관의 정보공개에 관한 법률」에 관한 설명으로 옳은 것은? (다툼이 있으면 판례에 따름)

① 국내에 학술·연구를 위하여 일시적으로 체류하는 외국인은 정보공개를 청구할 권리가 없다.

② 공개 청구한 정보가 비공개대상인 부분과 공개 가능한 부분이 혼합되어 있는 경우 부분공개는 할 수 없다.

③ 사립대학교는 정보공개의무를 지는 공공기관에 해당하지 않는다.

④ 정보공개를 요구받은 공공기관이 공개를 거부하는 경우에는 비공개사유에 해당하는지를 주장·입증하지 아니한 채 개괄적인 사유만을 들어 공개를 거부할 수 없다.

⑤ 청구인은 공공기관의 비공개 결정에 대하여 불복이 있는 경우 이의신청 절차를 거치지 아니하고는 행정심판을 청구할 수 없다.

---

01 ⑤ 이와 같은 규정은 2014년 「정보공개법」 개정으로 삭제되었다. 따라서 현재는 정보공개를 청구한 날부터 20일 이내에 공공기관이 공개 여부를 결정하지 아니한 때에는 비공개결정(공개거부처분)으로 보는 것이 아니라 부작위로 보고 이를 다투려면 부작위위법확인소송을 제기하여야 한다.

02 ① 국내에 학술·연구를 위하여 일시적으로 체류하는 외국인은 정보공개를 청구할 권리가 있다.
② 공개 청구한 정보가 비공개대상인 부분과 공개 가능한 부분이 혼합되어 있는 경우 부분공개를 하여야 한다.
③ 각급 학교(사립대학교 포함)는 정보공개법상의 공공기관에 해당한다.
⑤ 청구인은 공공기관의 비공개 결정에 대하여 불복이 있는 경우 이의신청 절차를 거치지 않고도 행정심판을 청구할 수 있다.

Answer 01. ⑤ 02. ④

03 「공공기관의 정보공개에 관한 법률」에 관한 다음의 내용 중 옳지 않은 것은? (다툼이 있는 경우 판례에 의함)

① '모든 국민은 정보의 공개를 청구할 권리를 가진다.'라고 동법은 규정하고 있는데, 여기에서 말하는 국민에는 자연인은 물론 법인, 권리능력 없는 사단·재단도 포함되고, 법인, 권리능력 없는 사단·재단 등의 경우에는 설립목적을 불문한다.

② 외국인도 법령이 정하고 있는 일정한 범위 내의 자인 경우 정보공개를 청구할 수 있다.

③ 공공기관은 정보공개의 청구가 있는 때에는 청구를 받은 날부터 10일 이내에 공개 여부를 결정해야 한다.

④ 사법시험 제2차 시험의 답안지 열람은 사법시험업무의 수행에 현저한 지장을 초래한다고 인정할 만한 정보에 해당하므로 동법에서 정한 비공개 대상 정보에 해당한다.

⑤ 청구인이 정보공개와 관련한 공공기관의 결정에 대하여 불복이 있는 때에는 이의신청, 행정심판 및 행정소송을 제기할 수 있다.

04 「공공기관의 정보공개에 관한 법률」의 내용으로 옳지 않은 것은? (다툼이 있는 경우 판례에 의함)

① 판례는 공공기관이 그 정보를 보유·관리하고 있지 않다 하더라도 특별한 사정이 없는 한 정보공개 거부처분의 취소를 구할 법률상의 이익을 인정한다.

② 정보공개를 청구한 날부터 20일 이내에 공공기관이 공개여부를 결정하지 않은 경우에는 30일 이내에 해당 공공기관에 이의신청을 할 수 있다.

③ 정보의 공개 및 우송 등에 소요되는 비용은 실비의 범위 안에서 청구인의 부담으로 한다.

④ 정보공개청구자가 선택한 공개방법에 따라 정보를 공개하여야 하므로 그 공개방법을 선택할 재량권이 정보공개기관에게는 없다는 것이 판례이다.

⑤ 치과의사 국가시험은 문제은행 출제방식이어서 시험문제의 공개로 발생될 결과와 시험업무에 대한 부작용 등을 감안하면, 위 시험문제지 등의 공개가 시험업무의 공정한 수행 등에 현저한 지장을 초래한다고 인정할 만한 상당한 이유가 있으므로 공개하지 않을 수 있다.

05 **공공기관의 정보공개에 대한 설명으로 가장 옳지 않은 것은?**

① 정보공개청구는 시민단체의 정보공개청구와 같이 개인적인 이해관계가 없는 공익을 위한 경우에도 인정된다.

② 공개를 거부한 정보에 비공개 대상 정보에 해당하는 부분과 공개가 가능한 부분이 혼합되어 있는 경우라면 법원은 정보공개 거부처분 전부를 취소해야 한다.

③ 공개 거부결정에 대하여 「공공기관의 정보공개에 관한 법률」상의 이의신청을 거치지 아니하고 직접 행정소송을 제기할 수 있다.

④ 판례에 의하면 공개 대상 정보는 공공기관이 직무상 작성 또는 취득하여 관리하고 있는 문서에 한정되는 것이기는 하나, 그 문서가 반드시 원본일 필요는 없다.

⑤ 외국인도 일정한 요건하에 정보공개를 청구할 수 있다.

---

03 ④ 일반적으로 문제은행 출제방식을 채택하고 있는 시험의 문제지와 정답지 등은 비공개 사유에 해당하나, 사법시험 2차 답안지 열람은 시험업무의 수행에 현저한 지장을 초래한다고 볼 수 없다는 이유로 공개 대상 정보로 봄이 판례이다.

04 ① 정보공개제도는 공공기관이 보유·관리하는 정보를 그 상태대로 공개하는 제도로서 그 정보를 더 이상 보유·관리하고 있지 아니한 경우에는 특별한 사정이 없는 한 정보공개 거부처분의 취소를 구할 법률상 이익이 없다는 것이 판례이다.

05 ② 공개청구한 정보가 비공개 대상 정보에 해당하는 부분과 공개가 가능한 부분이 혼합되어 있는 경우로서 공개청구의 취지에 어긋나지 아니하는 범위 안에서 두 부분을 분리할 수 있는 경우에는 비공개 대상 정보에 해당하는 부분을 제외하고 공개하여야 한다(「공공기관의 정보공개에 관한 법률」 제14조). 판례도 판결주문에 공개가 가능한 부분만을 취소한다고 표시하여야 한다는 입장이다.

Answer 03. ④ 04. ① 05. ②

06 「개인정보보호법」에 대한 설명으로 가장 적절하지 않은 것은?

① 개인정보란 살아 있는 개인, 사자(死者) 및 법인에 관한 정보로서 성명, 주민등록번호 및 영상 등을 통하여 개인, 사자 및 법인을 알아볼 수 있는 정보(해당 정보만으로는 특정인을 알아볼 수 없더라도 다른 정보와 쉽게 결합하여 특정인을 알아볼 수 있는 것을 포함)를 말한다.

② 개인정보 처리자란 업무를 목적으로 개인정보파일을 운용하기 위하여 스스로 또는 다른 사람을 통하여 개인정보를 처리하는 공공기관, 법인, 단체 및 개인 등을 말한다.

③ 개인정보 보호에 관한 사항을 심의·의결하기 위하여 국무총리 소속으로 개인정보 보호위원회를 둔다.

④ 개인정보 처리자는 개인정보 처리방침 등 개인정보의 처리에 관한 사항을 공개하여야 하며, 열람청구권 등 정보주체의 권리를 보장하여야 한다.

⑤ 영상정보처리기기 운영자는 영상정보처리기기의 설치 목적과 다른 목적으로 영상정보처리기기를 임의로 조작하거나 다른 곳을 비춰서는 아니 되며, 녹음기능은 사용할 수 없다.

심화문제

07 대법원 판례에 의할 때 비공개 대상 정보에 해당하지 않는 것은?

① 교육공무원에 대한 근무성적평정의 결과

② 재개발사업에 관한 자료

③ 「보안관찰법」상 보안관찰 관련 통계자료

④ 문제은행 출제방식을 채택하고 있는 치과의사 국가시험의 문제지와 정답지

⑤ 국가정보원이 그 직원에게 지급하는 현금급여 및 월초수당

08 다음 중 판례상 비공개 대상 정보로 옳은 것은?

① 진행 중인 재판에 관련된 일체의 소송기록

② 사면대상자들의 사면실시 건의서와 그와 관련된 국무회의 안건자료

③ 학교폭력대책자치위원회 회의록

④ 한국방송공사의 수시집행 접대성 경비의 건별 집행서 내역

⑤ 대한주택공사의 아파트 분양원가 산출내역

06 ① '개인정보'란 살아 있는 개인에 관한 정보로서 성명, 주민등록번호 및 영상 등을 통하여 개인을 알아볼 수 있는 정보(해당 정보만으로는 특정 개인을 알아볼 수 없더라도 다른 정보와 쉽게 결합하여 알아볼 수 있는 것을 포함)를 말한다(「개인정보보호법」 제2조). 따라서 사자(死者) 및 법인에 관한 정보는 이 법의 보호 대상이 아니다.
② 「개인정보보호법」 제2조
③ 「개인정보보호법」 제7조 제1항
④ 「개인정보보호법」 제3조 제5항
⑤ 「개인정보보호법」 제25조 제5항

07 ① 판례는 교육공무원 승진규정은 「공공기관의 정보공개에 관한 법률」 제9조 제1항 제1호에서 말하는 법률이 위임한 명령에 해당하지 아니하므로 위 규정을 근거로 정보공개 청구를 거부하는 것은 잘못이라고 하였다.

08 ③ 학교폭력대책자치위원회에서의 자유롭고 활발한 심의·의결이 보장되기 위해서는 위원회가 종료된 후라도 심의·의결 과정에서 개개 위원들이 발언한 내용이 외부에 공개되지 않는다는 것이 철저히 보장되어야 한다는 점을 근거로 비공개사유에 해당한다는 것이 판례이다.
① 진행 중인 재판에 관련된 일체의 소송기록이 아닌, 공개될 경우 그 직무수행을 현저히 곤란하게 하거나 형사피고인의 공정한 재판을 받을 권리를 침해한다고 인정할 만한 상당한 이유가 있는 정보가 비공개사유이다(「공공기관의 정보공개에 관한 법률」 제9조 제1항 4호).

Answer   06. ①   07. ①   08. ③

09 공공기관이 보유·관리하는 정보는 공개하는 것이 원칙이나, 다른 법률 또는 법률이 위임한 명령에 의하여 비밀 또는 비공개 사항으로 규정된 정보는 공개하지 아니할 수 있다. 이에 관한 판례의 입장으로 옳은 것은?

① 여기서의 법률이 위임한 명령이란 법률의 위임에 의하여 제정된 대통령령, 총리령, 부령 전부를 의미하는 것이 아니라 정보의 공개에 관하여 법률의 구체적 위임에 의하여 제정된 법규명령을 의미한다.

② 「교육공무원법」의 위임에 따라 제정된 교육공무원 승진규정은 정보공개에 관한 사항에 관하여 구체적인 법률의 위임에 의하여 제정된 법규명령이라고 할 수 있다.

③ 교육공무원 승진규정이 근무성적평정결과를 공개하지 아니한다고 규정하고 있는 경우 동 규정을 근거로 정보공개 청구를 거부할 수 있다.

④ 감사원장의 감사 결과가 군사 2급비밀에 해당한다고 하여 「공공기관의 정보공개에 관한 법률」 제9조 제1항 제1호에 의하여 공개하지 아니할 수는 없다.

⑤ 법인이 거래하는 금융기관의 계좌번호에 관한 정보는 공개될 경우 법인 등의 정당한 이익을 현저히 해할 우려가 있는 정보에 해당하지 않는다.

10 정보공개에 대한 판례의 입장으로 옳지 않은 것은?

① 알 권리에서 파생되는 정보의 공개의무는 특별한 사정이 없는 한, 특정의 정보에 대한 공개청구가 있는 경우에 비로소 존재한다.

② 오로지 상대방을 괴롭힐 목적으로 정보공개를 구하고 있다는 등의 특별한 사정이 없는 한 정보공개 청구는 권리남용에 해당하지 아니한다.

③ 사립대학교가 국비의 지원을 받는 범위에서만 공공기관의 성격을 가지는 것은 아니다.

④ 한국방송공사(KBS)는 「공공기관의 정보공개에 관한 법률」에 따라 정보공개 의무가 있는 공공기관에 해당하는 반면, 한국증권업협회는 그에 해당하지 아니한다.

⑤ 권리능력 없는 사단·재단은 정보공개청구권을 갖는 국민에 포함되지 아니한다.

11 「공공기관의 정보공개에 관한 법률」상 정보공개에 관한 설명으로 옳지 않은 것은?

① 정보공개의 청구를 받은 날부터 10일 이내에 공개 여부를 결정하여야 하며, 부득이한 사유가 있을 때에는 10일의 범위에서 공개 여부 결정 기간을 연장할 수 있다.

② 정보공개 청구인이 공공기관에 대해 정보공개를 청구하였다가 거부처분을 받은 경우 취소소송을 제기할 원고적격이 인정된다.

③ 공공기관은 공개청구된 공개 대상 정보의 전부 또는 일부가 제3자와 관련이 있다고 인정되는 때에는 그 사실을 제3자에게 지체 없이 통지하여야 한다.

④ 공개청구된 사실을 통지받은 제3자가 해당 공공기관에 공개하지 아니할 것을 요청하는 때에는 공공기관은 비공개결정을 하여야 한다.

⑤ 청구인의 이의신청은 비공개결정일로부터 30일 내이나, 제3자가 이의신청할 시에는 결정일로부터 7일 이내에 제기하여야 한다.

---

09 ① 「공공기관의 정보공개에 관한 법률」상의 다른 법률 또는 법률이 위임한 명령에 의해 비밀 또는 비공개사항으로 규정된 정보에서 법률이 위임한 명령이란 법률의 구체적인 위임 아래 제정된 모든 법규명령을 의미하는 것이 아니라 정보의 공개에 관하여 법률의 구체적인 위임 아래 제정된 법규명령을 의미한다. 교육공무원의 근무성적 평정을 비공개로 규정한 교육공무원 승진규정은 여기서 말하는 법률이 위임한 명령에 해당하지 않기 때문에 위 규정을 근거로 정보공개청구를 거부하는 것은 잘못이라는 것이 판례이다.

10 ⑤ 정보공개청구권자는 모든 국민이므로 권리능력 없는 사단·재단도 포함된다.
① 공공기관의 정보공개의무는 정보공개 청구가 있는 경우에 발생하는 것이고, 정보공개 청구가 없는 경우에는 공개의무가 없다.
④ 한국증권업협회는 그 업무가 국가기관 등에 준할 정도로 공동체 전체의 이익에 중요한 역할이나 기능에 해당하는 공공성을 갖는다고 볼 수 없는 점 등에 비추어, 「공공기관의 정보공개에 관한 법률 시행령」 제2조 제4호의 '특별법에 의하여 설립된 특수법인'에 해당한다고 보기 어렵다는 것이 판례이다.

11 ④ 제3자의 비공개 요청은 「공공기관의 정보공개에 관한 법률」상 비공개 사유에 해당하지 않는다.
② 정보공개청구에 대한 거부 자체가 법률상 이익의 침해에 해당하므로 원고적격이 인정된다.

Answer
09. ①   10. ⑤   11. ④

12 정보공개에 관한 설명 중 옳지 않은 것은?

① 판례에 의하면 청구인이 공공기관에 대하여 정보공개를 청구하였다가 거부처분을 받았다면 그 자체가 법률상 이익의 침해에 해당하여 원고적격이 있다고 본다.

② 정보공개 거부처분 후 대상정보의 폐기 등으로 공공기관이 그 정보를 보유·관리하지 않게 된 경우에는 특별한 사정이 없는 한 소의 이익이 없으므로 각하사유에 해당된다.

③ 법원은 청구대상정보의 일부가 특정되지 않은 경우 공공기관이 보유·관리하고 있는 공개청구정보를 제출하도록 하여 이를 비공개로 열람·심사하는 등의 방법으로 공개청구정보의 내용과 범위를 특정시킬 수 있다.

④ 대통령의 사면권 행사는 고도의 정치적 행위이므로 그 정보의 공개가 사면권 자체를 부정하게 될 위험이 있고 해당 정보의 당사자들의 사생활의 비밀도 침해할 우려가 있기 때문에 「공공기관의 정보공개에 관한 법률」상의 비공개사유에 해당된다.

⑤ 전자적 형태로 보유·관리하지 않는 정보는 정상적인 업무수행에 현저한 지장을 초래하거나 당해 정보의 성질상 훼손될 우려가 없는 한 그 정보를 전자적 형태로 변환하여 공개할 수 있다.

13 다음 사안에 대한 설명으로 옳지 않은 것은?

> 환경부는 전국에 유통 중인 생수 79개 제품을 분석한 결과 8.9%에 해당하는 7개 제품에서 국제기준치를 초과하는 발암우려물질(브롬산염)이 검출되었다고 발표했다. 그러나 환경부는 명예훼손 등을 이유로 제조사 丙 등의 명단은 발표하지 않았다. 이에 대하여 甲은 환경부 장관 乙에게 제조사 명단과 제조사 명단 비공개 결정과정의 회의록 등에 대한 정보공개를 청구하였다. 甲의 정보공개청구에 대하여 환경부장관 乙은 명단의 공개가 「공공기관의 정보공개에 관한 법률」 제9조 제1항 제7호의 '법인·단체 또는 개인의 경영·영업상 비밀에 관한 사항으로서 공개될 경우 법인 등의 정당한 이익을 현저히 해할 우려가 있다고 인정되는 정보'에 해당하며, 문제가 된 제품이 100% 회수되었다는 이유로 공개를 거부하였다.

① 甲은 乙의 거부처분에 대하여 「공공기관의 정보공개에 관한 법률」상의 이의신청, 「행정심판법」에 의한 행정심판, 「행정소송법」에 의한 행정소송을 제기할 수 있다.

② 甲의 의무이행소송 제기 가능성과 관련하여 대법원은 의무이행소송을 「행정소송법」상 허용되지 않는 부적합한 소송으로 보고 있다.

③ 乙은 甲에 의해 공개 청구된 대상정보와 관련 있는 제3자인 丙에게 그 사실을 지체 없이 통지하여야 하며, 필요한 경우에는 의견청취를 할 수 있다.

④ 「공공기관의 정보공개에 관한 법률」은 제3자인 丙의 권리구제수단에 대해서는 별도의 규정을 두고 있지 않다.

⑤ 甲이 취소소송을 제기하는 경우 반드시 사전에 행정심판을 거칠 필요는 없다.

14 판례에 의할 때 「공공기관의 정보공개에 관한 법률」에 관한 설명으로 옳은 것을 모두 고른 것은?

> ㉠ 학교폭력 대책자치위원회의 회의록은 '공개될 경우 업무의 공정한 수행에 현저한 지장을 초래한다고 인정할 만한 상당한 이유가 있는 정보'에 해당한다.
> ㉡ 의사결정과정에 제공된 회의관련자료나 의사결정과정이 기록된 회의록은 의사가 결정되거나 의사가 집행된 경우에는 더 이상 의사결정과정에 있는 사항 그 자체라고는 할 수 없으나, 의사결정과정에 있는 사항에 준하는 사항으로서 비공개대상정보에 포함될 수 있다.
> ㉢ '진행 중인 재판에 관련된 정보'에 해당한다는 사유로 정보공개를 거부하기 위하여는 반드시 그 정보가 진행 중인 재판의 소송기록 자체에 포함되어야 한다.

① ㉠   ② ㉡   ③ ㉠, ㉡
④ ㉡, ㉢   ⑤ ㉠, ㉡, ㉢

---

12 ④ 사면대상자들의 사면실시 건의서와 그와 관련된 국무회의 안건자료에 관한 정보는 비공개사유에 해당하지 않는다는 것이 판례이다.
⑤ 처음부터 전자적 형태로 보유한 경우에는 전자적 형태로 공개하여야 하나 전자적 형태로 보유·관리하지 않는 정보는 전자적 형태로 변환하여 공개할 수 있다.

13 ④ 제3자는 자신과 관련있는 정보의 비공개를 요청할 수 있고 거부된 경우 이의신청, 행정심판, 행정소송을 제기할 수 있다.
① 정보공개 거부에 「공공기관의 정보공개에 관한 법률」상의 이의신청, 「행정심판법」에 의한 행정심판, 「행정소송법」에 의한 행정소송이 인정되고 있다.
② 대법원은 의무이행소송을 인정하지 않는다.
③ 공개 대상 정보의 전부 또는 일부가 제3자와 관련이 있다고 인정되는 때에는 공개청구된 사실을 제3자에게 지체 없이 통지하여야 하며, 필요한 경우에는 그의 의견을 청취할 수 있다(「공공기관의 정보공개에 관한 법률」 제11조 제3항).
⑤ 정보공개에 관한 취소소송은 임의적 전치주의가 적용된다.

14 ㉠ [○] 〈판례〉학교폭력대책자치위원회의 회의록은 공공기관의 정보공개에 관한 법률 제9조 제1항 제1호의 '다른 법률 또는 법률이 위임한 명령에 의하여 비밀 또는 비공개 사항으로 규정된 정보'에 해당하는 것으로 비공개대상정보에 해당한다(대판 2010.6.10. 2010두2913).
㉡ [○] 〈판례〉의사결정과정에 제공된 회의관련자료나 의사결정과정이 기록된 회의록 등은 의사가 결정되거나 의사가 집행된 경우에는 더 이상 의사결정과정에 있는 사항 그 자체라고는 할 수 없으나, 의사결정과정에 있는 사항에 준하는 사항으로서 비공개대상정보에 포함될 수 있다(대판 2003.8.22. 2002두12946).
㉢ [×] 〈판례〉법원 이외의 공공기관이 정보공개법 제9조 제1항 제4호에서 정한 '진행 중인 재판에 관련된 정보'에 해당한다는 사유로 정보공개를 거부하기 위하여는 반드시 그 정보가 진행 중인 재판의 소송기록 자체에 포함된 내용일 필요는 없다. 그러나 재판에 관련된 일체의 정보가 그에 해당하는 것은 아니고 진행 중인 재판의 심리 또는 재판결과에 구체적으로 영향을 미칠 위험이 있는 정보에 한정된다고 보는 것이 타당하다(대판 2011.11.24. 2009두19021).

15 「개인정보보호법」에 대한 내용으로 옳지 않은 것은? (다툼이 있는 경우 판례에 의함)

① 개인정보 자기결정권의 보호대상이 되는 개인정보는 반드시 개인의 내밀한 영역이나 사사(私事)의 영역에 속하는 정보에 국한되지 않고 공적 생활에서 형성되었거나 이미 공개된 개인정보까지 포함한다.

② 「개인정보보호법」은 공공기관에 의해 처리되는 정보뿐만 아니라 민간에 의해 처리되는 정보까지 보호대상으로 하고 있다.

③ 개인정보에 관한 분쟁의 조정을 위하여 위원장 1명을 포함한 20명 이내의 위원으로 구성된 개인정보 보호 심의위원회를 두고 있다.

④ 정보주체는 자신의 개인정보 처리와 관련하여 개인정보의 처리 정지, 정정·삭제 및 파기를 요구할 권리를 가진다.

⑤ 개인정보 처리자는 정보주체가 인터넷 홈페이지를 통하여 회원으로 가입할 경우 주민등록번호를 사용하지 아니하고도 회원으로 가입할 수 있는 방법을 제공하여야 한다.

16 다음 중 「개인정보보호법」상 개인정보 처리자가 보유목적 외의 목적으로 처리정보를 이용하거나 다른 기관에 제공할 수 있는 경우에 해당되지 않는 것은?

① 정보주체의 동의가 있거나 정보주체에게 제공하는 경우

② 행정심판위원회의 심판업무수행을 위하여 필요한 경우

③ 통계작성 및 학술연구 등의 목적을 위하여 필요한 경우

④ 조약 기타 국제협정의 이행을 위하여 외국정부 또는 국제기구에 제공하는 경우

⑤ 범죄의 수사와 공소제기 및 유지를 위하여 필요한 경우

17 현행 「개인정보보호법」상의 단체소송의 내용으로 틀린 것은?

① 「개인정보보호법」상 단체소송을 제기하기 위해서는 집단분쟁조정절차를 거쳐야 한다.

② 공정거래위원회에 등록한 소비자단체는 단체의 정회원 수가 1천 명 이상일 것을 요한다.

③ 단체소송의 원고는 변호사를 소송대리인으로 선임하여야 한다.

④ 단체소송에 대해 특별한 규정이 없는 경우 「민사소송법」을 적용한다.

⑤ 원고청구를 기각하는 확정판결의 경우에는 기각판결이 원고의 고의로 인한 것임이 밝혀진 경우에도 다른 단체는 단체소송을 제기할 수 없다.

18 다음은 「개인정보보호법」에 관한 서술이다. 타당한 것은?

> ㉠ 공공기관뿐만 아니라 비영리단체 등 업무상 개인정보파일을 운용하기 위하여 개인정
> 보를 처리하는 자는 모두 「개인정보보호법」의 적용을 받는다.
> ㉡ 주민등록번호는 원칙적으로 처리할 수 없지만 정보주체의 별도의 동의가 있는 경우
> 처리할 수 있다.
> ㉢ 「개인정보보호법」상의 단체소송은 분쟁조정전치주의를 채택하고 있다.
> ㉣ 「개인정보보호법」상의 단체소송의 대상은 권리침해행위의 중단·정지 청구와 손해
> 배상청구이다.
> ㉤ 개인정보 처리자로부터 권리 또는 이익을 침해받은 자는 행정안전부장관에 그 침해
> 사실을 신고할 수 있다.

① ㉠, ㉢   ② ㉢, ㉤

③ ㉡, ㉣   ④ ㉢, ㉣

⑤ ㉠, ㉤

---

15 ③ 개인정보에 관한 분쟁의 조정(調停)을 위하여 개인정보 분쟁조정위원회(이하 '분쟁조정위원회'라 한다)를
둔다. 분쟁조정위원회는 위원장 1명을 포함한 20명 이내의 위원으로 구성하며, 그중 1명은 상임위원으로 한다
(「개인정보보호법」 제40조 제1항·제2항).

16 ② 법원의 재판업무수행을 위하여 필요한 경우는 해당하지만, 행정심판위원회의 심판업무수행을 위하여 필요
한 경우는 해당하지 않는다.

17 ⑤ 원고청구를 기각하는 판결이 확정된 경우에는 다른 단체는 단체소송을 제기할 수 없지만, ⅰ) 판결이 확정된
후 그 사안과 관련하여 국가·지방자치단체 또는 국가·지방자치단체가 설립한 기관에 의하여 새로운 증거가
나타난 경우, ⅱ) 기각판결이 원고의 고의로 인한 것임이 밝혀진 경우에는 예외가 인정된다.

18 ㉡ [×] 주민등록번호는 개인정보보호법상 처리사유가 아닌 한 정보주체의 별도의 동의가 있더라도 이를 처리
할 수 없다(「개인정보보호법」 제24조의2 제1항).
㉣ [×] 「개인정보보호법」상 단체소송의 대상은 권리침해행위의 중단·정지 청구만이다. 손해배상청구는 단체
소송의 대상이 되지 못한다.
㉤ [×] 행정안전부장관이 아니라 개인정보보호위원회에 신고할 수 있다.

19 「개인정보보호법」에 관한 설명으로 옳은 것은?

① 법인의 정보는 이 법의 보호대상이다.

② 사자(死者)의 정보는 이 법의 보호대상이다.

③ 정보처리자는 정보주체와의 계약의 체결을 위하여 불가피한 경우에는 정보주체의 동의 없이 개인정보를 제3자에게 제공할 수 있다.

④ 개인정보처리자가 이 법에 위반한 행위로 정보주체에게 손해를 입힌 경우, 개인정보처리자의 손해배상책임은 무과실책임이다.

⑤ 징보주체의 권리침해행위의 금지·중지를 구하는 단체소송을 제기하려면 법원의 허가를 받아야 한다.

20 다음은 「개인정보보호법」의 규정 내용이다. 타당하지 않은 것은?

① 개인정보처리자는 통계작성, 과학적 연구, 공익적 기록보존 등을 위하여 정보주체의 동의 없이 가명정보를 처리할 수 있다.

② 개인정보처리자는 개인정보를 익명 또는 가명으로 처리하여도 개인정보 수집목적을 달성할 수 있는 경우 익명처리가 가능한 경우에는 익명에 의하여, 익명처리로 목적을 달성할 수 없는 경우에는 가명에 의하여 처리될 수 있도록 하여야 한다.

③ 개인정보처리자는 당초 수집 목적과 합리적으로 관련된 범위에서 정보주체에게 불이익이 발생하는지 여부, 암호화 등 안전성 확보에 필요한 조치를 하였는지 여부 등을 고려하여 대통령령으로 정하는 바에 따라 정보주체의 동의 없이 개인정보를 제공할 수 있다.

④ 개인정보처리자는 대통령령으로 정한 규모 이상의 개인정보가 유출된 경우에는 정보주체에의 통지 및 조치 결과를 지체 없이 행정안전부장관에 신고하여야 한다.

⑤ 통계작성, 과학적 연구, 공익적 기록보존 등을 위한 서로 다른 개인정보처리자 간의 가명정보의 결합은 보호위원회 또는 관계 중앙행정기관의 장이 지정하는 전문기관이 수행한다.

19 ⑤ 개인정보단체소송에 대해 「개인정보보호법」은 소송허가제를 채택하고 있다(「개인정보보호법」 제54조 및 제55조).

①·② 「개인정보보호법」의 보호대상이 되는 정보는 '살아 있는 개인에 관한 정보'이다. 즉, '법인'이나 '사자 (死者)'의 정보는 「개인정보보호법」의 보호대상이 되는 정보가 아니다.

③ 정보주체의 동의 없이 개인정보를 제3자에게 제공할 수 있는 경우는 ⅰ) 법률에 특별한 규정이 있거나 법령 상 의무를 준수하기 위하여 불가피한 경우, ⅱ) 공공기관이 법령 등에서 정하는 소관 업무의 수행을 위하여 불가피한 경우, ⅲ) 정보주체 또는 그 법정대리인이 의사표시를 할 수 없는 상태에 있거나 주소불명 등으로 사전동의를 받을 수 없는 경우로서 명백히 정보주체 또는 제3자의 급박한 생명, 신체, 재산의 이익을 위하여 필요하다고 인정되는 경우에만 가능하다(「개인정보보호법」 제17조 제1항 제2호). 정보주체와의 계약체결을 위 해 불가피한 경우는 여기에 해당하지 않는다.

④ 개인정보처리자의 정보주체에 대한 손해배상책임은 과실책임이다. 다만, 고의·과실에 대한 입증책임은 일반 불법행위책임과는 달리, 개인정보처리자가 부담한다(「개인정보보호법」 제39조 제1항).

20 ④ 행정안전부장관이 아니라 보호위원회 또는 전문기관(대통령령으로 정하는 전문기관)에 신고하여야 한다 (「개인정보보호법」 제34조 제3항).

① 「개인정보보호법」 제28조의2 제1항

② 「개인정보보호법」 제3조 제7항

③ 「개인정보보호법」 제17조 제4항

⑤ 「개인정보보호법」 제28조의3

Answer / 　19. ⑤　　20. ④

행정사 문제집
행정법

Part_

03

행정상
의무이행
확보수단

행정상 강제

제1절 행정상 강제집행

기본문제

01 다음 중 강제집행이 아닌 것은?

① 「국세징수법」(강제징수 업무)

② 「감염병의 예방 및 관리에 관한 법률」(강제격리)

③ 「공중위생관리법」(영업소 폐쇄)

④ 「건축법」(이행강제금 부과)

⑤ 「행정대집행법」(대집행)

02 다음 중 행정상 강제집행의 수단이 아닌 것은?

① 행정상 즉시강제　　② 행정상 강제징수　　③ 대집행

④ 직접강제　　　　　⑤ 이행강제금

03 다음의 행정의 실효성확보수단 중 간접적인 강제수단이 아닌 것은?

① 행정형벌　　　　　② 과태료　　　　　③ 행정상 강제징수

④ 공급거부　　　　　⑤ 위반사실의 공표

04 행정대집행에 관해 틀린 것은?

① 대체적 작위의무 위반을 대상으로 한다.

② 상급행정청(처분청의 감독청)이 대집행을 한다.

③ 대집행의 비용은 의무자로부터 징수한다.

④ 대집행의 요건은 원칙적으로 계고할 때 이미 충족되어야 한다.

⑤ 대집행은 실행 후 비용을 강제로 징수한다는 점에서 비용징수를 수반하지 않는 직접 강제와 구별된다.

05 **대집행의 절차에 관한 다음 설명 중 옳은 것은?**

① 판례에 의할 때 대집행할 행위의 내용과 범위는 반드시 대집행 계고서에 의하여서 특정되어야 한다.

② 철거명령과 계고를 동시에 행하는 것은 현행 법체계상 허용되지 않으며, 판례도 같은 입장이다.

③ 대집행영장에 의한 통지는 그 자체가 독립하여 취소소송의 대상이 된다.

④ 대집행비용의 납부를 명하는 비용납부명령은 사실행위인 통지에 불과하여 항고소송의 대상이 아니다.

⑤ 위험이 절박한 경우 계고는 생략될 수 있지만 영장에 의한 통지는 생략되지 않는다.

01 ② 행정상 강제집행은 대집행, 직접강제, 이행강제금, 강제징수의 네 가지 종류가 있다. 「감염병의 예방 및 관리에 관한 법률」상 강제격리는 즉시강제의 일종으로 강제집행과 구별된다.

02 ① 강제집행은 사전에 부과된 의무를 상대방이 불이행하는 경우에 신체나 재산에 실력을 행사하여 의무가 이행된 것과 같은 상태를 실현하는 작용으로서 대집행, 집행벌(이행강제금), 직접강제, 행정상 강제징수의 네 가지 수단이 이에 속한다. 즉시강제는 급박한 장해를 제거하기 위하여 의무의 존재 및 불이행을 전제하지 않고 즉시 국민의 신체나 재산에 실력을 행사하여 행정상 필요한 상태를 실현하는 작용으로 강제집행과는 구별된다.

03 ③ 간접적 강제수단이란 상대방이 스스로 의무이행 등 행정상 필요한 상태를 만들도록 행정청이 상대방을 압박하는 수단을 말하며, 강제집행수단 중 집행벌(이행강제금)과 행정벌(행정형벌, 행정질서벌인 과태료), 새로운 의무이행 확보수단(과징금, 가산금, 가산세, 공급거부, 위반사실의 공표) 등이 이에 해당한다.
한편 직접적 강제수단이란 행정청이 물리적인 실력 행사를 통하여 직접 필요한 상태를 실현하는 수단을 말하며, 행정상 강제집행수단 중 대집행, 직접강제, 강제징수와 행정상 즉시강제가 이에 해당한다.

04 ② 대집행의 주체는 처음에 의무를 명하는 행정행위를 한 처분청이 대집행의 주체가 되고 감독청은 별도의 법적 근거가 없는 이상 대집행을 할 수 없음이 원칙이다.

05 ① 판례에 의할 때 대집행할 행위의 내용과 범위는 반드시 대집행 계고서에 의하여서만 특정될 필요가 없고 계고처분 전후에 송달된 문서나 기타 사정을 종합하여 행위의 내용이 특정되었는가를 기준으로 판단한다.
② 계고서에 의해 철거명령과 동시에 그 소정기한 내에 자진철거하지 않을 때에는 대집행할 뜻을 미리 계고하는 것도 적법이라는 것이 판례이다.
④ 대집행비용의 납부를 명하는 비용납부명령은 상대방에 대하여 의무를 부과하는 것으로 항고소송의 대상이 된다.
⑤ 위험이 절박한 경우 계고와 영장에 의한 통지는 생략될 수 있다.

Answer
01. ②   02. ①   03. ③   04. ②   05. ③

06 행정대집행을 할 수 있는 경우는?

① 증인으로 출석할 의무　　　　② 선전광고물을 제거할 의무
③ 건물의 명도의무　　　　　　　④ 강제건강진단
⑤ 거주자에 대한 강제퇴거

07 이행강제금(집행벌)에 관한 설명으로 옳지 않은 것은?

① 이행강제금이란 행정법상의 의무를 이행하지 아니한 때에 일정한 금전급부를 부과한
다는 사실을 의무자에게 미리 고지함으로써 심리적 압박을 가하여 의무이행을 강제하는
수단이다.
② 「건축법」상 이행강제부과처분에 대해 이의를 제기하지 아니하고 미납한 경우 국세 또는
지방세체납처분의 예에 따라 강제징수한다.
③ 이행강제금과 행정벌은 병행하여 부과될 수 있다.
④ 대체적 작위의무도 이행강제금의 대상이 될 여지가 있다.
⑤ 현행 「건축법」에서는 이행강제금부과처분의 상대방이 이에 불복할 경우 행정소송을
제기하도록 명문으로 규정하고 있다.

08 다음 「학원의 설립운영 및 과외 교습에 관한 법률」 조문에서 살펴볼 수 있는 행정의 실효성
확보수단은?

> 제19조(학원 등에 대한 조치) ① 교육감은 제6조 또는 제14조에 따른 등록이나 신고를 하
> 지 아니하고 학원이나 교습소를 설립·운영하거나 제17조에 따라 학원의 등록말소 또
> 는 교습소 폐지의 처분을 받거나 교습의 정지처분을 받은 학원설립·운영자 또는 교습
> 자가 계속하여 교습하거나 학습장소를 제공하는 경우에는 그 학원이나 교습소를 폐쇄
> 하거나 교습 등을 중지시키기 위한 다음 각 호의 조치를 할 수 있다.

① 대집행　　　　　　　　　　　② 집행벌
③ 행정상 즉시강제　　　　　　④ 직접강제
⑤ 강제징수

09 「행정대집행법」이 정하는 대집행의 요건이 아닌 것은?

① 공법상의 의무불이행일 것

② 의무자가 대체적 작위의무를 이행하지 아니할 것

③ 의무자가 의무를 이행하지 않을 의사를 명백하게 밝혔을 것

④ 다른 수단으로는 그 의무의 이행을 확보하기 곤란할 것

⑤ 그 불이행을 방치함이 심히 공익을 해할 것

10 행정상 강제징수에 관한 설명 중 틀린 것은?

① 독촉은 시효중단의 효과를 발생한다.

② 과세처분의 하자는 조세체납처분에 승계된다는 것이 판례이다.

③ 압류재산의 환가는 원칙적으로 공매에 의하며, 공매는 행정행위 중 대리의 성질을 갖는다.

④ 독촉은 금전지급의무의 이행을 최고하고 일정 기한까지 불이행할 때에는 강제징수할 뜻을 통지하는 준법률행위적 행정행위이다.

⑤ 강제징수에 대한 행정소송의 불복절차에서는 「국세기본법」상 필수적 심판전치제도를 취하고 있다.

---

06 ② 행정대집행은 행정청에 의해 대체가 가능한 대체적 작위의무의 위반에 대해 가능하다.
①・③・④・⑤ 비대체적 의무로 대집행을 할 수 없는 의무위반이다.

07 ⑤ 현행 「건축법」상 이행강제금 부과에 대한 별도의 불복절차가 규정된 것은 아니다. 다수설은 별도의 불복절차가 없으므로 「행정소송법」이 적용되어 항고소송의 대상이 되는 처분성을 인정하고 있다.

08 ④ 제시된 법률 조문은 교습정지처분을 받은 학원운영자가 계속 교습이나 학습장소를 제공하는 경우 행정청이 직접 실력행사로써 교습소를 폐쇄하거나 교습 등을 중지시킬 수 있다는 조항이다. 행정청이 직접 실력행사를 통해 이행을 강제한다는 점에서 직접강제가 될 것이다.

09 ③ 대집행은 대체적 작위의무의 불이행, 다른 수단으로는 그 이행확보가 곤란할 것, 그 불이행의 방치가 심히 공익을 해하는 것으로 인정될 것을 요건으로 한다. 의무자가 그 의무를 이행하지 않을 의사를 표명하였는가는 대집행의 요건에 해당하지 않는다.

10 ② 과세처분과 조세체납처분은 서로 별개의 법적 효과를 목적으로 하는 것으로 과세처분의 하자가 조세체납처분에 승계되는 것은 아니다. 조세체납처분절차 간에는 하자가 승계된다.

Answer
06. ② 07. ⑤ 08. ④ 09. ③ 10. ②

11 행정상 강제징수에 대한 설명으로 옳지 않은 것은? (다툼이 있는 경우 판례에 의함)

① 압류는 권력적 사실행위로서 행정쟁송의 대상이 되는 처분에 해당한다.

② 공매는 공법상 대리로서 항고소송의 대상이 되는 행정처분이다.

③ 공매기일의 공고나 공매결정·공매통지·공매공고는 모두 항고소송의 대상이 되는 처분이 아니다.

④ 공매통지는 공매의 절차적 요건이다.

⑤ 압류재산의 매각을 위한 수의계약은 공법상 계약이다.

심화문제

12 행정상 강제집행에 관한 설명으로 옳지 않은 것은?

① 대집행의 계고는 반드시 문서로써 하여야 하며, 국유지로부터의 퇴거의무는 대집행의 대상이 된다.

② 이행강제금은 일정한 금액의 부과하는 심리적 압박에 의하여 장래에 향하여 행정상 의무이행을 확보하려는 강제집행 수단의 일종이다.

③ 직접강제는 행정법상의 의무불이행이 있는 경우에 직접 의무자의 신체나 재산에 실력을 가하여 의무의 이행이 있었던 것과 같은 상태를 실현하는 작용이다.

④ 행정상 강제징수는 금전지급의무의 이행을 강제하기 위한 수단으로, 「국세징수법」상의 강제징수 절차는 독촉 및 체납처분으로 이루어진다.

⑤ 적법한 건축물에 대한 철거명령에 따라 행한 건축물철거 대집행계고처분은 당연무효에 해당한다는 것이 판례의 입장이다.

13 행정대집행에 관한 설명으로 옳지 않은 것은? (다툼이 있는 경우에는 판례에 의함)

① 조례는 「행정대집행법」상의 대체적 작위의무 부과의 근거가 되는 법령에 해당하지 않는다.

② 건축물철거 대집행계고처분에 있어 2차 계고를 행한 경우에 2차 계고는 행정처분이 아니다.

③ 대집행계고에 있어 그 내용과 범위는 대집행계고서에 의해서만 특정되어야 하는 것은 아니다.

④ 대집행계고처분의 취소소송의 변론이 종결되기 전에 대집행의 실행이 완료된 경우에는 그 계고처분의 취소를 구할 소의 이익이 없다.

⑤ 대집행요건에 관한 주장 및 입증책임은 처분행정청에게 있다는 것이 판례이다.

14 행정대집행에 관한 다음 서술 중 타당하지 않은 것은? (다툼이 있으면 판례에 의함)

① 국유재산상의 불법시설물 철거의무가 공법상의 의무인 경우에는 대집행의 대상이 되지만 사법상의 의무인 경우에는 대집행의 대상이 아니다.

② 공유재산 대부계약 해지에 따른 지상물(묘목과 비닐하우스) 철거의무도 행정대집행의 대상이 된다.

③ 도시공원시설 점유자의 퇴거 및 명도의무는 「행정대집행법」에 의한 대집행의 대상이 아니다.

④ 국유재산상의 불법시설물에 대해 행정청이 민사소송으로 철거를 구하는 것은 허용되지 않는다.

⑤ 국유재산에 대한 사용청구권을 가지고 있는 자는 국가를 대위하여 민사소송으로 불법시설물의 철거를 구할 수 있다.

---

11 ⑤ 압류재산의 매각을 위한 수의계약은 사법상 계약이다.

12 ① 국유지에서의 퇴거의무는 대집행의 대상이 되는 대체적 작위의무가 될 수 없다. 퇴거는 점유자 스스로 해야 할 의무이기 때문에 대체성이 없다. 계고는 반드시 문서로 하여야 한다는 말은 맞는 말이다.
⑤ 적법한 건축물에 대한 철거명령은 무효이므로 이에 따른 대집행계고도 당연무효라는 것이 판례이다.

13 ① 조례도 행정법의 법원성이 인정되는 법규성이 있는 자치법규이므로 대체적 작위의무의 부과의 근거가 되는 법령에 해당한다.
② 반복된 계고처분에 대해서는 최초의 계고만이 항고소송의 대상이 되고 2차·3차 계고는 항고소송의 대상이 되지 아니한다.
③ 대집행할 행위의 내용과 범위는 대집행계고서에 의하여서만 특정되어야 하는 것은 아니고 계고처분 전·후에 송달된 문서나 기타 사정을 종합하여 특정여부를 판단한다.
④ 대집행이 완료된 후에는 이를 다툴 소의 이익이 없다는 것이 판례이다.

14 ① 「국유재산법」은 모든 국유재산상의 불법시설물의 철거에 대해 「행정대집행법」을 준용하도록 하고 있으므로, 국유재산이 행정재산이나 보존재산인지 잡종재산인지를 불문하고, 또한 철거의무가 공법상의 의무인지 사법상의 의무인지를 불문하고 행정대집행이 가능하다(대판 1992.9.8. 91누13090).

Answer 11. ⑤ 12. ① 13. ① 14. ①

15 행정대집행에 관한 설명으로 옳지 않은 것은? (다툼이 있는 경우에는 판례에 의함)

① 관계 법령에 위반하여 장례식장 영업을 하고 있는 자의 장례식장 사용중지의무는 「행정대집행법」 제2조의 규정에 의한 대집행의 대상이 된다.

② 행정대집행 절차가 인정되는 공법상 의무의 이행에 대하여는 민사상 강제집행은 인정되지 않는다.

③ 토지나 건물의 인도의무는 대집행의 대상이 되는 대체적 작위의무가 아니다.

④ 대집행의 실행이 완료된 경우에는 처분의 취소를 구할 법률상의 이익은 인정되지 않는다.

⑤ 제3자 집행에서 행정청과 제3자 간의 계약은 사법상 계약이라는 것이 다수설의 입장이다.

16 행정대집행에 관한 판례의 견해와 같지 않은 것은?

① 「행정대집행법」상 대집행의 대상이 되는 대체적 작위의무에는 공법상 의무뿐만 아니라 법령상 규정이 없더라도 사법상 의무도 포함된다.

② 제3자가 아무런 권원 없이 국유재산에 설치한 시설물에 대해 해당 국유재산에 대한 사용청구권을 가진 사인은 일정한 경우에는 국가를 대위하여 민사소송으로 해당 시설물의 철거를 구할 수 있다.

③ 행정처분을 하여 이에 따르지 않는 경우에는 행정대집행의 방법으로 그 의무내용을 실현할 수 있는 것이고, 이러한 행정대집행의 절차가 인정되는 경우에는 따로 민사소송의 방법으로 의무이행을 구할 수는 없다.

④ 부작위의무로부터 그 의무를 위반함으로써 생긴 결과를 시정하기 위한 작위의무를 당연히 끌어낼 수는 없다.

⑤ 상당한 의무이행기간을 부여하지 않은 계고처분 후 대집행 영장으로 대집행의 시기를 늦추더라도 그 계고처분은 적법절차에 위배한 것으로 위법한 처분이다.

17 다음 중 대집행에 대한 판례의 설명으로 옳은 것은 모두 몇 개인가?

> ㉠ (구)「공공용지의 취득 및 손실보상에 관한 특례법」에 따른 토지 등의 협의취득 시 건물소유자가 매매대상 건물에 대한 철거의무를 부담하겠다는 취지의 약정을 하였다면, 철거의무는 「행정대집행법」에 의한 대집행의 대상이 된다.
> ㉡ 관계 법령을 위반하여 장례식장 영업을 하고 있는 자의 장례식장 사용중지의무는 「행정대집행법」에 의한 대집행의 대상이 된다.
> ㉢ (구)「토지수용법」상 피수용자 등이 기업자에 대하여 부담하는 수용대상 토지의 인도의무는 「행정대집행법」에 의한 대집행의 대상이 된다.
> ㉣ 공유재산 대부계약의 해지에 따라 원상회복을 위하여 실시하는 지상물 철거의무는 「행정대집행법」에 의한 대집행의 대상이 되지 않는다.

① 없음
② 2개
③ 3개
④ 4개
⑤ 5개

---

15 ① 장례식장 사용중지의무는 행정대집행이 되지 않는 비대체적·부작위의무에 해당한다는 것이 판례이다.
② 대집행의 대상이 되는 공법상의 의무불이행을 민사소송의 방법으로 의무이행을 구할 수 없다는 것이 판례이다. 집행은 처분행정청이 행할 수도 있고 제3자를 통해 행할 수도 있다.
⑤ 제3자가 대집행을 실행하는 경우 공법상계약설과 사법상계약설의 대립이 있지만 다수설은 사법상 도급계약의 일종으로 본다.

16 ① 개별 법률에 특별한 규정이 없는 이상 대집행의 대상이 되는 의무는 공법상의 의무이고 사법상의 의무는 대집행의 대상이 되지 않는다.
② 아무런 권원 없이 국유재산에 설치한 시설물에 대하여 행정청이 행정대집행을 할 수 있는 경우 민사소송의 방법으로 그 시설물의 철거를 구하는 것이 허용되지 않지만, 행정청이 행정대집행을 실시하지 않는 경우 그 국유재산에 대한 사용청구권을 가지고 있는 자가 국가를 대위하여 민사소송으로 그 시설물의 철거를 구할 수 있다.
⑤ 계고처분을 함에 있어서 의무이행을 할 수 있는 상당한 기간을 부여하여야 하므로 설사 대집행 시기를 늦추었더라도 상당한 기간을 부여하지 않은 대집행 계고는 위법하다는 것이 판례이다.

17 ① 옳은 지문은 없다.
㉠ [×] 토지수용에 대한 협의취득을 판례는 사법상 매매로 보고 이에 의한 의무불이행은 공법상의 의무불이행이 아니므로 대집행의 대상이 될 수 없다고 한다.
㉡ [×] 장례식장 사용중지의무는 대체성이 없는 부작위의무이므로 이에 대해서는 대집행의 대상이 되지 않는다.
㉢ [×] 토지인도의무는 점유자가 스스로 인도해야 할 비대체적 의무로 대집행을 할 수 없다.
㉣ [×] 지방자치단체의 장은 정당한 사유 없이 공유재산을 점유하거나 공유재산에 시설물을 설치한 경우에는 원상복구 또는 시설물의 철거 등을 명하거나 이에 필요한 조치를 할 수 있고, 명령을 받은 자가 그 명령을 이행하지 아니할 때에는 「행정대집행법」에 따라 원상복구 또는 시설물의 철거 등을 하고 그 비용을 징수할 수 있다(「공유재산 및 물품 관리법」 제83조).

Answer 15. ① 16. ① 17. ①

18 이행강제금에 대한 다음 서술 중 타당하지 않은 것은? (다툼이 있으면 판례에 의함)

① 이행강제금부과처분에 대해서는 개별법에 별도의 불복절차가 있는 경우에도 항고소송으로 다툴 수 있다.

② 무허가 건축행위에 대한 형사처벌과 시정명령 위반에 대한 이행강제금의 부과는 이중처벌이 아니다.

③ 이행강제금은 대체적 작위의무 위반에 대해서도 부과될 수 있고 대집행과 선택적으로 활용될 수 있다.

④ 이행명령을 받은 자가 그 명령을 이행하는 경우에 새로운 이행강제금의 부과는 즉시 중지하여야 한다.

⑤ 이행강제금은 간접적 강제수단이다.

19 「행정기본법」상 이행강제금에 관한 설명으로 옳지 않은 것은? (다툼이 있으면 판례에 따름)

① 행정청은 이행강제금을 부과하기 전에 미리 의무자에게 적절한 이행기간을 정하여 그 기한까지 행정상 의무를 이행하지 아니하면 이행강제금을 부과한다는 뜻을 문서로 계고(戒告)하여야 한다.

② 행정청은 의무자가 계고에서 정한 기한까지 행정상 의무를 이행하지 아니한 경우 이행강제금의 부과 금액·사유·시기를 문서로 명확하게 적어 의무자에게 통지하여야 한다.

③ 행정청은 의무자가 행정상 의무를 이행할 때까지 이행강제금을 반복하여 부과할 수 있다.

④ 의무자가 의무를 이행하면 새로운 이행강제금의 부과를 즉시 중지하되, 이미 부과한 이행강제금은 징수하여서는 아니된다.

⑤ 행정청은 이행강제금을 부과받은 자가 납부기한까지 이행강제금을 내지 아니하면 국세강제징수의 예 또는 「지방행정제재·부과금의 징수 등에 관한 법률」에 따라 징수한다.

20 행정상 강제징수에 대한 설명으로 옳지 않은 것은? (다툼이 있는 경우 판례에 의함)

① 독촉은 반드시 문서(독촉장)로 하여야 하며, 원칙적으로 납부기간 경과 후 10일 내에 발부하여야 한다.

② 압류 후 부과처분의 근거법률이 위헌으로 결정된 경우에는 압류처분은 취소사유가 있는 것이 되므로 압류를 해제하여야 할 것이다.

③ 한국자산관리공사가 체납압류한 재산의 공매처분에 대한 소송에서 피고는 세무서장이 아니라 한국자산관리공사이다.

④ 선행행위인 조세 등 부과처분이 무효이거나 취소되어 그 효력을 상실한 경우에도 후행행위인 체납처분이 당연무효가 되는 것은 아니다.

⑤ 공매처분에 의한 매각대금은 체납처분비, 국세, 가산세의 순으로 충당한다.

---

18 ① 이행강제금부과처분에 대해서는 개별법에 별도의 불복절차가 있는 경우에는 이에 의하고 「행정소송법」이 적용되지 않으므로 항고소송의 대상되는 처분에 해당하지 않는다. 「건축법」상의 이행강제금처분에 대한 불복은 항고소송에 의하지만 「농지법」상의 이행강제금처분에 대한 불복은 「비송사건절차법」에 의한다.

19 ④ 행정청은 의무자가 행정상 의무를 이행할 때까지 이행강제금을 반복하여 부과할 수 있다. 다만, 의무자가 의무를 이행하면 새로운 이행강제금의 부과를 즉시 중지하되, 이미 부과한 이행강제금은 징수하여야 한다(「행정기본법」 제31조 제5항).

20 ④ 선행처분인 조세부과처분이 무효이거나 취소된 경우에는 후행행위인 체납처분은 당연무효가 된다.
② 압류 후 부과처분의 근거법률이 위헌으로 결정된 경우에는 압류처분은 취소사유가 있는 것이 되므로 압류를 해제하여야 하고, 만약 압류를 실행했다면 이는 무효라는 것이 판례이다.

Answer / 　18. ①　 19. ④　 20. ④

제2절 | 즉시강제와 행정조사

기본문제

01 「도로교통법」상 '누구든지 교통에 방해될 만한 물건을 함부로 도로에 방치하여서는 아니 된다.'라고 규정하고 있는바, 경찰이 도로에 무단방치되고 있는 장애물을 제거한 경우에 타당한 것은?

① 행정상의 즉시강제
② 행정상의 대집행
③ 행정상의 직접강제
④ 행정형벌
⑤ 행정조사

02 행정상 즉시강제에 대한 설명으로 옳지 않은 것은?

① 오늘날 실질적 법치주의하에서 행정상 즉시강제에도 당연히 법적 근거를 요한다는 것이 다수설이다.

② 즉시강제는 일반적 요건으로 장해가 급박하여 의무를 부과할 시간적 여유가 없거나 성질상 의무를 부과해서는 목적 달성이 곤란할 것이 요구된다.

③ 행정상 즉시강제를 하는 경우에도 사전영장 없이 물건을 수거하는 것은 허용되지 않는다는 것이 헌법재판소의 입장이다.

④ 행정상 즉시강제가 적법하게 이루어졌다고 하더라도 사인의 수인한도를 넘는 특별한 희생의 경우에는 손실보상이 이루어져야 한다.

⑤ 위법한 즉시강제가 종료된 경우 항소소송의 소의 이익이 부정되는 경우가 많다.

03 「행정조사기본법」에서 규정하고 있는 내용으로 옳지 않은 것은?

① 행정기관은 법령 등에서 행정조사를 규정하고 있는 경우에 한하여 행정조사를 실시할 수 있다. 그러나 조사대상자의 자발적인 협조를 얻어 실시하는 행정조사의 경우에는 그러하지 아니하다.

② 현장조사는 조사대상자가 동의한 경우에는 해가 뜨기 전이나 해가 진 뒤에도 할 수 있다.

③ 행정조사를 실시하고자 하는 행정기관의 장은 출석요구서 등을 조사개시 7일 전까지 조사대상자에게 서면으로 통지하여야 한다.

④ 행정기관은 유사하거나 동일한 사안에 대하여는 공동조사 등을 실시함으로써 행정조사가 중복되지 아니하도록 하여야 한다.

⑤ 조세에 관한 사항도 「행정조사기본법」에 의한 행정조사의 대상에 포함된다.

04 「행정조사기본법」상 조사기본원칙에 대한 설명으로 옳지 않은 것은?

① 행정조사는 다른 목적 등을 위하여 조사권을 남용하여서는 아니 된다.

② 행정기관은 유사하거나 동일한 사안에 대하여는 공동조사 등을 실시함으로써 행정조사가 중복되지 아니하도록 하여야 한다.

③ 행정조사는 법령 등의 위반에 대한 처벌 위주의 조사를 목적으로 한다.

④ 다른 법률에 따르지 아니하고는 행정조사의 대상자 또는 행정조사의 내용을 공표하거나 직무상 알게 된 비밀을 누설하여서는 아니 된다.

⑤ 행정기관은 행정조사를 통하여 알게 된 정보를 원래의 조사목적 이외의 용도로 이용하거나 타인에게 제공하여서는 아니 된다.

📖

01 ① 도로에 위험한 물건이 방치된 경우 장애물을 제거하는 것은 급박한 위험의 발생을 방지하고자 하는 것이므로 행정상 즉시강제가 가장 적합한 수단이 된다.

02 ③ 국민의 신체와 재산에 공권력을 행사하는 경우 법관의 영장이 필요하지만 즉시강제는 급박한 상황에 대체하기 위한 것이므로 사전영장주의가 적용되지 않는다는 것이 헌법재판소의 입장이다.

03 ⑤ 조세·형사·행형 및 보안처분에 관한 사항에 대하여는 「행정조사기본법」을 적용하지 아니한다(「행정조사기본법」 제2조 제2항). 따라서 조세에 관한 사항은 「행정조사기본법」에 의한 행정조사의 대상에서 제외된다.

04 ③ 행정조사는 법령 등의 위반에 대한 처벌보다는 법령 등을 준수하도록 유도하는 데 중점을 두어야 한다 (「행정조사기본법」 제4조 제4항).

Answer

01. ①   02. ③   03. ⑤   04. ③

05 「행정조사기본법」상의 행정조사에 대한 설명으로 옳지 않은 것은?

① 행정조사는 법령 등 또는 행정조사 운영계획으로 정하는 바에 따라 정기적으로 실시함을 원칙으로 한다.

② 조사대상자가 조사에 응할 것인지에 대한 응답을 하지 아니하는 경우에는 법령 등에 특별한 규정이 없는 한 그 조사를 거부한 것으로 본다.

③ 원칙적으로 행정조사를 실시하고자 하는 행정기관의 장은 출석요구서, 보고요구서·자료제출요구서 및 현장출입조사서를 조사개시 7일 전까지 조사대상자에게 서면으로 통지하여야 한다.

④ 행정기관은 유사하거나 동일한 사안에 대하여는 가급적 공동조사 등을 실시하지 않도록 노력해야 한다.

⑤ 조사원이 현장조사 중에 자료 등을 영치하는 때에는 조사대상자 또는 그 대리인을 입회시켜야 한다.

06 「행정조사기본법」의 내용으로 옳지 않은 것은?

① 현장조사는 해가 뜨기 전이나 해가 진 뒤에는 할 수 없지만 사업장 등의 업무시간에 행정조사를 실시하는 경우에는 예외가 인정된다.

② 시료채취를 하는 경우에는 정상적인 경제활동을 방해하지 않는 범위 안에서 최소한도로 하여야 한다.

③ 현장조사 중에 자료·서류·물건 등을 영치하는 때에는 증거인멸의 우려가 있는 자료 등은 사진으로 촬영하거나 사본을 작성하는 등의 방법으로 영치에 갈음할 수 있다.

④ 원칙적으로 정기조사 또는 수시조사를 실시한 행정기관의 장은 동일한 사안에 대하여 동일한 조사대상자를 재조사하여서는 아니 된다.

⑤ 행정기관의 장은 조사대상자에 대한 조사만으로는 당해 행정조사의 목적을 달성할 수 없는 경우 제3자에 대한 보충조사를 할 수 있다.

심화문제

07 즉시강제에 대한 설명으로 타당한 것은?

① 적법한 즉시강제일지라도 이로 인해 발생된 손실은 사회적 수인한도를 벗어나지 않은 경우라도 보상되어야 한다.

② 「소방기본법」상 화재건물 인근의 연소위험건물에 대한 강제처분은 즉시강제에 해당한다.

③ 즉시강제는 목전의 급박한 행정상 장해를 제거하는 것인 만큼 법률상의 근거가 없어도 허용된다.

④ 즉시강제는 보충성의 원칙이 적용되지 않는다.

⑤ 즉시강제가 비록 위법하더라도 공권력행사에 해당되기 때문에 이에 대한 정당방위는 인정되지 않는다.

05　④ 행정기관은 유사하거나 동일한 사안에 대하여는 공동조사 등을 실시함으로써 행정조사가 중복되지 아니하도록 하여야 한다(「행정조사기본법」 제4조 제3항).
　　② 자발적인 협조에 따라 실시하는 행정조사는 조사대상자가 조사에 응할 것인지에 대한 응답을 하지 아니하는 경우에는 법령 등에 특별한 규정이 없는 한 그 조사를 거부한 것으로 본다(「행정조사기본법」 제20조 제2항).

06　③ 조사원이 자료 등을 영치하는 경우에 조사대상자의 생활이나 영업이 사실상 불가능하게 될 우려가 있는 때에는 조사원은 자료 등을 사진으로 촬영하거나 사본을 작성하는 등의 방법으로 영치에 갈음할 수 있다. 다만, 증거인멸의 우려가 있는 자료 등을 영치하는 경우에는 그러하지 아니하다(「행정조사기본법」 제13조 제2항).

07　② 「소방기본법」상 화재건물 인근의 연소위험건물에 대한 강제처분은 급박한 위험발생 방지를 목적으로 하는 것이므로 즉시강제에 해당한다.
　　① 사인의 손실이 사회적 수인한도를 벗어나지 않은 경우에는 이를 수인하여야 하므로 손실보상의 대상이 되지 않는다.
　　③ 즉시강제도 오늘날은 법적 근거를 요한다는 것이 다수설과 판례이다.
　　④ 즉시강제는 권력적 사실행위이므로 다른 수단으로 그 목적달성이 곤란한 경우에만 인정된다.
　　⑤ 위법한 즉시강제에 저항하는 것은 정당방위에 해당하므로 공무집행방해죄가 성립하지 않는다는 것이 판례이다.

Answer　05. ④　06. ③　07. ②

08 행정상의 직접강제와 즉시강제를 구분하는 전통적 견해에 의할 때 성질이 다른 하나는?

① 「출입국관리법」상의 외국인 등록의무를 위반한 사람에 대한 강제퇴거
② 「소방기본법」상의 소방활동에 방해가 되는 물건 등에 대한 강제처분
③ 「식품위생법」상의 위해식품에 대한 압류
④ 「마약류 관리에 관한 법률」상의 승인을 받지 못한 마약류에 대한 폐기
⑤ 「감염병의 예방 및 관리에 관한 법률」상의 감염병 환자의 강제입원

09 다음은 행정상 즉시강제에 관한 사례이다. 이에 대한 설명으로 가장 적절하지 않은 것은? (다툼이 있는 경우 판례에 의함)

> A구 구청장은 2000. 5. 1. 그 소속 공무원으로 하여금 甲이 운영하는 불법 사행성게임장을 단속하게 하여, 그곳에 있던 甲 소유의 '릴식트로리' 기판 7대를 '등급분류를 받지 아니하거나 등급분류를 받은 게임물과 다른 내용의 게임물'이라는 이유로 「음반·비디오물 및 게임물에 관한 법률」 제24조 제3항 제4호에 근거하여 수거하였다. 당시 단속공무원 乙 등은 영장을 제시하지 않았으나 권한을 표시하는 증표를 甲에게 제시하고 수거증을 교부하였으며, 사전통지나 의견제출의 기회는 부여하지 않았다.

① 행정상 즉시강제는 그 본질상 행정목적 달성을 위하여 불가피한 한도 내에서 예외적으로 허용된다.
② 단속을 실시하는 중에 영장이 없다는 이유로 甲이 저항하자 단속공무원 乙 등이 과도하게 실력행사를 하여 甲에게 손해를 가하였다면 국가배상의 문제가 발생할 소지가 있다.
③ 단속하기 전 甲에게 사전통지나 의견제출의 기회를 부여하지 않았다고 하여 적법절차 원칙에 위반되는 것으로는 볼 수 없다.
④ 행정상 즉시강제에도 원칙적으로 영장주의가 적용되므로 단속공무원 乙 등이 영장 없이 단속한 행위는 바로 위법한 것이 된다.
⑤ 소속 공무원의 수거행위가 위법한 경우 이에 대한 저항이 공무집행방해죄를 구성하는 것은 아니다.

10 행정상 즉시강제에 대한 설명으로 옳지 않은 것은?

① 행정상 즉시강제의 법적 성질은 권력적 사실행위이다.
② 행정상 강제집행이 가능한 경우에는 행정상 즉시강제는 인정되지 않는다.
③ 타인의 재산에 대한 위해를 제거하기 위하여 인신을 구속하는 것은 비례의 원칙에 반한다.
④ 행정상 즉시강제는 실력행사를 전제하기 때문에 공권력 발동에 법적 근거가 필요하고, 행정청에 대해서 재량권이 부여되는 것이 보통이다.
⑤ 위법한 즉시강제는 언제나 행정소송의 대상이 된다.

11 「행정조사기본법」상의 행정조사에 대한 설명으로 옳은 것은?

① 금융감독기관의 감독·검사·조사 및 감리에 관한 사항에는 「행정조사기본법」이 전면적으로 직접 적용된다.

② 행정기관이 유사한 사안이라고 하여 공동조사 등을 실시하는 것은 국민의 권익을 침해할 수 있으므로 허용되지 않는다.

③ 임의조사를 제외하고 행정기관은 법령 등에서 행정조사를 규정한 경우에 한하여서만 행정조사를 실시할 수 있다.

④ 행정기관은 행정조사를 통하여 알게 된 정보를 임의로 다른 국가기관에 제공할 수 있다.

⑤ 행정기관의 장은 매년 12월 말까지 다음 연도의 행정조사운영계획을 수립하여 행정안전부장관에게 제출하여야 한다.

📖

08 직접강제는 사전에 의무를 부과하고 이행여부를 기다렸다가 불이행 시에 행하는 행정상 강제집행의 일종이고, 즉시강제는 급박한 상황에서 사전에 의무를 부과함이 없이 즉시로 행정청이 직접 필요한 상태를 실현하는 강제조치이다.
① 직접강제에 해당하는 조치이다. 직접강제의 대표적인 예로는 강제퇴거조치, 영업소 강제폐쇄조치, 강제해산조치, 강제예방접종조치가 있다.
②·③·④·⑤ 즉시강제에 해당하는 조치이다.

09 ④ 행정상 즉시강제는 목전의 급박한 장해를 제거하기 위해 예외적으로 인정된다는 점에서 영장주의가 적용되지 않는 예외가 인정되므로 단속공무원 乙 등이 영장 없이 단속한 행위는 바로 위법한 것으로 볼 수 없다.
② 乙이 영장을 제시하지 않은 것이 위법한 공무집행에 해당한다면 甲은 이에 대해 이의를 제기할 수 있고, 단속 중 과도한 실력행사로 甲에게 손해가 발생한 경우 국가배상청구가 가능하다.
③ 「행정절차법」상 공공의 안전 또는 복리를 위하여 긴급히 처분을 할 필요가 있는 경우에는 사전통지나 의견제출기회의 생략사유가 될 수 있고 즉시강제가 목전의 급박한 장해에 실력행사를 한다는 점에서 곧바로 위법하다고 할 수 없다.

10 ⑤·① 즉시강제는 권력적 사실행위로서 행정소송의 대상이 되는 처분성이 인정되나 단기에 종료되는 경우가 보통이므로 협의의 소익이 부정되는 경우가 많다. 즉시강제가 아직 종료되지 않았거나 종료되었다고 하더라도 회복되는 법률상 이익이 있는 경우에만 행정소송 제기가 가능할 것이다.

11 ③ 행정기관은 법령 등에서 행정조사를 규정하고 있는 경우에 한하여 행정조사를 실시할 수 있다. 다만, 조사대상자의 자발적인 협조를 얻어 실시하는 행정조사의 경우에는 그러하지 아니하다(「행정조사기본법」 제5조).
① 금융감독기관의 감독·검사·조사 및 감리에 관한 사항은 「행정조사기본법」이 적용되지 않는 적용제외 사항이다(「행정조사기본법」 제3조 제2항 제6호).
② 행정기관은 유사하거나 동일한 사안에 대하여는 공동조사 등을 실시함으로써 행정조사가 중복되지 아니하도록 하여야 한다(「행정조사기본법」 제4조 제3항).
④ 행정기관은 행정조사를 통하여 알게 된 정보를 다른 법률에 따라 내부에서 이용하거나 다른 기관에 제공하는 경우를 제외하고는 원래의 조사목적 이외의 용도로 이용하거나 타인에게 제공하여서는 아니 된다(「행정조사기본법」 제4조 제6항).
⑤ 국무조정실장에게 제출하여야 한다(「행정조사기본법」 제6조).

Answer 08. ①   09. ④   10. ⑤   11. ③

12 다음 「행정조사기본법」상 행정조사에 대한 설명으로 가장 적절하지 않은 것은?

① 행정조사는 수시로 실시함을 원칙으로 한다.

② 행정기관의 장은 원칙적으로 행정조사의 결과를 확정한 날부터 7일 이내에 그 결과를 조사대상자에게 통지하여야 한다.

③ 임의조사를 제외하고 행정기관은 법령 등에서 행정조사를 규정하고 있는 경우에 한하여 행정조사를 실시할 수 있다.

④ 당해 행정기관 내의 2 이상의 부서가 동일한 업무분야에 대하여 동일한 조사대상자에게 행정조사를 실시하는 경우 행정기관의 장은 공동조사를 하여야 한다.

⑤ 당해 행정기관 내의 2 이상의 부서가 유사한 업무분야에 대하여 동일한 조사대상자에게 행정조사를 실시하는 경우 행정기관의 장은 공동조사를 하여야 한다.

13 행정조사에 관한 설명으로 옳지 않은 것은?

① 「근로기준법」상 근로감독관의 직무에 관한 사항에 대하여는 「행정조사기본법」이 적용되지 아니한다.

② 「행정조사기본법」이 정하고 있는 행정조사의 방법에 현장조사, 문서열람, 시료채취, 보고요구, 자료제출요구, 진술요구는 포함되지만 출석요구는 포함되지 않는다.

③ 위법한 행정조사에 기초하여 내려진 행정처분은 위법한 처분이라 봄이 판례의 태도이다.

④ 조사대상자는 행정기관의 장의 승인이 없어도 조사원의 교체신청을 할 수 있다.

⑤ 행정기관의 장은 법령 등에 특별한 규정이 있는 경우를 제외하고는 행정조사의 결과를 확정한 날부터 7일 이내에 그 결과를 조사대상자에게 통지하여야 한다.

14 행정조사에 대한 설명으로 옳지 않은 것은? (다툼이 있는 경우 판례에 의함)

① 압수·수색영장 없이 우편물의 개봉, 시료채취, 성분분석 등 검사가 진행되었다면 특별한 사정이 없는 한 위법하다고 볼 것이다.

② 세무조사가 과세자료의 수집 또는 신고내용의 정확성 검증이라는 본연의 목적이 아니라 부정한 목적을 위하여 행하여진 것이라면 이러한 세무조사에 의하여 수집된 과세자료를 기초로 한 과세처분 역시 위법하다.

③ 납세자에 대한 부가가치세부과처분이, 종전의 부가가치세 경정조사와 같은 세목 및 같은 과세기간에 대하여 중복하여 실시된 위법한 세무조사에 기초하여 이루어진 것이어서 위법하다.

④ 위법한 행정조사로 손해를 입은 국민은 「국가배상법」에 따른 손해배상을 청구할 수 있다.

⑤ 국민의 신체나 재산에 대한 실력행사에 대해서는 「행정조사기본법」에 규정이 없다.

15 「행정조사기본법」에 대한 설명으로 옳지 않은 것은? (다툼이 있는 경우 판례에 의함)

① 행정기관은 조사목적에 적합하도록 조사대상자를 선정하여 행정조사를 실시하는 것을 원칙으로 하나 필요한 경우 제3자에 대하여도 조사할 수 있다.

② 행정기관은 법령 등에서 행정조사를 규정하고 있는 경우가 아니라도 조사대상자의 자발적인 협조를 얻어 행정조사를 실시할 수 있다.

③ 행정기관은 조사대상자의 자발적인 협조를 얻어 실시하는 행정조사인 경우 「행정조사기본법」 제17조 제1항 본문에 따른 사전통지를 하지 않을 수 있다.

④ 당해 행정기관 내의 2 이상의 부서가 동일하거나 유사한 업무분야에 대하여 동일한 조사대상자에게 행정조사를 실시하는 경우에는 공동조사를 할 수 있다.

⑤ 행정기관의 장은 법령등에 특별한 규정이 있는 경우를 제외하고는 행정조사의 결과를 확정한 날부터 7일 이내에 그 결과를 조사대상자에게 통지하여야 한다.

---

12 ① 행정조사는 정기적으로 실시함을 원칙으로 한다. 다만, ⅰ) 법률에서 수시조사를 규정하고 있는 경우, ⅱ) 법령 등의 위반에 대하여 혐의가 있는 경우 등에는 수시조사를 할 수 있다(「행정조사기본법」 제7조).

13 ② 「행정조사기본법」은 행정조사의 방법으로 현장조사, 문서열람, 시료채취, 자료 등의 영치, 보고요구와 자료제출요구, 출석·진술요구를 규정하고 있다(「행정조사기본법」 제9조~제13조).
① 「행정조사기본법」 제3조 제2항
④ 조사대상자는 조사원에게 공정한 행정조사를 기대하기 어려운 사정이 있다고 판단되는 경우에는 행정기관의 장에게 그 이유를 명시한 서면으로 해당 조사원의 교체를 신청할 수 있고, 교체 신청을 받은 행정기관의 장은 즉시 이를 심사하여 교체 신청이 타당하다고 인정되는 경우에는 다른 조사원으로 하여금 행정조사를 하게 하여야 한다(「행정조사기본법」 제22조). 따라서 교체신청은 자유이며, 교체는 교체신청이 타당하다고 인정되는 경우에만 허용된다.
⑤ 「행정조사기본법」 제24조

14 ① 우편물 통관검사절차에서 이루어지는 우편물의 개봉, 시료채취, 성분분석 등의 검사는 수출입물품에 대한 적정한 통관 등을 목적으로 한 행정조사의 성격을 가지는 것으로서 수사기관의 강제처분이라고 할 수 없으므로, 압수·수색영장 없이 우편물의 개봉, 시료채취, 성분분석 등 검사가 진행되었다 하더라도 특별한 사정이 없는 한 위법하다고 볼 수 없다(대판 2013.9.26. 2013도7718).

15 ④ 당해 행정기관 내의 2 이상의 부서가 동일하거나 유사한 업무분야에 대하여 동일한 조사대상자에게 행정조사를 실시하는 경우에는 공동조사를 하여야 한다(「행정조사기본법」 제14조 제1항).

Answer
12. ① 13. ② 14. ① 15. ④

행정벌과 새로운 의무이행 확보수단

제1절 | 행정벌

기본문제

01 행정벌에 대한 설명으로 옳지 않은 것은? (다툼이 있는 경우 판례에 의함)

① 어떤 행정법규 위반행위에 대해 과태료를 과할 것인지 행정형벌을 과할 것인지는 기본적으로 입법재량에 속한다.

② 지방공무원이 자치사무를 수행하던 중 「도로법」을 위반한 경우 지방자치단체는 「도로법」의 양벌규정에 따라 처벌대상이 된다.

③ 「도로교통법」에 따른 경찰서장의 통고처분에 대하여 항고소송을 제기할 수 있다.

④ 「질서위반행위규제법」상 고의 또는 과실이 없는 질서위반행위는 과태료를 부과하지 아니한다.

⑤ 명문의 규정이 없더라도 관련 행정형벌법규의 해석에 따라 과실행위도 처벌한다는 뜻이 명확한 경우에는 과실행위를 처벌할 수 있다.

02 행정벌에 대한 설명으로 틀린 것은?

① 과태료는 죄형법정주의가 적용되지 않는다는 것이 헌법재판소의 입장이다.

② 행정질서벌과 형사벌은 일사부재리의 원칙이 적용된다는 것이 대법원의 입장이다.

③ 통고처분은 통고처분이 아니었으면 정식 형사소송으로 나아가는 성질의 것이다.

④ 행정벌은 과거의 의무위반에 대한 제재수단이나, 집행벌(이행강제금)은 장래의 의무이행강제수단이다.

⑤ 행정질서벌에는 형법총칙이 적용되지 않는다.

03 행정벌에 대한 다음 설명 중 가장 옳지 않은 것은?

① 행정형벌에 대하여는 원칙적으로 형법총칙이 적용된다.

② 행정범의 경우 법인의 책임을 인정하는 경우가 많다.

③ 행정형벌의 과벌절차는 원칙적으로 「형사소송법」에 의한다.

④ 행정벌과 징계벌은 일사부재리의 원칙이 적용되지 않으므로 병과가 가능하다.

⑤ 「질서위반행위규제법」상 과태료를 부과하는 경우 고의·과실을 필요로 하지 않는다.

04 통고처분에 관한 설명 중 옳지 않은 것은?

① 일정한 벌금 또는 과료에 상당하는 금액의 납부를 명하는 준사법적 행정작용이다.

② 통고처분의 상대방은 「행정소송법」상 취소소송을 제기할 수 없다는 것이 판례의 입장이다.

③ 통고처분의 부과권자는 관할 행정청이다.

④ 통고처분을 받은 자가 법정기한 내에 이행하지 않으면 강제집행이 개시된다.

⑤ 의무위반자가 통고처분상의 의무를 이행하면 과형절차가 종료되고, 형사소추되지 않는다.

---

01 ③ 통고처분에 대해 상대방이 불이행하면 통고처분의 효력은 소멸한다. 따라서 통고처분은 행정쟁송의 대상이 되는 처분이 아니다. 통고처분을 불이행하면 관계기관장의 고발에 의해 통상의 형사소추절차로 넘어간다 (단, 도로교통사범에 대한 통고처분을 불이행하면 경찰서장의 청구에 의해 즉결심판절차로 넘어간다).

02 ② 행정법상의 질서벌인 과태료의 부과처분과 형사처벌은 그 성질이나 목적을 달리하는 별개의 것이므로 행정법상의 질서벌인 과태료를 납부한 후에 형사처벌을 한다고 하여 이를 일사부재리의 원칙에 반하는 것이라고 할 수 없다는 것이 대법원의 입장이다. 반대로 헌법재판소는 양자를 병과하는 것은 이중처벌에 해당하여 금지된다는 입장이다.

03 ⑤ 「질서위반행위규제법」이 시행되기 전에는 고의 또는 과실이 없는 위반행위라도 과태료를 부과할 수 있다는 것이 판례의 입장이었지만, 현행 「질서위반행위규제법」은 고의 또는 과실이 없는 질서위반행위에 대해서는 과태료를 부과하지 않는다고 규정하고 있다(「질서위반행위규제법」 제7조).

04 ④ 행정청의 통고처분을 법정기한 내에 이행하지 않는 경우 행정청의 통고처분은 효력을 상실하고 행정청의 고발에 의해 검사공소제기에 의한 정식 형사소송절차로 이행된다. 따라서 강제집행이 개시되는 것이 아니다.

Answer 01. ③ 02. ② 03. ⑤ 04. ④

05 「질서위반행위규제법」상 과태료 부과에 대한 설명으로 틀린 것은? (다툼이 있는 경우에는 판례에 의함)

① 자신의 행위가 위법하지 아니한 것으로 오인하고 행한 질서위반행위는 그 오인에 정당한 이유가 있는 때에 한해서만 과태료를 부과하지 아니한다.

② 심신장애로 인하여 능력이 미약한 자의 질서위반행위는 과태료를 부과하지 아니한다.

③ 14세가 되지 아니한 자의 질서위반행위는 과태료를 부과하지 아니한다. 다만, 다른 법률에 특별한 규정이 있는 경우에는 그러하지 아니하다.

④ 행정청이 질서위반행위에 대해 과태료를 부과하고자 하는 때에는 미리 당사자에게 10일 이상의 기간을 정하여 의견을 제출할 기회를 주어야 한다.

⑤ 행정청의 과태료 부과에 불복하는 자는 과태료 부과통지를 받은 날부터 60일 이내에 해당 행정청에 서면으로 이의제기를 할 수 있다.

심화문제

06 「의료법」 제87조는 면허증을 대여한 자에 대하여는 5년 이하의 징역 또는 2천만 원 이하의 벌금에 처하는 것으로 규정하고 있다. 이에 대한 설명으로 옳지 않은 것은?

① 행정벌 가운데 행정형벌을 규정한 것이다.

② 형사소송절차에 의하여 과벌된다.

③ 행정행위의 실효성을 확보함에 있어서 간접적인 의무이행 확보수단이 된다.

④ 대여행위가 있기만 하면 고의 또는 과실이 없는 자도 처벌의 대상이 된다.

⑤ 원칙적으로 형법총칙상의 범죄성립요건이 구비되어야 처벌할 수 있다.

07 다음은 행정법상의 양벌규정에 대한 설명이다. 타당하지 않은 것은? (다툼이 있으면 판례에 의함)

① 행정법규는 현실적인 행위자 외에 법인에 대해서도 재산형에 의한 처벌을 규정(양벌규정)하는 예가 많다.

② 종업원이 무죄인 경우에는 양벌규정에 의해 영업주를 처벌할 수는 없다.

③ 지방자치단체 소속 공무원이 고유의 자치사무를 수행하다가 법규를 위반한 경우, 지방자치단체는 양벌규정의 적용대상이 된다.

④ 기관위임사무의 경우 지방자치단체는 양벌규정에 의한 처벌대상이 되는 법인에 해당한다고 볼 수 없다.

⑤ 종업원 등의 범죄행위와 관련하여 선임·감독상의 주의의무를 다하여 아무런 잘못이 없는 영업주도 처벌하도록 규정하고 있는 양벌규정은 책임주의 등에 반하여 위헌이다.

---

05 ② 심신장애로 인하여 행위의 옳고 그름을 판단할 능력이 없는 경우 또는 판단에 따른 행위를 할 능력이 없는 경우에는 과태료를 부과하지 않으나, 능력이 미약한 경우에는 과태료를 감경한다(「질서위반행위규제법」 제10조 제1항·제2항).

06 ④·① 사안은 「의료법」이 행정법이고 징역과 벌금은 형벌이므로 행정형벌을 규정한 것이다. 행정형벌은 원칙적으로 고의범을 처벌하고 과실범은 개별법에 규정이 있는 경우 처벌한다. 다만 판례는 해석에 의해 과실범을 처벌하는 경우라고 인정되는 경우 처벌한다. 결론적으로 위반행위에 대해 고의·과실이 있어야 처벌할 수 있다.
③ 행정벌이라는 점에서 과거의무위반에 대한 제재를 통한 간접적 강제이행확보수단에 해당한다.

07 ② 양벌규정에 의한 영업주의 처벌은 금지위반행위자인 종업원의 처벌에 종속하는 것이 아니라 독립하여 그 자신의 종업원에 대한 선임감독상의 과실로 인하여 처벌되는 것이므로 종업원의 범죄성립이나 처벌이 영업주 처벌의 전제조건이 될 필요는 없다(대판 2006.2.24. 2005도7673).

Answer 05. ②   06. ④   07. ②

08 다음 「질서위반행위규제법」의 규정 내용으로 적절하지 않은 것은?

① 질서위반행위가 종료된 날부터 5년이 경과한 경우에는 해당 질서위반행위에 대하여 과태료를 부과할 수 없다.

② 법원은 검사의 청구에 따라 결정으로 15일의 범위 이내에서 과태료의 납부가 있을 때까지 체납자를 감치(監置)에 처할 수 있다.

③ 당사자와 검사는 과태료 재판에 대하여 즉시항고를 할 수 있다. 이 경우 항고는 집행정지의 효력이 있다.

④ 당사자와 검사의 과태료 재판에 대한 즉시항고에는 집행정지의 효력이 있다.

⑤ 법원은 상당하다고 인정하는 때에는 심문 없이 과태료 재판을 할 수 있다.

09 통고처분에 대한 설명으로 옳지 않은 것은?

① 통고처분을 받은 자가 통고처분의 내용을 이행하지 아니하면 권한행정청은 일정 기간 내에 고발할 수 있고, 그에 따라 형사소송절차로 이행되게 된다.

② 헌법재판소는 통고처분에 대해 행정심판이나 행정소송의 대상에서 제외하고 있는 (구) 「관세법」 제38조 제3항 제2호가 법관에 의해 재판을 받을 권리를 침해한다든가 적법절차의 원칙을 위반하지 않는다고 보았다.

③ 범칙자가 범칙금을 납부하면 과형절차는 종료되고, 범칙자는 다시 형사소추되지 아니한다.

④ 법률의 규정에 의하여 통고처분을 할 수 있음에도 불구하고 법률이 정한 즉시고발사유의 존재를 이유로 통고처분을 하지 않고 고발하였다면 그 고발 및 이에 기한 공소의 제기는 부적법한 것이다.

⑤ 통고처분은 행정형벌에서만 인정되고 행정질서벌에서는 인정되지 않는다.

10 통고처분에 대한 다음 설명 중 옳지 않은 것은?

① 자유형에 해당하는 행정형벌에는 인정되지 않는다.

② 통고처분에 대해서는 불복사유가 있더라도 그 취소를 구하는 행정쟁송을 제기할 수 없다.

③ 통고내용을 이행하면 일사부재리의 원칙이 적용된다.

④ 통고처분의 이행기간이 경과하여도 고발하기 전에는 상대방은 범칙금 납부가 가능하다.

⑤ 조세범칙행위에 대하여 고발을 한 후에 동일한 조세범칙행위에 통고처분을 할 수 있다.

---

08 ② 법원은 15일의 범위 이내가 아니라 30일의 범위 이내에서 감치결정을 할 수 있다(「질서위반행위규제법」 제54조).

09 ④ 고발 없는 공소제기는 무효이지만, 통고처분 여부는 행정청의 재량행위이므로 통고처분 없이 이루어진 고발 및 공소제기가 부적법하게 되는 것은 아니라는 것이 판례이다.
⑤ 통고처분에 대한 불복은 정식 형사소송절차에 의하므로 행정소송의 대상이 되지 않더라도 재판청구권을 침해하지 않는 합헌이라는 것이 헌법재판소의 입장이다.

10 ⑤ 조세범칙행위에 대하여 고발을 한 후에 동일한 조세범칙행위에 대하여 통고처분을 하였더라도 이는 무효이고 조세범칙행위자가 이러한 통고처분을 이행하였더라도 일사부재리의 원칙이 적용될 수 없다(대판 2016.9.28. 2014도1078).
① 통고처분은 벌금이나 과료와 같은 재산형에 해당하는 위반행위에 대해서 인정되는 것이고 인신의 구속을 수반하는 자유형에 해당하는 행정형벌에 대해서는 인정되지 않는다.

11 행정질서벌(과태료)에 관한 다음 설명 중 가장 적절한 것은? (다툼이 있는 경우 판례에 의함)

① 행정질서벌인 과태료에 관한 일반법이 없으므로 형법총칙이 적용된다.

② 대법원은 행정형벌과 행정질서벌은 그 성질이나 목적을 달리하는 별개의 것이므로 행정질서벌인 과태료를 납부한 후에 형사처벌을 한다고 하여 이를 일사부재리의 원칙에 반하는 것이라고 할 수는 없다고 보고 있다.

③ 헌법재판소는 행정형벌과 행정질서벌은 서로 다른 성질의 행정벌이므로 동일 법규 위반행위에 대하여 형벌을 부과하면서 행정질서벌인 과태료까지 부과하였다 하더라도 이중처벌금지의 기본정신에 배치되는 것은 아니라고 보고 있다.

④ 행정질서벌 부과의 근거는 국가의 법령에 의하여야 하므로 지방자치단체의 조례에 근거하여 과태료를 부과할 수 없다.

⑤ 대통령령으로 정하는 사법(私法)상·소송법상 의무를 위반하여 과태료를 부과하는 행위는 「질서위반행위규제법」상 질서위반행위에 포함된다.

12 행정질서벌(과태료)에 관한 설명으로 옳은 것은? (다툼이 있는 경우에는 판례에 의함)

① 현행 「질서위반행위규제법」에서는 고의 또는 과실이 없는 질서위반행위는 과태료를 부과하지 아니한다고 규정하고 있다.

② 과태료 처벌에 있어 공소시효나 형의 시효 및 「국가재정법」상의 국가의 금전채권에 관한 소멸시효의 규정이 적용된다.

③ 행정질서벌의 부과는 국민의 권리·의무에 직접 효과를 가지며 법률에 근거가 있어야 하기 때문에 지방자치단체는 조례제정을 통해 과태료를 부과할 수 없다.

④ 신규등록신청을 위한 임시운행허가를 받고 그 기간이 끝났음에도 자동차등록원부에 등록하지 아니한 채 허가기간의 범위를 넘어 운행한 경우에 차량소유자(피고인)가 이미 관련 법조항에 의한 과태료를 부과받아 납부하였다면 다시 피고인에 대해 형사처벌을 하는 것은 일사부재리의 원칙에 반하는 것이다.

⑤ 2인 이상이 질서위반행위에 가담한 때에는 전체로 하나의 질서위반행위를 한 것으로 본다.

13 「질서위반행위규제법」상의 과태료에 대한 설명으로 옳지 않은 것은?

① 과태료의 부과·징수, 재판 및 집행 등에 관한 다른 법률의 규정은 「질서위반행위규제법」에 우선하여 적용한다.

② 행정청의 과태료부과처분에 대해 이의를 제기하면 그 처분은 효력을 상실한다.

③ 과태료를 부과하고자 하는 때에는, 10일 이상의 기간을 정하여 의견제출을 할 기회를 부여하여야 한다.

④ 행정청은 질서위반행위가 종료된 날부터 5년이 경과하면 과태료를 부과할 수 없다.

⑤ 과태료는 부과처분 후 5년간 징수하지 아니하거나 집행하지 아니하면 시효로 인하여 소멸한다.

📖

11 ② 대법원은 동일사안에 대해 질서벌과 형벌을 부과하는 것은 일사부재리의 원칙에 반하지 않으므로 병과할 수 있다는 입장이다.
① 행정질서벌인 과태료에 관한 일반법으로 「질서위반행위규제법」이 있으며, 질서벌(과태료)은 형벌이 아니므로 형법총칙이 적용되지 아니한다.
③ 헌법재판소는 동일사안에 대해 질서벌과 형벌을 부과하는 것은 이중처벌금지에 해당하는 것으로 허용될 수 없다는 입장이다.
④ 지방자치단체의 조례로 1천만 원 이하의 과태료를 부과할 수 있다.
⑤ 질서위반행위에 포함되지 아니한다(「질서위반행위규제법」 제2조 제1호).

12 ① 고의 또는 과실이 없는 질서위반행위는 과태료를 부과하지 아니한다(「질서위반행위규제법」 제7조).
② 과태료의 제재는 범죄에 대한 형벌이 아니므로 그 성질상 처음부터 공소시효(「형사소송법」 제249조)나 형의 시효(「형법」 제78조)에 상당하는 것은 있을 수 없다는 것이 대법원의 입장이다(대결 2000.8.24. 2000마1350). 현행 「질서위반행위규제법」 아래에서도 형벌이 아니므로 공소시효의 대상은 되지 않으며, 일반적인 금전채권과 성질이 다른 것이므로 「국가재정법」상의 국가의 금전채권에 관한 소멸시효의 규정도 적용되지 아니하고 「질서위반행위규제법」이 별도로 정한 제척기간이나 소멸시효 규정의 적용을 받는다.
③ 지방자치단체는 조례를 위반한 행위에 대하여 조례로써 1천만 원 이하의 과태료를 정할 수 있다(「지방자치법」 제27조 제1항).
④ 대법원은 질서벌인 과태료 부과와 형사처벌은 그 성질이나 목적을 달리하는 별개의 것이므로 「행정법」상의 질서벌인 과태료를 납부한 후에 형사처벌을 한다고 하여 이를 일사부재리의 원칙에 반하는 것이라고 할 수는 없다는 입장이다.
⑤ 2인 이상이 질서위반행위에 가담한 때에는 각자가 질서위반행위를 한 것으로 본다.

13 ① 과태료의 부과·징수, 재판 및 집행 등의 절차에 관한 다른 법률의 규정 중 「질서위반행위규제법」의 규정에 저촉되는 것은 이 법으로 정하는 바에 따른다(「질서위반행위규제법」 제5조).
② 행정청의 과태료부과처분에 대해 이의를 제기하면 행정청의 과태료부과처분은 효력을 상실한다. 법원에 송부되어 법원의 재판에 의해 부과된다.

Answer   11. ②   12. ①   13. ①

14 「질서위반행위규제법」의 내용에 대한 설명으로 옳지 않은 것은?

① 행정청의 과태료 부과에 불복하는 당사자는 과태료부과통지를 받은 날부터 60일 이내에 해당 행정청에 서면으로 이의제기를 할 수 있고, 이 경우 행정청의 과태료부과처분은 그 효력을 상실한다.

② 질서위반행위란 '법률(조례 포함)상의 의무를 위반하여 과태료를 부과하는 행위'를 말하고, 이에는 대통령령으로 정하는 법률에 따른 징계사유에 해당하여 과태료를 부과하는 행위가 포함된다.

③ 신분에 의하여 성립하는 질서위반행위에 신분이 없는 자가 가담한 때에는 신분이 없는 자에 대하여도 질서위반행위가 성립한다.

④ 하나의 행위가 2 이상의 질서위반행위에 해당하는 경우에는 각 질서위반행위에 대하여 정한 과태료 중 가장 중한 과태료를 부과한다.

⑤ 과태료 부과에 대해서는 상대방이 「행정소송법」상 항고소송으로 이를 다툴 수 없다는 것이 판례이다.

15 「질서위반행위규제법」에 규정된 과태료에 대한 설명으로 옳은 것은?

① 과태료는 객관적인 법질서위반에 대한 제재라는 점에서 행위자의 고의나 과실은 요하지 아니한다.

② 신분에 의하여 성립하는 질서위반행위에 신분이 없는 자가 가담한 때에는 신분이 없는 자에 대하여도 질서위반행위가 성립한다.

③ 행정청의 과태료처분이나 법원의 과태료 재판이 확정된 후 법률이 변경되어 그 행위가 질서위반행위에 해당하지 아니하게 되더라도 변경된 법률에 특별한 규정이 없는 한 과태료의 징수 또는 집행은 면제되지 않는다.

④ 행정청으로부터 과태료부과처분을 받은 자가 행정소송을 제기하면 과태료부과처분의 집행이 정지된다.

⑤ 당사자가 과태료를 자진납부하고자 하는 경우 행정청은 과태료를 감경할 수 있고, 과태료를 체납할 경우 법원은 검사의 청구에 따라 체납된 과태료액에 상당하는 강제노역에 처할 수 있다.

16 질서위반행위와 과태료처분에 관한 설명으로 옳은 것은?

① 「질서위반행위규제법」은 과태료 부과의 제척기간과 과태료 징수의 소멸시효를 각각 5년으로 규정하고 있다.

② 행정청의 과태료 부과에 불복하는 당사자는 과태료 부과통지를 받은 날부터 60일 이내에 해당 행정청에 서면으로 이의제기를 할 수 있다.

③ 행정청은 당사자가 이의제기를 하지 아니하고 납부하지 아니한 때에는 국세 또는 지방세 체납처분의 예에 따라 징수한다.

④ 과태료는 당사자가 사망한 경우에는 그 상속재산에 대하여 집행할 수 있다.

⑤ 법인의 대표자, 법인 또는 개인의 대리인·사용인 및 그 밖의 종업원이 업무에 관하여 법인 또는 그 개인에게 부과된 법률상의 의무를 위반한 때에는 행위자 및 법인 또는 그 개인에게 과태료를 부과한다.

14 ② 대통령령으로 정하는 사법(私法)상·소송법상 의무를 위반하여 과태료를 부과하는 행위, 대통령령으로 정하는 법률에 따른 징계사유에 해당하여 과태료를 부과하는 행위는 질서위반행위에서 제외된다(「질서위반행위규제법」 제2조 제1호).

15 ② 「질서위반행위규제법」 제12조 제2항
① 고의 또는 과실이 없는 질서위반행위는 과태료를 부과하지 아니한다(「질서위반행위규제법」 제7조).
③ 행정청의 과태료처분이나 법원의 과태료 재판이 확정된 후 법률이 변경되어 그 행위가 질서위반행위에 해당하지 아니하게 된 때에는 변경된 법률에 특별한 규정이 없는 한 과태료의 징수 또는 집행을 면제한다(「질서위반행위규제법」 제3조 제3항).
④ 행정청의 과태료부과처분은 행정소송의 대상이 아니다(판례). 행정청의 과태료 부과에 불복하는 당사자는 과태료 부과 통지를 받은 날부터 60일 이내에 해당 행정청에 서면으로 이의제기를 할 수 있고, 이의제기가 있는 경우에는 행정청의 과태료부과처분은 그 효력을 상실한다(「질서위반행위규제법」 제20조).
⑤ 과태료의 고액·상습체납자에 대해서 법원은 검사의 청구에 따라 결정으로 30일의 범위 이내에서 과태료의 납부가 있을 때까지 체납자를 감치(監置)에 처할 수 있다(「질서위반행위규제법」 제54조). 그러나 강제노역은 인정되지 아니한다.

16 ⑤ 법인의 대표자, 법인 또는 개인의 대리인·사용인 및 그 밖의 종업원이 업무에 관하여 법인 또는 그 개인에게 부과된 법률상의 의무를 위반한 때에는 법인 또는 그 개인에게 과태료를 부과한다(「질서위반행위규제법」 제11조).

Answer 14. ② 15. ② 16. ⑤

17 행정벌에 관한 설명 중 옳은 것을 모두 고른 것은? (다툼이 있는 경우 판례에 의함)

> ㉠ 법인의 대표자, 법인 또는 개인의 대리인·사용인 및 그 밖의 종업원이 업무에 관하여 법인 또는 그 개인에게 부과된 법률상의 의무를 위반한 때에는 법인 또는 그 개인에게 과태료를 부과한다.
> ㉡ 양벌규정에 의한 영업주의 처벌은 금지위반행위자인 종업원의 처벌에 종속하는 것이 아니라 독립하여 그 자신의 종업원에 대한 선임감독상의 과실로 인하여 처벌되는 것이므로 종업원의 범죄성립이나 처벌이 영업주 처벌의 전제조건이 될 필요는 없다.
> ㉢ 지방자치단체 소속 공무원이 지방자치단체 고유의 자치사무를 수행하던 중 「도로법」규정을 위반한 경우 지방자치단체는 「도로법」상의 양벌규정에 따라 처벌대상이 되는 법인에 해당한다.
> ㉣ 과태료처분을 받고 이를 납부한 일이 있는데도 그 후에 형사처벌을 하면 일사부재리의 원칙에 위반된다.
> ㉤ 「여객자동차 운수사업법」에서 정하는 과태료처분이나 감차처분 등은 형벌이 아니므로 같은 법이 정하고 있는 처분대상인 위반행위를 유추해석하거나 확대해석하는 것이 가능하다.

① ㉠, ㉡, ㉢   ② ㉠, ㉢, ㉤
③ ㉡, ㉢, ㉤   ④ ㉢, ㉣, ㉤
⑤ ㉠, ㉣, ㉤

18 「질서위반행위규제법」상 과태료 재판과 집행에 대한 설명으로 틀린 것은?

① 과태료 부과에 대해 이의제기를 받은 행정청은 이의제기를 받은 날부터 14일 이내에 이에 대한 의견 및 증빙서류를 첨부하여 관할 법원에 통보하여야 한다.
② 법원은 원칙적으로 심문기일을 열어 당사자의 진술을 들어야 한다.
③ 과태료 재판은 법원의 명령으로써 집행한다.
④ 과태료 재판은 결정으로써 하며 이에 대한 즉시항고는 집행정지의 효력이 있다.
⑤ 법원의 약식재판에 대해 당사자와 검사가 이의신청을 한 경우 법원이 이의신청이 적법하다고 인정하는 때에는 약식재판은 그 효력을 잃고 법원은 심문을 거쳐 다시 재판하여야 한다.

19 행정질서벌에 관한 설명으로 옳지 않은 것은?

① 행정청이 질서위반행위에 대하여 과태료를 부과하고자 하는 때에는 당사자에게 사전통지하고, 의견을 제출할 기회를 주어야 한다.

② 질서위반행위의 성립과 과태료 처분은 행위 시의 법률에 따른다.

③ 고의 또는 과실이 없는 질서위반행위는 과태료를 부과하지 아니한다.

④ 행정청의 과태료부과행위는 「행정소송법」상 항고소송의 대상이 된다.

⑤ 법률에 따르지 아니하고는 어떤 행위도 질서위반행위로 과태료를 부과하지 아니한다.

---

17 ㉠ [○] 「질서위반행위규제법」 제11조 제1항

㉡ [○] 양벌규정에 의한 영업주의 처벌은 금지위반행위자인 종업원의 처벌에 종속하는 것이 아니라 독립하여 그 자신의 종업원에 대한 선임감독상의 과실로 인하여 처벌되는 것이므로 종업원의 범죄성립이나 처벌이 영업주 처벌의 전제조건이 될 필요는 없다(대판 2006.2.24. 2005도7673).

㉢ [○] 지방자치단체 소속 공무원이 지방자치단체 고유의 자치사무를 수행하던 중 「도로법」 제81조 내지 제85조의 규정에 의한 위반행위를 한 경우에는 지방자치단체는 「도로법」 제86조의 양벌규정에 따라 처벌대상이 되는 법인에 해당한다(대판 2005.11.10. 2004도2657).

㉣ [×] 일사부재리의 효력은 확정재판이 있을 때에 발생하는 것이고 과태료는 행정법상의 질서벌에 불과하므로 과태료처분을 받고 이를 납부한 일이 있더라도 그 후에 형사처벌을 한다고 해서 일사부재리의 원칙에 어긋난다고 할 수 없다(대판 1989.6.13. 88도1983).

㉤ [×] 「여객자동차 운수사업법」 제76조, 제85조에서 정하는 과태료처분이나 감차처분 등은 규정 위반자에 대하여 처벌 또는 제재를 가하는 것이므로 같은 법이 정하고 있는 처분대상인 위반행위를 함부로 유추해석하거나 확대해석하여서는 아니 된다(대판 2007.3.30. 2004두7665).

18 ③ 과태료 재판은 검사의 명령으로써 집행한다(「질서위반행위규제법」 제42조 제1항).

⑤ 법원은 상당하다고 인정하는 때에는 심문 없이 과태료 재판을 할 수 있고 당사자와 검사는 약식재판의 고지를 받은 날부터 7일 이내에 이의신청을 할 수 있다. 법원이 이의신청이 적법하다고 인정하는 때에는 법원은 심문을 거쳐 다시 재판하여야 한다.

19 ④ 「질서위반행위규제법」에 따른 과태료부과처분은 항고소송의 대상이 되는 처분에 해당하지 않는다.

Answer   17. ①   18. ③   19. ④

제2절 │ 새로운 의무이행 확보수단

기본문제

01 과징금에 관한 다음 설명 중 옳지 않은 것은?

① 일정한 행정법상의 의무위반에 대하여 과하는 금전상의 제재이다.

② 의무위반행위에 대한 인·허가의 철회·정지에 갈음하여 부과될 경우가 있다.

③ 과징금과 과태료는 병과할 수 있다.

④ 과징금의 부과에 대하여 불복이 있는 경우에는 「비송사건절차법」에 의하여 법원이 결정한다.

⑤ 과징금을 부과받은 자가 사망한 경우에는 과징금 채무는 상속인에게 승계된다는 것이 판례의 입장이다.

02 행정의 실효성 확보수단의 하나인 '공급거부'와 '명단공표'에 관한 설명 중 가장 옳지 않은 것은?

① 의무위반 또는 불이행과 공급거부 사이에 실질적 관련성이 필요하다.

② 판례는 단수처분에 대해 「행정소송법」상 처분에 해당하는 것으로 인정하고 있다.

③ 「국세기본법」은 고액조세체납자의 명단공표에 관하여 규정하고 있다.

④ 위법한 명단공표로 손해가 발생한 자는 국가배상청구가 가능하다.

⑤ 병무청장이 병역법에 따라 병역 의무 기피자의 인적사항을 인터넷 홈페이지에 공개하는 결정은 항고소송의 대상이 되는 행정처분이 아니다.

심화문제

03 과징금에 관한 설명 중 옳지 않은 것은? (다툼이 있으면 판례에 의함)

① 부과관청이 추후에 부과금 산정 기준이 되는 새로운 자료가 나올 경우 과징금액이 변경될 수도 있다고 유보하며 과징금을 부과했다면, 새로운 자료가 나온 것을 이유로 새로이 부과처분을 할 수 있다.

② 「부동산 실권리자명의 등기에 관한 법률」상 명의신탁자에 대한 과징금의 부과 여부는 행정청의 기속행위이다.

③ 행정청은 법령등에 따른 의무를 위반한 자에 대하여 법률로 정하는 바에 따라 그 위반행위에 대한 제재로서 과징금을 부과할 수 있다.

④ 영업정지에 갈음하는 과징금을 변형된 과징금이라 하며 변형된 과징금제도는 일반공중의 이용편의를 도모하기 위한 것이다.

⑤ 변형된 과징금의 경우 영업정지에 갈음하는 과징금을 부과할 것인가 영업정지처분을 내릴 것인가는 통상 행정청의 재량에 속한다.

---

01 ④ 과징금의 부과처분에 대하여 불복은 특별한 규정이 없는 한 「행정심판법」과 「행정소송법」에 의한 행정쟁송에 의한다.

02 ⑤ 병무청장이 병역법 제81조의2 제1항에 따라 병역의무 기피자의 인적사항 등을 인터넷 홈페이지에 게시하는 등의 방법으로 공개한 경우 병무청장의 공개결정을 항고소송의 대상이 되는 행정처분으로 보아야 한다(대판 2019.6.27. 2018두49130).

03 ① 과징금부과는 그 부과처분 당시까지 부과관청이 확인한 사실을 기초로 일의적으로 확정되어야 할 것이고, 그렇지 아니하고 부과관청이 과징금을 부과하면서 추후에 부과금 산정 기준이 되는 새로운 자료가 나올 경우에는 과징금액이 변경될 수도 있다고 유보한다든지, 실제로 추후에 새로운 자료가 나왔다고 하여 새로운 부과처분을 할 수는 없다(대판 1999.5.28. 99두1571).
② 「부동산 실권리자명의 등기에 관한 법률」 제3조 제1항, 제5조 제1항, 같은 법 시행령 제3조 제1항의 규정을 종합하면, 명의신탁자에 대하여 과징금을 부과할 것인지 여부는 기속행위에 해당하므로, 명의신탁이 조세를 포탈하거나 법령에 의한 제한을 회피할 목적이 아닌 경우에 한하여 그 과징금을 일정한 범위 내에서 감경할 수 있을 뿐이지 그에 대하여 과징금 부과처분을 하지 않거나 과징금을 전액 감면할 수 있는 것은 아니다(대판 2007.7.12. 2005두17287).

Answer / 01. ④　02. ⑤　03. ①

04 과징금(부과금)에 대한 설명으로 옳은 것은?

① 과징금을 부과하기 위해서는 의무위반자에게 고의 또는 과실이 있어야 한다.

② 과징금 부과처분을 하고자 하는 경우에 청문절차는 생략된다.

③ 대법원 판례는 사업구역을 위반하였음을 이유로 한 과징금 부과처분을 취소한 재결에 대하여 처분의 상대방 아닌 제3자도 그 취소를 구할 법률상 이익이 있다고 하였다.

④ 대법원 판례는 과징금 부과처분이 법이 정한 한도액을 초과하여 위법할 경우 법원은 그 전부를 취소할 수밖에 없다고 하였다.

⑤ 대법원 판례는 부과된 과징금 채무는 일신전속적 의무이므로 과징금을 부과받은 자가 사망한 경우 그 상속인에게 승계되지 않는다고 하였다.

05 명단 또는 사실의 공표 등 행정상 공표제도에 대한 설명으로 옳지 않은 것은? (다툼이 있는 경우에는 판례에 의함)

① 행정상 공표는 의무위반자의 명예나 신용의 침해를 위협함으로써 직접적으로 행정법상 의무이행을 확보하는 수단이다.

② 행정상 공표는 사생활의 비밀과 자유, 국민의 알권리 등 다른 기본권과 충돌하는 경우에는 이익형량에 의하여 제한할 수 있다.

③ 헌법재판소는 청소년 성매수자의 신상공개제도가 이중처벌금지의 원칙, 과잉금지의 원칙, 평등의 원칙, 적법절차의 원칙 등에 위반되지 않는다는 입장이다.

④ 공표로 타인의 명예를 훼손한 경우에도 국가기관이 공표 당시 이를 진실이라고 믿었고 또 그렇게 믿을 만한 상당한 이유가 있다면 위법성이 없다는 것이 판례이다.

⑤ 공표를 행함에 있어서는 합리적이어야 하며 필요한 최소한도에 그쳐야 하는 등 비례의 원칙이 적용된다.

06 **행정의 실효성 확보수단에 대한 설명으로 옳지 않은 것은? (다툼이 있는 경우에는 판례에 의함)**

① 과징금 부과·징수에 하자가 있는 경우, 납부의무자는 행정쟁송절차에 따라 다툴 수 있다.

② 공정거래위원회의 과징금 부과는 재량행위적 성질을 가진다.

③ 세법상 가산세는 정당한 이유 없이 법에 규정된 신고·납세의무 등을 이행하지 않은 경우에 부과되는 행정상 제재로서 고의·과실 또한 중요한 고려요소가 된다.

④ 행정재산의 사용·수익 허가에 따른 사용료에 대하여는 가산금과 중가산금을 징수할 수 있고, 이는 미납분에 관한 지연이자의 의미로 부과되는 부대세의 일종이다.

⑤ 행정청이 위법건축물의 시정명령을 위반한 자에게 전기·전화 공급자에게 공급거부를 요청한 행위는 항고소송의 대상이 되는 처분성이 부정된다.

04 ④ 과징금 부과처분이 재량행위인 경우 법원은 적정액을 정할 수 없으므로 그 전부를 취소할 수밖에 없고 적정액을 초과하는 부분만 취소할 수는 없다.
① 과징금은 처벌이 아니므로 위반행위자에게 고의 또는 과실을 요하지 않는다.
③ 과징금 부과는 동종업자를 보호하기 위한 것이 아니므로 과징금 부과처분을 취소하는 재결에 의해 동종업자의 이익이 침해되는 결과는 반사적 이익의 침해에 불과한 것이므로 동종업자인 제3자는 그 취소를 구할 법률상 이익이 없다는 것이 판례의 태도이다.
⑤ 과징금 납부의무는 상속인에게 승계된다는 판례가 존재한다.

05 ① 공표란 행정법상의 의무위반이 있는 경우에 위반자의 성명, 위반 사실 등을 일반인에게 공개함으로써 그 위반자의 명예·신용의 침해를 위협하여 행정법상의 의무이행을 간접적으로 강제하는 수단이다.
④ 옳은 지문이다. 다만 상당한 이유를 판단할 때 사인의 행위보다 더 엄격한 기준이 요구된다고 본다.

06 ③ 세법상 가산세는 납세자의 고의·과실을 고려하지 않고 개별세법이 정하는 바에 따라 부과된다.
④ 가산금과 중가산금은 위 사용료가 납부기한까지 납부되지 않은 경우 미납분에 관한 지연이자의 의미로 부과되는 부대세의 일종이다(대판 2006.3.9. 2004다31074).
⑤ 단순한 권고적 성격에 그치는 것으로 항고소송의 대상이 아니라는 것이 판례이다(대판 1996.3.22. 96누433).

Answer 　04. ④　05. ①　06. ③

07 이행강제금과 과징금에 관한 다음 설명 중 옳지 않은 것은? (다툼이 있으면 판례에 의함)

① 「청소년보호법 시행령」으로 정한 과징금기준은 정액이 아니라 최고한도액이다.

② 행정청은 「청소년보호법 시행령」으로 정한 과징금기준액의 범위에서 과징금액수에 대한 재량을 갖는다.

③ 「국토의 계획 및 이용에 관한 법률」 및 「국토의 계획 및 이용에 관한 법률 시행령」이 정한 이행강제금의 부과기준은 정액이 아니라 최고한도액이다.

④ 영업정지에 갈음하는 과징금을 변형된 과징금이라 하며 변형된 과징금제도는 공익적 측면에서 도입되어 있다.

⑤ 「독점규제 및 공정거래에 관한 법률」은 매출액이 없거나 매출액의 산정이 곤란한 경우에도 과징금을 부과할 수 있도록 규정하고 있다.

08 행정상 의무이행 확보수단에 관한 설명이다. 다음 중 가장 적절하지 않은 것은? (다툼이 있으면 판례에 의함)

① 행정청이 질서위반행위에 대하여 과태료를 부과하고자 하는 때에는 미리 당사자에게 10일 이상의 기간을 정하여 의견을 제출할 기회를 주어야 한다.

② 대집행을 위한 계고가 동일한 내용으로 수회 반복된 경우에는 최초에 행해진 계고만이 항고소송의 대상이 되는 처분이다.

③ 과징금 부과처분이 법이 정한 한도액을 초과하여 위법할 경우 법원은 과징금 부과처분 전부를 취소해서는 안 되고 그 한도액을 초과한 부분에 한정하여 취소해야 한다.

④ 「건축법」에 의한 무허가건축 행위에 대한 형사처벌과 「건축법」 관련조항에 따른 이행강제금의 부과는 이중처벌에 해당한다고 할 수 없다.

⑤ 현행법상 공급거부는 존재하지 않는다.

09 「행정절차법」상 위반사실 등의 공표에 대한 설명으로 옳지 않은 것은?

① 행정청은 법령에 따른 의무를 위반한 자의 성명·법인명, 위반사실, 의무 위반을 이유로 한 처분사실 등을 법률로 정하는 바에 따라 일반에게 공표할 수 있다.

② 행정청은 위반사실등의 공표를 할 때에는 미리 당사자에게 그 사실을 통지하고 의견제출의 기회를 주어야 한다.

③ 위반사실등의 공표는 관보, 공보 또는 인터넷 홈페이지 등을 통하여 한다.

④ 행정청은 위반사실등의 공표를 하기 전에 당사자가 공표와 관련된 의무의 이행, 원상회복, 손해배상 등의 조치를 마친 경우에는 위반사실등의 공표를 하지 아니할 수 있다.

⑤ 행정청은 공표된 내용이 사실과 다른 것으로 밝혀지거나 공표에 포함된 처분이 취소된 경우에는 그 내용을 정정하여, 당사자가 원하지 아니하더라도 정정한 내용을 지체 없이 해당 공표와 같은 방법으로 공표된 기간 이상 공표하여야 한다.

07 ③ 「국토의 계획 및 이용에 관한 법률」 및 「국토의 계획 및 이용에 관한 법률 시행령」이 정한 이행강제금의 부과기준은 단지 상한을 정한 것에 불과한 것이 아니라, 위반행위 유형별로 계산한 특정 금액을 규정한 것이므로 행정청에 이와 다른 이행강제금액을 결정할 재량권이 없다.

08 ③ 과징금 부과처분은 재량처분이다. 재량처분이 법이 정한 한도액을 초과하여 위법할 경우, 법원은 한도를 초과한 부분만을 취소(일부취소)할 수는 없고 전부를 취소하여야 한다. 재량처분인 경우, 법원이 일부만을 취소하는 판결을 하는 것은 행정청의 재량권을 침해하는 결과로 되기 때문이다.

09 ⑤ 행정청은 공표된 내용이 사실과 다른 것으로 밝혀지거나 공표에 포함된 처분이 취소된 경우에는 그 내용을 정정하여, 정정한 내용을 지체 없이 해당 공표와 같은 방법으로 공표된 기간 이상 공표하여야 한다. 다만, 당사자가 원하지 아니하면 공표하지 아니할 수 있다(「행정절차법」 제40조의3 제8항).

Answer　07. ③　08. ③　09. ⑤

행정사 문제집
행정법

Part_

04

행정구제법

01 국가배상

제1절 | 손해전보제도 개설

기본문제

01 손해전보제도에 대한 설명으로 틀린 것은?

① 불법행위에 의한 침해는 손해배상, 적법한 공권력 행사에 대한 희생은 손실보상제도가 적용된다.

② 손해배상제도는 단체주의적·배분적 정의에 입각한 데 반해, 손실보상제도는 개인주의적·평균적 정의에 입각하고 있다.

③ 손해배상제도는 고의·과실에 의한 손해전보제도이나, 손실보상은 고의·과실에 의한 침해를 요건으로 하지 않는다.

④ 손해배상제도는 발생된 손해의 종류를 불문하나, 손실보상은 재산권의 침해에 대한 보상에 국한된다.

⑤ 손해배상제도와 손실보상제도는 사후적 구제수단이라는 공통점이 있다.

02 보세공장의 운영자 B는 A세관장이 과도한 검사·단속·관세부과를 하고 있다고 판단하여 국민권익위원회에 고충민원을 신청하였다. 이에 관한 설명으로 옳지 않은 것은?

① 국민권익위원회는 B의 공장을 방문하여 현지에서 실지조사의 방법으로 고충민원을 조사할 수 있다.

② 국민권익위원회는 B의 고충민원 신청의 내용에 대하여 감사원에 감사를 의뢰할 수 있다.

③ 국민권익위원회가 조사 결과 A세관장의 조치가 위법하다고 판단하여 A세관장에게 시정을 요구한 경우에는 A세관장은 이에 따라야 한다.

④ 국민권익위원회는 고충민원을 처리함에 있어 A세관장에게 의견제출의 기회를 주어야 한다.

⑤ 국민권익위원회는 그 처리결과를 일반에 공표할 수 있다.

03 다음 중 행정상 손해전보에 관한 설명으로 가장 옳지 않은 것은?

① 손해배상은 개인주의적인 사상에 기초를 두고 있는 반면에 손실보상은 단체주의적인 사상에 기초를 두고 있다.

② 재산권에 내재하는 사회적 제약의 범위 내의 침해에 대해서는 손실보상을 해주지 않아도 된다.

③ 손실보상은 비재산상의 손해에 대해서도 보상을 하여야 한다.

④ 공용제한으로 인해 발생한 손실은 보상해 주지 않아도 되는 경우가 많다.

⑤ 수용유사적 침해와 가장 관련이 깊은 것은 공용제한이다.

01 ② 손해배상제도는 불법행위에 대한 원상회복을 통해 평균적 정의를 회복시키려는 개인주의적 책임제도임에 반해, 손실보상제도는 '공적부담 앞의 평등' 원칙하에 사회전체의 책임에 의한 조절적 보상을 통해 배분적 정의를 달성하려는 단체주의적 시각에 입각한다.

02 ③ 국민권익위원회는 고충민원에 대한 조사 결과 처분 등이 위법·부당하다고 인정할 만한 상당한 이유가 있는 경우에는 관계 행정기관 등의 장에게 적절한 시정을 권고할 수 있고, 권고를 받은 관계 행정기관 등의 장은 이를 존중하여야 하며, 그 권고 또는 의견을 받은 날부터 30일 이내에 그 처리결과를 권익위원회에 통보하여야 한다. 권고를 받은 관계 행정기관 등의 장이 그 권고내용을 이행하지 아니하는 경우에는 그 이유를 권익위원회에 문서로 통보하여야 한다(「부패방지 및 국민권익위원회의 설치와 운영에 관한 법률」 제46조, 제47조).
① 「부패방지 및 국민권익위원회의 설치와 운영에 관한 법률」 제42조
② 「부패방지 및 국민권익위원회의 설치와 운영에 관한 법률」 제51조
④ 「부패방지 및 국민권익위원회의 설치와 운영에 관한 법률」 제48조
⑤ 「부패방지 및 국민권익위원회의 설치와 운영에 관한 법률」 제53조

03 ③ 손실보상은 적법한 공권력 행사에 의한 재산상의 손해를 보상하는 제도이다. 비재산상의 손해는 손해배상이나 희생보상이라는 별도의 제도가 존재한다.
④·⑤ 공용제한은 재산권 행사에 대한 제한에 그치는 것으로 개별법상 손실보상규정이 없는 경우가 많다. 다만 특별한 희생으로 보이는 경우 수용과 유사하게 봐서 보상을 하여야 한다는 이론이 수용유사침해이론이다.

Answer 01. ② 02. ③ 03. ③

제2절 │ 국가배상

기본문제

01 우리나라 판례에서 「국가배상법」상 공무원에 해당하지 않는 자는?

① 판사   ② 전투경찰대원

③ 의용소방대원   ④ 시 청소차 운전사

⑤ 미군부대 카투사

02 「국가배상법」 제2조의 공무원에 대한 학설과 판례의 내용 중 옳지 않은 것은?

① 지방자치단체가 선정한 교통할아버지의 위탁범위를 넘은 교통정리로 인한 교통사고에 대해서는 지방자치단체는 배상책임이 없다.

② 판례에 의하면 소집 중인 향토예비군은 「국가배상법」상의 공무원이다.

③ 판례에 의하면 시영버스 운전사는 「국가배상법」상의 공무원이 아니다.

④ 「공무원법」상의 공무원만을 의미하지는 않는다.

⑤ 공무원으로 임용된 후 무효사유가 발견되더라도 그때까지 위탁받아 행한 직무행위에 대해서는 공무원의 행위로 본다.

03 다음 중 「국가배상법」상 배상책임의 주체가 될 수 없는 것은?

① 국가   ② 서울특별시

③ 경상남도   ④ 한국은행

⑤ 종로구

04 「국가배상법」 제2조 제1항의 '직무를 집행함에 당하여'에 관한 설명으로 가장 옳은 것은?

① 직접적인 공무원의 직무집행행위만을 의미한다.

② 행위자는 주관적으로 공무집행의 의사가 있어야 한다.

③ 판례는 공무원이 통상적으로 근무하는 근무지로 출근하기 위하여 자기 소유의 자동차를 운행하는 경우는 특별한 사정이 없는 한 직무행위에 해당되지 아니한다고 하였다.

④ 비록 직무와 밀접한 관련이 있다 할지라도 직무행위에 부수하여 행하여지는 행위는 직무행위에서 제외된다.

⑤ 현실적으로 정당한 권한 내의 행위이어야 한다.

05 우리나라 「국가배상법」 제2조가 규정하는 법령에 위반한 공무원의 직무집행에 대한 행정상 손해배상에 관한 설명으로 가장 타당한 것은?

① 공무원의 모든 행위가 대상이 된다.

② 위법행위를 한 모든 공무원은 구상권 행사의 대상이 된다.

③ 공무원의 고의에 의한 위법행위만 손해배상의 대상이 된다.

④ 법령에 위반한 경우의 법령에는 법의 일반원칙도 포함된다.

⑤ 공무원에게 직무상 부과된 작위의무의 불이행은 손해배상의 대상이 되지 않는다.

01 ③ 「국가배상법」상 공무원은 신분상 공무원 외에 널리 공무를 위탁받아 이에 종사하는 모든 자를 포함하는 넓은 의미의 공무원을 뜻한다. 의용소방대원은 국가기관이라 할 수 없고, 군에 예속된 기관이라고 할 수도 없다고 하여 「국가배상법」상 공무원성을 부정하는 것이 판례이다.

02 ① 지방자치단체가 선정한 교통할아버지도 「국가배상법」상 공무원에 해당하고 교통할아버지로 선정된 노인이 위탁받은 업무범위를 넘어 교차로 중앙에서 교통정리를 하다가 교통사고를 발생시킨 경우, 지방자치단체가 「국가배상법」 제2조 소정의 배상책임을 부담한다.
⑤ 사실상 공무원이론에 의하여 공무원 임용이 무효였더라도 무효가 발견되기 전까지의 행위는 효력이 발생할 수 있으므로 위법한 행위는 「국가배상법」상 불법행위를 구성한다는 것이 판례이다.

03 ④ 「국가배상법」은 배상책임자를 국가 또는 지방자치단체로 규정하고 있다. 따라서 한국은행과 같은 공공단체(영조물법인)는 「국가배상법」상의 배상책임자가 될 수 없고 「민법」에 의한 배상책임자가 된다. 즉, 지방자치단체가 아닌 공공단체(공공조합, 영조물법인, 공재단)가 배상책임자가 되는 경우에는 「민법」에 따라 청구하여야 한다.

04 ③ 판례는 공무원이 통상적으로 근무하는 근무지로 출근하기 위하여 자기 소유의 자동차를 운행하는 경우 객관적으로 직무가 개시된 것도 아니므로 직무관련성을 부정한다. 현실적으로 정당한 권한 행사인가 여부도 불문한다.
①·④ 직접적인 공무원의 직무집행행위뿐만 아니라 객관적으로 직무의 범위 내에 속하는 행위라고 인정되거나 직무와 밀접하게 관련된 행위라고 인정되는 경우를 포함한다.
② 직무관련성은 다수설과 판례가 객관설에 입각해서 가해자의 주관적인 공무집행의 의사는 요하지 않고 외형상 직무집행 중의 행위로 인정될 수 있는가로 판단한다.

05 ④ 법령위반의 범위는 성문법, 불문법뿐만 아니라 객관적으로 정당성을 결여한 행위를 뜻한다는 것이 다수설과 판례이다. 일반원칙도 포함된다.
① 공무원의 직무는 사경제 작용을 제외한 모든 국가작용을 의미한다.
② 위법행위를 한 공무원은 고의 또는 중과실에 의한 경우 구상권 행사의 대상이 된다.
③ 공무원의 고의 또는 과실에 의한 위법행위만 손해배상의 대상이 된다.
⑤ 부작위도 공무원의 직무행위에 포함된다.

Answer 01. ③ 02. ① 03. ④ 04. ③ 05. ④

06 「국가배상법」제2조에 의한 국가배상책임의 요건에 관한 설명으로 가장 옳지 않은 것은?

① 신분상의 공무원에 국한하지 않는다.

② 직무의 범위에는 권력적 작용만이 아니라 비권력적 작용도 포함된다.

③ 직무집행관련성은 행위 자체의 객관적 외관을 기준으로 판단한다.

④ 외국인이 피해자인 경우에는 해당 국가와 상호 조약을 체결한 경우에만 적용한다.

⑤ 반사적 이익의 침해는 포함되지 않는다.

07 행정상 손해배상에 관한 설명 중 옳지 않은 것은? (다툼이 있는 경우에는 판례에 의함)

① 실무상 국가배상소송은 민사소송으로 행해지고 있다.

② 법령에 의해 대집행 권한을 위탁받은 한국토지주택공사는 「국가공무원법」제2조에서 말하는 공무원에 해당하지 아니한다.

③ 입법행위로 인한 손해에 대한 국가배상청구에서 법률이 위헌인 경우 그러한 입법행위는 곧 「국가배상법」상의 직무상 위법행위가 된다.

④ 「국가배상법」은 행정작용뿐만 아니라 입법작용 및 사법(司法)작용에도 적용된다.

⑤ 국가배상에서의 인과관계는 「민법」상 불법행위 책임에서의 그것과 동일하게 상당인과관계가 요구된다.

08 이중배상금지의 원칙에 대한 설명으로 옳지 않은 것은?

① 군인·군무원·경찰공무원 또는 향토예비군대원이 직무집행과 관련하여 받은 손해에 대해 다른 법령규정에 의해 보상을 지급받을 수 있는 경우 국가배상청구가 금지된다.

② 향토예비군을 이중배상제도의 대상자로 규정한 것은 합헌이라는 것이 헌법재판소의 입장이다.

③ 공익근무요원은 이중배상금지가 적용되는 군인에 해당된다.

④ 경비교도로 임용된 자는 「국가배상법」소정의 군인 또는 경찰공무원에 해당하지 않는다.

⑤ 전투경찰순경으로 임용된 자는 이중배상금지가 적용되는 경찰공무원에 해당한다.

09 「국가배상법」 제2조 제1항 단서의 이중배상금지에 관한 설명으로 옳지 않은 것은? (다툼이 있으면 판례에 따름)

① 피해자가 군인·군무원·경찰공무원 또는 예비군대원이어야 한다.

② 「국가배상법」에 따라 손해배상을 받았다는 점을 들어 보상금 등 보훈급여금의 지급을 거부할 수 있다.

③ 전투·훈련 또는 이에 준하는 직무집행 뿐만 아니라 일반 직무집행에 관하여도 적용된다.

④ 전투훈련 중 민간인이 군인과 공동불법행위를 한 경우 민간인은 자신의 부담 부분만을 피해 군인에게 배상하면 된다는 것이 대법원판례의 입장이다.

⑤ 전투·훈련 등 직무집행과 관련하여 전사·순직하거나 공상을 입은 손해에 한한다.

10 다음 중 「국가배상법」상 영조물에 해당하지 않는 것은?

① 국립병원 ② 공립학교교사(校舍)
③ 일반재산 ④ 경찰마
⑤ 경찰견

---

06 ④ 외국인이 피해자인 경우에는 해당 국가와 상호 보증이 있을 때에만 적용한다(「국가배상법」 제7조).

07 ③ 입법행위도 「국가배상법」상의 직무행위에 해당한다. 그러나 입법행위로 인한 손해에 대한 국가배상청구에서 법률이 위헌인 경우에도 그것만으로 곧바로 입법행위가 「국가배상법」상의 직무상 위법행위가 된다고 할 수는 없다. 입법기관의 고의 또는 과실이 입증되어야 하기 때문인데, 이는 현실적으로 어려운 문제이다.

08 ③·④·⑤ 공익근무요원은 그 소속이 국방부나 행정안전부 소속이 아니므로 이중배상금지가 적용되는 군인 또는 경찰공무원에 해당하지 않는다는 것이 판례의 입장이다. 경비교도대원도 그 소속이 법무부에 속하는 것으로 군인 또는 경찰공무원이 아니라는 입장이다. 전투경찰대원은 경찰공무원의 지휘를 받는 자이므로 이중배상금지가 적용되는 경찰공무원에 해당한다.

09 ② 「국가배상법」에 따라 손해배상을 받았다는 점을 들어 보상금 등 보훈급여금의 지급을 거부할 수 없다(대판 2017.2.3. 2015두60075).

10 ③ 「국가배상법」 제5조상의 영조물은 행정주체에 의해 공공의 목적으로 사용되는 유체물 및 관리할 수 있는 자연력인 공물을 의미한다. 국가 또는 지방자치단체의 소유의 물건이라도 공물이 아닌 사물은 영조물에 해당하지 않는다. 국유재산 중 일반재산은 사경제작용의 물건으로 공물에 포함되지 않는다.

Answer
06. ④   07. ③   08. ③   09. ②   10. ③

11 영조물의 설치·관리 하자에 의한 국가배상책임에 관한 설명으로 옳지 않은 것은?

① 「국가배상법」상의 영조물은 학문상 공물과 같은 의미로 해석하는 것이 통설이다.

② 영조물의 설치·관리 하자 유무를 객관적 견지에서 본 안전성의 문제로 판단하는 객관설이 종래의 판례 입장이다.

③ 안전성의 결여에 관하여 관리자의 과실은 요하지 않으나, 하자의 존재 자체는 필요하다.

④ 배상의 범위는 영조물의 하자와 상당인과관계에 있는 모든 손해이다.

⑤ 영조물의 설치·관리 하자로 인한 손해배상의 경우 피해자의 위자료청구는 포함되지 않는다.

12 「국가배상법」 제5조의 손해배상책임에 관한 설명으로 옳지 않은 것은? (다툼이 있는 경우에는 판례에 의함)

① 영조물의 설치·관리의 하자라 함은 공공의 영조물이 일반적으로 갖추어야 할 안전성을 결한 상태를 말한다.

② 공공의 영조물이라 함은 국가 또는 지방자치단체에 의하여 특정 공공의 목적에 공여된 유체물 내지 물적 설비를 말하며, 국가 또는 지방자치단체가 소유권, 임차권 그 밖의 권한에 기하여 관리하고 있는 경우뿐만 아니라 사실상 관리하고 있는 경우도 포함된다.

③ 「국가배상법」 제5조의 손해배상책임은 동법 제2조의 책임과 같이 과실책임주의로 규정되어 있다.

④ 불가항력 등 영조물 책임의 감면사유가 있는 경우에도 공무원의 과실로 피해가 확대된 경우에는 그 한도 내에서 「국가배상법」 제2조의 배상책임이 인정된다.

⑤ 영조물의 하자로 인한 손해의 원인에 대하여 책임을 질 자가 따로 있을 때에는 국가 또는 지방자치단체는 그 자에 대하여 구상할 수 있다.

13 「국가배상법」상 배상청구에 대한 설명으로 옳지 않은 것은?

① 공무원의 선임·감독을 맡은 자와 공무원의 봉급·급여, 그 밖의 비용을 부담하는 자가 동일하지 아니하면 그 비용을 부담하는 자는 손해배상책임을 지지 않는다.

② 공무원이 고의 또는 중대한 과실이 있는 때에는 국가 또는 지방자치단체는 그 공무원에게 구상할 수 있다.

③ 「국가배상법」 제3조상의 배상기준은 배상액의 상한을 제한한 것으로 볼 수 없다는 것이 판례이다.

④ 「국가배상법」상 손해배상의 소송은 배상심의회에 배상신청을 하지 아니하고도 이를 제기할 수 있다.

⑤ 배상심의회의 배상결정을 받은 신청인은 지체 없이 그 결정에 대한 동의서를 첨부하여 국가 또는 지방자치단체에 대하여 배상금지급을 청구하여야 한다.

---

11 ⑤ 영조물 하자로 인한 책임도 「국가배상법」에 의한 책임이 발생하는 것이므로 재산상·비재산상 손해가 모두 포함된다. 정신적 피해에 대한 위자료도 포함된다.
② 종래 판례는 영조물 하자에 대해 관리자의 관리의무를 요하지 않는다는 객관설적 입장이었으나 최근에는 관리자의 손해발생에 대한 객관적 예견가능성 및 회피가능성이라는 주관적 요소를 개입시켜 판단하고 있다.

12 ③ 「국가배상법」 제5조의 손해배상책임은 동법 제2조의 책임과 달리 영조물관리자의 고의 또는 과실을 요건으로 하고 있지 않으므로 무과실책임주의로 규정되어 있다(통설 및 판례). 다만, 판례는 영조물의 결함이 영조물의 설치 또는 관리자의 관리행위가 미칠 수 없는 상황 아래에 있었던 경우 그 하자를 인정할 수 없다고 보고 있다.

13 ① 국가나 지방자치단체가 손해를 배상할 책임이 있는 경우에 공무원의 선임·감독 또는 영조물의 설치·관리를 맡은 자와 공무원의 봉급·급여, 그 밖의 비용 또는 영조물의 설치·관리 비용을 부담하는 자가 동일하지 아니하면 그 비용을 부담하는 자도 손해를 배상하여야 한다.

Answer   11. ⑤   12. ③   13. ①

14 「국가배상법」 제2조에 대한 다음 설명 중 타당하지 않은 것은? (다툼이 있으면 판례에 의함)

① 과실이란 '공무원이 그 직무를 수행함에 있어 당해 직종과 지위에 있는 평균적 공무원이 보통(통상) 갖추어야 할 주의의무를 게을리 한 것'이라고 본다.

② '가해 공무원을 특정할 것'은 「국가배상법」 제2조에 의한 책임의 성립요건이 아니다.

③ 피해자가 직무집행행위가 아니라는 것을 안 경우에는 「국가배상법」 제2조에 의한 책임은 성립할 수 없다.

④ 손해는 공무원의 가해행위에 의해 발생한 '법익침해로서의 불이익'을 말한다.

⑤ '반사적 이익'의 침해는 손해에 포함되지 않는다.

심화문제

15 「국가배상법」 제2조의 배상책임에 관한 설명으로 옳지 않은 것은? (다툼이 있는 경우에는 판례에 의함)

① 공무원에는 널리 공무를 위탁받아 실질적으로 공무에 종사하고 있는 일체의 자가 포함되지만, 공무의 위탁이 일시적이고 한정적인 사항에 관한 활동을 위한 것인 경우에는 공무원에 해당하지 않는다.

② 국가 또는 공공단체라 할지라도 사경제의 주체로 활동하였을 경우에는 그 손해배상의 책임에 「국가배상법」의 규정이 적용될 수 없고 「민법」이 적용된다.

③ 공무원의 직무상 의무는 명문의 규정이 없는 경우에도 관련규정에 비추어 조리상 인정될 수 있다.

④ 법령 위반에는 엄격한 의미의 법령 위반뿐만 아니라 인권존중, 권력남용금지, 신의성실, 공서양속 등의 위반도 포함된다.

⑤ 항고소송에서 처분이 취소되었다는 것만으로 곧바로 공무원의 고의 또는 과실로 인한 것으로 불법행위를 구성한다고 단정할 수 없다.

16 「국가배상법」제2조의 배상책임에 관한 설명으로 옳지 않은 것은?

① 오늘날 국가나 지방자치단체가 단순한 사경제의 주체로서 하는 작용은 직무행위의 범위에 포함되지 아니한다는 것이 통설과 판례의 입장이다.

② 헌법재판관이 청구기간 내에 제기된 헌법소원심판청구사건에서 청구기간을 오인하여 각하결정을 한 경우, 이에 대한 불복절차 내지 시정절차가 없는 때에는 국가배상책임이 인정된다.

③ 공무원의 고의 또는 과실을 요건으로 하며, 과실에는 중과실은 물론 경과실도 포함된다.

④ 피해자가 받은 손해에는 적극적 손해와 소극적 손해는 물론 위자료도 포함된다.

⑤ 대집행을 수권받은 한국토지주택공사도 「국가배상법」상의 공무원에 해당한다.

Part 04

---

14 ③ '직무를 집행하면서' 행한 행위인지의 여부는 행위의 외관·외형을 기준으로 판단하여야 한다는 외형설(외관설)이 통설·판례이다. 통설·판례에 의할 때 '직무를 집행하면서' 행한 행위인지의 여부는 공무원의 정당한 권한 내의 행위인지 아닌지 또는 공무원이 직무집행의 의사를 가지고 있었는지 그렇지 아니한지와는 관계없이, 객관적으로 직무행위의 외관을 갖추고 있느냐 아니냐에 따라 판단된다. 따라서 객관적으로 직무행위의 외관을 갖추고 있다면, 공무원의 권한 밖의 행위라 하더라도 그리고 공무원에게 직무집행의 의사가 없었다 하더라도 직무관련성이 인정된다. 또한 객관적으로 직무행위의 외관을 갖추고 있다면 피해자가 직무집행행위가 아니라는 것을 알았다 하더라도 직무관련성이 인정되고 따라서 국가배상책임이 성립할 수 있게 된다.

15 ① 종래 「국가배상법」상 공무원에 대해 판례는 공무원으로서의 신분을 가진 자에 국한하지 않고, 널리 공무를 위탁받아 실질적으로 공무에 종사하고 있는 일체의 자를 가리키는 것으로서, 공무의 위탁이 일시적이고 한정적인 사항에 관한 활동을 위한 것도 포함한다는 입장이었다. 최근에는 「국가배상법」을 개정하여 공무수탁사인을 「국가배상법」상 가해자로 명시하고 있다.

16 ⑤ 대집행을 수권받은 한국토지주택공사는 공무인 대집행을 실시함에 따르는 권리·의무 및 책임이 귀속되는 행정주체의 지위에 있다고 볼 것이지 지방자치단체 등의 기관으로서 「국가배상법」제2조 소정의 공무원에 해당한다고 볼 것은 아니다(대판 2010.1.28., 2007다82950).

Answer
14. ③   15. ①   16. ⑤

17 국가배상과 관련하여 가장 적절하지 않은 것은? (다툼이 있으면 판례에 의함)

① 공법인이 국가로부터 위탁받은 공행정사무를 집행하는 과정에서 공법인은 행정주체의 지위에서 배상책임을 부담하고, 공법인의 임직원이나 피용인은 「국가배상법」 제2조의 공무원에 해당한다.

② '교통할아버지'로 선정된 노인이 위탁받은 공무범위를 넘어 교차로 중앙에서 교통정리를 하다가 교통사고를 발생시킨 경우, 지방자치단체가 「국가배상법」 제2조 소정의 배상책임을 부담한다.

③ 시청 소속 공부원이 시장을 (구)부패방지위원회에 부패혐의사로 신고한 후 동사무소로 전보된 경우, 사회통념상 용인될 수 없을 정도로 객관적 상당성을 결여하였으므로 불법행위를 구성한다.

④ 구청 세무과 소속 공무원 甲이 乙에게 무허가 건물 세입자들에 대한 시영아파트 입주권 매매행위를 한 경우 외형상 직무범위 내의 행위라고 볼 수 없다.

⑤ 공무원에게 부과된 직무상의 의무의 내용이 단순히 공공일반의 이익을 위한 것이거나 행정기관내부의 질서를 유지하기 위한 것이라면 그 직무위반에 대하여 배상책임이 없다.

18 국가배상제도에 대한 설명으로 적절한 것끼리 짝지어진 것은? (다툼이 있는 경우에는 판례에 따름)

> ㉠ 국회의원은 입법에 관하여 국민 전체에 대한 관계에서 정치적 책임을 질 뿐 국민 개개인의 권리에 대해 법적 의무를 지는 것은 아니므로 국회의원이 입법작용과 관련하여 국가배상책임을 지는 경우는 발생할 여지가 없다.
>
> ㉡ 공무원의 직무행위에 해당하기 위해서는 객관적으로 직무행위로 보여지면 족하고, 실질적으로 직무행위가 아니었다거나 주관적으로 공무집행의 의사가 존재하여야 하는 것은 아니다.
>
> ㉢ 지방자치단체가 관할 동장으로 하여금 '교통할아버지' 봉사원을 선정하여 어린이 보호, 교통안내 등의 공무를 위탁하여 이를 집행하게 하였다면 '교통할아버지'는 「국가배상법」 제2조에 규정된 공무원에 해당한다.
>
> ㉣ 법령에 대한 해석이 복잡한 경우 공무원이 주의의무를 다하여 어느 한 견해를 취하였다 하더라도 결과적으로 잘못된 해석이었다면 그에 따른 처리에 대하여 배상책임이 있다.

① ㉠, ㉡   ② ㉠, ㉢

③ ㉡, ㉢   ④ ㉡, ㉣

⑤ ㉠, ㉣

19 「국가배상법」 제2조의 국가배상책임 요건에 대한 설명으로 옳은 것은?

① '직무행위'와 관련하여 국회의원의 입법행위는 그 입법내용이 「헌법」의 문언에 명백히 위반된 경우에는 입법기관의 국가배상책임을 인정하는 데 별다른 어려움이 없다.

② '직무행위'의 범위에는 원칙적으로 공법상 권력작용을 중심으로 하여 공법상 비권력적작용을 포함하는 것이므로 준법률행위적 행정행위나 사실행위, 부작위는 포함되지 않는다.

③ 해당 공무원이 관계 법규를 알지 못하거나 필요한 지식을 갖추지 못하고 법규의 해석을 그르쳐 행정처분을 하였다 하더라도 그가 법률전문가가 아닌 한 고의나 과실이 있다고 볼 수는 없다.

④ 판례에 의하면 어떠한 행정처분이 항고소송에서 취소가 확정되었다 할지라도 그 자체만으로 해당 처분이 공무원의 고의 또는 과실로 인한 불법행위를 구성한다고 단정할 수 없다.

⑤ 법관의 재판은 법령의 규정을 따르지 아니한 잘못이 있는 경우 곧바로 그 재판상 직무행위가 「국가배상법」상의 위법한 행위가 되어 국가의 손해배상책임이 발생한다.

Part 04

🔲

17 ③ 시청 소속 공무원이 시장을 부패방지위원회에 부패혐의자로 신고한 후 동사무소로 하향 전보된 사안에서 그 전보인사 조치는 해당 공무원에 대한 다면평가 결과 원활한 업무 수행의 필요성 등을 고려하여 이루어진 것으로 볼 여지도 있으므로, 사회통념상 용인될 수 없을 정도로 객관적 상당성을 결여하였다고 단정할 수 없어 불법행위를 구성하지 않는다는 것이 판례이다(대판 2009.5.28. 선고 2006다16215).

18 ③ 옳은 지문은 ○·□이다.
○ [×] 국회의원의 입법작용에 대해서는 원칙적으로 국회의원은 국민 전체에 대한 관계에서 정치적 책임을 질 뿐 국민 개개인의 권리에 대응하여 법적 의무를 지지 않는 것이지만, 그 입법 내용이 「헌법」의 문언에 명백히 위반됨에도 불구하고 국회가 굳이 해당 입법을 한 것과 같은 특수한 경우에는 위법행위를 인정할 여지도 있다는 것이 판례이다.
□ [×] 일반행정직 공무원이 법령해석을 잘못한 경우 원칙적으로 과실이 인정되나 법령에 대한 해석이 복잡하여 이에 대한 선례나 학설 또는 판례가 없고 어느 한 견해를 취해서 판단한 것이 결과적으로 잘못된 해석이 된 경우에는 과실이 없다는 것이 판례이다.

19 ④ 대판 2000.5.12. 99다70600
① 국회의원의 입법행위는 그 입법내용이 「헌법」의 문언에 명백히 위반된 것임에도 불구하고 굳이 입법한 경우 위법성을 인정할 여지가 있으나 그것만으로 입법기관의 국가배상책임을 인정하기는 어려운 문제가 있다. 과실과 인과관계의 입증상의 곤란함이 있기 때문이다.
② 직무범위에는 사경제작용을 제외한 모든 공행정작용이 포함되고 이에는 권력작용, 비권력작용, 사실행위와 부작위가 모두 포함된다.
③ 공무원이 직무를 집행함에 있어서 관계법규를 알지 못하거나 필요한 지식을 갖추지 못하여 법규의 해석을 그르쳐 잘못된 행정처분을 한 경우 그가 법률전문가가 아닌 행정직 공무원이라고 하여도 과실이 인정된다는 것이 판례이다.
⑤ 법관의 재판에 대한 국가배상이 인정되기 위해서는 법관의 위법 또는 부당한 목적을 가지고 재판을 하였다는 등의 그에게 부여된 권한의 취지에 명백히 어긋나게 권한을 행사하였다고 인정할 만한 특별한 사정이 있어야 한다.

Answer／   17. ③   18. ③   19. ④

20 운전병인 군인 甲은 전투훈련 중 같은 부대 소속 군인 丙을 태우고 군용차량을 운전하여 훈련지로 이동하다가 민간인 乙이 운전하던 차량과 쌍방과실로 충돌하였고, 이로 인해 군인 丙이 사망하였다. 이 경우 손해배상책임 및 구상권에 관한 설명 중 옳지 않은 것은? (단, 자동차손해보험과 관련된 법적 책임은 고려하지 않음)

① 현행법상 丙의 유족이 다른 법령에 따라 유족연금 등 보상을 받은 경우에는 국가배상 청구를 할 수 없다.

② 대법원은 甲이 고의·중과실이 있는 경우에만 丙의 유족에 대한 손해배상책임을 부담하고, 甲에게 경과실만 인정되는 경우에는 丙의 유족에 대한 손해배상책임을 부담하지 않는다고 보았다.

③ 대법원은 공동불법행위의 일반적인 경우와 달리 乙은 자신의 부담부분만을 丙의 유족에게 배상하면 된다고 하였다.

④ 대법원은 만일 乙이 손해배상액 전부를 丙의 유족에게 배상한 경우에는 자신의 귀책부분을 넘는 금액에 대해 국가에 구상청구를 할 수 있다고 하였다.

⑤ 헌법재판소는 乙이 공동불법행위자로서 丙의 유족에게 전액 손해배상한 후에 甲의 부담부분에 대해 국가에 구상청구하는 것을 부인하는 것은 「헌법」상 국가배상청구권 규정과 평등의 원칙을 위반하는 것이며, 비례의 원칙에 위배하여 재산권을 침해하는 것이라고 판시하였다.

21 행정상 손해배상에 관한 설명으로 옳지 않은 것은 몇 개인가? (다툼이 있는 경우 판례에 의함)

> ㉠ 법령해석에 여러 견해가 있어 관계 공무원이 신중한 태도로 어느 일설을 취하여 처분한 경우, 위법한 것으로 판명되었다 하더라도 그것만으로 배상책임을 인정할 수 없다.
> ㉡ 법령에 명시적으로 공무원의 작위의무가 규정되어 있지 않은 경우라 할지라도 공무원의 부작위로 인한 국가배상을 인정할 수 있다.
> ㉢ 실질적으로 직무행위가 아니거나 또는 직무행위를 수행한다는 행위자의 주관적 의사가 없는 공무원의 행위는 「국가배상법」상 공무원의 직무행위가 될 수 없다.
> ㉣ 「국가배상법」상 과실을 판단할 경우 보통 일반의 공무원을 그 표준으로 하고 반드시 누구의 행위인지 가해공무원을 특정하여야 한다.
> ㉤ 재판행위로 인한 국가배상에 있어서 위법은 판결자체의 위법이 아니라 법관의 공정한 재판을 위한 직무수행상 의무의 위반으로서의 위법이다.
> ㉥ 서울특별시 강서구 교통할아버지사건과 같은 경우 공무를 위탁받아 이를 수행하는 일반 사인(私人)은 「국가배상법」 제2조 제1항에 따른 공무원이 될 수 없다.

① 2개   ② 3개   ③ 4개
④ 5개   ⑤ 6개

22 **행정상 손해배상에 관한 판례의 내용 중 옳은 것은?**

① 고속도로의 관리상 하자가 인정되는 이상 고속도로의 점유관리자는 그 하자가 불가항력에 의한 것이거나 손해의 방지에 필요한 주의를 해태하지 아니하였다는 점을 주장·입증하여야 비로소 그 책임을 면할 수 있다.

② 어떠한 행정처분이 후에 항고소송에서 취소된 경우에는 그 기판력에 의하여 당해 행정처분이 공무원의 고의 또는 과실로 인한 것으로서 불법행위를 구성한다.

③ 재판에 대하여 불복절차 내지 시정절차 자체가 없더라도 부당한 재판으로 인하여 불이익 내지 손해를 입은 사람에게 국가배상청구는 허용되지 않는다.

④ 세관공무원들의 공무원증 및 재직증명서 발급업무를 하는 공무원이 세관의 다른 공무원의 공무원증 등을 위조하는 행위는 실질적으로 직무행위에 속하지 아니하므로, 「국가배상법」 제2조 제1항 소정의 '공무원이 직무를 집행하면서'에 해당하는 직무행위로 인정되지 않는다.

⑤ 현역병으로 입영한 후 군사교육을 마치고 경비교도로 전임되어 근무하는 자는 「국가배상법」 제2조 제1항 단서 소정의 군인 또는 경찰공무원에 해당하므로 국가배상청구권에 제한을 받는다.

📖

20 ④·③·⑤ 대법원은 乙의 배상책임은 자신의 귀책비율에 따른 부분만큼으로 한정된다고 보고, 만일 乙이 손해배상액 전부를 丙의 유족에게 배상한 경우에는 자신의 귀책부분을 넘는 금액에 대해 국가에 구상청구를 할 수 없다고 하였다. 한편 이와 달리 헌법재판소는 乙이 손해배상액 전부를 丙의 유족에게 배상한 경우 자신의 귀책부분을 넘는 금액에 대해 국가에 구상청구를 할 수 있다는 입장이다.
① 「국가배상법」 제2조 제1항 단서

21 ② 틀린 지문은 ⓒ·ⓔ·ⓗ이다.
ⓒ 직무행위는 객관적·외형적으로 판단하므로 실질적으로 직무행위가 아니거나 가해자인 공무원에게 직무집행의사가 없더라도 「국가배상법」상 공무원의 직무행위가 될 수 있다.
ⓔ 가해공무원이 누구인가가 판명되지 않더라도 손해의 발생상황으로 보아 공무원의 행위에 의한 것이 인정되면 국가는 배상책임을 지게 된다. 과실을 증명함에 있어 가해공무원의 특정이 필수적인 것은 아니다.
ⓗ 공무수탁자도 「국가배상법」상 공무원에 해당한다고 현행법상 명문으로 규정하고 있다.

22 ① 고속도로 관리상의 하자는 점유관리자가 손해방지에 필요한 주의를 해태하지 않았다는 것을 입증하여야 면책된다.
② 어떤 처분이 항고소송에서 취소되었다고 하여 곧바로 공무원의 고의 또는 과실에 의한 불법행위를 인정할 수는 없다는 것이 판례이다.
③ 재판에 대하여 불복절차 내지 시정절차 자체가 없는 경우에는 부당한 재판으로 인하여 불이익 내지 손해를 입은 사람은 국가배상 이외의 방법으로는 자신의 권리 내지 이익을 회복할 방법이 없으므로, 이와 같은 경우에는 배상책임의 요건이 충족되는 한 국가배상책임을 인정하지 않을 수 없다.
④ 세관공무원들의 공무원증 및 재직증명서 발급업무를 하는 공무원이 세관의 다른 공무원의 공무원증 등을 위조하는 행위는 실질적으로 직무행위에 속하는 행위로 국가배상책임이 인정된다.
⑤ 경비교도로 전임되어 근무하는 자는 「국가배상법」 제2조 제1항 단서 소정의 군인 또는 경찰공무원에 해당하지 않는다는 것이 판례이다.

Answer   20. ④   21. ②   22. ①

23 국가배상책임에 대한 판례의 설명으로 옳지 않은 것은?

① 국가나 지방자치단체의 사경제작용으로 인해 발생한 손해에 대해서는 「국가배상법」이 적용될 수 없다.

② 공익근무요원은 「국가배상법」 제2조 제1항 단서의 규정에 의하여 「국가배상법」상 손해배상청구가 제한되는 공무원에 해당하지 않는다.

③ 민간인과 직무집행 중인 군인의 공동불법행위로 인하여 직무집행 중인 다른 군인이 피해를 입은 경우, 민간인이 공동불법행위자로 부담하는 책임은 공동불법행위의 일반적 경우와는 달리 모든 손해에 대한 것이 아니라 귀책비율에 따른 부분으로 한정된다는 것이 대법원의 입장이다.

④ 행정청이 관계 법령의 해석이 확립되기 전에 어느 한 설을 취하여 업무를 처리한 것이 결과적으로 위법하게 되어 그 법령의 부당집행이라는 결과를 빚었다고 하더라도 처분 당시 그와 같은 처리방법 이상의 것을 성실한 평균적 공무원에게 기대하기 어려웠던 경우라면 특별한 사정이 없는 한 이를 두고 공무원의 과실로 인한 것이라고는 볼 수 없다.

⑤ 국가 또는 지방자치단체가 법령이 정하는 상수원수 수질기준유지의무를 다하지 못하고, 법령이 정하는 고도의 정수처리방법이 아닌 일반적 정수처리방법으로 수돗물을 생산·공급하였다면 그 수돗물을 마신 개인에 대하여 손해배상책임을 부담한다.

24 「국가배상법」 제5조상의 영조물 하자 책임에 대한 설명으로 옳지 않은 것은? (다툼이 있는 경우 판례에 의함)

① 「국가배상법」 제5조 제1항의 '공공의 영조물'이라 함은 국가 또는 지방자치단체에 의하여 특정 공공의 목적에 공여된 유체물 내지 물적 설비라고 보는 것이 판례의 입장이다.

② 판례는 사격장에서 발생하는 소음 등으로 지역주민들이 입은 피해가 수인한도를 넘는 경우 사격장의 설치 또는 관리에 하자가 있다고 한다.

③ 다른 자연적 사실이나 제3자의 행위 또는 피해자의 행위와 경합하여 손해가 발생하였더라도 영조물의 설치·관리상의 하자에 의하여 발생한 것이라고 보아야 한다.

④ 국가 또는 지방자치단체가 소유권, 임차권, 그 밖에 기하여 관리하고 있는 경우뿐만 아니라 사실상의 관리를 하고 있는 경우도 포함된다.

⑤ 지방자치단체장이 설치하여 관할 지방경찰청장에게 관리권한이 위임된 교통신호기의 고장으로 교통사고가 발생한 경우에는 국가는 배상책임을 지지 않는다.

25 다음 중 「국가배상법」상 영조물의 하자로 인한 배상책임에 관한 판례의 태도와 부합하지 않은 것은?

① 공물 자체에 있는 물리적·외형적 흠결이나 불비로 인하여 그 이용자에게 위해를 끼칠 위험성이 있는 경우뿐만 아니라 그 영조물이 공공의 목적에 이용됨에 있어 그 이용상태 및 정도가 일정한 한도를 초과하여 제3자에게 사회통념상 참을 수 없는 피해를 입히는 경우까지 포함된다.

② 재정사정은 참작사유에는 해당할지언정 안전성을 결정지을 절대적 요건에는 해당되지 않는다.

③ 집중호우로 제방도로가 유실되면서 그곳을 걸어가던 보행자가 강물에 휩쓸려 익사한 경우, 사고 당일의 집중호우가 50년 빈도의 최대강우량에 해당한다면 불가항력에 기인한 것으로 볼 수 있다.

④ 안전성의 구비 여부를 판단함에 있어서는 제반사정을 종합적으로 고려하여 설치·관리자가 그 영조물의 위험성에 비례하여 사회통념상 일반적으로 요구되는 정도의 방호조치 의무를 다하였는지 여부를 그 기준으로 삼아야 한다.

⑤ 가변차로에 설치된 2개의 신호등에서 서로 모순된 신호가 들어오는 오작동이 발생하였고 그 고장이 현재의 기술수준상 부득이하다는 사정만으로 영조물의 하자가 면책되는 것은 아니다.

📖

23 ⑤ 국가 등에게 일정한 기준에 따라 상수원수의 수질을 유지하여야 할 의무를 부과하고 있는 법령의 규정은 국민에게 양질의 수돗물이 공급되게 함으로써 국민 일반의 건강을 보호하여 공공 일반의 전체적인 이익을 도모하기 위한 것이지, 국민 개개인의 안전과 이익을 직접적으로 보호하기 위한 규정이 아니므로, 지방자치단체가 상수원수의 수질기준에 미달하는 하천수를 취수하여 고도의 정수처리가 아닌 일반적 정수처리 후 수돗물을 생산·공급하였다고 하더라도, 그렇게 공급된 수돗물이 음용수 기준에 적합하고 몸에 해로운 물질이 포함되어 있지 아니한 이상, 지방자치단체의 위와 같은 수돗물 생산·공급행위가 국민에 대한 불법행위가 되지 아니한다(대판 2001.10.23. 99다36280).

24 ⑤ 영조물의 설치·관리자와 비용부담자가 다른 경우에 그 비용을 부담하는 자도 손해를 배상하여야 한다. 교통신호기를 관리하는 지방경찰청장 산하 경찰관들에 대한 봉급을 부담하는 국가도 「국가배상법」 제6조 제1항에 의한 배상책임을 부담한다(대판 1999.6.25. 99다11120).
③ 다른 자연적 사실이나 제3자의 행위 또는 피해자의 행위와 경합하여 손해가 발생하였더라도 영조물의 설치·관리상의 하자에 의한 손해가 인정된다면 국가나 지방자치단체는 배상책임을 져야 한다.

25 ③ 집중호우로 제방도로가 유실되면서 그곳을 걸어가던 보행자가 강물에 휩쓸려 익사한 경우, 사고 당일의 집중호우가 50년 빈도의 최대강우량에 해당한다는 사실만으로 불가항력에 기인한 것으로 볼 수 없으므로 제방도로의 설치·관리상의 하자를 인정해야 한다(대판 2000.5.26. 99다53247).
⑤ 가변차로에 설치된 두 개의 신호기에서 서로 모순되는 신호가 들어오는 고장을 예방할 방법이 없음에도 그와 같은 신호기를 설치하여 그와 같은 고장을 발생하게 한 것이라면 면책되지 않는다(대판 2001.7.27. 2000다56822).

Answer 23. ⑤   24. ⑤   25. ③

26 국가배상에 대한 설명 중 옳지 않은 것은? (다툼이 있는 경우 판례에 의함)

① 영조물의 설치·관리를 맡은 자와 영조물의 설치·관리 비용을 부담하는 자가 동일
하지 아니하면 그 비용을 부담하는 자도 손해를 배상하여야 한다.

② 경과실로 불법행위를 한 공무원이 피해자에게 손해를 배상하였다면 이는 타인의 채무
를 변제한 경우에 해당하므로 피해자는 공무원에게 이를 반환할 의무가 있다.

③ 공무원이 직무상 자동차를 운전하다가 사고를 일으킨 경우 그 공무원이 「자동차손해
배상보장법」상 운행자에 해당하는 경우 경과실이라도 손해배상의 책임이 있다.

④ 「국가배상법」 제5조에는 국가나 지방자치단체에 대해 점유자로서 면책사유에 대한
명문의 규정이 없다.

⑤ 국가의 철도운행사업과 관련하여 발생한 사고로 인한 손해배상청구에 관해 공무원의
직무상 과실이 인정되는 경우 일반 「민법」이 적용되지만, 철도 시설물의 하자로 인한
불법행위의 경우 「국가배상법」이 적용된다.

27 국가배상책임에 관한 설명으로 옳은 것은?

① 「국가배상법」이 정하는 배상기준의 성격에 대하여 판례는 한정액설을 취함으로써
「국가배상법」이 정하는 배상금액 이상의 배상을 인정하지 아니한다.

② 피해자가 손해를 입은 동시에 이익을 얻은 경우 이를 공제할 수 없으며, 이것은 「국가
배상법」이 가지는 생계보장적 성격에서 타당하다.

③ 사실상 군민의 통행에 제공되고 있던 도로는 「국가배상법」 소정의 공공의 영조물에
해당하지 않는다.

④ 국가배상청구권의 소멸시효기간은 피해자나 그 법정대리인이 손해 및 가해자를 안 날
로부터 10년이다.

⑤ 판례에 따르면 「국가배상법」상 배상심의회에 의한 배상결정은 항고소송의 대상이 되는
행정처분에 해당한다.

28 다음 중 국가배상에 대한 설명으로 타당한 것은? (다툼이 있는 경우 판례에 의함)

① 피해자는 법원에 손해배상청구소송을 제기하기에 앞서, 배상심의회에 배상신청을 하여야 한다.

② 공무원이 관계법규를 알지 못하였다거나 필요한 지식을 갖추지 못하여 법규의 해석을 그르쳐 어떤 행정처분을 하였더라도 특별한 사정이 없는 한, 공무원의 과실은 인정되지 않는다.

③ 영업허가취소처분이 행정심판에 의하여 재량권을 일탈한 위법한 처분임이 판명되어 취소되었다고 하더라도 그 처분이 당시 시행되던「공중위생법 시행규칙」에 정하여진 행정처분의 기준에 따른 것인 이상, 그 영업허가취소처분을 한 공무원에게 그와 같은 위법한 처분을 한 데 직무집행상의 과실이 있다고 할 수는 없다.

④ 행정처분이 후에 항고소송에서 취소되었다면 당해 행정처분은 곧바로 공무원의 고의 또는 과실로 인한 불법행위를 구성하게 된다.

⑤ 규제권한을 행사하지 않은 것이 직무상 의무를 위반하여 위법으로 되는 경우에도 특별한 사정이 없는 한, 과실은 인정되지 않는다.

---

26 ② 경과실이 있는 공무원이 피해자에 대하여 손해배상책임을 부담하지 아니함에도 피해자에게 손해를 배상하였다면 그것은 채무자 아닌 사람이 타인의 채무를 변제한 경우에 해당하고, 이는「민법」제469조의 '제3자의 변제' 또는「민법」제744조의 '도의관념에 적합한 비채변제'에 해당하여 피해자는 공무원에 대하여 이를 반환할 의무가 없다(대판 2014.8.20. 2012다54478).

27 ③ 사실상 군민의 통행에 제공되던 도로는 노선인정 기타 공용개시가 없었으면 이를「국가배상법」상 영조물이라 할 수 없다(대판 1981.7.7. 80다2478).
① 「국가배상법」이 정하는 배상기준의 성격에 대해서는 기준액설에 따라「국가배상법」이 정하는 배상금액 이상의 배상을 인정할 수 있다는 것이 판례이다.
② 피해자가 손해를 입은 동시에 이익을 얻은 경우에는 손해배상액에서 그 이익에 상당하는 금액을 빼야 한다(「국가배상법」제3조의 2 제1항).
④ 국가배상청구권의 소멸시효는「민법」규정을 준용하여 피해자나 그 법정대리인이 손해 및 가해자를 안 날로부터 3년이면 소멸시효가 완성된다(「국가배상법」제8조,「민법」제766조 제1항).
⑤ 판례는 배상심의회의 결정은 당사자를 구속하는 법적 효과가 없으므로 행정소송의 대상이 되는 행정처분이 될 수 없다고 한다.

28 ① 과거에는 법원에 손해배상청구소송을 제기하기에 앞서, 배상심의회에 배상신청을 해야 했지만(배상심의회의 결정전치주의), 현재는 배상심의회에 배상신청을 하지 않고도 법원에 손해배상청구소송을 제기할 수 있다(배상심의회 결정의 임의적 전치).
② 특별한 사정이 없는 한, 공무원의 과실이 인정된다. 다만, 법령에 대한 해석이 명백하지 아니하여 이에 대한 선례나 학설·판례도 귀일(歸一)된 바 없는 등의 특별한 사정이 있는 경우에 관계공무원이 그 나름대로 신중을 다하여 그중 어느 한 견해를 취한 경우라면, 설령 그것이 후에 대법원이 내린 입장과 같지 않아 결과적으로 그 해석이 잘못된 해석에 돌아간다 하더라도 공무원의 과실을 인정할 수는 없다.
④ 행정처분이 후에 항고소송에서 취소된 사실만으로 당해 행정처분이 곧바로 공무원의 고의 또는 과실로 인한 불법행위를 구성한다고 단정할 수 없다.
⑤ 규제권한을 행사하지 않은 것이 직무상 의무를 위반하여 위법으로 되는 경우에는 특별한 사정이 없는 한, 과실도 인정된다.

---

29 「국가배상법」 제2조의 '공무원의 직무행위로 인한 손해배상책임'에 대한 설명으로 옳지 않은 것은? (다툼이 있는 경우에는 판례에 의함)

① 행위 자체의 외관을 객관적으로 관찰하여 직무행위로 보여질 때에는 행위자가 주관적으로 직무집행의 의사가 없었다고 하여도 그 행위는 직무행위에 해당한다.

② 가해공무원의 과실여부에 대한 입증책임은 원고에게 있다.

③ 공무원의 직무집행이 법령이 정한 요건과 절차에 따라 이루어진 것이라면 특별한 사정이 없는 한 공무원의 행위는 법령에 적합한 것이나, 그 과정에서 개인의 권리가 침해된 경우에는 법령 적합성이 곧바로 부정된다.

④ 국회가 「헌법」에 의해 부과되는 구체적인 입법의무를 부담하고 있음에도 불구하고 입법에 필요한 상당한 기간이 경과하도록 고의 또는 과실로 입법의무를 이행하지 아니하는 경우에는 국가배상책임이 인정된다.

⑤ 성폭력범죄의 수사를 담당하거나 수사에 관여하는 경찰관이 직무상 의무에 위반하여 피해자의 인적 사항 등을 공개 또는 누설한 경우, 그로 인하여 피해자가 입은 손해에 대하여 국가는 배상책임을 진다.

30 국가배상에 관한 설명으로 옳지 않은 것은? (다툼이 있으면 판례에 따름)

① 국가가 국가배상책임을 이행한 경우 공무원에게 경과실이 있으면 국가는 그 공무원에게 구상할 수 없다.

② 「국가배상법」 제5조에는 점유자에게 과실이 없는 경우 점유자의 책임이 면책되는 규정이 없다.

③ 국가배상청구소송은 배상심의회에 배상신청을 하지 아니하고도 제기할 수 있다.

④ 부작위에 의한 국가배상책임은 조리상 작위의무를 위반한 경우에는 성립하지 않는다.

⑤ 공무원의 고의·중과실에 의한 불법행위로 국가배상책임이 성립하는 경우 가해 공무원 개인은 그로 인한 손해배상책임을 부담한다.

31 「국가배상법」에 관한 설명으로 옳은 것은? (다툼이 있으면 판례에 따름)

① 「국가배상법」 제2조의 공무원이란 「국가공무원법」이나 「지방공무원법」에 의해 공무원으로서의 신분을 가진 자에 국한한다.

② 국가배상책임에 있어서 공무원에게 중과실이 있는 경우 국가나 지방자치단체는 그 공무원에게 구상할 수 없다.

③ 공공의 영조물의 설치 · 관리의 하자에는 물적 하자만이 아니라 기능적 하자 또는 이용상 하자도 포함된다.

④ 국가배상책임이 있는 경우에 공무원의 선임 · 감독을 맡은 자와 공무원의 봉급 · 급여를 부담하는 자가 동일하지 아니하면 선임 · 감독을 맡은 자만이 손해를 배상한다.

⑤ 생명 · 신체의 침해로 인한 국가배상을 받을 권리는 양도할 수 있지만, 압류할 수는 없다.

29 ③ 공무원의 직무집행이 법령이 정한 요건과 절차에 따라 이루어진 것이라면 특별한 사정이 없는 한 공무원의 행위는 법령에 적합한 것이고, 그 과정에서 개인의 권리가 침해된 경우라도 그 법령 적합성이 곧바로 부정되는 것은 아니다(판례).

30 ④ 법령상의 작위의무뿐만 아니라 조리상의 작위의무를 위반한 경우에도 부작위에 의한 국가배상책임이 성립할 수 있다.

공무원의 부작위로 인한 국가배상책임을 인정하기 위한 요건인 '법령에 위반하여'라고 하는 것은 엄격하게 형식적 의미의 법령에 명시적으로 공무원의 작위의무가 규정되어 있는데도 이를 위반하는 경우만을 의미하는 것은 아니고, 국민의 생명, 신체, 재산 등에 대하여 절박하고 중대한 위험상태가 발생하였거나 발생할 우려가 있어서 국민의 생명, 신체, 재산 등을 보호하는 것을 본래적 사명으로 하는 국가가 그 위험 배제에 나서지 아니하면 국민의 생명, 신체, 재산 등을 보호할 수 없는 경우에는 형식적 의미의 법령에 근거가 없더라도 국가나 관련 공무원에 대하여 그러한 위험을 배제할 작위의무를 인정할 수 있다(대판 2004.6.25. 2003다69652).

① 피해자에게 배상을 한 국가 또는 지방자치단체는 공무원에게 고의 또는 중과실이 있을 경우 구상권을 행사할 수 있다(「국가배상법」 제2조 제2항).

② 「국가배상법」 제5조는 「민법」과 달리 점유자의 면책규정을 두고 있지 않다.

③ 「국가배상법」 제9조

⑤ 대판 1996.2.15., 95다3867 전원합의체

31 ③ 영조물의 설치나 관리의 하자는 영조물을 구성하는 물적 시설 자체에 있는 물리적 · 외형적인 흠결이나 불비로 인한 물적 하자만이 아니라, 영조물의 이용이 일정한 한도를 초과하여 제3자에게 사회통념상 참을 수 없는 피해를 입히는 경우인 기능상 하자까지 포함한다(대판 2005.1.27. 2003다49566).

① 국가배상에서의 공무원은 「국가공무원법」이나 「지방공무원법」에 의해 공무원으로서의 신분을 가진 자만을 의미하는 것이 아니라 공무를 위탁받아 실질적으로 그에 종사하는 모든 자를 의미한다.

② 공무원에게 고의 또는 중과실이 있을 경우, 피해자에게 배상을 해 준 국가 또는 지방자치단체는 해당 공무원에게 구상할 수 있다(「국가배상법」 제2조 제2항).

④ 국가나 지방자치단체가 손해를 배상할 책임이 있는 경우에 공무원의 선임 · 감독을 맡은 자와 공무원의 봉급 · 급여, 그 밖의 비용을 부담하는 자가 동일하지 아니하면 선임감독자뿐만 아니라 그 비용을 부담하는 자도 손해를 배상하여야 한다(「국가배상법」 제6조 제1항).

⑤ 생명 · 신체의 침해로 인한 국가배상을 받을 권리는 압류뿐만 아니라 양도도 할 수 없다(「국가배상법」 제4조).

Answer   29. ③   30. ④   31. ③

Chapter

02 손실보상제도

제1절 손실보상

기본문제

01 행정상 손실보상에 관한 설명으로 옳지 않은 것은?

① 적법한 공권력의 행사로 인한 손해의 전보제도이다.

② 현행 「헌법」은 정당한 보상을 지급하도록 규정하고 있다.

③ 손실보상은 원칙적으로 재산·생명·신체의 침해에 대한 보상이다.

④ 손실보상은 당해 재산권 자체에 내재하는 사회적인 제약에 해당하는 경우에는 인정되지 않는다.

⑤ 수용유사적 침해란 공용침해의 요건을 구비하였으나 보상규정을 결하고 있는 경우를 말한다.

02 행정상 손실보상의 요건에 대한 설명으로 가장 타당하지 아니한 것은?

① 공공필요를 위한 재산권에 대한 공권적 침해이어야 한다.

② 침해로 인하여 개인에게 특별한 희생이 발생하였을 것을 요한다.

③ 재산적 가치가 있는 모든 공권과 사권이 침해의 대상이 된다.

④ 현존하는 구체적인 재산가치는 물론 기대이익도 보호대상이 된다.

⑤ 법률에 근거한 공권력의 행사로 인한 것이어야 한다.

03 손실보상에 있어서 이른바 생활보상과 관련이 없는 것은?

① 토지에 대한 객관적 가치의 보상

② 이주 농민에 대한 이농비의 보상

③ 정착지의 직업훈련

④ 배후지 상실로 인한 영업보상

⑤ 이주자에 대한 고용 또는 고용알선

04 손실보상규정의 흠결 시 권리구제에 대한 설명 중 틀린 것은?

① 방침규정설은 손실보상에 관한 「헌법」 규정은 입법의 방침을 정한 것에 불과한 프로그램 규정으로 보고 있다.

② 직접효력설에 의하면 재산권의 침해를 당한 국민은 「헌법」 규정에 의하여 직접 정당한 보상청구를 할 수 있다.

③ 위헌무효설은 보상규정이 없는 위헌적 법률에 의한 재산권침해에 대해 취소소송의 제기와 「국가배상법」에 의한 손해배상청구권을 갖는다.

④ 대법원은 일관되게 위헌무효설에 따라 국가배상청구를 인정하고 있다.

⑤ 보상입법부작위 위헌설은 보상규정 없는 법률전체가 위헌이 아니라 손실보상을 규정하지 않은 입법부작위가 위헌이라는 입장이다.

05 「공익사업을 위한 토지 등의 취득 및 보상에 관한 법률」상 보상원칙이 아닌 것은?

① 사업시행자보상의 원칙
② 선급보상의 원칙
③ 금전보상의 원칙
④ 사업시행 이익과의 상계의 원칙
⑤ 개인별보상의 원칙

---

01 ③ 손실보상의 대상은 재산권에 대한 침해의 보상을 말하며 생명·신체 등 비재산적 침해는 대상으로 하지 않는다. 「헌법」상 손실보상은 재산권의 수용·사용·제한이라는 재산적 침해에 국한하고 있다.

02 ④ 손실보상의 대상이 되는 재산적 가치는 현존하는 구체적 재산가치를 의미하며 토지의 가격상승에 대한 기대와 같은 기대이익은 포함되지 않는다.

03 ① 생활보상이란 공공사업에 의하여 생활의 기초를 박탈당한 사람들에게 재산권보상만으로 전보되지 않는 생활기초의 박탈에 대해 부여되는 보상을 뜻한다. 토지에 대한 객관적 가치의 보상은 공익사업의 직접적 대상되는 대물적 보상으로 생활보상으로 볼 수 없다.

04 ④ 손실보상에 관한 보상규정의 흠이 있는 경우 대법원의 입장은 명확하지 않다. 관련 규정의 유추해석을 통해 인정하는 경우, 관련 규정이 없는 경우 직접 손실보상을 인정하는 경우, 손실보상 대신 손해배상을 인정하는 경우도 있다. 헌법재판소는 보상입법부작위 위헌설을 주로 취하여 입법자에게 보상입법의무를 부과하는 방식을 취하고 있다.

05 ④ 사업시행자는 동일한 소유자에 속하는 일단의 토지의 일부를 취득하거나 사용하는 경우 해당 공익사업의 시행으로 인하여 잔여지의 가격이 증가하거나 그 밖의 이익이 발생한 경우에도 그 이익을 그 취득 또는 사용으로 인한 손실과 상계할 수 없다(「공익사업을 위한 토지 등의 취득 및 보상에 관한 법률」 제66조).

Answer / 01. ③ 02. ④ 03. ① 04. ④ 05. ④

06 다음 손실보상에 대한 설명으로 가장 적절한 것은? (다툼이 있으면 판례에 의함)

① 지장물인 건물은 적법한 건축허가를 받아 건축된 건물이 아니면 손실보상의 대상이 되지 않는다.

② 손실보상이 인정되기 위해서는 재산권에 대한 침해가 현실적으로 발생하여야 하는 것은 아니다.

③ 「헌법」 제23조 제3항은 '공공필요에 의한 재산권의 수용·사용 또는 제한 및 그에 대한 보상은 법률로써 하되, 정당한 보상을 지급하여야 한다.'라고 규정하고 있다.

④ 개발제한구역지정으로 인하여 토지를 종래의 목적으로 사용할 수 없거나 또는 더 이상 법적으로 허용된 토지 이용의 방법이 없기 때문에 실질적으로 토지의 사용·수익의 길이 없는 경우에도 토지소유자가 수인해야 하는 사회적 제약의 한계를 넘는 것으로 볼 수 없다.

⑤ 수용되는 토지의 보상액은 개별공시지가를 기준으로 산정한다.

07 행정상 손실보상에 대한 설명으로 옳은 것은? (다툼이 있는 경우에는 판례에 의함)

① 「헌법」은 손실보상청구권의 근거만 규정하고 있고 보상의 기준과 방법에 관해서는 법률에 유보하고 있다.

② 하천구역 편입토지에 대한 손실보상청구권은 사법상의 권리라는 것이 판례의 입장이다.

③ 개발제한구역의 지정으로 인한 지가의 하락은 토지소유자가 수인해야 하는 사회적 제약의 한계를 넘는 것으로, 아무런 보상없이 이를 감수하도록 하고 있는 한, 「헌법」에 위반된다.

④ 손실보상은 금전(현금)보상을 원칙으로 하고 채권보상은 인정되지 않는다.

⑤ 정당한 보상에서 개발이익은 배제되며, 당해 공공사업과 무관한 다른 사업의 시행으로 인한 개발이익도 배제된다.

08 손실보상에 대한 설명으로 옳지 않은 것은? (다툼이 있는 경우에는 판례에 의함)

① 손실보상이 인정되기 위하여 재산권에 대한 침해가 현실적으로 발생하여야 하는 것은 아니다.

② 토지의 문화적·학술적 가치는 특별한 사정이 없는 한 손실보상의 대상이 되지 않는다.

③ 공익사업의 시행으로 인한 개발이익을 손실보상액에서 배제하는 것은 「헌법」에 위반되지 않는다.

④ 손실보상의 지급에서는 개인별 보상의 원칙이 적용된다.

⑤ 손실보상액의 산정을 공시지가를 기준으로 하도록 하더라도 합헌이라고 봐야 한다.

---

06 ① 손실보상의 대상이 되는 건물인지의 여부는 적법한 건축허가를 받아 건축된 건물이냐 아니냐에 의해 결정되는 것이 아니라 사업인정고시일 이전에 존재하는 건물이냐 아니냐에 의해 결정된다. 사업인정고시일 이전에 존재하는 건물이라면 불법건축물이라 하더라도 보상의 대상이 된다.
② 손실보상이 인정되기 위해서는 재산권에 대한 침해가 현실적으로 발생하여야 한다.
④ 개발제한구역지정으로 인하여 토지를 종래의 목적으로도 사용할 수 없거나 또는 더 이상 법적으로 허용된 토지 이용의 방법이 없기 때문에 실질적으로 토지의 사용·수익의 길이 없는 경우에는 토지소유자가 수인해야 하는 사회적 제약의 한계를 넘는 것으로 보아야 한다[헌재 1998.12.24. 89헌마214, 90헌바16, 97헌바78 (병합)].
⑤ 수용되는 토지의 보상액은 표준공시지가를 기준으로 산정한다.

07 ① 공공필요에 의한 재산권의 수용·사용 또는 제한 및 그에 대한 보상은 법률로써 하되, 정당한 보상을 지급하여야 한다(「헌법」 제23조 제3항).
② 하천구역 편입토지에 대한 손실보상청구권은 「하천구역 편입토지 보상에 관한 특별조치법」상 인정되는 권리이고 공법상 권리라는 것이 판례이다.
③ 개발제한구역의 지정으로 인한 지가의 하락은 토지소유자가 수인해야 하는 사회적 제약 범위 내의 침해이므로 보상규정이 없다 해서 곧바로 「헌법」에 위반되지 않는다.
④ 손실보상은 금전(현금)보상을 원칙으로 하되 예외적 채권보상도 인정하고 있다. 채권보상의 경우 5년 내에 상환하여야 한다.
⑤ 해당 공익사업으로 인한 개발이익은 배제되나 해당 공공사업과 무관한 다른 사업의 시행으로 인한 개발이익은 배제되지 않는다.

08 ① 손실보상은 재산권에 대한 침해가 현실적으로 발생하여야 하며 기대이익이나 예상이익은 손실보상의 대상이 되지 않는다.
⑤ 손실보상액의 산정을 공시지가를 기준으로 하되 개발이익을 배제하도록 규정한 것은 당시의 표준지의 객관적 가치를 정당하게 반영하는 것이므로, 「헌법」상의 정당보상의 원칙에 위배되는 것은 아니다(헌재 1995.4.20. 93헌바20).

Answer 06. ③ 07. ① 08. ①

09 다음은 이주대책에 관한 서술이다. 타당하지 않은 것은? (다툼이 있으면 판례에 의함)

① 이주대책은 「헌법」 제23조 제3항의 '정당한 보상'에 포함되지 않고 이주대책의 실시 여부는 입법자의 입법정책적 재량에 속한다.

② 이주대책대상자에서 세입자를 제외하는 것은 세입자의 재산권 및 평등권을 침해하는 것이다.

③ 현재 토지보상법령은 이주정착지에 이주를 희망하는 자가 10호 이상인 경우, 사업시행자가 이주대책을 수립·실시하도록 규정하고 있다.

④ 사업시행자는 이주대책의 구체적 내용·방법에 대해 재량을 갖는다.

⑤ 이주대책은 사업시행자가 지방자치단체장과 협의하여 수립·실시하고 이주대책에 소요되는 비용은 사업시행자가 부담한다.

10 행정상 손실보상에 관한 기술로 타당한 것은?

① 「민법」상 재산권에 대한 상린관계에서의 제한은 재산권의 사회적 제약을 넘는 것이므로 손실보상의 대상이 된다.

② 헌법재판소의 결정례에 따르면 개발제한구역의 설정으로 인한 지가의 하락은 토지소유자가 감수해야 하는 사회적 제약의 범주에 속하는 것으로 볼 수 없다.

③ 손실보상제도의 이론에 따르면 재산권의 사회적 제약으로 인한 침해는 감수해야 한다고 하는데, 이것은 개인주의에 기반을 둔 것이라 할 수 있다.

④ 수산업협동조합이 관계 법령에 의하여 대상지역에서의 독점적 지위가 부여되어 있던 위탁판매사업을 공유수면매립으로 인해 중단하게 되어 입은 위탁판매수수료 수입손실에 대하여 판례는 보상을 인정한 바 있다.

⑤ 손실보상이 인정되기 위해서는 재산권에 대한 침해가 현실적으로 발생하여야 하는 것은 아니다.

11 손실보상의 보상액의 결정방법과 불복절차에 관한 설명으로 틀린 것은?

① 토지수용위원회의 재결에 불복할 때에는 재결서를 받은 날부터 90일 이내에, 이의신청을 거친 경우에는 이의신청에 대한 재결서를 받은 날부터 60일 이내에 각각 행정소송을 제기할 수 있다.

② 행정소송이 보상금의 증감에 관한 소송인 경우 당해 소송을 제기하는 자는 토지수용위원회를 피고로 소송을 제기하여야 한다.

③ 사업시행자가 행정소송을 제기하기 전에 이의신청에 따라 늘어난 보상금을 공탁하여야 하며, 보상금을 받을 자는 공탁된 보상금을 소송이 종결될 때까지 수령할 수 없다.

④ 토지수용위원회의 재결은 사업시행자·토지소유자 또는 관계인이 신청한 범위 안에서 재결하여야 하지만 손실보상에 있어서는 증액재결을 할 수 있다.

⑤ 「하천법」상 국유로 된 제외지 안의 토지에 대한 손실보상을 구하는 소송은 행정소송절차에 의하여야 한다.

---

09 ② 이주대책은 「헌법」 제23조 제3항의 '정당한 보상'에 포함되지 않고 따라서 이주대책의 실시 여부는 입법자의 입법정책적 재량에 속하며 이주대책대상자에서 세입자를 제외하더라도 세입자의 재산권이나 평등권을 침해하는 것이 아니다(헌재 2006.2.23. 2004헌마19).

10 ④ 공유수면매립사업의 시행으로 그 사업대상지역에서 어업활동을 하던 조합원들의 조업이 불가능하게 되어 일부 위탁판매장에서의 위탁판매사업을 중단하게 된 경우 위 위탁판매수수료 수입손실은 「헌법」 제23조 제3항에 규정한 손실보상의 대상이 된다는 것이 판례이다.
① 「민법」상 재산권에 대한 상린관계는 부동산소유권 간 이용을 조절하는 것으로 이에 의한 재산권의 제약은 사회적 제약 범위를 넘는 것이라 볼 수 없다.
② 개발제한구역의 지정으로 인한 개발가능성의 소멸과 그에 따른 지가의 하락이나 지가상승률의 상대적 감소는 토지소유자가 감수해야 하는 사회적 제약의 범주에 속하는 것으로 보아야 한다.
⑤ 손실보상은 재산권에 대한 침해가 현실적으로 발생하여야 하며 기대이익이나 예상이익은 손실보상의 대상이 되지 않는다.

11 ② 행정소송이 보상금증감에 관한 소송인 경우 해당 소송을 제기하는 자가 토지소유자 또는 관계인인 때에는 사업시행자를, 사업시행자인 때에는 토지소유자 또는 관계인을 각각 피고로 한다.

Answer 09. ② 10. ④ 11. ②

12 손실보상에 대한 설명으로 옳은 것은? (다툼이 있는 경우 판례에 의함)

① 「공익사업을 위한 토지 등의 취득 및 보상에 관한 법률」에 의한 잔여지 수용청구를 받아들이지 않은 토지수용위원회의 재결에 대하여 토지소유자가 불복하여 제기하는 소송은 항고소송에 해당한다.

② 「공익사업을 위한 토지 등의 취득 및 보상에 관한 법률」에 따른 사업폐지 등에 대한 보상청구권은 사법상 권리로서 그에 관한 소송은 민사소송절차에 의하여야 한다.

③ 「공익사업을 위한 토지 등의 취득 및 보상에 관한 법률」에 의한 보상합의는 공공기관이 사경제주체로서 행하는 사법상 계약의 실질을 가진다.

④ 공유수면매립면허의 고시가 있는 경우 그 사업이 시행되고 그로 인하여 직접 손실이 발생한다고 할 수 있으므로, 관행어업권자는 공유수면매립면허의 고시를 이유로 손실보상을 청구할 수 있다.

⑤ 공공사업 시행으로 사업시행지 밖에서 발생한 간접손실은 손실발생을 쉽게 예견할 수 있고 손실 범위도 구체적으로 특정할 수 있더라도, 사업시행자와 협의가 이루어지지 않고 그 보상에 관한 명문의 근거 법령이 없는 경우에는 보상의 대상이 아니다.

13 「공익사업을 위한 토지 등의 취득 및 보상에 관한 법률」상 손실보상에 대한 설명으로 옳지 않은 것은? (다툼이 있는 경우 판례에 의함)

① 잔여지 수용청구권은 그 요건을 구비한 때에는 잔여지를 수용하는 토지수용위원회의 재결이 없더라도 그 청구에 의하여 수용의 효과가 발생하는 형성권적 성질을 가진다.

② 공익사업에 영업시설 일부가 편입됨으로 인하여 잔여 영업시설에 손실을 입은 자는 재결절차를 거치지 않은 채 곧바로 사업시행자를 상대로 잔여 영업시설의 손실에 대한 보상을 청구할 수 있다.

③ 국가 등의 공적 기관이 직접 수용의 주체가 되는 것이든 그러한 공적 기관의 최종적인 허부판단과 승인결정하에 민간기업이 수용의 주체가 되는 것이든, 양자 사이에 공공필요에 대한 판단과 수용의 범위에 있어서 본질적인 차이가 있는 것은 아니다.

④ 손실보상금 산정을 위한 감정평가 중 어느 한 가지 점이라도 위법사유가 있으면 그것으로써 감정평가결과는 위법하게 되나, 법원은 그 감정내용 중 위법하지 않은 부분을 추출하여 판결에서 참작할 수 있다.

⑤ 어떤 보상항목이 손실보상대상에 해당함에도 관할 토지수용위원회가 사실이나 법리를 오해하여 손실보상대상에 해당하지 않는다고 잘못된 내용의 재결을 한 경우 피보상자는 사업시행자를 상대로 보상금증감소송을 제기해야 한다는 것이 판례이다.

---

12 ③ 「공익사업을 위한 토지 등의 취득 및 보상에 관한 법률」에 의한 보상합의는 공공기관이 사경제주체로서 행하는 사법상 계약에 해당한다는 것이 판례이다.
① 잔여지 수용청구를 받아들이지 않은 토지수용위원회의 재결에 대하여 토지소유자가 불복하여 제기하는 소송은 보상금증감청구소송(형식적 당사자소송)에 해당하여 토지수용위원회가 아닌 사업자를 피고로 하여야 한다는 것이 판례이다.
② 「공익사업을 위한 토지 등의 취득 및 보상에 관한 법률」에 따른 사업폐지 등에 대한 보상청구권은 공법상 권리로서 그에 관한 소송은 당사자소송절차에 의하여야 한다는 것이 판례이다.
④ 공유수면매립면허의 고시가 있는 경우 그 사업이 시행되고 그로 인하여 직접 손실이 발생한다고 할 수 있으므로, 관행어업권자는 공유수면매립면허의 고시가 아닌 그 사업이 시행되고 그로 인한 손실이 발생한 경우 이에 대한 손실보상을 민사소송으로 제기할 수 있다는 것이 판례이다.
⑤ 공공사업의 시행으로 인하여 사업지구 밖에서 수산제조업에 대한 간접손실이 발생하리라는 것을 쉽게 예견할 수 있고 그 손실의 범위도 구체적으로 특정할 수 있는 경우라면, 그 손실의 보상에 관하여 같은 법 시행규칙의 간접보상 규정을 유추적용할 수 있다(대판 1999.12.24. 98다57419, 57426).

13 ② 공익사업에 영업시설 일부가 편입됨으로 인하여 잔여 영업시설에 손실을 입은 자는 「토지보상법」 제34조, 제50조 등에 규정된 재결절차를 거친 다음 그 재결에 대해 불복이 있는 때에 비로소 「토지보상법」 제83조 내지 제85조에 따라 구제를 받을 수 있을 뿐이다(대판 2018.7.20. 2015두4044).

Answer
12. ③　13. ②

제2절 결과제거청구권

기본문제

01 공법상 결과제거청구권에 관한 설명으로 가장 옳지 않은 것은?

① 공행정작용으로 인한 침해의 존재를 전제로 한다.

② 위법 상태의 계속이 필요하다.

③ 가해행위의 위법 및 가해자의 과실이 필요하다.

④ 타인의 권리 또는 법률상 이익의 침해가 있어야 한다.

⑤ 원상회복이 법적·사실적으로 가능하여야 한다.

02 토지의 수용처분이 취소되었음에도 불구하고 사업시행자가 해당 토지를 불법점유하고 있는 경우에 가장 효과적인 구제수단이라 할 수 있는 것은?

① 행정개입청구권

② 손실보상청구권

③ 결과제거청구권

④ 부작위위법확인청구

⑤ 무하자재량행사청구권

Part 04

심화문제

03 다음 설명의 '이것'에 대한 기술로 타당하지 않은 것은?

> '이것'은 예컨대, 토지수용재결이 취소되었음에도 불구하고 행정주체가 사인의 토지를 정당한 권원 없이 도로로 사용하고 있는 경우에 불법 점유된 토지를 반환받고자 할 때와 같이 기존의 행정구제방식인 손해배상이나 행정쟁송으로는 권익구제가 어려운 경우, 구제제도를 보완하기 위해서 나온 제도이다.

① 이것은 종래 행정청의 정당한 권원 없는 행위로 인해 사인의 물권적 지배권이 침해된 경우에 발생하는 물권적청구권이라는 견해도 있었으나, 비재산적 침해에 대해서도 발생할 수 있으므로 물권적청구권으로 한정할 것은 아니라는 것이 일반적인 견해이다.

② 이것은 위법한 즉시강제로 위법한 권리침해 상태가 '계속'되고 있는 경우, 위법한 상태를 제거해 줄 것을 요구할 수 있는 청구권이다.

③ 이것의 청구와 별도로 손해배상청구가 가능하다.

④ 이것에 의해 보호되는 개인의 권리는 법률상 보호받을 만한 가치가 있는 것으로, 재산적 가치뿐만 아니라 명예 등 비재산적 가치도 포함될 수 있다.

⑤ 이것이 청구되기 위해서는 행정주체의 고의·과실을 요건으로 하며, 위법한 행정작용의 결과로 자신의 법률상 이익이 침해받는 경우에 성립한다.

---

01 ③ 공법상 결과제거청구권은 공행정작용으로 인한 위법한 결과의 제거를 요구하는 권리이다. 위법한 상태가 존재해야 하며 이에 대한 가해행위자의 고의·과실은 요하지 않는다.

02 ③ 토지수용이 취소된 후 수용된 토지의 원상회복을 구하는 것이 가장 효과적인 점에서 결과제거청구권이 적합한 구제수단이다.

03 ⑤·② 지문은 토지수용재결이 취소된 후 행정주체의 위법한 토지점유에 대해 원상회복을 구하는 것으로 결과제거청구권의 내용이다. 결과제거청구권은 행정주체의 고의·과실을 요하지 않고 위법한 결과가 계속되고 있는 상태가 존재하면 족하다.

Answer   01. ③   02. ③   03. ⑤

04 다음 중 이 사례에 관한 설명으로 옳지 않은 것은?

> A시(市)는 복지시설의 운영자인 B에게 무주택 상태에 있는 C가 6개월간 동 시설에 거주할
> 수 있게 하도록 명령하였다. 그러나 C가 거주한 지 6개월이 지났는데도 방을 비워주지 않
> 고 있는 상태이고, A시도 더 이상 아무런 조치를 취하지 않고 있다. 더욱이 C는 본인이
> 거주하던 방의 일부를 파손하였다.

① B는 A시가 명령한 6개월의 기간이 종료되었으므로 A시에 대하여 C가 퇴거하도록 해
   줄 것을 요구할 수 있다.
② B가 A시에 대하여 C에 대한 퇴거조치를 요구하는 것은 공법적 관계이므로, 이에 대한
   소송은 당사자소송으로 하여야 한다는 것이 일반적인 견해이다.
③ B는 A시에 대하여 C에 대한 퇴거조치를 요구함에 있어 C가 파손한 부분에 대한 원상
   회복도 청구할 수 있다.
④ B는 C를 상대로 민사상의 손해배상을 청구할 수 있다.
⑤ A시의 명령은 「행정소송법」상 처분에 해당되므로 B는 취소소송을 통하여 이를 다툴
   수 있으나, 이미 제소기간이 경과되어 부적법 각하될 것이다.

05 공법상 결과제거청구권에 대한 설명으로 틀린 것은?

① 결과제거청구권이 발생하는 경우 상대방에게 손해가 발생하였다면 국가나 지방자치
   단체를 상대로 「국가배상법」에 따른 손해배상청구권도 청구할 수 있다.
② 공행정작용으로 야기된 직접적인 결과의 제거 외에 제3자의 개입으로 생긴 결과의 제
   거인 간접적 결과까지 제거청구할 수 없다.
③ 위법한 상태의 원인된 행위가 사후에 합법화된 경우에는 인정되지 않는다.
④ 국가 등의 사법적 활동으로 인한 침해는 제외된다는 것이 다수설이다.
⑤ 처분 등에 관한 취소소송에서 관련청구 병합으로 제기할 수는 없다.

---

04 ③ 공법상 결과제거청구권은 행정작용으로 인해 야기된 위법한 결과적 상태를 제거하여 원상회복을 청구하는
   것이다. 공행정작용으로 야기된 직접적인 결과의 제거를 내용으로 하므로, 간접적인 결과, 예를 들어 A시가
   아닌 C가 파손한 부분에 대한 원상회복은 청구할 수 없다.

05 ⑤ 취소소송의 계속 중에 해당 처분 등과 관련되는 손해배상·부당이득반환·원상회복 등의 청구소송을 관련
   청구 병합으로 제기할 수 있으므로 결과제거청구를 병합하여 제기할 수 있다.
   ③ 결과제거청구는 위법한 상태가 계속되어야 하므로 위법한 상태의 원인된 행위가 사후에 합법화된 경우에
   는 인정되지 않는다.

Answer   04. ③   05. ⑤

행정사 문제집
행정법

Part_

05

행정쟁송
제도

01 행정심판

제1절 | 행정심판 개설

기본문제

01 다음 중 현행 「행정심판법」상의 행정심판의 종류를 정확히 열거한 것은?

① 취소심판, 당사자심판, 의무이행심판

② 취소심판, 무효등확인심판, 의무이행심판

③ 취소심판, 무효등확인심판, 부작위위법확인심판

④ 취소심판, 예방적 부작위심판, 의무이행심판

⑤ 당사자심판, 의무이행심판, 예방적 부작위심판

02 행정심판에 대한 설명 중 옳지 않은 것은?

① 행정심판의 대상은 처분의 위법성만이다.

② 인용재결은 피청구인인 행정청과 그 밖의 관계행정청을 기속한다.

③ 위원회는 필요하다고 인정할 때에는 당사자가 주장하지 아니한 사실에 대하여도 심리할 수 있다.

④ 중앙행정심판위원회의 회의는 위원장과 상임위원 및 위원장이 회의마다 지정하는 비상임위원을 포함하여 총 9명으로 구성한다.

⑤ 처분의 효력정지는 처분의 집행 또는 절차의 속행을 정지함으로써 그 목적을 달성할 수 있는 때에는 허용되지 아니한다.

심화문제

03 행정심판위원회의 구성과 권한에 관한 설명으로 옳지 않은 것은?

① 중앙행정심판위원회의 위원장은 국민권익위원회의 부위원장 중 1명이 되며, 상임위원은 위원장의 제청으로 대통령이 임명하고, 그 임기는 3년이며, 연임할 수 없다.

② 행정심판위원회는 취소심판의 청구가 이유 있다고 인정할 때에는 처분을 취소 또는 변경하거나 처분청에게 변경할 것을 명한다.

③ 중앙행정심판위원회는 심판청구를 심리·의결함에 있어서 처분 또는 부작위의 근거가 되는 명령 등이 법령에 근거가 없거나 상위법령에 위반되거나 국민에게 과도한 부담을 주는 등 불합리하다고 인정되는 경우에는 적절한 시정조치를 요청할 수 있다.

④ 행정심판위원회는 집행정지 또는 집행정지의 취소에 관하여 심리·결정한 때에는 지체 없이 결정서를 당사자에게 송달하여야 한다.

⑤ 행정심판위원회는 심판청구의 대상이 되는 처분보다 청구인에게 불이익한 재결을 하지 못한다.

---

01 ② 현행 「행정심판법」은 항고심판으로 취소심판, 무효등확인심판, 의무이행심판을 규정하고 있다(「행정심판법」 제5조). 당사자심판은 규정되어 있지 않다.

02 ① 행정심판의 대상은 처분의 위법 또는 부당이다. 처분의 위법성만을 심리하는 행정소송과 달리 부당도 심판의 대상이 되며 인용재결을 할 수 있다.

03 ① 중앙행정심판위원회의 위원장은 국민권익위원회의 부위원장 중 1명이 되며, 상임위원은 위원장의 제청으로 대통령이 임명하고 그 임기는 3년이며 1차에 한하여 연임할 수 있다(「행정심판법」 제8조, 제9조).

Answer / 01. ② 02. ① 03. ①

04 행정심판에 관한 다음 서술 중 타당하지 않은 것은? (다툼이 있으면 판례에 의함)

① 행정심판위원회는 취소심판의 청구가 이유 있다고 인정할 때에는 처분을 취소 또는 변경하거나 처분청에게 취소 또는 변경할 것을 명한다.

② 행정심판위원회는 피청구인이 처분의 이행을 명하는 재결에도 불구하고 처분을 하지 아니하는 경우에는 당사자의 신청에 따라 직접 처분을 할 수 있다.

③ 사정재결은 부작위에 대한 의무이행심판에서도 가능하다.

④ 의무이행심판에서 행정심판위원회는 처분명령재결도 가능하다.

⑤ 의무이행심판에서 행정심판위원회는 처분재결도 가능하다.

05 행정심판에 관한 설명으로 옳지 않은 것은?

① 행정심판제도는 행정관청에 관련된 분쟁을 제3권력인 법원이 담당하는 것이 바람직하지 않다는 권력분립적 사고에 따른 것이다.

② 행정심판절차에서 청구인들이 '당사자 아닌 자'를 선정대표자로 선정한 행위는 무효이다.

③ 불특정 다수인을 대상으로 고시에 의하여 행정처분을 하는 경우, 행정심판청구의 기산일인 '안 날'은 고시의 효력발생일이라는 것이 판례의 입장이다.

④ 사정재결은 취소심판·의무이행심판에만 인정된다.

⑤ 청구인은 청구의 기초에 변경이 없는 범위 안에서 청구의 취지 또는 이유를 변경할 수 있다.

06 다음 중 국민권익위원회에 두는 중앙행정심판위원회가 심리·재결하는 행정처분이 아닌 것은?

① 국가정보원장의 행정처분
② 서울특별시 의회의 행정처분
③ 대구광역시 교육감의 행정처분
④ 종로경찰서장의 운전면허정지처분
⑤ 세종특별자치시장의 행정처분

---

04 ① 취소심판에서의 인용재결에 취소명령재결은 허용되지 않는다. 행정심판위원회는 취소심판의 청구가 이유 있다고 인정할 때에는 처분을 취소 또는 변경하거나 처분청에게 변경할 것을 명한다.

05 ① 권력분립적 사고는 오히려 행정청의 처분을 법원이 1차적으로 판단하는 것이 옳다. 행정심판을 행정소송의 임의적 전치절차로 둔 것은 권력분립의 구체적 내용을 사인들이 어떠한 절차를 통해 분쟁을 해결할 것인지 자유롭게 선택하는 과정에서 행정부 내의 시정기회와 법원의 심사에 의한 권력분립상의 문제의 균형을 갖도록 하기 위함이다.

06 ① 감사원, 국가정보원장, 그 밖에 대통령령으로 정하는 대통령 소속기관의 장의 처분 또는 부작위에 대한 행정심판의 청구에 대하여는 해당 행정청에 두는 행정심판위원회에서 심리·재결한다(「행정심판법」 제6조 제1항). 따라서 국가정보원장의 행정처분에 대하여는 국가정보원장 소속으로 두는 행정심판위원회에서 심리·재결한다.
②·③·⑤ 「행정심판법」 제6조 제2항 제2호에 따라 중앙행정심판위원회에서 심리·재결한다.
④ 「행정심판법」 제6조 제2항 제1호에 따라 중앙행정심판위원회에서 심리·재결한다.

Answer   04. ①   05. ①   06. ①

제2절 | 행정심판법

기본문제

01 「행정심판법」상 청구인에 대한 설명으로 옳지 않은 것은?

① 원칙적으로 자연인 또는 법인이어야 하고 동물은 청구인 적격이 없다.

② 청구인이 다수일 경우 3인 이하의 선정대표자를 선정할 수 있다.

③ 취소심판은 처분의 취소 또는 변경을 구할 법률상 이익이 있는 자가 청구할 수 있다.

④ 처분의 직접적 상대방이 아닌 제3자도 청구인 적격을 갖는다.

⑤ 선정대표자는 당해 사건에 관한 모든 행위를 할 수 있으므로 다른 청구인들의 동의 없이도 심판청구를 취하할 수 있다.

02 「행정심판법」상 피청구인에 관한 다음 설명 중 잘못된 것은?

① 행정처분을 한 행정청이 피청구인이 된다.

② 행정청의 권한이 위임 또는 위탁된 경우에는 위임 또는 위탁을 받은 자가 피청구인이 된다.

③ 피청구인을 잘못 지정하여 심판청구를 한 경우, 행정심판위원회는 당사자의 신청 또는 직권에 의한 결정으로 피청구인을 경정할 수 있다.

④ 행정처분을 한 후에 해당 처분에 대한 권한이 다른 행정청에 승계된 경우에도 원래의 처분청이 피청구인이 된다.

⑤ 피청구인에 대한 경정결정이 있은 때에는 종전의 피청구인에 대한 심판청구는 취하되고, 새로운 피청구인에 대한 심판청구가 처음에 심판청구를 한 때에 제기된 것으로 본다.

03 행정심판의 재결에 관한 설명으로 틀린 것은?

① 재결은 각하재결, 기각재결, 인용재결, 사정재결로 구분된다.

② 행정청에 대한 기속력이 인정되는 재결은 인용재결이다.

③ 사정재결은 청구가 이유가 있음에도 이를 인용하는 것이 현저히 공공복리에 반할 때 인정되는 재결이다.

④ 행정청의 부작위가 위법·부당한 경우 의무이행명령재결이 가능하다.

⑤ 의무이행재결에 대해 행정심판위원회가 부작위 일수대로 손해배상을 명하는 방식으로 간접강제를 할 수는 없다.

04 행정심판의 고지제도에 대한 설명으로 옳지 않은 것은?

① 고지의무를 위반한 처분은 그 자체가 위법하다는 것이 판례이다.

② 고지는 행정청으로 하여금 보다 업무에 신중을 기하도록 하여 행정의 적정화에 기여한다.

③ 고지는 비권력적 사실행위이다.

④ 처분의 이해관계인에게는 이해관계인이 요구하면 지체 없이 고지를 하여야 한다.

⑤ 처분의 직접 상대방에게는 행정청이 처분할 때 고지를 하여야 한다.

01 ⑤ 선정대표자는 다른 청구인들을 위하여 그 사건에 관한 모든 행위를 할 수 있다. 다만, 심판청구를 취하하려면 다른 청구인들의 동의를 받아야 하며, 이 경우 동의받은 사실을 서면으로 소명하여야 한다(「행정심판법」 제15조 제3항).

02 ④ 처분이나 부작위가 있은 후 그에 관한 권한이 다른 행정청에 이전되거나 승계된 경우 새로이 그 권한을 양수하거나 승계한 행정청이 피청구인이 된다.

03 ⑤ 「행정심판법」은 재결의 기속력의 확보방안으로 간접강제와 직접처분을 인정하고 있다. 재결의 기속력에 의해 재처분의무가 있음에도 행정청이 재처분을 하지 아니하는 경우 행정심판위원회는 당사자가 신청하면 직접처분, 간접강제결정을 할 수 있다.

04 ① 고지는 비권력적 사실행위로서 고지 자체로는 아무런 법적 효과도 발생하지 않는다. 때문에 행정심판의 고지를 하지 않았다 하여 당해 처분 자체의 효력에 아무 영향이 없고 이 자체가 취소쟁송의 대상이 되지 않는다.

Answer 01. ⑤ 02. ④ 03. ⑤ 04. ①

05 행정심판에 관한 설명 중 옳지 않은 것은?

① 행정심판 당사자는 행정심판위원회의 위원에 대한 기피신청을 할 수 있고 이러한 신청에 대해 위원장은 위원회의 의결을 거쳐 기피 여부를 결정한다.

② 의무이행심판은 처분을 신청한 자로서 행정청의 거부처분 또는 부작위에 대하여 일정한 처분을 구할 법률상 이익이 있는 자가 청구할 수 있다.

③ 「행정심판법」상 임시처분은 당사자의 신청 또는 행정심판위원회의 직권으로 결정할 수 있으나 집행정지로 목적을 달성할 수 있는 경우에는 허용되지 않는다.

④ 행정심판위원회는 제기된 행정심판을 심리·재결하는 합의제 행정기관이며 국민권익위원회에 설치되는 중앙행정심판위원회는 위원장 1명을 포함한 70명 이내의 위원으로 구성하되 위원 중 상임위원은 4명 이내로 한다.

⑤ 중앙행정심판위원회의 상임위원의 임기는 3년으로 하며, 1차에 한하여 연임할 수 있다.

06 행정심판에 관한 다음 서술 중 타당하지 않은 것은? (다툼이 있으면 판례에 의함)

① 심판청구의 대상과 관계되는 권한이 다른 행정청에 승계된 경우에는 권한을 승계한 행정청을 피청구인으로 하여야 한다.

② 피청구인의 경정결정이 있으면 종전의 피청구인에 대한 심판청구는 취하된다.

③ 피청구인의 경정결정이 있으면 종전의 피청구인에 대한 행정심판이 청구된 때에 새로운 피청구인에 대한 행정심판이 청구된 것으로 본다.

④ 심판청구의 대상과 관계되는 권리나 이익을 양수한 자는 행정심판위원회의 허가를 받아 청구인의 지위를 승계할 수 있다.

⑤ 행정심판위원회는 거부처분을 취소하는 재결이 있었음에도 당해 행정청이 재결의 취지에 따른 재처분을 하지 아니하는 때에는 당사자의 신청에 의하여 직접 당해 처분을 할 수 있다.

07 **행정심판의 청구기간에 관한 다음 설명 중 틀린 것은?**

① 행정심판청구기간은 무효등확인심판청구와 부작위에 대한 의무이행심판청구에는 적용되지 아니한다.

② 원칙적으로 처분이 있음을 알게 된 날부터 90일 이내에 제기하여야 하며 이 기간은 불변기간이다.

③ 판례는 처분이 있음을 안 날이라 함은 해당 처분이 있었다는 사실을 추상적으로 알수 있었던 날을 의미한다고 한다.

④ 행정청이 행정심판청구기간을 실제보다 긴 기간으로 잘못 알린 경우에는 그 잘못된 긴 기간 내에 행정심판을 제기하면 된다.

⑤ 불가항력으로 인하여 기간 내에 심판청구를 할 수 없었을 때에는, 그 사유가 소멸한 날부터 14일 이내에 심판청구를 할 수 있다.

05 ① 위원장은 제척신청이나 기피신청을 받으면 제척 또는 기피 여부에 대한 결정을 하고, 지체 없이 신청인에게 결정서 정본(正本)을 송달하여야 한다(『행정심판법』 제10조 제5항). 기피결정은 위원회의 의결을 거치지 않고 위원장의 직권에 의한다.

06 ⑤ 재결의 기속력 확보수단에 관한 내용이다. 행정심판에서의 재결의 기속력 확보수단으로서의 직접처분은 의무이행심판에서만 인정된다. 취소심판의 경우는 직접처분은 인정되지 않는다.

07 ③ 처분이 있음을 '안 날'이란 현실적으로 안 날을 의미하는 것이고 추상적으로 알 수 있었던 날을 뜻하는 것이 아니라는 것이 판례이다.

Answer
 05. ① 06. ⑤ 07. ③

08 행정심판제도에 대한 설명으로 옳지 않은 것은?

① 「행정심판법」상 위법한 처분·부작위뿐만 아니라 부당한 처분·부작위에 대해서도 다툴 수 있다.

② 행정심판위원회는 재결을 한 후 증거서류 등의 반환 신청을 받으면 청구인이 제출한 문서·장부·물건이나 그 밖의 증거자료의 원본을 지체 없이 제출자에게 반환하여야 한다.

③ 청구인은 심판청구에 대한 재결이 있는 경우 해당 재결에 대하여 이의가 있으면 재심 청구를 하여 다툴 수 있다.

④ 판례는 당사자의 신청을 거부하는 처분을 취소하는 재결을 인정한다.

⑤ 심판청구가 제기된 후에 처분이나 부작위에 관계되는 권한이 다른 행정청에 승계된 때에는 당사자의 신청 또는 행정심판위원회의 직권으로 피청구인을 경정한다.

09 사정재결에 대한 설명으로 옳지 않은 것은?

① 사정재결은 취소심판과 의무이행심판에 적용되고, 무효등확인심판에는 적용되지 아니한다.

② 사정재결을 할 때에는 재결의 이유에서 그 처분이 위법 또는 부당함을 명시하여야 한다.

③ 위원회는 사정재결을 할 때에는 청구인에 대하여 상당한 구제방법을 취하거나 상당한 구제방법을 취할 것을 피청구인에게 명할 수 있다.

④ 사정재결은 청구가 이유 있음에도 이를 인용하는 것이 현저히 공공복리에 적합하지 않을 때에 인정되는 것이다.

⑤ 사정재결의 대상이 되는 처분은 적법한 처분이나 위법 또는 부당한 처분이나 가리지 않고 인정된다.

10 「행정심판법」상 가구제에 대한 설명으로 옳지 않은 것은?

① 「행정심판법」상 가구제는 집행정지와 임시처분이 있다.

② 집행정지결정의 내용은 처분의 효력이나 그 집행 또는 절차의 속행의 전부 또는 일부의 정지이다.

③ 임시처분의 대상은 적극적 처분에 한하고 부작위에 대해서는 임시처분이 부정된다.

④ 임시처분은 집행정지로 목적을 달성할 수 있는 경우에는 허용되지 않는다.

⑤ 임시처분으로 인하여 공공복리에 중대한 영향을 미칠 우려가 있는 경우 임시처분은 부정된다.

11 「행정심판법」상의 재결에 관한 설명으로 옳은 것은?

① 거부처분취소심판의 인용재결 기속력의 내용으로 재처분의무가 「행정심판법」에 규정되어 있다.

② 「행정심판법」은 취소심판의 인용재결의 종류로 취소재결, 변경재결, 취소명령재결, 변경명령재결에 관한 규정을 두고 있다.

③ 「행정심판법」은 의무이행심판이나 거부처분취소심판의 실효성 확보수단으로서 간접강제를 규정하고 있다.

④ 「행정심판법」에는 「행정소송법」의 경우와는 달리 사정재결의 규정이 없다.

⑤ 「행정심판법」은 처분명령재결의 실효성을 확보하기 위하여 직접처분을 규정하고 있다.

---

08 ③ 심판청구에 대한 재결이 있으면 그 재결 및 같은 처분 또는 부작위에 대하여 다시 행정심판을 청구할 수 없다(「행정심판법」 제51조).
④ 거부처분에 대해 취소심판이 허용되는지에 대해서는 견해의 대립이 있다. 판례는 당사자의 신청을 거부하는 처분을 취소하는 재결을 인정하고 있다(대판 1988.12.13. 88누7880).

09 ⑤ 사정재결은 심판청구가 이유 있다고 인정하는 경우에도 이를 인용하는 것이 공공복리에 크게 위배된다고 인정하면 그 심판청구를 기각하는 재결을 말한다. 처분이 적법한 경우 처음부터 기각재결을 하는 것이므로 사정재결의 대상이 되지 않는다.
③ 사정재결은 사정판결과 달리 위원회가 상당한 구제방법을 취하거나 행정청에 명할 수 있다.

10 ③ 위원회는 처분 또는 부작위가 위법·부당하다고 상당히 의심되는 경우로서 처분 또는 부작위 때문에 당사자가 받을 우려가 있는 중대한 불이익이나 당사자에게 생길 급박한 위험을 막기 위하여 임시지위를 정하여야 할 필요가 있는 경우에는 직권으로 또는 당사자의 신청에 의하여 임시처분을 결정할 수 있다(「행정심판법」 제31조 제1항).

11 ⑤ · ① 당사자의 신청을 거부하거나 부작위로 방치한 처분의 이행을 명하는 재결이 있으면 행정청은 지체 없이 이전의 신청에 대하여 재결의 취지에 따라 처분을 하여야 한다(「행정심판법」 제49조 제2항). 이처럼 「행정심판법」이 규정하고 있는 것은 거부처분에 대한 의무이행심판의 인용재결 기속력의 내용으로 재처분의무이며, 취소심판의 인용재결 기속력의 내용으로 재처분의무는 규정하고 있지 아니하다.
② 「행정심판법」은 취소심판의 인용재결의 종류로 취소재결, 변경재결, 변경명령재결에 관한 규정을 두고 있으나, 취소명령재결은 규정하고 있지 않다(「행정심판법」 제43조 제3항).
③ 간접강제는 「행정소송법」에서 규정하고 있으며, 「행정심판법」은 행정심판위원회의 직접처분권을 규정하고 있다(「행정심판법」 제49조 제2항).
④ 사정재결을 규정하고 있다(「행정심판법」 제44조).

Answer
08. ③　　09. ⑤　　10. ③　　11. ⑤

12 심판청구의 고지제도에 대한 설명으로 옳지 않은 것은?

① 고지제도란 행정청이 처분을 하는 경우 상대방 등에게 심판청구의 가부, 심판기관·청구기간 등 당해 처분에 대한 행정심판제기에 필요한 사항을 알려주는 제도를 말한다.

② 고지는 「행정심판법」에 규정된 심판청구에 필요한 사항을 구체적으로 알려주는 비권력적 사실행위로서 고지 자체는 아무런 법적 효과를 발생하지 않는다.

③ 행정청이 처분을 하는 경우에는 그 상대방에게 처분에 관하여 행정심판을 제기할 수 있는지의 여부, 제기하는 경우의 심판청구절차 및 청구기간을 알려야 한다.

④ 여기서 말하는 처분은 「행정심판법」에 의한 처분에 한하지 않고, 「행정심판법」 이외의 다른 법령에 의한 심판청구의 대상이 되는 처분도 포함한다는 것이 다수설이다.

⑤ 「행정심판법」상의 오고지규정은 행정소송을 제기하는 경우에도 적용되므로 당사자가 행정심판의 청구기간을 잘못 고지받아 행정소송의 제기기간을 경과한 경우에는 행정소송의 제기는 적법하다.

13 「행정심판법」상 재결에 해당하지 않는 것은?

① 취소심판에서의 처분취소명령재결

② 취소심판에서의 처분변경명령재결

③ 의무이행심판에서의 처분재결

④ 의무이행심판에서의 처분명령재결

⑤ 무효등확인심판에서의 무효등확인재결

14 행정심판에 관한 설명으로 옳은 것은? (다툼이 있으면 판례에 따름)

① 행정심판 재결에는 특별한 사유가 없는 한 불가변력이 발생하지 않는다.

② 취소심판에는 처분사유의 추가·변경이 허용되지 않는다.

③ 「행정심판법」은 무효등확인심판에서는 사정재결을 할 수 없음을 명문으로 규정하고 있다.

④ 청구인은 행정심판청구서를 피청구인인 행정청에 제출할 수 없다.

⑤ 「행정심판법」상 처분의 부존재확인심판은 허용되지 않는다.

15 「행정심판법」에 관한 설명으로 옳은 것은?

① 행정심판위원회는 당사자의 동의가 없더라도 심판청구의 신속하고 공정한 해결을 위하여 조정을 할 수 있다.

② 행정심판위원회는 사정재결 시 그 재결의 주문에서 그 처분 또는 부작위가 위법하거나 부당하다는 것을 구체적으로 밝혀야 한다.

③ 집행정지로 목적을 달성할 수 있는 경우에도 임시처분이 허용된다.

④ 처분청이 심판청구기간을 법정기간보다 긴 기간으로 잘못 고지한 경우, 심판청구기간은 당해 처분이 있은 날부터 180일이 된다.

⑤ 행정심판위원회는 심판청구의 대상이 되는 처분보다 청구인에게 불리한 재결을 할 수 있다.

📖

12 ⑤ 「행정심판법」상 오고지규정은 행정심판을 제기한 경우에 한하는 것이지 행정소송을 제기한 경우까지 확대되는 것은 아니므로 당사자가 행정심판 청구기간보다 긴 기간으로 잘못 통지받아 「행정소송법」상의 법정 제소기간을 도과하였다면 당사자의 책임질 수 없는 사유로 인한 것이 아니므로 소 제기는 각하된다(대판 2001.5.8. 2000두6916).

13 ① 취소심판에서의 인용재결에는 ㉠ 처분취소재결과, ㉡ 처분변경재결, ㉢ 처분변경명령재결이 있다. 행정심판법이 개정되어 처분취소명령재결은 현재는 인정되지 않는다(「행정심판법」 제43조 제3항).

14 ③ 사정재결은 취소심판과 의무이행심판에서 인정되며, 무효등확인심판에는 적용하지 아니한다(「행정심판법」 제44조 제3항).
① 행정심판의 재결은 준사법적(準司法的) 행위로서 불가변력(자박력)이 인정된다.
② 처분사유의 추가 · 변경은 행정소송뿐만 아니라 행정심판에서도 인정된다.
④ 심판청구서는 행정심판위원회 또는 피청구인인 행정청에 제출하여야 한다.
⑤ 무효등확인심판은 행정청의 처분의 효력 유무 또는 존재 여부를 확인하는 행정심판이다. 즉, 처분의 존재확인심판뿐만 아니라 부존재확인심판도 인정된다.

15 ① 조정은 당사자의 동의를 받아 행해진다(「행정심판법」 제43조의2 제1항).
② 「행정심판법」 제44조
③ 집행정지로 목적을 달성할 수 없는 경우여야 임시처분이 가능하다. 즉, 집행정지로 목적을 달성할 수 있는 경우에는 임시처분은 허용되지 않는다(「행정심판법」 제31조 제3항).
④ 처분청이 심판청구기간을 법정기간보다 긴 기간으로 잘못 고지한 경우, 그 고지된 기간 내에 심판청구를 할 수 있다(「행정심판법」 제27조 제5항).
⑤ 행정심판위원회는 심판청구의 대상이 되는 처분보다 청구인에게 불리한 재결을 하지 못한다(불이익변경금지의 원칙)(「행정심판법」 제47조 제2항).

Answer
12. ⑤   13. ①   14. ③   15. ②

제1절 항고소송

기본문제

01 다음 중 「행정소송법」상 인정되지 않는 것은?

① 의무이행소송 ② 부작위위법 확인소송
③ 무효등확인소송 ④ 당사자소송
⑤ 민중소송

02 다음 중 항고소송의 대상인 행정처분에 해당하지 않는 것은?

① 행정재산에 대한 사용·수익허가의 취소
② 국가인권위원회의 성희롱 결정 및 시정조치권고
③ 국유일반재산 대부행위 및 그 사용료의 납입고지
④ 「하천법」 및 「공유수면관리법」에 규정된 하천 또는 공유수면의 점용료 부과처분
⑤ 문화재보호구역 내 토지소유자의 문화재보호구역 지정해제 신청에 대한 행정청의 거부행위

03 항고소송의 대상에 관한 다음 서술 중 타당하지 않은 것은? (다툼이 있으면 판례에 의함)

① 행정규칙에 의한 '불문경고조치'는 법률상의 징계처분은 아니지만 항고소송의 대상이 되는 행정처분에 해당한다.
② 금융감독원장으로부터의 문책경고는 그 상대방의 권리의무에 직접 영향을 미치는 행위이므로 행정처분에 해당한다.
③ 국세 과오납금의 환급여부에 관한 과세관청의 결정은 처분으로 볼 수 없다.
④ 과세관청의 환급거부결정에 대해서는 거부처분취소소송으로 다툴 수 있다.
⑤ 「도시 및 주거환경정비법」에 의한 주택재개발정비사업조합의 관리처분계획은 행정처분이다.

04 다음 중 판례상 처분으로 인정되지 않는 것은?

① 농지개량조합 임직원의 근무관계
② 어업권면허에 선행하는 우선순위결정
③ 「원자력 안전법」 제10조 제3항 소정의 부지사전승인제도
④ 건축주명의변경신고 거부처분
⑤ 「산업재해보상보험법」상 장해보상금 결정의 기준이 되는 장해등급결정

01 ① 현행 「행정소송법」상 항고소송으로 취소소송·무효등확인소송·부작위법 확인소송이 인정되고, 당사자 소송, 민중소송, 기관소송이 인정된다. 무명항고소송으로 논의되는 의무이행소송은 명문의 규정이 없다는 이유로 판례는 부정하고 있다.

02 ③ 「국유재산법」 제31조, 제32조 제3항, 「산림법」 제75조 제1항의 규정 등에 의하여 국유잡종재산에 관한 관리·처분의 권한을 위임받은 기관이 국유잡종재산을 대부하는 행위는 국가가 사경제 주체로서 상대방과 대등한 위치에서 행하는 사법상의 계약이고, 행정청이 공권력의 주체로서 상대방의 의사 여하에 불구하고 일방적으로 행하는 행정처분이라고 볼 수 없으며, 국유잡종재산에 관한 대부료의 납부고지 역시 사법상의 이행청구에 해당하고, 이를 행정처분이라고 할 수 없다(대판 2000.2.11. 99다61675).

03 ④ 국세환급금결정이나 그 결정을 구하는 신청에 대한 환급거부결정은 항고소송의 대상이 되는 처분이 아니다. (구) 「국세기본법」 제51조의 오납액과 초과납부액은 조세채무가 처음부터 존재하지 않거나 그 후 소멸되었음에도 불구하고 국가가 법률상 원인 없이 수령하거나 보유하고 있는 부당이득에 해당하고, 그 국세환급금결정에 관한 규정은 이미 납세의무자의 환급청구권이 확정된 국세환급금에 대하여 내부적 사무처리절차로서 과세관청의 환급절차를 규정한 것에 지나지 않고 위 규정에 의한 국세환급금결정에 의하여 비로소 환급청구권이 확정되는 것은 아니므로, 위 국세환급금결정이나 이 결정을 구하는 신청에 대한 환급거부결정은 납세의무자가 갖는 환급청구권의 존부나 범위에 구체적이고 직접적인 영향을 미치는 처분이 아니어서 항고소송의 대상이 되는 처분이라고 볼 수 없다(대판 2009.11.26. 2007두4018).

04 ② 어업권면허에 선행하는 우선순위결정은 강학상 확약에 불과하고 항고소송의 대상이 되는 처분성이 인정되지 않는다는 것이 판례이다.

Answer 01. ① 02. ③ 03. ④ 04. ②

05 판례에 의할 때 항고소송의 대상인 것을 모두 고른 것은?

> ㉠ 어업권면허에 선행하는 우선순위결정
> ㉡ 「농지법」상 이행강제금 부과처분
> ㉢ (구) 「청소년보호법」상 청소년유해매체물 결정 및 고시처분
> ㉣ 두밀분교를 폐교하는 경기도의 조례

① ㉠, ㉡
② ㉠, ㉢
③ ㉡, ㉢
④ ㉡, ㉣
⑤ ㉢, ㉣

06 대법원 판례가 「행정소송법」상의 처분으로 인정하지 않고 있는 것은?

① 지방의회의 의원징계의결
② 도시(관리)계획결정
③ 수도요금체납자에 대한 단수조치
④ 공정거래위원회의 고발조치
⑤ 토지대장상 지목변경신청에 대한 거부

07 신청에 대한 거부처분에 관한 설명으로 옳은 것은? (다툼이 있으면 판례에 따름)

① 거부처분에 대하여는 「행정소송법」상 명문의 규정으로 의무이행소송이 허용된다.
② 거부처분에 대하여는 「행정소송법」상 집행정지를 구할 이익이 있어 집행정지가 허용된다.
③ 거부처분의 취소판결의 취지에 따라 행정청이 처분을 하지 않는 경우, 당사자는 수소법원에 직접처분을 신청할 수 있다.
④ 거부처분이 성립되려면 신청인에게 그 행위발동을 요구할 법규상 또는 조리상 신청권이 있어야 한다.
⑤ 판례가 말하는 신청권이란 신청의 인용이라는 만족적 결과를 얻을 권리를 의미한다.

08 대법원 판례에 의할 때 원고적격이 부인된 사례에 해당하는 것은?

① 「도시계획법」상 주거지역에 설치할 수 없는 연탄공장건축허가처분에 대한 지역주민의 원고적격

② 공설화장장설치를 내용으로 하는 도시계획결정에 대한 지역주민의 원고적격

③ 전원개발사업실시계획승인처분을 다투는 환경영향평가 대상지역 내의 주민의 원고적격

④ 상수원보호구역의 변경을 다투는 그 상수원으로부터 급수를 받는 인근 주민의 원고적격

⑤ 원자력부지사전승인처분을 다투는 환경영향평가 대상지역 내의 주민의 원고적격

---

05 ㉠ 어업권면허에 선행하는 우선순위결정은 확약에 불과하고 처분성을 부정한다.
ㄴ 「농지법」상 이행강제금 부과처분은 별도의 불복절차가 존재하므로 항고소송의 대상인 처분에 해당하지 않는다.

06 ④ 공정거래위원회의 고발조치는 사직 당국에 대하여 형벌권 행사를 요구하는 행정기관 상호 간의 행위에 불과하여 항고소송의 대상이 되는 처분이라 할 수 없다(대판 1995.5.12. 94누13794).

07 ④ · ⑤ 거부처분이 성립되려면 신청인에게 그 행위발동을 요구할 법규상 또는 조리상 신청권이 있어야 한다. 여기서 신청권이란 신청의 인용이라는 만족적 결과를 얻을 권리를 의미하는 것이 아니라 단순한 응답을 받을 권리를 의미한다.
① 의무이행소송에 관한 「행정소송법」상의 명문규정은 없다.
② 거부처분은 원칙적으로 집행정지를 구할 이익이 없어 집행정지가 허용되지 않는다.
③ 직접처분은 행정심판(의무이행심판)에 대한 재결의 기속력 확보수단으로 인정된다. 행정소송에서는 인정되지 않는다.

08 ④ 상수원보호구역 설정의 근거가 되는 「수도법」이 보호하고자 하는 것은 상수원의 확보와 수질보전일 뿐이고, 그 상수원에서 급수를 받고 있는 지역주민들이 가지는 상수원의 오염을 막아 양질의 급수를 받을 이익은 직접적이고 구체적으로 보호하고 있지 않음이 명백하여 위 지역주민들이 가지는 이익은 상수원의 확보와 수질보호라는 공공의 이익이 달성됨에 따라 반사적으로 얻게 되는 이익에 불과하다는 것이 판례이다(대판 1995.9.26. 94누14544).

Answer　05. ⑤　06. ④　07. ④　08. ④

09 항고소송의 원고적격에 관하여 판례와 다른 설명은?

① 행정처분의 직접 상대방이 아닌 제3자에게 원고적격이 인정되는 경우도 있다.

② 법률상 이익의 침해를 요하므로 반사적 이익이 침해되었어도 원고적격이 인정되지 않는다.

③ 처분의 근거법규 또는 관련법규에서 사익을 보장하는 취지로 규정하는 경우에 법률상 이익이 인정될 수 있다.

④ 수익적 행정처분을 신청한 자는 그 거부에 대하여 거부처분 취소소송을 제기할 원고적격이 당연히 인정된다.

⑤ 강학상 허가업이라도 처분의 근거법령 등이 보호하는 사익이 있는 경우 법률상 이익이 인정된다.

10 다음 중 「행정소송법」 제12조상의 '법률상 이익'에 대한 설명으로 틀린 것은? (다툼이 있는 경우에는 판례에 따름)

① 처분 등의 효과가 기간의 경과 등으로 소멸된 뒤에도 그 처분 등의 취소로 인하여 회복되는 법률상 이익이 있는 경우 소의 이익이 인정된다.

② 건물의 철거명령에 대해 취소소송이 제기된 경우에도 해당 건물이 이미 철거되었다면 원칙적으로 소의 이익이 부정된다.

③ 인·허가의 수익적 행정처분을 신청한 사람이 여러 사람이고 서로 경쟁관계에 있어 일방이 허가를 받으면 타방이 허가를 받지 못하는 때에 허가 등의 처분을 받지 못한 사람이 허가를 받은 사람의 해당 처분의 취소를 구하는 경우 소의 이익이 인정된다.

④ 효력기간이 정해져 있는 제재적 행정처분이 그 후 다른 제재적 행정처분의 가중요건이 되어 있고 이 가중요건이 그 법 시행규칙에 의해 규정된 경우, 그 효력기간이 경과한 제재적 행정처분의 취소를 구하는 경우 소의 이익이 부정된다.

⑤ 대학입학고사 불합격처분의 취소를 구하는 소송의 계속 중에 해당 연도의 입학시기가 지난 경우에도 불합격처분의 취소를 구할 소의 이익은 인정된다.

11 행정소송 제기기간에 관한 다음 설명 중 틀린 것은?

① 취소소송은 처분 등이 있음을 안 날로부터 90일 이내에 제기하여야 한다.

② 부작위위법 확인소송에도 제소기간의 제한이 준용되고 있다.

③ 판례는 불특정 다수인에 대한 고시 또는 공고에 의한 처분은 고시 또는 공고가 효력을 발생하는 날에 행정처분이 있음을 알았다고 보아야 한다.

④ 처분 등이 있은 날로부터 180일을 경과하면 취소소송을 제기하지 못한다.

⑤ 무효확인소송에는 제소기간의 제한이 없다.

12 다음 중 항고소송의 피고적격에 관한 설명 중 틀린 것은?

① 중앙노동위원회의 처분에 대한 소는 중앙노동위원회를 피고로 하여 제기하여야 한다.

② 공정거래위원회의 처분에 대한 소는 공정거래위원회를 피고로 하여 제기하여야 한다.

③ 처분적 조례에 대한 항고소송의 경우 지방자치단체장이 피고가 된다.

④ 지방의회 의원에 대한 지방의회의 의원징계에 대하여 항고소송을 제기하는 경우 지방의회가 피고가 된다.

⑤ 국회의장이 행한 처분에 대한 불복의 소는 국회사무총장을 피고로 한다.

---

09 ④ 수익적 행정처분의 거부에 대해 취소소송을 제기하기 위해서는 신청을 했다 해서 모두 원고적격이 인정되는 것은 아니고 공권력행사를 요구할 법규상·조리상의 신청권이 인정되어야 한다.

10 ④ 변경 전 판례는 가중적 제재처분기준이 시행규칙에 규정된 경우 그 법적 성질을 행정규칙으로 봐서 소의 이익을 부정했으나, 판례를 변경하여 그러한 시행규칙의 법규성 여부를 불문하고 현실적 가중제재의 위험성이 있는 경우 소의 이익을 인정하고 있다(대판 2006.6.22. 2003두1684).

11 ④ 취소소송은 처분 등이 있음을 안 날로부터 90일 이내에 제기하여야 하고, 처분 등이 있은 날부터 1년을 경과하면 제기하지 못한다. 1년은 정당한 사유가 있는 경우 예외가 인정되지만 90일은 인정되지 않는 불변기간이다.

12 ① 합의제기관의 처분은 원칙적으로 합의제기관이 피고가 되지만, 법률에 규정이 있으면 합의제기관의 대표가 피고가 되는 경우가 있다. 중앙노동위원회의 처분에 대한 소는 중앙노동위원회위원장을 피고로 하여 처분의 통지를 받은 날부터 15일 이내에 이를 제기하여야 한다(「노동위원회법」 제27조 제1항).

Answer /   09. ④   10. ④   11. ④   12. ①

13 행정소송과 그 피고에 대한 연결이 옳은 것만을 모두 고르면?

> ㉠ 권한의 위임이 있는 경우 - 수임청
> ㉡ 권한의 내부위임이 있는 경우 - 위임청
> ㉢ 권한을 내부위임 받은 행정청이 자신의 명의로 처분을 한 경우 - 수임청
> ㉣ 권한의 대리의 경우 - 피대리청
> ㉤ 대통령에 의한 서훈취소의 경우 - 국가보훈처장

① ㉠, ㉡   ② ㉢, ㉣
③ ㉠, ㉢, ㉣   ④ ㉠, ㉡, ㉢, ㉣
⑤ ㉠, ㉡, ㉢, ㉣, ㉤

14 행정심판전치주의에 대한 예외로서 행정심판 자체를 제기할 필요가 없는 경우가 아닌 것은?

① 동종사건에 대하여 이미 행정심판의 기각 재결이 있는 경우
② 서로 내용상 관련되는 처분 또는 같은 목적을 위하여 단계적으로 진행되는 처분 중 어느 하나가 이미 행정심판의 재결을 거친 때
③ 행정청이 사실심의 변론종결 후 소송의 대상인 처분을 변경하여 해당 변경된 처분에 관하여 소를 제기하는 때
④ 처분을 행한 행정청이 행정심판을 거칠 필요가 없다고 잘못 알린 때
⑤ 처분의 집행 또는 절차의 속행으로 생길 중대한 손해를 예방하여야 할 긴급한 필요가 있는 때

15 「행정소송법」상 가구제에 대한 설명 중 틀린 것은? (다툼이 있을 경우에는 판례에 의함)

① 「행정소송법」은 가처분에 관한 규정을 두고 있지 않다.
② 판례는 원칙상 거부처분의 집행정지를 인정하지 않는다.
③ 집행정지가 인정되기 위하여는 적법한 본안소송이 계속 중이어야 한다.
④ 금전납부로 인한 손해는 회복되기 어려운 손해에 해당할 수 없다.
⑤ 처분의 효력정지는 처분의 집행 또는 절차의 속행을 정지함으로써 목적을 달성할 수 있는 경우에는 허용되지 아니한다.

16 취소소송에서의 집행정지에 관한 다음 설명 중 가장 옳지 않은 것은?

① 집행정지의 대상은 처분의 효력, 처분의 집행, 절차의 속행으로 이 경우 처분은 본안의 취소소송의 대상인 처분이다.

② 집행정지는 「민사소송법」상의 가처분에서와 같이 본안소송이 법원에 계속되어 있을 것을 요건으로 하지 않는다.

③ 불허가처분·거부처분 등과 같은 소극적 처분에 대하여는 집행정지를 할 수 없다는 것이 통설이다.

④ 집행정지결정은 해당 사건에 관하여 당사자인 행정청과 그 밖의 관계행정청을 기속한다.

⑤ 판례는 집행정지의 요건과 관련하여 본안청구가 이유 없음이 명백할 때에는 집행정지를 명할 수 없다고 판시한 바 있다.

17 사정판결에 대해 틀린 것은?

① 취소소송과 무효등확인소송에 적용된다.

② 손해배상 등의 병합제소가 가능하다.

③ 판결문에 처분 등의 위법을 명시한다.

④ 비례원칙·이익형량원칙이 적용된다.

⑤ 사정판결의 소송비용은 피고인 행정청이 부담해야 한다.

13 ㉠·㉡·㉢·㉣ [○]
㉤ [×] 피고는 대통령이 된다.

14 ⑤ 처분의 집행 또는 절차의 속행으로 생길 중대한 손해를 예방하여야 할 긴급한 필요가 있는 때에는 행정심판의 재결을 기다릴 필요없이 소송을 제기할 수 있다. 행정심판 자체를 제기할 필요가 없는 경우의 예외가 아니다.

15 ④ 금전부과처분도 회복하기 힘든 손해에 포함될 수 있다. 회복하기 힘든 손해란 특별한 사정이 없는 한 금전으로 보상할 수 없는 손해로서 이는 금전보상이 불능인 경우 내지는 금전보상으로는 사회관념상 행정처분을 받은 당사자가 참고 견딜 수 없거나 또는 참고 견디기가 현저히 곤란한 경우의 유형·무형의 손해를 일컫는다. 금전납부로 사업자의 자금사정이나 경영전반에 미치는 파급효과가 매우 중대하여 사업자체를 계속할 수 없거나 중대한 경영상의 위기를 맞게 될 것으로 보이는 등의 사정이 존재하는 경우 이에 해당한다는 것이 판례이다.

16 ② 집행정지는 적법한 본안소송이 계속된 법원이 처분 등이나 그 집행 또는 절차의 속행으로 인하여 생길 회복하기 어려운 손해를 예방하기 위하여 긴급한 필요가 있다고 인정할 때에 처분 등의 효력이나 그 집행 또는 절차의 속행의 전부 또는 일부의 정지를 결정하는 것이다. 적법한 본안소송의 계속은 집행정지의 요건이므로 집행정지결정 후에 소송요건결여로 각하판결이 있는 경우 집행정지는 실효된다.

17 ① 사정판결은 취소소송에서만 인정되고, 무효확인소송과 부작위위법 확인소송에는 인정되지 않는다. 무효확인소송에 대해서 인정여부에 대한 견해대립이 있지만 판례는 이를 부정하고 있다.

Answer 13. ④ 14. ⑤ 15. ④ 16. ② 17. ①

18 취소소송의 판결의 효력에 관한 다음 설명 중 옳지 않은 것은?

① 처분을 취소하는 확정판결은 피고 행정청뿐 아니라, 그 밖의 관계행정청도 기속한다.

② 처분을 취소하는 확정판결은 제3자에 대하여는 효력이 없다.

③ 거부처분을 취소하는 확정판결이 있는 경우, 처분청은 판결의 취지에 따라 재처분을 하여야 한다.

④ 취소판결이 확정되면, 행정상 법률관계는 행정청의 별도의 집행행위 없이 당연히 형성의 효과를 발생한다.

⑤ 취소판결의 기속력과 형성력은 청구기각판결의 경우에는 발생하지 아니한다.

19 무효등확인소송에 대한 설명으로 옳은 것은?

① 제소기간이 상대적으로 단기이다.

② 행정심판전치주의가 적용된다.

③ 사정판결이 허용된다.

④ 취소소송의 집행정지제도가 준용된다.

⑤ 행정행위의 부존재확인을 청구하는 것은 허용되지 않는다.

20 행정청의 '부작위'에 관한 설명으로 옳지 않은 것은? (다툼이 있는 경우에는 판례에 의함)

① 재량하자의 하나인 재량권의 불행사가 행정청의 부작위를 의미하는 것은 아니다.

② 행정입법의 부작위에 대하여 경우에 따라서는 헌법재판소가 그 부작위의 위법을 확인할 수 있다.

③ 부작위위법 확인소송은 행정청의 부작위 또는 무응답, 거부처분 등 소극적 위법상태를 제거하기 위한 제도이다.

④ 부작위위법 확인소송에서 신청권에 의하지 아니한 신청을 행정청이 받아들이지 않은 것은 항고소송의 대상이 되는 부작위라고 할 수 없다.

⑤ 행정청의 부작위가 위법이 되기 위해서는 행정청에게 작위의무가 인정되어야 한다.

심화문제

21 행정소송의 한계에 대한 내용으로 옳은 것은?

① 과거의 역사적 사실관계의 존부를 확인의 대상으로 하는 것도 항고소송의 대상이 됨이 원칙이다.

② 국가보훈처장은 잘못 기술된 독립운동가의 활동상을 고쳐 독립운동사 등의 책자를 다시 편찬·보급할 작위의무가 있음의 확인을 구하는 청구는 허용되지 않는다.

③ 국민건강보험공단은 고시를 적용하여 요양급여비용을 결정하여서는 아니 된다는 내용의 부작위를 구하는 청구도 항고소송으로 가능하다.

④ 일정한 요건이 구비된 경우 행정청이 일정한 행정처분을 행한 것과 같은 효과가 있는 행정처분을 직접 행하도록 하는 형성판결을 구하는 소송도 허용된다.

⑤ 검사에게 압수물 환부를 이행하라는 청구는 항고소송으로 제기할 수 있다.

---

18 ②·④ 처분 등을 취소하는 확정판결은 제3자에 대하여도 효력이 있다(「행정소송법」 제29조 제1항). 취소판결이 확정되면 처분은 행정청의 별도의 취소행위가 없더라도 당연히 효력을 상실한다. 이를 판결의 형성력이라 한다. 판결의 제3자효는 이 형성력을 기초로 인정되는 것이다.
⑤ 청구기각판결은 처분이 적법하여 취소하지 않고 종전 처분의 효력이 유지되는 것이므로 청구기각판결에는 기속력과 형성력이 인정되지 않는다.

19 ④ 무효등확인소송은 취소소송의 집행정지제도가 준용된다(「행정소송법」 제38조).
① 무효등확인소송은 제소기간의 제한이 없다.
② 무효등확인소송에는 행정심판전치주의가 적용되지 않는다.
③ 사정판결은 취소소송에서만 인정되고 무효등확인소송이나 부작위위법 확인소송에는 적용되지 않는다.
⑤ 무효등확인소송은 행정청의 처분 등의 효력 유무 또는 존재 여부를 확인하는 소송을 말한다. 부존재확인소송도 포함된다.

20 ③·① 부작위는 행정청의 처분으로 볼만한 외관 자체가 존재하지 않는 상태를 말한다. 거부처분과 같은 소극적 처분은 행정청의 거부라는 의사표시가 있으므로 부작위가 아니다. 또한 법령이 일정한 상태에서 부작위를 거부처분으로 보는 규정을 둔 경우에는 법적으로는 거부처분이라는 소극적 처분이 있는 것으로 되므로, 행정소송의 대상인 부작위가 되지 않는다. 재량권의 불행사란 구체적 타당성에 맞는 재량행사를 하지 않은 재량행위를 뜻하는데 이는 외관상 재량행위가 있다는 점에서 부작위와 차이가 있다.

21 ②·④·⑤ 대법원은 무명항고소송으로 의무이행소송, 적극적 형성소송, 작위의무확인소송, 예방적 부작위청구소송 등을 일체 인정하지 않고 있다.
① 과거의 역사적 사실관계의 존부를 확인의 대상으로 하는 것은 구체적 법률관계에 관한 것이 아니므로 항고소송의 대상이 되지 않는다(대판 1990.11.23. 90누3553).

Answer 18. ②   19. ④   20. ③   21. ②

22 다음 중 현행법상 허용되지 않는 행정쟁송수단으로 옳게 짝지어진 것은?

> ㉠ 의무이행심판   ㉡ 예방적부작위소송
>
> ㉢ 의무이행소송   ㉣ 당사자소송
>
> ㉤ 재결취소소송

① ㉠, ㉡   ② ㉣, ㉤

③ ㉢, ㉣   ④ ㉡, ㉢

⑤ ㉠, ㉢

23 행정소송의 재판관할에 대한 설명으로 옳지 않은 것은?

① 취소소송의 제1심 관할법원은 피고의 소재지를 관할하는 행정법원으로 한다. 다만, 중앙행정기관 또는 그 장을 피고로 취소소송을 제기하는 경우에는 대법원 소재지를 관할하는 행정법원에 제기할 수 있다.

② 토지의 수용, 기타 부동산 또는 특정의 장소에 관계되는 처분 등에 대한 취소소송은 그 부동산 또는 장소의 소재지를 관할하는 행정법원에 제기해야 하므로, 「민사소송법」상의 합의관할 및 변론관할에 관한 규정은 적용되지 않는다.

③ 국가 또는 공공단체가 당사자소송의 피고인 경우에는 관계행정청의 소재지를 피고의 소재지로 본다.

④ 취소소송의 사물관할은 판사 3인으로 구성된 합의부에서 한다.

⑤ 원고의 고의 또는 중대한 과실 없이 행정소송이 심급을 달리하는 법원에 잘못 제기된 경우에 수소법원은 관할법원에 이송한다.

24 원고적격에 대한 설명으로 옳지 않은 것은? (다툼이 있는 경우 판례에 의함)

① (구) 「해상운송사업법」에 근거한 신규선박운항사업면허 허가처분에 대한 해당 항로에 취항하고 있는 기존업자는 그 취소를 구할 법률상 이익이 인정된다.

② 동일한 사업구역 내의 동종의 사업용 화물자동차면허대수를 늘리는 보충인가처분에 대하여 기존업자는 그 취소를 구할 법률상 이익이 없다.

③ 석탄가공업에 관하여 기존허가를 받은 자들의 영업상 이익은 반사적 이익에 불과하므로 신규허가처분에 대하여 행정소송을 제기할 법률상 이익이 없다.

④ 환경영향평가 대상지역 밖의 주민이라 할지라도 공유수면매립면허처분 등으로 인하여 그 처분 전과 비교하여 수인한도를 넘는 환경피해를 받거나 받을 우려가 있는 경우에는 그 처분 등의 무효확인을 구할 원고적격을 인정받을 수 있다.

⑤ 기존 목욕장영업장 부근에 신설 영업장 허가처분에 따른 수입감소를 이유로 한 기존업자의 이익은 반사적 이익에 불과하므로 신설 영업장 허가처분의 취소를 구할 법률상 이익이 없다.

---

22 ④ ⓒ 예방적부작위소송, ⓓ 의무이행소송은 현행법상 인정되지 않는다.

23 ② 「행정소송법」에 특별한 규정이 없는 경우 「민사소송법」이 준용되고(「행정소송법」 제8조 제2항), 「행정소송법」상 토지관할은 전속관할이 아니기 때문에 「민사소송법」상의 합의관할·변론관할에 관한 규정이 준용된다.

24 ② 경업자 소송에 대해서 판례는 강학상 특허업의 경우 기존업자에게 신규 인·허가 등에 대한 법률상 이익이 있다고 본다. 동일한 사업구역 내의 동종의 사업용 화물자동차면허대수를 늘리는 보충인가처분에 대하여 기존업자는 그 취소를 구할 법률상 이익이 있다(대판 1992.7.10. 91누9107).

Answer 22. ④ 23. ② 24. ②

25 행정소송의 당사자능력과 원고적격에 관한 다음 설명 중 가장 적절하지 않은 것은? (다툼이 있는 경우에는 판례에 의함)

① 환경영향평가 대상지역 밖에 거주하는 주민이라도 침해 또는 침해우려의 입증여부와 관계없이 「헌법」상의 환경권 또는 「환경정책기본법」에 근거하여 공유수면매립면허처분과 농지개량사업시행인가처분의 무효확인을 구할 원고적격이 인정된다.

② 자연물인 도롱뇽 또는 그를 포함한 자연 그 자체로서는 소송을 수행할 당사자능력을 인정할 수 없다는 것이 판례의 태도이다.

③ 국가가 국토이용계획과 관련한 기관위임사무의 처리에 관하여 지방자치단체의 장을 상대로 취소소송을 제기할 수 없다.

④ 환경상 이익에 대한 침해 또는 침해 우려가 있는 것으로 사실상 추정되어 원고적격이 인정되는 자는 환경상 침해를 받으리라고 예상되는 영향권 내의 주민들을 비롯하여 그 영향권 내에서 농작물을 경작하는 등 현실적으로 환경상 이익을 향유하는 자도 포함된다고 할 것이나, 단지 그 영향권 내의 건물·토지를 소유하거나 환경상 이익을 일시적으로 향유하는 데 그치는 자는 포함되지 않는다고 할 것이다.

⑤ 판례에 의하면 수익적 행정처분을 신청한 자는 법규상·조리상 신청권이 없는 경우에는 그 거부에 대하여는 거부처분취소소송으로 제기할 원고적격이 인정되지 않는다.

26 항고소송의 소의 이익에 대한 판례의 내용으로 옳지 않은 것은?

① 임기 만료된 지방의회의원이 군의회를 상대로 한 의원제명처분 취소소송에서 승소한다고 하더라도 군의회의원으로서의 지위를 회복할 수는 없으나, 위 의원은 이 사건 소를 유지할 법률상의 이익이 있다.

② 상병에서 병장으로의 진급요건을 갖춘 자에 대하여 그 진급처분을 행하지 아니한 상태에서 예비역으로 편입하는 처분을 한 경우, 진급처분 부작위위법을 이유로 예비역 편입처분취소를 구할 소의 이익이 있다고 할 수 없다.

③ 제재적 행정처분이 그 처분에서 정한 제재기간의 경과로 인하여 그 효과가 소멸되었더라도 부령인 시행규칙의 형식으로 정한 처분 기준에서 제재적 행정처분을 받은 것을 가중사유로 정하여 장래 제재적 행정처분을 하도록 정하고 있다면 그 취소를 구할 법률상 이익이 있다.

④ 행정처분에 효력기간이 정하여져 있는 경우, 그 기간의 경과로 그 행정처분의 효력은 상실되므로 그 기간 경과 후에는 그 처분이 외형상 잔존함으로 인하여 어떠한 법률상 이익이 침해되었다고 볼 만한 별다른 사정이 없는 한 그 처분의 취소를 구할 법률상의 이익이 없다.

⑤ 고등학교에서 퇴학처분을 받은 자가 그 후 고등학교 졸업검정고시에 합격한 경우에는 퇴학처분의 취소를 구할 소의 이익이 없다.

27 협의의 소익에 관한 다음 서술 중 타당하지 않은 것은? (다툼이 있으면 판례에 의함)

① 행정처분의 효력기간이 경과한 후에는 그 처분이 외형상 잔존함으로 인하여 어떠한 법률상 이익이 침해되고 있다고 볼 사정이 없는 한 그 처분의 취소를 구할 법률상 이익이 없다.

② 지방의회 의원이 제명의결 취소소송 계속 중 임기가 만료되었다면 제명의결의 취소로 의원 지위를 회복할 수 없으므로 그 제명의결의 취소를 구할 법률상 이익이 인정되지 않는다.

③ 한국방송공사 사장에 대한 해임처분의 무효확인 또는 취소소송 계속 중 임기가 만료되었더라도 해임처분일부터 임기만료일까지 기간에 대한 보수 지급을 구할 수 있는 경우에는 해임처분의 무효확인 또는 취소를 구할 법률상 이익이 있다.

④ 무효등확인소송은 처분 등의 효력 유무 또는 존재 여부의 확인을 구할 법률상 이익이 있는 자가 제기할 수 있다.

⑤ 직위해제처분이 있은 후 다시 직위해제처분이 행해졌다면 종전 직위해제처분의 취소를 구할 소익은 없다.

---

25 ① 환경영향평가 대상지역 밖에 거주하는 주민은 수인한도를 넘는 환경상 불이익을 구체적으로 증명해야 개발사업에 대한 승인처분을 다툴 수 있다. 환경권은 구체적 법률에 의해서 인정되는 것이므로 「헌법」상 환경권이나 「환경정책기본법」에 의한 환경권만으로 개발사업에 대한 승인처분을 다툴 법률상 이익도 인정되지 않는다(대판 2006.3.16. 2006두330).

26 ⑤ 고등학교 졸업이 대학입학자격이나 학력인정으로서의 의미밖에 없다고 할 수 없으므로, 고등학교 졸업학력검정고시에 합격하였다고 하여 고등학교 학생으로서의 신분과 명예가 회복될 수 없는 것이니 퇴학처분을 받은 자로서는 퇴학처분의 위법을 주장하여 그 취소를 구할 소송상의 이익이 있다(대판 1992.7.14. 91누4737).

27 ② 지방의회 의원이 제명의결 취소소송 계속 중 임기가 만료되어 제명의결의 취소로 의원 지위를 회복할 수 없다고 할지라도 제명의결 시부터 임기만료일까지의 기간에 대한 월정수당의 지급을 구할 수 있으므로 그 제명의결의 취소를 구할 법률상 이익이 인정된다.

Answer
25. ①　26. ⑤　27. ②

28 다음 중 판례에 의해 소의 이익이 부정된 것의 조합만으로 묶인 것은?

> ㉠ 환지처분 공고 후 환지예정지지정처분의 취소를 구하는 소송
> ㉡ 현역병 대상자로 현실적으로 입영을 한 자가 현역병입영통지처분의 취소를 구하는 소송
> ㉢ 공장건물의 멸실 후 공장등록취소처분의 취소를 구하는 소송
> ㉣ 현역병 대상자로 병역처분을 받은 자가 그 취소소송 중 모병에 응하여 현역병으로
>   자진입대한 경우의 병역처분의 취소를 구하는 소송
> ㉤ 일반사면이 있은 후 파면처분의 위법을 주장하여 취소를 구하는 소송
> ㉥ 치과의사국가시험 불합격처분 이후 새로 실시된 국가시험에 합격한 자의 불합격취소를
>   구하는 소송

① ㉠, ㉡, ㉢   ② ㉠, ㉣, ㉥
③ ㉠, ㉣, ㉤   ④ ㉠, ㉢, ㉣
⑤ ㉡, ㉢, ㉣

29 항고소송의 대상인 처분에 관한 판례의 내용으로 옳지 않은 것은?

① 대학교원의 임용권자가 임용기간이 만료된 조교수에 대하여 재임용을 거부하는 취지로 한 임용기간 만료의 통지는 대학교원의 법률관계에 영향을 주는 것으로서 처분에 해당한다.

② 「국가공무원법」상의 당연퇴직사유가 있어 행한 인사권자의 당연퇴직의 인사발령은 공무원의 신분을 상실시키는 형성적 행정행위로서 처분에 해당한다.

③ 「지적법」상의 지목은 토지소유권을 제대로 행사하기 위한 전제요건으로서 토지소유자의 실체적 권리관계와 밀접하게 관련되어 있으므로 지적공부 소관청의 지목변경신청반려행위는 국민의 권리관계에 영향을 미치는 것으로서 항고소송의 대상이 되는 행정처분에 해당한다.

④ 조례가 집행행위의 개입 없이도 그 자체로서 직접 국민의 구체적인 권리·의무나 법적 이익에 영향을 미치는 등의 법률상 효과를 발생하는 경우 그 조례는 항고소송의 대상이 되는 행정처분에 해당한다.

⑤ 과징금을 감액하는 경우에는 항고소송의 대상은 감액처분이 아닌 감액되고 남은 원처분이 대상이 된다.

30 「행정소송법」상 처분에 대한 설명으로 옳지 않은 것은? (다툼이 있는 경우 판례에 의함)

① 「행정심판법」이나 「행정소송법」에서 규정하는 처분의 정의인 '행정청이 행하는 구체적 사실에 관한 법집행행위로서 공권력의 행사 …'에서 '공권력'이란 권력성을 의미하는 것이다.

② 건축불허가처분을 하면서 소방서장의 건축부동의를 사유로 들고 있는 경우 소방서장의 건축부동의도 행정행위이므로 그에 대한 취소를 구하는 소송을 제기할 수 있다.

③ 공중위생업에 대해 그 영업을 정지할 위법한 사유가 있는 경우 그 영업이 양도·양수 되었다 하더라도 양수인에 대하여 영업정지처분을 할 수 있다.

④ 「폐기물관리법」 관계법령의 규정에 의하면 폐기물처리업의 허가를 받기 위해서는 먼저 허가권자로부터 사업계획에 대한 적정통보를 받아야 하는데, 이때 부적정통보는 허가 신청 자체를 제한할 수 있으므로 행정처분에 해당한다.

⑤ 한국전력공사가 행한 입찰참가자격을 제한하는 내용의 부정당업자제재처분은 항고소 송의 대상이 되는 처분에 해당하지 않는다.

Part 05

---

28 ② 소의 이익이 부정된 경우는 ㉠·㉣·㉾이다.
㉠ 환지처분 후에는 환지예정지지정처분은 환지처분에 흡수되므로 환지처분을 다투어야 하고 별도로 환지예 정지지정처분을 다툴 소의 이익이 없다.
㉣ 현역병대상처분 후 현실적으로 입영한 자는 여전히 현역병대상처분을 다툴 수 있으나 자진입대한 자는 이 를 다툴 소의 이익이 없다.
㉾ 새로 실시된 국가시험에 합격한 자는 이미 자격을 취득하였으므로 종전의 불합격취소를 구할 소의 이익이 없다.
㉡ 공장건물이 비록 멸실되었다고 하더라도 공장을 이전하는 경우에 세제상의 감면해택이 있고 간이한 이전 절차 및 우선 입주의 해택이 있다는 이유로 공장등록취소처분의 취소를 구할 법률상 이익을 인정하였다.

29 ② 「국가공무원법」상 당연퇴직은 사유가 발생했을 때 당연히 발생하는 것이고 인사발령은 그러한 사실을 알 리는 관념의 통지일 뿐이므로 처분성이 부정된다.
① 기간제로 임용되어 임용기간이 만료된 국·공립대학의 조교수는 특별한 사정이 없는 한 재임용되리라는 기대를 가지고 재임용 여부에 관하여 합리적인 기준에 의한 공정한 심사를 요구할 법규상 또는 조리상의 신청 권을 가진다고 할 것이므로 재임용거부취지의 임용기간 만료의 통지는 대학교원의 법률관계에 영향을 주는 것으로 행정소송의 대상이 되는 처분에 해당한다.

30 ② 소방서장의 건축부동의는 행정기관 내부의 행위로서 행정행위가 아니다. 다만, 소방서장의 건축부동의의 취소를 구하는 소송을 제기할 수는 없고, 건축불허가처분을 소송대상으로 쟁송을 제기하여 이를 다투는 중에 소방서장의 건축부동의 사유에 관하여 다툴 수는 있다.
⑤ 한국전력공사의 입찰참가자격을 제한하는 내용의 부정당업자제재처분은 단지 상대방을 공사가 시행하는 입찰에 참가시키지 않겠다는 뜻의 사법상의 효력을 가지는 통지행위에 불과하다.

Answer / **28.** ② **29.** ② **30.** ②

31 항고소송의 대상이 되는 것을 모두 고른 것은? (다툼이 있는 경우 판례에 의함)

> ㉠ 관리청이 「국유재산법」에 따라 행정재산의 무단점유자에 대하여 변상금을 부과하는
>   행위
> ㉡ 건축물대장 소관 행정청이 건축물대장의 용도변경신청을 거부하는 행위
> ㉢ 건축물대장 소관 행정청이 건축물에 관한 건축물대장을 직권말소한 행위
> ㉣ 과세관청이 행한 국세환급금결정 또는 이 결정을 구하는 신청에 대한 환급거부결정
> ㉤ 국가인권위원회가 성희롱 행위자로 결정된 자에 대하여 한 성희롱결정과 이에 따른
>   시정조치의 권고

① ㉠, ㉢   ② ㉠, ㉡, ㉤
③ ㉡, ㉢, ㉣   ④ ㉠, ㉡, ㉢, ㉤
⑤ ㉠, ㉡, ㉢, ㉣, ㉤

32 행정심판 혹은 행정소송의 대상에 관한 기술로 타당한 것은?

① 대통령의 처분 또는 부작위는 행정심판의 대상은 아니지만 행정소송의 대상은 된다.
② 행정심판의 재결은 행정심판 및 행정소송의 대상이 될 수 없다.
③ 판례는 공중보건의 채용계약의 해지에 대하여 항고소송의 대상으로 보고 있다.
④ 토지수용절차에서 사업시행자와 토지소유자 간 협의에 대하여는 항고소송을 제기할
   수 있다.
⑤ 허가 신청에 대해 거부처분을 한 경우 의무이행심판보다는 취소심판으로 하는 것이
   권리구제에 적당하다.

33 행정심판의 재결에 대한 취소소송에 관한 설명으로 옳지 못한 것은?

① 제3자효적 행정행위에 있어서 인용재결은 제3자가 소송을 제기하는 경우 재결취소소송에 해당한다.

② 일부인용재결이나 수정재결의 경우 재결 자체가 소송대상이 되고 원처분이 소송대상이 되는 것이 아니다.

③ 재결 자체에 고유한 위법이 없음에도 불구하고 제기한 재결취소의 소는 기각된다.

④ 「공익사업을 위한 토지 등의 취득 및 보상에 관한 법률」에 의한 토지수용위원회의 수용재결에 대해서는 중앙토지수용위원회의 이의재결을 거친 경우에도 원처분주의에 따라 수용재결이 소송대상이 된다.

⑤ 수리를 요하지 않는 신고에서 수리는 행정심판의 대상인 처분이 아니므로 각하재결해야 함에도 인용재결한 경우는 재결 자체에 고유한 위법이 있는 경우에 해당한다.

📖

31 ㄹ [×] 과세관청이 행한 국세환급금결정 또는 이 결정을 구하는 신청에 대한 환급거부결정은 이미 법률에 의하여 성립한 환급청구권에 아무런 영향을 주는 것이 아니며 과세관청의 신청에 따른 결정은 환급청구권의 행사에 따른 처리절차에 불과하므로 항고소송의 대상인 처분이 아니다. 거부결정의 상대방은 곧바로 국가를 상대로 공법상 당사자소송으로 환급청구소송을 제기하면 된다는 것이 판례의 태도이다.

32 ① 대통령의 처분 또는 부작위에 대하여는 다른 법률에서 행정심판을 청구할 수 있도록 정한 경우 외에는 행정심판을 청구할 수 없다(「행정심판법」 제3조 제1항). 행정소송의 대상으로서의 처분에는 대통령의 처분도 포함되고 「행정심판법」과 같은 제한이 없으므로 대통령의 처분도 항고소송의 대상되는 처분성이 인정된다.
② 행정심판의 재결은 행정심판의 대상이 되지 않지만 행정소송의 대상은 된다.
③ 판례는 공중보건의 채용계약의 해지에 대하여 당사자소송의 대상으로 보고 있다.
④ 토지수용절차에서 사업시행자와 토지소유자 간 협의에 대하여는 판례가 사법상 매매계약으로 보고 있으므로 처분성이 부정된다.
⑤ 허가 신청에 대해 거부처분을 한 경우 의무이행심판은 심판위원회가 직접 허가재결을 할 수 있으므로 의무이행심판이 더 유리하다.

33 ② 일부인용재결이나 수정재결도 원처분주의가 적용되므로 원칙적으로 재결은 소송의 대상이 되지 않고 일부 취소되고 남은 또는 수정되고 남은 원처분이 소송의 대상이 된다.
④ 종래 「공익사업을 위한 토지 등 취득에 관한 법률」은 재결주의를 취하였지만 현행법은 원처분주의를 따르고 있으므로 옳은 지문이다.

Answer
31. ④   32. ①   33. ②

34 행정소송의 피고적격에 대한 설명으로 옳지 않은 것은?

① 세무서장이 압류한 재산의 공매를 한국자산관리공사로 대행하게 한 경우 피고는 한국
자산관리공사이다.

② 처분행정청이 없게 된 때에는 그 처분 등에 관한 사무가 귀속되는 국가 또는 공공단체를
피고로 한다.

③ 판례에 따르면 내부위임에 의한 처분이 수임기관의 명의로 행해진 경우에는 수임기관이
피고가 된다.

④ 지방의회의 지방의원에 대한 제명의결에 대한 피고는 지방의회이다.

⑤ 공무원에 대한 징계·면직, 기타 본인의 의사에 반하는 불이익처분에 있어서 그 처분
청이 대통령인 때에는 법무부장관을 피고로 하여야 한다.

35 취소소송의 피고경정으로 옳지 못한 것은?

① 「행정소송법」 제14조 제1항의 피고를 잘못 지정한 때에는 법원은 원고의 신청에 의하여
결정으로 피고의 경정을 허가할 수 있다.

② 피고를 경정하는 것에 대한 허가결정이 있을 때는 새로운 피고에 대한 소송을 처음
소를 제기한 때에 제기된 것으로 본다.

③ 종전 피고에 대한 소는 취하된 것으로 본다.

④ 피고경정이 있는 경우 변경 전 소송자료는 승계되지 않는다.

⑤ 피고경정은 법원의 직권에 의한 결정으로 이루어지는 경우도 있다.

36 항고소송의 피고에 관한 설명으로 옳지 않은 것은? (다툼이 있으면 판례에 따름)

① 처분이 있은 뒤에 그 처분에 관계되는 권한이 다른 행정청에 승계된 때에는 이를 승계
한 행정청을 피고로 한다.

② 공정거래위원회의 처분에 대한 항고소송의 피고는 공정거래위원회가 된다.

③ 조례에 대한 무효확인소송의 경우 해당 지방의회의 의장이 피고가 된다.

④ 원고가 피고를 잘못 지정한 때에는 법원은 원고의 신청에 의하여 결정으로써 피고의
경정을 허가할 수 있다.

⑤ 소의 종류의 변경 시에도 피고의 경정이 인정된다.

37 행정소송과 행정심판의 관계에 관한 설명으로 옳지 않은 것은? (다툼이 있는 경우 판례에 의함)

① 원처분의 위법을 이유로 행정심판재결에 대한 취소소송을 제기할 수 없다.

② 원고가 전심절차에서 주장하지 아니한 처분의 위법사유를 소송절차에서 새로이 주장한 경우 다시 그 처분에 대하여 별도의 전심절차를 거쳐야 한다.

③ 「행정소송법」 이외의 법률에 당해 처분에 대한 행정심판의 재결을 거치지 아니하면 취소소송을 제기할 수 없다는 규정이 있는 경우에도, 처분의 집행 또는 절차의 속행으로 생길 중대한 손해를 예방하여야 할 긴급한 필요가 있는 때에는 행정심판의 재결을 거치지 아니하고 취소소송을 제기할 수 있다.

④ 「행정소송법」 이외의 법률에 당해 처분에 대한 행정심판의 재결을 거치지 아니하면 취소소송을 제기할 수 없다는 규정이 있는 경우에도, 동종사건에 관하여 이미 행정심판의 기각재결이 있은 때에는 행정심판을 제기함이 없이 취소소송을 제기할 수 있다.

⑤ 필요적 행정심판전치주의가 적용되는 경우 행정심판전치요건은 사실심 변론종결 시까지 충족하면 된다.

Part 05

---

34 ⑤ 공무원에 대한 징계·면직, 기타 본인의 의사에 반하는 불이익처분에 있어서 그 처분청이 대통령인 때에는 소속장관을 피고로 하여야 한다(「국가공무원법」 제16조).

35 ④ 피고경정이 있는 경우 변경 전 소송자료는 승계된다.

36 ③ 조례에 대한 무효확인소송의 경우 피고는 지방의회의 의장이 아니라 공포권자인 지방자치단체의 장이 된다.
① 「행정소송법」 제13조 제1항 단서
② 합의제 행정청이 처분청인 경우 원칙적으로 위원장이 아니라 '합의제 행정청' 자체가 피고가 된다.
④ 「행정소송법」 제14조 제1항
⑤ 소의 변경은 항고소송 사이에서 뿐만 아니라 항고소송과 당사자소송 사이에서도 인정된다. 따라서 소의 종류의 변경으로 당사자인 피고의 변경이 야기될 수 있다.

37 ② 행정심판에서의 주장과 행정소송에서의 주장이 전혀 별개의 것이 아닌 한 그 주장이 반드시 일치하여야 하는 것은 아니고, 당사자는 전심절차에서 미처 주장하지 아니한 사유를 공격방어방법으로 제출할 수 있고, 법원은 이를 심리하여 행정처분의 적법여부를 판단할 수 있다(대판 1999.11.26. 99두9407). 따라서 원고가 다시 별도의 전심절차를 거쳐야 하는 것은 아니다.
① 원처분을 정당한 것으로 인정하여 행정심판청구를 기각한 재결에 대하여 다시 원처분의 하자를 이유로 항고소송을 제기할 수 없다(대판 1989.1.24. 88누3314).
③ 「행정소송법」 제18조 제2항
④ 「행정소송법」 제18조 제3항

Answer 34. ⑤ 35. ④ 36. ③ 37. ②

38 「행정소송법」상 가구제 제도에 관한 설명 중 옳지 않은 것은 모두 몇 개인가? (다툼이 있는 경우에는 판례에 따름)

ㄱ 집행정지 요건인 '회복하기 어려운 손해'라 함은 금전배상이 불가능한 경우와 사회통념상 원상회복이나 금전배상이 가능하더라도 금전배상만으로 수인할 수 없거나 수인하기 어려운 유·무형의 손해를 의미하고 손해의 규모가 현저하게 큰 것임을 요한다.
ㄴ 본안소송이 취하되어 소송이 계속되지 아니한 것으로 되면 집행정지결정은 당연히 그 효력이 소멸되는 것이고 별도의 취소조치를 필요로 하는 것이 아니다.
ㄷ 행정처분의 효력정지나 집행정지를 구하는 신청사건에 있어서는 「행정소송법」 제23조 제2항, 제3항 소정의 요건의 존부만이 판단의 대상이 되는 것이고, 행정처분 자체의 적법 여부는 궁극적으로 본안재판에서 심리를 거쳐 판단할 성질의 것이어서 신청사건에서는 판단의 대상이 되는 것은 아니다.
ㄹ 행정처분의 효력정지나 집행정지를 구하는 신청사건에 있어서 집행정지사건 자체에 의하여도 본안청구가 적법한 것이어야 한다.
ㅁ 행정처분에 대한 효력정지신청을 구함에 있어서 이를 구할 법률상 이익이 있어야 하는 것은 아니다.
ㅂ 거부처분의 효력정지는 그 거부처분으로 인하여 신청인에게 생길 손해를 방지하는 데에 아무런 소용이 없어 그 효력정지를 구할 이익이 없다.
ㅅ 집행정지의 결정 또는 기각의 결정에 대하여는 즉시항고할 수 있으며 집행정지의 결정에 대한 즉시항고에는 결정의 집행을 정지하는 효력이 없다.

① 0개 ② 1개 ③ 2개
④ 3개 ⑤ 4개

39 행정상 집행정지제도에 관한 설명 중 가장 옳지 않은 것은?

① 행정상 집행정지제도는 긴급한 필요를 전제로 하는 만큼 반드시 본안소송이 적법하게 제기되어 있어야 한다.
② 행정상 집행정지를 위해서는 정지의 대상으로서 집행적 성질을 가진 집행적 처분이 존재하여야 한다.
③ 본안인용의 가능성이 명백하게 없는 경우에도 집행정지의 결정을 할 수 있다는 것이 대법원 판례의 견해이다.
④ 집행정지는 공공복리에 중대한 영향을 미칠 우려가 있을 때에는 허용되지 아니한다.
⑤ 집행정지는 행정처분의 집행으로 인하여 당사자에게 회복하기 어려운 손해를 예방하기 위한 것이어야 한다.

40 「행정소송법」상 집행정지에 대한 설명으로 옳지 않은 것은? (다툼이 있는 경우 판례에 의함)

① 「행정소송법」은 처분의 일부에 대한 집행정지도 가능하다고 규정하고 있다.

② 접견허가 신청에 대한 교도소장의 거부처분은 그 효력에 대해 집행정지의 대상이 된다.

③ 집행정지의 소극적 요건으로서 '공공복리'는 그 처분의 집행과 관련된 구체적이고 개별적인 공익으로서 이러한 소극적 요건에 대한 주장·소명 책임은 행정청에게 있다.

④ 처분의 취소가능성이 없음에도 처분의 효력이나 집행의 정지를 인정한다는 것은 집행정지제도의 취지에 반하므로 집행정지 사건 자체에 의하여도 신청인의 본안청구가 이유 없음이 명백하지 않아야 한다는 것도 집행정지의 요건이다.

⑤ 집행정지의 대상은 처분의 효력, 처분의 집행, 절차의 속행으로 이 경우 처분은 본안의 취소소송의 대상인 처분이다.

---

38 ③ 옳지 않은 것은 ㉠, ㉤ 2개이다.
㉠ '회복하기 어려운 손해'라 함은 특별한 사정이 없는 한 금전으로 보상할 수 없는 손해를 뜻하는 것이지 손해의 규모가 현저히 크다는 것을 뜻하는 것은 아니다.
㉤ 행정처분에 대한 효력정지신청을 구함에 있어서도 이를 구할 법률상 이익이 있어야 한다. 단지 간접적이거나 사실적·경제적 이해관계를 가지는 데 불과한 경우는 집행정지신청이 인정되지 않는다.

39 ③ 「행정소송법」은 집행정지의 요건으로 본안에 이유 없음이 명백하지 않을 것을 명문으로 규정하고 있지 않지만, 대법원은 본안에 관한 이유 유무는 집행정지결정단계에서 판단될 것은 아니라고 하면서도, 집행정지사건 자체에 의하여도 신청인의 본안청구가 이유 없음이 명백한 때에는 집행정지를 명할 수 없다는 입장이다.

40 ② 거부처분이 집행정지의 대상이 될 것인가에 대해서는 견해대립이 있지만 판례는 신청에 대한 거부처분의 효력을 정지하더라도 거부처분이 없었던 것과 같은 상태, 즉 거부처분이 있기 전인 신청 시의 상태로 되돌아가는 데에 불과하므로 신청인에게 아무런 보탬이 되지 않는다고 하여 거부처분의 효력정지를 구할 법률상 이익을 부정하였다.

Answer / 38. ③ 39. ③ 40. ②

41 사정판결의 요건으로 옳지 않은 것은? (다툼이 있는 경우에는 판례에 의함)

① 처분이 위법하여야 한다.

② 처분을 취소하는 것이 현저히 공공복리에 적합하지 아니하다고 인정되어야 한다.

③ 사정판결의 경우 처분 등의 위법성은 판결시를 기준으로 판단하여야 한다.

④ 공공복리를 위한 사정판결의 필요성은 변론종결시를 기준으로 판단하여야 한다.

⑤ 법원의 직권에 의한 사정판결도 허용된다는 것이 판례이다.

42 항고소송에서 판결의 기속력에 대한 설명으로 옳지 않은 것은?

① 기속력은 일단 판결이 확정된 때에는 동일한 사항이 다시 소송상 문제되었을 때 당사자와 법원은 이에 저촉되는 주장이나 판단을 할 수 없는 효력을 의미한다.

② 현행 「행정소송법」은 취소판결에 대하여 기속력 있음을 규정하고 무효등확인소송과 부작위위법 확인소송 및 당사자소송에 이를 준용하고 있다.

③ 기속력은 취소판결 등의 실효성을 도모하기 위하여 인정된 효력이므로, 판결주문 및 그 전제가 된 요건사실의 인정과 효력의 판단에만 미친다.

④ 취소판결이 확정된 후에 그 기속력에 위반하여 같은 사유에 의한 동일한 내용의 처분은 그 하자가 중대하고도 명백하여 당연무효이다.

⑤ 판례에 의하면 거부처분에 대한 취소판결이 확정된 경우에도 처분시 이후 법령변경에 따라 신법상의 사유를 들어 재차 거부처분한 것은 기속력에 반하지 않는다.

43 항고소송의 판결효력에 대한 설명으로 틀린 것은? (다툼이 있는 경우 판례에 의함)

① 거부처분이 실체법상 이유로 판결에 의해 취소된 경우 원칙적으로 신청에 따른 처분을 해야 할 재처분의무가 발생한다.

② 무효확인판결의 효력은 취소판결과 달리 소송의 당사자 외에 제3자에게는 미치지 않는다.

③ 간접강제결정에서 정한 의무이행기한이 경과한 후라도 확정판결의 취지에 따른 재처분의 이행이 있으면 더 이상 배상금을 추심하는 것은 허용되지 않는다.

④ 판례는 간접강제 이외의 「민사소송법」상 가처분을 인정하지 않는다.

⑤ 취소소송에서 소 각하판결이 있더라도 대상처분의 적법성이 확정된 것은 아니므로 원고가 그 처분의 효력을 다시는 다툴 수 없는 것은 아니다.

44 처분을 취소하는 확정판결의 기속력에 대한 설명으로 옳지 않은 것은? (다툼이 있는 경우 판례에 의함)

① 기속력은 주로 판결의 실효성 확보를 위하여 인정되는 효력으로서 판결의 주문뿐만 아니라 그 전제가 되는 처분 등의 구체적 위법사유에 관한 이유 중의 판단에 대하여도 인정된다.

② 취소된 처분의 사유와 기본적 사실관계가 동일하지 않으면 종전 처분 당시에 존재하였던 사유일지라도 그를 이유로 하여 동일한 재처분을 할 수 있다.

③ 취소된 처분의 사유와 기본적 사실관계에서 동일하지 않다 하더라도, 종전 처분 당시에 이미 존재하고 있었고 당사자가 이를 알고 있었던 사유라면 그러한 사유로 동일한 재처분을 할 수 없다.

④ 거부처분이 취소된 경우 취소된 처분 이후에 발생한 새로운 사유로 다시 거부처분을 할 수 있다.

⑤ 기속력은 기각판결에는 인정되지 않는다.

📖

41 ③ 사정판결은 원고의 청구가 이유 있다고 인정하는 경우에도 처분 등을 취소하는 것이 현저히 공공복리에 적합하지 아니하다고 인정하는 때에 원고의 청구를 기각하는 판결이다. 처분 등의 위법성은 처분시를 기준으로 판단하나, 사정판결의 필요성은 판결시를 기준으로 한다.

42 ① 이는 판결의 효력으로서 기판력에 관한 설명이다.
⑤ 기속력은 처분시를 기준으로 처분시와 동일한 사유로 동일한 처분을 하여서는 안 된다는 것이므로 처분시 이후 신법에 따라 재차 거부하는 것은 기속력에 반하지 않는다는 것이 판례이다.

43 ② 무효확인판결은 취소판결과 같은 형성력이 인정되지는 않지만 소송의 당사자 외에 제3자에게도 처분이 무효라는 것은 영향을 미친다. 대세효에 관한 취소소송의 제29조 제1항은 무효등확인소송에도 준용된다.

44 ③ 당사자가 알고 있었던 사유라 하더라도 취소된 처분의 사유와 기본적 사실관계가 동일하지 않다면 그러한 사유로 동일한 재처분을 할 수 있다.

Answer /   41. ③   42. ①   43. ②   44. ③

45 취소소송에 적용되는 「행정소송법」 규정 중 무효등확인소송에 준용되지 않는 것은?

① 행정심판기록의 제출명령　　② 관련청구소송의 병합

③ 집행정지　　④ 처분변경으로 인한 소의 변경

⑤ 간접강제

46 무효등확인소송에 대한 설명으로 옳지 않은 것은? (다툼이 있는 경우에는 판례에 의함)

① 행정처분의 당연무효를 주장하여 그 무효확인을 구하는 행정소송에 있어서는 처분이 무효임을 원고가 입증하여야 한다는 것이 판례의 입장이다.

② 사정판결에 관한 「행정소송법」 규정은 무효등확인소송에는 준용되지 않는다.

③ 취소소송에서 인정되는 집행정지에 관한 「행정소송법」 규정은 무효등확인소송에 대하여도 준용된다.

④ 행정처분의 근거 법률에 의하여 보호되는 직접적이고 구체적인 이익이 있는 경우에는 「행정소송법」 제35조에 규정된 '무효확인을 구할 법률상 이익'이 있다고 보아야 하고, 이와 별도로 무효확인소송의 보충성이 요구되는 것은 아니라는 것이 판례의 입장이다.

⑤ 거부처분에 대한 무효확인판결에 대해서도 행정청은 재처분의무를 지므로 행정청이 부작위하는 경우 법원은 이에 대한 간접강제가 가능하다.

47 다음 중 부작위위법 확인소송에 관한 설명으로 옳지 않은 것은?

① 부작위가 성립하였지만 소송계속 중 처분이 내려지면 기각판결을 내린다.

② 본안심리의 결과 원고의 청구가 이유 있다고 인정하는 경우에는 인용판결을 내린다.

③ 신청사실 및 신청권의 존재는 소송요건으로 원고에게 입증책임이 있다.

④ 부작위의 정당화사유에 대해서는 행정청이 주장·입증책임을 진다.

⑤ 부작위가 성립하기 위해서는 법규상 또는 조리상 신청권이 있어야 한다.

48 부작위위법 확인소송에 관한 내용으로 옳지 않은 것은? (다툼이 있는 경우 판례에 따름)

① 부작위의 직접 상대방이 아닌 제3자는 해당 행정처분의 부작위위법 확인을 구할 법률상의 이익이 있는 경우 원고적격이 인정된다.

② 행정청이 행한 공사중지명령의 상대방이 그 명령 이후에 그 원인사유가 소멸하였음을 들어 공사중지명령의 철회를 신청하였으나 행정청이 아무런 응답을 하지 않고 있는 경우 행정청의 부작위는 그 자체로 위법하다.

③ 위법판단의 기준시점은 처분시가 아니라 사실심 변론종결 시로 보아야 한다.

④ 부작위가 성립하기 위해서는 당사자의 신청이 있어야 하며 여기서 신청이란 법규상 또는 조리상 신청권의 행사로서의 신청을 말한다.

⑤ 부작위위법 확인소송에 대해서는 「행정소송법」상 처분변경으로 인한 소의 변경에 관한 규정이 준용된다.

45 ⑤ 취소소송의 간접강제규정은 무효등확인소송에 준용되지 않는다(「행정소송법」 제38조 제1항).

46 ⑤ 현행 「행정소송법」은 간접강제 규정을 부작위위법 확인소송에는 준용하고 있지만, 무효등확인소송에는 준용을 하고 있지 않다. 판례는 「행정소송법」이 이를 준용하는 규정을 두고 있지 않은 이상 간접강제는 무효확인소송에는 인정되지 않는다는 입장이다.

47 ① 판결시를 기준으로 부작위상태가 해소된 경우이므로 각하판결을 하게 된다.
③ · ④ 부작위위법 확인소송은 일정한 처분의 신청을 한 자만이 원고적격을 가지므로 신청사실 및 신청권의 존재는 소송요건으로 원고에게 입증책임이 있고, 상당한 기간의 경과를 정당화할 만한 특별한 사유에 대한 입증책임은 행정청이 부담한다.
⑤ 부작위위법 확인소송은 처분의 신청을 구할 법규상 또는 조리상 신청권이 없는 자에 의한 소 제기라면 허용되지 않는다는 것이 판례이다.

48 ⑤ 부작위위법 확인소송에 대해서는 「행정소송법」상 처분변경으로 인한 소의 변경에 관한 규정이 준용되지 않는다.
② 행정청이 행한 공사중지명령의 상대방이 그 명령 이후에 그 원인사유가 소멸하였음을 들어 공사중지명령의 철회를 신청한 경우 행정청은 이에 대한 응답의무가 있고 이를 위반한 경우 그 자체가 위법이라는 것이 판례이다.
③ 부작위위법 확인소송은 판결시까지의 부작위상태가 위법임을 확인하는 것이므로 위법판단의 기준시점은 처분시가 아니라 사실심 변론종결 시로 보아야 한다는 것이 판례의 입장이다.
④ 부작위가 성립하기 위해서는 당사자의 신청만으로 성립되지 않고 처분을 구할 법규상 또는 조리상 신청권이 있어야 한다.

Answer
45. ⑤   46. ⑤   47. ①   48. ⑤

49 **무효등확인소송 및 부작위위법 확인소송에 관한 설명으로 옳은 것은?**

① 무효등확인소송에서는 사정판결이 인정되지 않는다.

② 취소소송의 제소기간에 관한 규정은 무효등확인소송과 부작위위법 확인소송에서는 준용되지 않는다.

③ 부작위위법 확인소송에서의 위법판단의 기준시는 처분시이다.

④ 부작위위법 확인소송에서 '부작위'라 함은 행정청이 당사자의 신청에 대하여 상당한 기간 내에 일정한 처분을 하여야 할 법률상 의무가 있음에도 불구하고 처분을 하지 않는다는 의사를 통지하는 것을 말한다.

⑤ 무효등확인소송은 확인소송의 일종이므로 무효등확인소송을 제기하기 위해서는 '확인의 이익' 내지 '보충성'이 요구된다.

50 **행정소송에 있어서 일부취소판결의 허용여부에 대한 판례의 입장으로 가장 옳은 것은?**

① 재량행위의 성격을 갖는 과징금부과처분이 법이 정한 한도액을 초과하여 위법한 경우에는 법원으로서는 그 한도액을 초과한 부분만을 취소할 수 있다.

② 「독점규제 및 공정거래에 관한 법률」을 위반한 광고행위와 표시행위를 하였다는 이유로 공정거래위원회가 사업자에 대하여 법위반사실공표명령을 행한 경우, 표시행위에 대한 법위반사실이 인정되지 아니한다면 법원으로서는 그 부분에 대한 공표명령의 효력만을 취소할 수 있을 뿐, 공표명령 전부를 취소할 수 있는 것은 아니다.

③ 개발부담금부과처분에 대한 취소소송에서 당사자가 제출한 자료에 의하여 정당한 부과금액을 산출할 수 없는 경우에도 법원은 증거조사를 통하여 정당한 부과금액을 산출한 후 정당한 부과금액을 초과하는 부분만을 취소하여야 한다.

④ 「독점규제 및 공정거래에 관한 법률」을 위반한 수개의 행위에 대하여 공정거래위원회가 하나의 과징금부과처분을 하였으나 수개의 위반행위 중 일부의 위반행위에 대한 과징금부과만이 위법하고, 그 일부의 위반행위를 기초로 한 과징금액을 산정할 수 있는 자료가 있는 경우에도 법원은 과징금부과처분 전부를 취소하여야 한다.

⑤ 금전부과처분에 대하여 처분청이 정당한 부과금액이 얼마인지 주장·증명하지 않고 있는 경우 법원이 정당한 부과금액을 산출할 의무까지 부담하는 것은 아니다.

49 ① 무효등확인소송에는 사정판결의 준용규정이 없고 판례도 무효등확인소송에서 사정판결을 부정하고 있다.
② 무효등확인소송에는 제소기간의 준용규정이 없지만 부작위위법 확인소송에는 제소기간의 준용규정이 있다.
⑤ 종래 판례는 무효확인소송에 대해 확인을 구할 법률상 이익 외에 확인의 이익, 보충적 이익, 즉시확정이익
을 요한다고 하였으나, 판례를 변경하여 무효확인을 구할 법률상 이익만 있으면 되고 별도의 확인의 이익은 요
하지 않는다고 본다.

50 ②「독점규제 및 공정거래에 관한 법률」을 위반한 광고 행위와 표시행위를 하였다는 이유로 공정거래위원회가
사업자에 대하여 법위반사실공표명령을 행한 경우, 법원이 표시행위에 대한 법위반사실이 인정되지 않는다고
판단하는 경우 표시행위에 대한 법위반사실공표명령만 취소할 수 있고, 광고행위 위반사실에 대한 공표명령
은 취소할 수 없다.
① 과징금부과가 재량행위인 경우 법원은 적정액을 정할 수 없고 법이 정한 한도액을 초과한 부분만 취소할
수 없고 과징금부과 전부를 취소하여야 한다.
③ 당사자가 제출한 자료에 의하여 정당한 부과금액을 산출할 수 없는 경우에는 개발부담금부과처분 전부를
취소할 수 밖에 없다.
④ 수개의 행위에 대하여 공정거래위원회가 하나의 과징금부과처분을 하였으나 수개의 위반행위 중 일부의
위반행위에 대한 과징금부과만이 위법하고, 그 일부의 위반행위를 기초로 한 과징금액을 산정할 수 있는 자료
가 있는 경우 하나의 과징금부과라도 일부의 위반행위에 대한 과징금액에 해당하는 부분만 취소할 수 있다(대
판 2006.12.22. 2004두1483).
⑤ 법원이 적극적으로 직권증거조사를 하거나 처분청에게 증명을 촉구하는 등의 방법으로 정당한 부과금액을
산출할 의무까지 부담하는 것은 아니다(대판 2016.7.14. 2015두4167).

49. ①   50. ②

제2절 | 당사자소송

기본문제

01 판례가 당사자소송으로 본 것은?

① 전문직공무원의 채용계약해지에 대한 소송
② 공법상 부당이득반환청구소송
③ 공무원연금관리공단의 급여결정에 대한 소송
④ 국유임야 대부 시 대부료부과처분에 대한 소송
⑤ 지방자치단체의 물품구입에 대한 대금지급청구소송

02 다음 중 판례상 당사자소송이 아닌 것은?

① 석탄가격 안정지원금의 지급을 구하는 소송
② 공무원 연금법령개정으로 퇴직연금 중 일부금액의 지급이 정지되어서 미지급된 퇴직연금의 지급을 구하는 소송
③ 무효인 과세처분을 원인으로 하는 부당이득반환청구소송
④ 광주민주화운동 관련 보상금지급과 관련한 소송
⑤ (구)「도시재개발법」에 의한 재개발조합에 대하여 조합원 자격확인을 구하는 소송

심화문제

03 공법상의 당사자소송에 대한 설명으로 옳지 않은 것은?

① 당사자소송은 국가·공공단체 및 그 밖의 권리주체를 피고로 한다.
② 「행정소송법」은 국가를 상대로 하는 당사자소송의 경우에는 가집행선고를 할 수 없다고 규정하고 있으므로 국가를 상대로 재산권의 청구를 인용하는 판결을 하는 경우에는 가집행선고를 할 수 없다.
③ 청구의 기초에 변경이 없는 한 당사자소송을 취소소송으로 변경하거나 무효등확인소송으로 변경할 수 있다.
④ 당사자소송에 관하여 법령에 제소기간이 정하여져 있는 때에는 그 기간은 불변기간으로 한다.
⑤ 당사자소송의 제1심 재판관할에 있어서 국가 또는 공공단체가 피고인 경우에는 관계행정청의 소재지를 피고의 소재지로 본다.

04 취소소송의 규정이 당사자소송에 준용되는 것은?

① 필수적 심판전치주의　　　　② 집행정지

③ 사정판결　　　　　　　　　　④ 가집행선고

⑤ 직권심리주의

01 ① 판례는 전문직공무원채용계약과 같은 신분설정계약에 대해서는 공법상 계약으로 봐서 이에 대한 쟁송은 당사자소송에 의한다.
②・④・⑤ 판례는 사법관계에 관한 것으로 민사소송으로 분쟁을 해결해야 한다는 입장이다.
③ 처분으로 항고소송의 대상이다(판례).

02 ③ 무효인 과세처분을 원인으로 하는 부당이득반환청구소송은 민사소송에 의한다는 것이 판례이다.
①・②・④・⑤ 공법상 발생되는 청구권에 관한 소송이거나 공법상 법률관계에 관한 소송으로 당사자소송으로 이를 해결한다는 것이 판례의 입장이다.

03 ② 국가를 상대로 하는 당사자소송의 경우 가집행선고를 할 수 없도록 한 「행정소송법」 제43조는 헌법재판소의 위헌결정으로 효력을 상실하였다. 대법원은 당사자소송에서 국가를 상대로 재산권의 청구를 인용하는 판결을 하는 경우 가집행 선고가 가능하다는 입장이다(대판 2000.1.28. 99두3416).

04 ⑤ 취소소송의 직권심리에 관한 제26조는 당사자소송에도 준용되고 있다(「행정소송법」 제44조).
①・②・③ 예외적 행정심판전치주의, 집행정지, 사정판결 등은 취소소송의 특유한 절차로 당사자소송에는 준용되지 아니한다.
④ 국가를 상대로 하는 당사자소송의 경우에는 가집행선고를 할 수 없다.

Answer

01. ①　　02. ③　　03. ②　　04. ⑤

제3절 │ 객관적 소송

기본문제

01 **공법상 객관적 소송의 성질이 가장 강한 것은?**

① 취소소송

② 처분의 상대방에 의한 이의신청

③ 「지방자치법」상 주민소송

④ 민주화운동 관련 보상을 위한 당사자소송

⑤ 무효확인소송

심화문제

02 **행정소송 중 기관소송에 대한 설명으로 옳지 않은 것은?**

① 국가 또는 공공단체의 행정기관 상호 간에 권한의 존부 또는 권한행사에 관한 분쟁이 있는 경우 이에 관한 소송을 기관소송이라고 한다.

② 지방자치단체 상호 간의 권한쟁의는 행정법원의 관할에 속한다.

③ 개별법률에 특별한 규정이 있는 경우에 인정되고 그 법률에서 정한 자만이 제기할 수 있다.

④ 기관소송으로서 처분 등의 취소를 구하는 소송에는 그 성질에 반하지 아니하는 한 취소소송에 관한 규정이 준용된다.

⑤ 주무부장관의 시정명령이나 취소·정지처분에 대해 이의가 있는 경우 지방자치단체장은 대법원에 이의소송을 제기할 수 있다.

03 지방자치단체인 A광역시가 부과하는 지방세의 징수를 담당하는 소속 공무원인 B는 납세 의무자인 D의 허위신고를 묵인하고 해당 지방세를 징수하지 않았다. 이에 감사청구를 한 주민 C가 60일이 경과해도 감사가 종료되지 않았을 때 제기할 수 있는 소송의 유형은?

① 「민법」상 손해배상청구소송

② 「민법」상 당사자소송

③ 항고소송

④ 민중소송으로서 주민소송

⑤ 기관소송

---

01 ③ 주민소송은 지방자치단체의 위법한 재무회계행위를 시정하고자 하는 공익목적을 가지고 제기되는 소송으로서 민중소송(공익소송)이며 구체적인 권익의 침해가 없어도 제기되고 적법한 통제를 목적으로 하는 소송으로서 객관소송이다. 주민소송은 「행정소송법」상 민중소송에 해당한다.

02 ②·① 기관소송이란 국가 또는 공공단체의 행정기관 상호 간에 있어서의 권한의 존부 또는 그 행사에 관한 다툼이 있을 때에 이에 대하여 제기하는 소송이다. 다만, 「헌법재판소법」 제2조의 규정에 의하여 헌법재판소의 관장사항으로 되는 소송은 제외한다(「행정소송법」 제3조 제4호). 때문에 「헌법」과 「헌법재판소법」에 의하여 국가기관 상호 간, 국가기관과 지방자치단체 간 및 지방자치단체 상호 간의 권한쟁의심판은 헌법재판소의 관장사항으로 행정소송으로서의 기관소송에서 제외된다.

03 ④ C는 「지방자치법」 제17조 제1항 제1호에 의해 주민소송을 제기할 수 있다[주무부장관이나 시·도지사가 감사청구를 수리한 날부터 60일(제16조 제3항 단서에 따라 감사기간이 연장된 경우에는 연장기간이 끝난 날을 말한다)이 지나도 감사를 끝내지 아니한 경우]. 주민소송은 지방자치단체의 위법한 재무회계행위를 시정하고자 하는 공익목적을 가지고 제기되는 소송으로서 민중소송(공익소송)이며, 구체적인 권익의 침해 없이도 제기되고 적법한 통제를 목적으로 하는 소송으로서 객관소송이다.

Answer 01. ③ 02. ② 03. ④

2023

행정법
각론

합격기준 **박문각 행정사**

1차

QMG·박문각

행정사 문제집
행정법

Part_

01

행정조직법

행정조직법

기본문제

01 행정기관 중 합의제 행정기관 혹은 위원회에 관한 설명으로 옳지 않은 것은?

① 중앙행정기관인 위원회의 설치와 직무범위는 법률로 정한다.

② 지방자치단체는 그 소관사무의 범위에서 조례로 위원회 등의 자문기관을 설치·운영할 수 있다.

③ 심의기관의 결정에는 특별한 규정이 없는 한 법적 구속력이 없다.

④ 「헌법」에 따라 설치되는 위원회에 대하여는 「행정기관 소속 위원회의 설치·운영에 관한 법률」을 적용한다.

⑤ 의결권만을 갖는 의결기관인 위원회는 결정된 의사의 대외적 표시권한을 갖지 못한다.

02 행정관청 간의 관계에 관한 설명으로 옳은 것은? (다툼이 있으면 판례에 따름)

① 상급관청의 훈령권에는 법령상 근거가 요구된다.

② 대외적 구속력이 없는 훈령을 위반한 조치는 위법하다.

③ 하급행정관청의 권한행사에 대한 상급행정관청의 내부적인 승인·인가는 행정처분이 아니다.

④ '동의'를 의미하는 관계기관의 '협의' 의견은 주무관청을 구속하지 않는다.

⑤ 상급관청의 하급관청에 대한 감시권에는 개별적인 법령상 근거를 요한다.

03 행정관청의 권한의 위임에 대한 설명으로 옳지 않은 것은?

① 권한의 위임은 법적 근거를 요하나, 위임의 범위에는 제한이 없는 것이 원칙이다.

② 권한의 대리는 권한의 이전이 없다는 점에서 권한의 위임과 차이가 있다.

③ 공무수탁사인은 행정에 관한 위임된 사인이고, 대결은 행정관청 내부에서 보조기관이 대신 결재하는 것이다.

④ 국가행정사무의 권한을 지방자치단체에 위임하는 것을 단체위임이라 한다.

⑤ 권한위임이 행해지면 항고소송의 피고는 수임기관이 된다.

04 행정기관에 관한 설명으로 옳지 않은 것은? (다툼이 있으면 판례에 따름)

① 법령에 따라 행정권한을 위탁받은 사인은 행정청이 될 수 없다.

② 행정에 관한 의사를 결정하여 표시하는 국가 또는 지방자치단체의 기관은 행정청이다.

③ 지방자치단체는 그 소관사무의 일부를 독립하여 수행할 필요가 있으면 법령이나 그 지방자치단체의 조례로 정하는 바에 따라 합의제행정기관을 설치할 수 있다.

④ 행정기관의 장은 소관사무를 통할하고 소속공무원을 지휘·감독한다.

⑤ 정부조직법은 합의제행정기관의 설치에 관한 법적 근거를 두고 있다.

---

01 ④ 「헌법」에 따라 설치되는 위원회에 대하여는 「행정기관 소속 위원회의 설치·운영에 관한 법률」이 적용되지 않는다(「행정기관 소속 위원회의 설치·운영에 관한 법률」 제3조 제2항).

02 ③ 상급행정기관의 하급행정기관에 대한 승인·동의·지시 등은 행정기관 상호 간의 내부행위로서, 국민의 권리 의무에 직접 영향을 미치는 것이 아니므로 행정처분이 아니다(대판 1997.9.26. 97누8540).
① 훈령권은 상급관청의 감독권에 당연히 내포된 것으로 법적 근거를 요하지 않는다.
② 훈령은 행정조직 내부규범으로 대외적 구속력이 없는바 훈령에 위반된 행위라 하더라도 그것만으로 위법이 되는 것은 아니다.
④ 관계기관의 '협의' 의견은 원칙적으로 주무관청을 구속하지 않지만 '동의' 의견은 주무관청을 구속한다. 다만, 법령상 '협의'로 표현되어 있다 하더라도 그것이 '동의'를 의미하는 경우에는 '협의'가 주무관청을 구속한다.
⑤ 감시권의 발동에는 법적 근거가 필요 없다.

03 ① 권한의 위임은 반드시 법률의 근거를 요하며, 권한의 위임은 행정관청의 권한의 일부에 대해서만 인정되고 전부위임은 인정되지 않는다는 점에서 위임의 범위에 제한이 있다.

04 ① 법령에 따라 행정권한을 위탁받은 사인도 행정청이 될 수 있다.

Answer   01. ④   02. ③   03. ①   04. ①

05 행정권한의 위임 등에 관한 설명으로 옳지 않은 것은? (다툼이 있으면 판례에 따름)

① 행정권한의 위임은 법률에 규정된 행정기관의 장의 권한 중 일부를 그 보조기관 또는 하급행정기관의 장이나 지방자치단체의 장에게 맡겨 그의 권한과 책임 아래 행사하도록 하는 것이다.

② 행정권한의 내부위임은 법률이 위임을 허용하고 있지 아니한 경우에도 행정관청의 내부적인 사무처리의 편의를 도모하기 위하여 그의 보조기관 또는 하급행정관청으로 하여금 그의 권한을 사실상 행사하게 하는 것이다.

③ 위임기관은 수임기관의 수임사무 처리에 대하여 지휘·감독하고, 그 처리가 위법하거나 부당하다고 인정될 때에는 이를 취소하거나 정지시킬 수 있다.

④ 수임사무의 처리에 관하여 위임기관은 수임기관에 대하여 사전승인을 받거나 협의를 할 것을 요구할 수 없다.

⑤ 행정기관은 위임을 받은 사무의 전부 또는 일부를 보조기관 또는 하급행정기관에 재위임할 수 없다.

06 행정관청의 임의대리와 법정대리에 관한 비교 중 틀린 것은?

① 양자 모두 일부대리만이 가능하다.

② 임의대리는 피대리관청의 지휘·감독이 허용되는 반면, 법정대리는 허용되지 않는다.

③ 임의대리는 복대리가 허용되지 않는 반면, 법정대리는 허용된다.

④ 임의대리는 피대리관청이 책임을 지는 반면, 법정대리는 대리관청이 책임을 진다.

⑤ 임의대리는 피대리관청의 수권이 있으나 법정대리는 수권을 요하지 않는다.

07 지방자치단체에 관한 설명 중 틀린 것은?

① 지방자치단체는 법인에 해당한다.

② 지방자치단체를 분리하기 위하여 주민투표를 실시한 경우에도 지방의회의 의견을 들어야 한다.

③ 광역시와 도의 구역의 변경은 반드시 법률로써만 할 수 있다.

④ 지방자치단체의 명칭을 변경하고자 하는 경우에도 법률로써 정하여야 한다.

⑤ 조례가 직접 기본권을 침해한 경우에는 조례 자체에 대해 헌법소원이 가능하다.

08 지방자치단체의 구역에 관한 설명으로 옳지 않은 것은? (다툼이 있는 경우 판례에 의함)

① 「공유수면 관리 및 매립에 관한 법률」에 따른 매립지가 속할 지방자치단체는 행정안전부장관이 결정한다.

② 헌법재판소는 현재 국가기본도상의 해상경계선을 공유수면에 대한 불문법상의 해상경계선으로 인정하고 있다.

③ 지방자치단체의 구역을 바꿀 때에는 법률로 정하되, 관할 구역의 경계변경은 대통령령으로 정한다.

④ 「지방자치법」 조항에 따라 지방자치단체를 폐지하거나 설치할 때에 「주민투표법」상의 주민투표를 한 경우라면 관계된 지방자치단체의 의회의 의견을 듣지 않을 수 있다.

⑤ 지방자치단체를 나누거나 합하여 새로운 지방자치단체가 설치되거나 지방자치단체의 격이 변경되면 그 지방자치단체의 장은 필요한 사항에 관하여 새로운 조례나 규칙이 제정·시행될 때까지 종래 그 지역에 시행되던 조례나 규칙을 계속 시행할 수 있다.

📖

05 ⑤ 수임기관은 위임받은 권한을 재위임할 수도 있다.

06 ① 임의대리는 피대리관청의 수권에 의하는 대리이므로 수권은 권한의 일부에 국한된다. 법정대리는 법률규정에 의해 인정되는 대리이므로 피대리관청의 권한의 일부 또는 전부에 대해 가능하다는 점에서 구별된다.

07 ② 지방자치단체를 폐지하거나 설치하거나 나누거나 합칠 때 또는 그 명칭이나 구역을 변경할 때에는 관계 지방자치단체의 의회(이하 '지방의회'라 한다)의 의견을 들어야 한다. 다만, 「주민투표법」 제8조에 따라 주민투표를 한 경우에는 그러하지 아니하다(「지방자치법」 제5조 제3항).

08 ② 국가기본도상의 해상경계선이 그 작성된 시기별로 서로 상이한 모습으로 그어져 있는데, 과연 이들 중에서 어느 국가기본도상의 해상경계선을 공유수면의 해상경계 기준으로 결정해야 하는지 불분명하고, 만약 앞서 본 (구) 「지방자치법」 등의 규정에 따라 1948. 8. 15.에 가장 근접한 시기에 제작된 국가기본도상의 해상경계선에 한하여 규범적 효력을 인정한다면, 어차피 모두 임의적 표기에 불과하다는 동일한 조건에도 불구하고 어떤 특정 시점의 임의적 표기가 다른 시기의 임의적 표기에 비해 더 우월한 효력이나 진리 가치를 가진다는 점이 입증되어야 하는데, 이를 입증하는 것은 국가기본도상 해상경계선의 작성 방식에 비추어 논리적으로 매우 어려운 일이기 때문이다. 이에 우리 재판소가 이 결정과 견해를 달리하여 국가기본도상의 해상경계선을 불문법상의 해상경계선으로 인정해 온 헌재 2004.9.23. 2000헌라2 결정 등은 이 결정의 견해와 저촉되는 범위 내에서 이를 변경하기로 한다(헌재 2015.7.30. 2010헌라2).

Answer　　**05.** ⑤　　**06.** ①　　**07.** ②　　**08.** ②

09 지방자치단체의 사무에 대한 설명으로 옳지 않은 것은?

① 자치사무나 단체위임사무에 관한 조례는 국가법에 적용되는 일반적인 위임입법의 한계가 원칙적으로 적용되지 않는다.

② 기관위임사무의 경우 사무의 관리와 집행을 명백히 게을리하고 있다고 인정되면 주무부장관 및 광역자치단체장은 직무이행명령의 발령과 대집행을 할 수 있다.

③ 기관위임사무는 국가의 적법성 통제뿐만 아니라 합목적성의 통제도 받는다.

④ 자치사무는 그 효과가 자치단체에 귀속되나, 기관위임사무는 그 효과가 국가 등에 귀속된다.

⑤ 기관위임사무에 대해서 국회가 직접 감사하기로 한 사무를 지방의회가 행정감사를 할 수 있다.

10 지방자치단체의 조례에 대한 설명으로 틀린 것은?

① 조례에 대한 법률의 위임은 포괄위임도 허용된다는 것이 판례이다.

② 조례가 항고소송의 대상이 되는 행정처분에 해당되는 경우 피고는 지방자치단체의 장이다.

③ 지방자치단체가 조례를 제정할 수 있는 사항은 자치사무와 단체위임사무에 한하고, 기관위임사무는 원칙적으로 조례의 제정범위에 속하지 않는다.

④ 조례가 규정하는 특정의 사안에 대해 그것을 규율하는 국가의 법령이 이미 존재하는 경우에는 예외 없이 조례를 제정할 수 없다는 것이 판례이다.

⑤ 지방자치단체가 주민의 권리제한 또는 의무부과에 관한 사항이나 벌칙을 정할 때에는 법률의 위임이 있어야 한다.

11 **지방자치단체의 장이 갖는 선결처분권에 관한 기술 중 틀린 것은?**

① 지방자치단체장의 선결처분은 지방의회의 의결을 요하지 않고 미리 처분하는 것이다.

② 지방의회의 의결사항 중 주민의 생명과 재산보호를 위하여 긴급하게 필요한 사항으로서 지방의회를 소집할 시간적 여유가 없을 때 선결처분할 수 있다.

③ 지방의회의 의결사항 중 주민의 생명과 재산보호를 위하여 긴급하게 필요한 사항으로서 지방의회에서 의결이 지체되어 의결되지 아니할 때에는 선결처분을 할 수 있다.

④ 지방의회가 성립되지 아니한 때 선결처분을 할 수 있다.

⑤ 선결처분을 이미 한 경우라면 지방의회에 보고하여 승인을 받을 필요가 없다.

09 ⑤ 지방자치단체 및 그 장이 위임받아 처리하는 국가사무와 시·도의 사무에 대하여 국회와 시·도의회가 직접 감사하기로 한 사무 외에는 그 감사를 각각 해당 시·도의회와 시·군 및 자치구의회가 할 수 있다(「지방자치법」 제49조 제3항).

10 ④ 조례가 규정하는 특정의 사안에 대하여 그것을 규율하는 국가의 법령이 이미 존재하는 경우에도 국가의 법령이 반드시 그 규정에 의하여 전국에 걸쳐 일률적으로 동일한 내용을 규율하려는 취지가 아니라면 지방자치단체가 그 지방의 실정에 맞게 별도로 규율하는 조례를 제정할 수 있다는 것이 판례이다.

11 ⑤ 선결처분은 지체 없이 지방의회에 보고하여 승인을 받아야 한다. 지방의회에서 승인을 받지 못하면 그 선결처분은 그때부터 효력을 상실한다(「지방자치법」 제122조 제2항·제3항).

Answer

09. ⑤   10. ④   11. ⑤

12 공무원의 임용에 대한 설명으로 틀린 것은? (다툼이 있는 경우에는 판례에 의함)

① 임용 당시 임용결격사유가 있는 경우 국가가 이를 밝혀내지 못하고 임용을 하였더라도 그 임용행위는 당연무효이다.

② 공무원임용결격사유가 있는지의 여부는 채용후보자명부에 등록한 때가 아닌 임용당시에 시행되던 법률을 기준으로 판단하여야 한다.

③ 국가가 공무원임용결격사유가 있는 자에 대하여 당초의 임용처분을 취소함에 있어서는 신의칙 내지 신뢰보호의 원칙을 적용할 수 없고, 그러한 의미의 취소권은 시효로 소멸되는 것도 아니다.

④ 임용결격자가 공무원으로 임용되어 사실상 근무하여 왔다고 하더라도 피임용자는 퇴직급여청구권을 행사할 수 있다.

⑤ 공무원이 한 사직의 의사표시의 철회나 취소는 그에 터잡은 의원면직처분이 있을 때까지 가능하다는 것이 판례의 입장이다.

13 공무원관계의 소멸에 해당하지 않는 것은?

① 임기만료   ② 강임

③ 사망   ④ 의원면직

⑤ 파면

14 공무원에 대한 다음 설명 중 타당하지 않은 것은?

① 재직 중인 공무원에게 결격사유가 있는 점이 확인되면 당연퇴직사유가 된다.

② 공무원은 퇴직 후에도 직무상 비밀을 준수하여야 한다.

③ 공무원의 징계처분을 행정소송으로 다투려면 먼저 소청심사위원회의 결정을 경유하여야 한다.

④ 공무원의 의무위반행위는 징계벌의 대상이 됨과 동시에 형벌의 대상이 될 수 있다.

⑤ 공무원에 대한 징계절차와 형사소추절차의 관계는 징계절차가 형사소추절차에 우선한다.

15 공무원의 권리와 의무에 관한 설명으로 옳지 않은 것은? (다툼이 있으면 판례에 따름)

① 「지방공무원법」에 따라 공무원은 직무수행 시 소속 상사의 직무상 명령에 복종하여야 하지만, 이에 대한 의견을 진술할 수 있다.

② 공무원이 보수에 해당하는 금원지급을 구할 경우 해당 보수항목이 국가예산에 계상되어 있어야만 하는 것은 아니다.

③ 「지방공무원법」에 따른 고충심사의 결정은 행정처분이 아니다.

④ 지급결정된 연금의 지급청구소송은 공법상 당사자소송으로 제기되어야 한다.

⑤ 「공무원연금법」상 연금수급권은 사회보장수급권과 재산권의 성격을 함께 가진다.

12 ④ 「공무원연금법」이나 「근로기준법」에 의한 퇴직금은 적법한 공무원으로서의 신분취득 또는 근로고용관계가 성립되어 근무하다가 퇴직하는 경우에 지급되는 것이고, 당연무효인 임용결격자에 대한 임용행위에 의하여서는 공무원의 신분을 취득하거나 근로고용관계가 성립될 수 없는 것이므로 임용결격자가 공무원으로 임용되어 사실상 근무하여 왔다고 하더라도 퇴직급여를 청구할 수 없다(대판 1987.4.14. 86누459).

13 ② 공무원관계의 소멸사유에는 당연퇴직과 면직이 있다. 강임은 공무원관계의 변경사유에 해당한다.
①·③ 당연퇴직 사유에 해당
④·⑤ 면직에 해당

14 ⑤ 현행 「국가공무원법」은 명시적으로 형사소추선행의 원칙을 취하지는 않지만 수사 중인 사건에 대해서는 징계절차를 중지할 수 있도록 하고 있다(「국가공무원법」 제83조).

15 ② 공무원이 국가를 상대로 실질이 보수에 해당하는 금원의 지급을 구하려면 공무원의 '근무조건 법정주의'에 따라 국가공무원법령 등 공무원의 보수에 관한 법률에 그 지급근거가 되는 명시적 규정이 존재하여야 하고, 나아가 해당 보수항목이 국가예산에도 계상되어 있어야만 한다(대판 2018.2.28. 2017두64606).

Answer
12. ④   13. ②   14. ⑤   15. ②

16 「국가공무원법」상 소청에 관한 설명으로 옳은 것은?

① 소청을 통해 위법한 거부처분에 대하여 의무이행을 구하는 심사청구를 할 수 없다.

② 징계처분에 대해 소청심사위원회의 심사·결정을 거치지 아니하면 행정소송을 제기할 수 없다.

③ 소청심사위원회가 소청인에게 진술 기회를 주지 아니하고 내린 결정은 취소사유의 하자가 있다.

④ 징계처분에 대한 소청에 대하여는 불이익변경금지원칙이 적용되지 아니한다.

⑤ 행정기관 소속 공무원의 소청을 심사하는 소청심사위원회는 법제처에 둔다.

17 「국가공무원법」상 징계처분과 소청 등에 관한 설명으로 옳지 않은 것은? (다툼이 있으면 판례에 따름)

① 공무원에 대한 직위해제처분은 징계처분이다.

② 직위해제처분과 그 후속 직권면직처분은 별개 독립의 처분으로 일사부재리원칙에 위배되지 않는다.

③ 소청심사위원회가 소청 사건을 심사할 때 소청인에게 진술 기회를 주지 아니한 결정은 무효이다.

④ 소청심사위원회의 결정은 처분행정청을 기속한다.

⑤ 소청심사위원회의 결정은 그 이유를 구체적으로 밝힌 결정서로 하여야 한다.

18 국가공무원의 법률관계에 관한 설명으로 옳지 않은 것은? (다툼이 있으면 판례에 따름)

① 공무원임용에 결격사유가 있는지의 여부는 임용 당시에 시행되던 법률을 기준으로 판단하여야 한다.

② 공무원은 임용장이나 임용통지서에 적힌 날짜에 임용된 것으로 본다.

③ 공무원임용결격사유가 있는 자를 공무원에 임명하는 행위는 당연무효이다.

④ 「국가공무원법」상의 직위해제처분에는 사전통지에 관한 행정절차법 규정이 적용된다.

⑤ 당연퇴직의 사실을 알리는 통지행위는 「행정소송법」상 처분에 해당하지 않는다.

16 ② 공무원에 대한 불이익처분은 행정심판의 필요적 전치가 채택되어 있다(「국가공무원법」 제16조 제1항).
① 의무이행을 구하는 소청심사청구가 인정되고 있다. 「국가공무원법」은 "위법 또는 부당한 거부처분이나 부작위에 대하여 의무이행을 구하는 심사청구가 이유 있다고 인정되면 지체 없이 청구에 따른 처분을 하거나 이를 할 것을 명한다."라고 규정하고 있다(제14조 제5항 제5호).
③ 소청심사위원회가 소청 사건을 심사할 때에는 소청인 또는 그의 대리인에게 진술 기회를 주어야 하며, 진술 기회를 주지 아니한 결정은 무효로 한다(「국가공무원법」 제13조).
④ 불이익변경금지원칙이 적용된다. 「국가공무원법」은 제14조 제7항에서 "소청심사위원회가 징계처분 또는 징계부가금 부과처분을 받은 자의 청구에 따라 소청을 심사할 경우에는 원징계처분보다 무거운 징계 또는 원징계부가금 부과처분보다 무거운 징계부가금을 부과하는 결정을 하지 못한다."라고 하여 불이익변경금지원칙을 규정하고 있다.
⑤ 행정기관 소속 공무원의 소청을 심사하는 소청심사위원회는 법제처가 아닌 '인사혁신처'에 둔다(「국가공무원법」 제9조 제1항).

17 ① 국가공무원법상 징계에는 파면, 해임, 강등, 정직, 감봉, 견책의 6가지이다. 공무원에 대한 직위해제처분은 징계가 아니다.

18 ④ 「국가공무원법」상 직위해제처분은 행정절차법에 의하여 당해 행정작용의 성질상 행정절차를 거치기 곤란하거나 불필요하다고 인정되는 사항 또는 행정절차에 준하는 절차를 거친 사항에 해당하므로, 처분의 사전통지 및 의견청취 등에 관한 행정절차법의 규정이 별도로 적용되지 않는다(대판 2014.5.16. 2012두26180).
① 공무원임용결격사유가 있는지의 여부는 채용후보자 명부에 등록한 때가 아닌 임용 당시에 시행되던 법률을 기준으로 하여 판단하여야 한다(대판 1987.4.14. 86누459).
② 공무원은 임용장이나 임용통지서에 적힌 날짜에 임용된 것으로 보며, 임용일자를 소급해서는 아니 된다(「공무원임용령」 제6조 제1항).
③ 임용 당시 공무원임용결격사유가 있었다면 비록 국가의 과실에 의하여 임용결격자임을 밝혀내지 못하였다 하더라도 그 임용행위는 당연무효이다(대판 1998.1.23. 97누16985).
⑤ 당연퇴직의 인사발령은 법률상 당연히 발생하는 퇴직사유를 공적으로 확인하여 알려주는 이른바 관념의 통지에 불과하고 공무원의 신분을 상실시키는 새로운 형성적 행위가 아니므로 행정소송의 대상이 되는 독립한 행정처분이라고 할 수 없다(대판 1995.11.14. 95누2036).

Answer　16. ②　17. ①　18. ④

19 행정권한의 대리에 관한 설명으로 옳은 것은?

① 임의대리를 인정하는 법적 근거가 없는 경우에도 임의대리가 허용되는지 여부에 관하여 반드시 법적 근거가 필요하다고 보는 것이 일반적 견해이다.

② 임의대리는 행정청이 임의로 하는 것이므로 그 성격상 권한의 전부에 대한 수권이 가능하다.

③ 사고 등 법정사실이 발생하였을 때 일정한 자가 대리자를 지정함으로써 대리관계가 발생하는 것을 협의의 법정대리라고 한다.

④ 법정대리의 경우 대리권의 범위는 법령에서 특별한 규정이 없는 한 피대리청 권한의 전부에 미친다.

⑤ 법정대리의 경우는 복대리가 허용되지 않으나 임의대리의 경우는 원칙적으로 복대리가 허용된다.

20 행정조직상의 권한에 관한 설명으로 옳지 않은 것은?

① 훈령은 수명기관의 기관구성원이 사망·교체 등으로 변경된 경우에 실효되지 아니한다.

② 판례는 내부위임이나 대리권을 수여받은 데 불과하여 원행정청 명의나 대리관계를 밝히지 아니하고는 그의 명의로 처분 등을 할 권한이 없는 행정청이 권한 없이 그의 명의로 한 처분에 대하여도 처분명의자인 행정청이 피고가 되어야 한다고 본다.

③ 협의의 법정대리란 법정사실이 발생하였을 때 일정한 자가 대리자를 지정함으로써 비로소 대리관계가 발생하는 경우를 말하며, 「정부조직법」에서 그 근거를 찾을 수 있다.

④ 임의대리의 수권은 권한의 일부에 대해서만 인정될 수 있고 권한 전부에 대한 대리는 인정되지 않는다.

⑤ 상급행정청이 자기권한의 일부를 하급행정청에 위임한 경우 하급행정청은 위임받은 권한을 위임의 범위 내에서 수임행정청의 이름과 책임으로 행사한다.

21 행정권한의 위임과 대리에 대한 설명으로 옳지 않은 것은? (다툼이 있는 경우 판례에 의함)

① 행정권한의 위임은 개별법률에 근거가 있는 경우뿐만 아니라「정부조직법」등 일반법적 근거가 있는 경우에도 허용된다.

② 수임사무의 처리에 관하여 위임기관은 수임기관에 대하여 사전승인을 받거나 협의를 할 것을 요구할 수 있다.

③ 행정권한을 내부위임 받은 행정청은 위임행정청의 이름으로 권한을 행사하여야 하며 자신의 이름으로 한 처분은 위법한 것이 된다.

④ 행정권한을 내부위임 받은 하급행정청이 자신의 명의로 처분을 한 경우, 그에 대한 항고소송의 피고는 수임기관인 하급행정청이 된다.

⑤ 행정권한을 대리하는 대리기관이 대리관계를 표시하고 피대리행정청을 대리하여 처분을 한 경우, 그에 대한 항고소송의 피고는 피대리행정청이 된다.

---

19 ④ 임의대리의 대리권의 범위는 수권행위에 정하는 것이 원칙이나, 법정대리의 대리권은 피대리관청의 권한의 전부에 미친다. 법정대리는 대리자의 지정방법에 따라 협의의 법정대리와 지정대리로 구분할 수 있다. 협의의 법정대리는 법정사실이 발생하면 당연히 대리관계가 발생하는 것이나 지정대리는 법정사실의 발생 시에 일정한 자가 대리자를 지정함으로써 대리관계가 발생하는 것이다.

20 ③ 법정대리는 대리관청의 결정방법과 관련하여 다시 협의의 법정대리와 지정대리로 구분할 수 있다. 협의의 법정대리란 법정사실이 발생하면 법상 당연히 특정한 자에게 대리권이 부여되어 대리관계가 성립되는 경우를 말한다. 법정사실의 발생 시에 일정한 자가 다른 일정한 자를 대리관청으로 지정함으로써 대리관계가 발생하는 경우를 지정대리라 한다.

21 ② 수임 및 수탁사무의 처리에 관하여 위임 및 위탁기관은 수임 및 수탁기관에 대하여 사전승인을 받거나 협의를 할 것을 요구할 수 없다(「행정권한의 위임 및 위탁에 관한 규정」 제7조).

Answer 19. ④ 20. ③ 21. ②

22 조례에 관한 설명으로 옳지 않은 것은?

① 시·군 및 자치구의 조례나 규칙은 시·도의 조례나 규칙을 위반해서는 안 된다.

② 세 자녀 이상의 세대 중 세 번째 이후의 자녀에게 양육비 등을 지원하는 조례제정에 개별적 법률위임이 따로 필요하지는 않다.

③ 조례가 규율하는 특정한 사항에 관하여 그것을 규율하는 국가의 법령이 이미 존재하는 경우에 조례가 법령규정의 목적과 효과를 저해하는지를 불문하고 그 조례는 국가의 법령에 위반된다.

④ 지방자치단체의 장은 이송받은 조례안에 대하여 이의가 있으면 지방의회의 재의(再議)를 요구할 수 있으나 조례안의 일부에 대하여 또는 조례안을 수정하여 재의를 요구할 수 없다.

⑤ 지방자치단체의 장은 지방의회가 재의결한 사항이 법령에 위반된다고 판단한 경우 대법원에 소를 제기할 수 있다.

23 조례에 대한 설명 중 옳지 않은 것은?

① 판례는 지방자치단체의 사무에 관한 조례와 규칙 중 조례가 상위규범이라고 한다.

② 지방자치단체의 장은 조례안에 대해 이의가 있으면 이유를 붙여 일부환부나 수정환부를 할 수 있다.

③ 지방의회는 새로운 재정부담을 수반하는 조례나 안건을 의결하려면 미리 지방자치단체의 장의 의견을 들어야 한다.

④ 판례는 「헌법」 제117조 제1항에서 규정하는 법령에는 법규명령으로서 기능하는 행정규칙이 포함된다고 한다.

⑤ 판례는 기관위임사무에 있어서도 그에 관한 개별 법령에서 일정한 사항을 조례로 정하도록 위임하고 있는 경우에는 그 범위 내에서 위임조례를 제정할 수 있다고 한다.

24 「지방자치법」상 주민의 권리의무에 대한 설명으로 옳은 것은? (다툼이 있는 경우에는 판례에 의함)

① 선거일 현재 계속하여 90일 이상 해당 지방자치단체의 관할구역 안에 주민등록이 되어 있는 주민으로서 25세 이상의 국민은 지방의회의원 및 지방자치단체의 장의 피선거권이 있다.

② 공공시설의 설치를 반대하는 사항에 대해서는 조례제정개폐청구를 할 수 없다.

③ 지방자치단체의 각종 공과금의 부과가 주민에게 과도한 부담을 주거나 중대한 영향을 미치는 지방자치단체의 주요결정사항은 주민투표에 부칠 수 없다.

④ 자치사무와 단체위임사무는 주민감사청구의 대상이 되나 기관위임사무는 주민감사청구의 대상이 되지 않는다.

⑤ 주민이 지방의회에 청원하는 경우에는 지방의회의원의 소개를 받아 청원서를 제출하거나 말로 할 수 있다.

---

22 ③ 조례가 규율하는 특정사항에 관하여 그것을 규율하는 국가의 법령이 이미 존재하는 경우에도 조례가 법령과 별도의 목적에 기하여 규율함을 의도하는 것으로서 그 적용에 의하여 법령의 규정이 의도하는 목적과 효과를 전혀 저해하는 바가 없는 때 또는 양자가 동일한 목적에서 출발한 것이라고 할지라도 국가의 법령이 반드시 그 규정에 의하여 전국에 걸쳐 일률적으로 동일한 내용을 규율하려는 취지가 아니고 각 지방자치단체가 그 지방의 실정에 맞게 별도로 규율하는 것을 용인하는 취지라고 해석되는 때에는 그 조례가 국가의 법령에 위배되는 것은 아니라고 보아야 한다(대판 2007.12.13. 2006추52).

23 ② 지방자치단체의 장은 조례안의 일부에 대하여 또는 조례안을 수정하여 재의를 요구할 수 없다(「지방자치법」 제32조 제3항 단서).
① 지방자치단체의 사무에 관한 조례와 규칙은 조례가 보다 상위규범이다(대판 1995.8.22. 94누5694).
③ 지방의회는 새로운 재정부담을 수반하는 조례나 안건을 의결하려면 미리 지방자치단체의 장의 의견을 들어야 한다(「지방자치법」 제148조).
⑤ 기관위임사무에 있어서도 그에 관한 개별 법령에서 일정한 사항을 조례로 정하도록 위임하고 있는 경우에는 위임받은 사항에 관하여 개별 법령의 취지에 부합하는 범위 내에서 이른바 위임조례를 정할 수 있다(대법원 2000.5.30. 99추85).

24 ② 조례제정개폐청구의 대상이 되는 것은 지방의회의 조례제정권이 미치는 모든 조례규정사항이 대상이 되나 ⅰ) 법령을 위반하는 사항, ⅱ) 지방세·사용료·수수료·부담금의 부과·징수 또는 감면에 관한 사항, ⅲ) 행정기구를 설치하거나 변경하는 것에 관한 사항이나 공공시설의 설치를 반대하는 사항은 청구대상에서 제외된다(「주민조례발안에 관한 법률」 제4조).
① 선거일 현재 계속하여 60일 이상 해당 지방자치단체의 관할구역에 주민등록이 되어 있는 주민으로서 18세 이상의 국민은 그 지방의회의원 및 지방자치단체의 장의 피선거권이 있다(「공직선거법」 제16조 제3항).

Answer / **22.** ③ **23.** ② **24.** ②

25 「지방자치법」상의 주민소송에 관한 설명으로 옳지 않은 것은? (다툼이 있는 경우 판례에 의함)

① 공금의 부과·징수의 해태와 관련이 있는 위법한 행위나 업무를 게을리한 사실도 주민소송의 대상이 된다.

② 주민소송의 계속 중에 소송을 제기한 주민이 사망한 경우에도 소송절차는 중단되지 아니한다.

③ 주민소송이 계속 중인 때에는 다른 주민은 동일한 사항에 대하여 별도의 소송을 제기할 수 없다.

④ 주민소송의 관할법원은 당해 지방자치단체의 사무소 소재지를 관할하는 행정법원이다.

⑤ 주민감사청구를 한 주민에 한해 원고적격이 인정된다.

26 「지방자치법」상 주민소송에 관한 설명으로 옳지 않은 것은? (다툼이 있으면 판례에 따름)

① 주민소송을 제기하기 전에 주민감사청구를 거쳐야 한다.

② 지방의회의원에게 손해배상청구를 할 것을 요구하는 주민소송은 인정되지 않는다.

③ 공금의 부과·징수 업무를 게을리한 사실의 위법 확인을 요구하는 주민소송은 인정된다.

④ 행정처분인 해당 행위의 취소를 요구하는 주민소송은 인정된다.

⑤ 주민소송의 대상이 되는 위법한 행위나 해태사실은 감사청구한 사항과 동일할 필요는 없고 관련성이 있으면 된다.

27 지방자치에 대한 설명으로 가장 옳지 않은 것은? (다툼이 있는 경우 판례에 의함)

① 지방자치단체는 침익적 조례를 제외하고는 법률의 위임이 없어도 조례(자치조례)를 제정할 수 있다.

② 지방자치단체는 개별 법령에서 특별히 위임하고 있을 경우에도 기관위임사무에 관하여는 조례를 제정할 수 없다.

③ 재의요구에 따라 지방의회가 재의결한 내용 일부만이 위법한 경우에도 대법원은 의결 전부의 효력을 부인하여야 한다.

④ 조례 자체로 인하여 직접 그리고 현재 자기의 기본권을 침해받은 자는 그 권리구제의 수단으로서 조례에 대한 헌법소원을 제기할 수 있다.

⑤ 지방자치단체의 의결기관인 의회는 기본권의 주체가 될 수 없고 따라서 헌법소원을 제기할 수 있는 적격이 없다.

28 「지방자치법」상 주민에 대한 설명으로 옳지 않은 것은? (다툼이 있는 경우 판례에 의함)

① 「지방자치법」은 주민이 지방자치단체로부터 행정적 혜택을 균등하게 받을 수 있는 권리를 규정하고 있다.

② 「지방자치법」상의 행정적 혜택을 균등하게 받을 수 있는 권리 규정으로부터 주민에게 지방자치단체에 대한 구체적 권리가 발생하는 것은 아니다.

③ 지방세·사용료·수수료·부담금의 부과·징수 또는 감면에 관한 사항은 주민의 조례제정개폐청구 대상에서 제외된다.

④ 주민감사청구의 상대방은 시·도에서는 행정안전부장관, 시·군 및 자치구에서는 시·도지사이다.

⑤ 지방자치단체의 자치사무라도 당해 지방자치단체에 내부적인 효과만을 발생시키는 것이 아니라 그 사무로 인하여 다른 지방자치단체의 주민의 보호할 만한 가치가 있는 이익을 침해하는 경우에는 「지방자치법」상 분쟁조정 대상이 될 수 있다.

---

25 ② 소송의 계속 중에 소송을 제기한 주민이 사망하거나 「지방자치법」 제16조에 따른 주민의 자격을 잃으면 소송절차는 중단된다. 소송대리인이 있는 경우에도 또한 같다(「지방자치법」 제22조 제6항).
③ 주민소송이 진행 중이면 다른 주민은 같은 사항에 대하여 별도의 소송을 제기할 수 없다.

26 ② 주민소송에는 해당 지방자치단체의 장 및 직원, 지방의회의원, 해당 행위와 관련이 있는 상대방에게 손해배상청구 또는 부당이득반환청구를 할 것을 요구하는 소송이 포함된다(「지방자치법」 제22조 제2항 제4호).

27 ② 지방자치단체는 원칙적으로 기관위임사무에 관하여는 조례를 제정할 수 없다. 단, 개별 법령에서 특별히 위임하고 있을 경우에는 기관위임사무에 관하여도 조례(위임조례)를 제정할 수 있다.
① 조례(자치조례)의 제정에는 원칙적으로 법률유보 원칙이 적용되지 않는다.
③ 전부무효설이 통설·판례(대판 2017.12.5. 2016추5162)이다.
④ 조례는 지방자치단체가 그 자치입법권에 근거하여 자주적으로 지방의회의 의결을 거쳐 제정한 법규이기 때문에 조례 자체로 인하여 기본권을 침해받은 자는 그 권리구제의 수단으로서 조례에 대한 헌법소원을 제기할 수 있다고 할 것이다. 다만 이 경우에 그 적법요건으로서 조례가 별도의 구체적인 집행행위를 기다리지 아니하고 직접 그리고 현재 자기의 기본권을 침해하는 것이어야 함을 요한다(헌재 2003.9.25. 2003헌마338).
⑤ 헌재 1998.3.26. 96헌마345

28 ④ 주민감사청구의 상대방은 시·도에서는 주무부장관, 시·군 및 자치구에서는 시·도지사이다(「지방자치법」 제21조 제1항).
①·② 헌재 2015.4.14. 2015헌마325
③ 「주민조례발안에 관한 법률」 제4조 제2호
⑤ 대판 2016.7.22., 2012추121

Answer　25. ②　26. ②　27. ②　28. ④

29 지방자치단체의 사무에 대한 설명으로 옳은 것은? (다툼이 있는 경우에는 판례에 의함)

① 기관위임사무에 대해서는 지방의회가 조례로 제정하여 수행하는 것이 원칙이다.

② 지방의회의 의결이 법령에 위반되거나 공익을 현저히 해친다고 판단되면 시·도에 대하여는 주무부장관이, 시·군 및 자치구에 대하여는 시·도지사가 서면으로 시정을 명할 수 있다.

③ 감독청은 자치사무와 단체위임사무에 대한 지방자치단체의 장의 위법·부당한 명령이나 처분에 대해 그 시정을 요구할 수 있지만 기관위임사무는 그 대상이 아니다.

④ 자치사무에 대해 감독청이 시정명령을 한 후 이를 이행하지 아니하면 자치사무에 관한 명령이나 처분이 법령에 위반하거나 현저히 부당하여 공익을 해하는 경우 감독청은 취소·정지할 수 있다.

⑤ 직무이행명령에 이의가 있는 지방자치단체의 장은 그 이행명령에 대해 취소소송의 형식으로 불복할 수 없다.

30 지방자치제도에 관한 설명으로 옳지 않은 것은? (다툼이 있으면 판례에 따름)

① 제주특별자치도와 세종특별자치시는 「지방자치법」상 특별지방자치단체에 해당한다.

② 외국인도 지방자치단체의 주민의 지위를 가질 수 있다.

③ 「지방자치법」상 주민소송은 객관적 소송으로서 민중소송에 해당한다.

④ 비례대표 지방의회의원에 대해서는 주민소환을 할 수 없다.

⑤ 이행강제금의 부과·징수를 게을리한 행위는 주민소송의 대상이 되는 공금의 부과·징수를 게을리한 행위에 해당한다.

31 공무원의 의무에 관한 설명으로 옳지 않은 것은?

① 공무원이 성실의무를 위반한 것만으로도 징계사유가 된다.

②「국가공무원법」상의 성실의무는 근무시간 외의 근무지 밖에까지 미친다.

③ 상관의 위법한 직무명령에 대하여 법령준수의무를 내세워 이를 거부하지 못한다.

④ 공무원은 직무상 또는 직무와 관련된 비밀에 대하여 비밀유지의무를 지며, 퇴직 후에도 비밀유지의무를 엄수하여야 한다.

⑤ 품위유지의무는 직무집행뿐만 아니라 직무집행과 관계가 없는 경우에도 존재한다.

---

29 ③ 시정명령은 자치사무와 단체위임사무를 대상으로 하며, 기관위임사무는 그 대상이 아니다.

① 기관위임사무는 원칙적으로 지방의회가 관여하지 아니하므로 조례가 아닌 단체장의 규칙에 의한다. 다만 예외적으로 개별적 위임이 있는 경우 가능하다.

② 시정명령은 위법·부당한 지방자치단체장의 명령이나 처분을 대상으로 하고 지방의회의 의결에 대해서는 감독청이 이의를 제기하고 재의를 단체장에 요구한다.

④ 자치사무는 법령에 위반한 경우에 취소·정지의 대상이 되고, 단체위임사무의 경우에는 법령위반 외에 현저히 부당하여 공익을 해하는 명령이나 처분도 감독청의 취소·정지의 사유가 된다.

⑤ 직무이행명령에 이의가 있는 지방자치단체의 장은 그 이행명령에 대해 취소소송의 형식으로 불복할 수 있다.

30 ① 지방자치단체는 보통지방자치단체와 특별지방자치단체(지방자치단체조합)로 구분된다. 제주특별자치도와 세종특별자치시는 보통지방자치단체에 해당한다.

② 주민이란 지방자치단체의 구역 안에 주소를 가진 자를 말한다. 주소를 가지는 것으로 충분하고 국적여부, 자연인인지 법인인지의 여부 등은 묻지 않는다. 즉, 외국인도 지방자치단체의 구역 안에 주소를 가지고 있다면 주민에 해당한다.

③「지방자치법」상 주민소송은「행정소송법」제3조에서 규정하고 있는 민중소송에 해당한다.

④ 지방자치단체의 주민은 주민소환투표권을 가진다. 다만, 비례대표 지방의회의원은 주민소환의 대상자에서 제외된다(「지방자치법」제25조 제1항).

⑤ 주민소송의 대상은 재무회계사항이다. 그리고 이행강제금은 지방자치단체의 재정수입을 구성하는 재원 중 하나이다. 따라서 이행강제금의 부과·징수를 게을리한 행위는 주민소송의 대상이 되는 공금의 부과·징수를 게을리한 사항에 해당한다(대판 2015.9.10. 2013두16746).

31 ③ 법령준수의무와 복종의무가 충돌되는 경우 법치주의의 관점에서 법령준수의무가 우선된다고 보는 것이 일반적인 견해이다. 따라서 직무명령의 위법성이 명백한 경우에는 수명공무원은 그에 대한 복종을 거부할 수 있을 뿐만 아니라 거부할 의무가 있다고 본다. 판례도 마찬가지이다.

32 공무원의 징계에 관한 「국가공무원법」의 내용으로 옳은 것은?

① 공무원에 대한 징계의 종류로는 파면, 해임, 정직, 감봉, 견책의 다섯 가지가 있다.

② 징계처분권자는 법령의 적용, 증거 및 사실 조사에 명백한 흠이 있음을 이유로 소청심사위원회 또는 법원에서 징계처분의 무효 또는 취소결정이나 판결을 받은 경우에는 다시 징계의결을 요구하여야 한다.

③ 징계의결의 요구는 징계사유가 발생한 날부터 2년, 특히 금품 및 향응 수수와 공금의 횡령·유용의 경우에는 3년이 지나면 하지 못한다.

④ 감사원이 조사나 수사를 시작한 때에는 30일 내에 소속 기관의 장에게 그 사실을 통보하여야 하며, 감사원에서 조사 중인 사건에 대하여는 조사개시통보를 받은 날부터 징계의결의 요구나 그 밖의 징계절차를 진행하지 못한다.

⑤ 검찰·경찰, 그 밖의 수사기관에서 수사 중인 사건에 대하여는 수사개시 통보를 받은 날부터 징계의결의 요구나 그 밖의 징계절차를 진행하지 못한다.

33 공무원의 권리·의무에 대한 설명으로 틀린 것은? (다툼이 있는 경우에는 판례에 의함)

① 「공무원법」상의 고충심사제도는 공무원의 권익을 보장하기 위한 절차로서 그 결정은 행정쟁송의 대상이 되는 처분에 해당한다.

② 공무원은 소속기관의 장의 허가가 있다고 하더라도 공무 이외의 영리를 목적으로 하는 업무에 종사할 수 없다.

③ 공무원이 국민 전체에 대한 봉사자로서 친절·공정히 집무하여야 함은 윤리적 의무가 아닌 법적 의무로서 이를 위반한 경우 징계책임을 물을 수 있다.

④ 「국가공무원법」상 공무원의 성실의무는 근무시간 외의 근무지 밖에까지 미칠 수 있다.

⑤ 소청심사위원회가 징계처분을 받은 자의 청구에 따라 소청을 심사할 경우에는 원징계처분보다 무거운 징계를 부과하는 결정을 하지 못한다.

34 「국가공무원법」상 공무원의 의무에 대한 설명으로 옳지 않은 것은? (다툼이 있는 경우 판례에 의함)

① 공무원의 성실의무는 경우에 따라 근무시간 외에 근무지 밖에까지 미칠 수도 있다.

② 공무원의 성실의무는 단순한 도덕적 의무가 아니라 「국가공무원법」상의 의무이다.

③ 공무원의 품위유지의무는 공무원이 직무의 내외를 불문하고, 국민의 수임자로서의 직책을 맡아 수행해 나가기에 손색이 없는 인품에 걸맞게 본인은 물론 공직사회에 대한 국민의 신뢰를 실추시킬 우려가 있는 행위를 하지 않아야 할 의무를 말한다.

④ 실제 여럿이 모이는 형태로 의사표현을 하는 것은 아니지만 발표문에 서명날인을 하는 등의 수단으로 여럿이 가담한 행위임을 표명하는 경우는 「국가공무원법」이 금지하는 '집단행위'에 해당한다.

⑤ 행정조직의 개선과 발전에 도움이 되고, 궁극적으로 행정청의 권한행사의 적정화에 기여하는 면이 있다면, 공무원이 외부에 자신의 상사 등을 비판하는 의견을 발표하는 행위는 공무원으로서의 체면이나 위신을 손상시키는 행위에 해당하지 아니한다.

---

32 ② 「국가공무원법」 제78조의 3
① 징계는 파면·해임·강등·정직·감봉·견책으로 구분한다(「국가공무원법」 제79조).
③ 징계의결의 요구는 징계사유가 발생한 날부터 3년(금품 및 향응 수수, 공금의 횡령·유용의 경우에는 5년)이 지나면 하지 못한다(「국가공무원법」 제83조의 2 제1항).
④ 10일 이내에 통보하여야 한다(「국가공무원법」 제83조 제3항).
⑤ 검찰·경찰, 그 밖의 수사기관에서 수사 중인 사건에 대하여는 수사개시 통보를 받은 날부터 징계의결의 요구나 그 밖의 징계절차를 진행하지 아니할 수 있다(「국가공무원법」 제83조 제2항).

33 ① 소청심사는 행정소송에 대한 전심절차로서 특별행정심판에 해당하나 고충심사는 법률적 쟁송절차가 아니라 사실상의 절차에 의해 그 시정을 구하는 것이다. 판례는 고충심사결정 자체에 의하여는 어떠한 법률관계의 변동이나 이익의 침해가 직접적으로 생기는 것은 아니므로 고충심사의 결정은 행정상 쟁송의 대상이 되는 행정처분이라고 할 수 없다고 본다.

34 ⑤ 공무원으로서의 체면이나 위신을 손상시키는 행위에 해당한다.
공무원이 외부에 자신의 상사 등을 비판하는 의견을 발표하는 행위는 그것이 비록 행정조직의 개선과 발전에 도움이 되고, 궁극적으로 행정청의 권한행사의 적정화에 기여하는 면이 있다고 할지라도, 국민들에게는 그 내용의 진위나 당부와는 상관없이 그 자체로 행정청 내부의 갈등으로 비춰져, 행정에 대한 국민의 신뢰를 실추시키는 요인으로 작용할 수 있는 것이고, 특히 그 발표 내용 중에 진위에 의심이 가는 부분이 있거나 그 표현이 개인적인 감정에 휩쓸려 지나치게 단정적이고 과장된 부분이 있는 경우에는 그 자체로 국민들로 하여금 공무원 본인은 물론 행정조직 전체의 공정성, 중립성, 신중성 등에 대하여 의문을 갖게 하여 행정에 대한 국민의 신뢰를 실추시킬 위험성이 더욱 크다고 할 것이므로, 그러한 발표행위는 공무원으로서의 체면이나 위신을 손상시키는 행위에 해당한다 할 것이다(대판 2007.7.13. 2006두12364).

Answer   32. ②   33. ①   34. ⑤

행정사 문제집
행정법

02

특별행정
작용법

특별행정작용법

01 경찰책임의 원칙에 관한 설명으로 옳지 않은 것은?

① 경찰책임 중 행위책임은 과실책임이며, 상태책임은 무과실책임이다.

② 자신의 보호·감독하에 있는 자의 행위에 대해서도 책임을 진다.

③ 위험을 직접 발생시킨 자 이외에 다른 사람이 책임을 지는 경우도 있다.

④ 상태책임을 지는 자는 반드시 물건에 대한 정당한 권원을 가지고 있는 자일 필요는 없다.

⑤ 긴급한 필요가 있는 경우에는 예외적으로 경찰책임이 없는 자에 대해서도 경찰권을 발동할 수 있다.

02 경찰책임에 대한 설명으로 옳지 않은 것은?

① 행위책임의 귀속기준에 대해서는 위해를 직접 야기시킨 자가 경찰권 발동의 대상이 된다는 직접적 원인설이 다수설이다.

② 상태책임은 위험을 야기한 물건 등에 대한 소유자나 현실적 지배권을 가지는 자에게 책임이 귀속한다.

③ 상태책임의 상대방은 물건에 대한 정당한 권원이 있는 자가 되며, 정당한 권원이 없는 자는 상태책임을 지지 않는다.

④ 상태책임과 행위책임이 경합하는 경우에는 일반적으로 행위책임이 상태책임에 우선한다고 한다.

⑤ 행위책임은 승계가 부정되나 상태책임은 물건의 상태와 관련된 책임으로 원칙적으로 승계가 허용된다.

03 경찰책임의 일반원칙으로 볼 수 없는 것은?

① 경찰비례의 원칙　　　　　② 경찰공공의 원칙

③ 사주소불가침의 원칙　　　④ 경찰적극의 원칙

⑤ 경찰책임의 원칙

04 공물에 대한 설명으로 틀린 것은?

① 행정재산은 사인의 취득시효가 금지된다.

② 공용물의 성립에는 형체적 요소가 구비되면 되고 별도의 공용지정의 의사표시를 요하는 것은 아니다.

③ 공공용물의 성립에는 형체적 요소 외에 공용개시의 의사적 요소가 필요하다.

④ 행정주체가 타인 소유의 물건을 공물로 지정하기 위해서는 반드시 그 물건에 대한 권원을 취득하여야 한다.

⑤ 자연공물은 형체적 요소만 있으면 되고 별도의 의사적 요소는 요하지 않는다는 것이 종래 다수설이다.

05 공물경찰과 공물관리에 관한 설명으로 옳지 않은 것은?

① 공물관리의 의무위반자에 대해서는 원칙적으로 행정벌과 행정상 강제집행이 가능하다.

② 동일한 공물에 대하여 공물경찰권과 공물관리권이 경합적으로 행사되는 경우가 적지 않다.

③ 공물경찰은 공물사용관계의 질서를 유지하기 위한 일시적 사용의 허가만이 가능한 반면에, 공물관리는 공물의 계속적이고 독점적인 사용권의 설정이 가능하다.

④ 공물관리권을 다른 행정기관에 위임하는 경우, 사무수행에 소요되는 비용은 원칙적으로 위임기관이 부담한다.

⑤ 공물관리작용은 비권력적 수단인 것도 있고 권력적인 수단인 것도 있다.

---

01 ① 경찰책임은 경찰위반상태가 발생한 경우 그에 대한 고의 또는 과실과 무관하게 경찰책임을 진다. 행위책임이건 상태책임이건 구별하지 않고 무과실책임을 진다.

02 ③ 상태책임을 지는 자는 반드시 물건에 대한 정당한 권원을 가지고 있는 자일 필요는 없다. 정당한 권원을 떠나 물건에 대한 현실적 지배권을 가지는 자가 책임의 귀속자가 된다.

03 ④ 경찰권은 사회공공의 안녕·질서에 대한 위해의 방지·제거라는 소극적 목적을 위해서만 발동될 수 있고, 공공복리증진이라는 적극적 목적을 위해서는 발동될 수 없다.

04 ④ 공물은 소유권의 귀속 여하와는 무관하게 공용주체, 관리주체에 착안하여 정립된 관념이다. 타인 소유 또는 사인 소유의 공물도 존재할 수 있다.

05 ① 공물관리관계의 의무위반자에 대해서는 원칙적 그 사용관계에서 배제할 수 있음에 그치고 법률에 특별한 규정이 없는 한 제재를 과하거나 행정상의 강제집행을 할 수 없다.

Answer 01. ① 02. ③ 03. ④ 04. ④ 05. ①

06 다음 중 물적 공용부담에 해당하는 것은?

① 공용환지   ② 부작위부담
③ 부담금   ④ 부역 · 현품
⑤ 노역 · 물품

07 경찰책임에 대한 설명으로 옳지 않은 것은?

① 다른 국가기관이 국고작용을 수행하는 경우에는 당해 국가기관에 경찰권이 발동될 수 있다.

② 자기 집 정원에서 그림을 그리는 화가를 구경하기 위하여 통행인이 모여들어 교통장애가 야기된 경우, 그 화가에게 행위책임을 귀속시킬 수 없다.

③ 타인의 행위를 관리하고 있는 자는 그 권한의 범위 안에서 피관리자의 행위로 인하여 발생한 경찰위반상태에 대하여 피관리자를 대신하여 책임을 진다.

④ 경찰상 위해를 야기하고 있는 물건의 소유자인 상태책임자가 경찰책임을 면하기 위하여 소유권을 포기한 경우에도 소유권자의 상태책임이 배제되지 아니한다.

⑤ 경찰책임 중 행위책임의 경우 행위자인 피감독자나 감독자의 고의 또는 과실은 원칙상 그 요건이 되지 않는다.

08 경찰책임에 관한 설명으로 옳은 것은?

① 경찰위험에 책임이 없는 제3자에게 경찰권을 발동하려면 경찰긴급상태의 요건을 갖추어야 한다.

② 물건으로 인한 위험이나 장해로부터 발생하는 경찰책임을 행위책임이라고 한다.

③ 행위책임은 공법적 책임이므로 고의나 과실을 요한다.

④ 사법상 법인은 경찰책임을 부담하지 아니한다.

⑤ 외국인은 경찰책임을 부담하지 아니한다.

09 경찰권의 한계에 관한 기술로 타당하지 않은 것은?

① 경찰작용은 원칙적으로 공공의 안녕과 질서유지에 대한 위험의 방지와 장해의 제거라는 소극적 목적을 위해서만 행사되어야 한다.

② 자신이 관리하는 창고에서 화재가 난 경우, 고의나 과실과 무관하게 그리고 타인에 의해 화재가 야기된 경우에도 관리자는 책임을 진다.

③ 사생활불가침 원칙하에서도 미성년자의 음주·흡연에 대한 경찰권을 발동할 수는 있다.

④ 경찰관은 국립대학교수의 연구실에 정당한 이유 없이 출입할 수 있다.

⑤ 종업원의 행위에 대해 책임을 지는 사용자는 종업원의 행위에 대한 대위책임을 지는 것이 아니라 사용자 자신의 책임을 지는 것이다.

10 경찰권 발동에 대한 설명으로 옳지 않은 것은? (다툼이 있는 경우에는 판례에 의함)

① 자신의 보호·감독하에 있는 자의 행위에 의해서도 경찰책임을 질 수 있으며, 이 경우의 책임은 자기책임이다.

② 경찰책임은 책임의 주체가 책임능력이 있을 것을 요구한다.

③ 사실상의 지배권자에 대한 상태책임은 지배권행사의 적법성을 요구하지 않는다.

④ 옷가게 내의 TV에서 방영되는 축구시합을 보려고 모여든 군중이 도로의 통행을 방해한 경우, 모인 군중에게 경찰책임이 귀속될 수 있다.

⑤ 경찰책임의 성립에 경찰책임자의 고의·과실이라는 주관적 요건은 요하지 않는다.

📖

06 ① 물적 공용부담에는 공용제한, 공용수용, 공용환지, 공용환권이 있다. 부담금, 부역·현품, 노역·물품, 시설부담, 부작위부담은 인적 공용부담에 해당한다.

07 ③ 타인의 행위를 관리하고 있는 자의 책임은 피관리자를 대신하여 책임을 지는 대위책임이 아니라 자신의 감독의무해태에 따른 자기책임이다.

08 ① 경찰비책임자에 대한 경찰권 발동에 관한 내용으로 타당하다.
②·③·④·⑤ 모두 물건으로 인한 위험이나 장해로부터 발생하는 경찰책임은 행위책임이 아니라 상태책임이다. 경찰 행위책임은 고의·과실 여부를 묻지 않으며, 그 행위자가 자연인·법인, 내국인·외국인을 불문하고, 성년자인지 미성년자인지도 가리지 않는다.

09 ④ 경찰권의 한계로서 사주소불가침이 있다. 사주소는 공개되지 않은 특정인만이 사용하는 공간을 통칭하는 것으로 국립대학교수의 연구실도 사주소에 해당하므로 정당한 이유 없이 출입할 수 없다.

10 ② 경찰책임은 경찰상의 의무를 발생시키는 것이지 형사처벌을 위한 것은 아니므로 책임능력의 존부가 문제되지는 않는다.

Answer 06. ① 07. ③ 08. ① 09. ④ 10. ②

11 경찰작용에 대한 설명으로 옳지 않은 것은? (다툼이 있는 경우에는 판례에 의함)

① 「경찰관 직무집행법」은 손실발생의 원인에 대하여 책임이 없는 자가 경찰관의 적법한 직무집행으로 인하여 재산상의 손실을 입은 경우 국가는 정당한 보상을 해야 한다고 명시적으로 규정하고 있다.

② 경찰관이 구체적 상황에서 그 인적·물적 능력의 범위 내에서의 적절한 조치라는 판단에 따라 범죄의 진압 및 수사에 관한 직무를 수행한 경우, 그것이 객관적 정당성을 상실하여 현저하게 불합리하다고 인정되지 않는 한 그와 다른 조치를 취하지 아니한 부작위를 내세워 국가배상책임의 요건인 법령위반에 해당한다고 할 수 없다.

③ 경찰공무원이 운전자의 음주 여부나 주취 정도를 측정함에 있어서 그 측정방법이나 측정횟수는 합리적인 필요한 한도에 그쳐야 하겠지만 그 한도 내에서는 어느 정도의 재량이 있다.

④ 경찰관은 수상한 행동이나 그 밖의 주위 사정을 합리적으로 판단하여 볼 때 어떠한 죄를 범하려 하고 있다고 의심할 만한 상당한 이유가 있는 사람을 정지시켜 질문할 수 있지만 그에 수반하여 흉기의 소지 여부를 조사할 수는 없다.

⑤ 경찰관은 응급의 구호를 요한다고 믿을 만한 상당한 이유가 있는 자를 발견한 때에는 경찰관서에 보호조치를 하거나 물건을 임시영치할 수 있으며, 이 경우 경찰관서에서의 보호는 24시간을, 임시영치는 10일을 초과할 수 없다.

12 경찰권의 행사에 대한 설명으로 옳지 않은 것은? (다툼이 있는 경우 판례에 의함)

① 경찰관의 적법한 직무집행으로 인하여 손실발생의 원인에 대하여 책임이 있는 자가 자신의 책임에 상응하는 정도를 초과하는 재산상의 손실을 입은 경우, 국가는 그 자에 대하여 정당한 보상을 하여야 한다.

② 경찰관이 신분증을 제시하지 않고 불심검문을 한 경우, 검문하는 사람이 경찰관이고 검문하는 이유가 범죄행위에 관한 것임을 피고인이 충분히 알고 있었다고 보이더라도 그 불심검문은 위법한 공무집행이라 할 수 있다.

③ 「경찰관 직무집행법」에 의거한 경찰관의 범죄예방을 위한 제지조치는 권력적 사실행위에 해당한다.

④ 「경찰관 직무집행법」에 의거한 경찰관의 범죄예방을 위한 제지조치는 경찰 행정상 즉시강제이다.

⑤ 불심검문 대상자에 해당하는지 여부를 판단하는 때에는 당시의 구체적인 정황은 물론 사전에 얻은 정보나 전문적 지식 등에 기초하여 객관적·합리적으로 판단하여야 하나, 반드시 불심검문 대상자에게 「형사소송법」상 체포나 구속에 이를 정도의 혐의가 있을 것을 요한다고 할 수는 없다.

13 공물과 관련한 판례의 내용으로 옳지 않은 것은?

① 「도로법」의 규정에 의한 도로점용은 특정한 목적을 위하여 사용하는 이른바 특별사용을 뜻하며, 이러한 도로점용허가의 법적 성질은 공물관리자의 재량행위이다.

② 도로는 일반 국민이 이를 자유로이 이용할 수 있으므로 일반적인 시민생활에 있어 도로를 이용만 하는 사람이라도 그 도로의 용도폐지를 다툴 법률상의 이익이 있다.

③ 점용허가를 받음이 없이 도로부지를 점유하여 온 자는 행정청이 제3자에 대하여 한 같은 도로부지의 점용허가처분으로 인하여 어떠한 불이익을 입게 되었다고 하더라도 위 처분의 취소를 구할 원고적격이 없다.

④ 비관리청이 조성 또는 설치한 항만시설의 경우 총 사업비의 범위 안에서 해당 비관리청이 항만시설을 무상사용하는 것은 공물의 특허사용에 해당한다.

⑤ 공물에 대한 무단점유자에 대한 변상금부과는 항고소송의 대상이 되는 처분에 해당한다.

---

11 ④ 경찰관은 수상한 행동이나 그 밖의 주위 사정을 합리적으로 판단하여 볼 때 어떠한 죄를 범하였거나 범하려 하고 있다고 의심할 만한 상당한 이유가 있는 사람, 이미 행하여진 범죄나 행하여지려고 하는 범죄행위에 관한 사실을 안다고 인정되는 사람을 정지시켜 질문할 수 있으며, 질문을 할 때에 그 사람이 흉기를 가지고 있는지를 조사할 수 있다(「경찰관 직무집행법」 제3조).
① 「경찰관 직무집행법」 제11조의2(손실보상)가 2013년 새로이 도입되었다.
⑤ 「경찰관 직무집행법」 제4조 제7항

12 ② 이 경우의 불심검문은 위법한 불심검문에 해당하지 않는다.

13 ② 일반적으로 도로는 국가나 지방자치단체가 직접 공중의 통행에 제공하는 것으로서 일반 국민은 이를 자유로이 이용할 수 있는 것이기는 하나, 그렇다고 하여 그 이용관계로부터 당연히 그 도로에 관하여 특정한 권리나 법령에 의하여 보호되는 이익이 개인에게 부여되는 것이라고까지는 말할 수 없으므로, 일반적인 시민생활에 있어 도로를 이용만 하는 사람은 그 용도폐지를 다툴 법률상의 이익이 있다고 말할 수 없다(대판 1992.9.22. 91누13212).

Answer
    11. ④   12. ②   13. ②

14 공물에 대한 설명으로 틀린 것은? (다툼이 있는 경우에는 판례에 의함)

① 판례에 따르면 국유 하천부지는 별도의 공용개시행위가 없더라도 행정재산이 된다고 한다.

② 간척에 의하여 사실상 갯벌로서의 성질을 상실하였더라도 공용폐지를 하지 않은 이상 당연히 일반재산이 되는 것은 아니라는 것이 판례이다.

③ 구체적으로 공물을 사용하지 않고 있다면 공물의 인접주민이라는 사정만으로 공물에 대한 고양된 일반사용권이 인정될 수 없다.

④ 국보지정의 경우 행정주체가 그 물건에 대한 권원을 가지고 있거나 그에 대한 소유지의 동의가 있어야 한다.

⑤ 공물의 자유사용관계는 공공용물의 경우에만 원칙적으로 인정되고, 공용물과 보존공물에 대하여는 공용에 지장이 없는 범위 안에서 예외적으로 인정될 뿐이다.

15 공물에 대한 설명으로 옳은 것은? (다툼이 있는 경우 판례에 의함)

① 하천의 점용허가권은 특허에 의한 공물사용권의 일종으로서 하천관리주체에 대하여 대세적 효력이 있는 물권에 해당한다.

② 국유 하천부지는 자연공물로서 공용개시행위 이후에 행정재산이 되고 그 후 본래의 용도에 공여되지 않는 상태에 놓이게 되면 국유재산법령에 의한 용도폐지 없이도 일반재산이 된다.

③ 토지의 지목이 도로이고 국유재산대장에 등재되어 있다는 사정만으로 바로 토지가 도로로서 행정재산에 해당한다고 할 수는 없다.

④ 공물의 공용폐지에 관하여 국가의 묵시적인 의사표시가 있다고 인정되려면 공물이 사실상 본래의 용도에 사용되고 있지 않다거나 행정주체가 점유를 상실하였다는 정도면 족하다.

⑤ 국유재산의 관리청이 행정재산의 사용·수익을 허가한 다음 그 사용·수익하는 자에 대하여 하는 사용료 부과는 사경제주체로서 행하는 사법상의 이행청구에 해당한다.

16 공물에 관한 설명으로 옳은 것은? (다툼이 있으면 판례에 따름)

① 행정재산은 시효취득의 대상이 된다.

② 「국유재산법」상 행정재산의 사용허가는 사법상 계약의 성질을 가진다.

③ 국유공물은 「민사집행법」에 의한 강제집행의 대상이 될 수 있다.

④ 국유재산의 무단점유에 대한 변상금의 징수는 재량행위이다.

⑤ 도로부지에는 저당권을 설정할 수 있다.

---

14 ④ 국보는 공적 보존물로서 주로 문화적 목적으로 해당 물건을 보전하고자 하는 것이고, 그에 대한 권리의 본질을 해치는 것은 아니므로, 그 지정에 있어서 행정주체가 반드시 그 물건에 대한 권원을 가지고 있어야 하는 것이 아님은 물론 그에 대한 소유자의 동의가 있어야 하는 것도 아니다.

15 ③ 토지대장상의 지목이 도로라는 것과 그 도로부지가 행정재산이냐는 것은 직접적 관련이 없다. 토지대장에 지목이 도로로 등재되어 있다고 하여 그 도로부지가 반드시 행정재산에 해당하는 것은 아니다.
　① 하천의 점용허가권과 같은 공물사용권은 대세적 효력이 있는 물권이 아니라 채권에 해당한다(대판 2015.1.29. 2012두27404).
　② 국유 하천부지는 자연공물로서 별도의 공용개시행위가 없더라도 행정재산이 되고 그 후 본래의 용도에 공여되지 않는 상태에 놓여 있더라도 국유재산법령에 의한 용도폐지를 하지 않은 이상 당연히 일반재산으로 된다고는 할 수 없다(대판 2007.6.1. 2005도7523).
　④ 공물이 사실상 본래의 용도에 사용되고 있지 않다거나 행정주체가 점유를 상실하였다는 것만으로 공용폐지(묵시적 공용폐지)가 인정되는 것은 아니다.
　⑤ 행정재산을 사용·수익하는 자에 대한 사용료 부과는 사법상의 이행청구가 아니라 행정처분이다.

16 ⑤ 「도로법」 제4조(사권의 제한) 도로를 구성하는 부지, 옹벽, 그 밖의 시설물에 대해서는 사권(私權)을 행사할 수 없다. 다만, 소유권을 이전하거나 저당권을 설정하는 경우에는 사권을 행사할 수 있다.
　① 일반재산(구 잡종재산)은 시효취득의 대상이 되고 행정재산은 시효취득의 대상이 아니다.
　② '행정재산의 사용허가'는 행정처분으로서 특정인에게 행정재산을 사용할 수 있는 권리를 설정하여 주는 강학상 '특허'에 해당한다(대판 2006.3.9. 2004다31074).
　③ '사유공물'에 대해서는 강제집행이 가능하나, '국유공물'에 대해서는 강제집행이 불가능하다.
　④ 국유재산의 무단점유에 대한 변상금의 징수는 기속행위이다.

Answer 　14. ④ 　15. ③ 　16. ⑤

17 공물에 관한 설명으로 옳은 것은? (다툼이 있으면 판례에 따름)

① 어떤 토지의 지목이 도로이고 국유재산대장에 등재되어 있다면 그 토지는 도로로서 행정재산에 해당한다고 보아야 한다.

② 공용폐지의 의사표시는 묵시적인 방법으로도 가능하므로 행정재산이 본래의 용도에 제공되지 않는 상태에 있다면 묵시적인 공용폐지가 있다고 보아야 한다.

③ 행정재산은 사법상 거래의 대상이 되지 아니하는 불융통물이므로 관재 당국이 이를 모르고 매각하였더라도 그 매매는 당연무효이다.

④ 적법한 개발행위로 인하여 공공용물의 일반사용이 종전에 비하여 제한을 받게 되었다면 특별한 사정이 없는 한 그로 인한 불이익은 손실보상의 대상이 된다.

⑤ 특허에 의한 공물사용권은 공물의 관리주체에 대해 특별사용을 청구할 수 있는 채권에 그치는 것이 아니라 대세적 효력이 있는 물권이다.

18 공물법에 대한 설명으로 옳은 것은? (다툼이 있는 경우에는 판례에 의함)

① 「도로법」상 도로점용허가는 도로의 일반사용을 위한 강학상 공물의 허가사용에 해당한다.

② 원래의 행정재산이 공용폐지되어 취득시효의 대상이 된다는 입증책임은 시효취득을 주장하는 자에게 있다.

③ 공용물은 그 성립에 있어서 공용개시행위를 필요로 하지 않으므로 그 소멸에 있어서도 별도의 공용폐지행위를 필요로 하지 아니한다.

④ 행정재산에 대해서 관재 당국이 이를 모르고 매각한 경우에 그 매매는 당연무효라고는 할 수 없고, 사인 간의 매매계약 역시 당연무효라고 할 수 없다.

⑤ 적법한 개발행위로 인한 공공용물에 대한 일반사용의 제한은 특별한 사정이 없는 한 손실보상의 대상이 되는 특별한 손실에 해당한다.

17 ③ 행정재산은 공유물로서 이른바 사법상의 거래의 대상이 되지 아니하는 불융통물이므로 이러한 행정재산을 관재 당국이 모르고 매각처분하였다 할지라도 그 매각처분은 무효이다(대판 1967.6.27. 67다806).

① 토지의 지목이 도로인지와 그 토지가 행정재산인지는 직접적 관련이 없다. 즉, 토지의 지목이 도로라고 하여 당연히 행정재산이 되는 것은 아니다.

국유재산법상의 행정재산이란 국가가 소유하는 재산으로서 직접 공용, 공공용 또는 기업용으로 사용하거나 사용하기로 결정한 재산을 말하고(「국유재산법」 제6조 제2항 참조), 그중 도로와 같은 인공적 공공용 재산은 법령에 의하여 지정되거나 행정처분으로써 공공용으로 사용하기로 결정한 경우 또는 행정재산으로 실제로 사용하는 경우의 어느 하나에 해당하여야 비로소 행정재산이 되는데, 특히 도로는 도로로서의 형태를 갖추고 도로법에 따른 노선의 지정 또는 인정의 공고 및 도로구역 결정·고시를 한 때 또는 도시계획법 또는 도시재개발법에서 정한 절차를 거쳐 도로를 설치하였을 때에 공공용물로서 공용개시행위가 있으므로, 토지의 지목이 도로이고 국유재산대장에 등재되어 있다는 사정만으로 바로 토지가 도로로서 행정재산에 해당한다고 할 수는 없다. 이는 국유재산대장에 행정재산으로 등재되어 있다가 용도폐지된 바가 있더라도 마찬가지이다(대판 2016.5.12. 2015다255524).

② 행정재산이 본래의 용도에 제공되지 않는 상태에 있다고 하여 당연히 묵시적인 공용폐지가 인정되는 것은 아니다.

공용폐지의 의사표시는 명시적 의사표시뿐 아니라 묵시적 의사표시이어도 무방하나 적법한 의사표시이어야 하고, 행정재산이 본래의 용도에 제공되지 않는 상태에 놓여 있다는 사실만으로 관리청의 이에 대한 공용폐지의 의사표시가 있었다고 볼 수 없으며, 행정재산에 관하여 체결된 것이기 때문에 무효인 매매계약을 가지고 적법한 공용폐지의 의사표시가 있었다고 볼 수도 없다(대판 1996.5.28. 95다52383).

④ 손실보상의 대상이 되는 특별한 희생이 아니다.

일반 공중의 이용에 제공되는 공공용물에 대하여 특허 또는 허가를 받지 않고 하는 일반사용은 다른 개인의 자유이용과 국가 또는 지방자치단체 등의 공공목적을 위한 개발 또는 관리·보존 행위를 방해하지 않는 범위 내에서만 허용된다 할 것이므로, 공공용물에 관하여 적법한 개발행위 등이 이루어짐으로 말미암아 이에 대한 일정 범위의 사람들의 일반사용이 종전에 비하여 제한받게 되었다 하더라도 특별한 사정이 없는 한 그로 인한 불이익은 손실보상의 대상이 되는 특별한 손실에 해당한다고 할 수 없다(대판 2002.2.26. 99다35300).

⑤ 공물사용권은 채권에 지나지 않는다. 대세적 효력이 있는 물권이 아니다.

하천의 점용허가권은 특허에 의한 '공물사용권'의 일종으로서 하천의 관리주체에 대하여 일정한 특별사용을 청구할 수 있는 채권에 지나지 아니하고 대세적 효력이 있는 물권이라 할 수 없다(대판 1990.2.13. 89다카23022).

18 ① 「도로법」상 도로점용허가는 도로의 특별사용을 위한 강학상 공물의 특허사용에 해당한다.

③ 공물은 그 성립에 있어서 공용개시행위를 필요로 하지 않으나, 그 소멸에 있어서는 별도의 공용폐지행위를 필요로 한다.

④ 공용폐지의 의사표시는 적법한 것이어야 하는바, 행정재산은 공용폐지가 되지 아니한 상태에서는 사법상 거래의 대상이 될 수 없으므로 행정재산에 대해서 관재 당국이 이를 모르고 매각한 경우에 그 매매는 당연무효이고, 사인 간의 매매계약 역시 당연무효이다(판례).

⑤ 적법한 개발행위로 인한 공공용물에 대한 일반사용의 제한은 특별한 사정이 없는 한 손실보상의 대상이 되는 특별한 손실에 해당하지 않는다.

Answer

17. ③   18. ②

19 공물경찰과 공물관리에 관한 설명으로 틀린 것은? (다툼이 있는 경우에는 판례에 의함)

① 공물에 대한 계속적인 독점적 사용권은 공물관리권에 의해서만 설정될 수 있다.

② 의무위반자에 대하여 공물관리권에 의해서는 사용관계에서 배제할 수 있음에 그치나 공물경찰권에 의해서는 행정벌을 과할 수 있다.

③ 공물경찰은 공물사용관계의 질서를 유지하기 위한 일시적 사용의 허가만이 가능한 반면에, 공물관리는 공물의 계속적이고 독점적인 사용권의 설정이 가능하다.

④ 동일한 공물에 대하여 공물경찰권과 공물관리권이 충돌하는 경우 공물경찰권이 우선하고 공물관리권은 배제된다.

⑤ 공물관리권을 다른 행정기관에 위임하는 경우 사무수행에 소요되는 비용은 원칙적으로 위임기관이 부담한다.

20 공용부담에 대한 설명으로 틀린 것은? (다툼이 있는 경우에는 판례에 의함)

① 공공시설의 사용료 징수도 부담금의 일종이다.

② 재정목적을 위한 조세부담은 공용부담이 아니다.

③ 시설부담은 일정한 공사·시설을 자기 책임하에 완성할 의무를 진다는 점에서 개개의 노역의 급부의무인 노역부담과 다르다.

④ 노역·물품은 금전으로의 대체가 허용되지 않는다는 점에서 부역·현품과 구별된다.

⑤ 임의적 공용부담은 공법상 계약에 해당하므로 별도의 법적 근거가 요구되는 것은 아니다.

21 「공익사업을 위한 토지 등의 취득 및 보상에 관한 법률」에 관한 설명으로 옳지 않은 것은? (다툼이 있으면 판례에 따름)

① 사업인정처분이 당연무효이면 그것이 유효함을 전제로 이루어진 수용재결도 무효이다.

② 수용재결에 대한 이의신청은 행정소송을 하기 위한 필수적인 전심절차이다.

③ 수용재결에 대한 취소소송의 제기는 사업의 진행 및 토지의 수용 또는 사용을 정지시키지 아니한다.

④ 토지소유자가 보상금 증액청구소송을 제기할 경우 사업시행자를 피고로 하여야 한다.

⑤ 보상금증감청구소송의 제기기간은 이의신청을 거친 경우 이의신청에 대한 재결서를 받은 날부터 60일 이내이다.

22 「공익사업을 위한 토지 등의 취득 및 보상에 관한 법률」에 대한 설명으로 옳지 않은 것은? (다툼이 있는 경우 판례에 의함)

① 사업시행자가 공익사업에 필요한 토지를 협의취득 하는 행위는 사경제주체로서 행하는 사법상의 법률행위이다.

② 환매제도는 재산권보장, 원소유자의 보호 및 공평의 원칙에 바탕을 두기에, 환매의 목적물은 토지소유권에 한하지 않고 토지 이외의 물건이나 토지소유권 이외의 권리 역시 환매의 대상이 될 수 있다.

③ 사업인정이란 공익사업을 토지 등을 수용 또는 사용할 사업으로 결정하는 것이다.

④ 사업시행자에게 해당 공익사업을 수행할 의사와 능력이 있어야 한다는 것도 사업인정의 한 요건이다.

⑤ 해당 공익사업의 성격, 구체적인 경위나 내용, 원만한 시행을 위한 필요 등 제반 사정을 고려하여, 사업시행자는 법이 정한 이주대책대상자를 포함하여 그 밖의 이해관계인에게까지 넓혀 이주대책 수립 등을 시행할 수 있다.

---

19 ④ 동일한 공물에 대하여 공물경찰권과 공물관리권이 혼용되어 나타날 수 있다. 이 경우에는 서로 경합할 수 있는 것이지 공물경찰권이 우선하여 공물관리권을 배제하는 것은 아니다.

20 ① 부담금은 특정 공익사업의 경비에 충당하기 위하여 당해 사업의 이용과 관계없이 부과되며, 수수료·사용료는 사업의 이용행위에 대한 대가로서 징수된다는 점에서 차이가 있다. 사용료 징수는 이용의 대가라는 점에서 부담금이 아니다.

21 ② 수용재결에 대해 이의신청 절차를 거치지 않고도 행정소송을 제기할 수 있다. 즉, 수용재결에 대한 이의신청은 행정소송을 하기 위한 필수적인 전심절차가 아니다.

22 ② 「공익사업을 위한 토지 등의 취득 및 보상에 관한 법률」상 환매제도는 '토지'의 '소유권'에 대해서만 인정된다.

Answer   19. ④   20. ①   21. ②   22. ②

23 조세행정법에 대한 설명으로 옳은 것은? (다툼이 있는 경우에는 판례에 의함)

① 공공조합이 조합원으로부터 일정 경비를 부과·징수하는 것도 조세에 해당한다.

② 조세는 특정한 급부에 대한 반대급부로서 지급되는 것으로 보상성을 내포하고 있다.

③ 납세신고는 수리를 요하는 사인의 공법행위이므로 납세신고를 수리하는 행위는 조세 부과처분에 해당한다.

④ 원천납세의무자들의 국세환급금청구신청에 대한 과세관청의 환급거부결정은 납세의 무자가 갖는 환급청구권의 존부나 범위에 구체적이고 직접적인 영향을 미치는 처분이 아니어서 항고소송의 대상이 되는 처분이라고 볼 수 없다.

⑤ 과세처분이 무효가 아닌 경우 부당이득반환소송을 제기하면 민사법원이 독자적으로 과세처분을 취소하고 부당이득반환판결을 할 수 있다.

24 조세행정상 행정쟁송에 관한 설명 중 옳지 않은 것은?

① 「국세기본법」상 심사청구와 심판청구를 중복하여 제기할 수 없다.

② 국세환급거부결정은 취소소송의 대상이 된다.

③ 「국세기본법」은 과세전적부심사 제도를 규정하고 있다.

④ 「국세기본법」상 심판청구는 조세심판원장에게 하여야 한다.

⑤ 「국세기본법」상 이의신청은 임의적 절차이다.

25 조세행정에 대한 설명으로 옳지 않은 것은? (다툼이 있는 경우 판례에 의함)

① 납세의무자에 대한 국가의 부가가치세 환급세액 지급의무에 대응하는 국가에 대한 납세의무자의 부가가치세 환급세액 지급청구는 민사소송이 아니라 당사자소송에 의하여야 한다.

② 과세관청이 과세예고 통지 후 과세전적부심사 청구나 그에 대한 결정이 있기 전에 국세부과처분을 한 경우, 특별한 사정이 없는 한 그 하자가 중대·명백하다고 볼 수 없어 당연무효가 아닌 취소사유에 해당한다.

③ 과세처분에 관한 납세고지서의 송달이 「국세기본법」의 규정에 위배되는 부적법한 것으로서 송달의 효력이 발생하지 아니하는 이상, 그 과세처분은 무효이다.

④ 하나의 납세고지서로 본세와 여러 종류의 가산세를 함께 부과하는 경우에 납세고지서에 가산세의 종류와 세액의 산출근거 등을 따로 구별하지 않고 가산세의 합계액만을 기재하였다면 그 부과처분은 위법하다.

⑤ 국세가산금제도는 2020년부터 폐지되었다.

23 ④ 원천징수의무자가 원천납세의무자로부터 원천징수대상이 아닌 소득에 대하여 세액을 징수·납부하였거나 징수하여야 할 세액을 초과하여 징수·납부하였다면, 국가는 원천징수의무자로부터 이를 납부받는 순간 아무런 법률상의 원인 없이 보유하는 부당이득이 되고, 환급청구권은 원천납세의무자가 아닌 원천징수의무자에게 귀속되는 것이므로, 원천납세의무자들이 한 원천징수세액의 환급신청을 과세관청이 거부하였다고 하더라도, 이는 항고소송의 대상이 되는 처분에 해당하지 아니한다(대판 2002.11.8. 2001두8780).
① 과세 주체는 국가 또는 지방자치단체이다. 공공조합이 조합원으로부터 일정 경비를 부과·징수하는 것은 조세가 아니다.
② 조세는 특별급부에 대한 반대급부로서 지급되는 것이 아니라는 점에서 특정한 급부에 대한 반대급부로서 징수하는 수수료·사용료 등과 구별된다.
③ 신고납세방식에 의한 납세신고는 자기완결적 공법행위이며 원칙적으로 납세의무자가 과세표준과 세액을 과세관청에 신고함으로써 납세의무를 확정한다. 신고를 수리하는 행위가 조세부과처분이 되는 것이 아니며 판례도 과세관청이 납세의무자의 신고에 따라 세액을 수령하는 것은 사실행위이며 부과처분이 아니라고 본다(대판 1997.7.22. 96누8321).
⑤ 민사법원은 과세처분에 대한 취소권이 없으므로 부당이득반환판단이 부정된다.

24 ② 「국세기본법」상 세무서장의 국세환급금(국세환급가산금 포함)에 대한 결정은 이미 납세의무자의 환급청구권이 확정된 국세환급금에 대하여 내부적인 사무처리 절차로서 과세관청의 환급절차를 규정한 것에 지나지 않고 그 규정에 의한 국세환급금의 결정에 의하여 비로소 환급청구권이 확정되는 것이 아니므로, 국세환급금결정이나 그 결정을 구하는 신청에 대한 환급거부결정 등은 항고소송의 대상이 되는 처분이라고 볼 수 없다(대판 1994.12.2. 92누14250).

25 ② 국세부과처분은 과세전적부심사 제도 자체를 무의미하게 만드는 처분으로 무효이다.
과세예고 통지 후 과세전적부심사 청구나 그에 대한 결정이 있기도 전에 과세처분을 하는 것은 원칙적으로 과세전적부심사 이후에 이루어져야 하는 과세처분을 그보다 앞서 함으로써 과세전적부심사 제도 자체를 형해화시킬 뿐만 아니라 과세전적부심사 결정과 과세처분 사이의 관계 및 그 불복절차를 불분명하게 할 우려가 있으므로, 그와 같은 과세처분은 납세자의 절차적 권리를 침해하는 것으로서 그 절차상 하자가 중대하고도 명백하여 무효라고 할 것이다(대판 2016.12.27. 2016두49228).
① 대판 2013.3.21. 2011다95564
③ 대판 1995.8.22. 95누3909
④ 대판 2012.10.18. 2010두12347
⑤ 2020년부터 국세의 경우 가산금은 가산세에 흡수되고 폐지되었다. 지방세의 경우는 현재도 여전히 가산금이 존재한다.

Answer /   23. ④   24. ②   25. ②

26 재무행정에 대한 설명으로 옳지 않은 것은? (다툼이 있는 경우 판례에 의함)

① 「지방세기본법」에 따르면, 지방자치단체의 장은 적절하고 공평한 과세의 실현을 위하여 필요한 최소한의 범위에서 세무조사를 하여야 하며, 다른 목적 등을 위하여 조사권을 남용해서는 아니 된다.

② 특별한 사정이 없는 한, 과세관청이 과세처분에 앞서 필수적으로 행하여야 할 과세예고 통지를 하지 아니함으로써 납세자에게 과세전적부심사의 기회를 부여하지 아니한 채 과세처분을 하였다면, 그 과세처분은 위법하다.

③ 하나의 납세고지서에 의하여 복수의 과세처분을 함께 하는 경우에는 과세처분별로 그 세액과 산출근거 등을 구분하여 기재함으로써 납세의무자가 각 과세처분의 내용을 알 수 있도록 해야 한다.

④ 지방국세청장이 조세범칙행위에 대하여 형사고발을 한 후에 동일한 조세범칙행위에 대하여 한 통고처분은 특별한 사정이 없는 한 위법하지만 무효는 아니다.

⑤ 통고처분은 행정쟁송의 대상이 되는 처분이 아니다.

27 「국유재산법」에 관한 설명으로 옳지 않은 것은? (다툼이 있으면 판례에 따름)

① 행정재산의 사용허가기간은 원칙상 5년 이내로 한다.

② 일반재산은 「민법」상 시효취득의 대상이 되지 아니한다.

③ 행정재산에는 사권을 설정하지 못한다.

④ 보존용재산은 법령이나 그 밖의 필요에 따라 국가가 보존하는 재산이다.

⑤ 중앙관서의 장은 사용허가 한 행정재산을 국가가 직접 공용으로 사용하기 위하여 필요하게 된 경우에는 사용허가를 철회할 수 있다.

28 환경행정에 대한 설명으로 옳은 것은?

① 환경권은 「헌법」상 기본권으로부터 직접 도출된다.

② 환경행정의 기본원칙인 사전배려의 원칙이 구체화된 것으로 환경영향평가제도를 들 수 있다.

③ 환경영향평가의 내용이 다소 부실한 경우 이를 기초로 한 개발사업승인은 원칙적 위법하다는 것이 판례이다.

④ 환경영향평가 대상지역 밖의 주민에게는 수인한도를 넘는 환경상의 침해가 입증된 경우에도 원고적격을 인정할 수 없다.

⑤ 국가정보원장이 국가안보를 위하여 필요하다고 인정하여 환경부장관과 협의한 사업도 환경영향평가 대상사업에 해당한다.

---

26 ④ 통고처분은 특별한 사정이 없는 한 위법·무효이다.
지방국세청장 또는 세무서장이 조세범칙행위에 대하여 고발을 한 후에 동일한 조세범칙행위에 대하여 통고처분을 하였다 하더라도, 이는 법적 권한 소멸 후에 이루어진 것으로서 특별한 사정이 없는 한 그 효력이 없다 (대판 2014도10748).

27 ② 행정재산은 시효취득의 대상이 아니지만 일반재산은 시효취득의 대상이 된다.

28 ② 환경영향평가제도는 사전배려의 원칙이 구체화된 것이다.
① 환경권은 「헌법」상 기본권으로부터 직접 도출되지 않고 이를 구체화하는 법률의 규정이 있어야 인정되는 권리이다.
③ 환경영향평가의 내용이 다소 부실하다 해도 그 부실은 당해 승인 등 처분에 재량권 일탈·남용의 위법이 있는지 여부를 판단하는 하나의 요소로 됨에 그칠 뿐, 그 부실로 인하여 당연히 당해 승인 등 처분이 위법하게 되는 것이 아니다(대판 2006.3.16. 2006두330).
④ 환경영향평가 대상지역 밖의 주민이라도 수인한도를 넘는 환경상의 침해가 입증된 경우에는 원고적격이 인정된다.
⑤ 국가정보원장이 국가안보를 위하여 필요하다고 인정하여 환경부장관과 협의한 사업은 환경영향평가 적용 제외 사업에 해당한다.

Answer   26. ④   27. ②   28. ②

부록

제1~10회 기출문제

제1회 행정사 행정법

[2013. 6. 29. 실시]

01 주택사업계획을 승인하면서 그 주택사업과는 아무런 관련이 없는 토지를 기부채납하도록 부관을 붙인 경우 위법 판단의 근거로 제시할 수 있는 행정법의 일반원칙은?

① 신뢰보호의 원칙
② 부당결부금지의 원칙
③ 평등의 원칙
④ 투명성의 원칙
⑤ 행정의 자기구속의 원칙

> **해설** ② 행정작용을 하면서 그와 실질적 관련성이 없는 반대급부를 결부하는 것을 금지시키는 것을 부당결부금 지원칙이라 한다.

02 사인의 공법행위에 관한 설명으로 옳지 않은 것은? (다툼이 있는 경우에는 판례에 의함)

① 사인의 공법행위는 공법적 효과의 발생을 목적으로 하는 행위인 점에서 사법행위와 구별된다.
② 사인의 공법행위는 행위의 효과를 기준으로 자기완결적(자체완성적) 공법행위와 행위요건적(행정요건적) 공법행위로 나눌 수 있다.
③ 자기완결적(자체완성적) 신고의 경우에 적법한 요건을 갖춘 신고가 있으면 행정청의 수리 여부에 관계없이 신고서가 접수기관에 도달된 때에 신고의무가 이행된 것으로 본다.

④ 신고대상이 아닌 사항의 신고에 대한 행정청의 수리거부는 취소소송의 대상이 되는 처분에 해당한다.
⑤ 사업양수에 따른 지위승계신고에 대한 허가관청의 수리에 대하여, 사업의 양도행위가 무효라고 주장하는 양도자는 민사소송으로 양도행위의 무효를 구함이 없이 곧바로 행정소송으로 위 신고수리처분의 무효확인을 구할 법률상 이익이 있다.

> **해설** ④ 신고대상이 아닌 사항의 신고에 대한 행정청의 수리거부는 수리거부가 독립적으로 상대방의 권리·의무관계에 영향을 미치는 것이 아니므로 취소소송의 대상이 되는 처분에 해당하지 않는다.

03 행정입법에 관한 설명으로 옳은 것은? (다툼이 있는 경우에는 판례에 의함)

① 행정소송에 대한 대법원 판결에 의하여 법규명령의 위헌 또는 위법이 확정된 경우에는 대법원은 지체 없이 그 사유를 행정안전부장관에게 통보하여야 한다.
② 범죄구성요건을 포괄적·추상적으로 법규명령에 위임하는 것도 가능하다.
③ 시행령으로 정한 제재적 처분기준은 행정규칙으로서의 성질을 가진다.
④ 상위법령이 개정된 경우 종전의 집행명령은 당연히 실효된다.
⑤ 행정규칙은 법률의 수권이 있는 경우에만 제정할 수 있다.

해설 ② 범죄구성요건은 특히 긴급한 필요가 있거나 미리 법률로써 자세히 정할 수 없는 부득이한 사정이 있는 경우에 한정되고 이러한 경우에도 법률에 범죄구성요건을 구체적으로 정하여야 한다.
③ 시행령으로 정한 제재적 처분기준은 법규명령으로서의 성질을 가진다는 것이 판례이다.
④ 상위법령이 폐지된 경우에는 집행명령도 실효되나 개정된 경우 종전의 집행명령은 존속됨이 원칙이다.
⑤ 행정규칙은 법률의 수권을 요하지 않는 행정부 내부규범이다.

04 판례에 의할 때 선행 처분에 취소사유가 있음을 들어 후행 처분의 위법을 주장할 수 있는 경우는? (단, 선행 처분에 불가쟁력이 발생하였고, 후행 처분에는 고유의 위법이 없음)

① 조세부과처분 − 체납처분
② 표준지공시지가결정 − 수용재결
③ 공무원 직위해제처분 − 공무원 면직처분
④ 택지개발예정지구 지정 − 택지개발계획 승인
⑤ 건물철거명령 − 대집행계고처분

해설 ② 표준지공시지가결정과 수용재결은 서로 별개의 법적 효과를 목적으로 결합된 행정처분이지만 선행처분에 대한 예측가능성과 수인한도론을 근거로 예외적으로 하자의 승계를 인정하는 것이 판례이다.

05 행정행위의 무효와 취소에 관한 설명으로 옳은 것은? (다툼이 있는 경우에는 판례에 의함)

① 무효인 행정행위에는 공정력이 인정되지 아니한다.
② 「행정절차법」상 처분의 직권취소는 처분 등이 있음을 안 날로부터 1년, 처분 등이 있은 날로부터 2년 이내에 하여야 한다.
③ 취소소송의 진행 중에는 처분청은 계쟁처분을 직권취소 할 수 없다.

④ 행정사건을 선결문제로 하는 민사소송에서 법원은 무효인 행정행위의 효력을 확인할 수는 없지만, 취소할 수 있는 행정행위의 효력을 부인할 수는 있다.
⑤ 행정행위에 대한 무효확인소송에서도 제소기간을 준수하여야 한다.

해설 ① 공정력은 취소사유의 행정행위에서 인정되고 무효인 행정행위에는 인정되지 않는다.
② 「행정절차법」상 처분의 직권취소에 대한 기간제한은 별도로 규정되어 있지 않다.
③ 취소소송의 진행 중에도 처분청은 계쟁처분을 직권취소 할 수 있다.
④ 행정사건을 선결문제로 하는 민사소송에서 법원은 무효인 행정행위의 효력을 확인할 수는 있지만, 취소할 수 있는 행정행위의 효력을 부인할 수는 없다.
⑤ 행정행위에 대한 무효확인소송에는 제소기간의 제한이 없다.

06 행정행위의 부관에 관한 설명으로 옳은 것을 모두 고른 것은? (다툼이 있는 경우에는 판례에 의함)

> ㉠ 기부채납받은 행정재산에 대한 사용·수익허가에 있어서 공유재산 관리청이 정한 사용·수익허가의 기간은 독립하여 취소소송의 대상이 될 수 있다.
> ㉡ 부담은 상대방과 협의하여 협약의 형식으로 내용을 미리 정한 다음 행정처분을 하면서 부가할 수 있다.
> ㉢ 부담에 의해 부과된 의무를 상대방이 불이행할 경우 처분청은 주된 행정행위를 철회할 수 있다.
> ㉣ 행정처분과 실체적 관련성이 없어 부관으로 붙일 수 없는 부담이더라도 사법상 계약의 형식으로 처분의 상대방에게 그 부담을 부과할 수 있다.

① ㉠, ㉡   ② ㉠, ㉢
③ ㉠, ㉣   ④ ㉡, ㉢
⑤ ㉡, ㉣

해설 ④ ⓒ·ⓒ 옳은 지문

ⓐ [×] 기부채납받은 행정재산에 대한 사용·수익허가에 있어서 공유재산 관리청이 정한 사용·수익허가의 기간은 분리가능성이 없으므로 독립하여 취소소송의 대상이 될 수 없다.

ⓔ [×] 행정처분과 실체적 관련성이 없어 부관으로 붙일 수 없는 부담을 사법상 계약의 형식으로 처분의 상대방에게 그 부담을 부과할 수 없다.

07 「행정절차법」상 행정지도에 관한 설명으로 옳지 않은 것은?

① 행정지도는 상대방의 의사에 반하여 부당하게 강요하여서는 아니 된다.

② 행정기관은 행정지도의 상대방이 행정지도에 따르지 아니하였다는 것을 이유로 불이익한 조치를 하여서는 아니 된다.

③ 행정지도는 법적 행위가 아니라 비권력적 사실행위에 불과하므로 비례원칙이 적용되지 아니한다.

④ 행정지도의 상대방은 해당 행정지도의 방식·내용 등에 관하여 행정기관에 의견제출을 할 수 있다.

⑤ 행정지도를 하는 자는 그 상대방에게 그 행정지도의 취지 및 내용과 신분을 밝혀야 한다.

해설 ③ 「행정절차법」상 행정지도는 그 목적 달성에 필요한 최소한에 그쳐야 한다고 규정하여 비례원칙을 규정하고 있다(「행정절차법」 제48조 제1항).

08 행정대집행에 관한 설명으로 옳은 것은? (다툼이 있는 경우에는 판례에 의함)

① 대집행에 있어서 계고는 반드시 문서에 의하여야 하는 것은 아니므로 구두에 의한 계고도 가능하다.

② 행정청이 토지나 건물의 인도의무를 부과한 경우 이는 대체적 작위의무로서 「행정대집행법」상 대집행의 대상이다.

③ 대집행영장에 의한 통지는 준법률행위적 행정행위로서 취소소송의 대상이 될 수 없다.

④ 「행정대집행법」은 대체적 작위의무의 부과처분에 불가쟁력이 발생할 것을 대집행의 요건으로 규정하고 있다.

⑤ 위법건축물에 대한 철거명령 및 계고처분에 불응하여 행한 제2차, 제3차의 계고처분은 대집행 기한의 연기 통지에 불과하므로 행정처분이 아니다.

해설 ① 대집행에 있어서 계고는 반드시 문서에 의하여야 하고 구두에 의한 계고는 무효라는 것이 판례이다.

② 행정청이 토지나 건물의 인도의무를 부과하는 것은 비대체적 작위의무로서 대집행의 대상이 되지 않는다.

③ 대집행영장에 의한 통지는 준법률행위적 행정행위로서 취소소송의 대상이 되는 처분성이 인정된다.

④ 「행정대집행법」은 대체적 작위의무의 부과처분에 불가쟁력이 발생할 것을 대집행의 요건으로 규정하고 있지 않다.

09 「질서위반행위규제법」의 내용에 관한 설명으로 옳지 않은 것은?

① 신분에 의하여 성립하는 '질서위반행위'에 신분이 없는 자가 가담한 경우 신분이 없는 자에 대하여는 '질서위반행위'가 성립하지 아니한다.

② 과태료는 행정청의 과태료 부과처분이나 법원의 과태료 재판이 확정된 후 5년간 징수하지 아니하거나 집행하지 아니하면 시효로 인하여 소멸한다.

③ 고의 또는 과실이 없는 '질서위반행위'는 과태료를 부과하지 아니한다.

④ 「질서위반행위규제법 시행령」으로 정하는 법률에 따른 징계사유에 해당하여 과태료를 부과하는 행위는 '질서위반행위'에 해당하지 않는다.

⑤ 당사자와 검사는 과태료 재판에 대하여 즉시항고를 할 수 있으며, 이 경우 즉시항고는 집행정지의 효력이 있다.

해설 ① 신분에 의하여 성립하는 질서위반행위에 신분이 없는 자가 가담한 때에는 신분이 없는 자에 대하여도 질서위반행위가 성립한다(「질서위반행위규제법」 제12조 제2항).

10 「행정절차법」의 내용에 관한 설명으로 옳은 것은?

① 행정청은 공청회를 개최하려는 경우에는 공청회 개최 20일 전까지 일시 및 장소 등의 사항을 당사자 등에게 통지하여야 한다.

② 판례에 의할 때 상대방의 신청에 대한 거부처분은 사전통지의 대상이다.

③ 「행정절차법」은 절차상 하자 있는 행정처분의 법적 효력에 관한 명문의 규정을 두고 있다.

④ 지방의회의 의결을 거쳐 행하는 사항에 대하여도 「행정절차법」이 적용된다.

⑤ 행정청은 직권으로 또는 당사자의 신청에 따라 여러 개의 사안을 병합하거나 분리하여 청문을 할 수 있다.

해설 ⑤ 「행정절차법」 제32조
① 행정청은 공청회를 개최하려는 경우에는 공청회 개최 14일 전까지 일시 및 장소 등의 사항을 당사자 등에게 통지하여야 한다.
② 판례에 의할 때 상대방의 신청에 대한 거부처분은 사전통지의 대상이 되지 않는다.
③ 「행정절차법」은 절차상 하자 있는 행정처분의 법적 효력에 관한 명문의 규정을 두고 있지 않다. 판례는 주로 취소사유로 본다.
④ 지방의회의 의결을 거쳐 행하는 사항은 「행정절차법」 적용배제 사항이다.

11 정보공개제도에 관한 판례의 입장이 아닌 것은?

① 정보공개청구권자로서의 국민에는 자연인은 물론 법인, 권리능력 없는 사단·재단도 포함되고, 법인, 권리능력 없는 사단·재단 등의 경우에는 설립목적을 불문한다.

② 공개청구의 대상이 되는 정보가 이미 다른 사람에게 공개되어 널리 알려져 있다거나 인터넷 등을 통하여 공개되어 인터넷검색 등을 통하여 쉽게 알 수 있다는 사정만으로는 소의 이익이 없다거나 비공개결정이 정당화될 수 없다.

③ 진행 중인 재판에 관련된 정보로서 정보공개를 거부하기 위해서는 그 정보가 재판과 관련된 것으로서 반드시 진행 중인 재판의 소송기록 자체에 포함된 내용일 것을 요한다.

④ 정보공개청구권은 법률상 보호되는 구체적인 권리이므로 청구인이 공공기관에 대하여 정보공개를 청구하였다가 거부처분을 받은 것 자체가 법률상 이익의 침해에 해당한다.

⑤ 정보의 부분 공개가 허용되는 경우란 그 정보의 공개방법 및 절차에 비추어 당해 정보에서 비공개대상정보에 관련된 기술 등을 제외 혹은 삭제하고 나머지 정보만을 공개하는 것이 가능하고 나머지 부분의 정보만으로도 공개의 가치가 있는 경우를 의미한다.

해설 ③ 반드시 그 정보가 진행 중인 재판의 소송기록 그 자체에 포함된 내용의 정보일 필요는 없으나, 재판에 관련된 일체의 정보가 그에 해당하는 것은 아니고 진행 중인 재판의 심리 또는 재판결과에 구체적으로 영향을 미칠 위험이 있는 정보에 한정된다(대판 2012.4.12. 2010두24913).

12 공물에 관한 설명으로 옳지 않은 것은? (다툼이 있는 경우에는 판례에 의함)

① 「국유재산법」상 행정재산은 「민법」의 규정에 의한 시효취득의 대상이 된다.

② 공용물은 직접 행정주체 자신의 사용에 제공된 공물을 말한다.

③ 「국가배상법」 제5조에 의한 공공의 영조물은 강학상 공물을 의미한다.

④ 국유 하천부지는 명시적·묵시적 공용폐지가 없는 한 공물로서의 성질을 유지한다.

⑤ 행정재산의 목적 외 사용·수익에 대한 허가는 강학상 특허에 해당한다.

해설 ① 행정재산은 「민법」 제245조에도 불구하고 시효취득(時效取得)의 대상이 되지 아니한다(「국유재산법」 제7조).

13 「행정심판법」의 내용에 관한 설명으로 옳은 것은?

① 감사원의 처분에 대한 행정심판의 청구는 중앙행정심판위원회에서 심리·재결한다.

② 처분 등을 원인으로 하는 법률관계에 관한 다툼이 있는 경우 당사자는 당사자심판을 제기할 수 있다.

③ 무효확인심판에도 사정재결이 허용된다.

④ 행정심판위원회는 필요하면 당사자가 주장하지 아니한 사실에 대하여도 심리할 수 있다.

⑤ 시·도행정심판위원회의 재결에 불복하는 청구인은 중앙행정심판위원회에 행정심판을 재청구할 수 있다.

해설 ④ 행정심판위원회는 필요하다고 인정할 때에는 당사자가 주장하지 아니한 사실에 대하여도 심리할 수 있다(「행정심판법」 제39조).

14 판례에 의할 때 항고소송의 대상이 아닌 것은?

① 「독점규제 및 공정거래에 관한 법률」에 의한 공정거래위원회의 고발조치
② 국유재산의 무단점유자에 대한 변상금부과 처분
③ 지적공부 소관청의 지목변경신청반려행위
④ 건축물대장 소관청의 건축물 용도변경신청 거부행위
⑤ 지방의회의장에 대한 지방의회의 불신임의결

해설 ① 공정거래위원회의 고발조치는 사직 당국에 대하여 형벌권 행사를 요구하는 행정기관 상호 간의 행위에 불과하여 항고소송의 대상이 되는 행정처분이라 할 수 없다.

15 「공익사업을 위한 토지 등의 취득 및 보상에 관한 법률」에 관한 내용이다. ( ) 안에 들어갈 것으로 옳은 것은?

> 토지수용위원회의 재결에서 정한 보상금에 대하여 사업시행자 또는 토지소유자가 그 증감을 다투는 행정소송을 제기하는 경우, 그 소송을 제기하는 자가 토지소유자일 때에는 (㉠)을/를, 사업시행자일 때에는 (㉡)을/를 피고로 한다.

① ㉠ : 토지수용위원회 ㉡ : 국토교통부장관
② ㉠ : 국토교통부장관 ㉡ : 토지수용위원회
③ ㉠ : 토지수용위원회 ㉡ : 토지소유자
④ ㉠ : 사업시행자 ㉡ : 토지소유자
⑤ ㉠ : 사업시행자 ㉡ : 토지수용위원회

해설 ④ 토지수용위원회의 재결에서 정한 보상금에 대하여 사업시행자 또는 토지소유자가 그 증감을 다투는 행정소송을 제기하는 경우, 그 소송을 제기하는 자가 토지소유자일 때에는 사업시행자를, 사업시행자일 때에는 토지소유자를 피고로 한다.

16 「지방자치법」상 지방자치단체에 해당하지 않는 것은?

① 광역시 ② 특별자치시
③ 특별자치도 ④ 군(郡)
⑤ 읍(邑)

해설 ⑤ 행정주체로서 지방자치단체는 특별시·광역시·도·특별자치시·특별자치도·시·군·구가 있으며 읍·면·동·리는 행정구역에 불과하고 지방자치단체에 속하지 않는다.

17 지방자치단체의 조례에 관한 설명으로 옳지 않은 것은? (다툼이 있는 경우에는 판례에 의함)

① 주민의 권리 제한 또는 의무 부과에 관한 사항이나 벌칙을 조례로 정할 때에는 법률의 위임이 있어야 한다.

② 지방자치단체의 장은 조례안에 대하여 이의가 있는 경우 조례안의 일부에 대하여 또는 조례안을 수정하여 지방의회에 재의를 요구할 수 있다.

③ 조례가 집행행위의 개입 없이도 그 자체로서 직접 국민의 구체적인 권리의무나 법적 이익에 영향을 미치는 등의 법률상 효과를 발생하는 경우 그 조례는 항고소송의 대상이 되는 행정처분에 해당한다.

④ 기관위임사무는 원칙적으로 조례의 제정범위에 속하지 않지만, 그에 관한 개별법령에서 일정한 사항을 조례로 정하도록 위임하고 있는 경우에는 위임받은 사항에 관하여 개별법령의 취지에 부합하는 범위 내에서 위임조례를 정할 수 있다.

⑤ 조례는 특별한 규정이 없으면 공포한 날부터 20일이 지나면 효력을 발생한다.

해설 ② 지방자치단체의 장은 이송받은 조례안에 대하여 이의가 있으면 이송받은 날부터 20일 이내에 이유를 붙여 지방의회로 환부(還付)하고, 재의(再議)를 요구할 수 있다. 이 경우 지방자치단체의 장은 조례안의 일부에 대하여 또는 조례안을 수정하여 재의를 요구할 수 없다(「지방자치법」 제26조 제3항).

18 국가배상에 관한 설명으로 옳지 않은 것은? (다툼이 있는 경우에는 판례에 의함)

① 국가가 국가배상책임을 이행한 경우 공무원에게 고의 또는 중과실이 있으면 국가는 그 공무원에게 구상할 수 있다.

② 행정규칙상의 처분기준에 따른 영업허가취소처분이 행정심판에서 재량하자를 이유로 취소되었다면 영업허가취소처분을 한 공무원에게 「국가배상법」상의 과실이 인정된다.

③ 지방자치단체로부터 공무를 위탁받아 공무에 종사하는 사인은 「국가배상법」 제2조 소정의 공무원에 해당한다.

④ 「국가배상법」 제2조에 의한 공무원의 직무에는 국가나 지방자치단체의 권력적 작용뿐만 아니라 비권력적 작용도 포함되지만 단순한 사경제의 주체로서 하는 작용은 포함되지 않는다.

⑤ 공무원의 경과실에 의한 위법행위로 인하여 국가배상책임이 성립하는 경우 가해 공무원 개인은 그로 인한 손해배상책임을 부담하지 아니한다.

해설 ② 행정처분이 나중에 행정심판에 의하여 재량권을 일탈한 위법한 처분임이 판명되어 취소되었다고 하더라도 행정규칙에 정해진 행정처분기준에 따른 것인 이상 그 처분이 공무원에게 직무집행상의 과실이 있다고 할 수는 없다(대판 1994.11.8. 94다26141).

19 행정조직에 관한 설명으로 옳지 않은 것은?

① 현행 「헌법」은 행정조직법정주의를 채택하고 있다.

② 행정 각 부의 장관과 지방자치단체의 장은 행정청에 해당한다.

③ 보조기관도 행정청으로부터 위임된 권한을 행사하는 경우에는 그 한도에서 행정청의 지위를 가진다.

④ 행정기관에는 그 소관사무의 일부를 독립하여 수행할 필요가 있는 때에는 법률로 정하는 바에 따라 행정위원회 등 합의제행정기관을 둘 수 있다.

⑤ 각종 징계위원회나 지방의회와 같은 부속기관의 설치에는 법령의 근거를 요하지 않는다.

> **해설** ⑤ 행정기관에는 그 소관사무의 범위에서 필요한 때에는 대통령령으로 정하는 바에 따라 시험연구기관·교육훈련기관·문화기관·의료기관·제조기관 및 자문기관 등을 둘 수 있다(「정부조직법」 제4조).

20 행정권한의 위임에 관한 설명으로 옳지 않은 것은? (다툼이 있는 경우에는 판례에 의함)

① 권한의 위임은 권한 자체가 수임자에게 이전된다는 점에서 권한 자체를 이전하지 않는 권한의 대리와 구별된다.

② 내부위임의 경우 수임관청은 위임관청의 이름으로만 그 권한을 행사할 수 있다는 점에서 권한의 위임과 구별된다.

③ 권한의 위임이 있는 경우에는 처분의 명의자가 수임기관으로 되어있다 하더라도 그 처분에 대한 취소소송의 피고는 위임기관이 된다.

④ 소속 하급행정청에 대한 위임은 위임청의 일방적 위임행위에 의하여 성립하고, 수임기관의 동의를 요하지 않는다.

⑤ 도지사는 조례에 의해서도 그 권한에 속하는 자치사무의 일부를 소속 행정기관에 위임할 수 있다.

> **해설** ③ 권한의 위임이 있는 경우 권한이 이전되므로 위임청이 이를 대행할 수 없다.

Answer									
01. ②	02. ④	03. ①	04. ②	05. ①	06. ④	07. ③	08. ⑤	09. ①	10. ⑤
11. ③	12. ①	13. ④	14. ①	15. ④	16. ⑤	17. ②	18. ②	19. ⑤	20. ③

제1회 행정사 행정법 기출문제　359

제2회 행정사 행정법

[2014. 6. 21. 실시]

01 판례에 의할 때 (　　) 안에 들어갈 행정법의 일반원칙은?

> 국가 산하 '진실·화해를 위한 과거사 정리위원회'가 피해자 등의 진실규명 신청에 따라 진실규명 신청 대상자를 희생자로 확인 또는 추정하는 진실규명 결정을 하고 피해자 등이 그 결정에 기초하여 상당한 기간 내에 권리행사를 한 경우, 국가가 소멸시효의 완성을 주장하는 것은 (　　　　)에 반하는 권리남용에 해당하여 허용될 수 없다.

① 부당결부금지원칙
② 비례원칙
③ 평등원칙
④ 신의성실원칙
⑤ 최소침해원칙

해설 ④ '진실·화해를 위한 과거사 정리위원회'가 피해자 등의 진실규명 신청에 따라 진실규명 신청 대상자를 희생자로 확인 또는 추정하는 진실규명 결정을 하고 피해자 등이 그 결정에 기초하여 상당한 기간 내에 권리행사를 한 경우, 국가가 소멸시효 완성을 주장하는 것은 신의성실원칙에 반하는 권리남용에 해당하여 허용될 수 없다(대판 2014.5.29. 2013다217467).

02 공법상의 법률관계에 해당하는 것은? (다툼이 있는 경우에는 판례에 의함)

① 일반재산인 국유림의 대부
② 조세부과처분이 당연무효임을 전제로 한 이미 납부한 세금의 반환청구
③ 한국마사회의 기수면허 취소
④ 공익사업을 위한 토지 등의 취득 및 보상에 관한 법령에 따른 협의취득
⑤ 국유 일반재산의 무단점유에 대한 변상금부과

해설 ⑤ 「국유재산법」 제51조 제1항은 국유재산의 무단점유자에 대하여는 대부 또는 사용, 수익허가 등을 받은 경우에 납부하여야 할 대부료 또는 사용료 상당액 외에도 그 징벌적 의미에서 국가측이 일방적으로 그 2할 상당액을 추가하여 변상금을 징수토록 하고 있으며, 동조 제2항은 변상금의 체납 시 「국세징수법」에 의하여 강제징수토록 하고 있는 점 등에 비추어 보면 국유재산의 관리청이 그 무단점유자에 대하여 하는 변상금부과처분은 순전히 사경제 주체로서 행하는 사법상의 법률행위라 할 수 없고 이는 관리청이 공권력을 가진 우월적 지위에서 행한 것으로서 행정소송의 대상이 되는 행정처분이라고 보아야 한다(대판 1988.2.23. 87누1046).
①·②·③·④ 대법원은 이들 모두를 사법(私法)관계로 판시하였다.

03 재단법인의 정관변경 허가에 관한 다음의 판결 내용에서 (　) 안에 들어갈 행정행위의 유형은?

> 「민법」에서 말하는 재단법인의 정관변경 '허가'는 법률상의 표현이 허가로 되어 있기는 하나, 그 성질에 있어 법률행위의 효력을 보충해 주는 것이지 일반적 금지를 해제하는 것이 아니므로 그 법적 성격은 (　)(이)라고 보아야 한다.

① 하명　　　　② 면제
③ 특허　　　　④ 인가
⑤ 대리

해설 ④ 「민법」 제45조와 제46조에서 말하는 재단법인의 정관변경 '허가'는 법률상의 표현이 허가로 되어 있기는 하나, 그 성질에 있어 법률행위의 효력을 보충해 주는 것이지 일반적 금지를 해제하는 것이 아니므로, 그 법적 성격은 인가라고 보아야 한다(대판 1996.5.16. 95누4810).

04 행정행위의 부관에 관한 설명으로 옳지 않은 것은? (다툼이 있는 경우에는 판례에 의함)

① 행정행위의 부관 가운데 부담은 그 자체로 항고소송의 대상이 될 수 있다.
② 부관부 행정행위에 불복하는 경우 부관이 없는 행정행위를 발급해 줄 것을 구하는 항고소송도 가능하다.
③ 사정변경으로 인하여 당초에 부담을 부가한 목적을 달성할 수 없게 된 경우에는 그 목적달성에 필요한 범위에서 부담의 내용을 변경할 수 있다.
④ 법정부관에 대해서는 행정행위에 부관을 붙일 수 있는 한계에 관한 일반적인 원칙이 적용되지 않는다.
⑤ 일반적으로 기속행위에는 부관을 붙일 수 없고 부관을 붙였다 하더라도 이는 무효이다.

해설 ② 부관부 행정행위에 불복하는 경우 부관이 없는 행정행위를 발급해 줄 것을 구하는 항고소송은 이른바 의무이행소송에 해당하는 것으로 허용되지 아니한다(판례). 다만, 부관이 없는 행정행위를 발급해 줄 것을 행정청에 신청하고 그 신청이 거부되면 그 거부처분을 대상으로 취소소송은 가능할 것이다.
① 대판 1992.1.21. 91누1264
③ 대판 1997.5.30. 97누2627
④ 대판 1994.3.8. 92누1728
⑤ 대판 1995.6.13. 94다56883

05 행정행위의 하자에 관한 설명으로 옳은 것을 모두 고른 것은? (다툼이 있는 경우에는 판례에 의함)

> ㉠ 하자 있는 행정행위가 당연무효가 되기 위하여는 그 하자가 법규의 중요한 부분을 위반한 중대한 것으로서 객관적으로 명백한 것이어야 한다.
> ㉡ 처분의 방식으로 문서주의를 규정한 「행정절차법」 제24조를 위반하여 행하여진 행정청의 처분은 원칙적으로 무효이다.
> ㉢ 선행처분과 후행처분이 서로 결합하여 하나의 법률효과를 발생시키는 경우, 선행처분에 불가쟁력이 생겼으며 후행처분 자체에는 아무런 하자가 없다고 하더라도, 선행처분의 위법을 이유로 후행처분의 취소를 구할 수 있다.

① ㉠　　　　　　② ㉠, ㉡
③ ㉠, ㉢　　　　④ ㉡, ㉢
⑤ ㉠, ㉡, ㉢

해설 ⑤ 모두 맞는 설명이다.
㉠ [○] 하자 있는 행정행위의 무효와 취소의 구별기준에 관하여는 중대·명백설이 통설이자 판례의 태도이다.
㉡ [○] 대판 2011.11.10. 2011도11109
㉢ [○] 하자의 승계가 인정되는 경우에 관한 통설과 판례의 태도이다.

06 행정행위의 취소 및 철회에 관한 설명으로 옳지 않은 것은? (다툼이 있는 경우에는 판례에 의함)

① 쟁송취소의 효과는 당연히 소급한다.
② 직권취소의 경우에는 실권의 경우를 제외하고는 취소기간의 제한이 없다.
③ 상급행정청은 하급행정청에 대한 감독권 행사의 일환으로 하급행정청이 한 행정행위를 직접 철회할 수 있다.
④ 취소사유는 행정행위의 성립 당시에 존재하였던 하자이고, 철회사유는 행정행위가 성립된 이후에 새로이 발생한 것으로서 행정행위의 효력을 존속시킬 수 없는 사유이다.
⑤ 철회사유가 존재하는 경우, 별도의 법적 근거가 없더라도 철회할 수 있다.

해설 ③ 일반적인 감독권 속에는 하급행정청이 한 행정행위를 상급행정청이 직접 철회할 수 있는 권한까지는 없다. 특별한 규정이 없는 한 철회명령만 내릴 수 있을 뿐이다.

07 행정계획에 관한 설명으로 옳지 않은 것은? (다툼이 있는 경우에는 판례에 의함)

① 행정주체는 구체적인 행정계획을 입안·결정함에 있어서 비교적 광범위한 형성의 자유를 가진다.
② 형량명령이란 행정계획을 입안·결정함에 있어서 관련된 이익을 정당하게 형량하여야 한다는 원칙을 말한다.
③ 행정계획의 확정·변경 또는 실효로 인한 국민의 재산상 손실의 보상에 관해서는 「행정절차법」에 일반적 규정을 두고 있다.
④ 도시·군관리계획은 국민의 권익에 직접 구체적인 영향을 미치는 점에서 항고소송의 대상이 된다.

⑤ 주민은 도시·군관리계획의 입안권자에게 지구단위계획구역의 변경에 관한 도시·군관리계획의 입안을 제안할 수 있다.

해설 ③ 행정계획의 확정·변경 또는 실효로 인한 국민의 재산상 손실의 보상에 관해서는 과거 1987년의 「행정절차법안」에서 일반적 규정을 두고 있었으나, 정작 1996년 제정된 현 「행정절차법」은 아무런 손실보상규정을 두고 있지 않다.

08 행정절차에 관한 설명으로 옳지 않은 것은?

① 지방의회의 승인을 받아 행하는 사항에 대해서는 「행정절차법」이 적용되지 않는다.
② 「행정절차법」은 행정계약절차를 규정하고 있지 않다.
③ 신청내용을 모두 그대로 인정하는 처분인 경우에는 「행정절차법」상 이유제시의무가 면제된다.
④ 법인은 「행정절차법」상 절차의 당사자가 될 수 있지만, 법인이 아닌 사단은 당사자가 될 수 없다.
⑤ 당사자가 의견진술의 기회를 포기한다는 뜻을 명백히 표시한 경우에는 「행정절차법」상 의견청취 절차를 거치지 아니할 수 있다.

해설 ④ 「행정절차법」 제9조(당사자 등의 자격)
다음 각 호의 어느 하나에 해당하는 자는 행정절차에서 당사자 등이 될 수 있다.
1. 자연인
2. 법인, 법인이 아닌 사단 또는 재단
3. 그 밖에 다른 법령 등에 따라 권리·의무의 주체가 될 수 있는 자

09 공공기관의 정보공개에 관한 법령상 정보공개제도에 관한 설명으로 옳은 것은? (다툼이 있는 경우에는 판례에 의함)

① 정보공개청구권은 자연인에 대해서 인정되며, 법인에게는 인정되지 않는다.

② 자신과 이해관계가 없는 정보를 공익을 위해 공개청구하는 것은 허용되지 않는다.

③ 정보공개 거부결정에 대해서는 행정심판을 거치지 아니하고 행정소송을 제기할 수 있다.

④ 정보공개청구의 대상이 되는 문서는 원본이어야 한다.

⑤ 공공기관이 정보공개청구를 받은 날부터 20일이 경과하도록 공개 여부를 결정하지 않은 때에는 정보공개 결정이 있는 것으로 본다.

해설 ③ 정보공개 거부결정에 대해서는 이의신청이나 행정심판을 거치지 아니하고 행정소송을 제기할 수 있다.
① · ② 모든 국민은 정보의 공개를 청구할 권리를 가진다 (「정보공개법」 제5조 제1항). 국민에는 자연인은 물론 법인, 권리능력 없는 사단 · 재단도 포함되고, 법인과 권리능력 없는 사단 · 재단 등의 경우에는 설립목적을 불문하며, 시민단체 등에 의한 일반적인 행정감시목적의 정보공개청구도 인정된다(대판 2003.12.12. 2003두8050).
④ 공개청구의 대상이 되는 정보에 해당하는 문서란 공공기관이 직무상 작성 또는 취득하여 현재 보유 · 관리하고 있는 문서에 한정되는 것이기는 하나, 그 문서가 반드시 원본일 필요는 없다(대판 2006.5.25. 2006두3049).
⑤ 현행 「정보공개법」 제11조(정보공개 여부의 결정)는 '공공기관은 정보공개의 청구를 받으면 그 청구를 받은 날부터 10일 이내에 공개 여부를 결정하여야 한다. 공공기관은 부득이한 사유로 위에 따른 기간 이내에 공개 여부를 결정할 수 없을 때에는 그 기간이 끝나는 날의 다음 날부터 기산(起算)하여 10일의 범위에서 공개 여부 결정 기간을 연장할 수 있다. 이 경우 공공기관은 연장된 사실과 연장 사유를 청구인에게 지체 없이 문서로 통지하여야 한다.'라고 규정하고 있다. 따라서 공공기관이 정보공개청구를 받은 날부터 20일이 경과하도록 공개 여부를 결정하지 않은 때에는 정보공개 결정도 비공개 결정도 아닌 아무런 결정이 없는 것(부작위)으로 보게 된다.

10 행정의 실효성 확보수단에 관한 설명으로 옳지 않은 것은? (다툼이 있는 경우에는 판례에 의함)

① 건축물 철거와 같은 대체적 작위의무의 위반이 있는 경우 행정청은 대집행과 이행강제금을 선택적으로 활용할 수 있다.

② 과징금은 행정상 의무위반에 대한 제재이므로 과징금부과처분에는 「행정절차법」이 적용되지 않는다.

③ 대집행에 있어 1차 계고처분 후에 동일한 내용으로 2차 계고처분을 한 경우, 2차 계고처분은 항고소송의 대상이 되는 행정처분이 아니다.

④ 위법건축물에 대하여 철거명령과 계고처분을 계고서라는 1장의 문서로써 동시에 행한 경우에도 「건축법」에 의한 철거명령과 「행정대집행법」에 의한 계고처분은 독립하여 존재하는 것으로 각각 그 요건을 충족한다.

⑤ 도시공원시설인 매점에 대해 점유자의 점유를 배제하고 그 점유를 이전받는 것은 대집행의 대상이 아니다.

해설 ② 「행정절차법」 제3조 제2항, 동법 시행령 제2조 제6호에 의하면 공정거래위원회의 의결 · 결정을 거쳐 행하는 사항에는 「행정절차법」의 적용을 제외하게 되어 있으므로, 설사 공정거래위원회의 시정조치 및 과징금납부명령에 「행정절차법」 소정의 의견청취절차 생략 사유가 존재한다고 하더라도, 공정거래위원회는 「행정절차법」을 적용하여 의견청취절차를 생략할 수는 없다 (대판 2001.5.8. 2000두10212).
① 헌재 2004.2.26. 2001헌바80
③ 대판 1994.10.28. 94누5144
④ 대판 1992.6.12. 91누13564
⑤ 대판 1998.10.23. 97누157

11 행정벌에 관한 설명으로 옳은 것은? (다툼이 있는 경우에는 판례에 의함)

① 명문의 규정이 있는 경우뿐만 아니라 관련 행정형벌 법규의 해석에 의하여 과실행위도 처벌한다는 뜻이 도출되는 경우에는 과실행위에 대해서 행정형벌을 부과할 수 있다.

② 양벌규정에 의한 영업주의 처벌은 금지위반행위자인 종업원의 처벌을 전제로 하는 것이므로 종업원이 무죄인 경우에는 영업주를 처벌할 수 없다.

③ 「도로교통법」상 경찰서장의 통고처분에 대해서는 행정소송을 통하여 불복할 수 있다.

④ 과태료는 행정벌의 일종이므로 그 과벌절차에는 「형사소송법」이 적용된다.

⑤ 과실에 의한 질서위반행위에 대해서는 과태료를 부과할 수 없다.

해설 ① 행정상의 단속을 주안으로 하는 법규라 하더라도 '명문규정이 있거나 해석상 과실범도 벌할 뜻이 명확한 경우'를 제외하고는 형법의 원칙에 따라 '고의'가 있어야 벌할 수 있다(대판 2010.2.11. 2009도9807).
② 양벌규정에 의한 영업주의 처벌은 금지위반행위자인 종업원의 처벌에 종속하는 것이 아니라 독립하여 그 자신의 종업원에 대한 선임감독상의 과실로 인하여 처벌되는 것이므로 종업원의 범죄성립이나 처벌이 영업주 처벌의 전제조건이 될 필요는 없다(대판 1987.11.10. 87도1213, 대판 2006.2.24. 2005도7673).
③ 「도로교통법」에서 규정하는 경찰서장의 통고처분은 행정소송의 대상이 되는 행정처분이 아니므로 그 처분의 취소를 구하는 소송은 부적법하고, 「도로교통법」상의 통고처분을 받은 자가 그 처분에 대하여 이의가 있는 경우에는 통고처분에 따른 범칙금의 납부를 이행하지 아니함으로써 경찰서장의 즉결심판청구에 의하여 법원의 심판을 받을 수 있게 될 뿐이다(대판 1995.6.29. 95누4674).
④ 과태료는 행정벌의 일종이지만 형벌에 해당하는 것이 아니므로 그 과벌절차에는 「형사소송법」이 아니라 「질서위반행위규제법」이 적용된다.
⑤ 고의 또는 과실이 없는 질서위반행위에 대해서는 과태료를 부과하지 아니한다(「질서위반행위규제법」 제7조). 따라서 과실이 있으면 과태료가 부과된다.

12 국가배상제도에 관한 설명으로 옳지 않은 것은? (다툼이 있는 경우에는 판례에 의함)

① 「국가배상법」상 공무원에는 신분상 공무원 외에 널리 공무를 위탁받아 실질적으로 공무에 종사하는 모든 자가 포함된다.

② 국회의 입법작용도 「국가배상법」상 직무행위에 포함된다.

③ 국가배상의 대상이 되는 손해는 적극적 손해인지 소극적 손해인지를 불문하나, 적어도 재산상의 손해이어야 하며 정신적 손해는 포함되지 않는다.

④ 「국가배상법」상 공공의 영조물에는 행정주체가 적법한 권원에 기하여 관리하고 있는 공물뿐 아니라 사실상 관리를 하고 있는 것도 포함된다.

⑤ 영조물의 설치·관리자와 비용부담자가 상이한 경우 비용부담자가 부담하는 책임은 「국가배상법」이 정한 자신의 고유한 배상책임이다.

해설 ③ 국가배상의 대상이 되는 손해는 적극적 손해인지 소극적 손해인지를 불문하며, 재산상의 손해인지 정신적 손해인지도 불문한다.

13 「공익사업을 위한 토지 등의 취득 및 보상에 관한 법률」상 손실보상의 원칙에 관한 설명으로 옳지 않은 것은?

① 공익사업에 필요한 토지 등의 취득 또는 사용으로 인하여 토지소유자나 관계인이 입은 손실은 사업시행자가 보상하여야 한다.

② 손실보상은 개인별로 보상액을 산정할 수 있는 경우에는 토지소유자나 관계인에게 개인별로 하여야 한다.

③ 사업시행자는 동일한 사업지역에 보상 시기를 달리하는 동일인 소유의 토지 등이 여러 개 있는 경우 토지소유자나 관계인이 요구할 때에는 한꺼번에 보상금을 지급하도록 하여야 한다.

④ 보상액의 산정은 협의에 의한 경우에는 협의 성립 당시의 가격을, 재결에 의한 경우에는 수용 또는 사용의 재결 당시의 가격을 기준으로 한다.

⑤ 보상액을 산정할 경우에 해당 공익사업으로 인하여 토지 등의 가격이 변동되었을 때에는 이를 고려한다.

해설 ⑤ 보상액을 산정할 경우에 해당 공익사업으로 인하여 토지 등의 가격이 변동되었을 때에는 이를 고려하지 아니한다(「토지보상법」 제67조 제2항). 그러나 해당 공공사업과는 관계없는 다른 사업의 시행으로 인한 개발이익은 이를 배제하지 아니한 가격으로 평가하여야 한다(대판 1992.2.11. 91누7774).

14 판례에 의할 때 항고소송의 대상이 되는 처분에 해당하지 않는 것은?

① 과세관청의 「부가가치세법」상 사업자등록의 직권말소행위

② 거부처분 이후에 동일한 내용의 신청에 대해 다시 반복된 거부처분

③ 폐기물관리법령상 폐기물처리업 허가 전의 사업계획에 대한 부적정 통보

④ 국가인권위원회의 성희롱 결정 및 시정조치 권고

⑤ 건축주 명의변경신고 수리거부행위

해설 ① 「부가가치세법」상의 사업자등록은 과세관청으로 하여금 부가가치세의 납세의무자를 파악하고 그 과세자료를 확보케 하려는 데 입법취지가 있는 것으로서, 이는 단순한 사업사실의 신고로서 사업자가 소관 세무서장에서 소정의 사업자등록신청서를 제출함으로써 성립되는 것이고, 사업자등록증의 교부는 이와 같은 등록사실을 증명하는 증서의 교부행위에 불과한 것이며, 「부가가치세법」 제5조 제5항에 의하면 사업자가 폐업하거나 또는 신규로 사업을 개시하고자 하여 사업개시일 전에 등록한 후 사실상 사업을 개시하지 아니하게 되는 때에는 과세관청이 직권으로 이를 말소하도록 하고 있는데, 사업자등록의 말소 또한 폐업사실의 기재일 뿐 그에 의하여 사업자로서의 지위에 변동을 가져오는 것이 아니라는 점에서 과세관청의 사업자등록 직권말소행위는 불복의 대상이 되는 행정처분으로 볼 수가 없다(대판 2000.12.22. 99두6903). ②·③·④·⑤ 판례는 모두 처분성을 인정하였다.

15 당사자소송에 관한 설명으로 옳은 것은? (다툼이 있는 경우에는 판례에 의함)

① 당사자소송에는 행정청의 소송 참가가 허용되지 않는다.

② 당사자소송의 피고는 원칙적으로 처분을 행한 행정청이 된다.

③ 지방소방공무원이 소속 지방자치단체를 상대로 초과근무수당의 지급을 구하는 소송은 당사자소송 절차에 따라야 한다.

④ 지방전문직공무원 채용계약의 해지에 대한 불복은 당사자소송이 아니라 항고소송으로 하여야 한다.

⑤ 당사자소송의 제소기간에 대해서는 취소소송의 제소기간에 관한 규정이 준용된다.

해설 ③ 지방자치단체와 그 소속 경력직 공무원인 지방소방공무원 사이의 관계, 즉 지방소방공무원의 근무관계는 사법상의 근로계약관계가 아닌 공법상의 근무관계에 해당하고, 그 근무관계의 주요한 내용 중 하나인 지방소방공무원의 보수에 관한 법률관계는 공법상의 법률관계라고 보아야 한다. 나아가 「지방공무원법」 제44조 제4항, 제45조 제1항이 지방공무원의 보수에 관하여 이른바 근무조건 법정주의를 채택하고 있고, 지방공무원 수당 등에 관한 규정 제15조 내지 제17조가 초과근무수당의 지급 대상, 시간당 지급 액수, 근무시간의 한도, 근무시간의 산정 방식에 관하여 구체적이고 직접적인 규정을 두고 있는 등 관계 법령의 내용, 형식 및 체제 등을 종합하여 보면, 지방소방공무원의 초과근무수당 지급청구권은 법령의 규정에 의하여 직접 그 존부나 범위가 정하여지고 법령에 규정된 수당의 지급요건에 해당하는 경우에는 곧바로 발생한다고 할 것이므로, 지방소방공무원이 자신이 소속된 지방자치단체를 상대로 초과근무수당의 지급을 구하는 청구에 관한 소송은 「행정소송법」 제3조 제2호에 규정된 당사자소송의 절차에 따라야 한다(대판 2013.3.28. 2012다102629).
① 당사자소송에서도 제3자와 관계 행정청의 소송 참가가 인정된다(「행정소송법」 제44조, 제16조, 제17조).
② 당사자소송에서는 국가·공공단체 그 밖의 권리주체가 피고적격을 가진다(「행정소송법」 제39조).
④ 지방전문직공무원 채용계약의 해지에 대한 불복은 항고소송이 아니라 당사자소송으로 하여야 한다(대판 1993.9.14. 92누4611).

⑤ 당사자소송은 원칙적으로 제소기간의 제한이 없다. 다만, 다른 법령에 특별히 제소기간이 규정된 경우에는 그에 의하며, 그 기간은 불변기간으로 한다(「행정소송법」 제41조). 당사자소송의 제소기간에 대해 취소소송의 제소기간에 관한 규정이 준용되는 것이 아니다.

16 「지방자치법」상 주민소송에 관한 설명으로 옳지 않은 것은?

① 감사청구전치주의를 취하고 있다.

② 「행정소송법」상 민중소송에 해당한다.

③ 법인 등 단체는 주민소송을 제기할 당사자 적격이 없다.

④ 피고는 비위를 저지른 공무원이다.

⑤ 원고는 감사청구를 한 주민이면 한 명이라도 가능하다.

해설 ④ 「지방자치법」상 주민소송의 피고는 해당 지방자치단체의 장이다. 즉 '감사청구한 사항과 관련이 있는 위법한 행위나 업무를 게을리한 사실에 대하여 해당 지방자치단체의 장(해당 사항의 사무처리에 관한 권한을 소속 기관의 장에게 위임한 경우에는 그 소속 기관의 장을 말함)을 상대방으로 하여 소송을 제기할 수 있다.'(「지방자치법」 제17조 제1항)
③ 19세 이상의 주민일 것을 요구하므로 맞는 설명이다.

17 공무원관계에 관한 내용으로 옳지 않은 것은? (다툼이 있는 경우에는 판례에 의함)

① 임용 당시 공무원임용결격사유가 있었다면 비록 국가의 과실에 의하여 임용결격자임을 밝혀내지 못하였다 하더라도 그 임용행위는 당연무효이다.

② 직위해제는 「국가공무원법」상 징계에 해당한다.

③ 공무원은 소속 상관이 종교 중립에 위배되는 직무상 명령을 한 경우에는 따르지 아니할 수 있다.

④ 공무원이 한 사직의 의사표시는 의원면직처분이 있고 난 이후에는 철회나 취소를 할 수 없다.

⑤ 임용결격자가 공무원으로 임용되어 사실상 근무하였다 하더라도 「공무원연금법」이나 「근로기준법」 소정의 퇴직금 청구를 할 수 없다.

> **해설** ② 「국가공무원법」상 징계의 종류에는 6가지(견책, 감봉, 정직, 강등, 해임, 파면)가 있으며, 직위해제는 「국가공무원법」상 징계의 종류에는 속하지 않는다. 다만, 현실적으로는 사실상 징계의 역할을 하고 있다.

18 공물의 사용관계에 관한 내용으로 옳지 않은 것은? (다툼이 있는 경우에는 판례에 의함)

① 공공용물에 관하여 적법한 개발행위가 이루어짐으로써 일정 범위의 사람들의 일반사용이 종전에 비하여 제한받게 되었다면 그로 인한 불이익은 일반적으로 손실보상의 대상이 되는 특별한 손실에 해당한다.

② 구체적으로 공물을 사용하지 않고 있는 이상 그 공물의 인접주민이라는 사정만으로는 공물에 대한 고양된 일반사용권이 인정될 수 없다.

③ 하천부지에 대한 점용허가 여부는 관리청의 자유재량에 속하므로 이에 대해서 부관을 붙여 허가할 수 있다.

④ 하천부지의 점용허가를 받은 사람은 그 하천부지를 권원 없이 점유·사용하는 자에 대하여 직접 부당이득의 반환을 구할 수 있다.

⑤ 국유재산의 관리청이 행정재산의 사용·수익 허가를 받은 자에 대하여 하는 사용료 부과는 행정처분이다.

> **해설** ① 일반공중의 이용에 제공되는 공공용물(예 도로·공원·해변의 백사장)에 대하여 특허 또는 허가를 받지 않고 하는 일반사용은 다른 개인의 자유이용과 국가 또는 지방자치단체 등의 공공목적을 위한 개발 또는 관리·보존행위를 방해하지 않는 범위 내에서만 허용된다 할 것이므로, 공공용물에 관하여 적법한 개발행위 등이 이루어짐으로 말미암아 이에 대한 일정 범위의 사람들의 일반사용이 종전에 비하여 제한받게 되었다 하더라도 특별한 사정이 없는 한 그로 인한 불이익은 손실보상의 대상이 되는 특별한 손실에 해당한다고 할 수 없다(대판 2002.2.26. 99다35300).

19 「국유재산법」상 행정재산에 해당하지 않는 것은?

① 공용재산 ② 일반재산

③ 공공용재산 ④ 기업용재산

⑤ 보존용재산

해설 ② 「국유재산법」 제6조(국유재산의 구분과 종류)
제1항 국유재산은 그 용도에 따라 행정재산과 일반재산으로 구분한다.
제2항 행정재산의 종류는 다음 각 호와 같다.
1. 공용재산: 국가가 직접 사무용·사업용 또는 공무원의 주거용(직무 수행을 위하여 필요한 경우로서 대통령령으로 정하는 경우로 한정한다)으로 사용하거나 대통령령으로 정하는 기한까지 사용하기로 결정한 재산
2. 공공용재산: 국가가 직접 공공용으로 사용하거나 대통령령으로 정하는 기한까지 사용하기로 결정한 재산
3. 기업용재산: 정부기업이 직접 사무용·사업용 또는 그 기업에 종사하는 직원의 주거용(직무 수행을 위하여 필요한 경우로서 대통령령으로 정하는 경우로 한정한다)으로 사용하거나 대통령령으로 정하는 기한까지 사용하기로 결정한 재산
4. 보존용재산: 법령이나 그 밖의 필요에 따라 국가가 보존하는 재산
제3항 '일반재산'이란 행정재산 외의 모든 국유재산을 말한다.

20 「공익사업을 위한 토지 등의 취득 및 보상에 관한 법률」에 따른 토지수용에 대한 이의신청 및 행정소송에 관한 설명으로 옳지 않은 것은? (다툼이 있는 경우에는 판례에 의함)

① 이의신청은 행정심판으로서의 성질을 가지며, 이에 관한 규정은 「행정심판법」에 대한 특별규정이다.

② 수용재결에 불복하여 취소소송을 제기하는 때에는 이의신청을 거친 경우에도 수용재결의 취소를 구하여야 한다.

③ 보상금증감청구소송은 공법상 당사자소송에 해당한다.

④ 보상금증감청구소송을 제기하는 자가 토지소유자일 때에는 사업시행자를 피고로 한다.

⑤ 수용재결에 대한 행정소송이 제기되면 사업의 진행 및 토지의 수용 또는 사용은 정지된다.

해설 ⑤ 「토지보상법」 제88조(처분효력의 부정지) 제83조에 따른 이의의 신청이나 제85조에 따른 행정소송의 제기는 사업의 진행 및 토지의 수용 또는 사용을 정지시키지 아니한다.
② 원처분주의 원칙에 따라 그러하다(판례).

제3회 행정사 행정법

[2015. 6. 20. 실시]

01 행정법의 대상이 되는 행정에 관한 설명으로 옳지 않은 것은?

① 「헌법」의 구체화법인 행정법의 대상으로서 행정은 권력분립원리에 따라 확립된 개념이다.

② 행정의 목표로서 공익의 개념은 명백한 것이기 때문에 공익의 개념은 시간의 흐름에 따라 변하지 않는 고정적인 것이다.

③ 우리나라의 경우 대통령의 통치행위를 판례에서 인정한 바 있다.

④ 행정을 공법상 행정과 사법상 행정으로 구분하는 주된 실익은 양자에 적용되는 실체법이 다르고, 권리구제 방식 등이 다르기 때문이다.

⑤ 급부행정은 공법적인 방식 외에 사법적인 방식으로도 이루어진다.

> **해설** ② 공동체의 이익인 공익은 시간의 흐름에 따라 변하는 것이고 고정적인 것이 아니다. 따라서 공익이라는 개념은 명백하게 정의할 수 없다.

02 행정법의 효력에 관한 설명으로 옳은 것은? (다툼이 있으면 판례에 따름)

① 대통령령, 총리령 및 부령은 특별한 규정이 없으면 공포한 날부터 15일이 경과함으로써 효력을 발생한다.

② 법령은 지역적으로 대한민국의 영토전역에 걸쳐 효력을 가지는 것이 원칙이나 예외적으로 일부지역에만 적용될 수 있다.

③ 일반국민의 이해에 직접 관계가 없는 경우 등 특별한 사정이 있는 경우라도 법령의 소급적용은 허용되지 아니한다.

④ 인·허가신청 후 처분 전에 관계법령이 개정 시행된 경우, 행정행위는 신청 당시에 시행 중인 법령과 허가기준에 의하여 하는 것이 원칙이다.

⑤ 법령은 대한민국의 영토 내에 있는 모든 사람에게 적용되는 것이 원칙이므로 외국인에 대하여 특칙을 두거나 상호주의가 적용될 수 없다.

> **해설** ② 법령의 지역적 효력은 원칙적 대한민국 영토범위 내 어디에나 효력이 미친다. 다만 예외적으로 일부지역에 국한한 법령이 있을 수 있다.
> ① 대통령령, 총리령 및 부령은 특별한 규정이 없으면 공포한 날부터 20일이 경과함으로써 효력을 발생한다.
> ③ 소급입법은 원칙적으로 허용되지 않지만 일반국민의 이해관계에 직접적 관계가 없거나 중대한 공익상 소급입법을 정당화하는 사유가 있는 경우 예외적으로 허용된다.
> ④ 인·허가 처분의 근거법령이 개정된 경우 특별한 사정이 없는 한 처분은 신청 당시의 법령이 아닌 인·허가처분 시에 시행 중인 법령과 허가기준에 의하여 하는 것이 원칙이다.
> ⑤ 법령은 대한민국의 영토 내에 있는 모든 사람에게 적용되는 것이 원칙이므로 국내의 외국인도 적용을 받는다. 다만 외국인에 대하여 특칙을 두거나 상호주의를 규정할 수 있다.

03 「행정절차법」상 행정상 입법예고에 관한 내용으로 옳은 것을 모두 고른 것은?

> ⊙ 입법예고의 기준·절차 등에 관하여 필요한 사항은 대통령령으로 정한다.
> ⓒ 입법내용이 국민의 권리·의무 또는 일상생활과 관련이 없는 경우에도 예고를 하여야 한다.
> ⓒ 입법예고기간은 예고할 때 정하되, 특별한 사정이 없으면 40일(자치법규는 20일) 이상으로 한다.
> ② 행정청은 예고된 입법안의 전문에 대한 열람 또는 복사를 요청받았을 때에는 특별한 사유가 없으면 그 요청에 따라야 한다.

① ㉠, ㉡   ② ㉡, ㉢
③ ㉢, ㉣   ④ ㉠, ㉢, ㉣
⑤ ㉡, ㉢, ㉣

해설 ㉠ [○] 「행정절차법」 제41조 제5항
㉢ [○] 「행정절차법」 제43조
㉣ [○] 「행정절차법」 제41조 제5항
㉡ [×] 입법내용이 국민의 권리·의무 또는 일상생활과 관련이 없는 경우는 예고를 하지 않을 수 있다(「행정절차법」 제41조 제1항).

04 우리나라의 「행정절차법」상 규정되어 있지 않은 것은?

① 행정상 입법예고
② 신고
③ 행정계획
④ 행정예고
⑤ 행정지도

해설 ③ 「행정절차법」은 처분, 신고, 입법예고, 행정예고, 행정지도의 절차에 관하여만 규정하고 있다. 행정계획의 수립 및 확정에 관한 일반절차가 규정되어 있지 않다.

05 행정지도에 관한 설명으로 옳지 않은 것은? (다툼이 있으면 판례에 따름)

① 행정지도의 상대방은 해당 행정지도의 방식·내용 등에 관하여 행정기관에 의견 제출을 할 수 있다.
② 행정기관은 행정지도의 상대방이 행정지도에 따르지 아니하였다는 것을 이유로 불이익한 조치를 하여서는 안 된다.
③ 행정지도는 일정한 법적 효과의 발생을 목적으로 하는 처분이다.
④ 법치주의의 붕괴, 책임소재의 불분명으로 인한 책임행정의 이탈 등은 행정지도의 문제점에 해당된다.
⑤ 주무부처 장관의 대학총장들에 대한 학칙시정요구는 규제적·구속적 성격이 강하기 때문에 헌법소원의 대상이 된다.

해설 ③ 행정지도는 행정기관이 그 소관사무의 범위 안에서 일정한 행정목적을 실현하기 위하여 일정한 행위를 하거나 아니하도록 지도·권고·조언 등을 하는 비권력적 사실행위이다. 지도의 상대방에게 권리를 제한하거나 의무를 직접적으로 부담시키는 행위가 아니므로 처분에 해당하지 않는 것이 원칙이다.
① 「행정절차법」 제50조
② 「행정절차법」 제48조 제2항
⑤ 교육부 장관의 대학총장들에 대한 학칙시정요구는 그에 따르지 않을 경우 일정한 불이익조치를 예정하고 있어 사실상 상대방에게 그에 따를 의무를 부과하는 것과 다를 바 없으므로 헌법소원의 대상이 되는 공권력의 행사라는 것이 헌법재판소의 입장이다.

06 허가에 관한 설명으로 옳은 것은? (다툼이 있으면 판례에 따름)

① 허가권자는 중대한 공익상의 필요가 없는데도 관계 법령에서 정한 제한사유 이외의 사유를 들어 적법한 건축허가 신청을 거부할 수 없다.

② 허가는 반드시 신청을 전제로 한다.

③ 허가의 취소사유가 발생하면 취소가 가능하지만 일부취소는 불가능하다.

④ 허가가 있으면 당해 허가의 대상이 된 행위에 대한 금지가 해제될 뿐만 아니라 타법에 의한 금지까지 해제된다.

⑤ 인·허가의제 효과를 수반하는 건축신고는 수리를 요하는 신고에 해당하지 않는다.

> **해설** ① 건축허가는 기속행위이므로 관계 법령에서 정한 제한사유 이외의 사유를 들어 요건을 갖춘 자에 대한 허가를 거부할 수는 없다. 중대한 공익상의 필요가 있는 경우 예외를 인정할 수는 있다.
> ② 허가는 보통 신청에 의해 행해지지만 신청 없이 행해지는 허가도 가능하다(예) 주차금지구역 해제).
> ③ 취소대상인 허가가 가분적(加分的)이거나 허가대상의 일부만 특정될 수 있는 경우에는 일부취소도 가능하다.
> ④ 허가가 있으면 특별한 규정이 없는 한 당해 허가의 대상이 된 행위에 대한 금지만 해제될 뿐 타법에 의한 금지까지 해제되는 것은 아니다.
> ⑤ 인·허가의제 효과를 수반하는 건축신고는 수리를 요하는 신고에 해당한다.

07 행정규칙에 관한 설명으로 옳지 않은 것은? (다툼이 있으면 판례에 따름)

① 행정규칙은 원칙적으로 대외적 구속력이 없다.

② 재량준칙이 되풀이 시행되어 행정관행이 성립한 경우 당해 재량준칙에 자기구속력을 인정한다.

③ 행정규칙의 제정에는 법령의 수권을 요하지 않는다.

④ 행정규칙에서 정한 요건을 충족하지 않으면 그 처분은 절차상의 하자로 위법한 처분이 된다.

⑤ 행정규칙은 대외적인 행위가 아니라 행정조직 내부에서의 행위이므로 원칙상 헌법소원의 대상이 되는 공권력 행사가 아니다.

> **해설** ④ 행정규칙은 행정부 내부에만 적용되는 내부규범이므로 대외적으로는 구속력이 발생하지 않는다. 따라서 행정규칙에서 정한 절차를 위반한 처분이 행해진 경우에도, 이는 조직 내부에서 해당 공무원에 대한 징계사유가 될 수는 있어도 그것만으로 절차상 위법한 처분이 되는 것은 아니다.

08 대집행에 관한 설명으로 옳지 않은 것은? (다툼이 있으면 판례에 따름)

① 행정대집행에 있어서 1차 계고에 이어 2차 계고를 행한 경우, 2차 계고는 새로운 행정처분이다.

② 대집행영장에 의한 통지는 비상시 등 그 절차를 취할 여유가 없는 경우 당해 수속을 거치지 아니하고 대집행을 할 수 있다.

③ 대집행을 실시하기 위하여 지출한 비용은 「국세징수법」의 예에 의하여 징수할 수 있다.

④ 행정상 의무이행확보수단으로 행정대집행의 절차가 인정되는 경우에는 따로 민사소송의 방법으로 의무이행을 구할 수는 없다.

⑤ 비대체적 부작위의무를 대상으로 하는 행정대집행명령은 위법하다.

해설 ① 반복된 계고는 1차 계고만이 처분성이 인정되고 2차·3차 계고는 항고소송의 대상이 되는 처분이 아니라는 것이 판례의 태도이다.
② 「행정대집행법」 제3조 제3항
③ 「행정대집행법」 제6조 제1항
④ 대판 2000.5.12. 99다18909
⑤ 대판 1998.10.2. 96누5445

09 공공기관의 정보공개에 관한 법령상 정보공개에 관한 설명으로 옳은 것은? (다툼이 있으면 판례에 따름)

① 공개청구의 대상이 되는 정보는 그 문서가 반드시 원본이어야 한다.

② 권리능력 없는 사단은 정보공개청구권자에 해당하지 않는다.

③ 정보공개청구제도는 행정의 투명성과 적법성을 위한 것이므로 국민의 정보공개청구는 권리의 남용에 해당할 여지가 없다.

④ 외국인은 정보공개청구권이 인정되지 않는다.

⑤ 공공기관이 그 정보를 보유·관리하고 있지 아니한 경우에는 특별한 사정이 없는 한 정보공개거부처분의 취소를 구할 법률상의 이익이 없다.

해설 ⑤ 공개의무의 대상정보는 공공기관이 보유·관리하는 정보이고 보유·관리하고 있지 않은 정보는 공공기관이 공개의무가 없으므로 정보공개청구의 거부를 다툴 법률상 이익이 인정되지 않는다(대판 2014.6.12. 2013두4309).
① 공개청구의 대상이 되는 문서는 그 문서가 반드시 원본이어야 하는 것은 아니고 사본으로 공개하는 것도 가능하다는 것이 판례이다.
② 정보공개청구권을 갖는 모든 국민에는 자연인은 물론 법인, 권리능력 없는 사단·재단도 포함되고, 법인, 권리능력 없는 사단·재단 등의 경우에는 설립목적을 불문한다는 것이 판례의 태도이다.
③ 실제 해당 정보를 취득 또는 활용할 의사가 전혀 없이 정보공개 제도를 이용하여 사회통념상 용인될 수 없는 부당한 이득을 얻으려 하거나, 오로지 공공기관의 담당공무원을 괴롭힐 목적으로 정보공개청구를 하는 경우처럼 권리의 남용에 해당하는 것이 명백한 경우에는 정보공개청구가 권리남용이 될 수 있다.
④ 외국인도 대통령령으로 정하는 바에 따라 정보공개청구권을 갖는다.

10 행정계획에 관한 설명으로 옳지 않은 것은? (다툼이 있으면 판례에 따름)

① 행정청이 이미 도시계획이 결정·고시된 지역에 대하여 다른 도시계획을 결정·고시한 경우, 특별한 사정이 없는 한 선행 도시계획은 후행 도시계획과 같은 내용으로 적법하게 변경되었다고 할 것이다.

② 행정주체가 행정계획을 입안·결정하는 데에는 광범위한 계획재량을 가지더라도, 행정계획에 관련된 자들의 이익을 공익 상호 간과 사익 상호 간까지 비교·교량하여야 할 필요는 없다.

③ 국토이용계획은 계획의 확정 후에 어떤 사정의 변동이 있다고 하여 지역주민이나 일반 이해관계인에게 일일이 그 계획의 변경을 신청할 권리를 인정하여 줄 수 없음이 원칙이다.

④ 도시계획구역 내 토지 등을 소유하고 있는 주민은 입안권자에게 도시계획입안을 요구할 수 있는 법규상 또는 조리상의 신청권이 있다.

⑤ 택지개발 예정지구 지정처분은 광범위한 재량행위라고 할 것이므로 그 재량권의 일탈·남용이 없는 이상 그 처분을 위법하다고 할 수 없다.

해설 ② 행정주체는 구체적인 행정계획을 입안·결정함에 있어서 비교적 광범위한 형성의 자유를 가진다고 할 것이지만, 행정주체가 가지는 이와 같은 형성의 자유는 무제한적인 것이 아니라 그 행정계획에 관련되는 자들의 이익을 공익과 사익 사이에서는 물론이고 공익 상호간과 사익 상호 간에도 정당하게 비교·교량하여야 한다는 제한이 있다(대판 1996.11.29. 96누8567).

11 행정심판에 관한 설명으로 옳지 않은 것은? (다툼이 있으면 판례에 따름)

① 처분의 취소를 구하는 취지의 처분청에 대한 진정서 제출은 「행정심판법」 소정의 행정심판청구가 될 수 있다.

② 고시 또는 공고에 의하여 행정처분을 하는 경우, 행정심판 청구기간의 기산일은 고시 또는 공고의 효력발생일이다.

③ 행정심판에 있어서 행정심판위원회는 재결 당시까지 제출된 모든 자료를 종합하여 행정처분의 위법·부당 여부를 판단할 수 있다.

④ 형성적 재결이 있는 경우에는 그 대상이 된 행정처분은 재결 자체에 의하여 당연히 취소되어 소멸된다.

⑤ 「행정심판법」상 재결의 기속력은 당해 처분에 관하여 재결주문 및 그 전제가 된 요건사실의 인정과 판단뿐만 아니라 이와 직접 관계가 없는 다른 처분에 대하여도 미친다.

해설 ⑤ 재결의 기속력은 당해 처분에 관하여 재결주문 및 그 전제가 된 요건사실의 인정과 판단에만 미치고 이와 직접 관계가 없는 간접적인 사실관계나 다른 처분에 대하여는 미치지 않는다.
① 서면의 제목이 진정서 등으로 되어 있더라도 그 내용이 처분의 시정을 구하는 취지인 경우 이를 행정심판청구로 인정하는 것이 판례이다.
② 고시 또는 공고에 의하여 행정처분을 하는 경우, 행정심판 청구기간의 기산일은 처분에 이해관계를 갖는 자가 고시 또는 공고가 있었다는 사실을 현실적으로 알았는지 여부에 관계없이 고시가 효력발생하는 날 처분이 있음을 알았다고 보아야 한다는 것이 판례이다.
③ 재결 당시까지 제출된 모든 자료를 종합하여 판단할 수 있다.

12 행정조사에 관한 설명으로 옳지 않은 것은? (다툼이 있으면 판례에 따름)

① 행정기관의 장은 법령 등에서 규정하고 있는 조사사항을 조사대상자로 하여금 스스로 신고하도록 하는 제도를 운영할 수 있다.

② 행정조사는 법령 등의 위반에 대한 처벌보다는 법령 등을 준수하도록 유도하는 데 중점을 두어야 한다.

③ 행정기관은 유사하거나 동일한 사안에 대하여는 공동조사 등을 실시함으로써 행정조사가 중복되지 아니하도록 하여야 한다.

④ 조사대상자의 자발적인 협조를 얻어 행정조사를 실시하고자 하는 경우 조사대상자는 당해 행정조사를 거부할 수 있다.

⑤ 세무조사결정은 납세의무자의 권리·의무에 직접 영향을 미치는 공권력의 행사에 따른 행정작용이 아니므로 항고소송의 대상이 될 수 없다.

해설 ⑤ 부과처분을 위한 과세관청의 질문조사권이 행해지는 세무조사결정이 있는 경우 납세의무자는 세무공무원의 과세자료 수집을 위한 질문에 대답하고 검사를 수인하여야 할 법적 의무를 부담하게 되는 점 등을 종합하면, 세무조사결정은 납세의무자의 권리·의무에 직접 영향을 미치는 공권력의 행사에 따른 행정작용으로서 항고소송의 대상이 된다(대판 2011.3.10. 2009두23617).

13 행정소송제도에 관한 설명으로 옳은 것은? (다툼이 있으면 판례에 따름)

① 판례는 예방적 부작위청구소송(예방적 금지소송)을 인정한다.

② 주민소송은 주관적 소송에 해당한다.

③ 현행 「행정소송법」은 취소소송중심주의를 규정하고 있다.

④ 행정처분에 대한 무효확인청구와 취소청구는 선택적 청구로서의 병합은 허용된다.

⑤ 당사자소송의 인정에 있어서는 개별법의 근거가 필요하다.

해설 ③ 현행 「행정소송법」은 행정소송의 종류에 관하여 정하고 그중 취소소송에 관하여 상세히 규정을 둔 후 이를 무효등확인소송이나 부작위법확인소송 등에 준용하도록 하는 방식을 취함으로써 취소소송중심으로 규정하고 있다.
① 판례는 「행정소송법」에 규정되어 있지 않은 예방적 부작위청구소송과 같은 무명항고소송을 일체 인정하지 않는다.
② 「지방자치법」상 주민소송은 행정의 적법성 확보라는 공익목적을 위한 객관적 소송에 해당한다.
④ 행정처분에 대한 무효확인청구와 취소청구는 서로 양립할 수 없는 청구로서 선택적 청구로서의 병합이나 단순병합은 허용되지 않고 주위적·예비적 청구로서의 병합만 허용된다는 것이 판례이다.
⑤ 당사자소송은 개별법에 규정이 없더라도 「행정소송법」상 인정되는 것으로 허용된다.

14 「행정소송법」상 집행정지에 관한 설명으로 옳은 것은?

① 집행정지의 결정 또는 기각의 결정에 대하여는 즉시항고할 수 없다.

② 집행정지는 공공복리에 중대한 영향을 미칠 우려가 있을 때에도 허용된다.

③ 취소소송의 제기는 처분 등의 효력이나 그 집행 또는 절차의 속행에 영향을 준다.

④ 처분의 효력정지는 처분 등의 집행 또는 절차의 속행을 정지함으로써 목적을 달성할 수 있는 경우에는 허용되지 않는다.

⑤ 긴급한 필요가 있다고 인정할 때에는 본안이 계속되고 있는 법원은 직권에 의하여 처분 등의 효력의 전부 또는 일부의 정지를 결정할 수 없다.

해설 ④ 「행정소송법」 제23조 제2항 단서
① 집행정지의 결정 또는 기각의 결정에 대하여는 즉시항고할 수 있다(「행정소송법」 제23조 제5항).
② 집행정지는 공공복리에 중대한 영향을 미칠 우려가 있을 때에는 허용되지 아니한다(「행정소송법」 제23조 제3항).
③ 취소소송의 제기는 처분 등의 효력이나 그 집행 또는 절차의 속행에 영향을 주지 아니한다. 이를 '집행부정지원칙'이라 한다(「행정소송법」 제23조 제1항).
⑤ 법원은 당사자의 신청 또는 직권에 의하여 집행정지를 결정할 수 있다(「행정소송법」 제23조 제2항).

15 지방의회에 관한 설명으로 옳지 않은 것은? (다툼이 있으면 판례에 따름)

① 지방의회는 지방자치단체의 구성부분으로 「헌법」이 인정하는 기관이다.

② 지방의회의 사무직원은 지방자치단체장의 추천에 의하여 의장이 임명한다.

③ 지방의회의 회의는 공개가 원칙이지만 의원 3명 이상의 발의로 출석의원 3분의 2 이상이 찬성한 경우에는 공개하지 않을 수 있다.

④ 체포 또는 구금된 지방의회의원이 있으면 관계 수사기관의 장은 지체 없이 해당 의장에게 영장의 사본을 첨부하여 그 사실을 알려야 한다.

⑤ 지방의회는 그 지방자치단체의 사무에 대하여 행정사무 감사권 및 조사권을 갖는다.

해설 ② 지방의회의 사무직원은 지방의회의 의장의 추천에 따라 그 지방자치단체의 장이 임명한다. 다만, 지방자치단체의 장은 사무직원 중 별정직공무원·임기제공무·대통령령으로 정하는 일반직공무원에 대한 임용권은 지방의회 사무처장·사무국장·사무과장에게 위임하여야 한다(「지방자치법」 제91조 제2항).
① 「헌법」 제118조
③ 「지방자치법」 제65조 제1항
④ 「지방자치법」 제37조
⑤ 「지방자치법」 제41조

16 지방자치단체의 사무에 관한 설명으로 옳은 것을 모두 고른 것은? (다툼이 있으면 판례에 따름)

> ㉠ 지방의회는 집행기관의 고유권한에 속하는 사항의 행사에 관하여 견제의 범위 내에서 소극적·사후적으로 개입할 수 있을 뿐만 아니라 사전에 적극적으로 개입할 수 있다.
> ㉡ 지방의회는 자치사무에 관하여 법률에 특별한 규정이 없는 한 조례로써 위와 같은 지방자치단체장의 고유권한을 침해하지 않는 범위 내에서 조례를 제정할 수 있다.
> ㉢ 지방의회는 지방자치단체 및 그 장이 위임받아 처리하는 국가사무와 시·도의 사무에 대하여 국회와 시·도의회가 직접 감사하기로 한 사무도 감사할 수 있다.
> ㉣ 국가사무가 지방자치단체의 장에게 위임된 기관위임사무는 원칙적으로 자치조례의 제정범위에 속하지 않는다.

① ㉠, ㉡   ② ㉠, ㉣
③ ㉡, ㉢   ④ ㉡, ㉣
⑤ ㉢, ㉣

해설 ④ 옳은 지문 ㉡·㉣
㉠ [×] 지방의회는 집행기관의 고유권한에 속하는 사항의 행사에 관하여 견제의 범위 내에서 소극적·사후적으로 개입할 수 있을 뿐 사전에 적극적으로 개입할 수는 없다는 것이 판례이다.
㉢ [×] 지방의회는 위임사무에 대하여 국회와 시·도의회가 직접 감사하기로 한 사무는 감사할 수 없다(「지방자치법」 제41조 제3항).

17 공용부담 및 공용수용에 관한 설명으로 옳지 않은 것은? (다툼이 있으면 판례에 따름)

① 공용수용은 당사자와의 협력을 기반으로 하기 때문에 최소침해의 원칙이 적용되지 않는다.
② 공용부담이라 함은 일정한 공공복리를 적극적으로 증진하기 위하여 개인에게 부과되는 공법상의 경제적 부담을 말한다.
③ 판례는 공익사업을 위한 토지 등의 취득 및 보상에 관한 법령에 의한 협의취득을 사법상의 법률행위로 본다.
④ 공용수용에 있어서 사업인정고시가 된 후 권리의 변동이 있을 때에는 그 권리를 승계한 자가 보상금 또는 공탁금을 받는다.
⑤ 헌법재판소는 환매권을 「헌법」상의 재산권 보장으로부터 도출되는 것으로 보고 있다.

해설 ① 공용수용은 공익사업을 위하여 타인의 특정한 재산권을 법률의 힘에 의하여 강제적으로 취득하는 것이므로 수용할 목적물의 범위는 원칙적으로 사업을 위하여 필요한 최소한도에 그쳐야 한다(대판 1987.9.8. 87누395, 1994.1.11., 93누8108, 2005.11.10. 2003두7507).

18 경찰권발동의 조리상 한계에 해당하지 않는 것은?

① 사주소불가침의 원칙
② 경찰비례의 원칙
③ 경찰공공의 원칙
④ 경찰평등의 원칙
⑤ 경찰적극목적의 원칙

해설 ⑤ 경찰권발동의 일반원칙에는 경찰비례의 원칙, 경찰공공의 원칙(사생활불가침, 사주소불가침, 민사관계불간섭), 경찰평등의 원칙, 경찰책임의 원칙, 경찰소극의 원칙 등이 있다. 경찰권은 사회질서의 유지와 회복이라는 소극적 목적을 위해서만 발동될 수 있고 공공복리 증진과 같은 적극적인 목적을 위해서는 발동할 수 없다. 이를 경찰소극목적의 원칙이라고 한다.

19 공물에 관한 설명으로 옳은 것은? (다툼이 있으면 판례에 따름)

① 지방자치단체가 법령상의 의무에 위반하여 국가가 관리하는 자연공물인 바닷가를 매립함과 동시에 준공인가신청 및 준공인가를 하여 지방자치단체에 귀속시키더라도 불법이 아니다.

② 도로점용의 허가는 특정인에게 일정한 내용의 공물사용권을 설정하는 설권행위에 해당하지 않는다.

③ 공유수면의 일부가 사실상 매립되어 대지화되었다 하더라도 공용폐지를 하지 아니하였다면 법률상으로는 여전히 공유수면으로서의 성질을 보유하고 있다고 볼 수 있다.

④ 행정재산은 사법상 거래의 대상이 되지 아니하는 불융통물이지만 관재 당국이 이를 모르고 매각하였다면 그 매매는 유효하다.

⑤ 하천의 점용허가권은 특허에 의한 공물사용권의 일종으로 일정한 특별사용을 청구할 수 있는 대세적 효력이 있는 물권이다.

해설 ③ 공유수면은 소위 자연공물로서 그 자체가 직접 공공의 사용에 제공되는 것이므로 공유수면의 일부가 사실상 매립되어 대지화되었다고 하더라도 국가가 공유수면으로서의 공용폐지를 하지 아니하는 이상 법률상으로는 여전히 공유수면으로서의 성질을 보유하고 있다(대판 2013.6.13. 2012두2764).

① 자연공물인 바닷가의 관리권자이자 매립공사의 준공인가에 의하여 바닷가 매립지에 대한 소유권을 취득할 지위에 있는 국가에 대한 불법행위가 될 수 있다(대판 2014.5.29. 2011다35258).

②·⑤ 도로점용의 허가나 하천의 점용허가는 특정인에게 일정한 내용의 공물사용권을 설정하는 설권행위(특허)에 해당하며, 도로나 하천의 점용허가권은 특허에 의한 공물사용권의 일종으로 일정한 특별사용을 청구할 수 있는 공법상 채권에 불과하고 대세적 효력이 있는 물권은 아니라는 것이 판례이다.

④ 행정재산은 사법상 거래의 대상이 되지 않으므로 관재 당국이 착오로 매각하였다 하더라도 이는 무효라는 것이 판례이다.

20 「행정규제기본법」에서 규정하고 있는 내용이 아닌 것은?

① 규제 옴부즈만 제도
② 규제법정주의
③ 규제영향분석
④ 규제의 등록
⑤ 규제심사제도

해설 ① 「행정규제기본법」은 규제법정주의(제4조), 규제의 등록 및 공표(제6조), 규제영향분석 및 자체심사(제7조), 규제의 존속기한 및 재검토기한 명시(제8조), 규제개혁위원회에 의한 심사(제10조~제18조) 등을 규정하고 있으나, 규제 옴부즈만 제도에 관하여는 규정을 두고 있지 않다.

Answer

01. ②	02. ②	03. ④	04. ③	05. ③	06. ①	07. ④	08. ①	09. ⑤	10. ②
11. ⑤	12. ⑤	13. ③	14. ④	15. ②	16. ④	17. ①	18. ⑤	19. ③	20. ①

제4회 행정사 행정법

[2016. 6. 11. 실시]

01 행정법의 법원(法源)에 관한 설명으로 옳지 않은 것은? (다툼이 있으면 판례에 따름)

① 행정법의 일반원칙은 법원의 성격을 갖는다.

② 행정법에는 「헌법」, 「민법」, 「형법」과 같은 단일 법전(法典)이 없다.

③ 위법한 행정처분이라 하더라도 수차례에 걸쳐 반복적으로 행해져 행정관행이 되었다면 행정청에 대하여 자기구속력을 갖는다.

④ 대법원의 판례가 법률해석의 일반적인 기준을 제시하였어도 사안이 서로 다른 사건을 재판하는 하급심법원을 직접 기속하는 것은 아니다.

⑤ '남북 사이의 화해와 불가침 및 교류협력에 관한 합의서'는 국가 간 맺은 조약이 아니므로 국내법과 동일한 효력을 가지는 것은 아니다.

해설 ③ 위법한 행정처분이 수차례에 걸쳐 반복적으로 행하여졌다 하더라도 그러한 처분이 위법한 것인 때에는 행정청에 대하여 자기구속력을 갖게 된다고 할 수 없다 (대판 2009.6.25. 2008두13132).
④ 대판 1996.10.25. 96다31307
⑤ 대판 1999.7.23. 98두14525

02 다음은 「법령 등 공포에 관한 법률」상의 시행일에 관한 내용이다. ( ) 안에 들어갈 숫자로 옳은 것은?

> 대통령령, 총리령 및 부령은 특별한 규정이 없으면 공포한 날부터 (   )일이 경과함으로써 효력을 발생한다.

① 10 　　　　② 14

③ 15 　　　　④ 20

⑤ 30

해설 ④ 대통령령, 총리령 및 부령은 특별한 규정이 없으면 공포한 날부터 20일이 경과함으로써 효력을 발생한다 (「법령 등 공포에 관한 법률」 제13조).

03 사인(私人)의 공법행위로서 신고에 관한 설명으로 옳지 않은 것은? (다툼이 있으면 판례에 따름)

① 법령상 신고사항이 아닌 신고를 수리한 경우, 그 수리는 항고소송의 대상이 되지 않는다.

② 행정청은 필요한 서류가 첨부되어 있지 않은 신고서가 제출된 경우에는 지체 없이 상당한 기간을 정하여 신고인에게 보완을 요구하여야 한다.

③ 법상 금지되어 있는 행위를 해제시키는 기능을 갖는 신고의 경우 그 신고 없이 한 행위는 위법하다.

④ 「건축법」에 따른 착공신고가 반려되었음에도 당해 건축물의 착공을 개시하면 시정명령, 이행강제금, 벌금 등의 대상이 될 우려가 있으므로 행정청의 착공신고 반려행위는 항고소송의 대상이 된다.

⑤ 적법한 요건을 갖추어 당구장업 영업신고를 한 경우 행정청이 그 신고에 대한 수리를 거부하였음에도 영업을 하면 무신고 영업이 된다.

해설 ⑤ 당구장업은 수리를 요하지 않는 신고(자기완결적 신고)사항이므로, 적법한 요건을 갖춘 신고의 경우에는 행정청의 수리처분 등 별단의 조처를 기다릴 필요 없이 그 접수 시에 신고로서의 효력이 발생하는 것이므로 그 수리가 거부되었다고 하여 무신고 영업이 되는 것은 아니다(대판 1998.4.24. 97도3121).
① 대판 2000.12.22. 99두455
② 「행정절차법」 제40조 제3항
④ 대판 2011.6.10. 2010두7321

04 행정입법에 관한 설명으로 옳은 것은? (다툼이 있으면 판례에 따름)

① 법률의 위임에 의해 효력을 갖게 된 법규명령이 법률의 개정으로 위임의 근거가 없어지게 되면 소급하여 무효인 법규명령이 된다.

② 감사원규칙은 총리령·부령과 마찬가지로 「헌법」에 명시적 근거가 있으므로 법규명령으로서의 효력을 갖는다.

③ 고시는 그 내용에 따라 법규명령 또는 행정규칙에 해당할 수도 있고 행정처분에 해당할 수도 있다.

④ 명령·규칙이 「헌법」에 위반되는 여부가 재판의 전제가 된 경우에 대법원은 이를 최종적으로 심사할 수 없다.

⑤ 조례에 대한 법률의 위임은 반드시 구체적으로 범위를 정해서만 할 수 있으며 포괄적 위임은 허용되지 않는다.

해설 ③ 어떠한 고시가 일반적·추상적 성격을 가질 때에는 법규명령 또는 행정규칙에 해당할 것이지만, 다른 집행행위의 매개 없이 그 자체로서 직접 국민의 구체적인 권리의무나 법률관계를 규율하는 성격을 가질 때에는 항고소송의 대상이 되는 행정처분에 해당한다(대결 2003.10.9. 2003무23).
① 법률의 위임에 의해 효력을 갖게 된 법규명령이 법률의 개정으로 위임의 근거가 없어지게 되면 그때부터 무효인 법규명령이 된다(대판 1995.6.30. 93추83).
② 감사원규칙은 총리령·부령과 달리 「헌법」에 명시적 근거가 없어 그 효력에 대해 법규명령설과 행정규칙설의 대립이 있으나 다수설은 법규명령의 효력을 갖는다고 본다.
④ 명령·규칙이 「헌법」이나 법률에 위반되는 여부가 재판의 전제가 된 경우에는 대법원은 이를 최종적으로 심사할 권한을 가진다(「헌법」 제107조 제2항).
⑤ 조례에 대한 법률의 위임은 법규명령에 대한 법률의 위임과 같이 반드시 구체적으로 범위를 정하여 할 필요가 없으며 포괄적인 것으로 족하다(헌재 1995.4.20. 92헌마264).

05 강학상 인가에 해당하는 것은? (다툼이 있으면 판례에 따름)

① 공유수면 매립면허
② 재단법인 정관변경허가
③ 하천점용허가
④ 어업면허
⑤ 발명특허

해설 ② 재단법인의 정관변경 '허가'는 법률상의 표현이 허가로 되어 있기는 하나, 그 성질에 있어 법률행위의 효력을 보충해 주는 것이지 일반적 금지를 해제하는 것이 아니므로, 그 법적 성격은 인가라고 보아야 한다(대판 1996.5.16. 95누4810).
①·③·④ 강학상의 특허에 해당한다.
⑤ 준법률행위적 행정행위인 확인에 해당한다.

06 판례에 의할 때, 선행처분에 취소사유가 있음을 들어 후행처분의 위법을 주장할 수 없는 경우는?

	선행처분	후행처분
①	사업인정처분	수용재결처분
②	대집행 계고처분	대집행영장발부 통보처분
③	대집행 계고처분	대집행비용납부 명령처분
④	안경사시험합격 무효처분	안경사면허취소 처분
⑤	친일반민족행위자 결정처분	「독립유공자 예우에 관한 법률」 적용배 제자 결정처분

해설 하자의 승계 여부에 관한 질문으로 하자의 승계가 인정되지 않은 사례를 고르는 문제이다.
②·③·④·⑤ 판례상 하자의 승계가 인정되었다.
① 판례상 하자의 승계가 부정되었다.
사업인정처분 자체의 위법은 사업인정단계에서 다투어야 하고 이미 그 쟁송기간이 도과한 수용재결단계에서는 사업인정처분이 당연무효라고 볼 만한 특단의 사정이 없는 한 그 위법을 이유로 재결의 취소를 구할 수는 없다(대판 1992.3.13. 91누4324).

07 행정행위의 직권취소와 철회에 관한 설명으로 옳은 것만을 모두 고른 것은? (다툼이 있으면 판례에 따름)

> ㉠ 행정행위의 취소사유는 행정행위의 성립 당시에 존재하였던 하자를 말하고, 철회사유는 행정행위의 성립 이후에 새로이 발생한 것으로서 행정행위의 효력을 존속시킬 수 없는 사유를 말하다.
> ㉡ 행정행위를 한 행정청은, 별도의 명시적인 법적 근거가 없다면, 행정행위의 성립에 하자가 있더라도 직권으로 이를 취소할 수 없다.
> ㉢ 행정행위를 한 행정청은, 별도의 명시적인 법적 근거가 없다면, 원래의 행정행위를 그대로 존속시킬 필요가 없게 된 사정변경이 생겼더라도 이를 철회할 수 없다.

① ㉠   ② ㉡
③ ㉢   ④ ㉠, ㉡
⑤ ㉡, ㉢

해설 ㉡·㉢ [×] 판례는 행정청이 하는 직권취소와 철회 모두의 경우에 별도의 명시적인 법적 근거를 요하지 않는다고 본다(대판 1995.9.15. 95누631, 대판 2004.7.22. 2003두7606).

08 행정절차에 관한 설명으로 옳지 않은 것은? (다툼이 있으면 판례에 따름)

① 행정청이 처분을 할 때에는 신청내용을 모두 그대로 인정하는 경우에도 당사자에게 그 근거와 이유를 제시하여야 한다.

② 행정청은 해당 처분의 성질상 의견청취가 현저히 곤란하거나 명백히 불필요하다고 인정될 만한 상당한 이유가 있는 경우에는 처분의 사전통지를 하지 않을 수도 있다.

③ 「국가공무원법」상 직위해제처분의 경우에는 처분의 사전통지 및 의견청취 등에 관한 「행정절차법」의 규정이 별도로 적용되지 않는다.

④ 법령상 청문이 요구되는 경우에, 행정처분의 상대방이 청문일시에 불출석하였다는 이유로 청문을 실시하지 아니하고 한 침해적 행정처분은 위법하다.

⑤ 행정청이 처분을 할 때에는 원칙적으로 문서로 해야 하지만, 신속히 처리할 필요가 있거나 사안이 경미한 경우에는 말 또는 그 밖의 방법으로 하는 것도 가능하다.

해설 ① 행정청은 처분을 할 때에는 신청내용을 모두 그대로 인정하는 처분인 경우, 단순·반복적인 처분 또는 경미한 처분으로서 당사자가 그 이유를 명백히 알 수 있는 경우, 긴급히 처분을 할 필요가 있는 경우를 제외하고는 당사자에게 그 근거와 이유를 제시하여야 한다(「행정절차법」 제23조 제1항).
② 「행정절차법」 제21조 제4항
③ 「국가공무원법」상 직위해제처분은 성질상 행정절차를 거치기 곤란하거나 불필요하다고 인정되는 사항 또는 행정절차에 준하는 절차를 거친 사항에 해당하므로, 처분의 사전통지 및 의견청취 등에 관한 「행정절차법」의 규정이 별도로 적용되지 않는다(대판 2014.5.16, 2012두26180).
④ 대판 2001.4.13, 2000두3337
⑤ 「행정절차법」 제24조 제1항

09 공공기관의 정보공개에 관한 법령상 정보공개에 관한 설명으로 옳지 않은 것은? (다툼이 있으면 판례에 따름)

① 사립대학교도 정보공개 의무기관인 공공기관에 해당된다.

② 모든 국민은 정보의 공개를 청구할 권리를 가진다.

③ 정보공개청구권자에 해당하는 국민에는 자연인은 물론 법인, 권리능력 없는 사단 또는 재단도 포함된다.

④ 정보공개청구는 정보공개청구서를 제출하는 것 외에 말로써도 할 수 있다.

⑤ 정보공개청구자는 공개를 구하는 정보를 공공기관이 보유·관리하고 있을 가능성이 전혀 없지 않다는 점만 입증하면 족하고, 공공기관은 그 정보를 폐기하여 더 이상 보유·관리하고 있지 않다는 항변을 할 수 없다.

해설 ⑤ 공개청구자는 그가 공개를 구하는 정보를 공공기관이 보유·관리하고 있을 상당한 개연성이 있다는 점에 대하여 입증할 책임이 있으나, 공개를 구하는 정보를 공공기관이 한때 보유·관리하였으나 후에 그 정보가 담긴 문서들이 폐기되어 존재하지 않게 된 것이라면 그 정보를 더 이상 보유·관리하고 있지 않다는 점에 대한 증명책임은 공공기관에 있다(대판 2013.1.24, 2010두18918).
① 「공공기관의 정보공개에 관한 법률 시행령」 제2조
② 「공공기관의 정보공개에 관한 법률」 제5조 제1항
③ 대판 2003.12.12, 2003두8050
④ 「공공기관의 정보공개에 관한 법률」 제10조 제1항

10 이행강제금에 관한 설명으로 옳은 것은? (다툼이 있으면 판례에 따름)

① 이행강제금은 그에 관한 법적 근거가 없더라도 부과할 수 있다.

② 이행강제금에 관한 일반법으로는 「건축법」이 있다.

③ 「건축법」상 이행강제금은 반복하여 부과할 수 없다.

④ 이행강제금과 행정벌의 병과는 허용된다.

⑤ 이행강제금은 대체적 작위의무 위반에 대해서는 부과될 수 없다.

해설 ④ 이행강제금은 처벌이 아니고 장래 의무이행을 확보하기 위한 강제집행의 수단이므로 행정벌(과태료나 형벌)과 병과할 수 있다.
① 이행강제금은 강제적으로 급전납부의무를 부과하는 것이므로 그에 관한 법적 근거가 있어야만 부과할 수 있다.
② 이행강제금에 관한 일반법은 없으며, 「건축법」 등 개별법들만 있다.
③ 「건축법」상 이행강제금은 최초의 시정명령이 있었던 날을 기준으로 하여 1년에 2회의 범위 내에서 그 시정명령이 이행될 때까지 반복하여 부과·징수할 수 있다(「건축법」 제80조).
⑤ 이행강제금은 주로 비대체적 작위의무·부작위의무에 대해 부과되지만 대체적 작위의무 위반에 대해서도 부과될 수 있다(헌재 2004.2.26. 2001헌바80).

11 「질서위반행위규제법」상 과태료에 관한 설명으로 옳은 것은? (다툼이 있으면 판례에 따름)

① 과태료 부과에 대해서는 항고소송으로 다툴 수 있다.

② 과태료는 행정벌에 해당하므로 이에는 소멸시효가 인정되지 않는다.

③ 하나의 행위가 둘 이상의 질서위반행위에 해당하는 경우에는 각 질서위반행위에 대하여 정한 과태료를 모두 합산하여 부과한다.

④ 과태료의 부과대상인 질서위반행위에 대해 책임주의 원칙이 적용되고 있다.

⑤ 과태료의 부과·징수 등의 절차에 관해 「질서위반행위규제법」과 저촉되는 다른 법률의 규정이 있다면 「질서위반행위규제법」보다 그 법률의 규정이 우선 적용된다.

해설 ④ 고의 또는 과실에 의한 질서위반행위에 대해서만 과태료를 부과하므로 옳다.
① 과태료 부과에 대해서는 별도의 불복절차가 있으므로 항고소송으로 다툴 수 없다(판례).
② 과태료도 5년의 소멸시효가 인정된다(「질서위반행위규제법」 제15조).
③ 각 질서위반행위에 대하여 정한 과태료 중 가장 중한 과태료를 부과한다(「질서위반행위규제법」 제13조).
⑤ 과태료의 부과·징수 등의 절차에 관해 「질서위반행위규제법」과 저촉되는 다른 법률의 규정이 있다면 「질서위반행위규제법」이 그 법률의 규정보다 우선 적용된다(「질서위반행위규제법」 제5조).

12 행정구제제도에 관한 설명으로 옳지 않은 것은? (다툼이 있으면 판례에 따름)

① 행정심판을 권리구제를 위한 필요적 전심절차로 규정하면서도 그 절차에 사법절차를 준용하지 않는 것은 「헌법」에 위반된다.

② 행정처분에 대해 행정소송으로는 위법성 통제만 가능한 데 반하여, 행정심판으로는 위법성뿐만 아니라 부당성 통제도 가능하다.

③ 처분의 효과가 기간의 경과로 인하여 소멸된 뒤에도 그 처분의 취소로 인하여 회복되는 법률상 이익이 있는 자의 경우에는 취소소송을 제기할 수 있다.

④ 「행정소송법」상의 당사자소송에는 「민사집행법」상의 가처분에 관한 규정이 준용된다.

⑤ 「행정소송법」은 행정소송에 대한 각급 판결에 의하여 명령 · 규칙이 「헌법」 또는 법률에 위반된다는 것이 확정된 경우에는 각급 법원은 지체 없이 그 사유를 행정자치부장관에게 통보하도록 규정하고 있다.

해설 ⑤ 행정소송에 대한 대법원 판결에 의하여 명령 · 규칙이 「헌법」 또는 법률에 위반된다는 것이 확정된 경우에는 대법원은 지체 없이 그 사유를 행정자치부(현 행정안전부)장관에게 통보하여야 하며, 통보를 받은 행정안전부장관은 지체 없이 이를 관보에 게재하여야 한다(「행정소송법」 제6조).
④ 당사자소송에 대하여는 「행정소송법」 제23조 제2항의 집행정지에 관한 규정이 준용되지 아니하므로, 이를 본안으로 하는 가처분에 대하여는 「행정소송법」 제8조 제2항에 따라 「민사집행법」상 가처분에 관한 규정이 준용되어야 한다(대결 2015.8.21. 2015무26).

13 행정심판에 관한 설명으로 옳지 않은 것은? (다툼이 있으면 판례에 따름)

① 행정심판에서는 사정재결이 인정되고 있지 않다.

② 「행정소송법」에는 의무이행소송이 규정되어 있지 않은 반면, 「행정심판법」에는 의무이행심판이 규정되어 있다.

③ 서울특별시장과 서울특별시의회의 처분 또는 부작위에 대한 심판청구는 중앙행정심판위원회에서 심리 · 재결한다.

④ '새로운 처분의 처분사유'와 '종전 처분에 관하여 위법한 것으로 재결에서 판단된 사유'가 기본적 사실관계에 있어 동일성이 없다면 새로운 처분은 종전 처분에 대한 재결의 기속력에 저촉되지 않는다.

⑤ 심판청구에 대한 재결이 있으면 그 재결 및 같은 처분 또는 부작위에 대하여 다시 행정심판을 청구할 수 없다.

해설 ① 행정소송에서 사정판결이 인정되는 것처럼 행정심판에서도 사정재결이 인정되고 있다.

14 판례에 의할 때 당사자소송으로 다툴 수 없는 것은?

① 국가에 대한 납세의무자의 부가가치세 환급세액 지급청구소송

② 「도시 및 주거환경정비법」상 관리처분계획에 대한 행정청의 인가·고시 후 관리처분계획안에 대한 조합총회결의의 효력을 다투는 소송

③ 지방자치단체가 보조금지급결정을 하면서 일정 기한 내에 보조금을 반환하도록 하는 교부조건을 부가한 경우에 그 지방자치단체가 제기하는 보조금반환청구소송

④ 「공익사업을 위한 토지 등의 취득 및 보상에 관한 법률」상의 보상금증액청구소송과 보상금감액청구소송

⑤ 「공익사업을 위한 토지 등의 취득 및 보상에 관한 법률」상 세입자의 주거이전비 보상청구소송

해설 ② 「도시 및 주거환경정비법」상 주택재건축정비사업조합이 수립한 관리처분계획에 대하여 관할 행정청의 인가·고시가 있게 되면 관리처분계획은 행정처분으로서 효력이 발생하게 되므로, 총회결의의 하자를 이유로 하여 행정처분의 효력을 다투는 항고소송의 방법으로 관리처분계획의 취소 또는 무효확인을 구하여야 하고, 그와 별도로 행정처분에 이르는 절차적 요건 중 하나에 불과한 총회결의 부분만을 따로 떼어내어 효력 유무를 다투는 확인의 소를 제기하는 것은 특별한 사정이 없는 한 허용되지 않는다(대판 2009.9.17. 2007다2428).
한편 관리처분계획에 대하여 관할 행정청의 인가·고시가 있기 전의 관리처분계획안에 대한 조합총회결의의 효력을 다투는 소송은 행정처분에 이르는 절차적 요건의 존부나 효력 유무에 관한 소송으로서 소송결과에 따라 행정처분의 위법 여부에 직접 영향을 미치는 공법상 법률관계에 관한 것이므로, 이는 「행정소송법」상 당사자소송에 해당한다(대결 2015.8.21. 2015무26).

15 「정부조직법」상 행정청의 조직과 권한에 관한 설명으로 옳지 않은 것은?

① 행정기관은 법령으로 정하는 바에 따라 그 소관사무의 일부를 보조기관 또는 하급행정기관에 위임할 수 있다.

② 상급행정기관으로부터 사무를 위임받은 하급행정기관은 특히 필요한 경우 법령으로 정하는 바에 따라 위임받은 사무의 일부를 보조기관에 재위임할 수 있다.

③ 행정기관은 법령으로 정하는 바에 따라 그 소관사무 중 조사·검사·검정·관리 업무 등 국민의 권리·의무와 직접 관계되지 아니하는 사무를 지방자치단체가 아닌 단체 또는 개인에게 위탁할 수 있다.

④ 부·처의 장은 그 소관사무의 효율적 추진을 위하여 필요한 경우에는 국무총리에게 소관사무와 관련되는 다른 행정기관의 사무에 대한 조정을 요청할 수 있다.

⑤ 행정기관 또는 소속기관을 설치하거나 공무원의 정원을 증원할 때에는 반드시 예산상의 조치가 병행될 필요는 없다.

해설 ⑤ 행정기관 또는 소속기관을 설치하거나 공무원의 정원을 증원할 때에는 반드시 예산상의 조치가 병행되어야 한다(「정부조직법」 제9조).
①·② 「정부조직법」 제6조 제1항
③ 「정부조직법」 제6조 제3항
④ 「정부조직법」 제7조 제5항

16 공무원의 신분관계에 관한 설명으로 옳은 것은? (다툼이 있으면 판례에 따름)

① 「국가공무원법」상 임용결격사유는 모두 당연퇴직사유에 해당된다.

② 「지방공무원법」상 정규공무원 임용행위와 시보임용행위는 별도의 임용행위이므로 그 요건과 효력은 개별적으로 판단해야 한다.

③ 직위해제처분이 있은 후 동일한 사유에 대해 다시 해임처분이 있다면 일사부재리의 법리에 어긋난다.

④ 징계의 종류로서 파면과 해임은 둘 다 공무원 신분을 박탈시키며 공직취임 제한기간이 동일하다는 점에 있어서는 차이가 없다.

⑤ 공무원임용결격사유가 있는지의 여부는 임용당시가 아니라 채용후보자 명부에 등록한 때의 법률을 기준으로 판단해야 한다.

해설 ② 정규공무원으로 임용된 사람에게 시보임용처분 당시 「지방공무원법」 제31조 제4호에 정한 공무원임용 결격사유가 있어 시보임용처분을 취소하고 그에 따라 정규임용처분을 취소하는 처분은 성질상 행정절차를 거치는 것이 불필요하여 「행정절차법」의 적용이 배제되는 경우에 해당하지 않으므로, 그 처분을 하면서 사전통지를 하거나 의견제출의 기회를 부여하지 않은 것은 위법하다 (대판 2009.1.30. 2008두16155).
① 「국가공무원법」 제33조의 결격사유 중 '파산선고를 받고 복권되지 아니한 자'는 파산선고를 받은 사람으로서 「채무자 회생 및 파산에 관한 법률」에 따라 신청기한 내에 면책신청을 하지 아니하였거나 면책불허가 결정 또는 면책취소가 확정된 경우만 당연퇴직사유에 해당하고, '금고 이상의 형의 선고유예를 받은 경우에 그 선고유예 기간 중에 있는 자'는 「형법」 제129조부터 제132조까지, 제303조 또는 「성폭력범죄의 처벌 등에 관한 특례법」 제10조 및 직무와 관련하여 「형법」 제355조 또는 제356조에 규정된 죄를 범한 사람으로서 금고 이상의 형의 선고유예를 받은 경우만 당연퇴직사유에 해당한다(「국가공무원법」 제69조).
③ 직위해제는 과거의 비위행위에 대하여 행하는 징벌적 제재로서의 징계와는 그 성질이 다르므로 직위해제 중인 자에 대한 징계처분은 일사부재리 원칙의 위반이 아니다 (대판 1983.10.25. 83누184).
④ 파면과 해임은 둘 다 공무원 신분을 박탈시키는 점에서는 동일하나, 공직취임 제한기간이 다르다(파면은 5년, 해임은 3년).

⑤ 공무원관계는 채용후보자 명부에 등록한 때가 아니라 국가의 임용이 있는 때에 설정되는 것이므로 공무원임용 결격사유가 있는지의 여부는 채용후보자 명부에 등록한 때가 아닌 임용당시에 시행되던 법률을 기준으로 하여 판단하여야 한다(대판 1987.4.14. 86누459).

17 지방자치단체의 주민의 권리에 관한 설명으로 옳은 것을 모두 고른 것은? (다툼이 있으면 판례에 따름)

> ㉠ 주민투표권은 「헌법」이 보장하는 기본권 또는 「헌법」상 제도적으로 보장되는 주관적 공권이다.
> ㉡ 「주민소환에 관한 법률」에 따르면 전체 주민소환투표자의 수가 주민소환투표권자 총수의 3분의 1에 미달하는 때에는 개표를 하지 않는다.
> ㉢ 부담금의 부과·징수 또는 감면에 관한 사항은 조례의 개폐 청구의 대상이 아니다.
> ㉣ 주민의 감사청구와는 달리 주민소송은 「지방자치법」상 인정되고 있지 않다.

① ㉠, ㉡ 　② ㉠, ㉢
③ ㉠, ㉣ 　④ ㉡, ㉢
⑤ ㉡, ㉣

해설 ㉡ [○] 「주민소환에 관한 법률」 제22조 제2항
㉢ [○] 「지방자치법」 제15조 제2항에서는 법령을 위반하는 사항, 지방세·사용료·수수료·부담금의 부과·징수 또는 감면에 관한 사항, 행정기구를 설치하거나 변경하는 것에 관한 사항이나 공공시설의 설치를 반대하는 사항을 조례의 제정·개폐 청구대상에서 제외하고 있다.
㉠ [×] 주민투표권은 「헌법」이 보장하는 기본권 또는 「헌법」상 제도적으로 보장되는 주관적 공권이 아니라 법률에 의해 인정되는 권리일 뿐이다(헌재 2001.6.28. 2000헌마735).
㉣ [×] 「지방자치법」은 제16조에서 주민의 감사청구에 대해 규정하고 있으며, 제17조에서 감사청구한 주민의 주민소송에 관하여 규정하고 있다.

18 「부동산 가격공시에 관한 법률」상 공시지가에 관한 설명으로 옳지 않은 것은? (다툼이 있으면 판례에 따름)

① 개별공시지가는 국세·지방세 등 각종 세금의 부과, 그 밖의 다른 법령에서 정하는 목적을 위한 지가산정에 적용한다.

② 개별공시지가에 이의가 있는 자는 개별공시지가의 결정·공시일부터 30일 이내에 서면으로 시장·군수 또는 구청장에게 이의를 신청할 수 있다.

③ 표준지공시지가는 토지수용에 대한 보상금 산정의 기준이 된다.

④ 표준공시지가의 결정은 항고소송의 대상인 처분으로 볼 수 없다.

⑤ 표준지공시지가에 이의가 있는 자는 표준지공시지가의 공시일부터 30일 이내에 서면으로 국토교통부장관에게 이의를 신청할 수 있다.

해설 ④ 표준지공시지가 결정이 위법한 경우에는 그 자체를 행정소송의 대상이 되는 행정처분으로 보아 그 위법 여부를 다툴 수 있다(대판 2008.8.21. 2007두13845). 표준지공시지가 결정에 대하여 불복을 하기 위하여는 소정의 이의절차를 거쳐 처분청을 피고로 하여 위 공시지가 결정의 취소를 구하는 행정소송을 제기하여야 한다(대판 1994.3.8. 93누10828).
① 「부동산 가격공시에 관한 법률」 제10조 제1항
② 「부동산 가격공시에 관한 법률」 제11조 제1항
③ 「부동산 가격공시에 관한 법률」 제8조, 제9조
⑤ 「부동산 가격공시에 관한 법률」 제7조 제1항

19 「경찰관 직무집행법」의 내용으로 옳지 않은 것은?

① 경찰장구란 경찰관이 휴대하며 범인 검거와 범죄 진압 등의 직무 수행에 사용하는 수갑, 포승, 경찰봉, 방패 등을 말한다.

② 경찰관이 보호조치를 하는 경우에 구호대상자가 휴대하고 있는 무기 등 위험을 일으킬 수 있는 물건을 경찰관서에 임시로 영치하여 놓을 수 있다.

③ 경찰관이 불심검문 과정에서 경찰서에 동행할 것을 요구한 경우, 동행을 요구받은 사람은 이를 거절할 수 없다.

④ 경찰관은 불심검문과 관련하여 동행요구에 응해 경찰서로 동행한 사람을 6시간을 초과하여 경찰관서에 머물게 할 수 없다.

⑤ 경찰관의 적법한 직무집행으로 인하여 손실을 입은 경우에 대한 보상은 「경찰관 직무집행법」에 명문화되어 있다.

해설 ③ 경찰관은 불심검문 과정에서 상대방을 정지시킨 장소에서 질문을 하는 것이 그 사람에게 불리하거나 교통에 방해가 된다고 인정될 때에는 질문을 하기 위하여 가까운 경찰관서로 동행할 것을 요구할 수 있다. 이 경우 동행을 요구받은 사람은 그 요구를 거절할 수 있다(「경찰관 직무집행법」 제3조 제2항).

20 국유재산 중 시효취득의 대상이 되는 것은?

① 공용 재산

② 일반재산

③ 기업용 재산

④ 보존용 재산

⑤ 공공용 재산

해설 ② 국유재산 중 행정재산을 제외한 일반재산만이 시효취득의 대상이 될 수 있다.

①·③·④·⑤ 행정재산의 종류로 행정재산은 시효취득의 대상이 되지 아니한다(「국유재산법」 제7조 제2항).

Answer

01. ③	02. ④	03. ⑤	04. ③	05. ②	06. ①	07. ①	08. ①	09. ⑤	10. ④
11. ④	12. ⑤	13. ①	14. ②	15. ⑤	16. ②	17. ④	18. ④	19. ③	20. ②

제5회 행정사 행정법

[2017. 5. 27. 실시]

01 권한의 위임에 관한 설명으로 옳지 않은 것은? (다툼이 있으면 판례에 따름)

① 권한의 위임은 법적 근거를 요하지 않는다.

② 권한의 위임은 위임청의 권한의 일부에 한하여 인정된다.

③ 권한의 위임이 기간의 도래로 의해 종료되면 위임된 권한은 다시 위임기관에 회복된다.

④ 보조기관에게 권한을 위임하는 경우 권한의 위임기관은 그 보조기관의 권한행사를 지휘·감독할 수 있다.

⑤ 권한을 위임받은 기관은 특히 필요한 경우에는 법령으로 정하는 바에 따라 위임받은 사무의 일부를 하급행정기관에게 재위임할 수 있다.

> **해설** ① 권한의 위임으로 법률에서 정한 행정관청의 권한의 분배가 대외적으로 변경되고, 이로 인해 법적 지위가 상이한 수임기관으로 이전되므로, 권한의 위임은 반드시 법적 근거를 요한다.
> ② 권한의 위임은 위임청의 권한의 일부에 대해서만 인정되고 권한의 전부 또는 주요 부분의 위임은 허용되지 않는다. 권한의 전부위임을 인정하는 것은 위임청의 권한 자체를 폐지하는 것과 다름이 없기 때문이다.
> ③ 위임은 위임의 해제 또는 해제조건의 성취, 종기의 도래 등에 의하여 종료된다. 위임이 종료되면 위임되었던 권한은 위임청의 권한으로 복귀된다.
> ④ 위임관청은 수임기관이 위임관청의 하급기관이나 보조기관인 경우에는 그 권한행사를 지휘·감독할 수 있다. 다만 지휘·감독하에 있지 않는 수임기관에 대해서는 지휘·감독권이 없다고 봄이 일반적 견해이다.
> ⑤ 행정기관은 법령으로 정하는 바에 따라 그 소관사무의 일부를 보조기관 또는 하급행정기관에 위임하거나 다른 행정기관·지방자치단체 또는 그 기관에 위탁 또는 위임할 수 있다. 이 경우 위임 또는 위탁을 받은 기관은 특히 필요한 경우에는 법령으로 정하는 바에 따라 위임 또는 위탁을 받은 사무의 일부를 보조기관 또는 하급행정기관에 재위임할 수 있다(「정부조직법」 제6조 제1항).

02 「행정대집행법」상 대집행에 관한 설명으로 옳지 않은 것은?

① 비대체적 작위의무의 불이행에 대해서는 대집행이 가능하지 않다.

② 대집행은 대체적 작위의무의 불이행이 있다고 하여 언제든지 인정되는 것은 아니다.

③ 대집행을 실제 수행하는 자는 당해 행정청이어야 하는 것은 아니다.

④ 대집행을 한다는 뜻의 계고는 문서로 하여야 한다.

⑤ 대집행에 대하여는 행정심판을 제기할 수 없다.

> **해설** ⑤ 대집행에 대하여는 행정심판을 제기할 수 있다(「행정대집행법」 제7조).
> ① 대집행은 대체적 작위의무의 불이행이 있는 경우가 그 대상이므로 비대체적 작위의무의 불이행에 대해서는 대집행이 가능하지 않다.
> ② 「행정대집행법」 제2조는 대집행의 요건으로 3가지(1. 대체적 작위의무의 불이행이 있을 것, 2. 다른 수단으로 의무이행확보가 곤란할 것, 3. 의무불이행을 방치하는 것이 심히 공익을 해할 것)를 규정하고 있다. 따라서 대체적 작위의무의 불이행이 있다고 하여 언제든지 대집행이 인정되는 것은 아니다.
> ③ 「행정대집행법」 제2조는 의무를 부과한 당해 행정청이 스스로 의무자가 하여야 할 행위를 하거나 또는 제3자로 하여금 이를 하게 할 수 있다고 규정하고 있다. 따라서 대집행을 실제 수행하는 자는 당해 행정청이어야만 하는 것은 아니며 제3자에게 실행하게 할 수도 있다.
> ④ 「행정대집행법」 제3조는 대집행을 하려 함에 있어서는 상당한 이행기한을 정하여 그 기한까지 이행되지 아니할 때에는 대집행을 한다는 뜻을 미리 문서로써 계고하여야 한다고 규정하고 있다. 따라서 대집행을 한다는 뜻의 계고는 문서로 하여야 하며 말(구두)로 할 수 없다.

03 행정의 실효성 확보수단에 관한 설명으로 옳은 것을 모두 고른 것은? (다툼이 있으면 판례에 따름)

> ㉠ 이행강제금과 행정벌의 병과는 허용된다.
> ㉡ 직접강제는 일반적으로 목전에 급박한 행정상 장해를 제거할 필요가 있는 경우에 미리 의무를 명할 시간적 여유가 없는 경우에 사용하는 수단이다.
> ㉢ 「질서위반행위규제법」상 질서위반행위의 성립과 과태료 처분은 처분 시의 법률에 따른다.
> ㉣ 「도로교통법」상 경찰서장의 통고처분은 행정소송의 대상이 되는 처분이 아니다.

① ㉠, ㉡   ② ㉠, ㉣
③ ㉡, ㉢   ④ ㉡, ㉣
⑤ ㉢, ㉣

해설 ㉠ [○] 개발제한구역 내의 건축물에 대하여 허가를 받지 않고 한 용도변경행위에 대한 형사처벌과 「건축법」 제83조 제1항에 의한 시정명령 위반에 대한 이행강제금의 부과는 그 처벌 내지 제재대상이 되는 기본적 사실관계로서의 행위를 달리하며, 또한 그 보호법익과 목적에서도 차이가 있으므로 이중처벌에 해당한다고 할 수 없다(대판 2005.8.19. 2005마30).
㉣ [○] 「도로교통법」에서 규정하는 경찰서장의 통고처분은 행정소송의 대상이 되는 행정처분이 아니므로 그 처분의 취소를 구하는 소송은 부적법하고, 「도로교통법」상의 통고처분을 받은 자가 그 처분에 대하여 이의가 있는 경우에는 통고처분에 따른 범칙금의 납부를 이행하지 아니함으로써 경찰서장의 즉결심판 청구에 의하여 법원의 심판을 받을 수 있게 될 뿐이다(대판 1995.6.29. 95누4674).
㉡ [×] 일반적으로 목전에 급박한 행정상 장해를 제거할 필요가 있는 경우에 미리 의무를 명할 시간적 여유가 없는 경우에 사용하는 수단은 즉시강제(직접강제 ×)이다.
㉢ [×] 질서위반행위의 성립과 과태료 처분은 행위 시(처분 시 ×)의 법률에 따른다(「질서위반행위규제법」 제3조 제1항).

04 공물과 관련한 설명으로 옳지 않은 것은? (다툼이 있으면 판례에 따름)

① 도로의 지하는 「도로법」상의 도로점용의 대상이 아니다.
② 공용폐지의 의사표시는 묵시적으로 할 수 있으나 적법한 의사표시이어야 한다.
③ 「국유재산법」상 행정재산은 시효취득에 관한 「민법」의 규정에도 불구하고 시효취득의 대상이 되지 않는다.
④ 원래의 행정재산이 공용폐지되어 시효취득의 대상이 된다는 입증책임은 시효취득을 주장하는 자에게 있다.
⑤ 「국가배상법」상 공공의 영조물은 국가 또는 지방자치단체에 의하여 특정 공공목적에 공여된 유체물 내지 물적 설비를 의미한다.

해설 ① 도로의 지하도 「도로법」상 도로점용의 대상이 된다.
「도로법」 제40조에 규정된 도로의 점용이라 함은 일반공중의 교통에 공용되는 도로에 대하여 이러한 일반사용과는 별도로 도로의 지표뿐만 아니라 그 지하나 지상 공간의 특정 부분을 유형적, 고정적으로 특정한 목적을 위하여 사용하는 이른바 특별사용을 뜻하는 것이므로, 허가 없이 도로를 점용하는 행위의 내용이 위와 같은 특별사용에 해당할 경우에 한하여 「도로법」 제80조의 2의 규정에 따라 도로점용료 상당의 부당이득금을 징수할 수 있다(대판 1998.9.22. 96누7342).
② 공용폐지의 의사표시는 명시적이든 묵시적이든 상관없으나 적법한 의사표시가 있어야 하며, 행정재산이 사실상 본래의 용도에 사용되고 있지 않다는 사실만으로 공용폐지의 의사표시가 있었다고 볼 수 없다(대판 1997.8.22. 96다10737).
③ 국·공유재산 중 행정재산은 「민법」 제245조에도 불구하고 시효취득의 대상이 되지 아니한다(「국유재산법」 제7조 제2항, 「공유재산 및 물품관리법」 제6조 제2항).
④ 원래의 행정재산이 공용폐지되어 취득시효의 대상이 된다는 입증책임은 시효취득을 주장하는 자에게 있다(대판 1997.8.22. 96다10737).
⑤ 「국가배상법」 제5조 제1항의 "공공의 영조물"이라 함은 국가 또는 지방자치단체에 의하여 특정 공공의 목적에 공여된 유체물 내지 물적 설비를 지칭한다(대판 1995.1.24. 94다45302). 따라서 「국가배상법」 제5조 제1항의 "공공의 영조물"은 강학상의 공물을 의미한다고 본다(통설).

05 「행정심판법」상 (   ) 안에 들어갈 용어로 옳은 것은?

> 행정심판위원회는 처분 또는 부작위가 위법·부당하다고 상당히 의심되는 경우로서 처분 또는 부작위 때문에 당사자가 받을 우려가 있는 중대한 불이익이나 당사자에게 생길 급박한 위험을 막기 위하여 임시지위를 정하여야 할 필요가 있는 경우에는 직권으로 또는 당사자의 신청에 의하여 (   )을/를 결정할 수 있다.

① 집행정지　　　② 직접강제
③ 간접강제　　　④ 임시처분
⑤ 의무이행청구

해설 ④ 행정심판위원회는 처분 또는 부작위가 위법·부당하다고 상당히 의심되는 경우로서 처분 또는 부작위 때문에 당사자가 받을 우려가 있는 중대한 불이익이나 당사자에게 생길 급박한 위험을 막기 위하여 임시지위를 정하여야 할 필요가 있는 경우에는 직권으로 또는 당사자의 신청에 의하여 임시처분을 결정할 수 있다(「행정심판법」 제31조 제1항).
① 집행정지는 불이익처분의 효력이나 집행 등을 행정쟁송절차가 종결되기 전까지 잠정적으로 정지시키는 것을 말한다.
행정심판위원회는 처분, 처분의 집행 또는 절차의 속행 때문에 중대한 손해가 생기는 것을 예방할 필요성이 긴급하다고 인정할 때에는 직권으로 또는 당사자의 신청에 의하여 처분의 효력, 처분의 집행 또는 절차의 속행의 전부 또는 일부의 정지를 결정할 수 있다. 다만, 처분의 효력정지는 처분의 집행 또는 절차의 속행을 정지함으로써 그 목적을 달성할 수 있을 때에는 허용되지 아니한다(「행정심판법」 제30조 제2항).
② 직접강제란 행정상의 의무불이행이 있는 경우에 행정청이 직접 의무자의 신체 또는 재산에 실력을 가하여 의무이행이 있었던 것과 동일한 상태를 실현하는 작용을 말하며, 행정상 강제집행수단의 일종이다.
③ 간접강제란 행정소송에서 거부처분취소판결과 부작위위법확인판결이 확정된 경우에 행정청의 재처분의무의 이행을 확보하기 위해 마련된 제도를 말한다.
행정청이 거부처분취소판결과 부작위위법확인판결에 따른 재처분을 하지 아니하는 때에는 제1심 수소법원은 당사자의 신청에 의하여 결정으로써 상당한 기간을 정하고 행정청이 그 기간 내에 이행하지 아니하는 때에는 그 지연기간에 따라 일정한 배상을 할 것을 명하거나 즉시 손해배상을 할 것을 명할 수 있다(「행정소송법」 제34조, 제38조 제2항).
⑤ 의무이행청구는 일반적으로 행정청이 신청에 따른 의무를 이행하지 않는 경우에 신청인이 행정심판이나 행정소송을 제기하여 그 의무의 이행을 청구하는 것을 말한다.

06 고시(告示)에 관한 설명으로 옳지 않은 것은? (다툼이 있으면 판례에 따름)

① 고시가 국민의 기본권을 제한하는 내용을 담고 있어 상위법령과 결합하여 대외적 구속력을 가질 때에는 법규명령으로서의 성격을 가진다.
② 고시가 구체적인 규율의 성격을 갖더라도 행정처분에 해당하지 않는다.
③ 고시가 집행행위의 매개 없이 그 자체로서 직접 국민의 구체적인 권리의무를 규율할 때에는 항고소송의 대상이 된다.
④ 고시와 같은 형식으로 입법위임을 할 때에는 법령이 전문적·기술적 사항이나 경미한 사항으로서 업무의 성질상 위임이 불가피한 사항에 한정된다.
⑤ 고시의 규정 내용이 법령의 위임 범위를 벗어난 경우에는 대외적 구속력을 인정할 여지는 없다.

해설 ② 고시가 구체적인 규율의 성격을 갖는 경우에는 행정처분에 해당한다. 고시 또는 공고의 법적 성질은 일률적으로 판단될 것이 아니라 고시에 담겨진 내용에 따라 구체적인 경우마다 달리 결정된다고 보아야 한다. 즉, 고시가 일반적·추상적 성격을 가질 때는 법규명령 또는 행정규칙에 해당하지만, 고시가 구체적인 규율의 성격을 갖는다면 행정처분에 해당한다(헌재 1998.4.30. 97헌마41).
① '청소년유해매체물의 표시방법'에 관한 정보통신부고시는 청소년유해매체물을 제공하려는 자가 하여야 할 전자적 표시의 내용을 정하고 있는데, 이는 「정보통신망 이용촉진 및 정보보호 등에 관한 법률」 제42조 및 동법시행령 제21조 제2항, 제3항의 위임규정에 의하여 제정된 것으로서 국민의 기본권을 제한하는 것인바 상위법령과 결합하여 대외적 구속력을 갖는 법규명령으로 기능하고 있는 것이므로 헌법소원의 대상이 된다(헌재 2004.1.29. 2001헌마894).

③ 어떠한 고시가 일반적·추상적 성격을 가질 때에는 법규명령 또는 행정규칙에 해당할 것이지만, 다른 집행행위의 매개 없이 그 자체로서 직접 국민의 구체적인 권리·의무나 법률관계를 규율하는 성격을 가질 때에는 항고소송의 대상이 되는 행정처분에 해당한다(대판 2003.10.9. 2003무23).

④ 행정규칙은 법규명령과 같은 엄격한 제정 및 개정절차를 요하지 아니하므로, 재산권 등과 같은 기본권을 제한하는 작용을 하는 법률이 입법위임을 할 때에는 대통령령·총리령·부령 등 법규명령에 위임함이 바람직하고, 금융감독위원회의 고시와 같은 형식으로 입법위임을 할 때에는 적어도 「행정규제기본법」 제4조 제2항 단서에서 정한 바와 같이 법령이 전문적·기술적 사항이나 경미한 사항으로서 업무의 성질상 위임이 불가피한 사항에 한정된다 할 것이고, 그러한 사항이라 하더라도 포괄위임금지의 원칙상 법률의 위임은 반드시 구체적·개별적으로 한정된 사항에 대하여 행하여져야 한다(헌재 2004.10.28. 99헌바91).

⑤ 행정 각부의 장이 정하는 고시가 비록 법령에 근거를 둔 것이라고 하더라도 그 규정 내용이 법령의 위임 범위를 벗어난 것일 경우에는 법규명령으로서의 대외적 구속력을 인정할 여지는 없다(대결 2006.4.28. 2003마715).

07 「행정소송법」상 항고소송의 대상에 해당하지 않는 것을 모두 고른 것은? (다툼이 있으면 판례에 따름)

> ㉠ 도지사의 혁신도시 최종입지 선정행위
> ㉡ 지방의회의장에 대한 불신임의결
> ㉢ 「국가공무원법」상의 당연퇴직인사발령
> ㉣ 「병역법」상 군의관의 신체등위판정
> ㉤ 한국마사회의 기수 면허 취소

① ㉡, ㉢

② ㉠, ㉣, ㉤

③ ㉡, ㉣, ㉤

④ ㉠, ㉢, ㉣, ㉤

⑤ ㉠, ㉡, ㉢, ㉣, ㉤

해설 ㉠ 「국가균형발전 특별법」과 동법시행령 및 '혁신도시 입지선정지침'에는 공공기관의 지방이전을 위한 정부 등의 조치와 공공기관이 이전할 혁신도시 입지선정을 위한 사항 등을 규정하고 있을 뿐 혁신도시입지 후보지에 관련된 지역 주민 등의 권리의무에 직접 영향을 미치는 규정을 두고 있지 않으므로, 정부의 수도권 소재 공공기관의 지방이전시책을 추진하는 과정에서 도지사가 도 내 특정시를 공공기관이 이전할 혁신도시 최종입지로 선정한 행위는 항고소송의 대상이 되는 행정처분이 아니다(대판 2007.11.15. 2007두10198).

㉢ 「국가공무원법」 제69조에 의하면 공무원이 제33조 각 호의 1에 해당할 때에는 당연히 퇴직한다고 규정하고 있으므로, 「국가공무원법」상 당연퇴직은 결격사유가 있을 때 법률상 당연히 퇴직하는 것이지 공무원관계를 소멸시키기 위한 별도의 행정처분을 요하는 것이 아니며, 당연퇴직의 인사발령은 법률상 당연히 발생하는 퇴직사유를 공적으로 확인하여 알려주는 이른바 관념의 통지에 불과하고 공무원의 신분을 상실시키는 새로운 형성적 행위가 아니므로 행정소송의 대상이 되는 독립한 행정처분이라고 할 수 없다(대판 1995.11.14. 95누2036).

㉣ 「병역법」상 신체등위판정은 행정청이라고 볼 수 없는 군의관이 하도록 되어 있으며, 그 자체만으로 바로 「병역법」상의 권리의무가 정하여지는 것이 아니라 그에 따라 지방병무청장이 병역처분을 함으로써 비로소 병역의무의 종류가 정하여지는 것이므로 항고소송의 대상이 되는 행정처분이라 보기 어렵다(대판 1993.8.27. 93누3356).

㉤ 한국마사회가 조교사 또는 기수의 면허를 부여하거나 취소하는 것은 경마를 독점적으로 개최할 수 있는 지위에서 우수한 능력을 갖추었다고 인정되는 사람에게 경마에서의 일정한 기능과 역할을 수행할 수 있는 자격을 부여하거나 이를 박탈하는 것에 지나지 아니하므로, 이는 국가 기타 행정기관으로부터 위탁받은 행정권한의 행사가 아니라 일반 사법상의 법률관계에서 이루어지는 단체 내부에서의 징계 내지 제재처분이다(대판 2008.1.31. 2005두8269).

㉡ 지방의회를 대표하고 의사를 정리하며 회의장 내의 질서를 유지하고 의회의 사무를 감독하며 위원회에 출석하여 발언할 수 있는 등의 직무권한을 가지는 지방의회의장에 대한 불신임의결은 의장으로서의 권한을 박탈하는 행정처분의 일종으로서 항고소송의 대상이 된다(대결 1994.10.11. 94두23).

08 국가공무원법령상 공무원의 징계와 관련된 설명으로 옳은 것은?

① 형벌과 징계벌 사이에는 일사부재리의 원칙이 적용된다.

② 징계 중 파면, 해임, 강등을 중징계라 하고, 정직, 감봉, 견책을 경징계라 한다.

③ 금전의 수수행위에 대한 징계의결 등의 요구는 징계 등의 사유가 발생한 날부터 3년이 지나면 하지 못한다.

④ 징계처분에 대한 행정소송은 소청심사위원회의 심사·결정을 거치지 아니하고도 제기할 수 있다.

⑤ 수사기관에서 수사 중인 사건에 대하여는 수사개시의 통보를 받은 날로부터 징계 절차를 진행하지 아니할 수 있다.

해설 ⑤ 검찰·경찰, 그 밖의 수사기관에서 수사 중인 사건에 대하여는 수사개시 통보를 받은 날부터 징계의결의 요구나 그 밖의 징계 절차를 진행하지 아니할 수 있다(「국가공무원법」 제83조 제2항). 한편 이와 달리 감사원에서 조사 중인 사건에 대하여는 조사개시 통보를 받은 날부터 징계의결의 요구나 그 밖의 징계 절차를 진행하지 못한다(「국가공무원법」 제83조 제1항).
① 징계벌과 형벌은 그 목적이나 성질 등이 다르므로 병과할 수 있고, 병과하더라도 일사부재리의 원칙에 반하지 않는다(통설 및 판례).
② 징계 중 파면, 해임, 강등과 정직을 중징계라 하고, 감봉과 견책을 경징계라 한다(「공무원징계령」 제1조의 3).
③ 원칙적으로 징계의결 등의 요구는 징계 등의 사유가 발생한 날부터 3년이 지나면 하지 못하는 것이지만, 금전의 수수행위에 대한 징계의결 등의 요구는 징계 등의 사유가 발생한 날부터 5년이 지나면 하지 못한다(「국가공무원법」 제83조의2 제1항).
④ 징계처분에 대한 행정소송은 소청심사위원회의 심사·결정을 거치지 아니하면 제기할 수 없다(「국가공무원법」 제16조 제1항).

09 「국유재산법」상 국유재산의 구분과 종류에 관한 다음 설명에서 ( ) 안에 들어갈 용어가 옳게 연결된 것은?

> 국유재산 중 국가가 직접 사무용으로 사용하는 관공서의 청사는 (㉠)에 해당하고, 행정주체에 의해 일반 공중의 사용에 제공된 도로는 (㉡)에 해당한다.

① ㉠: 공용재산   ㉡: 공공용재산
② ㉠: 공용재산   ㉡: 일반재산
③ ㉠: 공공용재산 ㉡: 공용재산
④ ㉠: 공공용재산 ㉡: 일반재산
⑤ ㉠: 일반재산   ㉡: 공공용재산

해설 ① 「국유재산법」 제6조(국유재산의 구분과 종류)에 의하면, 국유재산은 그 용도에 따라 행정재산과 일반재산(행정재산 외의 모든 국유재산)으로 구분된다. 그리고 행정재산의 종류에는 공용재산, 공공용재산, 기업용재산, 보존용재산이 있으며 이들에 대해서는 다음과 같이 명시되어 있다.

공용재산	국가가 직접 사무용·사업용 또는 공무원의 주거용으로 사용하거나 대통령령으로 정하는 기한까지 사용하기로 결정한 재산
공공용재산	국가가 직접 공공용으로 사용하거나 대통령령으로 정하는 기한까지 사용하기로 결정한 재산
기업용재산	정부기업이 직접 사무용·사업용 또는 그 기업에 종사하는 직원의 주거용으로 사용하거나 대통령령으로 정하는 기한까지 사용하기로 결정한 재산
보존용재산	법령이나 그 밖의 필요에 따라 국가가 보존하는 재산

②·④·⑤ 질문은 모두 직접 공익 목적에 제공하는 재산 즉, 행정재산에 관한 것인 바, 답지에 일반재산이 들어가 있으므로 답이 될 수 없다.
③ 국가가 직접 자신의 행정목적에 사용하는 재산이 공용재산이고, 일반 공중의 이용에 제공되는 재산이 공공용재산인바, 반대로 기술되었으므로 정답이 아니다.

10 행정행위의 공정력에 관한 설명으로 옳은 것은? (다툼이 있으면 판례에 따름)

① 「행정소송법」은 공정력의 실정법적 근거를 명시적으로 인정하고 있다.

② 공정력은 행정행위가 무효인 경우에도 인정된다.

③ 공정력은 행정행위뿐만 아니라 행정의 사실행위에도 인정되는 효력이다.

④ 공정력이란 행정행위가 위법하더라도 취소되지 않는 한 유효한 것으로 통용되는 효력을 의미한다.

⑤ 어떠한 행정행위에 공정력이 발생하면 그 처분을 한 행정청이라도 공정력을 부정하지 못한다.

해설 ④ 행정행위의 공정력이라 함은 행정행위에 하자가 있더라도 당연무효가 아닌 한 권한 있는 기관에 의하여 취소될 때까지는 잠정적으로 유효한 것으로 통용되는 효력에 지나지 아니하는 것이므로, 행정행위가 취소되지 아니하여 공정력이 인정된다고 하더라도 그 상대방이나 이해관계인은 언제든지 그 행정행위가 위법한 것임을 주장할 수 있다(대판 1993.11.9. 93누14271).
① 현행법상 공정력을 직접 명시적으로 규정하고 있는 실정법은 없다. 다만, 「행정심판법」과 「행정소송법」의 취소심판·취소소송에 관한 규정들이 공정력의 간접적인 근거가 된다고 본다. 그 외에 집행부정지원칙, 자력집행력이나 직권취소를 인정하는 규정들도 공정력의 간접적인 근거로 제시되는바, 집행부정지원칙과 공정력은 직접적인 관계가 없는 것으로 봄이 일반적 견해이다.
② 공정력은 행정행위가 부존재이거나 무효인 경우는 인정되지 않는다(통설·판례). 행정의 실효성 확보나 법적 안정성(신뢰보호)의 문제가 생기지 않기 때문이다.
③ 공정력은 행정행위가 아닌 작용(예 행정입법·공법상 계약·공법상 합동행위·사실행위·사법상 행위)에는 인정되지 않는다.
⑤ 공정력이란 행정행위에 하자(위법)가 있더라도 그 하자가 중대하고 명백하여 당연 무효가 아닌 한 권한 있는 기관에 의하여 취소되기 전까지는 일단 유효한 것으로 통용되어 취소권이 없는 타 국가기관 및 상대방·이해관계 있는 제3자가 그 효력을 부인할 수 없도록 구속하는 힘을 말한다. 처분청은 자신이 행한 행정행위(행정처분)를 직권으로 취소할 수 있으므로 공정력에 구속을 받지 않는다. 즉, 처분청은 공정력을 부정할 수 있다.

11 지방자치법령의 내용으로 옳은 것은?

① 조례의 제정청구권은 지방자치단체의 주민의 권리에 해당하지 않는다.

② 비례대표 지방의회의원은 주민소환의 대상자가 된다.

③ 「주민소환에 관한 법률」은 주민소환사유를 제한하고 있지 않다.

④ 감사청구를 하지 않은 주민도 주민소송의 원고가 될 수 있다.

⑤ 주민소송과 관련한 세부사항은 「주민소송법」에서 별도로 정하고 있다.

해설 ③ 「주민소환에 관한 법률」이 주민소환의 청구사유에 제한을 두지 않은 것은 주민소환제를 기본적으로 정치적인 절차로 설계함으로써 위법행위를 한 공직자뿐만 아니라 정책적으로 실패하거나 무능하고 부패한 공직자까지도 그 대상으로 삼아 공직에서의 해임이 가능하도록 하여 책임정치 혹은 책임행정의 실현을 기하려는 데 그 입법목적이 있다(헌재 2009.3.26. 2007헌마843).
① 조례의 제정청구권은 지방자치단체의 주민의 권리에 해당한다(「지방자치법」 제15조 제1항).
② 주민은 그 지방자치단체의 장 및 지방의회의원(비례대표 지방의회의원은 제외한다)을 소환할 권리를 가진다(「지방자치법」 제20조 제1항).
④ 감사청구를 하지 않은 주민은 주민소송의 원고가 될 수 없다.
「지방자치법」 제16조 제1항에 따라 공금의 지출에 관한 사항 등 일정한 사항을 감사청구한 주민은 그 감사청구한 사항과 관련이 있는 위법한 행위나 업무를 게을리한 사실에 대하여 해당 지방자치단체의 장을 상대방으로 하여 소송을 제기할 수 있다(「지방자치법」 제17조 제1항).
⑤ 주민소송에 관해서는 「지방자치법」에서만 규정하고 있을 뿐이며 「주민소송법」이라는 별도의 법률은 존재하지 아니한다.
주민소송에 관하여는 이 법에 규정된 것 외에는 「행정소송법」에 따른다(「지방자치법」 제17조 제16항).

12 「공공기관의 정보공개에 관한 법률」상 공공기관에 해당하지 않는 것은?

① 국회
② 지방자치단체
③ 한국방송공사
④ 「지방공기업법」에 따른 지방공사
⑤ 한국증권업협회

해설 ⑤ 한국증권업협회는 정보공개의무가 있는 공공기관에 해당한다고 볼 수 없다는 것이 판례의 입장이다. '한국증권업협회'는 증권회사 상호 간의 업무질서를 유지하고 유가증권의 공정한 매매거래 및 투자자 보호를 위하여 일정 규모 이상의 증권회사 등으로 구성된 회원조직으로서, 「증권거래법」 또는 그 법에 의한 명령에 대하여 특별한 규정이 있는 것을 제외하고는 「민법」 중 사단법인에 관한 규정을 준용 받는 점, 그 업무가 국가기관 등에 준할 정도로 공동체 전체의 이익에 중요한 역할이나 기능에 해당하는 공공성을 갖는다고 볼 수 없는 점 등에 비추어, '한국증권업협회'는 「공공기관의 정보공개에 관한 법률」 시행령 제2조 제4호의 '특별법에 의하여 설립된 특수법인'에 해당한다고 보기 어렵다(대판 2010.4.29. 2008두5643).
① 국가기관[국회, 법원, 헌법재판소, 중앙선거관리위원회, 중앙행정기관(대통령 소속 기관과 국무총리 소속 기관을 포함한다) 및 그 소속 기관, 「행정기관 소속 위원회의 설치·운영에 관한 법률」에 따른 위원회]은 정보공개의무가 있는 공공기관에 해당한다(「공공기관의 정보공개에 관한 법률」 제2조 제3호).
② 지방자치단체는 정보공개의무가 있는 공공기관에 해당한다(「공공기관의 정보공개에 관한 법률」 제2조 제3호).
③ 「방송법」이라는 특별법에 의하여 설립·운영되는 특수법인인 한국방송공사는 「정보공개법 시행령」 제2조 제4호의 '특별법에 의하여 설립된 특수법인'으로서 정보공개의무가 있는 공공기관에 해당한다(대판 2010.12.23. 2008두13101).
④ 「지방공기업법」에 따른 지방공사 및 지방공단은 정보공개의무가 있는 공공기관에 해당한다(「정보공개법」 시행령 제2조).

13 법규명령의 통제에 관한 설명으로 옳지 않은 것은? (다툼이 있으면 판례에 따름)

① 일반적·추상적인 법령이나 규칙은 항고소송의 대상이 될 수 없다.
② 행정부가 제정한 규칙이 별도의 집행행위를 기다리지 않고 직접 국민의 기본권을 침해하고 있는 경우에는 헌법소원의 대상이 된다.
③ 법규명령에 대하여는 국회도 직접적으로 통제할 수 있는 방법이 있다.
④ 법규명령에 대한 구체적 규범통제의 최종적 심사권은 헌법재판소에 전속한다.
⑤ 법규명령에 대한 국민의 통제수단으로는 여론·압력단체의 활동 등과 같은 간접적인 수단이 있다.

해설 ④ 「헌법」 제107조 제2항은 "명령·규칙이 「헌법」이나 법률에 위반되는 여부가 재판의 전제가 된 경우에는 대법원은 이를 최종적으로 심사할 권한을 가진다."라고 규정하고 있어 구체적인 소송사건에서 명령·규칙의 위헌·위법 여부가 재판의 전제가 되었을 경우에 법규명령에 대한 심사권(= 구체적 규범 통제의 최종적 심사권)은 법원에 전속한다.
① 대판 2007.4.12. 2005두15168
② 헌재 1990.10.15. 89헌마178
③ 우리나라의 경우, 법규명령의 효력 발생·소멸을 국회가 직접 통제하는 직접적 통제수단은 일반적으로는 인정되고 있지는 않지만, 대통령의 긴급명령과 긴급재정경제명령에 대해서는 국회의 사후승인을 얻지 못하면 그 효력이 소멸되도록 함으로써 직접적 통제수단이 인정되고 있다(「헌법」 제76조 제3항, 제4항).
⑤ 법규명령에 대한 국민의 통제수단으로는 여론·압력단체의 활동 등과 같은 간접적인 수단만이 있을 뿐이며, 법규명령의 효력 발생·소멸을 국민이 직접 통제하는 직접적 통제수단은 인정되지 않고 있다.

14 준법률행위적 행정행위에 해당하는 것은? (다툼이 있으면 판례에 따름)

① 「도시 및 주거환경정비법」상 조합설립인가
② 「여객자동차운수사업법」상 개인택시운송사업면허
③ 선거인명부에의 등록
④ 불법광고물의 철거명령
⑤ 감독청에 의한 공법인의 임원 임명

해설 ③ 선거인명부에의 등록은 준법률행위적 행정행위 중 공증의 예에 해당한다. 공증은 의문이나 다툼이 없는 특정한 사실 또는 법률관계의 존부(存否) 또는 정부(正否)를 행정청이 공적으로 증명하는 행정행위를 말한다.
① 「도시 및 주거환경정비법」상 조합설립인가는 강학상 법률행위적 행정행위인 특허에 해당한다.
행정청이 「도시 및 주거환경정비법」등 관련법령에 근거하여 행하는 (주택재건축정비사업)조합설립인가처분은 단순히 사인들의 조합설립행위에 대한 보충행위로서의 성질을 갖는 것에 그치는 것이 아니라 법령상 요건을 갖출 경우 「도시 및 주거환경정비법」상 주택재건축사업을 시행할 수 있는 권한을 갖는 행정주체(공법인)로서의 지위를 부여하는 일종의 설권적 처분의 성격을 갖는다고 보아야 한다(대판 2009.9.24. 2008다60568).
② 「여객자동차운수사업법」상 개인택시운송사업면허는 강학상 법률행위적 행정행위인 특허에 해당한다.
「자동차운송사업법」에 의한 개인택시운송사업면허는 특정인에게 권리나 이익을 부여하는 행정행위로서 법률에 특별한 규정이 없는 한 재량행위이고, 그 면허를 위하여 필요한 기준을 정하는 것도 역시 행정청의 재량에 속한다(대판 1996.10.11. 96누6172).
④ 불법광고물의 철거명령은 강학상 법률행위적 행정행위인 하명에 해당한다.
⑤ 감독청에 의한 공법인의 임원 임명은 강학상 법률행위적 행정행위인 대리에 해당한다.

15 「공공기관의 정보공개에 관한 법률」에 의거하여, 甲은 A대학교에 대하여 재학 중인 체육특기생들의 일정기간 동안의 출석 및 성적 관리에 관한 정보공개를 청구하였다. 이에 관한 설명으로 옳은 것은? (다툼이 있으면 판례에 따름)

① 甲은 A대학교와 체육특기생들과는 아무런 이해관계가 없으므로 정보공개청구권을 가지지 아니한다.
② A대학교가 사립대학교라면 정보공개의무를 지는 공공기관에 해당하지 않는다.
③ 甲의 청구에 대하여 A대학교가 제3자의 권리침해를 이유로 하여 비공개 결정을 하였다면 이에 대한 甲의 불복절차는 없다.
④ A대학교 체육특기생 乙이 자신의 정보를 공개하지 아니할 것을 요청한 경우에도, A대학교는 乙에 대한 정보의 공개를 결정할 수 있다.
⑤ 甲의 A대학교에 대한 정보공개청구의 비용은 공익적 차원에서 A대학교가 부담한다.

해설 ④ A대학교 체육특기생 乙이 자신의 정보를 공개하지 아니할 것을 요청한 경우에도, A대학교는 乙에 대한 정보의 공개를 결정할 수 있다. 제3자의 비공개 요청에도 불구하고 공공기관은 공개 결정을 할 수 있다(「공공기관의 정보공개에 관한 법률」 제21조).
① 특정 정보에 대해 정보공개청구를 하는 경우 청구인에게 그 정보와 특정 이해관계가 있을 것을 요하지 아니하므로 甲은 정보공개청구권을 가진다.
모든 국민은 정보의 공개를 청구할 권리를 가진다(「공공기관의 정보공개에 관한 법률」 제5조 제1항). 여기서의 국민에는 자연인은 물론 법인, 권리능력 없는 사단·재단도 포함되고, 법인과 권리능력 없는 사단·재단 등의 경우에는 설립목적을 불문하며, 시민단체 등에 의한 일반적인 행정감시목적의 정보공개청구도 인정된다(대판 2003.12.12. 2003두8050).
② 사립대학교도 정보공개의무를 지는 공공기관에 해당한다(「공공기관의 정보공개에 관한 법률 시행령」 제2조 제1호).

③ 甲의 불복절차가 있다.

공개 청구된 사실을 통지받은 제3자는 그 통지를 받은 날부터 3일 이내에 해당 공공기관에 대하여 자신과 관련된 정보를 공개하지 아니할 것을 요청할 수 있고, 비공개 요청에도 불구하고 공공기관이 공개 결정을 한 경우 제3자는 해당 공공기관에 문서로 이의신청을 하거나 행정심판 또는 행정소송을 제기할 수 있다. 이 경우 이의신청은 통지를 받은 날부터 7일 이내에 하여야 한다(「공공기관의 정보공개에 관한 법률」 제21조).

⑤ 정보공개청구의 비용은 청구인 甲이 부담한다.

정보의 공개 및 우송 등에 드는 비용은 실비의 범위에서 청구인이 부담한다(「공공기관의 정보공개에 관한 법률」 제17조 제1항).

16 인가에 관한 설명으로 옳은 것을 모두 고른 것은? (다툼이 있으면 판례에 따름)

㉠ 행정청이 타인의 법률적 행위를 보충하여 그 법률적 효력을 완성시켜 주는 행정행위를 말한다.
㉡ 사립학교법인의 임원에 대한 취임승인 행위는 인가에 해당한다.
㉢ 인가는 공법상의 행정처분이다.
㉣ 무효인 기본행위를 인가한 경우, 그 기본행위는 유효한 행위로 전환된다.

---

① ㉠, ㉡　　　　　② ㉢, ㉣
③ ㉠, ㉡, ㉢　　　④ ㉡, ㉢, ㉣
⑤ ㉠, ㉡, ㉢, ㉣

해설 ㉠ [○] 강학상 인가의 의의를 설명한 것으로 맞다.
㉡ [○] 대법원 판례는 사립학교법인의 임원에 대한 취임승인행위를 인가에 해당한다고 보고 있다.
「사립학교법」에 의한 학교법인의 임원에 대한 감독청의 취임승인은 학교법인의 임원선임행위를 보충하여 그 법률상의 효력을 완성하게 하는 보충적 행정행위로서 성질상 기본행위를 떠나 승인처분 그 자체만으로는 법률상 아무런 효과도 발생할 수 없다(대판 2001.5.29. 99두7432).
㉢ [○] 인가는 공법상의 행정행위로서 행정처분이기도 하다.

㉣ [×] 무효인 기본행위를 인가한 경우, 그 기본행위는 유효한 행위로 전환되지 않으며 여전히 무효이다.

인가는 타인의 법률행위(＝ 기본행위)를 보충하여 그 효력을 완성시켜 주는 보충적 행위이므로, 기본행위는 적법·유효한 인가가 있어야 그 효력이 발생한다. 따라서 기본행위가 불성립 또는 무효인 경우에는 그에 대한 인가가 있더라도 기본행위가 유효로 되지 않으며 인가도 무효이다. 즉, 인가는 기본행위의 하자를 치유하는 효력은 없다.

17 세무서장 甲은 乙회사에 대한 세무조사를 하면서 乙회사의 주요 거래처인 丙회사에게 乙회사와의 거래를 일정기간 중지하여 줄 것을 요청하였다(이하, '이 사건 요청행위'라고 한다). 이로 인하여 乙회사는 경제적인 불이익을 입게 되었다. 이에 관한 설명으로 옳지 않은 것은? (다툼이 있으면 판례에 따름)

① 이 사건 요청행위는 권고 내지 협조를 구하는 권고적 성격의 행위로서 丙의 법률상의 지위에 직접적인 변동을 가져오는 행정처분은 아니다.

② 이 사건 요청행위가 규제적·구속적 성격을 상당히 강하게 가지게 될 경우 헌법소원의 대상이 될 수도 있다.

③ 이 사건 요청행위는 乙의 「국가배상법」상 손해배상청구 요건인 공무원의 직무에 해당하지 않는다.

④ 이 사건 요청행위를 할 때 甲은 그 목적 달성에 필요한 최소한도 내에서 하여야 한다.

⑤ 이 사건 요청행위를 할 때 甲은 丙에게 요청행위의 취지 및 내용과 신분을 밝혀야 한다.

해설 ③ 거래를 일정기간 중지하여 줄 것을 요청한 행위는 권고 내지 협조를 구하는 권고적 성격의 행위로서 강학상 행정지도에 해당한다. 이러한 비권력적 사실행위인 행정지도도 「국가배상법」상의 '직무'에 포함된다. 제반 사정을 고려할 때 상대방이 행정지도를 따를 수밖에 없었다고 사실상 강제성이 인정되는 경우에는 행정지도와 손해 간의 인과관계가 인정될 수 있고 따라서 국가배상책임이 인정될 수 있다(대판 1998.7.10. 96다38971).
① 세무당국이 주류제조회사에게 특정 주류판매업자와의 주류거래를 일정기간 중지하여 줄 것을 요청한 행위는 권고 내지 협조를 요청하는 권고적 성격의 행위로서 주류제조회사나 원고인 주류판매업자의 법률상의 지위에 직접적인 법률상의 변동을 가져오는 행정처분이라고 볼 수 없는 것이므로 항고소송의 대상이 될 수 없다(대판 1980.10.27. 80누395).
② 행정지도가 단순한 행정지도로서의 한계를 넘어 규제적·구속적 성격을 상당히 강하게 갖는 경우는 헌법소원의 대상이 되는 공권력의 행사라고 볼 수 있다는 것이 헌법재판소의 입장이다.
④ 행정지도는 그 목적 달성에 필요한 최소한도에 그쳐야 하며, 행정지도의 상대방의 의사에 반하여 부당하게 강요하여서는 아니 된다(「행정절차법」 제48조 제1항).
⑤ 행정지도를 하는 자는 그 상대방에게 그 행정지도의 취지 및 내용과 신분을 밝혀야 한다(「행정절차법」 제49조 제1항).

18 판례에 의할 때 공법상 법률관계에 해당하는 것을 모두 고른 것은?

> ㉠ 무효인 과세처분에 의한 과오납금반환채권과 채무
> ㉡ 국가에 대한 납세의무자의 부가가치세 환급세액 지급청구
> ㉢ 행정재산을 기부채납한 사인에 대한 그 행정재산의 사용허가
> ㉣ 공익사업을 위한 토지 등의 취득 및 보상에 관한 법령에 따른 토지의 협의취득

① ㉠, ㉡　　　　② ㉠, ㉢
③ ㉠, ㉣　　　　④ ㉡, ㉢
⑤ ㉢, ㉣

해설 ㉡ [○] 부가가치세법령의 내용, 형식 및 입법 취지 등에 비추어 보면, 납세의무자에 대한 국가의 부가가치세 환급세액 지급의무는 그 납세의무자로부터 어느 과세기간에 과다하게 거래징수된 세액 상당을 국가가 실제로 납부받았는지와 관계없이 부가가치세법령의 규정에 의하여 직접 발생하는 것으로서, 그 법적 성질은 정의와 공평의 관념에서 수익자와 손실자 사이의 재산상태 조정을 위해 인정되는 부당이득 반환의무가 아니라 부가가치세법령에 의하여 그 존부나 범위가 구체적으로 확정되고 조세 정책적 관점에서 특별히 인정되는 공법상 의무라고 봄이 타당하다. 그렇다면 납세의무자에 대한 국가의 부가가치세 환급세액 지급의무에 대응하는 국가에 대한 납세의무자의 부가가치세 환급세액 지급청구는 민사소송이 아니라 「행정소송법」에 규정된 당사자소송의 절차에 따라야 한다(대판 2013.3.21. 2011다95564).
㉢ [○] 기부채납받은 행정재산에 대한 공유재산 관리청의 사용·수익허가의 법적 성질은 행정처분이다.
공유재산의 관리청이 하는 행정재산의 사용·수익에 대한 허가는 순전히 사경제주체로서 행하는 사법상의 행위가 아니라 관리청이 공권력을 가진 우월적 지위에서 행하는 행정처분이라고 보아야 할 것인바, 행정재산을 보호하고 그 유지·보존 및 운용 등의 적정을 기하고자 하는 「지방재정법」 및 그 시행령 등 관련 규정의 입법 취지와 더불어 잡종재산에 대해서는 대부·매각 등의 처분을 할 수 있게 하면서도 행정재산에 대해서는 그 용도 또는 목적에 장해가 없는 한도 내에서 사용 또는 수익의 허가를 받은 경우가 아니면 이러한 처분을 하지 못하도록 하고 있는 「지방재정법」 등 규정의 내용에 비추어 볼 때 그 행정재산이 기부채납받은 재산이라 하여 그에 대한 사용·수익허가의 성질이 달라진다고 할 수는 없다(대판 2001.6.15. 99두509).
㉠ [×] 조세부과처분이 당연무효임을 전제로 하여 이미 납부한 세금의 반환을 청구하는 것은 민사상의 부당이득반환청구로서 민사소송절차에 따라야 한다(대판 1995.4.28. 94다55019).
㉣ [×] 공익사업을 위한 토지 등의 취득 및 보상에 관한 법령에 의한 협의취득은 사법상의 법률행위이므로 당사자 사이의 자유로운 의사에 따라 채무불이행책임이나 매매대금 과부족금에 대한 지급의무를 약정할 수 있다(대판 2012.2.23. 2010다91206).

19 「행정절차법」의 내용으로 옳지 않은 것은?

① 행정청에 전자문서로 처분을 신청하는 경우에는 행정청의 컴퓨터 등에 입력한 이후, 입력 내용을 문서로 제출한 때 신청한 것으로 본다.

② 상위법령 등의 단순한 집행을 위한 경우에는 입법예고를 하지 아니할 수 있다.

③ 행정상 입법예고기간은 예고할 때 정하되, 특별한 사정이 없으면 40일(자치법규는 20일) 이상으로 한다.

④ 예고된 입법안에 대하여 누구든지 의견을 제출할 수 있다.

⑤ 청문이란 행정청이 어떠한 처분을 하기 전에 당사자 등의 의견을 직접 듣고 증거를 조사하는 절차를 말한다.

해설 ① 처분을 신청할 때 전자문서로 하는 경우에는 행정청의 컴퓨터 등에 입력된 때에 신청한 것으로 본다 (「행정절차법」 제17조 제2항).
② 「행정절차법」 제41조 제1항 단서 제2호
③ 「행정절차법」 제43조
④ 「행정절차법」 제44조 제1항
⑤ 「행정절차법」 제2조 제5호

20 행정행위의 부관의 한계에 관한 설명으로 옳지 않은 것은? (다툼이 있으면 판례에 따름)

① 부관은 주된 행위와 실질적 관련성을 가져야 한다.

② 부관은 주된 행위의 본질적 목적에 반해서는 안 된다.

③ 부관의 사후변경은 사정변경으로 인하여 당초에 부담을 부가한 목적을 달성할 수 없게 된 경우에 그 목적달성에 필요한 범위 내일지라도 허용되지 않는다.

④ 부관의 내용은 비례의 원칙에 적합하여야 한다.

⑤ 부관의 내용은 적법하고 이행 가능하여야 한다.

해설 ③ 판례에 따르면 부관의 사후변경은 4가지 경우에 허용된다고 본다.
행정처분에 이미 부담이 부가되어 있는 상태에서 그 의무의 범위 또는 내용 등을 변경하는 부관의 사후변경은, 법률에 명문의 규정이 있거나 그 변경이 미리 유보되어 있는 경우 또는 상대방의 동의가 있는 경우에 한하여 허용되는 것이 원칙이지만, 사정변경으로 인하여 당초에 부담을 부가한 목적을 달성할 수 없게 된 경우에도 그 목적 달성에 필요한 범위 내에서 예외적으로 허용된다(대판 1997.5.30. 97누2627).
① 수익적 행정행위에 있어서는 법령에 특별한 근거규정이 없다고 하더라도 그 부관으로서 부담을 붙일 수 있으나, 그러한 부담은 비례의 원칙, 부당결부금지의 원칙에 위반되지 않아야만 적법하다(대판 1997.3.11. 96다49650).
행정처분과 부관 사이에 실체적 관련성이 있다고 볼 수 없는 경우 공무원이 위와 같은 공법상의 제한을 회피할 목적으로 행정처분의 상대방과 사법상 계약을 체결하는 형식을 취하였다면 이는 법치행정의 원리에 반하는 것으로서 위법하다(대판 2009.12.10. 2007다63966).
②·④·⑤ 행정행위에 부관을 붙일 수 있는 경우에도 부관의 내용은 적법하고 이행 가능하여야 하며, 비례원칙 및 평등원칙 등에 적합하고 행정처분의 본질적 효력을 해하지 아니하는 한도의 것이어야 한다(대판 1997.3.14. 96누16698).

21 행정심판에 관한 설명으로 옳은 것은?

① 청구인적격이 없는 자가 제기한 행정심판이라고 하더라도 본안심리를 거쳐서 기각하여야 한다.

② 행정심판의 대상은 행정청의 위법·부당한 처분에 한정되며, 부작위는 대상이 될 수 없다.

③ 대통령의 처분에 대하여는 다른 법률에서 행정심판을 청구할 수 있도록 정한 경우 외에는 행정심판을 청구할 수 없다.

④ 취소심판의 청구기간은 무효등확인심판청구에도 적용한다.

⑤ 법인이 아닌 사단은 대표자나 관리인이 정하여져 있는 경우에도 그 사단의 이름으로 심판청구를 할 수 없다.

해설 ③ 대통령의 처분에 대하여는 다른 법률에서 행정심판을 청구할 수 있도록 정한 경우 외에는 행정심판을 청구할 수 없다(「행정심판법」 제3조 제2항).
① 청구인적격이 없는 자가 제기한 심판청구는 부적법한 것으로서 흠결이 보정될 수 없다(대판 1990.2.9. 89누4420). 따라서 청구인적격이 없는 자가 제기한 행정심판은 요건심리를 거쳐 각하된다.
② 행정심판의 대상은 행정청의 위법 또는 부당한 처분이나 부작위이다(「행정심판법」 제1조 및 제2조, 제3조).
④ 취소심판의 청구기간은 거부처분에 대한 의무이행심판에는 적용되지만, 무효등확인심판과 부작위에 대한 의무이행심판에는 적용되지 않는다(「행정심판법」 제27조 제7항).
⑤ 법인이 아닌 사단 또는 재단으로서 대표자나 관리인이 정하여져 있는 경우에는 그 사단이나 재단의 이름으로 심판청구를 할 수 있다(「행정심판법」 제14조).

22 행정규칙에 관한 설명으로 옳은 것은? (다툼이 있으면 판례에 따름)

① 행정규칙의 제정에는 일반적으로 법적 근거가 필요하지 않다.

② 대통령령으로 정한 제재적 처분기준은 행정규칙으로서의 성질을 가진다.

③ 「행정절차법」상 처분의 기준이 되는 재량준칙을 변경하는 경우 이를 공표할 필요가 없다.

④ 재량권 행사의 준칙인 행정규칙에 행정관행이 성립되어 있지 않더라도 행정기관은 그 준칙에 따라야 할 자기구속을 받게 된다.

⑤ 상급 행정기관은 감독권에 근거하여서는 하급 행정기관에 대한 행정규칙을 발할 수 없다.

해설 ① 행정규칙은 일반 국민의 권리·의무에 관한 사항이 아닌 행정조직 내부의 사항을 정하는 것이므로, 행정규칙의 제정에는 일반적으로 법적 근거가 필요하지 않다.
② 대법원 판례는 일반적으로 대통령령(시행령)으로 정한 제재적 처분기준은 법규명령의 성질을, 부령(시행규칙)으로 정한 제재적 처분기준은 행정규칙으로서의 성질을 가진다고 본다.
③ 「행정절차법」은 제20조(처분기준의 설정·공표) 제1항에서 "행정청은 필요한 처분기준을 해당 처분의 성질에 비추어 되도록 구체적으로 정하여 공표하여야 한다. 처분기준을 변경하는 경우에도 또한 같다."라고 규정하고 있다. 따라서 처분의 기준이 되는 재량준칙을 변경하는 경우 이를 공표하여야 한다.
④ 판례는 재량권 행사의 준칙인 행정규칙에 행정관행이 성립되어 있지 않은 경우에는 행정기관은 그 준칙에 따라야 할 자기구속을 받지 않는다고 본다.
재량권 행사의 준칙인 행정규칙이 그 정한 바에 따라 되풀이 시행되어 행정관행이 이루어지게 되면 평등의 원칙이나 신뢰보호의 원칙에 따라 행정기관은 그 상대방에 대한 관계에서 그 규칙에 따라야 할 자기구속을 받게 되므로, 이러한 경우에는 특별한 사정이 없는 한 그를 위반하는 처분은 평등의 원칙이나 신뢰보호의 원칙에 위배되어 재량권을 일탈·남용한 위법한 처분이 된다(대판 2009.3.26. 2007다88828).
⑤ 행정규칙의 제정에는 일반적으로 법적 근거가 필요하지 않으며, 상급 행정기관은 감독권에 근거하여 하급 행정기관에 대한 행정규칙을 발할 수 있다.

23 행정조직에 관한 설명으로 옳지 않은 것은? (다툼이 있으면 판례에 따름)

① 기관위임사무는 법령에 별도의 위임이 없는 한 조례의 규율대상이 되지 않는다.

② 법령상 규칙으로 행정권한을 위임해야 함에도 조례에 의한 위임에 따라 행해진 수임기관의 처분은 당연무효이다.

③ 행정권한의 내부위임임에도 불구하고 수임기관이 자기의 이름으로 처분을 한 경우 항고소송의 피고는 실제로 처분을 한 수임기관이 된다.

④ 행정권한을 위탁받은 공공단체 또는 그 기관이나 사인은 「행정절차법」상의 행정청에 해당한다.

⑤ 공법인의 경우도 사경제 주체로서 활동하는 경우에는 기본권의 주체가 될 수 있다.

해설 ② 법령상 규칙으로 행정권한을 위임해야 함에도 조례에 의한 위임에 따라 행해진 수임기관의 처분은 결과적으로 적법한 위임 없이 권한 없는 자에 의하여 행하여진 것과 마찬가지가 되어 그 하자가 중대하나, 지방자치단체의 사무에 관한 조례와 규칙은 조례가 보다 상위규범이라고 할 수 있고, 또한 「헌법」 제107조 제2항의 "규칙"에는 지방자치단체의 조례와 규칙이 모두 포함되는 등 이른바 규칙의 개념이 경우에 따라 상이하게 해석되는 점 등에 비추어 보면, 위 처분의 위임과정의 하자가 객관적으로 명백한 것이라고 할 수 없어 그 하자가 중대하나 명백하다고는 할 수 없으므로 당연무효는 아니다(대판 1995.8.22. 94누5694).

① 지방자치단체가 자치조례를 제정할 수 있는 것은 원칙적으로 자치사무와 단체위임사무에 한하므로, 국가사무가 지방자치단체의 장에게 위임된 기관위임사무와 같이 지방자치단체의 장이 국가기관의 지위에서 수행하는 사무일 뿐 지방자치단체 자체의 사무라고 할 수 없는 것은 원칙적으로 자치조례의 제정범위에 속하지 않는다. 다만 기관위임사무에 있어서도 그에 관한 개별 법령에서 일정한 사항을 조례로 정하도록 위임하고 있는 경우에는 지방자치단체의 자치조례 제정권과 무관하게 이른바 위임조례를 정할 수 있다(대판 1999.9.17. 99추30).

③ 행정권한의 내부위임이나 대리권을 수여받은 데 불과하여 원행정청 명의나 대리관계를 밝히지 아니하고는 그의 명의로 처분 등을 할 권한이 없는 행정청이 권한 없이 그의 명의로 한 처분에 대하여도 처분 명의자인 행정청이

피고가 되어야 한다(대판 1994.6.14. 94누1197).

④ "행정청"이란 행정에 관한 의사를 결정하여 표시하는 국가 또는 지방자치단체의 기관, 그 밖에 법령 또는 자치법규에 따라 행정권한을 가지고 있거나 위임 또는 위탁받은 공공단체 또는 그 기관이나 사인을 말한다(「행정절차법」 제2조 제1호).

⑤ 기본권 보장 규정인 「헌법」 제2장은 그 제목을 '국민의 권리와 의무'로 하고 있고, 제10조 내지 제39조는 "모든 국민은 … 권리를 가진다."라고 규정하고 있으므로 공권력의 행사자인 국가, 지방자치단체나 그 기관 또는 국가조직의 일부나 공법인은 국민의 기본권을 보호 내지 실현해야 할 '책임'과 '의무'를 지는 주체로서 헌법소원을 청구할 수 없다. 다만 공법인이나 이에 준하는 지위를 가진 자라 하더라도 공무를 수행하거나 고권적 행위를 하는 경우가 아닌 사경제 주체로서 활동하는 경우나 조직법상 국가로부터 독립한 고유 업무를 수행하는 경우, 그리고 다른 공권력 주체와의 관계에서 지배복종관계가 성립되어 일반 사인처럼 그 지배하에 있는 경우 등에는 기본권 주체가 될 수 있다. 이러한 경우에는 이들이 기본권을 보호해야 하는 국가적 기능을 담당하고 있다고 볼 수 없기 때문이다(헌재 2013.9.26. 2012헌마271).

24 「행정소송법」상의 사정판결에 관한 설명으로 옳지 않은 것은?

① 무효확인소송에서는 사정판결을 할 수 없다.

② 사정판결 시 법원은 그 판결의 주문에서 그 처분 등이 위법함을 명시하여야 한다.

③ 당사자의 주장이 없더라도 법원은 직권으로 사정판결을 할 수 있다.

④ 사정판결이 있으면 취소소송의 대상인 처분은 당해 처분이 위법함에도 불구하고 그 효력이 유지된다.

⑤ 사정판결은 기각판결이므로 소송비용은 원고가 부담한다.

해설 ⑤ 사정판결은 원고의 청구가 이유 있다고 인정하면서도 처분 등을 취소하는 것이 현저히 공공복리에 적합하지 아니하다고 인정하는 때에 원고의 청구를 기각하는 특수한 기각판결이므로「행정소송법」은 소송비용은 일반적인 패소자부담원칙이 적용되지 않고 승소자인 피고행정청이 부담하도록 규정하고 있다.

취소청구가 제28조(사정판결)의 규정에 의하여 기각되거나 행정청이 처분 등을 취소 또는 변경함으로 인하여 청구가 각하 또는 기각된 경우에는 소송비용은 피고의 부담으로 한다(「행정소송법」제32조).

① 「행정소송법」은 사정판결을 취소소송에서만 인정하고 있다. 무효확인소송과 부작위법확인소송에서는 사정판결을 할 수 없다.

② 사정판결 시 법원은 그 판결의 주문에서 그 처분 등이 위법함을 명시하여야 한다(「행정소송법」제28조 제1항).

③ 「행정소송법」제26조는 법원은 필요하다고 인정할 때에는 직권으로 증거조사를 할 수 있고 당사자가 주장하지 아니한 사실에 대하여도 판단할 수 있다고 규정하고 있으므로 행정소송에 있어서 법원이 「행정소송법」제28조 소정의 사정판결을 할 필요가 있다고 인정하는 때에는 당사자의 명백한 주장이 없는 경우에도 일건 기록에 나타난 사실을 기초로 하여 직권으로 사정판결을 할 수 있다(대판 1992.2.14. 90누9032).

④ 사정판결은 원고의 청구가 이유 있다고 인정됨에도 처분 등을 취소하는 것이 현저히 공공복리에 적합하지 아니하다고 인정하는 때에 원고의 청구를 기각하는 것인바, 사정판결이 있으면 취소소송의 대상인 처분은 당해 처분이 위법함에도 불구하고 그 효력이 유지된다.

25 「경찰관 직무집행법」의 내용으로 옳지 않은 것은?

① 경찰관은 어떠한 죄를 범하려 하고 있다고 의심할 만한 상당한 이유가 있는 사람에 대하여 정지시켜 질문할 수 있다.

② 경찰관이 불심검문 장소에서 질문하는 것이 교통에 방해가 된다고 인정하여 가까운 경찰서로 동행을 요구한 경우, 동행을 요구받은 사람은 이를 거절할 수 없다.

③ 외국 정부기관 및 국제기구와의 국제협력은 경찰관의 직무에 해당한다.

④ 경찰관은 대테러 작전 등 국가안전에 관련되는 작전을 수행할 때에는 개인화기 외에 공용화기를 사용할 수 있다.

⑤ 경찰장구란 경찰관이 휴대하여 범인 검거와 범죄 진압 등의 직무수행에 사용하는 수갑, 포승 등을 말한다.

해설 ② 경찰관이 임의동행을 요구한 경우, 동행을 요구받은 사람은 이를 거절할 수 있다.

경찰관은 불심검문한 사람을 정지시킨 장소에서 질문을 하는 것이 그 사람에게 불리하거나 교통에 방해가 된다고 인정될 때에는 질문을 하기 위하여 가까운 경찰서·지구대·파출소 또는 출장소 등 경찰관서로 동행할 것을 요구할 수 있다. 이 경우 동행을 요구받은 사람은 그 요구를 거절할 수 있다(「경찰관 직무집행법」제3조 제2항).

① 「경찰관 직무집행법」제3조(불심검문) 제1항
③ 「경찰관 직무집행법」제2조(직무의 범위)
④ 「경찰관 직무집행법」제10조의 4(무기의 사용) 제3항
⑤ 「경찰관 직무집행법」제10조의 2(경찰장구의 사용) 제2항

제6회 행정사 행정법

[2018. 5. 26. 실시]

01 의사표시를 구성요소로 하는가에 따라 행정행위를 분류할 때 성질이 다른 하나는?

① 면제   ② 특허

③ 확인   ④ 인가

⑤ 대리

> 해설 ③ 준법률행위적 행정행위에 해당한다.
> ①·②·④·⑤ 법률행위적 행정행위에 해당한다.

02 판례에 의할 때 ( )에 들어갈 것은?

> 토지등소유자가 도시환경정비사업을 시행하는 경우 사업시행인가 신청 시 필요한 토지등소유자의 동의는, 개발사업의 주체 및 정비구역 내 토지등소유자를 상대로 수용권을 행사하고 각종 행정처분을 발할 수 있는 행정주체로서의 지위를 가지는 사업시행자를 지정하는 문제이므로, 사업시행인가 신청에 필요한 동의정족수를 토지등소유자가 자치적으로 정하여 운영하는 규약에 정하도록 한 것은 ( )원칙에 위반된다.

① 평등   ② 비례

③ 법률유보   ④ 신뢰보호

⑤ 적법절차

> 해설 ③ 사업시행인가 신청에 필요한 동의정족수를 토지등소유자가 자치적으로 정하여 운영하는 규약에 정하도록 한 것은 법률유보의 원칙에 위반된다(헌재 2011.8.30. 2009헌바128·148). 국가공동체와 그 구성원에게 기본적이고도 중요한 의미를 갖는 영역, 특히 국민의 기본권 실현과 관련된 영역에 있어서는 국민의 대표자인 입법자가 그 본질적 사항에 대해서 스스로 결정하여야 한다는 것은 법률유보의 원칙 중 의회유보에 관한 내용이다.

03 지방자치단체의 주민에 관한 설명으로 옳지 않은 것은? (다툼이 있으면 판례에 따름)

① 감사청구한 주민이라면 1인이라도 「지방자치법」상 주민소송을 제기할 수 있다.

② 주민소환제는 지방자치의 본질적인 내용이라 할 수 없다.

③ 주민투표권은 「헌법」이 보장하는 참정권이라 할 수 없다.

④ 주민이라 하더라도 공공시설의 설치를 반대하는 사항에 대해서는 조례제정을 청구할 수 없다.

⑤ 주민이 지방의회 본회의의 안건 심의 중 방청인으로서 안건에 관하여 발언하는 것은 선거제도를 통한 대표제 원리에 위반되지 않는다.

> 해설 ⑤ 「지방자치법」상의 의회대표제하에서 의회의원과 주민은 엄연히 다른 지위를 지니는 것으로서 의원과는 달리 정치적·법적으로 아무런 책임을 지지 아니하는 주민이 본회의 또는 위원회의 안건 심의 중 안건에 관하여 발언한다는 것은 선거제도를 통한 대표제 원리에 정면으로 위반되는 것으로서 허용될 수 없다(대판 1993.2.26. 92추109).

① 감사청구한 주민이 주민소송의 원고가 된다. 감사청구권은 1명으로 불가능하지만, 감사청구한 주민 1명에 의한 제소는 가능하다.
② 주민소환제 자체는 지방자치의 본질적인 내용이라고 할 수 없으므로 이를 보장하지 않는 것이 위헌이라거나 어떤 특정한 내용의 주민소환제를 반드시 보장해야 한다는 헌법적인 요구가 있다고 볼 수는 없다(헌재 2011.12.29. 2010헌바368).
③ 주민투표권은 법률이 보장하는 권리이며, 「헌법」이 보장하는 참정권은 아니다.
④ 조례 개·폐청구에서 행정기구를 설치하거나 변경하는 것에 관한 사항이나 공공시설의 설치를 반대하는 사항은 청구대상에서 제외된다(「지방자치법」 제15조 제2항).

해설 ② 하자의 승계가 부정된 사례로서 옳은 지문이다.
① 사업인정은 형성적 행정처분으로 특허로서 재량행위이다(대판 1987.9.8. 87누395).
③ 해당 공익사업을 수행하여 공익을 실현할 의사나 능력이 없는 자에게 타인의 재산권을 공권력적·강제적으로 박탈할 수 있는 수용권을 설정하여 줄 수는 없으므로, 사업시행자에게 해당 공익사업을 수행할 의사와 능력이 있어야 한다는 것도 사업인정의 한 요건이라고 보아야 한다(대판 2011.1.27. 2009두1051).
④ 사업인정이 고시되면 고시한 날부터 사업인정의 효과와 수용목적물 확정의 효과가 발생한다.
⑤ 사업시행자가 사업인정의 고시가 된 날부터 1년 이내에 재결신청을 하지 아니한 경우에는 사업인정고시가 된 날부터 1년이 되는 날의 다음 날에 사업인정은 그 효력을 상실한다(동법 제23조 제1항).

04 「공익사업을 위한 토지 등의 취득 및 보상에 관한 법률」상 사업인정에 관한 설명으로 옳은 것은? (다툼이 있으면 판례에 따름)

① 사업인정은 해당 사업이 토지를 수용할 수 있는 공익사업임을 확인하는 행위일 뿐 형성행위로 볼 수는 없다.
② 사업인정에 대한 쟁송기간이 도과한 경우, 사업인정이 당연무효가 아닌 한 그 위법을 이유로 수용재결의 취소를 구할 수 없다.
③ 사업시행자에게 해당 공익사업을 수행할 의사와 능력이 있는지 여부는 사업인정의 요건이 아니다.
④ 사업인정은 고시한 다음 날부터 효력이 발생한다.
⑤ 사업인정 고시가 있은 후에는 다수의 이해관계인이 발생하므로 사업인정이 실효될 수 없다.

05 「국유재산법」에서 사용하는 용어의 설명으로 옳은 것은?

① "총괄청"이란 국무총리를 말한다.
② "일반재산"이란 행정재산 외의 모든 국유재산을 말한다.
③ "사용허가"란 행정재산을 국가 외의 자가 일정 기간 유상(무상인 경우는 제외한다)으로 사용·수익할 수 있도록 허용하는 것을 말한다.
④ "대부계약"이란 행정재산을 국가 외의 자가 일정 기간 유상이나 무상으로 사용·수익할 수 있도록 체결하는 계약을 말한다.
⑤ "과징금"이란 사용허가나 대부계약 없이 국유재산을 사용·수익하거나 점유한 자에게 부과하는 금액을 말한다.

해설 ② "일반재산"이란 행정재산 외의 모든 국유재산을 말한다(「국유재산법」 제6조 제3항).
① "총괄청"이란 기획재정부장관을 말한다(「국유재산법」 제2조 제10호).
③ "사용허가"란 행정재산을 국가 외의 자가 일정 기간 유상이나 무상으로 사용·수익할 수 있도록 허용하는 것을 말한다(「국유재산법」 제2조 제7호).
④ "대부계약"이란 일반재산을 국가 외의 자가 일정 기간 유상이나 무상으로 사용·수익할 수 있도록 체결하는 계약을 말한다(「국유재산법」 제2조 제8호).
⑤ "변상금"이란 사용허가나 대부계약 없이 국유재산을 사용·수익하거나 점유한 자(사용허가나 대부계약 기간이 끝난 후 다시 사용허가나 대부계약 없이 국유재산을 계속 사용·수익하거나 점유한 자를 포함한다. 이하 "무단점유자"라 한다)에게 부과하는 금액을 말한다(「국유재산법」 제2조 제9호).

06 판례에 의할 때 공법상 법률관계에 해당하는 것을 모두 고른 것은?

┌─────────────────────────────────┐
│ ㉠ 재개발조합과 조합임원 사이의 해임 │
│   에 관한 법률관계   │
│ ㉡ 국가의 부가가치세 환급세액 지급관계 │
│ ㉢ 국가에서 근무하는 청원경찰의 근무 │
│   관계   │
│ ㉣ 일반재산인 국유림의 대부관계   │
└─────────────────────────────────┘

① ㉠, ㉡   ② ㉠, ㉢
③ ㉠, ㉣   ④ ㉡, ㉢
⑤ ㉢, ㉣

해설 ④ ㉡, ㉢ 공법관계이다.
㉠, ㉣ 사법관계이다.

07 행정계획에 관한 설명으로 옳은 것은? (다툼이 있으면 판례에 따름)

① 행정계획은 헌법소원의 대상이 될 수 없다.
② 서로 양립할 수 없는 내용의 도시·군관리계획이 중복되어 결정·고시되었다면 특별한 사정이 없는 한 선행 계획은 후행 계획과 같은 내용으로 적법하게 변경된 것으로 보아야 한다.
③ 「행정절차법」은 행정계획의 수립절차에 대하여 규정하고 있다.
④ 「국토의 계획 및 이용에 관한 법률」에 따른 개발제한구역의 지정·고시는 처분성이 없다.
⑤ 행정청은 행정계획을 수립함에 있어 광범위한 형성의 자유를 가지나, 이를 변경함에 있어서는 형성의 자유가 인정되지 않는다.

해설 ② 옳은 지문이다.
후행 도시계획에 선행 도시계획과 서로 양립할 수 없는 내용이 포함되어 있다면, 특별한 사정이 없는 한 선행 도시계획은 후행 도시계획과 같은 내용으로 적법하게 변경되었다고 할 것이다(대판 1997.6.24. 96누1313).
① 헌법재판소는 일정한 행정계획에 한하여 헌법소원의 대상을 인정하고 있다.
비구속적 행정계획안에 불과하지만 국민의 기본권에 직접적으로 영향을 끼치고, 앞으로 법령의 뒷받침에 의하여 그대로 실시될 것이 틀림없을 것으로 예상되는 때에는 헌법소원의 대상이 될 수 있다(헌재 2000.6.1. 99헌마538).
③ 현행 「행정절차법」은 행정계획에 대하여 명문의 규정을 두고 있지 않다.
④ 개발제한구역지정처분은 광범위한 형성의 자유를 가지는 계획재량처분이다(대판 1997.6.24. 96누1313).
⑤ 행정주체가 구체적인 행정계획을 입안·결정할 때 가지는 형성의 자유의 한계에 관한 법리가 장기간 미집행 도시계획시설의 변경신청에 관한 결정을 함에 있어서도 적용된다(대판 2012.1.12. 2010두5806).

08 행정지도에 관한 설명으로 옳지 않은 것은? (다툼이 있으면 판례에 따름)

① 「주택법」에 따라 시장이 사업주체가 건설할 주택을 공업화주택으로 건설하도록 사업주체에게 권고한 것은 행정지도에 해당한다.

② 「행정절차법」은 행정지도에 법적 근거가 요구되는지에 대하여 규정하고 있지 않다.

③ 행정기관은 조직법상 주어진 권한의 범위 밖에서도 행정지도를 할 수 있다.

④ 행정지도에는 개별법상 명시적 규정의 유무를 불문하고 행정법의 일반원칙이 적용된다.

⑤ 사인의 행위가 위법한 행정지도에 따른 것이라는 사유만으로는 위법성이 조각되지 않는다.

해설 ③ 법률유보의 내용 중에서 조직법적 근거는 언제나 요구된다. 따라서 행정지도를 함에 있어서도 조직법상의 권한의 범위 내에서 행해져야 한다.
① 권고적 성격을 갖는 행위로서 행정지도에 해당한다.
② 「행정절차법」은 행정지도에 대하여 규정을 두고 있으나 법적 근거 여부에 대해서는 규정을 두고 있지 않다.
④ 「행정법」상의 일반원칙(조리)은 불문법원으로서 개별 법령의 근거를 두지 않아도 적용된다.
⑤ 위법한 행정지도에 따른 사인의 행위는 위법하지 않게 되는가에 대하여, 판례는 위법한 행정지도에 따른 경우에도 사인의 행위는 그 위법성이 여전히 인정되며, 그 위법성이 조각되지 않는다는 입장이다(대판 1994.6.14. 93도3247).

09 행정행위의 부관에 관한 설명으로 옳은 것은? (다툼이 있으면 판례에 따름)

① 전기공사 도중 도로를 훼손한 전기회사에 도로보수 공사비를 부담시키는 것은 행정행위의 부관이다.

② 부담인 부관이 무효인 경우에도 그 부담의 이행으로 한 사법(私法)상 법률행위가 당연히 무효가 되는 것은 아니다.

③ 재량행위에는 법령에 특별한 규정이 없다면 부관을 붙일 수 없다.

④ 부담부 행정행위의 경우에는 부담을 이행하여야 주된 행정행위의 효력이 발생한다.

⑤ 조건이 성취되어야 행정행위의 효력이 발생하는 부관은 해제조건이다.

해설 ② 옳은 지문이다.
행정처분에 붙인 부담인 부관이 무효가 되면 그 부담의 이행으로 한 사법상 법률행위도 당연히 무효가 되지 않으며 행정처분에 붙인 부담인 부관이 제소기간 도과로 불가쟁력이 생긴 경우에도 그 부담의 이행으로 한 사법상 법률행위의 효력을 다툴 수 있다(대판 2009.6.25. 2006다18174).
① 전기공사 도중 도로를 훼손한 전기회사에 도로보수 공사비를 부담시키는 것은 행정행위의 부관이 아니라 부담금이다.
③ 재량행위의 경우에는 법령에 명시적인 근거가 없어도 부관을 붙일 수 있다.
④ 부담이 부가된 경우에는 주된 행정행위는 처음부터 그 효력이 발생한다. 그래서 부담이 조건보다 상대방에게 더 유리하다.
⑤ 조건이 성취되어야 효력이 발생하는 것은 정지조건이다.

10 甲은 과세처분에 따라 부과된 금액을 납부하였으나, 그 과세처분에 하자가 있음을 발견하고 이미 납부한 금액을 반환받고자 한다. 이에 관한 설명으로 옳지 않은 것은? (다툼이 있으면 판례에 따름)

① 과세처분에 취소사유가 있고 불가쟁력이 발생한 경우, 甲은 이미 납부한 금액을 부당이득반환청구소송을 통해 반환받을 수 없다.

② 과세처분에 불가쟁력이 발생한 경우, 甲이 국가배상청구소송을 제기하더라도 법원은 과세처분의 위법 여부를 판단할 수 없다.

③ 과세처분이 취소소송을 통해 취소된 경우, 甲은 이미 납부한 금액을 부당이득반환청구소송을 통해 반환받을 수 있다.

④ 과세처분이 무효인 경우, 甲은 이미 납부한 금액을 반환받기 위하여 무효확인소송을 제기할 수 있다.

⑤ 과세처분이 무효인 경우, 甲은 이미 납부한 금액을 부당이득반환청구소송을 통해 반환받을 수 있다.

해설 ② 쟁송기간이 도과하여 불가쟁력이 발생한 경우에도 행정처분의 위법성, 하자가 치유되는 것이 아니므로 상대방은 국가배상 제기가 가능하며 위법성 여부를 선결문제로 판단할 수 있다.
① 과세처분에 취소사유가 있는 경우에는 공정력이 있는 것이므로 부당이득반환청구소송에서 선결문제로 그 효력을 판단할 수 없으므로 부당이득반환청구는 기각되게 된다. 따라서 반환받을 수 없다.
③ 과세처분이 취소소송에서 취소된 경우에는 그 처분이 소급하여 효력이 소멸된 것이므로 부당이득반환청구소송을 통해 반환받을 수 있다.
④ 과세처분이 무효인 경우 이미 납부한 금액을 반환받기 위해서 무효확인소송을 제기하여 구제를 받을 수 있다.
⑤ 과세처분이 무효인 경우에는 민사소송에서 처분의 효력을 선결문제로 판단할 수 있으므로 바로 부당이득반환청구소송을 통하여 반환받을 수 있다.

11 ( )에 들어갈 수 있는 것으로 옳은 것을 모두 고른 것은?

> 「경찰관 직무집행법」에 따르면, 경찰관은 주위 사정을 합리적으로 판단해 볼 때 ( )에 해당하는 것이 명백하고 응급구호가 필요하다고 믿을 만한 상당한 이유가 있는 사람을 발견하였을 때에는 보건의료기관에 긴급구호를 요청하거나 경찰관서에 보호하는 등 적절한 조치를 할 수 있다.

> ㉠ 자살을 시도하는 사람
> ㉡ 정신착란을 일으켜 타인의 신체에 위해를 끼칠 우려가 있는 사람
> ㉢ 술에 취하여 자신의 재산에 위해를 끼칠 우려가 있는 사람
> ㉣ 부상자로서 적당한 보호자가 없음에도 구호를 거절하는 사람

① ㉠, ㉡   ② ㉢, ㉣
③ ㉠, ㉡, ㉢   ④ ㉡, ㉢, ㉣
⑤ ㉠, ㉡, ㉢, ㉣

해설 ③ 「경찰관 직무집행법」 제4조의 내용이다.
제4조(보호조치 등) ① 경찰관은 수상한 행동이나 그 밖의 주위 사정을 합리적으로 판단해 볼 때 다음 각 호의 어느 하나에 해당하는 것이 명백하고 응급구호가 필요하다고 믿을 만한 상당한 이유가 있는 사람(이하 "구호대상자"라 한다)을 발견하였을 때에는 보건의료기관이나 공공구호기관에 긴급구호를 요청하거나 경찰관서에 보호하는 등 적절한 조치를 할 수 있다.
1. 정신착란을 일으키거나 술에 취하여 자신 또는 다른 사람의 생명·신체·재산에 위해를 끼칠 우려가 있는 사람
2. 자살을 시도하는 사람
3. 미아, 병자, 부상자 등으로서 적당한 보호자가 없으며 응급구호가 필요하다고 인정되는 사람. 다만, 본인이 구호를 거절하는 경우는 제외한다.

12 행정입법에 관한 설명으로 옳은 것을 모두 고른 것은? (다툼이 있으면 판례에 따름)

> ㉠ 법규명령은 원칙적으로 구체적 규범통제의 대상이 된다.
> ㉡ 집행명령은 법률의 명시적 위임규정이 없더라도 제정할 수 있다.
> ㉢ 법규명령의 위임근거가 되는 법률에 대하여 위헌결정이 선고되면 그 위임에 근거하여 제정된 법규명령도 원칙적으로 효력을 상실한다.
> ㉣ 위임명령이 법률에서 위임받은 사항에 관하여 대강을 정하고 그중 특정사항을 범위를 정하여 하위법령에 다시 위임하는 것은 재위임금지의 원칙에 따라 허용되지 않는다.

① ㉠, ㉡   ② ㉠, ㉣
③ ㉢, ㉣   ④ ㉠, ㉡, ㉢
⑤ ㉡, ㉢, ㉣

해설 ④ 옳은 지문은 ㉠, ㉡, ㉢이다.
㉠ [○] 법규명령은 재판의 전제가 되었을 때 모든 법원이 심사를 하지만 대법원이 최종적으로 심사를 하는 구체적 규범통제를 채택하고 있다.
㉡ [○] 집행명령은 위임명령과 달리 절차, 형식적인 것을 규율하는 것이므로 상위법령의 근거가 없어도 제정할 수 있다.
㉢ [○] 법규명령의 위임근거가 되는 법률에 대하여 위헌결정이 선고되면 그 위임에 근거하여 제정된 법규명령도 원칙적으로 효력을 상실한다(대판 1998.4.10. 96다52359).
㉣ [×] 법률에서 위임받은 사항을 전혀 규정하지 아니하고 그대로 재위임하는 것은 허용되지 않으며, 위임받은 사항에 관하여 대강을 정하고 그중의 특정사항의 범위를 정하여 하위법령에 다시 위임하는 경우에만 재위임이 허용된다(헌재 1996.2.29. 94헌마213).

13 행정절차에 관한 설명으로 옳은 것은? (다툼이 있으면 판례에 따름)

① 신청에 대한 거부처분은 사전통지의 대상이 된다.
② 「국가공무원법」상 직위해제처분에는 의견청취에 관한 「행정절차법」의 규정이 적용된다.
③ 「행정절차법」상 의견제출을 할 수 있는 이해관계인은 행정청이 직권으로 행정절차에 참여하게 한 자에 한정된다.
④ 「국가공무원법」상 소청심사위원회가 소청사건을 심사하면서 소청인 또는 대리인에게 진술의 기회를 주지 아니하고 한 결정은 무효이다.
⑤ 무효사유인 절차상 하자는 판결 시까지 치유할 수 있다.

해설 ④ 행정절차 하자에 대하여 일반적으로 취소사유로 보고 있으나 개별법령에서는 무효로 규정한 경우가 있다. 「국가공무원법」상 소청심사위원회가 소청사건을 심사하면서 소청인 또는 대리인에게 진술의 기회를 주지 아니하고 한 결정은 무효로 한다는 규정이 대표적이다(「국가공무원법」 제13조 제2항).
① 신청에 대한 거부처분은 '당사자의 권익을 제한하는 처분'에 해당한다고 할 수 없는 것이어서 처분의 사전통지대상이 된다고 할 수 없다(대판 2003.11.28. 2003두674).
② 「국가공무원법」상 직위해제처분은 행정작용의 성질상 행정절차를 거치기 곤란하거나 불필요하다고 인정되는 사항 또는 행정절차에 준하는 절차를 거친 사항에 해당하므로, 처분의 사전통지 및 의견청취 등에 관한 「행정절차법」의 규정이 별도로 적용되지 않는다(대판 2014.5.16. 2012두26180).
③ 「행정절차법」상 당사자는 행정청의 처분에 대하여 직접 그 상대가 되는 당사자, 행정청이 직권으로 또는 신청에 따라 행정절차에 참여하게 한 이해관계인을 말한다. 따라서 신청에 따라 행정절차에 참여하게 한 이해관계인을 포함한다.
⑤ 무효인 행위에 대하여 다수설, 판례는 하자의 치유를 인정하고 있지 않다.

14 「행정절차법」상 의견청취에 관한 설명으로 옳지 않은 것은? (다툼이 있으면 판례에 따름)

① 고시의 방법으로 불특정 다수인을 상대로 권익을 제한하는 처분을 하는 경우, 행정청은 상대방에게 의견제출의 기회를 주어야 한다.

② 행정청은 법령상 다른 규정이 없는 한, 사인과의 협약을 통해 법령상 요구되는 청문을 생략할 수 없다.

③ 행정청은 법인 설립허가의 취소 시 의견제출기한 내에 당사자 등의 신청이 있는 경우에는 청문을 실시하여야 한다.

④ 당사자 등은 청문의 통지가 있는 날부터 청문이 끝날 때까지 행정청에 해당 사안의 조사 결과에 관한 문서의 복사를 요청할 수 있다.

⑤ 청문 주재자는 당사자 등이 주장하지 아니한 사실에 대하여도 증거조사를 할 수 있다.

> **해설** ① 고시의 방법으로 불특정 다수인을 상대로 의무를 부과하거나 권익을 제한하는 처분은 「행정절차법」 제22조 제3항의 의견제출절차의 대상이 되는 처분이 아니다. 도로구역변경고시는 「행정절차법」 제21조 제1항의 사전통지나 제22조 제3항의 의견청취의 대상이 되는 처분은 아니라 할 것이다(대판 2008.6.12. 2007두1767).
> ② 불이익처분을 하면서 행정청과 당사자 사이의 합의에 의해 청문절차를 배제하기로 하였더라도 청문을 실시하지 않아도 되는 예외사유에 해당하지 아니한다(대판 2004.7.8. 2002두8350).
> ③ 인·허가 등의 취소, 신분·자격의 박탈, 법인이나 조합 등의 설립허가의 취소의 경우에는 신청에 의한 청문이 인정된다(「행정절차법」 제22조 제1항 3호).
> ④ 당사자 등은 청문의 통지가 있는 날부터 청문이 끝날 때까지 행정청에 해당 사안의 조사 결과에 관한 문서와 그 밖에 해당 처분과 관련되는 문서의 열람 또는 복사를 요청할 수 있다(「행정절차법」 제37조 제1항).
> ⑤ 청문 주재자는 직권으로 또는 당사자의 신청에 따라 필요한 조사를 할 수 있으며, 당사자 등이 주장하지 아니한 사실에 대하여도 조사할 수 있다(「행정절차법」 제33조 제1항).

15 「행정소송법」상 취소소송에 관한 규정 중 무효등확인소송에 준용되지 않는 것은?

① 사정판결
② 피고경정
③ 공동소송
④ 행정청의 소송참가
⑤ 처분변경으로 인한 소의 변경

> **해설** ① 「행정소송법」상 사정판결은 취소소송의 경우에만 적용된다. 따라서 무효등확인소송에는 사정판결의 내용이 적용되지 않는다.

16 합의제행정기관에 관한 설명으로 옳은 것을 모두 고른 것은?

> ㉠ 행정기관에는 그 소관사무의 일부를 독립하여 수행할 필요가 있는 때에는 법률로 정하는 바에 따라 행정위원회 등 합의제행정기관을 둘 수 있다.
> ㉡ 지방자치단체는 그 소관사무의 일부를 독립하여 수행할 필요가 있으면 법령이나 그 지방자치단체의 조례로 정하는 바에 따라 합의제행정기관을 설치할 수 있다.
> ㉢ 소청심사위원회는 심사·결정권과 함께 대외적 표시권한을 갖는 행정청이다.
> ㉣ 중앙노동위원회의 처분에 대한 항고소송의 피고는 중앙노동위원회가 된다.

① ㉠, ㉡
② ㉠, ㉣
③ ㉡, ㉢
④ ㉠, ㉡, ㉢
⑤ ㉡, ㉢, ㉣

> **해설** ④ 옳은 지문은 ㉠, ㉡, ㉢이다.
> ㉠ [○] 행정기관에는 그 소관사무의 일부를 독립하여 수행할 필요가 있는 때에는 법률로 정하는 바에 따라 행정위원회 등 합의제행정기관을 둘 수 있다(「정부조직법」 제5조).

ⓛ [○] 지방자치단체는 그 소관사무의 일부를 독립하여 수행할 필요가 있으면 '법령이나 그 지방자치단체의 조례로' 정하는 바에 따라 합의제행정기관을 설치할 수 있다(「지방자치법」 제116조 제1항).

ⓒ [○] 소청심사위원회는 심사·결정권과 함께 대외적 표시권한을 갖는 합의제행정청이다.

ⓔ [×] 중앙노동위원회의 처분에 대한 항고소송의 피고는 일반적인 합의제행정관청과 달리 중앙노동위원회 위원장이 피고가 된다.

17 권한의 위임과 내부위임에 관한 설명으로 옳은 것은? (다툼이 있으면 판례에 따름)

① 내부위임에는 법적 근거가 필요하다.

② 권한이 위임된 경우 수임기관이 위임기관의 명의로 권한을 행사한다.

③ 내부위임의 경우 수임기관이 자신의 명의로 처분을 하였다면, 위임기관이 항고소송의 피고가 된다.

④ 내부위임의 경우 수임기관이 자신의 명의로 처분을 하였다면, 그 처분의 하자는 원칙적으로 취소사유에 해당한다.

⑤ 행정권한의 위임 및 위탁에 관한 규정에 따르면 수임사무의 처리에 관하여 위임기관은 수임기관에 대하여 사전승인을 받을 것을 요구할 수 없다.

해설 ⑤ 수임 및 수탁사무의 처리에 관하여 위임 및 위탁기관은 수임 및 수탁기관에 대하여 사전승인을 받거나 협의를 할 것을 요구할 수 없다(「행정권한의 위임 및 위탁에 관한 규정」 제7조).

① 내부위임은 행정권한이 이전되는 것이 아니므로 법적 근거를 요하지 않는다.

② 권한이 위임된 경우에는 권한이 이전되는 것이므로 수임기관의 명의로 권한을 행사하고 행정소송의 피고도 수임기관이 된다.

③·④ 내부위임은 권한이 이전되는 것이 아니므로 위임기관 명의로 처분을 해야 한다. 이에 반하여 수임기관이 자신의 명의로 처분을 한 경우에는 무효이며 이 무효확인소송의 피고는 수임기관이 된다는 것이 판례의 입장이다(대판 1994.8.12. 94누2763).

18 「공공기관의 정보공개에 관한 법률」의 내용 중 (　)에 들어갈 숫자가 옳게 연결된 것은?

• 공개 대상 정보로서 자신과 관련된 정보에 대하여 공개 청구된 사실을 통지받은 제3자는 그 통지를 받은 날부터 (㉠)일 이내에 해당 공공기관에 대하여 자신과 관련된 정보를 공개하지 아니할 것을 요청할 수 있다.

• 공개 대상 정보로서 자신과 관련된 정보의 비공개 요청에도 불구하고 공공기관이 공개 결정을 할 때에는 제3자는 공개 결정 이유와 공개 실시일의 통지를 받은 날부터 (㉡)일 이내에 해당 공공기관에 이의신청을 할 수 있다.

	㉠	㉡
①	3	7
②	3	10
③	7	7
④	7	10
⑤	7	15

해설 ① 「공공기관의 정보공개에 관한 법률」 제21조

① 제11조 제3항에 따라 공개 청구된 사실을 통지받은 제3자는 그 통지를 받은 날부터 3일 이내에 해당 공공기관에 대하여 자신과 관련된 정보를 공개하지 아니할 것을 요청할 수 있다.

② 제1항에 따른 비공개 요청에도 불구하고 공공기관이 공개 결정을 할 때에는 공개 결정 이유와 공개 실시일을 분명히 밝혀 지체 없이 문서로 통지하여야 하며, 제3자는 해당 공공기관에 문서로 이의신청을 하거나 행정심판 또는 행정소송을 제기할 수 있다. 이 경우 이의신청은 통지를 받은 날부터 7일 이내에 하여야 한다.

19 판례에 의할 때 항고소송의 대상이 아닌 것은?

① 국세환급금결정
② 세무조사결정
③ 건축신고 반려행위
④ 지방의회의원 징계의결
⑤ 폐기물처리사업계획 부적합통보

해설 ① 국세환급결정이나 환급신청에 대한 거부결정은 이미 납세의무자의 환급청구권이 확정된 국세환급금의 환급절차를 규정한 것에 지나지 않고 그 규정에 의한 국세환급금의 결정에 의하여 비로소 환급청구권이 확정되는 것이 아니므로 항고소송의 대상이 되는 처분이 아니다(대판 1994.12.2. 92누14250).
② 부과처분을 위한 과세관청의 질문조사권이 행해지는 세무조사결정은 행정처분에 해당한다(대판 2011.3.10. 2009두23617).
③ 건축주 등으로서는 신고제하에서도 건축신고가 반려될 경우 당해 건축물의 건축을 개시하면 시정명령, 이행강제금, 벌금의 대상이 되거나 당해 건축물을 사용하여 행할 행위의 허가가 거부될 우려가 있어 불안정한 지위에 놓이게 되므로 항고소송의 대상이 된다(대판 2010.11.18. 2008두167 전합).
④ 지방의회의 의원징계의결은 행정처분에 해당한다(대판 1993.11.26. 93누7341).
⑤ 폐기물관리법에 의한 폐기물처리사업의 허가신청에 대한 부적정통보는 허가신청 자체를 제한하는 등 개인의 권리 내지 법률상의 이익을 개별적이고 구체적으로 규제하고 있어 행정처분에 해당한다(대판 1998.4.28. 97누21086).

20 「행정소송법」상 허용되지 않는 것은? (다툼이 있으면 판례에 따름)

① 무효확인소송의 제기와 함께 행하는 집행정지신청
② 무효인 파면처분에 대하여 제기하는 공무원지위확인소송
③ 집행정지 기각결정에 대한 신청인의 즉시항고
④ 적법한 행정심판청구를 각하한 재결을 대상으로 한 취소소송
⑤ 소송참가를 하였지만 패소한 제3자가 제기하는 「행정소송법」 제31조에 따른 재심청구

해설 ⑤ 처분 등을 취소하는 판결에 의하여 권리 또는 이익의 침해를 받은 제3자는 자기에게 책임 없는 사유로 소송에 참가하지 못함으로써 판결의 결과에 영향을 미칠 공격 또는 방어방법을 제출하지 못한 때에는 이를 이유로 확정된 종국판결에 대하여 재심의 청구를 할 수 있다(「행정소송법」 제31조 제1항). 따라서 참가하였지만 패소한 경우에는 재심청구가 허용되지 않는다.
① 집행정지는 취소소송과 무효확인소송에서 인정된다.
② 공무원지위확인소송은 당사자소송을 제기할 수 있다.
③ 집행정지 기각결정에 대하여는 즉시항고할 수 있다(「행정소송법」 제23조 제5항).
④ 적법한 행정심판청구를 각하한 재결은 재결 자체에 하자가 있는 것이므로 재결취소소송을 제기할 수 있다.

21 행정의 실효성 확보수단에 관한 설명으로 옳은 것을 모두 고른 것은? (다툼이 있으면 판례에 따름)

> ㉠ 이행강제금부과처분의 상대방이 사망하면 미납된 이행강제금의 납부의무는 상속인에게 승계된다.
> ㉡ 권원 없이 국유재산에 설치된 시설물에 대하여 대집행을 실시할 수 있는 경우 행정청은 민사소송의 방법으로 그 시설물의 철거를 구할 수 없다.
> ㉢ 「건축법」상 시정명령이 없으면 이행강제금을 부과할 수 없다.
> ㉣ 「질서위반행위규제법」상 과태료는 고의 또는 과실이 없는 질서위반행위에 대해서도 부과될 수 있다.

① ㉠, ㉡
② ㉠, ㉢
③ ㉠, ㉣
④ ㉡, ㉢
⑤ ㉢, ㉣

해설 ㉠ [×] (구) 「건축법」상의 이행강제금 납부의무는 상속인 기타의 사람에게 승계될 수 없는 일신전속적인 성질의 것이므로 이미 사망한 사람에게 이행강제금을 부과하는 내용의 처분이나 결정은 당연무효이다(대판 2006.12.8. 2006마470).
㉡ [○] 대집행가능한 경우 별도로 민사소송으로 시설물의 철거를 구할 수 없다.
㉢ [○] 이행강제금은 시정명령을 하고 시정의 기회가 제공된 다음에 부과할 수 있다.
㉣ [×] 고의 또는 과실이 없는 질서위반행위는 과태료를 부과하지 아니한다(「질서위반행위규제법」 제7조).

22 행정상 강제징수에 관한 설명으로 옳지 않은 것은? (다툼이 있으면 판례에 따름)

① 체납자는 공매처분취소소송에서 다른 권리자에 대한 공매통지의 하자를 이유로 공매처분의 취소를 구할 수 있다.
② 한국자산관리공사가 압류재산을 인터넷을 통하여 재공매하기로 한 결정은 항고소송의 대상이 될 수 없다.
③ 압류처분과 공매처분 간에는 하자가 승계된다.
④ 압류처분 후 과세처분의 근거 법률이 위헌으로 결정된 경우에 체납자의 압류해제신청을 거부한 행정청의 행위는 위법하다.
⑤ 세무서장이 독촉 또는 납부최고를 하면 국세징수권의 소멸시효는 중단된다.

해설 ① 공매통지의 목적이나 취지 등에 비추어 보면, 체납자 등은 자신에 대한 공매통지의 하자만을 공매처분의 위법사유로 주장할 수 있을 뿐 다른 권리자에 대한 공매통지의 하자를 들어 공매처분의 위법사유로 주장하는 것은 허용되지 않는다(대판 2008.11.20. 2007두18154 전합).
② 한국자산공사가 부동산을 인터넷을 통하여 재공매(입찰)하기로 한 결정과 공매통지는 공매사실 자체를 체납자에게 알려주는 데 불과하므로 항고소송의 대상이 되는 행정처분이 아니다(대판 2007.7.27. 2006두8464).
③ 압류처분 상호 간에는 동일한 법적 효과의 발생을 목적으로 하는 것이므로 압류처분의 하자는 공매처분에 승계된다.
④ 압류 후 부과처분의 근거 법률이 위헌으로 결정된 경우에 압류를 해제하여야 한다. '기타의 사유로 압류의 필요가 없게 된 때'에는 과세처분 및 그 체납처분절차의 근거 법령에 대한 위헌결정으로 압류의 근거를 상실하거나 압류를 지속할 필요성이 없게 된 경우가 포함된다(대판 2002.7.12. 2002두3317).
⑤ 세무서장의 독촉 또는 납부최고는 국세징수권의 소멸시효의 중단의 효과가 발생한다.

23 행정소송의 심리에 관한 설명으로 옳은 것은? (다툼이 있으면 판례에 따름)

① 행정심판기록의 제출명령에 관한 규정은 당사자소송에는 준용되지 않는다.

② 행정소송의 심리에 있어서 직권탐지주의가 원칙이고, 당사자주의·변론주의는 보충적으로 적용된다.

③ 「행정소송법」 제16조에 따른 소송참가가 허용되지 않는 제3자라 하더라도 「민사소송법」에 따라 공동소송적 보조참가를 할 수 있다.

④ 관련청구소송을 취소소송에 병합한 경우, 법원은 취소소송이 부적법하더라도 관련청구소송에 대하여 본안판결을 내릴 수 있다.

⑤ 무효확인소송에서 처분의 무효사유에 대한 주장·입증책임은 피고인 행정청이 부담한다.

해설 ③ 행정소송 사건에서, 참가인이 한 피고보조참가가 「행정소송법」 제16조의 제3자의 소송참가에 해당하지 아니하는 경우에도, 판결의 효력이 참가인에게도 미치는 점 등 행정소송의 성질에 비추어 보면, 그 참가는 「민사소송법」 제78조에서 규정하는 공동소송적 보조참가라 할 것이다(대판 2012.11.29. 2011두30069).
① 당사자소송에서는 행정심판기록제출명령(제25조)에 관한 규정이 준용된다.
② 행정소송의 심리에 있어서 당사자주의·변론주의가 원칙이고 직권탐지주의가 보충적으로 적용된다.
④ 「행정소송법」 제38조, 제10조에 의한 관련청구소송의 병합은 본래의 항고소송이 적법할 것을 요건으로 하는 것이어서 본래의 항고소송이 부적법하여 각하되면 그에 병합된 관련청구도 소송요건을 흠결한 부적합한 것으로 각하되어야 한다(대판 2001.11.27. 2000두697).
⑤ 행정처분의 당연무효를 구하는 소송에 있어서는 그 무효를 구하는 사람에게 그 행정처분에 존재하는 하자가 중대하고도 명백하다는 것을 주장·입증할 책임이 있다(대판 1984.2.28. 82누154).

24 甲은 수형자로서 A교도소 내에서의 난동을 이유로 교도소장으로부터 10일 간의 금치처분을 받았다. 甲은 교도소장을 상대로 난동 당시 담당 교도관의 근무보고서의 공개를 청구하였으나, 교도소장은 「공공기관의 정보공개에 관한 법률」 제9조 제1항 제4호에 근거하여 근무보고서의 공개가 교정업무의 수행을 현저히 곤란하게 할 우려가 있다는 사유로 공개를 거부하였다. 이에 관한 설명으로 옳지 않은 것은? (다툼이 있으면 판례에 따름)

① 甲은 취소심판뿐만 아니라 의무이행심판을 선택적으로 청구할 수 있다.

② 취소심판의 피청구인은 A교도소장이 된다.

③ 甲은 행정심판을 청구하지 않고 곧바로 취소소송을 제기할 수 있다.

④ 甲이 취소심판을 제기하여 인용재결을 받았음에도 교도소장이 재처분의무를 이행하지 않으면 행정심판위원회는 甲의 신청에 따라 간접강제 또는 직접 처분을 할 수 있다.

⑤ 행정심판의 심리과정에서 교도소장은 당초의 처분사유를 사생활의 비밀을 침해할 우려가 있는 정보가 포함되어 있다는 사유로 변경할 수 없다.

해설 ④ 거부처분에 대한 취소심판에 대하여 인용재결이 있는 경우 (구) 「행정심판법」에서는 구제방법이 없었으나 현행 「행정심판법」은 재처분의무와 간접강제가 인정되게 되었다. 이 경우 간접강제가 인정되며 직접 처분이 인정되는 것은 아니다. 직접 처분은 의무이행심판에서 인정된다.
① 거부처분에 대하여는 취소심판과 의무이행심판을 모두 제기할 수 있다.
② 정보공개를 거부한 경우에는 거부를 한 행정청이 피청구인이 되므로 교도소장이 피청구인이 된다.
③ 행정심판은 임의적 전치주의가 원칙이므로 행정심판을 거치지 않고 바로 행정소송을 제기할 수 있다.
⑤ 「정보공개법」상의 비공개 사유 상호 간에는 기본적 사실관계의 동일성이 인정되지 않으므로 행정소송에서 처분사유의 추가·변경을 할 수 없다.

25 「국가배상법」 제2조에 관한 설명으로 옳지 않은 것은? (다툼이 있으면 판례에 따름)

① 공무원의 직무행위에는 입법작용이 포함된다.

② 헌법재판소 재판관이 청구기간 내에 제기된 헌법소원심판청구 사건에서 청구기간을 오인하여 각하결정을 한 경우 국가배상책임이 성립한다.

③ 중과실에 의한 직무상 불법행위가 있는 경우 가해 공무원의 배상책임이 인정된다.

④ 부작위에 의한 국가배상책임의 성립요건인 직무상 작위의무는 조리에 의해서도 성립할 수 있다.

⑤ 국가공무원이 자신의 승용차를 운전하여 공무수행 중 사람을 치어 사망케 했다면 국가는 「자동차손해배상 보장법」상 운행자로서 배상책임을 진다.

해설 ⑤ 공무원이 직무상 자기 소유의 자동차를 운전하다가 사고를 일으킨 경우, 공무원 개인은 「자동차손해배상 보장법」의 손해배상책임을 부담한다(대판 1996.3.8. 94다23876). 국가가 자배법상의 손해배상책임을 지는 것은 아니다.

① 「국가배상법」상 공무원의 직무행위에는 입법, 행정, 사법작용 모두가 포함된다.

② 헌법재판소 재판관이 청구기간 내에 제기된 헌법소원심판청구사건에서 청구기간을 오인하여 각하결정을 한 경우, 이에 대한 불복절차 내지 시정절차가 없는 때에는 국가배상책임(위법성)을 인정할 수 있다(대판 2003.7.11. 99다24218).

③ 공무원이 직무수행 중 불법행위로 타인에게 손해를 입힌 경우에 국가 등이 국가배상책임을 부담하는 외에 공무원 개인도 고의 또는 중과실이 있는 경우에는 불법행위로 인한 손해배상책임을 진다고 할 것이므로 중과실에 의한 경우에는 가해 공무원의 배상책임이 인정된다.

④ 부작위에 의한 국가배상의 경우 법령에 명시적으로 공무원의 작위의무가 규정되어 있지 않은 경우에도 조리상으로 공무원의 부작위로 인한 국가배상책임을 인정할 수 있다(대판 2012.7.26. 2010다95666).

Answer									
01. ③	02. ③	03. ⑤	04. ②	05. ②	06. ④	07. ②	08. ③	09. ②	10. ②
11. ③	12. ④	13. ④	14. ①	15. ①	16. ④	17. ⑤	18. ①	19. ①	20. ⑤
21. ④	22. ①	23. ③	24. ④	25. ⑤					

제6회 행정사 행정법 기출문제 413

제7회 행정사 행정법

[2019. 5. 25. 실시]

01 통치행위에 해당하지 않는 것은? (다툼이 있으면 판례에 따름)

① 대통령의 서훈취소
② 사면
③ 이라크 파병결정
④ 남북정상회담의 개최
⑤ 대통령의 비상계엄선포

해설 ① 대통령의 서훈취소는 통치행위에 해당하지 않는다. 서훈취소는 서훈수여의 경우와는 달리 이미 발생된 서훈 대상자 등의 권리 등에 영향을 미치는 행위로서 관련 당사자에게 미치는 불이익의 내용과 정도 등을 고려하면 사법심사의 필요성이 크다. 따라서 기본권의 보장 및 법치주의의 이념에 비추어 보면, 비록 서훈취소가 대통령이 국가원수로서 행하는 행위라고 하더라도 법원이 사법심사를 자제하여야 할 고도의 정치성을 띤 행위라고 볼 수는 없다(대판 2015.4.23. 2012두26920).

02 행정법의 일반원칙에 관한 설명으로 옳지 않은 것은? (다툼이 있으면 판례에 따름)

① 행정의 자기구속원칙의 인정 근거는 평등원칙 또는 신뢰보호원칙이다.
② 행정관행이 위법한 경우 명문의 규정이 없는 한 행정청은 자기구속을 당하지 않는다.
③ 비례의 원칙은 「헌법」상의 원칙이다.
④ 신뢰보호원칙에서 법률에 대한 신뢰는 신뢰보호의 대상이 되지 않는다.
⑤ 신뢰보호원칙에서 특정 개인에 대한 공적인 견해표명이 있어야 하는 것은 아니다.

해설 ④ 행정청의 구체적인 행위뿐만 아니라 법률도 신뢰보호의 대상이 된다. 법률에 대한 국민의 신뢰를 보호해 주기 위한 측면에서 법률의 소급은 원칙적으로 허용되지 않는 것이다(법률불소급의 원칙).

03 행정청은 「장사 등에 관한 법령」에 따른 납골당설치 신고를 한 甲에게 관계법령에 따른 준수사항을 이행하여야 한다는 것 등을 내용으로 하는 납골당설치 신고사항 이행통지를 하였다. 판례에 따를 때 옳지 않은 것을 모두 고른 것은?

> ㉠ 甲에 대한 신고필증 교부는 신고의 필수요건이다.
> ㉡ 위 이행통지는 수리처분과 다른 행정처분으로 볼 수 없다.
> ㉢ 신고가 위 법령의 모든 요건을 충족한다면 甲은 수리 전에 납골당을 설치할 수 있다.
> ㉣ 위 신고가 무효라면 신고수리행위도 무효이다.

① ㉠, ㉡
② ㉠, ㉢
③ ㉡, ㉣
④ ㉢, ㉣
⑤ ㉠, ㉡, ㉢

해설 ㉠ 판례에 의할 때 수리를 요하는 신고이든 요하지 않는 신고이든 신고필증 교부가 반드시 필요한 것은 아니다. 납골당설치 신고는 '수리를 요하는 신고'지만 그 수리행위에 신고필증 교부 등 행위가 꼭 필요한 것은 아니다 (대판 2011.9.8. 2009두6766).

㉢ 납골당설치 신고는 이른바 '수리를 요하는 신고'라 할 것이므로, 납골당설치 신고가 (구)「장사법」 관련규정의 모든 요건에 맞는 신고라 하더라도 신고인은 곧바로 납골당을 설치할 수는 없고, 이에 대한 행정청의 수리처분이 있어야만 신고한 대로 납골당을 설치할 수 있다(대판 2011. 9.8. 2009두6766).

04 행정입법에 관한 설명으로 옳은 것은? (다툼이 있으면 판례에 따름)

① 「헌법」이 규정하고 있는 위임입법의 형식은 열거적인 것이다.

② 법규명령이 위임의 근거가 없어 무효라면 나중에 법 개정으로 위임의 근거가 부여되더라도 유효한 법규명령이 될 수 없다.

③ 법 집행기관의 자의적 법집행이 배제되는지 여부는 법규범의 명확성 판단기준이 될 수 없다.

④ 재량준칙의 제정에는 법령상 근거가 필요하다.

⑤ 법령의 위임이 없음에도 법령에 규정된 처분 요건에 해당하는 사항을 부령에서 변경하여 규정한 경우에 그 규정은 국민에 대한 대외적 구속력이 없다.

해설 ⑤ 법령의 위임이 없음에도 법령에 규정된 처분 요건에 해당하는 사항을 부령에서 변경하여 규정한 경우에는 그 부령의 규정은 행정청 내부의 사무처리 기준 등을 정한 것으로서 행정조직 내에서 적용되는 행정명령의 성격을 지닐 뿐 국민에 대한 대외적 구속력은 없다고 보아야 한다. 따라서 어떤 행정처분이 그와 같이 법규성이 없는 시행규칙 등의 규정에 위배된다고 하더라도 그 이유만으로 처분이 위법하게 되는 것은 아니라 할 것이고, 또 그 규칙 등에서 정한 요건에 부합한다고 하여 반드시 그 처분이 적법한 것이라고 할 수도 없다. 이 경우 처분의 적법

여부는 그러한 규칙 등에서 정한 요건에 합치하는지 여부가 아니라 일반 국민에 대하여 구속력을 가지는 법률 등 법규성이 있는 관계 법령의 규정을 기준으로 판단하여야 한다(대판 2013.9.12. 2011두10584).

① 「헌법」이 인정하고 있는 위임입법의 형식은 열거적이 아니라 '예시적'인 것이다. 따라서 법률에서 대통령령·총리령·부령 등이 아닌 행정규칙에 위임하는 것도 허용된다(헌재 2004.10.28. 99헌바91).

② 일반적으로 법률의 위임에 의하여 효력을 갖는 법규명령의 경우 구법에 위임의 근거가 없어 무효였더라도 사후에 법 개정으로 위임의 근거가 부여되면 그때부터는 유효한 법규명령이 되고 반대로 구법의 위임에 의하여 유효한 법규명령이 법 개정으로 위임의 근거가 없어지게 되면 그때부터 무효인 법규명령이 된다(대판 1995.6.30. 93추83).

③ 어떠한 법규범의 명확성 여부는 ⅰ) 수범자의 예측가능성 ⅱ) 집행기관에 대한 자의적 법집행 배제의 확보가능성 여부에 따라 판단할 수 있다.

어떠한 법규범이 명확한지 여부는 그 법규범이 수범자에게 법규의 의미내용을 알 수 있도록 공정한 고지를 하여 예측가능성을 주고 있는지 여부 및 그 법규범이 법을 해석·집행하는 기관에게 충분한 의미내용을 규율하여 자의적인 법해석이나 법집행이 배제되는지 여부, 다시 말하면 예측가능성 및 자의적 법집행 배제가 확보되는지 여부에 따라 이를 판단할 수 있다(대판 2014.1.29. 2013도12939).

④ 재량준칙은 재량권 행사의 기준을 정하는 행정규칙으로서, 일반적으로 행정조직 내부에서만 효력을 가질 뿐 대외적인 구속력을 갖는 것은 아니어서 이를 제정함에 있어 법령상의 근거는 필요 없다.

05 강학상 허가에 관한 설명으로 옳지 않은 것은? (다툼이 있으면 판례에 따름)

① 반드시 신청을 전제로 하는 것은 아니다.

② 건축허가는 대물적 성질을 갖는 것이어서 그 허가를 할 때에 인적 요소에 관해서는 형식적 심사만 한다.

③ 허가에 붙은 기한이 그 허가된 사업의 성질상 부당하게 짧은 경우에는 그 허가조건의 존속기간으로 보아야 한다.

④ 허가신청 후 처분 전에 관계법령이 개정되었다면 원칙적으로 개정된 법령에 따라 허가 여부를 결정하여야 한다.

⑤ 타법상의 인·허가가 의제되는 허가를 하는 경우, 행정청은 타법상의 인·허가 요건에 대한 심사 없이 허가처분을 할 수 있다.

해설 ⑤ 인·허가의제와 관련하여 우리의 통설·판례는 절차집중효설이다. 절차집중효설은 의제되는 인·허가의 요건까지가 모두 구비된 경우에 '주된 인·허가'를 할 수 있다고 보는 입장이다. 절차집중효설에 의하면 타법상의 인·허가가 의제효가 있는 허가를 하는 경우, 행정청은 타법상의 인·허가 요건에 대한 심사를 하여 의제되는 인·허가의 요건불비가 있는 경우에는 이를 이유로 주된 인·허가를 거부할 수 있게 된다.
(구)「광업법」규정에 의하여 채광계획인가를 받으면 공유수면 점용허가를 받은 것으로 의제되고, 이 공유수면 점용허가는 공유수면 관리청이 공공 위해의 예방 경감과 공공복리의 증진에 기여함에 적당하다고 인정하는 경우에 그 자유재량에 의하여 허가의 여부를 결정하여야 할 것이므로, 공유수면 점용허가를 필요로 하는 채광계획 인가신청에 대하여도, 공유수면 관리청이 재량적 판단에 의하여 공유수면 점용의 허가 여부를 결정할 수 있고, 그 결과 공유수면 점용을 허용하지 않기로 결정하였다면, 채광계획 인가관청은 이를 사유로 하여 채광계획을 인가하지 아니할 수 있는 것이다(대판 2002.10.11. 2001두151).

06 행정행위의 효력에 관한 설명으로 옳지 않은 것은? (다툼이 있으면 판례에 따름)

① 내용상 구속력은 행정행위의 실체법상 효력으로 관계인도 구속한다.

② 행정행위에 불가쟁력이 발생하면 판결에서와 같은 기판력이 발생하여 그 처분의 기초가 된 사실관계나 법률적 판단은 확정된다.

③ 행정행위가 당연무효가 아닌 한 권한 있는 기관에 의해 취소되기 전까지 누구도 그 효력을 부인할 수 없는 것은 공정력 때문이다.

④ 행정행위의 위법여부가 민사소송에서 선결문제가 된 경우 민사법원은 그 행정행위의 위법여부를 판단할 수 있다.

⑤ 행정행위의 불가변력은 모든 행정행위에서 발생하는 효력은 아니다.

해설 ② 행정행위의 불가쟁력이란 기판력과 같은 효력은 아니다. 행정행위의 불가쟁력이란 불복기간의 경과로 처분의 효력을 더 이상 다툴 수 없다는 의미일 뿐이다. 행정처분이나 행정심판 재결이 불복기간의 경과로 인하여 확정될 경우 확정력은 처분으로 인하여 법률상 이익을 침해받은 자가 처분이나 재결의 효력을 더 이상 다툴 수 없다는 의미일 뿐, 판결에 있어서와 같은 기판력이 인정되는 것은 아니어서 처분의 기초가 된 사실관계나 법률적 판단이 확정되고 당사자들이나 법원이 이에 기속되어 모순되는 주장이나 판단을 할 수 없게 되는 것은 아니다(대판 1993.4.13. 92누17181).

07 행정행위의 무효와 취소에 관한 설명으로 옳은 것은? (다툼이 있으면 판례에 따름)

① 하자의 치유는 무효인 행정행위에서만 인정된다.

② 행정심판의 필요적 전치주의가 적용되는 경우 무효확인소송을 제기하려면 무효확인심판의 재결을 거쳐야 한다.

③ 당연무효를 선언하는 의미에서의 취소소송을 제기할 때에는 취소소송의 제소기간을 준수해야 한다.

④ 헌법재판소에 의해 위헌으로 결정된 법률에 근거한 행정행위는 위헌결정이 있기 전에 발령된 행정행위라도 무효이다.

⑤ 불가쟁력이 발생한 과세처분의 근거법률이 후에 위헌으로 결정되었더라도 위헌결정 이후에 행한 그 과세처분에 따른 체납처분은 효력이 있다.

해설 ③ '무효선언을 구하는 의미의 취소소송'도 그 형식이 취소소송이므로 행정심판전치주의나, 제소기간에 대한 제한이 적용된다(대판 1994.4.29. 93누12626 등).
① 하자의 치유는 취소할 수 있는 행정행위에서만 인정된다. 징계처분이 중대하고 명백한 흠 때문에 당연무효의 것이라면 징계처분을 받은 자가 이를 용인하였다 하여 그 흠이 치료(치유)되는 것은 아니다(대판 1989.12.12. 88누8869).
② 행정심판전치주의는 무효등확인소송에는 적용되지 않는다. 행정심판전치주의가 적용되는 경우라 하더라도 무효확인소송은 행정심판의 재결을 거치지 않고도 제기할 수 있다.
④ 사후적으로 위헌결정된 법률에 근거한 행정행위는 원칙적으로 취소사유에 해당한다(통설·판례).
⑤ 처분 이후에 처분의 근거법률이 위헌으로 결정된 경우 당해 처분에 의해 부과된 의무를 불이행하고 있다 하여 당해 처분의 집행이나 집행력을 유지하기 위한 행위는 허용될 수 없고, 만약 이러한 행위가 행하여진다면 그 행위는 당연무효이다(대판 2002.6.28. 2001다60873).

08 2019. 2. 1. 행정청 甲은 乙에 대하여 2019. 3. 1.부터 2020. 4. 30.까지의 기간을 정하여 도로점용허가처분을 하면서, 매달 100만 원의 점용료를 납부할 의무를 명하는 부관을 부가하였다. 그리고 2019. 5. 1. 乙의 도로점용이 교통혼잡을 초래할 경우 도로점용허가를 취소할 수 있다는 부관을 부가하였다. 이 사례에 관한 설명으로 옳은 것은? (취소소송을 제기하는 경우 제소기간은 준수한 것으로 보며, 다툼이 있으면 판례에 따름)

① 매달 100만 원의 점용료를 납부하도록 하는 부관은 조건에 해당한다.

② 도로점용허가는 2020. 4. 30. 이후 행정청이 허가취소의 의사표시를 함으로써 효력이 소멸된다.

③ 2019. 3. 1.부터 2020. 4. 30.까지의 기간만의 취소를 구하는 乙의 소송에 대하여 법원은 기각판결을 해야 한다.

④ 매달 100만 원의 점용료를 납부하도록 하는 부관이 비례의 원칙에 위배되어 乙이 취소소송을 제기한 경우 법원은 이 부관만을 취소할 수 있다.

⑤ 2019. 5. 1. 甲이 부가한 부관은 乙의 동의가 있더라도 법령의 근거가 없으면 위법하다.

해설 ④ 매달 100만 원의 점용료를 납부하도록 하는 부관은 부담에 해당한다. 행정행위의 부관 중 부담은 독립하여 행정쟁송의 대상이 될 수 있으며, 소송이 제기된 경우 법원은 부담만을 취소할 수 있다.
① 매달 100만 원의 점용료를 납부하도록 하는 부관은 조건이 아니라 부담에 해당한다.
② 지문의 2020. 4. 30.은 종기이다. 따라서 2020. 4. 30. 이후에는 도로점용허가처분의 효력이 당연히 소멸된다. 즉, 행정청이 허가취소의 의사표시를 함으로써 도로점용허가의 효력이 소멸되는 것은 아니다.
③ 판례는 부담 이외의 부관에 대해서는 부관만의 취소를 구하는 소송을 허용하지 않고 각하한다. 지문의 2019. 3. 1.부터 2020. 4. 30.까지의 기간은 일종의 기한이다. 따라서 판례에 의하면 2019. 3. 1.부터 2020. 4. 30.까지의 기간만의 취소를 구하는 소송에 대해 각하(기각이 아님)한다.

⑤ 2019. 5. 1. 甲이 부가한 부관은 철회권의 유보의 부관이고 사후부관에 해당한다. 사후부관의 가능성에 대해 판례는 ⅰ) 법률에 명문의 규정이 있거나 ⅱ) 그 변경이 미리 유보되어 있는 경우 또는 ⅲ) 상대방의 동의가 있는 경우에 한하여 허용되는 것이 원칙이지만, ⅳ) 예외적으로 사정변경으로 인하여 당초에 부담을 부가한 목적을 달성할 수 없게 된 경우 사후부관을 인정한다(대판 1997.5.30. 97누2627). 따라서 2019. 5. 1. 甲이 부가한 사후부관은 乙의 동의가 있다면 설사 법령의 근거가 없더라도 적법하다.

09 형성적 행정행위에 해당하는 것을 모두 고른 것은?

> ㉠ 사인에게 권리를 설정해 주는 행위
> ㉡ 작위의무를 명하는 행위
> ㉢ 포괄적 법률관계를 설정하는 행위
> ㉣ 행정청이 타인의 법률행위를 보충하여 그 효력을 완성시켜 주는 행위
> ㉤ 제3자가 해야 할 행위를 행정기관이 대신하여 행함으로써 제3자가 행한 것과 같은 효과를 발생시키는 행위

① ㉠, ㉡, ㉤
② ㉠, ㉢, ㉣
③ ㉠, ㉢, ㉣, ㉤
④ ㉡, ㉢, ㉣, ㉤
⑤ ㉠, ㉡, ㉢, ㉣, ㉤

해설 ㉠ '특허'로서 형성적 행정행위에 해당한다.
㉢ 포괄적 법률관계를 설정하는 행위(예 공무원임명, 귀화허가 등)는 '특허'로서 형성적 행정행위에 해당한다.
㉣ '인가'로서 형성적 행정행위에 해당한다.
㉤ '대리'로서 형성적 행정행위에 해당한다.
㉡ '하명(작위하명)'으로서 명령적 행정행위에 해당한다.

10 「개인정보보호법」에 관한 설명으로 옳은 것은?

① 법인의 정보는 이 법의 보호대상이다.
② 사자(死者)의 정보는 이 법의 보호대상이다.
③ 정보처리자는 정보주체와의 계약의 체결을 위하여 불가피한 경우에는 정보주체의 동의 없이 개인정보를 제3자에게 제공할 수 있다.
④ 개인정보처리자가 이 법에 위반한 행위로 정보주체에게 손해를 입힌 경우, 개인정보처리자의 손해배상책임은 무과실책임이다.
⑤ 정보주체의 권리침해행위의 금지·중지를 구하는 단체소송을 제기하려면 법원의 허가를 받아야 한다.

해설 ⑤ 개인정보단체소송에 대해 「개인정보보호법」은 소송허가제를 채택하고 있다(「개인정보보호법」 제54조 및 제55조).
①·② 「개인정보보호법」의 보호대상이 되는 정보는 '살아 있는 개인에 관한 정보'이다. 즉, '법인'이나 '사자(死者)'의 정보는 「개인정보보호법」의 보호대상이 되는 정보가 아니다.
③ 정보주체의 동의 없이 개인정보를 제3자에게 제공할 수 있는 경우는 ⅰ) 법률에 특별한 규정이 있거나 법령상 의무를 준수하기 위하여 불가피한 경우 ⅱ) 공공기관이 법령 등에서 정하는 소관 업무의 수행을 위하여 불가피한 경우 ⅲ) 정보주체 또는 그 법정대리인이 의사표시를 할 수 없는 상태에 있거나 주소불명 등으로 사전동의를 받을 수 없는 경우로서 명백히 정보주체 또는 제3자의 급박한 생명, 신체, 재산의 이익을 위하여 필요하다고 인정되는 경우에만 가능하다(「개인정보보호법」 제17조 제1항 제2호). 정보주체와의 계약체결을 위해 불가피한 경우는 여기에 해당하지 않는다.
④ 개인정보처리자의 정보주체에 대한 손해배상책임은 과실책임이다. 다만, 고의·과실에 대한 입증책임은 일반 불법행위책임과는 달리, 개인정보처리자가 부담한다(「개인정보보호법」 제39조 제1항).

11 「공공기관의 정보공개에 관한 법률」에 관한 설명으로 옳지 않은 것은? (다툼이 있으면 판례에 따름)

① 정보공개청구의 대상이 되는 문서는 원본이어야 한다.

② 권리능력이 없는 사단은 그 설립목적을 불문하고 이 법에 의한 정보공개청구권을 갖는다.

③ 이미 다른 사람에게 공개되어 널리 알려져 있는 정보도 공개청구의 대상이 될 수 있다.

④ 공공기관이 정보공개청구인이 신청한 공개방법 이외의 방법으로 정보를 공개하기로 결정하였다면, 그 결정에 대하여 항고소송으로 다툴 수 있다.

⑤ 「고등교육법」에 따른 대학은 정보공개의무를 지는 공공기관이다.

해설 ① 정보공개청구의 대상이 되는 문서는 원본이어야만 하는 것은 아니고, 사본이나 복제물도 그 대상이 된다.

12 「행정대집행법」상의 대집행에 관한 설명으로 옳지 않은 것은? (다툼이 있으면 판례에 따름)

① 대집행을 할 수 있는 권한을 가진 행정청은 대집행권한을 타인에게 위탁할 수 있다.

② 대집행을 하려는 경우 상당한 이행기한을 정하여 그 기한까지 이행되지 아니할 때에는 대집행을 한다는 뜻을 미리 문서로써 계고하여야 한다.

③ 관계 법령에 위반하여 장례식장 영업을 하고 있는 자의 장례식장 사용중지의무는 대집행의 대상이 아니다.

④ 토지・건물의 명도의무는 대집행의 대상이 될 수 있다.

⑤ 대집행에 요한 비용은 「국세징수법」의 예에 의하여 징수할 수 있다.

해설 ④ 행정대집행의 대상은 대체적 작위의무이다. '토지・물건의 인도(명도)의무'는 대체적 작위의무가 아니고 따라서 행정대집행의 대상이 아니다.

13 행정질서벌에 관한 설명으로 옳지 않은 것은?

① 행정청이 질서위반행위에 대하여 과태료를 부과하고자 하는 때에는 당사자에게 사전통지하고, 의견을 제출할 기회를 주어야 한다.

② 질서위반행위의 성립과 과태료 처분은 행위시의 법률에 따른다.

③ 고의 또는 과실이 없는 질서위반행위는 과태료를 부과하지 아니한다.

④ 행정청의 과태료부과행위는 「행정소송법」상 항고소송의 대상이 된다.

⑤ 법률에 따르지 아니하고는 어떤 행위도 질서위반행위로 과태료를 부과하지 아니한다.

해설 ④ 「질서위반행위규제법」에 따른 과태료부과처분은 항고소송의 대상이 되는 처분에 해당하지 않는다.

14 「행정심판법」상 재결에 해당하지 않는 것은?

① 취소심판에서의 처분취소명령재결
② 취소심판에서의 처분변경명령재결
③ 의무이행심판에서의 처분재결
④ 의무이행심판에서의 처분명령재결
⑤ 무효등확인심판에서의 무효등확인재결

해설 ① 취소심판에서의 인용재결에는 ⅰ) 처분취소재결과 ⅱ) 처분변경재결, 그리고 ⅲ) 처분변경명령재결이 있다. 「행정심판법」이 개정되어 처분취소명령재결은 현재는 인정되지 않는다(「행정심판법」 제43조 제3항).

15 「행정소송법」상 가구제에 관한 설명으로 옳지 않은 것은?

① 「행정심판법」에서 인정되는 임시처분제도가 「행정소송법」에는 없다.
② 집행정지는 공공복리에 중대한 영향을 미칠 우려가 있을 때에는 허용되지 아니한다.
③ 집행정지신청이 인용되려면 취소소송이 제기된 경우에 처분 등이나 그 집행 또는 절차의 속행으로 인하여 생길 중대한 손해를 예방하기 위한 경우이어야 한다.
④ 집행정지의 결정을 신청함에 있어서는 그 이유에 대한 소명이 있어야 한다.
⑤ 처분의 효력정지는 처분 등의 집행 또는 절차의 속행을 정지함으로써 목적을 달성할 수 있는 경우에는 허용되지 아니한다.

해설 ③ 「행정심판법」은 집행정지의 요건 중의 하나로 '중대한 손해'가 생기는 것을 예방하기 위한 경우로 규정(「행정심판법」 제30조 제2항)하고 있으나 「행정소송법」은 '회복하기 어려운 손해'를 예방하기 위한 경우로 규정(「행정소송법」 제23조 제2항)하고 있다.

16 「행정소송법」상 항고소송에 관한 설명으로 옳은 것은?

① 취소소송은 처분 등의 취소를 구할 정당한 이익이 있는 자가 제기할 수 있다.
② 취소소송은 다른 법률에 특별한 규정이 없는 한 국가·공공단체 그 밖의 권리주체를 피고로 한다.
③ 「행정소송법」상 항고소송의 종류로는 취소소송, 무효등확인소송, 의무이행소송이 있다.
④ 처분 등을 취소하는 확정판결은 당사자 간에 효력이 있고, 제3자에 대하여는 효력이 미치지 아니한다.
⑤ 법원은 필요하다고 인정할 때에는 직권으로 증거조사를 할 수 있고, 당사자가 주장하지 아니한 사실에 대하여도 판단할 수 있다.

해설 ⑤ 「행정소송법」 제26조(직권심리)
① '정당한 이익'과 '법률상 이익'은 구별되는 개념이다. 취소소송은 처분 등의 취소를 구할 '법률상 이익'이 있는 자가 제기할 수 있다(「행정소송법」 제12조).
② 항고소송에서는 다른 법률에 특별한 규정이 없는 한 국가·공공단체 등 행정주체를 피고로 하지 않고, 그 처분 등을 행한 행정청을 피고로 한다(「행정소송법」 제13조 제1항).
③ 「행정소송법」은 항고소송의 종류로 취소소송, 무효등확인소송, 부작위위법확인소송을 규정하고 있다. 즉, 의무이행소송은 규정하고 있지 않다.
④ 취소판결의 형성력은 소송당사자뿐만 아니라 제3자에 대해서도 미친다[취소판결의 대세효(제3자효)](「행정소송법」 제29조 제1항).

17 「국가배상법」에 관한 설명으로 옳은 것은? (다툼이 있으면 판례에 따름)

① 「국가배상법」 제2조의 공무원이란 「국가공무원법」이나 「지방공무원법」에 의해 공무원으로서의 신분을 가진 자에 국한한다.

② 국가배상책임에 있어서 공무원에게 중과실이 있는 경우 국가나 지방자치단체는 그 공무원에게 구상할 수 없다.

③ 공공의 영조물의 설치·관리의 하자에는 물적 하자만이 아니라 기능적 하자 또는 이용상 하자도 포함된다.

④ 국가배상책임이 있는 경우에 공무원의 선임·감독을 맡은 자와 공무원의 봉급·급여를 부담하는 자가 동일하지 아니하면 선임·감독을 맡은 자만이 손해를 배상한다.

⑤ 생명·신체의 침해로 인한 국가배상을 받을 권리는 양도할 수 있지만, 압류할 수는 없다.

해설 ③ 영조물의 설치나 관리의 하자는 영조물을 구성하는 물적 시설 자체에 있는 물리적·외형적인 흠결이나 불비로 인한 물적 하자만이 아니라, 영조물의 이용이 일정한 한도를 초과하여 제3자에게 사회통념상 참을 수 없는 피해를 입히는 경우인 기능상 하자까지 포함한다(대판 2005.1.27. 2003다49566).

① 국가배상에서의 공무원은 「국가공무원법」이나 「지방공무원법」에 의해 공무원으로서의 신분을 가진 자만을 의미하는 것이 아니라 공무를 위탁받아 실질적으로 그에 종사하는 모든 자를 의미한다.

② 공무원에게 고의 또는 중과실이 있을 경우, 피해자에게 배상을 해 준 국가 또는 지방자치단체는 해당 공무원에게 구상할 수 있다(「국가배상법」 제2조 제2항).

④ 국가나 지방자치단체가 손해를 배상할 책임이 있는 경우에 공무원의 선임·감독을 맡은 자와 공무원의 봉급·급여, 그 밖의 비용을 부담하는 자가 동일하지 아니하면 선임·감독자뿐만 아니라 그 비용을 부담하는 자도 손해를 배상하여야 한다(「국가배상법」 제6조 제1항).

⑤ 생명·신체의 침해로 인한 국가배상을 받을 권리는 압류뿐만 아니라 양도도 할 수 없다(「국가배상법」 제4조).

18 「공익사업을 위한 토지 등의 취득 및 보상에 관한 법률」에 따른 손실보상에 관한 설명으로 옳지 않은 것은?

① 손실보상은 다른 법률에 특별한 규정이 있는 경우를 제외하고는 현금지급을 원칙으로 한다.

② 토지소유자가 토지수용위원회의 재결에 불복하여 제기하려는 행정소송이 보상금의 증감(增減)에 관한 소송인 경우 토지수용위원회를 피고로 한다.

③ 공익사업에 필요한 토지 등의 취득으로 인하여 토지소유자가 입은 손실은 사업시행자가 보상하여야 한다.

④ 지방토지수용위원회의 재결에 이의가 있는 자는 해당 지방토지수용위원회를 거쳐 중앙토지수용위원회에 이의를 신청할 수 있다.

⑤ 보상액의 산정은 협의에 의한 경우에는 협의 성립 당시의 가격을, 재결에 의한 경우에는 수용 또는 사용의 재결 당시의 가격을 기준으로 한다.

해설 ② 토지소유자가 토지수용위원회의 재결에 불복하여 제기하려는 행정소송이 보상금의 증감(增減)에 관한 소송인 경우 피고는 사업시행자로 한다(「공익사업을 위한 토지 등의 취득 및 보상에 관한 법률」 제85조 제2항).

19 「행정소송법」에서 규정하고 있는 행정소송의 종류에 해당하지 않는 것은?

① 당사자소송
② 기관소송
③ 민중소송
④ 부작위위법확인소송
⑤ 예방적 금지소송

해설 ⑤ 예방적 금지소송(예방적 부작위청구소송)은 「행정소송법」에서 규정하고 있지 않다.

20 행정기관 중 합의제 행정기관 혹은 위원회에 관한 설명으로 옳지 않은 것은?

① 중앙행정기관인 위원회의 설치와 직무범위는 법률로 정한다.
② 지방자치단체는 그 소관사무의 범위에서 조례로 위원회 등의 자문기관을 설치·운영할 수 있다.
③ 심의기관의 결정에는 특별한 규정이 없는 한 법적 구속력이 없다.
④ 「헌법」에 따라 설치되는 위원회에 대하여는 「행정기관 소속 위원회의 설치·운영에 관한 법률」을 적용한다.
⑤ 의결권만을 갖는 의결기관인 위원회는 결정된 의사의 대외적 표시권한을 갖지 못한다.

해설 ④ 「헌법」에 따라 설치되는 위원회에 대하여는 「행정기관 소속 위원회의 설치·운영에 관한 법률」이 적용되지 않는다(「행정기관 소속 위원회의 설치·운영에 관한 법률」 제3조 제2항).

21 행정관청 간의 관계에 관한 설명으로 옳은 것은? (다툼이 있으면 판례에 따름)

① 상급관청의 훈령권에는 법령상 근거가 요구된다.
② 대외적 구속력이 없는 훈령을 위반한 조치는 위법하다.
③ 하급행정관청의 권한행사에 대한 상급행정관청의 내부적인 승인·인가는 행정처분이 아니다.
④ '동의'를 의미하는 관계기관의 '협의' 의견은 주무관청을 구속하지 않는다.
⑤ 상급관청의 하급관청에 대한 감시권에는 개별적인 법령상 근거를 요한다.

해설 ③ 상급행정기관의 하급행정기관에 대한 승인·동의·지시 등은 행정기관 상호 간의 내부행위로서, 국민의 권리 의무에 직접 영향을 미치는 것이 아니므로 행정처분이 아니다(대판 1997.9.26. 97누8540).
① 훈령권은 상급관청의 감독권에 당연히 내포된 것으로 법적 근거를 요하지 않는다.
② 훈령은 행정조직 내부규범으로 대외적 구속력이 없는 바 훈령에 위반된 행위라 하더라도 그것만으로 위법이 되는 것은 아니다.
④ 관계기관의 '협의' 의견은 원칙적으로 주무관청을 구속하지 않지만 '동의' 의견은 주무관청을 구속한다. 다만, 법령상 '협의'로 표현되어 있다 하더라도 그것이 '동의'를 의미하는 경우에는 '협의'가 주무관청을 구속한다.
⑤ 감시권의 발동에는 법적 근거가 필요 없다.

22 경찰책임에 관한 설명으로 옳은 것은?

① 경찰위험에 책임이 없는 제3자에게 경찰권을 발동하려면 경찰긴급상태의 요건을 갖추어야 한다.

② 물건으로 인한 위험이나 장해로부터 발생하는 경찰책임을 행위책임이라고 한다.

③ 행위책임은 공법적 책임이므로 고의나 과실을 요한다.

④ 사법상 법인은 경찰책임을 부담하지 아니한다.

⑤ 외국인은 경찰책임을 부담하지 아니한다.

해설 ① 경찰비책임자에 대한 경찰권 발동에 관한 내용으로 타당하다.
② · ③ · ④ · ⑤ 모두 틀림. 물건으로 인한 위험이나 장해로부터 발생하는 경찰책임은 행위책임이 아니라 상태책임이다. 경찰 행위책임은 고의 · 과실 여부를 묻지 않으며, 그 행위자가 자연인 · 법인, 내국인 · 외국인을 불문하고, 성년자인지 미성년자인지도 가리지 않는다.

23 공무원의 권리와 의무에 관한 설명으로 옳지 않은 것은? (다툼이 있으면 판례에 따름)

① 「지방공무원법」에 따라 공무원은 직무수행 시 소속 상사의 직무상 명령에 복종하여야 하지만, 이에 대한 의견을 진술할 수 있다.

② 공무원이 보수에 해당하는 금원지급을 구할 경우 해당 보수항목이 국가예산에 계상되어 있어야만 하는 것은 아니다.

③ 「지방공무원법」에 따른 고충심사의 결정은 행정처분이 아니다.

④ 지급결정된 연금의 지급청구소송은 공법상 당사자소송으로 제기되어야 한다.

⑤ 「공무원연금법」상 연금수급권은 사회보장수급권과 재산권의 성격을 함께 가진다.

해설 ② 공무원이 국가를 상대로 실질이 보수에 해당하는 금원의 지급을 구하려면 공무원의 '근무조건 법정주의'에 따라 국가공무원법령 등 공무원의 보수에 관한 법률에 그 지급근거가 되는 명시적 규정이 존재하여야 하고, 나아가 해당 보수항목이 국가예산에도 계상되어 있어야만 한다(대판 2018.2.28. 2017두64606).

24 공물에 관한 설명으로 옳은 것은? (다툼이 있으면 판례에 따름)

① 행정재산은 시효취득의 대상이 된다.

② 「국유재산법」상 행정재산의 사용허가는 사법상 계약의 성질을 가진다.

③ 국유공물은 「민사집행법」에 의한 강제집행의 대상이 될 수 있다.

④ 국유재산의 무단점유에 대한 변상금의 징수는 재량행위이다.

⑤ 도로부지에는 저당권을 설정할 수 있다.

해설 ⑤ 도로를 구성하는 부지, 옹벽, 그 밖의 시설물에 대해서는 사권(私權)을 행사할 수 없다. 다만, 소유권을 이전하거나 저당권을 설정하는 경우에는 사권을 행사할 수 있다(「도로법」 제4조).
① 일반재산(구 잡종재산)은 시효취득의 대상이 되고 행정재산은 시효취득의 대상이 아니다.
② '행정재산의 사용허가'는 행정처분으로서 특정인에게 행정재산을 사용할 수 있는 권리를 설정하여 주는 강학상 '특허'에 해당한다(대판 2006.3.9. 2004다31074).
③ '사유공물'에 대해서는 강제집행이 가능하나, '국유공물'에 대해서는 강제집행이 불가능하다.
④ 국유재산의 무단점유에 대한 변상금의 징수는 기속행위이다.

25 지방자치단체의 사무에 관한 설명으로 옳지 않은 것은? (다툼이 있으면 판례에 따름)

① 자치사무에 대한 국가의 감독은 적법성 통제에 그친다.

② 조례안으로 지방자치단체 사무의 민간위탁에 관하여 지방의회의 사전 동의를 받도록 하는 것은 위법하지 않다.

③ 자치사무에 있어서 시·도와 시·군·자치구의 사무가 경합하는 경우 시·군·자치구가 먼저 처리한다.

④ 호적사무는 사법적(司法的) 성격이 강한 국가의 사무이다.

⑤ 개별법령에서 조례로 정하도록 위임한 경우 기관위임사무에 대해서도 조례를 정할 수 있다.

해설 ④를 정답으로 볼 수 있는지에 대해 논란이 있을 수 있는 문제이다. 판례는 종래 호적사무(가족관계사무)를 지방자치단체의 자치사무로 보았다(대판 1995.3.28. 94다45654). 그러나 그 판례 이후 새로 제정·시행된 「가족관계의 등록 등에 관한 법률」(2008.1.1. 시행)은 국가사무의 기관위임사무로 규정하고 있다. 판례에 의하면 ④가 정답이 되지만 현 법령에 의하면 이 문제는 〈정답없음〉으로 처리되어야 할 것이다.

Answer
01. ① 02. ④ 03. ② 04. ⑤ 05. ⑤ 06. ② 07. ③ 08. ④ 09. ③ 10. ⑤
11. ① 12. ④ 13. ④ 14. ① 15. ③ 16. ⑤ 17. ③ 18. ② 19. ⑤ 20. ④
21. ③ 22. ① 23. ② 24. ⑤ 25. ④

424 부록

제8회 행정사 행정법

[2020. 5. 16. 실시]

01 법규명령에 관한 설명으로 옳지 않은 것은? (다툼이 있으면 판례에 따름)

① 법률이 자치법적 사항을 공법적 단체의 정관에 위임하는 경우에는 포괄적 위임금지 원칙이 적용되지 않는다.

② 행정입법부작위는 부작위위법확인소송의 대상이 된다.

③ 행정입법이 대법원에 의하여 위법하다는 판정이 있더라도 일반적으로 그 효력이 상실되는 것은 아니다.

④ 집행명령은 상위 법령의 수권 없이 제정될 수 있다.

⑤ 제재적 처분기준이 부령의 형식으로 규정되어 있는 때에는 국민에게 법적 구속력이 없다.

> **해설** ② 부작위위법확인소송의 대상은 '처분'의 부작위이다. 행정입법부작위는 '법'의 부작위이고 처분의 부작위가 아니다. 따라서 행정입법부작위는 원칙적으로 부작위위법확인소송의 대상이 아니다.
> ① 법률이 조례와 공법적 단체 등의 정관에 자치법적 사항을 위임하는 경우에는 포괄위임입법금지 원칙은 적용되지 않는다(대판 2007.10.12. 2006두14476 등).
> ③ 구체적 규범통제에 의해 대법원이 법규명령의 위헌·위법 판단을 하였다 하더라도 대법원의 이러한 판단은 당해 사건에서만 의미를 갖는다. 즉, 그 법규명령은 당해 사건에서만 적용이 배제될 뿐 형식적으로는 여전히 그대로 존재한다.
> ④ 집행명령과 위임명령의 차이점 중 하나이다.
> ⑤ 판례는 총리령·부령상의 제재적 처분기준에 대해 법규성을 부정한다.

02 행정지도에 관한 설명으로 옳지 않은 것은? (다툼이 있으면 판례에 따름)

① 행정지도는 상대방의 협력을 전제로 법적 효과의 발생을 목적으로 하는 행정청의 의사표시이다.

② 행정지도의 상대방은 해당 행정지도의 방식·내용에 관하여 행정기관에 의견제출을 할 수 있다.

③ 행정기관은 상대방이 행정지도에 따르지 않았다는 이유로 불이익한 조치를 하여서는 아니 된다.

④ 행정지도를 하는 자는 상대방에게 행정지도의 취지 및 내용과 신분을 밝혀야 한다.

⑤ 행정지도는 「국가배상법」 제2조의 직무행위에 해당된다.

> **해설** ① 행정작용은 법적행위와 사실행위로 구분할 수 있다. 법적행위란 법적 효과의 변동을 목적으로 하는 행위를 말하고 사실행위란 일정한 사실상의 결과발생만을 목적으로 하는 행위를 말한다. 행정지도는 사실행위(비권력적 사실행위)이다. 즉, 행정지도는 법적 효과의 발생을 목적으로 하는 행위가 아니다.
> ② 「행정절차법」 제50조
> ③ 「행정절차법」 제48조 제2항
> ④ 「행정절차법」 제48조 제1항
> ⑤ 행정지도도 「국가배상법」 제2조의 공무원의 직무행위에 해당한다.

03 「행정대집행법」상 대집행의 요건이 아닌 것은?

① 공법상 의무의 불이행이 있을 것

② 불이행된 의무를 타인이 대신하여 행할 수 있을 것

③ 의무를 명하는 처분에 불가쟁력이 발생하였을 것

④ 다른 수단으로써 의무 이행의 확보가 곤란할 것

⑤ 의무불이행을 방치하는 것이 심히 공익을 해할 것

> **해설** ③ 행정처분에 불가쟁력이 발생하였을 것은 행정대집행의 요건이 아니다. 즉, 처분에 불가쟁력이 발생하기 전에도 행정청은 대집행을 할 수 있다.

04 「질서위반행위규제법」의 내용으로 옳지 않은 것은?

① 행정청이 부과한 과태료는 부과처분이 확정된 후 5년간 징수하지 아니하면 시효로 인하여 소멸한다.

② 질서위반행위의 성립과 과태료 처분은 처분 시의 법률에 따른다.

③ 고의 또는 과실이 없는 질서위반행위는 과태료를 부과하지 않는다.

④ 2인 이상이 질서위반행위에 가담한 때에는 각자가 질서위반행위를 한 것으로 본다.

⑤ 행정청의 과태료 부과에 대해 당사자의 이의제기가 있는 경우에는 행정청의 과태료 부과처분은 효력을 상실한다.

> **해설** ② 질서위반행위의 성립과 과태료 처분은 처분 시가 아니라 행위 시의 법률에 따른다(「질서위반행위규제법」 제3조 제1항).
> ① 「질서위반행위규제법」 제15조 제1항
> ③ 「질서위반행위규제법」 제7조
> ④ 「질서위반행위규제법」 제12조 제1항
> ⑤ 「질서위반행위규제법」 제20조

05 행정행위의 직권취소에 관한 설명으로 옳지 않은 것은? (다툼이 있으면 판례에 따름)

① 직권취소는 별도의 법적 근거가 없어도 가능하다.

② 직권취소는 당해 처분의 취소소송 계속 중에도 할 수 있다.

③ 수익적 행정행위의 직권취소에 대한 직권취소는 인정되지 않는다.

④ 수익적 행정행위의 직권취소는 제한될 수 있다.

⑤ 수익적 행정행위의 직권취소의 소급효는 제한될 수 있다.

> **해설** ③ 직권취소의 직권취소 가능성과 관련하여 판례는 ⅰ) 원처분이 수익적 행정행위인 경우는 원칙적으로 긍정하고 ⅱ) 원처분이 침익적 처분인 경우에는 원칙적으로 부정한다.
> ① 행정행위의 직권취소에는 법률유보원칙이 적용되지 않는다.
> ② 취소소송이 진행 중이더라도 처분청(피고)은 계쟁처분을 직권취소할 수 있다.
> ④ 수익적 행정행위를 직권취소하는 경우에는 이익형량에 의한 제한을 받는다.
> ⑤ 취소의 효과는 원칙적으로 소급한다. 다만, 수익적 행정행위에 대한 직권취소는 상대방에게 귀책사유가 있는 경우를 제외하고는 소급효를 인정하지 않는다(다수설).

06 행정행위의 부관에 관한 설명으로 옳지 않은 것은? (다툼이 있으면 판례에 따름)

① 법률의 근거 없이 기속행위에 그 효과를 제한하는 부관을 붙인 경우 그 부관은 무효이다.

② 사정변경으로 인하여 당초에 부담을 부가한 목적을 달성할 수 없게 된 경우 그 목적 달성에 필요한 범위 내에서 부담의 사후변경이 허용된다.

③ 법률이 예정하는 행정행위의 효과를 일부 배제하는 부관도 인정된다.

④ 다른 부관과 달리 부담은 독립하여 행정소송의 대상이 될 수 있다.

⑤ 부담의 내용을 미리 협약의 형식으로 정한 다음 처분을 하면서 이를 부담으로 부가하는 것은 허용되지 않는다.

해설 ⑤ 부담은 행정청이 일방적으로 부가할 수도 있지만, 상대방과 협의하여 부담의 내용을 협약의 형식으로 미리 정한 다음 행정처분을 하면서 이를 부가할 수도 있다(대판 2009.2.12. 2005다65500).
① 기속행위에는 법령상 명문규정이 있는 경우를 제외하고는 부관을 붙일 수 없다. 만약 법령상의 근거 없이 기속행위에 부관을 붙였다면 그 부관은 무효이다.
② 사후부관 또는 부관의 사후변경은 법률에 명문의 규정이 있거나, 행정행위 당시에 미리 유보되어 있는 경우, 그리고 상대방의 동의가 있는 경우에는 가능하고 또한, 사정변경의 경우에도 가능하다(대판 1997.5.30. 97누2627).
③ 법률효과의 일부 배제에 대해 판례는 행정행위의 '내용상의 제한'이 아니라 행정행위의 '부관'으로 본다(대판 1993.10.8. 93누2032).
④ 판례는 부관 중 '부담'에 대해서만 독립쟁송가능성을 인정한다.

07 행정행위 하자승계론의 전제요건에 해당하지 않는 것은?

① 선행행위와 후행행위가 모두 처분일 것

② 선행행위에 무효가 아닌 취소사유의 하자가 존재할 것

③ 선행행위에 불가쟁력이 발생하였을 것

④ 후행행위는 하자가 없는 적법한 행위일 것

⑤ 후행행위가 선행행위에 대하여 내용적 구속력이 있을 것

해설 ⑤ 후행행위의 선행행위에 대한 구속력은 하자의 승계와 아무런 관련이 없다. 다만, 선행행위의 후행행위에 대한 구속력은 구속력론(규준력론)에 의하면 하자의 승계와 일정한 관련을 갖는다.

08 법치행정원리에 관한 설명으로 옳은 것은?

① 법률우위의 원칙에서 말하는 법률은 국회가 제정한 형식적 의미의 법률만을 말한다.

② 법률우위의 원칙은 사법형식의 행정작용에는 적용되지 않는다.

③ 법률우위의 원칙에 위반한 행정행위는 무효이다.

④ 법률유보의 원칙에서 말하는 법률에는 법률의 위임에 의해 제정된 법규명령도 포함된다.

⑤ 법률유보의 범위와 관련하여 본질성설에 따르는 경우 행정입법에의 위임은 금지된다.

해설 ④ 법률유보의 원칙에서의 '법률'에는 법률(형식적 의미의 법률)과 법률의 위임에 의해 제정된 법규명령이 포함된다.
① 법률우위의 원칙에서의 '법률'에는 법률(형식적 의미의 법률) 및 법규성이 있는 모든 성문·불문의 규범(例 법규명령, 관습법, 일반원칙)이 포함된다. 그러나 법률유보의 원칙에서의 '법률'에는 법률(형식적 의미의 법률)과 법규명령이 포함된다.
② 법률유보의 원칙이 적용되는 분야에 대해서는 견해의 대립이 있지만(침해유보설, 전부유보설, 중요사항유보설 등), 법률우위의 원칙은 권력행정이든 비권력적 행정이든 공법 형식에 의한 행정작용이든 사법 형식에 의한 행정작용이든 모든 행정작용에 적용된다.
③ 법률우위의 원칙에 위반한 행정행위는 위법하고, 위법성의 정도에 따라 무효사유인 행정행위와 취소사유인 행정행위로 구분된다. 대부분은 취소사유인 행정행위가 된다.
⑤ 본질성설(중요사항유보설)은 본질적으로 중요한 사항은 행정입법에 위임할 수 없다고 본다(의회유보). 따라서 본질적으로 중요한 사항이 아닌 사항은 행정입법에의 위임이 허용된다.

09 대물적 허가를 받아 영업을 하는 甲은 자신의 영업을 乙에게 양도하고자 乙과 영업의 양도·양수계약을 체결하고 관련법에 따라 관할 A행정청에 지위승계신고를 하였다. 이에 관한 설명으로 옳은 것을 모두 고른 것은? (다툼이 있으면 판례에 따름)

> ㉠ 적법한 지위승계신고를 하였다면 A행정청이 수리를 거부하더라도 乙에게 영업양수의 효과가 발생한다.
> ㉡ 지위승계신고가 있기 전에 A행정청이 위 영업허가를 취소하려는 경우 허가취소의 상대방은 甲이 된다.
> ㉢ 甲과 乙 사이의 영업양도·양수계약이 무효라면 지위승계신고가 수리되더라도 乙에게 영업양수의 효과가 발생하지 않는다.
> ㉣ 영업양도·양수가 유효하더라도 명문의 규정이 없는 한 양도 전 甲의 위반행위를 이유로 乙에 대하여 재제처분을 할 수는 없다.

① ㉠, ㉡   ② ㉠, ㉣

③ ㉡, ㉢   ④ ㉠, ㉢, ㉣

⑤ ㉡, ㉢, ㉣

해설 ㉡ [○] 사실상 영업이 양도·양수되었지만 아직 승계신고 및 수리처분이 있기 이전의 경우, 행정제재처분사유 유무의 판단기준이 되는 대상자 및 위반행위에 대한 행정책임이 귀속되는 자는 여전히 종전의 영업자인 양도인이다(대판 2005.12.23. 2005두3554).

㉢ [○] 사업양도·양수에 따른 허가관청의 지위승계신고의 수리는 적법한 사업의 양도·양수가 있었음을 전제로 하는 것이므로 그 수리대상인 사업양도·양수가 존재하지 아니하거나 무효인 때에는 수리를 하였다 하더라도 그 수리는 유효한 대상이 없는 것으로서 당연히 무효라할 것이다(대판 2005.12.23. 2005두3554).

㉠ [×] 영업자 지위승계신고는 '수리를 요하는 신고'이다. 따라서 행정청의 수리가 있어야 乙에게 영업양수의 효과가 발생한다.

㉣ [×] 일관되게 판례는 법령의 규정이 없다 하더라도 행정청은 양도인의 위반행위를 이유로 양수인에게 제재조치를 취할 수 있다고 본다.
석유판매업(주유소)허가는 소위 대물적 허가의 성질을 갖는 것이어서 그 사업의 양도도 가능하고 …… 만약 양도인에게 그 허가를 취소할 위법사유가 있다면 허가관청은 이를 이유로 양수인에게 응분의 제재조치를 취할 수 있다 할 것이고, 양수인이 그 양수 후 허가관청으로부터 석유판매업허가를 다시 받았다 하더라도 이는 석유판매업의 양수도를 전제로 한 것이어서 이로써 양도인의 지위승계가 부정되는 것은 아니므로 양도인의 귀책사유는 양수인에게 그 효력이 미친다(대판 1986.7.22. 86누203).

10 「공공기관의 정보공개에 관한 법률」에 따른 정보공개제도에 관한 설명으로 옳지 않은 것은? (다툼이 있으면 판례에 따름)

① 공개를 청구하는 정보는 사회일반인의 관점에서 청구대상정보의 내용과 범위를 알 수 있을 정도로 특정되어야 한다.

② 공개청구한 정보를 공공기관이 보유·관리하고 있지 않은 경우에는 특별한 사정이 없는 한 해당 정보에 대한 공개거부처분의 취소를 구할 법률상의 이익이 없다.

③ 정보공개청구의 목적이 오로지 담당공무원을 괴롭힐 목적인 경우처럼 권리의 남용이 명백한 경우에는 정보공개청구권의 행사가 허용되지 않는다.

④ 비공개결정에 대해 이의신청을 거친 경우에는 행정심판을 제기할 수 없다.

⑤ 청구인이 신청한 공개방법 이외의 방법으로 정보를 공개하기로 결정한 경우 청구인은 그에 대하여 항고소송으로 다툴 수 있다.

해설 ④ 정보공개청구인은 이의신청절차를 거치지 않고 행정심판을 청구할 수도 있고 이의신청절차를 거쳐 행정심판을 청구할 수도 있다.
① 대판 2007.6.1. 2007두2555
② 대판 2013.1.24. 2010두18918
③ 대판 2006.8.24. 2004두2783
⑤ 대판 2016.11.10. 2016두44674

11 행정절차에 관한 설명으로 옳은 것은? (다툼이 있으면 판례에 따름)

① 행정청은 신청 내용을 모두 그대로 인정하는 처분을 하는 경우에도 당사자에게 이유제시를 하여야 한다.

② 행정청과 당사자가 청문절차를 배제하기로 협약을 체결하였다면 청문절차를 거치지 않아도 되는 예외적 경우에 해당한다.

③ 행정처분에 실체적 위법이 없는 한 절차적 하자만으로 독립된 취소사유가 되지 못한다.

④ 이유제시의 하자는 치유의 대상이 될 수 없다.

⑤ 「행정절차법」상 불복방법에 대한 고지절차에 관한 규정을 위반하였다고 하여 그러한 이유만으로 처분이 위법하게 되는 것은 아니다.

해설 ⑤ 불복방법의 고지는 행정행위의 요건이 아니다. 따라서 불복방법의 고지를 하지 않았거나 고지가 잘못되었다 하더라도 이것만으로 행정처분 자체가 위법으로 되지는 않는다.
「행정절차법」 제26조는 "행정청이 처분을 할 때에는 당사자에게 그 처분에 관하여 행정심판 및 행정소송을 제기할 수 있는지 여부, 그 밖에 불복을 할 수 있는지 여부, 청구절차 및 청구기간 그 밖에 필요한 사항을 알려야 한다."라고 규정하고 있다. 이러한 고지절차에 관한 규정은 행정처분의 상대방이 그 처분에 대한 행정심판의 절차를 밟는 데 편의를 제공하려는 것이어서 처분청이 위 규정에 따른 고지의무를 이행하지 아니하였다고 하더라도 경우에 따라 행정심판의 제기기간이 연장될 수 있음에 그칠 뿐, 그 때문에 심판의 대상이 되는 행정처분이 위법하다고 할 수는 없다(대판 2018.2.8. 2017두66633).
① ①의 경우 행정청은 이유제시를 생략할 수 있다(「행정절차법」 제23조 제1항).
② 협약의 체결로 청문의 실시에 관한 규정의 적용을 배제할 수 있다고 볼 만한 법령상의 규정이 없는 한, 협약이 체결되었다고 하여 청문의 실시에 관한 규정의 적용이 배제된다거나 청문을 실시하지 않아도 되는 예외적인 경우에 해당한다고 할 수 없다(대판 2004.7.8. 2002두8350).
③ 절차상 하자만으로도 행정처분은 위법하게 된다. 즉, 절차상 하자의 독자적 위법사유성이 인정된다.
④ 치유의 대상이 되는 가장 대표적인 하자가 이유제시상의 하자이다.

12 「행정절차법」이 규율 대상으로 명시하고 있는 것은?

① 행정지도절차

② 공법상 계약체결절차

③ 행정계획확정절차

④ 행정조사절차

⑤ 확약절차

해설 ① 「행정절차법」은 처분, 신고, 행정상입법예고, 행정예고, 행정지도의 절차에 관한 일반법이다.
②·③·④·⑤ 이에 대해서는 「행정절차법」에 규정이 없다. 행정계획과 관련하여 행정계획을 예고하도록 하는 규정은 「행정절차법」에 있다(제46조 제1항). 그러나 「행정절차법」에 '행정계획 수립(확정)절차'에 관한 규정은 없다.

13 A장관을 주무부장관으로 하는 국가사무인 X사무가 법령에 의해 B지방자치단체의 장에게 위임되었다. X사무의 처리에 관한 설명으로 옳은 것은? (다툼이 있으면 판례에 따름)

① 법령이 X사무에 대해 조례에 위임하는 경우 포괄적 위임도 가능하다.

② A장관은 X사무의 처리가 위법한 경우에 한하여 B지방자치단체의 장을 감독할 수 있다.

③ A장관이 X사무의 처리에 관하여 시정명령을 발한 경우 B지방자치단체의 장은 이에 대해 대법원에 제소할 수 있다.

④ B지방자치단체의 장이 X사무를 처리하면서 불법행위를 하여 국가배상책임이 성립하는 경우 B지방자치단체도 배상책임이 있다.

⑤ A장관이 X사무의 해태를 이유로 직무이행명령을 발한 경우 B지방자치단체의 장은 이에 대해 대법원에 제소할 수 없다.

해설 ② X사무처리와 관련하여 A장관과 B지방자치단체장은 직무상 상하관계에 있다. 따라서 A장관은 B지방자치단체장의 X사무처리에 대해 감독권을 가지며 이 감독권에는 시정명령권이 당연히 포함된다. 또한, 「행정권한의 위임 및 위탁에 관한 규정」 제6조는 "위임 및 위탁기관은 수임 및 수탁기관의 수임 및 수탁사무 처리에 대하여 지휘·감독하고, 그 처리가 위법하거나 부당하다고 인정될 때에는 이를 취소하거나 정지시킬 수 있다."라고 규정하고 있는데 이 규정에 의하더라도 A장관은 위임기관으로서 B지방자치단체장에게 시정명령을 내릴 수 있다.
〈※주의〉 지방자치법은 제169조 제1항에서 시정명령권을 규정하고 있다. 그런데 여기의 시정명령이 기관위임사무에 대해서도 가능한지에 대해서는 긍정·부정의 견해대립이 있다. 즉, 지방자치법 제169조 제1항에 의해 X사무처리와 관련하여 A장관이 B지방자치단체장에게 시정명령을 발할 수 있는지에 대해서는 긍정·부정의 견해대립이 있다. 따라서 ②번 문장의 맨 앞부분에 '지방자치법 제169조에 의해'가 추가되어 출제되었다면 ②번 문장은 틀린 문장으로 평가될 여지가 있었다. 출제자는 지방자치법 제169조를 염두에 두고 ②번 문장을 틀린 문장으로 출제한 것으로 보이지만, 문제의 어디에도 지방자치법 또는 지방자치법 제169조를 시사하는 부분은 없다.
④ B지방자치단체장이 기관위임사무와 관련하여 불법행위를 하여 국가배상책임이 성립하는 경우, B지방자치단체도 비용부담자로서 배상책임을 진다.
① 지문에서의 X사무는 기관위임사무이다. 기관위임사무에 대해서는 위임이 있어야 지자체가 조례(위임조례)를 제정할 수 있는데 여기의 위임은 포괄적 위임도 가능한지에 대해 적극·소극의 견해대립이 있다(자치조례에의 위임은 포괄적 위임도 가능함). 판례는 소극적인 입장으로 보인다.
조례가 규정하고 있는 사항이 그 근거 법령 등에 비추어 볼 때 자치사무나 단체위임사무에 관한 것이라면 이는 자치조례로서 「지방자치법」 제15조가 규정하고 있는 '법령의 범위 안'이라는 사항적 한계가 적용될 뿐, 위임조례와 같이 국가법에 적용되는 일반적인 위임입법의 한계가 적용될 여지는 없다(대판 2000.11.24. 2000추29).
③ 법률에 규정이 있는 경우가 아닌 한, 하급기관은 상급기관의 직무상의 명령(시정명령 포함)에 대해 제소할 수 없다. 행정조직 내부적 문제이기 때문이다. 그런데 「지방자치법」 제169조는 시정명령에 대한 법원에의 제소규정을 두지 않고 있다. 즉, ③과 관련하여 법원에 제소할 수 있다는 규정이 법률에 없으므로 B지방자치단체의 장은 대법원에 제소할 수 없다.
⑤ 「지방자치법」 제170조에서 직무이행명령에 대한 대법원에의 제소를 규정하고 있다. 즉, 지방자치단체의 장은 직무이행명령에 이의가 있으면 이행명령서를 접수한 날로부터 15일 이내에 대법원에 소를 제기할 수 있다(「지방자치법」 제170조).

14 지방자치제도에 관한 설명으로 옳지 않은 것은? (다툼이 있으면 판례에 따름)

① 제주특별자치도와 세종특별자치시는 「지방자치법」상 특별지방자치단체에 해당한다.
② 외국인도 지방자치단체의 주민의 지위를 가질 수 있다.
③ 「지방자치법」상 주민소송은 객관적 소송으로서 민중소송에 해당한다.
④ 비례대표 지방의회의원에 대해서는 주민소환을 할 수 없다.
⑤ 이행강제금의 부과·징수를 게을리한 행위는 주민소송의 대상이 되는 공금의 부과·징수를 게을리한 행위에 해당한다.

해설 ① 지방자치단체는 보통지방자치단체와 특별지방자치단체(지방자치단체조합)로 구분된다. 제주특별자치도와 세종특별자치시는 보통지방자치단체에 해당한다.
② 주민이란 지방자치단체의 구역 안에 주소를 가진 자를 말한다. 주소를 가지는 것으로 충분하고 국적여부, 자연인인지 법인인지의 여부 등은 묻지 않는다. 즉, 외국인도 지방자치단체의 구역 안에 주소를 가지고 있다면 주민에 해당한다.
③ 「지방자치법」상 주민소송은 「행정소송법」 제3조에서 규정하고 있는 민중소송에 해당한다.
④ 지방자치단체의 주민은 주민소환투표권을 가진다. 다만, 비례대표 지방의회의원은 주민소환의 대상자에서 제외된다(「지방자치법」 제20조 제1항).
⑤ 주민소송의 대상은 재무회계사항이다. 그리고 이행강제금은 지방자치단체의 재정수입을 구성하는 재원 중 하나이다. 따라서 이행강제금의 부과·징수를 게을리한 행위는 주민소송의 대상이 되는 공금의 부과·징수를 게을리한 사항에 해당한다(대판 2015.9.10. 2013두16746).

15 공물에 관한 설명으로 옳은 것은? (다툼이 있으면 판례에 따름)

① 어떤 토지의 지목이 도로이고 국유재산대장에 등재되어 있다면 그 토지는 도로로서 행정재산에 해당한다고 보아야 한다.

② 공용폐지의 의사표시는 묵시적인 방법으로도 가능하므로 행정재산이 본래의 용도에 제공되지 않는 상태에 있다면 묵시적인 공용폐지가 있다고 보아야 한다.

③ 행정재산은 사법상 거래의 대상이 되지 아니하는 불융통물이므로 관재 당국이 이를 모르고 매각하였더라도 그 매매는 당연무효이다.

④ 적법한 개발행위로 인하여 공공용물의 일반사용이 종전에 비하여 제한을 받게 되었다면 특별한 사정이 없는 한 그로 인한 불이익은 손실보상의 대상이 된다.

⑤ 특허에 의한 공물사용권은 공물의 관리주체에 대해 특별사용을 청구할 수 있는 채권에 그치는 것이 아니라 대세적 효력이 있는 물권이다.

해설 ③ 행정재산은 공유물로서 이른바 사법상의 거래의 대상이 되지 아니하는 불융통물이므로 이러한 행정재산을 관재 당국이 모르고 매각처분하였다 할지라도 그 매각처분은 무효이다(대판 1967.6.27. 67다806).

① 토지의 지목이 도로인지와 그 토지가 행정재산인지는 직접적 관련이 없다. 즉, 토지의 지목이 도로라고 하여 당연히 행정재산이 되는 것은 아니다.

「국유재산법」상의 행정재산이란 국가가 소유하는 재산으로서 직접 공용, 공공용 또는 기업용으로 사용하거나 사용하기로 결정한 재산을 말하고(「국유재산법」 제6조 제2항 참조), 그중 도로와 같은 인공적 공공용 재산은 법령에 의하여 지정되거나 행정처분으로써 공공용으로 사용하기로 결정한 경우 또는 행정재산으로 실제로 사용하는 경우의 어느 하나에 해당하여야 비로소 행정재산이 되는데, 특히 도로는 도로로서의 형태를 갖추고 도로법에 따른 노선의 지정 또는 인정의 공고 및 도로구역 결정·고시를 한 때 또는 도시계획법 또는 도시재개발법에서 정한 절차를 거쳐 도로를 설치하였을 때에 공공용물로서 공용개시 행위가 있으므로, 토지의 지목이 도로이고 국유재산대장에 등재되어 있다는 사정만으로 바로 토지가 도로로서 행정재산에 해당한다고 할 수는 없다. 이는 국유재산대장에 행정재산으로 등재되어 있다가 용도폐지된 바가 있더라도 마찬가지이다(대판 2016.5.12. 2015다255524).

② 행정재산이 본래의 용도에 제공되지 않는 상태에 있다고 하여 당연히 묵시적인 공용폐지가 인정되는 것은 아니다. 공용폐지의 의사표시는 명시적 의사표시뿐 아니라 묵시적 의사표시이어도 무방하나 적법한 의사표시이어야 하고, 행정재산이 본래의 용도에 제공되지 않는 상태에 놓여 있다는 사실만으로 관리청의 이에 대한 공용폐지의 의사표시가 있었다고 볼 수 없으며, 행정재산에 관하여 체결된 것이기 때문에 무효인 매매계약을 가지고 적법한 공용폐지의 의사표시가 있었다고 볼 수도 없다(대판 1996. 5.28. 95다52383).

④ ④의 경우 손실보상의 대상이 되는 특별한 희생이 아니다.

일반 공중의 이용에 제공되는 공공용물에 대하여 특허 또는 허가를 받지 않고 하는 일반사용은 다른 개인의 자유이용과 국가 또는 지방자치단체 등의 공공목적을 위한 개발 또는 관리·보존 행위를 방해하지 않는 범위 내에서만 허용된다 할 것이므로, 공공용물에 관하여 적법한 개발행위 등이 이루어짐으로 말미암아 이에 대한 일정 범위의 사람들의 일반사용이 종전에 비하여 제한받게 되었다 하더라도 특별한 사정이 없는 한 그로 인한 불이익은 손실보상의 대상이 되는 특별한 손실에 해당한다고 할 수 없다(대판 2002.2.26. 99다35300).

⑤ 공물사용권은 채권에 지나지 않는다. 대세적 효력이 있는 물권이 아니다.

하천의 점용허가권은 특허에 의한 '공물사용권'의 일종으로서 하천의 관리주체에 대하여 일정한 특별사용을 청구할 수 있는 채권에 지나지 아니하고 대세적 효력이 있는 물권이라 할 수 없다(대판 1990.2.13. 89다카23022).

16 행정쟁송에 있어 가구제에 관한 설명으로 옳지 않은 것은? (다툼이 있으면 판례에 따름)

① 「행정심판법」상 임시처분은 집행정지로 목적을 달성할 수 없는 경우에 허용된다.

② 「행정심판법」상 임시처분은 당사자의 신청이 있는 경우에만 할 수 있다.

③ 취소소송에서는 「민사집행법」상의 가처분이 인정되지 않는다.

④ 취소소송상 집행정지의 신청은 적법한 본안소송이 계속 중일 것을 요한다.

⑤ 당사자소송에서는 「행정소송법」상의 집행정지가 인정되지 않는다.

해설 ② 「행정심판법」상 집행정지와 임시처분은 당사자의 신청에 의한 경우는 물론 직권에 의해서도 가능하다 (「행정심판법」 제30조 제2항, 제31조 제1항).
① 「행정심판법」 제31조 제3항
③ 당사자소송에서는 「민사집행법」상의 가처분이 인정된다. 그러나 항고소송(취소소송 등)에서는 「민사집행법」상의 가처분이 인정되지 않는다(판례).
④ '적법한 본안소송이 계속 중일 것'도 집행정지의 요건 중의 하나이다.
⑤ 당사자소송에서는 집행정지는 인정되지 않고 「민사집행법」상의 가처분이 인정된다.

17 행정심판에 관한 설명으로 옳은 것은? (다툼이 있으면 판례에 따름)

① 행정심판 재결에는 특별한 사유가 없는 한 불가변력이 발생하지 않는다.

② 취소심판에는 처분사유의 추가·변경이 허용되지 않는다.

③ 「행정심판법」은 무효등확인심판에서는 사정재결을 할 수 없음을 명문으로 규정하고 있다.

④ 청구인은 행정심판청구서를 피청구인인 행정청에 제출할 수 없다.

⑤ 「행정심판법상」상 처분의 부존재확인심판은 허용되지 않는다.

해설 ③ 사정재결은 취소심판과 의무이행심판에서 인정되며, 무효등확인심판에는 적용하지 아니한다(「행정심판법」 제44조 제3항).
① 행정심판의 재결은 준사법적(準司法的) 행위로서 불가변력(자박력)이 인정된다.
② 처분사유의 추가·변경은 행정소송뿐만 아니라 행정심판에서도 인정된다.
④ 심판청구서는 행정심판위원회 또는 피청구인인 행정청에 제출하여야 한다.
⑤ 무효등확인심판은 행정청의 처분의 효력 유무 또는 존재 여부를 확인하는 행정심판이다. 즉, 처분의 존재확인심판뿐만 아니라 부존재확인심판도 인정된다.

18 국가배상에 관한 설명으로 옳지 않은 것은? (다툼이 있으면 판례에 따름)

① 국가가 국가배상책임을 이행한 경우 공무원에게 경과실이 있으면 국가는 그 공무원에게 구상할 수 없다.

② 「국가배상법」 제5조에는 점유자에게 과실이 없는 경우 점유자의 책임이 면책되는 규정이 없다.

③ 국가배상청구소송은 배상심의회에 배상신청을 하지 아니하고도 제기할 수 있다.

④ 부작위에 의한 국가배상책임은 조리상 작위의무를 위반한 경우에는 성립하지 않는다.

⑤ 공무원의 고의·중과실에 의한 불법행위로 국가배상책임이 성립하는 경우 가해 공무원 개인은 그로 인한 손해배상책임을 부담한다.

해설 ④ 법령상의 작위의무뿐만 아니라 조리상의 작위의무를 위반한 경우에도 부작위에 의한 국가배상책임이 성립할 수 있다.
공무원의 부작위로 인한 국가배상책임을 인정하기 위한 요건인 '법령에 위반하여'라고 하는 것은 엄격하게 형식적 의미의 법령에 명시적으로 공무원의 작위의무가 규정되어 있는데도 이를 위반하는 경우만을 의미하는 것은 아니고, 국민의 생명, 신체, 재산 등에 대하여 절박하고 중대한 위험상태가 발생하였거나 발생할 우려가 있어서 국민의 생명, 신체, 재산 등을 보호하는 것을 본래적 사명으로 하는 국가가 그 위험 배제에 나서지 아니하면 국민의 생명, 신체, 재산 등을 보호할 수 없는 경우에는 형식적 의미의 법령에 근거가 없더라도 국가나 관련 공무원에 대하여 그러한 위험을 배제할 작위의무를 인정할 수 있다 (대판 2004.6.25. 2003다69652).
① 피해자에게 배상을 한 국가 또는 지방자치단체는 공무원에게 고의 또는 중과실이 있을 경우 구상권을 행사할 수 있다(「국가배상법」 제2조 제2항).
② 「국가배상법」 제5조는 「민법」과 달리 점유자의 면책 규정을 두고 있지 않다.
③ 「국가배상법」 제9조
⑤ 대판 1996.2.15. 95다3867 전원합의체

19 「공익사업을 위한 토지 등의 취득 및 보상에 관한 법률」의 내용에 관한 설명으로 옳은 것은? (다툼이 있으면 판례에 따름)

① 수용재결 신청 전 협의에 의한 취득은 사법상의 법률행위에 해당한다.

② 사업인정은 고시된 날부터 7일이 경과한 날에 효력을 발생한다.

③ 수용재결은 행정심판 재결의 일종으로서 「행정심판법」상 재결의 기속력 규정이 준용된다.

④ 수용재결에 대해 이의재결을 거쳐 취소소송을 제기하는 경우 이의재결을 소송의 대상으로 하여야 한다.

⑤ 보상금액에 불복하여 사업시행자가 제기하는 보상금감액청구소송은 민사소송에 해당하므로 토지소유자 또는 관계인을 피고로 한다.

해설 「공익사업을 위한 토지 등의 취득 및 보상에 관한 법률」을 이하에서는 「토지보상법」으로 줄여서 표현한다.
① 판례는 일관되게 공익사업 토지의 협의취득을 사법상 계약으로 본다.
② 사업인정은 고시한 날부터 그 효력이 발생한다(「토지보상법」 제22조 제3항).
③ 「토지보상법」상의 수용재결은 원처분에 해당하고 이의재결은 행정심판의 재결에 해당한다. 따라서 수용재결과 관련하여서는 행정심판 재결의 기속력을 운운할 여지가 없다.
④ 수용재결에 대해 이의재결을 거쳐 취소소송을 제기하는 경우 소송의 대상은 원처분주의에 따른다. 따라서 소의 대상은 원칙적으로 원처분 즉, 수용재결(이의재결에 의해 변경되었다면 변경된 수용재결)이 된다.
⑤ ⑤의 보상금감액청구소송은 민사소송이 아니라 행정소송(당사자소송)에 해당하고 피고는 토지소유자 또는 관계인이 된다.

20 취소소송에 적용되는 「행정소송법」 규정 중 무효등확인소송에 준용되지 않는 것은?

① 행정심판기록의 제출명령
② 관련청구소송의 병합
③ 집행정지
④ 처분변경으로 인한 소의 변경
⑤ 간접강제

> **해설** ⑤ 취소소송의 간접강제규정은 무효등확인소송에 준용되지 않는다(「행정소송법」 제38조 제1항).

21 항고소송의 피고에 관한 설명으로 옳지 않은 것은? (다툼이 있으면 판례에 따름)

① 처분이 있은 뒤에 그 처분에 관계되는 권한이 다른 행정청에 승계된 때에는 이를 승계한 행정청을 피고로 한다.
② 공정거래위원회의 처분에 대한 항고소송의 피고는 공정거래위원회가 된다.
③ 조례에 대한 무효확인소송의 경우 해당 지방의회의 의장이 피고가 된다.
④ 원고가 피고를 잘못 지정한 때에는 법원은 원고의 신청에 의하여 결정으로써 피고의 경정을 허가할 수 있다.
⑤ 소의 종류의 변경 시에도 피고의 경정이 인정된다.

> **해설** ③ 조례에 대한 무효확인소송의 경우 피고는 지방의회의 의장이 아니라 공포권자인 지방자치단체의 장이 된다.
> ① 「행정소송법」 제13조 제1항 단서
> ② 합의제 행정청이 처분청인 경우 원칙적으로 위원장이 아니라 '합의제 행정청' 자체가 피고가 된다.
> ④ 「행정소송법」 제14조 제1항
> ⑤ 소의 변경은 항고소송 사이에서 뿐만 아니라 항고소송과 당사자소송 사이에서도 인정된다. 따라서 소의 종류의 변경으로 당사자인 피고의 변경이 야기될 수 있다.

22 甲의 도로점용허가 신청에 대하여 처분청 X는 거부처분을 하였다. 이에 관한 설명으로 옳은 것을 모두 고른 것은? (다툼이 있으면 판례에 따름)

> ㉠ 甲은 거부처분취소심판이나 의무이행심판을 제기할 수 있다.
> ㉡ 만약, X가 거부처분에 앞서 사전통지를 하지 않았다면 그 거부처분에는 절차상 하자가 있다.
> ㉢ 甲이 거부처분취소소송을 제기하여 인용판결이 확정되었다면 X는 도로점용허가를 발령하여야 한다.
> ㉣ 甲이 거부처분취소소송을 제기하여 인용판결이 상고심에서 확정되었음에도 X가 아무런 조치를 취하지 아니하면 상고심법원은 甲의 신청에 의해 간접강제 결정을 할 수 있다.

① ㉠
② ㉠, ㉢
③ ㉠, ㉣
④ ㉡, ㉢
⑤ ㉡, ㉣

> **해설** ㉠ [○] 거부처분에 대한 쟁송수단에는 취소심판, 취소소송, 무효등확인심판, 무효등확인소송, 의무이행심판이 있다.
> ㉡ [×] 거부처분은 사전통지의 대상이 아니다.
> ㉢ [×] 거부처분이 판결로 취소된 경우 처분청은 다시 한 번 처분을 하여야 하지만, 반드시 원고가 신청한 대로 의 처분을 하여야만 하는 것은 아니다. 즉, 취소판결 이후 개정된 법령을 이유로 행정청은 또 다시 거부처분을 할 수도 있다.
> ㉣ [×] 간접강제 결정은 상고심법원이 아닌 제1심 수소법원에서 행한다(「행정소송법」 제34조 제1항).

23 행정권한의 대리와 위임에 관한 설명으로 옳지 않은 것은? (다툼이 있으면 판례에 따름)

① 임의대리에서 대리관청이 대리관계를 밝히고 처분을 한 경우 피대리관청이 처분청으로서 항고소송의 피고가 된다.

② 법정대리는 특별한 규정이 없는 한 피대리관청의 권한 전부에 미친다.

③ 권한을 내부위임 받은 수임행정청은 위임행정청의 이름으로 권한을 행사하여야 한다.

④ 권한의 내부위임은 법률의 근거가 없어도 가능하다.

⑤ 권한의 일부에 대한 위임뿐만 아니라 권한 전부의 위임도 가능하다.

> **해설** ⑤ 권한의 전부위임은 위임청의 폐지를 의미하므로 허용될 수 없다.
> ① ①은 타당하다. 다만, 대리관계를 밝히지 않고 처분을 한 경우에는 원칙적으로 대리청이 피고가 된다.
> ② 임의대리권의 범위는 피대리청의 권한의 일부로 제한되지만, 법정대리권의 범위는 피대리청의 권한 전부에 미친다.
> ③ 권한의 내부위임의 경우 수임청은 위임청의 명의로 처분을 하여야 한다. 내부위임의 경우 만약 수임청이 자신의 명의로 처분을 하였다면 그 처분은 무효이고, 이때 무효확인소송의 피고는 수임청이 된다.
> ④ 내부위임은 권한의 위임과 달리 법적 근거를 요하지 않는다.

24 「국가공무원법」상 소청에 관한 설명으로 옳은 것은?

① 소청을 통해 위법한 거부처분에 대하여 의무이행을 구하는 심사청구를 할 수 없다.

② 징계처분에 대해 소청심사위원회의 심사·결정을 거치지 아니하면 행정소송을 제기할 수 없다.

③ 소청심사위원회가 소청인에게 진술 기회를 주지 아니하고 내린 결정은 취소사유의 하자가 있다.

④ 징계처분에 대한 소청에 대하여는 불이익변경금지원칙이 적용되지 아니한다.

⑤ 행정기관 소속 공무원의 소청을 심사하는 소청심사위원회는 법제처에 둔다.

> **해설** ② 공무원에 대한 불이익처분은 행정심판의 필요적 전치가 채택되어 있다(「국가공무원법」 제16조 제1항).
> ① 의무이행을 구하는 소청심사청구가 인정되고 있다. 「국가공무원법」은 "위법 또는 부당한 거부처분이나 부작위에 대하여 의무이행을 구하는 심사청구가 이유 있다고 인정되면 지체 없이 청구에 따른 처분을 하거나 이를 할 것을 명한다."라고 규정하고 있다(제14조 제5항 제5호).
> ③ 소청심사위원회가 소청 사건을 심사할 때에는 소청인 또는 그의 대리인에게 진술 기회를 주어야 하며, 진술 기회를 주지 아니한 결정은 무효로 한다(「국가공무원법」 제13조).
> ④ 불이익변경금지원칙이 적용된다. 「국가공무원법」은 제14조 제7항에서 "소청심사위원회가 징계처분 또는 징계부가금 부과처분을 받은 자의 청구에 따라 소청을 심사할 경우에는 원징계처분보다 무거운 징계 또는 원징계부가금 부과처분보다 무거운 징계부가금을 부과하는 결정을 하지 못한다."라고 하여 불이익변경금지원칙을 규정하고 있다.
> ⑤ 행정기관 소속 공무원의 소청을 심사하는 소청심사위원회는 법제처가 아닌 '인사혁신처'에 둔다(「국가공무원법」 제9조 제1항).

25 국가공무원의 법률관계에 관한 설명으로 옳지 않은 것은? (다툼이 있으면 판례에 따름)

① 공무원임용에 결격사유가 있는지의 여부는 임용 당시에 시행되던 법률을 기준으로 판단하여야 한다.

② 공무원은 임용장이나 임용통지서에 적힌 날짜에 임용된 것으로 본다.

③ 공무원임용결격사유가 있는 자를 공무원에 임명하는 행위는 당연무효이다.

④ 「국가공무원법」상의 직위해제처분에는 사전통지에 관한 행정절차법 규정이 적용된다.

⑤ 당연퇴직의 사실을 알리는 통지행위는 「행정소송법」상 처분에 해당하지 않는다.

해설 ④ 「국가공무원법」상 직위해제처분은 행정절차법에 의하여 당해 행정작용의 성질상 행정절차를 거치기 곤란하거나 불필요하다고 인정되는 사항 또는 행정절차에 준하는 절차를 거친 사항에 해당하므로, 처분의 사전통지 및 의견청취 등에 관한 행정절차법의 규정이 별도로 적용되지 않는다(대판 2014.5.16. 2012두26180).
① 공무원임용결격사유가 있는지의 여부는 채용후보자명부에 등록한 때가 아닌 임용 당시에 시행되던 법률을 기준으로 하여 판단하여야 한다(대판 1987.4.14. 86누459).
② 공무원은 임용장이나 임용통지서에 적힌 날짜에 임용된 것으로 보며, 임용일자를 소급해서는 아니 된다(「공무원임용령」 제6조 제1항).
③ 임용 당시 공무원임용결격사유가 있었다면 비록 국가의 과실에 의하여 임용결격자임을 밝혀내지 못하였다 하더라도 그 임용행위는 당연무효이다(대판 1998.1.23. 97누16985).
⑤ 당연퇴직의 인사발령은 법률상 당연히 발생하는 퇴직사유를 공적으로 확인하여 알려주는 이른바 관념의 통지에 불과하고 공무원의 신분을 상실시키는 새로운 형성적 행위가 아니므로 행정소송의 대상이 되는 독립한 행정처분이라고 할 수 없다(대판 1995.11.14. 95누2036).

제9회 행정사 행정법

[2021. 5. 29. 실시]

01 법령 등 시행일의 기간 계산에 관한 설명으로 옳은 것을 모두 고른 것은?

> ㉠ 법령 등을 공포한 날부터 시행하는 경우에는 공포한 날을 시행일로 한다.
> ㉡ 법령 등을 공포한 날부터 일정 기간이 경과한 날부터 시행하는 경우 법령 등을 공포한 날을 첫날에 산입하지 아니한다.
> ㉢ 법령 등을 공포한 날부터 일정 기간이 경과한 날부터 시행하는 경우 그 기간의 말일이 토요일 또는 공휴일인 때에는 그 말일로 기간이 만료한다.
> ㉣ 대통령령은 특별한 규정이 없으면 공포한 날부터 10일이 경과함으로써 효력을 발생한다.

① ㉠, ㉡   ② ㉠, ㉣
③ ㉢, ㉣   ④ ㉠, ㉡, ㉢
⑤ ㉡, ㉢, ㉣

해설 ㉠·㉡·㉢ 모두 [○]
〈법령〉「행정기본법」제7조(법령 등 시행일의 기간 계산)
법령 등(훈령·예규·고시·지침 등을 포함한다. 이하 이 조에서 같다)의 시행일을 정하거나 계산할 때에는 다음 각 호의 기준에 따른다.
1. 법령 등을 공포한 날부터 시행하는 경우에는 공포한 날을 시행일로 한다.
2. 법령 등을 공포한 날부터 일정 기간이 경과한 날부터 시행하는 경우 법령 등을 공포한 날을 첫날에 산입하지 아니한다.
3. 법령 등을 공포한 날부터 일정 기간이 경과한 날부터 시행하는 경우 그 기간의 말일이 토요일 또는 공휴일인 때에는 그 말일로 기간이 만료한다.
㉣ [×] 법령(대통령령 포함)은 특별한 규정이 없으면 공포한 날부터 20일이 경과함으로써 효력을 발생한다.

02 행정의 법원칙 중 행정기본법에 명문으로 규정하고 있는 것이 아닌 것은?

① 행정의 자기구속의 원칙
② 부당결부금지의 원칙
③ 성실의무 및 권한남용금지의 원칙
④ 비례의 원칙
⑤ 평등의 원칙

해설 ① 「행정기본법」은 부당결부금지의 원칙(제13조), 성실의무 및 권한남용금지의 원칙(제11조), 비례의 원칙(제10조), 평등의 원칙(제9조)에 대해서 규정하고 있지만 행정의 자기구속의 원칙에 대해서는 직접적 규정을 두고 있지 않다.

03 행정입법에 관한 설명으로 옳지 않은 것은? (다툼이 있으면 판례에 따름)

① 재량준칙은 일반적으로 행정조직 내부에서만 효력을 가질 뿐 대외적인 구속력을 갖는 것은 아니다.

② 재량권 행사의 준칙인 행정규칙이 정한 바에 따라 되풀이 시행되어 행정관행이 형성되어 행정기관이 그 상대방에 대한 관계에서 그 규칙에 따라야 할 자기구속을 당하게 되는 경우에는 헌법소원의 대상이 될 수 있다.

③ 법원이 구체적 규범통제를 통해 위헌·위법으로 선언할 심판대상은 원칙적으로 해당 규정 전체이고, 재판의 전제성이 인정되는 조항에 한정되지 않는다.

④ 「헌법」이 인정하고 있는 위임입법의 형식은 예시적인 것으로 보아야 한다.

⑤ 보건복지부 고시인 약제급여·비급여목록 및 급여상한금액표에 대해서는 취소소송으로 다툴 수 있다.

해설 ③ 법원이 구체적 규범통제를 통해 위헌·위법으로 선언할 심판대상은, 해당 규정의 전부가 불가분적으로 결합되어 있어 일부를 무효로 하는 경우 나머지 부분이 유지될 수 없는 결과를 가져오는 특별한 사정이 없는 한, 원칙적으로 해당 규정 중 재판의 전제성이 인정되는 조항에 한정된다(대판 2019.6.13. 2017두33985).

04 A시장은 甲 소유 토지의 일부를 기부채납하는 조건(강학상 부담으로 본다)으로 甲이 신청한 개발제한구역 내의 토지 형질변경행위허가를 한 후 甲과 기부채납 이행을 위한 증여계약을 체결하였다. 이에 관한 설명으로 옳지 않은 것은? (다툼이 있으면 판례에 따름)

① 甲이 기부채납을 불이행할 경우, A시장은 토지형질변경행위허가를 철회할 수 있다.

② 甲은 기부채납의 부관만을 대상으로 하여 취소소송을 제기할 수 있다.

③ 기부채납의 부관이 당연무효이거나 취소되지 아니한 이상 甲은 위 부관으로 인한 증여계약의 중요부분의 착오를 이유로 증여계약을 취소할 수 없다.

④ 토지형질변경행위허가를 함에 있어 부관을 붙일 필요가 있는지의 유무 등을 판단함에 있어서는 A시장에게 재량의 여지가 있다.

⑤ A시장은 토지형질변경행위허가를 한 후에는 甲의 동의가 있는 경우라도 부관을 새로 붙일 수 없다.

해설 ⑤번 문장에서 말하는 부관은 사후부관이다. 사후부관은 상대방의 동의가 있는 경우 등에 가능하다. 따라서 甲의 동의가 있는 경우에는 부관(사후부관)을 새로 붙일 수 있다.

05 재량행위와 기속행위에 관한 설명으로 옳은 것은? (다툼이 있으면 판례에 따름)

① 「공유수면 관리 및 매립에 관한 법률」상 공유수면 점용허가는 기속행위이다.

② 재외동포에 대한 사증발급과 관련한 재량권 불행사는 그 자체로 재량권 일탈·남용에 해당하지 않으므로 해당 처분을 취소하여야 할 위법사유가 되지 않는다.

③ 「국토의 계획 및 이용에 관한 법률」에 의하여 지정된 도시지역 안에서 토지의 형질변경행위를 수반하는 건축허가의 법적 성질은 기속행위이다.

④ 법령상 감경사유가 있는 경우 이를 전혀 고려하지 않은 과징금 부과처분은 위법하다.

⑤ 행정청이 제재처분 양정을 하면서 이익형량을 하였다면 그 양정에 정당성·객관성이 결여된 경우라도 위법은 아니다.

해설 ① [×] 공유수면 점용허가는 재량행위이다.
② [×] 재량권 불행사는 그 자체로 재량권 일탈·남용에 해당하고 따라서 처분을 취소하여야 할 위법사유가 된다.
③ [×] 도시지역 안에서 토지의 형질변경행위를 수반하는 건축허가는 재량행위이다.
⑤ [×] 이익형량을 하였다 하더라도 그 형량(양정)에 정당성·객관성이 결여되었다면 위법이 된다.

06 행정행위의 법적 성질을 바르게 연결한 것은? (다툼이 있으면 판례에 따름)

> ㉠ (구) 「자동차관리법」상 자동차정비조합설립인가
> ㉡ (구) 「도시계획법」상 개발제한구역 내의 건축허가
> ㉢ 「기부금품모집규제법」상 기부금품모집허가

① ㉠: 인가   ㉡: 예외적 허가   ㉢: 특허
② ㉠: 인가   ㉡: 허가   ㉢: 특허
③ ㉠: 인가   ㉡: 예외적 허가   ㉢: 허가
④ ㉠: 특허   ㉡: 인가   ㉢: 허가
⑤ ㉠: 허가   ㉡: 특허   ㉢: 인가

해설 ㉠: 자동차정비조합설립인가 = 인가
㉡: 개발제한구역 내의 건축허가 = 예외적 허가
㉢: 기부금품모집허가 = 허가

07 처분의 취소 또는 변경에 관한 설명으로 옳은 것은? (다툼이 있으면 판례에 따름)

① 처분의 위법은 직권취소의 사유가 되지만, 처분의 부당은 직권취소의 사유가 되지 않는다.

② 수익적 처분의 직권취소 필요성에 관한 증명책임은 처분의 상대방에 있다.

③ 수익적 처분에 대한 직권취소의 경우에는 「행정절차법」상 사전통지가 필요하지 않다.

④ 행정청은 행정소송이 계속되고 있는 때에는 직권으로 해당 처분을 변경할 수 없다.

⑤ 「산업재해보상보험법」상 연금지급결정을 취소하는 처분이 적법하다고 하여 그에 터 잡은 징수처분이 반드시 적법한 것은 아니다.

해설 ① [×] 처분의 위법뿐만 아니라 처분의 부당도 직권취소의 사유가 된다.
② [×] 수익적 처분의 직권취소 필요성에 관한 증명책임은 처분의 상대방이 아니라 행정청(처분청)에게 있다.
③ [×] 수익적 처분에 대한 직권취소는 침익적 처분이고 따라서 「행정절차법」상 사전통지의 대상이 된다.
④ [×] 소송계속 중에도 처분청은 직권으로 처분을 취소·변경할 수 있다.

08 「행정절차법」이 정하고 있는 적용제외 대상이 아닌 것은?

① 국가안전보장·국방·외교 또는 통일에 관한 사항 중 행정절차를 거칠 경우 국가의 중대한 이익을 현저히 해칠 우려가 있는 사항
② 감사원이 감사위원회의의 결정을 거쳐 행하는 사항
③ 심사청구, 해양안전심판, 조세심판, 특허심판, 행정심판, 그 밖의 불복절차에 따른 사항
④ 국회 또는 지방의회의 의결을 거치거나 동의 또는 승인을 받아 행하는 사항
⑤ 처분의 전제가 되는 사실이 경찰의 수사에 의하여 객관적으로 증명된 사항

해설 ①·②·③·④ [○] 이들은 모두 「행정절차법」의 적용제외 사항이다(「행정절차법」 제3조 제2항).
⑤ [×] ⑤는 다음의 2가지 측면에서 타당하지 않다. 첫째, ⑤는 「행정절차법」의 적용제외사항이 아니라 행정절차법 중 사전통지 생략사유와 관련된다(「행정절차법」 제21조 제5항). 둘째, ⑤는 「행정절차법」상의 사전통지 생략사유와 관련되기는 하지만 객관적인 증명은 원칙적으로 법원의 재판 등에 의하는 것이지 수사기관(경찰 등)의 수사에 의하는 것은 아니다.

09 A시는 조례에 근거하여 甲회사와 생활폐기물수집·운반대행위탁계약을 체결하였다. 이 계약에 관한 설명으로 옳은 것은? (다툼이 있으면 판례에 따름)

① 사법상 계약으로 계약자유의 원칙이 적용된다.
② 「국가를 당사자로 하는 계약에 관한 법률」이 적용된다.
③ 계약의 체결에 관한 다툼은 공법상 당사자소송에 의한다.
④ 계약절차에는 「행정절차법」이 적용된다.
⑤ 계약의 해지 통보에 관한 다툼은 취소소송에 의한다.

해설 ① [○] 설문의 생활폐기물수집·운반대행위탁계약은 사법상 계약이다. 따라서 계약자유의 원칙이 원칙적으로 적용된다.
② [×] 국가가 계약의 당사자인 경우 「국가를 당사자로 하는 계약에 관한 법률」이 적용된다. 설문의 계약은 A시(지자체)와 甲회사가 체결하였다. 따라서 이 경우는 「지방자치단체를 당사자로 하는 계약에 관한 법률」이 적용된다.
③ [×] 설문의 생활폐기물수집·운반대행위탁계약은 사법상 계약이고 따라서 이에 대한 분쟁(계약의 체결에 관한 다툼)은 민사소송에 의한다.
④ [×] 「행정절차법」에 계약절차에 관한 규정이 없다.
⑤ [×] 설문의 생활폐기물수집·운반대행위탁계약은 사법상 계약이고 따라서 이에 대한 분쟁(계약의 해지 통보에 관한 다툼)은 민사소송에 의한다.

10 「행정절차법」상 처분절차에 관한 설명으로 옳지 않은 것은?

① 처분을 할 때 해당 처분의 영향이 광범위하여 널리 의견을 수렴할 필요가 있다고 행정청이 인정하는 경우에는 공청회를 개최한다.

② 행정청은 인허가 등의 취소 시 의견제출기한 내에 당사자 등의 신청이 있는 경우에는 청문을 한다.

③ 청문·공청회 또는 의견제출을 거쳤을 때에는 신속히 처분하여 해당 처분이 지연되지 아니하도록 하여야 한다.

④ 행정청은 처분을 할 때에는 이해관계인에게 그 근거와 이유를 제시하여야 한다.

⑤ 행정청은 처분을 신속히 처리할 필요가 있거나 사안이 경미한 경우에는 말 또는 그 밖의 방법으로 할 수 있다.

해설 ① [○] 「행정절차법」 제22조 제2항
② [○] 「행정절차법」 제22조 제1항
③ [○] 「행정절차법」 제22조 제5항
④ [×] 처분을 하는 행정청은 이해관계인이 아니라 당사자에게 그 근거와 이유를 제시하여야 한다(「행정절차법」 제23조 제1항).
⑤ [○] 「행정절차법」 제24조 제1항

11 판례에 의할 때 「공공기관의 정보공개에 관한 법률」에 관한 설명으로 옳은 것을 모두 고른 것은?

> ㉠ 학교폭력 대책자치위원회의 회의록은 '공개될 경우 업무의 공정한 수행에 현저한 지장을 초래한다고 인정할 만한 상당한 이유가 있는 정보'에 해당한다.
>
> ㉡ 의사결정과정에 제공된 회의관련자료나 의사결정과정이 기록된 회의록은 의사가 결정되거나 의사가 집행된 경우에는 더 이상 의사결정과정에 있는 사항 그 자체라고는 할 수 없으나, 의사결정과정에 있는 사항에 준하는 사항으로서 비공개대상정보에 포함될 수 있다.
>
> ㉢ '진행 중인 재판에 관련된 정보'에 해당한다는 사유로 정보공개를 거부하기 위하여는 반드시 그 정보가 진행 중인 재판의 소송기록 자체에 포함되어야 한다.

① ㉠   ② ㉡
③ ㉠, ㉡   ④ ㉡, ㉢
⑤ ㉠, ㉡, ㉢

해설 ㉠ [○] 〈판례〉 학교폭력대책자치위원회의 회의록은 공공기관의 정보공개에 관한 법률 제9조 제1항 제1호의 '다른 법률 또는 법률이 위임한 명령에 의하여 비밀 또는 비공개 사항으로 규정된 정보'에 해당하는 것으로 비공개대상정보에 해당한다(대판 2010.6.10. 2010두2913).
㉡ [○] 〈판례〉 의사결정과정에 제공된 회의관련자료나 의사결정과정이 기록된 회의록 등은 의사가 결정되거나 의사가 집행된 경우에는 더 이상 의사결정과정에 있는 사항 그 자체라고는 할 수 없으나, 의사결정과정에 있는 사항에 준하는 사항으로서 비공개대상정보에 포함될 수 있다(대판 2003.8.22. 2002두12946).

ⓒ [×]. 〈판례〉 법원 이외의 공공기관이 「정보공개법」 제9조 제1항 제4호에서 정한 '진행 중인 재판에 관련된 정보'에 해당한다는 사유로 정보공개를 거부하기 위하여는 반드시 그 정보가 진행 중인 재판의 소송기록 자체에 포함된 내용일 필요는 없다. 그러나 재판에 관련된 일체의 정보가 그에 해당하는 것은 아니고 진행 중인 재판의 심리 또는 재판결과에 구체적으로 영향을 미칠 위험이 있는 정보에 한정된다고 보는 것이 타당하다(대판 2011.11.24. 2009두19021).

12 「공공기관의 정보공개에 관한 법률」에 관한 설명으로 옳은 것은? (다툼이 있으면 판례에 따름)

① 국내에 학술·연구를 위하여 일시적으로 체류하는 외국인은 정보공개를 청구할 권리가 없다.

② 공개 청구한 정보가 비공개대상인 부분과 공개 가능한 부분이 혼합되어 있는 경우 부분공개는 할 수 없다.

③ 사립대학교는 정보공개의무를 지는 공공기관에 해당하지 않는다.

④ 정보공개를 요구받은 공공기관이 공개를 거부하는 경우에는 비공개사유에 해당하는지를 주장·입증하지 아니한 채 개괄적인 사유만을 들어 공개를 거부할 수 없다.

⑤ 청구인은 공공기관의 비공개 결정에 대하여 불복이 있는 경우 이의신청 절차를 거치지 아니하고는 행정심판을 청구할 수 없다.

해설 ① [×] 국내에 학술·연구를 위하여 일시적으로 체류하는 외국인은 정보공개를 청구할 권리가 있다.
② [×] 공개 청구한 정보가 비공개대상인 부분과 공개 가능한 부분이 혼합되어 있는 경우 부분공개를 하여야 한다.
③ [×] 각급 학교(사립대학교 포함)는 정보공개법상의 공공기관에 해당한다.
⑤ [×] 청구인은 공공기관의 비공개 결정에 대하여 불복이 있는 경우 이의신청 절차를 거치지 않고도 행정심판을 청구할 수 있다.

13 「행정대집행법」상 대집행에 관한 설명으로 옳은 것은? (다툼이 있으면 판례에 따름)

① 철거대집행 계고처분 후 행한 제2차 계고는 대집행기한의 연기통지가 아니라 새로운 철거의무를 부과한 것이다.

② 철거명령과 계고처분은 계고서라는 명칭의 1장의 문서로 이루어 질 수 있다.

③ 대집행은 처분청 스스로 하여야 하며, 대집행 권한을 제3자에게 위임·위탁할 수 없다.

④ 후행처분인 대집행영장발부통보처분의 취소소송에서 선행처분인 계고처분의 위법을 이유로 대집행영장발부통보처분이 위법하다는 주장을 할 수 없다.

⑤ 행정청이 대집행의 방법으로 건물철거의무의 이행을 실현할 수 있는 경우, 건물철거대집행 과정에서 부수적으로 건물의 점유자들에 대한 퇴거 조치를 할 수 없다.

해설 ① [×] 철거대집행 계고처분 후 행한 제2차 계고는 대집행기한의 연기통지일 뿐, 새로운 철거의무를 부과한 것이 아니다.
③ [×] 대집행 권한을 제3자에게 위임·위탁할 수도 있다.
④ [×] 계고처분의 하자는 대집행영장발부통보처분에 승계된다. 즉, 후행처분인 대집행영장발부통보처분의 취소소송에서, 선행처분인 계고처분의 위법을 이유로 대집행영장발부통보처분이 위법하다는 주장을 할 수 있다.
⑤ [×] 건물의 점유자들에 대한 퇴거 조치를 할 수 있다.

14 행정의 실효성 확보수단에 관한 설명으로 옳은 것은? (다툼이 있으면 판헨에 따름)

① 「건축법」상 이행강제금 부과처분은 항고소송으로 다툴 수는 없다.

② 이행강제금은 대체적 작위의무의 위반에 대하여 부과될 수 없다.

③ 「건축법」상 이행강제금의 납부의무는 상속인에게 승계될 수 없는 일신전속적인 성질의 것이다.

④ 대집행에 소요한 비용은 국세징수법의 예에 의하여 징수할 수 없다.

⑤ 병무청장이 「병역법」에 따라 병역 의무 기피자의 인적사항을 인터넷 홈페이지에 공개하는 결정은 항고소송의 대상이 되는 행정처분이 아니다.

해설 ① [×] 「건축법」상 이행강제금 부과처분은 항고소송의 대상이 되는 행정처분이다.
② [×] 이행강제금은 대체적 작위의무의 위반에 대하여도 부과될 수 있다.
④ [×] 대집행에 소요한 비용은 「국세징수법」의 예에 의하여 징수할 수 있다.
⑤ [×] 병역 의무 기피자의 인적사항을 인터넷 홈페이지에 공개하는 결정은 항고소송의 대상이 되는 행정처분이다.

15 행정기관에 관한 설명으로 옳지 않은 것은? (다툼이 있으면 판례에 따름)

① 법령에 따라 행정권한을 위탁받은 사인은 행정청이 될 수 없다.

② 행정에 관한 의사를 결정하여 표시하는 국가 또는 지방자치단체의 기관은 행정청이다.

③ 지방자치단체는 그 소관사무의 일부를 독립하여 수행할 필요가 있으면 법령이나 그 지방자치단체의 조례로 정하는 바에 따라 합의제행정기관을 설치할 수 있다.

④ 행정기관의 장은 소관사무를 통할하고 소속공무원을 지휘·감독한다.

⑤ 정부조직법은 합의제행정기관의 설치에 관한 법적 근거를 두고 있다.

해설 ① 법령에 따라 행정권한을 위탁받은 사인도 행정청이 될 수 있다.

16 행정권한의 위임 등에 관한 설명으로 옳지 않은 것은? (다툼이 있으면 판례에 따름)

① 행정권한의 위임은 법률에 규정된 행정기관의 장의 권한 중 일부를 그 보조기관 또는 하급행정기관의 장이나 지방자치단체의 장에게 맡겨 그의 권한과 책임 아래 행사하도록 하는 것이다.

② 행정권한의 내부위임은 법률이 위임을 허용하고 있지 아니한 경우에도 행정관청의 내부적인 사무처리의 편의를 도모하기 위하여 그의 보조기관 또는 하급행정관청으로 하여금 그의 권한을 사실상 행사하게 하는 것이다.

③ 위임기관은 수임기관의 수임사무 처리에 대하여 지휘·감독하고, 그 처리가 위법하거나 부당하다고 인정될 때에는 이를 취소하거나 정지시킬 수 있다.

④ 수임사무의 처리에 관하여 위임기관은 수임기관에 대하여 사전승인을 받거나 협의를 할 것을 요구할 수 없다.

⑤ 행정기관은 위임을 받은 사무의 전부 또는 일부를 보조기관 또는 하급행정기관에 재위임할 수 없다.

해설 ⑤ 수임기관은 위임받은 권한을 재위임할 수도 있다.

17 「행정절차법」에서 규정하고 있지 않은 것은?

① 신고
② 공법상 계약
③ 행정예고
④ 행정상 입법예고
⑤ 행정지도

해설 ② 「행정절차법」은 처분, 신고, 행정상 입법예고, 행정예고, 행정지도의 절차에 관한 일반법이다.

18 판례에 의할 때 항고소송의 대상인 것을 모두 고른 것은?

> ㉠ 어업권면허에 선행하는 우선순위결정
> ㉡ 농지법상 이행강제금 부과처분
> ㉢ (구) 「청소년보호법」상 청소년유해매체물 결정 및 고시처분
> ㉣ 두밀분교를 폐교하는 경기도의 조례

① ㉠, ㉡
② ㉠, ㉢
③ ㉡, ㉢
④ ㉡, ㉣
⑤ ㉢, ㉣

해설 어업권면허에 선행하는 우선순위결정과 농지법상 이행강제금 부과처분은 판례에 의할 때 항고소송의 대상인 처분이 아니다.

19 공익사업을 위한 토지 등의 취득 및 보상에 관한 법률에 관한 설명으로 옳지 않은 것은? (다툼이 있으면 판례에 따름)

① 사업인정처분이 당연무효이면 그것이 유효함을 전제로 이루어진 수용재결도 무효이다.

② 수용재결에 대한 이의신청은 행정소송을 하기 위한 필수적인 전심절차이다.

③ 수용재결에 대한 취소소송의 제기는 사업의 진행 및 토지의 수용 또는 사용을 정지시키지 아니한다.

④ 토지소유자가 보상금 증액청구소송을 제기할 경우 사업시행자를 피고로 하여야 한다.

⑤ 보상금증감청구소송의 제기기간은 이의신청을 거친 경우 이의신청에 대한 재결서를 받은 날부터 60일 이내이다.

해설 ② 수용재결에 대해 이의신청 절차를 거치지 않고도 행정소송을 제기할 수 있다. 즉, 수용재결에 대한 이의신청은 행정소송을 하기 위한 필수적인 전심절차가 아니다.

20 「행정심판법」에 관한 설명으로 옳은 것은?

① 행정심판위원회는 당사자의 동의가 없더라도 심판청구의 신속하고 공정한 해결을 위하여 조정을 할 수 있다.

② 행정심판위원회는 사정재결 시 그 재결의 주문에서 그 처분 또는 부작위가 위법하거나 부당하다는 것을 구체적으로 밝혀야 한다.

③ 집행정지로 목적을 달성할 수 있는 경우에도 임시처분이 허용된다.

④ 처분청이 심판청구기간을 법정기간보다 긴 기간으로 잘못 고지한 경우, 심판청구기간은 당해 처분이 있은 날부터 180일이 된다.

⑤ 행정심판위원회는 심판청구의 대상이 되는 처분보다 청구인에게 불리한 재결을 할 수 있다.

해설 ① [×] 조정은 당사자의 동의를 받아 행해진다(「행정심판법」 제43조의2 제1항).
② [○] 「행정심판법」 제44조
③ [×] 집행정지로 목적을 달성할 수 없는 경우여야 임시처분이 가능하다. 즉, 집행정지로 목적을 달성할 수 있는 경우에는 임시처분은 허용되지 않는다(「행정심판법」 제31조 제3항).
④ [×] 처분청이 심판청구기간을 법정기간보다 긴 기간으로 잘못 고지한 경우, 그 고지된 기간 내에 심판청구를 할 수 있다(「행정심판법」 제27조 제5항).
⑤ [×] 행정심판위원회는 심판청구의 대상이 되는 처분보다 청구인에게 불리한 재결을 하지 못한다(불이익변경금지의 원칙)(「행정심판법」 제47조 제2항).

21 「국가배상법」 제2조 제1항 단서의 이중배상금지에 관한 설명으로 옳지 않은 것은? (다툼이 있으면 판례에 따름)

① 피해자가 군인·군무원·경찰공무원 또는 예비군대원이어야 한다.

② 병역법상 공익근무요원은 군인에 해당하여 이중배상이 금지되는 자에 속한다.

③ 전투·훈련 또는 이에 준하는 직무집행 뿐만 아니라 일반 직무집행에 관하여도 적용된다.

④ 전투훈련 중 민간인이 군인과 공동불법행위를 한 경우 민간인은 자신의 부담 부분만을 피해 군인에게 배상하면 된다는 것이 대법원판례의 입장이다.

⑤ 전투·훈련 등 직무집행과 관련하여 전사·순직하거나 공상을 입은 손해에 한한다.

해설 ② 판례에 의할 때 공익근무요원은 국가배상법 제2조 제1항 단서의 '군인 등'에 해당하지 않고 따라서 이중배상이 금지되는 자에 포함되지 않는다.

22 신청에 대한 거부처분에 관한 설명으로 옳은 것은? (다툼이 있으면 판례에 따름)

① 거부처분은 당사자의 권익을 제한하는 처분에 해당하므로 원칙적으로 행정절차법상 사전통지의 대상이 된다.

② 거부처분에 대하여는 행정소송법상 집행정지를 구할 이익이 있어 집행정지가 허용된다.

③ 거부처분의 취소판결의 취지에 따라 행정청이 처분을 하지 않는 경우, 당사자는 수소법원에 직접강제를 신청할 수 있다.

④ 거부처분이 성립되려면 신청인에게 그 행위발동을 요구할 법규상 또는 조리상 신청권이 있어야 한다.

⑤ 거부처분에 대하여는 행정소송법상 명문의 규정으로 의무이행소송이 허용된다.

해설 ① [×] 거부처분은 원칙적으로 행정절차법상 사전통지의 대상이 아니다.
② [×] 거부처분은 원칙적으로 집행정지를 구할 이익이 없어 집행정지가 허용되지 않는다.
③ [×] 직접처분은 행정심판(의무이행심판)에 대한 재결의 기속력 확보수단으로 인정된다. 행정소송에서는 인정되지 않는다. 〈참고〉③번 지문의 직접강제는 직접처분의 오타로 보인다.
⑤ [×] 의무이행소송에 관한 행정소송법상의 명문규정은 없다.

23 「국가공무원법」상 징계처분과 소청 등에 관한 설명으로 옳지 않은 것은? (다툼이 있으면 판례에 따름)

① 공무원에 대한 직위해제처분은 징계처분이다.

② 직위해제처분과 그 후속 직권면직처분은 별개 독립의 처분으로 일사부재리원칙에 위배되지 않는다.

③ 소청심사위원회가 소청 사건을 심사할 때 소청인에게 진술 기회를 주지 아니한 결정은 무효이다.

④ 소청심사위원회의 결정은 처분행정청을 기속한다.

⑤ 소청심사위원회의 결정은 그 이유를 구체적으로 밝힌 결정서로 하여야 한다.

해설 ① 「국가공무원법」상 징계에는 파면, 해임, 강등, 정직, 감봉, 견책의 6가지이다. 공무원에 대한 직위해제처분은 징계가 아니다.

24 「지방자치법」상 주민소송에 관한 설명으로 옳지 않은 것은? (다툼이 있으면 판례에 따름)

① 주민소송을 제기하기 전에 주민감사청구를 거쳐야 한다.

② 지방의회의원에게 손해배상청구를 할 것을 요구하는 주민소송은 인정되지 않는다.

③ 공금의 부과·징수 업무를 게을리 한 사실의 위법 확인을 요구하는 주민소송은 인정된다.

④ 행정처분인 해당 행위의 취소를 요구하는 주민소송은 인정된다.

⑤ 주민소송의 대상이 되는 위법한 행위나 해태사실은 감사청구한 사항과 동일할 필요는 없고 관련성이 있으면 된다.

해설 ② 주민소송에는 해당 지방자치단체의 장 및 직원, 지방의회의원, 해당 행위와 관련이 있는 상대방에게 손해배상청구 또는 부당이득반환청구를 할 것을 요구하는 소송이 포함된다(「지방자치법」 제17조 제2항 제4호).

25 「국유재산법」에 관한 설명으로 옳지 않은 것은? (다툼이 있으면 판례에 따름)

① 행정재산의 사용허가기간은 원칙상 5년 이내로 한다.

② 일반재산은 민법상 시효취득의 대상이 되지 아니한다.

③ 행정재산에는 사권을 설정하지 못한다.

④ 보존용재산은 법령이나 그 밖의 필요에 따라 국가가 보존하는 재산이다.

⑤ 중앙관서의 장은 사용허가 한 행정재산을 국가가 직접 공용으로 사용하기 위하여 필요하게 된 경우에는 사용허가를 철회할 수 있다.

해설 ② 행정재산은 시효취득의 대상이 아니지만 일반재산은 시효취득의 대상이 된다.

제10회 행정사 행정법

[2022. 5. 28. 실시]

01 행정법의 법원(法源)에 해당하지 않는 것은?

① 대한민국헌법
② 건축법시행규칙
③ 서울특별시 성동구 조례
④ 헌법재판소규칙
⑤ 사실인 관습

해설 ⑤ 사실인 관습은 관습법으로서 효력이 없는 단순 사실상의 관행으로 행정법의 법원성이 부정된다.
①, ②, ③ 「헌법」, 시행규칙, 헌법재판소규칙은 행정작용이 준수해야 할 행정에 적용되는 법이다.
④ 조례는 지방자치단체의 자치법규에 해당하며 자치행정에 적용되는 법이다.

02 행정상 신뢰보호 원칙의 적용요건에 관한 설명으로 옳은 것은? (다툼이 있으면 판례에 따름)

① 공적 견해표명은 묵시적으로 할 수 없다.
② 신뢰보호의 대상은 특정 개인에 대한 행정작용에 한정되며, 법률에 대한 신뢰는 신뢰보호의 대상이 되지 않는다.
③ 행정청이 공적 견해표명을 한 후, 사정변경이 있는 경우에는 특별한 사정이 없는 한 행정청이 그 견해표명에 반하는 처분을 하더라도 신뢰보호 원칙에 위반된다고 할 수 없다.
④ 귀책사유의 유무는 상대방을 기준으로 판단하며 상대방으로부터 신청행위를 위임받은 수임인 등 관계자는 고려하지 않는다.
⑤ 단순히 착오로 어떠한 처분을 계속하다가 처분청이 추후 오류를 발견하여 합리적인 방법으로 변경할 경우 신뢰보호 원칙에 위배된다.

해설 ③ 행정청의 공적 견해표명이 있은 후 사실적·법률적 상태가 변경되었다면 공적인 의사표명은 행정청의 별다른 의사표시를 기다리지 않고 실효될 수 있고 특별한 사정이 없는 한 행정청이 그 견해표명에 반하는 처분을 하더라도 신뢰보호 원칙에 위반된다고 할 수 없다.
① 신뢰보호의 대상이 되는 공적 견해표명은 명시적인 경우 외에 묵시적으로도 가능하다.
② 법률에 따른 개인의 행위가 국가에 의하여 일정 방향으로 유인된 것이라면 특별히 보호가치가 있는 신뢰이익이 인정될 수 있다.
④ 귀책사유의 유무는 상대방과 그로부터 신청행위를 위임받은 수임인 등 관계자 모두를 기준으로 판단하여야 한다.
⑤ 단순히 착오로 어떠한 처분을 계속한 경우 이는 신뢰보호의 대상되는 공적 견해표명으로 인정할 수 없고 처분청이 추후 오류를 발견하여 합리적인 방법으로 변경하더라도 신뢰보호 원칙에 위배되지 않는다.

03 판례에 따를 때 수리를 요하지 않는 신고에 해당하는 것은?

① 다른 법률에 의한 인·허가의제 효과를 수반하는 「건축법」상 건축신고
② 「건축법」 제14조 제1항에 따른 건축신고
③ 「수산업법」상 어업의 신고
④ 「노인장기요양보험법」상 장기요양기관의 폐업신고
⑤ 「식품위생법」상 영업양도에 따른 지위승계 신고

해설 ②·① 「건축법」상 다른 법률규정상 인허가의제를 효과를 수반하는 건축신고는 수리를 요하는 신고이지만 「건축법」 제14조 제1항에 따른 건축신고는 수리를 요하지 않는 신고에 해당한다.

04 행정행위의 효력에 관한 설명으로 옳지 않은 것은?

① 실정법상 공정력을 직접적으로 규정하는 법률은 없다.

② 불가쟁력은 행정행위의 상대방이나 이해관계인에 대한 구속력이다.

③ 불가변력이란 처분청 스스로도 당해 행정행위에 구속되어 직권으로 취소·변경할 수 없는 것을 말한다.

④ 집행력은 의무가 부과되는 행정행위에서 문제된다.

⑤ 불가변력이 있는 행정행위일지라도 쟁송기간이 경과하지 않는 한 행정쟁송에 의한 취소가 가능하다.

해설 ① 처분은 권한이 있는 기관이 취소 또는 철회하거나 기간의 경과 등으로 소멸되기 전까지는 유효한 것으로 통용된다. 다만, 무효인 처분은 처음부터 그 효력이 발생하지 아니한다(「행정기본법」 제15조). 「행정기본법」에 명시적 규정이 있다.

② 불가쟁력은 행정행위의 상대방이나 이해관계인은 쟁송제기 기간이 경과한 경우 행정행위의 효력을 쟁송으로 다툴 수 없다는 구속력을 말한다.

③ 불가변력이란 준사법적 행정행위는 처분청 스스로도 당해 행정행위에 구속되어 직권으로 취소·변경할 수 없는 것을 말한다.

④ 집행력은 행정행위로 의무를 부과한 경우 상대방이 이를 이행하지 않는 경우 행정청이 법원의 힘을 빌리지 않고 스스로 강제집행을 할 수 있다는 것을 뜻한다.

⑤ 불가변력이 있는 행정행위일지라도 쟁송기간이 경과하지 않는 한 행정행위의 상대방이나 이해관계인은 취소쟁송을 제기하여 행정쟁송에 의한 취소가 가능하다.

05 행정입법에 관한 설명으로 옳지 않은 것은? (다툼이 있으면 판례에 따름)

① 법령의 위임이 없음에도 법령에 규정된 처분 요건 사항을 부령에서 변경하여 규정한 경우, 이 부령의 규정은 대외적 구속력이 없다.

② 행정입법의 부작위는 항고소송으로 다툴 수 없다.

③ 재량준칙은 행정의 자기구속법리나 평등원칙 등에 의해 대외적 구속력을 가질 수 있다.

④ 「장기요양급여 제공기준 및 급여비용 산정방법 등에 관한 고시」에 대해 외부적 구속효를 인정한다.

⑤ 대법원판결에 의해 명령·규칙이 「헌법」 또는 법률에 위반된다는 것이 확정된 경우에는 대법원은 지체 없이 그 사유를 법무부장관에게 통보하여야 한다.

해설 ⑤ 행정소송에 대한 대법원판결에 의하여 명령·규칙이 「헌법」 또는 법률에 위반된다는 것이 확정된 경우에는 대법원은 지체없이 그 사유를 행정안전부장관에게 통보하여야 한다(「행정소송법」 제6조 제1항).

① 법령의 위임이 없음에도 법령에 규정된 처분 요건에 해당하는 사항을 부령에서 변경하여 규정한 경우에는 그 부령의 규정은 행정청 내부의 사무처리 기준 등을 정한 것으로서 행정조직 내에서 적용되는 행정명령의 성격을 지닐 뿐 국민에 대한 대외적 구속력은 없다고 보아야 한다(대판 2013.9.12. 2011두10584).

② 행정입법 부작위는 그 자체로 직접 국민의 권리의무에 영향을 미치는 것이 아니므로 항고소송으로서 부작위위법확인소송의 대상이 되지 않는다는 것이 판례이다.

③ 재량준칙은 원칙적 행정규칙에 해당하나 행정의 자기구속법리나 평등원칙 등에 의해 대외적 구속력을 가질 수 있다.

④ 「노인장기요양보험법」 제39조 제3항과 같은 법 시행규칙 제32조에 따라 보건복지부장관이 정한 '장기요양급여 제공기준 및 급여비용 산정방법 등에 관한 고시'는 상위법령과 결합하여 대외적 구속력이 인정되므로 예외적으로 헌법소원의 대상이 된다는 것이 헌법재판소의 입장이다.

06 행정행위의 하자승계 논의의 전제에 관한 설명으로 옳지 않은 것은? (다툼이 있으면 판례에 따름)

① 선행행위와 후행행위가 모두 항고소송의 대상인 행정처분이어야 한다.

② 선행행위에는 취소사유인 하자가 존재해야 한다.

③ 후행행위는 하자가 없이 적법해야 한다.

④ 선행행위에 불가쟁력이 발생해야 한다.

⑤ 후행행위에 불가변력이 발생해야 한다.

해설 ⑤ 하자의 승계는 선행정행위와 후행정행위가 모두 행정행위에 해당하고 선행처분에 무효가 아닌 취소사유에 해당하는 하자가 존재하고 그 선행정행위에 불가쟁력이 발생하였음에도 후행정행위가 정상적인 처분인 경우에 선행처분을 후행정행위에서 다툴 수 있는가에 대하여 논의하는 것이다.

07 강학상 인가에 해당하는 것은? (다툼이 있으면 판례에 따름)

① 「부동산 거래신고 등에 관한 법률」상 외국인등의 토지거래 허가

② 공유수면매립면허

③ 보세구역의 설영특허

④ 법무부장관의 공증 인가

⑤ 자동차운전면허대장상의 등재행위

해설 ① 강학상 인가
②·③·④ 강학상 특허
⑤ 강학상 공증

08 행정작용에 관한 설명으로 옳은 것은? (다툼이 있으면 판례에 따름)

① 행정계획은 사인의 신뢰보호를 위해 일반적으로 계획존속청구권이 인정된다.

② 행정사법작용에는 사적자치의 원칙이 통용되므로 공법적 제한을 받지 않는다.

③ 사실행위는 법적 효과의 제거대상이 될 수 없으므로, 권력적인지 비권력적인지를 불문하고 항고소송의 대상인 처분성이 인정되지 않는다.

④ 계약직공무원에 대한 채용계약해지를 함에 있어서는 「행정절차법」에 의하여 그 근거와 이유를 제시할 필요가 없다.

⑤ 행정지도는 상대방의 임의적인 협력을 구하는 것이므로, 법률우위의 원칙은 적용되지 않는다.

해설 ④ 공법상 계약관계에는 「행정절차법」이 적용되지 않으므로 계약직공무원에 대한 채용계약해지를 함에 있어서는 「행정절차법」에 의하여 그 근거와 이유를 제시할 필요가 없다.
① 행정계획에 대한 계획존속청구권은 일반적으로 인정되지 않고 행정계획에 직접적 이해관계를 갖는 사람에게만 인정된다.
② 행정사법작용에는 사적자치의 원칙이 통용되지만 일정한 공익을 위해 공법적 제한을 받는다.
③ 비권력적 사실행위는 항고소송의 대상되는 처분성이 인정되지 않지만 권력적 사실행위는 항고소송의 대상되는 처분성이 인정된다.
⑤ 행정지도는 원칙적 법률유보의 대상이 아니지만 법률우위의 원칙은 적용된다.

09 확약에 관한 설명으로 옳지 않은 것은? (다툼이 있으면 판례에 따름)

① 확약은 일방적 행위라는 점에서 복수당사자의 의사의 합치인 공법상 계약과는 구분된다.

② 확약은 종국적 규율이 아니라는 점에서 종국적 규율을 하는 사전결정이나 부분허가와 구분된다.

③ 어업권면허에 선행하는 우선순위결정은 강학상 확약에 불과하고 행정처분은 아니다.

④ 확약 이후에 사실상태 또는 법적 상태가 변경된 경우에도 확약의 구속성이 상실되기 위해서는 행정청의 별도의 의사표시가 있어야 한다.

⑤ 확약은 정당한 권한을 가진 행정청에 의해서 그 권한의 범위 내에서만 발해질 수 있다.

해설 ④ 확약 이후에 사실상태 또는 법적 상태가 변경된 경우에는 행정청의 별도의 의사표시가 없더라도 그 확약은 실효된다는 것이 판례이다.
① 확약은 본행정행위를 하기 전 행정청의 일방적 자기구속력 있는 약속이라는 점에서 복수당사자의 의사의 합치인 공법상 계약과는 구분된다.
② 확약은 종국적 규율이 아니라는 점에서 그 자체 종국적 규율을 하는 사전결정이나 부분허가와 구분된다.
③ 판례는 확약의 처분성을 인정하지 않는다는 입장에서 어업권면허에 선행하는 우선순위결정은 강학상 확약에 불과하고 행정처분이 아니라고 본다.
⑤ 확약은 본처분의 권한을 가지고 있는 행정청이 그 권한의 범위 내에서만 할 수 있다.

10 행정절차에 관한 설명으로 옳은 것은? (다툼이 있으면 판례에 따름)

① 행정절차에 관하여 다른 법률에 특별한 규정이 있는 경우에도 「행정절차법」이 우선한다.

② 행정청은 청문이 필요하다고 인정하는 경우에도 법령등에서 청문을 하도록 규정한 경우가 아니면 청문을 할 수 없다.

③ 신청에 대한 거부처분은 사전통지대상이다.

④ 행정청은 신청 내용을 모두 그대로 인정하는 처분을 하는 경우 처분의 근거와 이유를 제시하지 않아도 된다.

⑤ 「행정절차법」에는 행정지도에 관한 규정을 두고 있지 않다.

해설 ④ 「행정절차법」상 이유제시 생략사유에 해당한다 (「행정절차법」 제23조 제1항 1호).
① 처분, 신고, 확약, 위반사실 등의 공표, 행정계획, 행정상 입법예고, 행정예고 및 행정지도의 절차에 관하여 다른 법률에 특별한 규정이 있는 경우를 제외하고는 이 법에서 정하는 바에 따른다(「행정절차법」 제3조 제1항).
② 행정청은 법령등에서 청문을 하도록 하는 규정이 없는 경우라도 필요하다고 인정하는 경우 청문을 한다(「행정절차법」 제22조 제1항 2호).
③ 판례는 신청에 대한 거부처분은 그 자체가 상대방의 권익을 제한하거나 의무를 부과하는 처분이 아니어서 의견청취나 사전통지의 대상이 아니라고 본다.
⑤ 「행정절차법」 제48조부터 행정지도를 규정하고 있다.

11 「개인정보 보호법」상 정보주체가 자신의 개인정보 처리와 관련하여 가지는 권리가 아닌 것은?

① 개인정보의 처리에 관한 정보를 제공받을 권리
② 개인정보의 처리 정지를 요구할 권리
③ 개인정보의 처리 여부를 확인하고 개인정보에 대하여 사본의 발급을 요구할 권리
④ 개인정보의 처리에 관한 동의 여부, 동의 범위 등을 결정할 권리
⑤ 개인정보처리자의 가명정보 처리에 동의할 권리

해설 ⑤ 「개인정보 보호법」상 정보주체의 권리로 규정되어 있지 않다.
① 「개인정보 보호법」 제4조 1호
② 「개인정보 보호법」 제4조 4호
③ 「개인정보 보호법」 제4조 3호
④ 「개인정보 보호법」 제4조 2호

12 행정대집행에 관한 설명으로 옳은 것을 모두 고른 것은? (다툼이 있으면 판례에 따름)

> ㉠ 대집행영장에 의한 통지는 취소소송의 대상이 된다.
> ㉡ 「행정대집행법」에서는 대집행에 대해 행정심판을 제기할 수 있음을 규정하고 있다.
> ㉢ 계고처분의 후속절차인 대집행에 위법이 있다고 하더라도, 그와 같은 후속절차에 위법성이 있다는 점을 들어 선행절차인 계고처분이 부적법하다는 사유로 삼을 수는 없다.
> ㉣ 대집행은 대집행의 대상이 되는 의무를 명하는 처분청이 그 주체가 되며 타인에게 위탁할 수 없다.

① ㉠
② ㉡, ㉢
③ ㉠, ㉡, ㉢
④ ㉡, ㉢, ㉣
⑤ ㉠, ㉡, ㉢, ㉣

해설 ㉠ 대집행영장에 의한 통지는 준법률행위적 행정행위로서 항고소송의 대상되는 처분에 해당한다.
㉡ 대집행에 대하여는 행정심판을 제기할 수 있다(「행정대집행법」 제7조).
㉢ 계고처분의 후속절차인 대집행에 위법이 있다고 하더라도, 그와 같은 후속절차에 위법성이 있다는 점을 들어 선행절차인 계고처분이 부적법하다는 사유로 삼을 수는 없다(대판 1997.2.14. 96누15428)
㉣ 행정대집행은 의무를 명하는 처분청이 직접 행할 수도 있고 실행을 제3자에게 위탁하여 행할 수도 있다.

13 공공기관의 정보공개에 관한 법령상 정보공개에 관한 설명으로 옳지 않은 것은? (다툼이 있으면 판례에 따름)

① 공개청구의 대상이 되는 정보는 공공기관이 보유·관리하고 있는 정보에 한정된다.

② 일정한 요건을 갖춘 외국인은 정보공개 청구를 할 수 있다.

③ 정보공개 청구권자의 권리구제 가능성이 없는 경우에는 비공개 대상 정보에 해당하지 않는 정보라도 공개하지 않을 수 있다.

④ 정보공개청구에 대한 공공기관의 비공개결정에 대한 불복절차로 이의신청, 행정심판, 행정소송이 있다.

⑤ 법인이 거래하는 금융기관의 계좌번호에 관한 정보는 법인의 영업상 비밀에 관한 사항으로서 비공개 대상 정보에 해당한다.

해설 ③ 정보공개 청구권자의 권리구제 가능성여부는 비공개사유에 해당하지 않으므로 이를 이유로 비공개하는 것은 허용되지 않는다.
① 공공기관이 보유·관리하고 있지 않은 정보는 공개의무가 없다는 것이 판례이다.
② 외국인도 대통령령으로 정하는 일정한 요건을 갖춘 경우 정보공개청구권이 예외적으로 인정된다.
④ 「공공기관의 정보공개에 관한 법률」 제18조, 제19조, 제20조
⑤ 법인등이 거래하는 금융기관의 계좌번호에 관한 정보는 법인등의 영업상 비밀에 관한 사항으로서 공개될 경우 법인등의 정당한 이익을 현저히 해할 우려가 있다고 인정되는 정보에 해당한다고 한 사례(대판 2004.8.20. 2003두8302).

14 과징금에 관한 설명으로 옳지 않은 것은? (다툼이 있으면 판례에 따름)

① 행정법규 위반에 대해 벌금 이외에 과징금을 부과하는 것은 이중처벌금지의 원칙에 반하지 않는다.

② 제재적 행정처분으로서의 과징금은 현실적인 행위자가 아닌 법령상 책임자에게 부과할 수 있다.

③ 제재적 행정처분으로서의 과징금은 원칙적으로 위반자의 고의 또는 과실을 요한다.

④ 과징금은 국가의 형벌권을 실행하는 과벌이 아니다.

⑤ 법령으로 정한 '과징금을 부과하는 위반행위와 과징금의 금액'에 열거되지 않은 위반행위에 대해 사업정지처분을 갈음하여 과징금을 부과할 수 없다.

해설 ③·①·④ 과징금은 형사처벌이 아니므로 위반행위에 대한 고의 또는 과실을 요하지 않으며 행정법규 위반에 대해 벌금 이외에 과징금을 부과한다고 해서 이중처벌금지의 원칙에 위반된다고 할 수 없다.
② 제재적 성격의 과징금은 현실적 위반행위자가 아닌 법령상 책임자에게 부과될 수 있다.
⑤ 대판 2020.5.28. 2017두73693

15 공익사업을 위한 토지 등의 취득 및 보상에 관한 법령상 손실보상에 관한 설명으로 옳지 않은 것은? (다툼이 있으면 판례에 따름)

① 토지수용재결시 대상토지의 평가는 재결에서 정한 수용시기가 아닌 수용재결일을 기준으로 한다.

② 관할 토지수용위원회에 잔여지수용청구를 하려는 토지소유자는 사업완료일까지 그 수용청구를 하여야 한다.

③ 이주대책대상자는 사업시행자가 이주대책에 대한 구체적인 계획을 수립하여 공고한 때에 수분양권을 취득한다.

④ 공익사업시행지구 밖의 영업손실에 대해서도 일정한 요건하에 보상을 받을 수 있다.

⑤ 재결에서 정한 보상금액이 일부 보상항목은 과소하고 다른 보상항목은 과다할 경우 법원은 보상항목 상호간의 유용을 허용하여 보상금을 결정할 수 있다.

> **해설** ③ 이주자가 수분양권을 취득하기를 희망하여 이주대책에 정한 절차에 따라 사업시행자에게 이주대책 대상자 선정신청을 하고 사업시행자가 이를 받아들여 이주대책 대상자로 확인·결정하여야만 비로소 구체적인 수분양권이 발생하게 된다(대판 1995.10.12. 94누11279).
> ① 재결에 의한 경우에는 수용재결 당시의 가격을 기준으로 한다(「공익사업을 위한 토지 등의 취득 및 보상에 관한 법률」 제67조 제1항).
> ② 관할 토지수용위원회에 대한 수용청구는 사업인정 이후에 하여야 하고 사업완료일까지 하여야 한다(「공익사업을 위한 토지 등의 취득 및 보상에 관한 법률」 제74조 제1항).
> ④ 공익사업시행지구 밖의 영업손실도 그 장소에서 영업을 계속할 수 없는 경우나 부득이한 사유로 인해 일정한 기간 동안 휴업하는 것이 불가피한 경우 보상하여야 한다(「공토법」 시행규칙 제64조 제1항 1호, 2호).
> ⑤ 재결에서 정한 보상금액이 일부 보상항목의 경우 과소하고 다른 보상항목의 경우 과다한 것으로 판명되었다면, 법원은 보상항목 상호 간의 유용을 허용하여 항목별로 과다 부분과 과소 부분을 합산하여 보상금의 합계액을 정당한 보상금으로 결정할 수 있다(대판 2018.5.15. 2017두41221).

16 행정심판에 관한 설명으로 옳은 것은? (다툼이 있으면 판례에 따름)

① 의무이행심판에서 청구가 이유 있으면 신청에 따른 처분을 하거나 처분을 할 것을 피청구인에게 명하는 재결을 한다.

② 심판청구기간을 법상 규정된 기간보다 긴 기간으로 잘못 고지한 경우에도 규정된 행정심판기간 내에 심판청구를 하여야 한다.

③ 시·도지사의 처분에 대한 심판청구는 시·도지사 소속으로 두는 행정심판위원회에서 심리·재결한다.

④ 심리는 구술심리나 서면심리로 하고, 당사자가 구술심리를 신청한 경우에는 서면심리는 할 수 없다.

⑤ 항고소송에서의 처분사유의 추가·변경의 법리는 행정심판에 적용되지 않는다.

> **해설** ① 위원회는 의무이행심판의 청구가 이유가 있다고 인정하면 지체 없이 신청에 따른 처분을 하거나 처분을 할 것을 피청구인에게 명한다(「행정심판법」 제43조 제5항).
> ② 행정청이 심판청구기간을 제1항의 규정에 의한 기간보다 긴 기간으로 잘못 알린 경우에 그 잘못 알린 기간 내에 심판청구가 있으면 그 심판청구는 제1항의 규정에 의한 기간 내에 제기된 것으로 본다(「행정심판법」 제27조 제5항).
> ③ 시·도지사의 처분에 대한 심판청구는 국민권익위원회 소속의 중앙행정심판위원회에서 심리·재결한다(「행정심판법」 제6조 제2항).
> ④ 행정심판의 심리는 구술심리나 서면심리로 한다. 다만, 당사자가 구술심리를 신청한 경우에는 서면심리만으로 결정할 수 있다고 인정되는 경우 외에는 구술심리를 하여야 한다(「행정심판법」 제40조 제1항).
> ⑤ 처분사유의 추가·변경은 행정심판에서도 인정된다.

17 행정심판으로 적법하게 청구된 것을 모두 고른 것은?

> ㉠ 국세부과처분에 대해 국세청장에 심사청구
> ㉡ 국가공무원 면직처분에 대해 징계위원회에 재심사청구
> ㉢ 지방토지수용위원회의 수용재결에 대해 중앙토지수용위원회에 이의신청
> ㉣ 지방노동위원회의 구제명령 불이행에 대한 이행강제금부과처분에 대해 중앙노동위원회에 재심신청

① ㉠, ㉡　　　　② ㉠, ㉢
③ ㉡, ㉢　　　　④ ㉡, ㉣
⑤ ㉢, ㉣

해설 ㉠ 국세부과처분에 대해 국세청장에 심사청구는 국세기본법상 인정되는 행정심판에 해당한다.
㉡ 징계위원회에 재심사청구는 징계의결 등을 요구한 기관의 장이 징계위원회의 의결이 가볍다고 인정하면 청구하는 것으로 행정심판에 해당하지 않는다. 징계처분에 대한 행정심판은 소청심사가 있다.
㉢ 지방토지수용위원회의 수용재결에 대해 중앙토지수용위원회에 이의신청은 공익사업을 위한 토지 등의 취득 및 보상에 관한 법률상 인정되는 행정심판에 해당한다(「공익사업을 위한 토지 등의 취득 및 보상에 관한 법률」 제83조).
㉣ 「근로기준법」 제31조 제1항은 지방노동위원회의 구제명령이나 기각결정에 불복하는 경우 중앙노동위원회에 재심을 신청하도록 하고 구제명령 불이행에 대한 이행강제금부과처분에 대해서는 중앙노동위원회에 대한 재심신청 규정이 없다.

18 국가배상에 관한 설명으로 옳지 않은 것은? (다툼이 있으면 판례에 따름)

① 공무를 위탁받은 사인의 직무집행행위에 대해서도 국가배상책임이 성립할 수 있다.
② 가해행위인 처분에 대해 취소판결이 확정된 경우에는 기판력에 의해 국가배상소송에서도 국가배상책임이 인정된다.
③ 생명·신체의 침해로 인한 국가배상을 받을 권리는 압류하지 못한다.
④ 피해자나 그 법정대리인이 손해 및 가해자를 알지 못한 경우 국가배상청구권의 소멸시효기간은 5년이다.
⑤ 외국인이 피해자인 경우에는 해당 국가와 상호 보증이 있을 때에만 「국가배상법」이 적용된다.

해설 ② 행정처분에 대한 취소소송에서 위법한 것으로 취소판결이 확정되었다고 하더라도 행정처분을 행한 공무원에게 고의 또는 과실이 있었다고 단정할 수 없으므로 곧바로 국가배상책임이 인정되는 것은 아니다(대판 2000.5.12. 99다70600).
① 「국가배상법」 제2조 제2항
③ 「국가배상법」 제4조
④ 피해자나 그 법정대리인이 손해 및 가해자를 알지 못한 경우에는 「국가재정법」 제96조 제2항에 따라 5년간 이를 행사하지 아니하면 시효로 소멸한다.
⑤ 「국가배상법」 제7조

19 공물에 관한 설명으로 옳은 것은?

① 공공용물은 직접 행정주체 자신의 사용에 제공된 공물을 말한다.

② 국가 또는 지방자치단체가 소유권자인 공물을 국유공물이라 한다.

③ 공물의 관리주체와 공물의 귀속주체가 다른 공물을 자유공물(自有公物)이라고 한다.

④ 경찰견은 동산공물에 해당한다.

⑤ 도로, 공원 등은 자연공물에 해당한다.

해설 ④ 경찰견은 행정주체 자신의 사용에 제공된 공용물로서 동산인 공물에 해당한다.
① 직접 행정주체 자신의 사용에 제공된 공물은 공용물이라 한다. 공공용물은 일반 공중의 사용에 제공된 재산을 뜻한다.
② 국가가 소유권자인 공물을 국유공물이라 한다. 지방자치단체가 소유한 공물을 공유공물이라 한다.
③ 공물의 관리주체와 공물의 귀속주체가 다른 공물을 타유공물(他有公物)이라고 한다. 공물의 관리주체와 공물의 귀속주체가 일치하는 공물을 자유공물(自有公物)이라 한다.
⑤ 도로, 공원 등은 인공공물에 해당한다.

20 권한의 대리와 위임에 관한 설명으로 옳은 것을 모두 고른 것은? (다툼이 있으면 판례에 따름)

㉠ 지방자치단체의 장이 수임한 기관위임사무의 일부를 재위임하고자 하는 경우 위임자의 승인을 얻어 규칙으로 재위임할 수 있다.

㉡ 내부위임의 경우 수임관청이 자신의 명의로 행정처분을 하였더라도 항고소송에서의 피고는 위임관청이 된다.

㉢ 권한의 위임은 반드시 법적 근거를 요하는 것은 아니다.

㉣ 지정대리란 법정사실이 발생하면 법상 당연히 특정한 자에게 대리권이 부여되어 대리관계가 성립하는 것을 말한다.

① ㉠
② ㉡, ㉢
③ ㉠, ㉡, ㉢
④ ㉡, ㉢, ㉣
⑤ ㉠, ㉡, ㉢, ㉣

해설 ㉠ 지방자치단체의 장은 조례나 규칙으로 정하는 바에 따라 그 권한에 속하는 사무의 일부를 보조기관, 소속 행정기관 또는 하부행정기관에 위임할 수 있고, 지방자치단체의 장이 위임받거나 위탁받은 사무의 일부를 다시 위임하거나 위탁하려면 미리 그 사무를 위임하거나 위탁한 기관의 장의 승인을 받아야 한다(「지방자치법」 제117조 제1항, 제4항).
㉡ 내부위임의 경우 수임관청이 자신의 명의로 행정처분을 했다면 실제처분을 행한 수임관청이 항고소송에서의 피고가 된다는 것이 판례이다.
㉢ 권한의 위임은 위임청의 권한이 수임청에게 이전되므로 법적 근거가 있어야 한다.
㉣ 지정대리란 일정한 법정사실이 발생하면 일정한 자가 대리자를 지정함으로써 법정대리관계가 발생하는 경우를 말한다.

21 행정조직에 관한 설명으로 옳지 않은 것은?

① 훈령이란 상급관청이 하급관청의 권한행사를 지휘하기 위해 발하는 명령이다.

② 공무원이 대외적 구속력이 없는 훈령에 위반한 경우에도 위법은 아니며 징계책임이 부과될 수 있을 뿐이다.

③ 상급관청은 직권에 의해 하급관청의 위법·부당한 행위의 취소를 명할 수 있다.

④ 징계위원회 같은 의결기관으로서의 위원회는 의결권은 물론이고 정해진 의사를 대외적으로 표시할 권한을 갖는다.

⑤ 주관쟁의결정권이란 하급관청 사이에 권한의 분쟁이 있는 경우, 상급관청이 그 분쟁을 해결하고 결정하는 권한을 말한다.

해설 ④ 의결기관은 행정주체의 의사를 결정하는 권한만을 가지고 이를 외부에 표시할 권한은 가지지 못한다.
① 상급관청이 하급관청의 권한행사를 지휘·감독하기 위해 발하는 명령을 훈령이라 한다.
② 공무원이 대외적 구속력이 없는 훈령에 위반한 경우에 위법은 아니지만, 명령복종의무의 위반이 되므로 징계의 대상이 된다.
③ 상급관청이 하급관청의 위법·부당한 행위를 법적 근거가 없는 경우에도 이를 취소 또는 정지할 수 있는가에 관하여 견해대립이 있다. 법적 근거가 없다면 직접 취소·정지할 수 없고 취소 또는 정지를 명령할 수 있다고 보는 견해가 다수설이다.
⑤ 하급관청 사이에 권한의 분쟁이 있는 경우 상급행정관청이 권한 있는 기관을 결정할 권한을 주관쟁의결정권이라 한다.

22 경찰책임에 관한 설명으로 옳지 않은 것은?

① 행위능력이 없는 자도 경찰책임자가 될 수 있다.

② 경찰책임자에 대한 경찰권의 발동이 어려운 경우에는 예외적으로 경찰책임이 없는 자에게도 경찰권이 발동될 수 있다.

③ 물건에 대한 권원의 유무와 관계없이 물건을 현실적으로 지배하고 있는 자에게도 상태책임이 인정된다.

④ 행위책임의 행위에는 부작위를 포함한다.

⑤ 타인을 감독하는 자가 타인의 행위에 대하여 지는 경찰책임은 자기책임이 아니라 타인의 책임을 대신하여 지는 것이다.

해설 ⑤ 타인을 감독하는 자가 타인의 행위에 대하여 지는 경찰책임은 그 타인에 대한 선임·감독상의 자기책임이지 타인의 책임을 대신하여 지는 것이 아니다.
① 경찰책임은 행위능력의 유무를 불문한다.
② 경찰책임자에 대한 경찰권의 발동이 어려운 경우에는 예외적으로 상황이 급박한 경우 경찰책임이 없는 자에게도 경찰권이 발동될 수 있다.
③ 상태책임은 물건에 대한 권원의 유무와 관계없이 물건을 현실적으로 지배하고 있는 자에게도 인정된다.
④ 행위책임의 행위에는 작위뿐만 아니라 부작위를 포함한다.

23 공무원관계에 관한 판례의 태도로 옳은 것은?

① 공무원임용결격사유가 있는지의 여부는 임용당시가 아닌 채용후보자 명부에 등록한 때에 시행되던 법률을 기준으로 하여 판단하여야 한다.

② 임용당시 공무원임용결격사유가 있었다면 비록 국가의 과실에 의하여 임용결격자임을 밝혀내지 못하였다 하더라도 그 임용행위는 당연무효이다.

③ 국가가 공무원임용결격사유가 있는 자에 대해 결격사유가 있음을 알지 못하고 임용하였다가 사후에 결격사유가 있는 자임을 발견하고 임용행위를 취소하는 경우, 그 취소권은 시효의 제한을 받는다.

④ 시험승진후보자명부에서의 삭제행위는 행정처분이다.

⑤ 직위해제는 징계처분에 해당한다.

> **해설** ② 임용결격자에 대한 공무원의 임용은 비록 국가가 과실에 의해 임용결격자임을 밝혀내지 못하였더라도 당연무효이다(대판 2005.7.28. 2003두469).
> ① 공무원임용결격사유가 있는지의 여부는 채용후보자 명부에 등록한 때가 아닌 임용 당시에 시행되던 법률을 기준으로 하여 판단하여야 한다(대판 1987.4.14. 86누459).
> ③ 국가가 공무원임용결격사유가 있는 자에 대해 결격사유가 있음을 알지 못하고 임용하였다가 사후에 결격사유가 있는 자임을 발견하고 임용행위를 취소하는 것은 임용이 무효임을 확인하는 것에 불과하므로 그 취소권은 시효의 제한을 받지 않는다.
> ④ 시험승진후보자명부에서의 삭제행위는 결국 그 명부에 등재된 자에 대한 승진 여부를 결정하기 위한 행정청 내부의 준비과정에 불과하고, 그 자체가 어떠한 권리나 의무를 설정하거나 법률상 이익에 직접적인 변동을 초래하는 별도의 행정처분이 된다고 할 수 없다(대판 1997.11.14. 97누7325).
> ⑤ 직위해제는 징계처분이 아니다.

24 지방자치법상 주민소송에 관한 설명으로 옳지 않은 것은?

① 주민소송은 민중소송이며 객관소송이다.

② 해당 행위를 계속하면 회복하기 곤란한 손해가 발생할 우려가 있는 경우에 그 행위의 전부나 일부를 중지할 것을 요구하는 소송을 주민소송으로 제기할 수 있다.

③ 주민소송을 제기하기 위해서는 그에 앞서 당해 사안에 대해 주민감사청구를 하여야 한다.

④ 소송의 계속(繫屬) 중에 소송을 제기한 주민이 사망하면 소송절차는 중단된다.

⑤ 주민소송이 진행 중이라도 다른 주민은 같은 사항에 대하여 별도의 소송을 제기할 수 있다.

> **해설** ⑤ 주민소송이 진행 중이라도 다른 주민은 같은 사항에 대하여 별도의 소송을 제기할 수 없다(「지방자치법」 제22조 제5항).
> ① 주민소송은 지방자치단체의 행정에 대한 적법성 통제를 목적으로 하는 행정소송법상 민중소송에 해당하며 이는 권리구제가 목적인 주관적 소송과 달리 행정의 합법성 통제를 목적으로 하는 객관적 소송에 해당한다.
> ② 주민소송으로는 해당 행위를 계속하면 회복하기 어려운 손해를 발생시킬 우려가 있는 경우에 그 행위의 전부나 일부를 중지할 것을 요구하는 소송도 가능하다(「지방자치법」 제22조 제2항 제1호).
> ③ 주민소송은 주민감사청구를 한 주민만이 제기할 수 있으므로 주민감사청구를 필수적으로 거쳐야 한다.
> ④ 소송의 계속(繫屬) 중에 소송을 제기한 주민이 사망하거나 주민의 자격을 잃으면 소송절차는 중단된다(「지방자치법」 제22조 제6항).

25 행정소송법상 취소소송에 관한 설명으로 옳은 것은? (다툼이 있으면 판례에 따름)

① 무효인 처분에 대하여는 무효확인청구소송을 제기하여야 하고 취소소송을 제기할 수는 없다.

② 신청에 대한 거부행위는 취소소송의 대상이 될 수 없다.

③ 처분 등을 할 정당한 권한을 가진 행정청만이 피고적격을 갖는다.

④ 처분이 위법한 것으로 인정되는 경우에도 공공복리를 위하여 원고의 청구가 기각될 수 있다.

⑤ 과세처분취소소송에서 적법하게 부과될 정당한 세액이 산출되더라도 법원은 정당한 세액을 초과하는 부분만 취소할 수는 없고 전부를 취소하여야 한다.

해설 ④ 원고의 청구가 이유 있다고 인정하는 경우에도 처분 등을 취소하는 것이 현저히 공공복리에 적합하지 아니하다고 인정하는 때에는 법원은 원고의 청구를 기각할 수 있다(「행정소송법」 제28조 제1항).
① 무효인 처분에 대해 취소소송을 제기하는 경우에도 취소소송의 제기요건을 갖춘 경우 이를 허용하는 것이 판례이다.
② 처분을 신청할 법규상 또는 조리상 신청권이 있는 자의 신청에 대한 거부는 항고소송의 대상이 된다.
③ 취소소송의 피고는 처분 등을 행한 행정청을 피고로 하며 이때 행정청이 처분을 행할 실질적 권한 유무는 따지지 않고 처분을 행한 명의 행정청이 기준이라는 것이 판례이다.
⑤ 과세처분취소소송에서 적법하게 부과될 정당한 세액이 산출할 수 있는 경우에는 법원은 정당한 세액을 초과하는 부분만 취소할 수는 있다(대판 2001.6.12. 99두8930).

Answer

01. ⑤	02. ③	03. ②	04. ①	05. ⑤	06. ⑤	07. ①	08. ④	09. ④	10. ④
11. ⑤	12. ③	13. ③	14. ③	15. ③	16. ①	17. ②	18. ②	19. ④	20. ①
21. ④	22. ⑤	23. ②	24. ⑤	25. ④					

제10회 행정사 행정법 기출문제　461

2023 1차
행정사 문제집
행정법

초판인쇄 : 2022년 12월 5일
초판발행 : 2022년 12월 10일
편 저 자 : 박문각 행정사연구소
발 행 인 : 박 용
등   록 : 2015. 4. 29. 제2015-000104호
발 행 처 : (주)박문각출판
주   소 : 06654 서울특별시 서초구 효령로 283 서경빌딩
전   화 : 교재 문의 (02)6466-7202
팩   스 : (02)584-2927

판 권
본 사
소 유

정가 25,000원
ISBN 979-11-6704-934-6
     979-11-6704-932-2(세트)